# 美国高等教育史

（第三版）

［美］约翰·塞林（John R. Thelin）著

许可　冷瑜　译

## 图书在版编目（CIP）数据

美国高等教育史：第三版/（美）约翰·塞林
(John R. Thelin) 著；许可，冷瑜译. —福州：福建
教育出版社，2023.8

书名原文：A History of American Higher
Education Third Edition

ISBN 978-7-5334-9700-2

Ⅰ.①美… Ⅱ.①约… ②许… ③冷… Ⅲ.①高等教
育—教育史—美国 Ⅳ.①G649.712.9

中国国家版本馆 CIP 数据核字（2023）第 120012 号

© 2004，2011，2019 Johns Hopkins University Press.
All rights reserved. Published by arrangement with Johns Hopkins University Press，Baltimore，Maryland.

Meiguo Gaodeng Jiaoyushi（Disan Ban）

**美国高等教育史（第三版）**

［美］约翰·塞林（John R. Thelin） 著

许可 冷瑜 译

| 出版发行 | 福建教育出版社 |
|---|---|
| | （福州市梦山路 27 号 邮编：350025 网址：www.fep.com.cn |
| | 编辑部电话：0591-83727542 83726908 |
| | 发行部电话：0591-83721876 87115073 010-62024758） |
| 出 版 人 | 江金辉 |
| 印 刷 | 福建新华联合印务集团有限公司 |
| | （福州市晋安区福兴大道 42 号 邮编：350014） |
| 开 本 | 710 毫米×1000 毫米 1/16 |
| 印 张 | 30.5 |
| 字 数 | 512 千字 |
| 插 页 | 2 |
| 版 次 | 2023 年 8 月第 1 版 2023 年 8 月第 1 次印刷 |
| 书 号 | ISBN 978-7-5334-9700-2 |
| 定 价 | 85.00 元 |

如发现本书印装质量问题，请向本社出版科（电话：0591-83726019）调换。

献给莎伦（Sharon）

# 目 录

前言 \ I
致谢 \ 1
导论 \ 6

第一章　殖民地时期的学院 \ 1
第二章　构建高等教育的"美国方式"：学院的创办，1785—1860 \ 39
第三章　多样与困境：美国高等教育的韧性，1860—1890 \ 73
第四章　业界巨头与学界巨子：大学创建者，1880—1910 \ 107
第五章　母校：美国人涌入大学，1890—1920 \ 153
第六章　成功与过剩：高等教育的扩张与改革，1920—1945 \ 200
第七章　高等教育的"黄金时代"，1945—1970 \ 252
第八章　步入成年的美国高等教育：身处困境的巨人，1970—2000 \ 304
第九章　新生命的开启？21世纪美国高等教育的重构 \ 348
第十章　成就与问题：2010年以来的美国高等教育 \ 383

文献述评 \ 423
译后记 \ 453

# 前　言

一位记者在结束对美国各地高校的走访后说道:"我访问了 14 所大学,每一所都出现这样的议论:'你是在一个关键时刻来访的。这所大学眼下正处于转变阶段。'"① 对于在 2011 年经历过不确定性和多变性的高校校长们来说,此话定能产生共鸣。但令当代读者可能会感到惊讶的是,这句话是埃德温·斯洛森 (Edwin Slosson) 在一个世纪前的 1910 年完成他的经典文集《伟大的美国大学》(*Great American Universities*)的研究时所说的。

无论是 1910 年还是 2019 年,不管是出自偶然的因素还是主观有意而为,高校持续不变的因素就是在不断地变化。每个时代的高校领导们都倾向于把自己所处的时代视为关键时刻。在我看来,这显然是一种历史短视行为,因为在我们看来,今天的危机已经超过了早先时代的危机——尤其是不久前发生的诸如 1981 年时的危机。我们需要将当下高校校长们所持有的自我中心主义放在历史的语境下加以反驳。本人在过去的三十多年的时间里一直担任高校教师和行政工作,我最好的估计是,1981 年的问题在今天看来似乎是可控的,甚至可能是奇特的,其中一个原因是,由于一些富有想象力的调整、学术上的深刻反省以及全面的教育审思,高校躲过了一场严重的金融和政治问题风暴。过去的美好时光究竟有多糟糕呢? 1978 年至 1981 年期间,处事沉稳的卡耐基高等教育委员会 (Carnegie Commission on Higher Education) 做出了令人警醒的预测,大约 25% 的美国高校的办学将很快难以为继。因此,从历史上看,当下美国高等教育面临的问题不一定是最为严重的。但与 1981 年相比,此次围绕着可能会导致高校领导找到好的解决方案的见解和优先事项,似乎并没有那么显而易见和富有创造性。

困扰当下的问题是,对于那些试图理解和解决高校目前面临的问题的人来说,他们似乎不太愿意以真正的历史视角来审视高等教育。例如,2010 年 11 月,《高等教育纪事报》(*Chronicle of Higher Education*)和《高等教育内情》(*Inside Higher Ed*)报道称,耶鲁大学管理学院将与位于科日科德 (Kozhikode)

---

① Edwin Slosson, *Great American Universities* (New York: MacMillan, 1910), p. 75.

的印度管理学院（Institute of Management）进行合作，培训大学领导者。① 这似乎意味着工商管理硕士（MBA）可以很好地用来为高等教育纠偏。因此，几乎没有迹象表明，深入的历史分析将在与工商管理硕士课程模式相关的阅读和项目中发挥不可或缺的作用。那么，高等教育史应该在未来高校领导的教育中发挥什么作用呢？这仍是一个尚未取得共识的问题。

我不得不引用乔治·桑塔亚纳（George Santayana）② 的学术格言："那些忘记过去的人注定要重蹈覆辙。"我的直觉告诉我，这一大胆论断的真正出处是一位睿智、务实的大四学生警告某些慵懒的大二学生："如果你们不为编号为101的历史考试进行复习，你们这门课就会挂科，还得重修！"这个合理的建议并不像桑塔亚纳戏剧性的版本那样惊天动地。本人的拙见是，学院和大学都是历史的机构——这是一个值得那些在那里生活、工作甚至是担任领导的人仔细考虑的特点。让我们再来看看一个世纪前记者（也是化学家）埃德温·斯洛森对高等教育物质和实体环境的观察："但在面对宾夕法尼亚大学时，我们不可能忽略其历史。没有人能够回避它。所有的墙上都覆盖着历史。学校的建筑是同一个家族的博物馆。无论游客漫步在校园何处，都会被绘画、浮雕、铭文、窗户、遗址、手稿，以及其他类似的纪念品所吸引。"③

大多数美国知名高校都有这样的建筑和文物遗产。具有讽刺意味的是，最缺少历史的办公楼往往最倾向于采用历史性的标志。文物和绘画通常是收藏于行政主楼——尽管对高等教育的历史有深刻的了解的校长或董事会成员并不多见。当一个人漫步校园，对纪念牌和建筑物命名中所纪念的人和价值观予以关注时，就会对历史的有效性产生合理的怀疑。假如是坐在一间经过修缮的历史悠久的行政大楼的会议室里，历任校长肖像画廊往往乏善可陈，毫无新意。为什么会给人留

---

① Philip G. Altbach，"Training University Administrators: Should Management Schools?" *Inside Higher Ed*，5 November 2010.

② 乔治·桑塔亚纳（1863—1952），西班牙著名自然主义哲学家、美学家，美国美学的开创者，同时还是著名的诗人与文学批评家。桑塔亚纳早年就读于哈佛大学，后任该校哲学教授。桑塔亚纳的主要著作有《美感》（1896）、《诗与宗教的阐释》（1900）、《理性生活》（1905、1906）、《存在领域》（1927—1940）等。——译者注

③ Edwin Slosson, *Great American Universities*（New York: MacMillan, 1910), p. 347.

下这样暗淡的印象呢？也许是因为随着历史遗产的光泽逐渐褪去，展示出来的只是一幅幅质量平庸的油画：老白人坐在高背椅上，穿着带斗篷的学袍，别着一堆胸章，让人想起的是学院入会仪式，而不是严肃的思想或对教育的振奋。

令人欣慰的是，近年来一些高校敢于以新的、批判性的眼光重新审视自身的历史传统。2003年，布朗大学校长任命了一个由教师、管理人员、本科生和研究生组成的基础广泛的委员会，调查这所大学"关于奴隶制和跨大西洋奴隶贸易"的历史——这一调查与布朗大学的同名家族存在无法摆脱的干系。这个公正指导委员会花了三年时间研究和讨论"当下与过去不公正的相遇所带来的复杂的历史、政治、法律和道德问题"。调查的结果是建立了一座纪念碑，它不亚于"一个记忆的鲜活场所，在不会引发人们麻木不仁或感到羞耻的情况下，触发人们进行反思和新的发现"[①]。这个项目令人耳目一新之处在于，它展示了高等院校的历史作为自我更新和重新发现的源泉是如何持续不断地向前推进的。对于很多高校采取对办学历史上有争议的问题进行回避或否认的做法，布朗大学提供了一种受欢迎的解决方案——而且，对于当下和未来生活在校园中的人来说，他们也可从增进知识的研究和反思中获得力量和决心。

同样，也有令人鼓舞的迹象表明，正在撰写高校校史的历史学者开始直面在今天可能不太不讨人喜欢的问题。詹姆斯·阿克塞特尔（James Axtell）2006年出版的《普林斯顿大学史话》（*The Making of Princeton University*）一书就是一个很好的例子。该书讲述了从伍德罗·威尔逊（Woodrow Wilson）担任校长时期一直到21世纪初的学校办学历史。[②] 阿克塞特尔非常坦率地指出，威尔逊担任校长任期内的普林斯顿大学对犹太人和其他宗教少数群体实行排斥，对女性、非裔美国人以及家境不好的学生、收入不高的教师和行政人员实行正式和非正式的排斥措施。但重要的结果是，随着时间的推移，普林斯顿大学开始直面这些内外偏见——并从中吸取教训，最终进行持续性的改变，从而提高了普林斯顿的学术地

---

① 可参见"Brown University's Debt to Slavery"（editorial），*New York Times*，23 October 2006. 布朗大学的主要文献包括：*Slavery and Justice: Report of the Brown University Steering Committee on Slavery and Justice*（2006）和 *Report of Commission on Memorials*（March 2009）.

② James Axtell, *The Making of Princeton University: From Woodrow Wilson to the Present*（Princeton: Princeton University Press, 2006）.

位,并采取适当的措施来促进平等和社会公正。因此,布朗大学和普林斯顿大学提供了处理历史传统的模式,这些模式对于今天的高校来说,既是考虑周全的,同时也是有用的。

当然,要面对高校过去历史的方方面面,这尤其需要来自校长和其他学界领袖的主动和承诺,同时也需要来自学生和校友的基层的想法和支持。尽管布朗大学和普林斯顿大学以身作则,展示了一所高校是如何用复杂且适时的机构历史遗产的呈现来取代对过往历史的肤浅赞颂,但其他高校要想仿效却并非易事。这是因为即使对那些希望让历史在高等教育中保持重要性的校长、董事会成员和校友团体而言,他们也面临着各种各样的诸多问题。一个令人不安的情况是在后勤方面。高校之所以一直在失去他们的组织记忆,是因为敬业和博学的档案管理员现在所拥有的资源越来越少,专业工作人员不足,用来保存校园生活的物件和记录的空间越来越小,尤其是学生文化方面的材料越来越难以保存。这种任务转变的理由是,在"信息时代",要求学校档案馆作为官方记录和学校文件的保管者,在电子和纸质形式上投入更多的时间和资源。另一方面,照片、年鉴、学生海报和出版物、学生期末作业、试卷、日记和回忆录在院校记忆中的分量则不断下降。①

高等院校的雄伟建筑固然令人印象深刻,但却无力一贯坚持向学生灌输对历史的尊重。重视校园建设和扩充在美国高等教育中居于核心的地位。一位记者在1985年发现,超过75%的校园建筑是在此前的20年里建成的,这让他得出一个结论:"真正代表20世纪60年代动荡十年的校园标志,并不是一条警戒线;而是一架工程起重机。"② 这种建设的传统意味着美国的高校既是历史资源的主要保护者,同时也是历史建筑的主要破坏者,正如乔治·华盛顿大学所表明的那样,它将建于18世纪晚期的联排房子夷为平地,腾出空间修建办公零售综合体。③

---

① John R. Thelin, "Archives and the Cure for Institutional Amnesia: College and University Saga as Part of the Campus Memory," *Journal of Archival Organization* 7, No. 1 (2009): 4—15.

② S. Williams, "The Architecture of the Academy," *Change: The Magazine of Higher Education* 17 (March-April 1985): 14—30, 50—55.

③ 可参见 Stephanie Russell, "When Campus and Community Collide," *Historic Preservation*, September/October 1983, pp. 36—41.

校园建筑的转变反映出美国高等教育的变化，也显现出美国高等教育存在的问题。一个世纪前，美国全国著名的建筑公司竞逐参与设计和建造优美的校园环境，以中标为荣。然而，近几十年来，已经出现了如同历史学家盖伊·布莱希林（Gay Brechlin）所说的"从古典的梦想到钢筋混凝土的现实"方向的漂移。① 在20世纪50年代之前，公立大学的校园建设通常是由州政府部门的低投标合同原则所决定的。今天的校园建筑规模庞大，但往往既缺少灵感，也不能给人带来启迪。美国校园已经成为其自身成功和成长的因徒。一个世纪以前，人们认为它很美丽，适合漫步和游览；如今，它更有可能是访客最难找到停车位的地方——有时校园太大了，以至于学生在课间无法从校园的一边赶到校园的另一边。橄榄球场和篮球场过去通常都建在一起，地处校园的中心位置，类似于大都市的火车站在城市中所处的位置。在21世纪，美国大学校园不再是一个整体的、相互协调的环境，校园设计更有可能类似于机场建设的逻辑，体育场馆建在远离校园核心的位置。

当今美国高等教育中历史短视问题中最令人不安的方面，是校长和董事会相信，只要他们有更多的钱，他们的院校就会变得伟大。同样看似合理的观点认为，有了更多的资金，这些机构只会变得更大、更复杂、更缺少内在凝聚力。以17世纪至今的美国高等教育史为标准来衡量，主要的问题是目标混乱，而不是资源不足。我的这个观点可以从我最喜欢的一位已故作家及其著作中获得支持——克拉克·克尔（Clark Kerr）的《大学之用》（*The Uses of the University*）。克尔至少有五次机会来写一篇新的序言，在序言中，他可以对他在原著中的观点进行辩护或修正。在2001年出版的最后一版序言中，他总结说，21世纪的美国高等教育在方向和目标上已经变得含混不清。

在过去的十年里，这种制度上的弊端反映在大学招生办公室的传统观念方面，那些对学生入学学业能力要求严苛的大学尤为如此。美国全国高校入学人数的逐年增长，其中本科生的入学申请数量增加得更快。这就是所谓的"申请膨胀"（application inflation）现象，高校校长们将此归结于这样一种观念，即"申请人数越多意味着生源质量越好"。然而，正如埃里克·胡佛（Eric Hoover）所

---

① Gay Brechlin, "Classical Dreams, Concrete Realities," *California Monthly*, March 1978, pp. 12-15.

质疑的那样，大学官员可曾想过，"多少才算够多？"① 很显然，许多高校通过拒招学业表现优秀的申请人而获得好评。这是一种与追求联邦拨款的研究军备竞赛类似的综合征——到了某种程度，这种做法在教育的正当性上只会适得其反，并引起人们的质疑。不幸的是，这种综合征泛滥的恶果就是它助长了无节制的消费主义。例如，高中毕业生往往被鼓励申请10到20个本科高校——由于普遍采用互联网在线申请的方式，这种行为变得越来越容易。除了录取条件不断加码和堵塞招生及录取渠道外，这种集体行为很可能有利于那些获得过高校招生人员的咨询帮助和父母受过良好教育的学生。这可能有助于一些高校在《美国新闻与世界报道》发布的高校排行榜中提升统计数据指标。然而，总的来说，它对弱势群体家庭学生而言，在切实增加他们的入学机会，丰富他们的院校选择以及减轻他们的学费负担压力等方面，并不能起到什么帮助。知名高校这种特殊的暗箱操作行为实际上是回避了重大的教育问题。

我们应该如何去探究那些即将对21世纪产生影响的最为重大的历史变革呢？我认为，大学完全不是体制陈旧和故步自封的公司和商业机构，相反，大学通常在组织变革方面是引领者，而这种组织变革对美国生活会产生重大的影响。总而言之，大学模式作为一种组织与法律安排，对曾经被归类为商业投资的机构越来越有吸引力。过去人们老生常谈的问题是："为什么不能像经营企业那样来经营高校呢？"倘若稍加认真审视，我们就会发现，务实的企业家已经发现，聪明的投资会选择让企业像学院——或者更具体地说，像大学那样来经营。② 经常被忽视的一个问题是，"非营利"（nonprofit）这一法律和技术名词指的是一个组织不向投资者提供股票和股息。在薪酬和收入方面，非营利状态并没有明确的界定。获得501（c）（3）非营利免税实体的身份是比较容易做到的。③ 因此，很多与教

---

① Eric Hoover, "Application Inflation: Bigger Numbers Mean Better Students, Colleges Say-But When Is Enough Enough?" *Chronicle of Higher Education* 57, No. 12 (12 November 2010): A1, A20—A22.

② John Thelin, "Why Can't Businesses Be Run More Like a College?" *Planning for Higher Education* 24, No. 3 (Spring 1996): 58—60.

③ 美国国内税收法典（Internal Revenue Code）在501（c）（3）节规定了免税组织可以获得美国联邦免税资格，501（c）（3）主要有六类免税组织：慈善组织、教会和宗教组织、私人基金、政治组织、教育组织以及其他非营利组织。——译者注

育、科学和服务活动沾点边的企业都可能都会获得享受优惠政策的非营利实体的资格。对于许多与医疗服务以及研发的商业应用有关的企业来说，这无疑是一个有吸引力的选择。为了说明这一法律安排的灵活性，只要看看即便是全美大学体育联合会（National Collegiate Athletic Association）也享有非营利组织的身份，尽管它通过电视广播和体育观众成为了具有丰厚利润的商业投资。斯坦福大学最近的一项研究得出结论说，就获得非营利组织身份而言，美国的模式是"万事皆可"！（Anything Goes!）不利之处在于，各级政府不会采取差异化和特殊化的方式来对待大学。

如果说高校在录取申请激增方面的做法还不足以让人们对其优先考虑产生质疑的话，那么，过去十年涉及捐赠基金和投资的事件则足以表明，高教界发生的变化可谓是天翻地覆。或换个说法，就是大学陷入了管理的价值观被颠覆了的奇怪世界之中，误入了歧途。大约20年前，耶鲁大学的首席投资官大卫·斯文森（David Swensen）写了一本颇具影响力的书《先驱型资产组合管理》（*Pioneering Portfolio Management*）——此书的副标题很有趣："机构投资的创新之路"（*An unconventional approach to institutional investment*）①。根据安德鲁·德尔班科（Andrew Delbanco）2009年5月14日发表在《纽约书评》（*New York Review of Books*）上的评论文章的观点，作为一名专业的高校投资经理，斯文森的主要成就是找到了可以确保大学捐赠基金以低风险获得高收益的法则。②的确，他的投资方法奏效了——至少在一段时间内是这样。如果仔细阅读《高等教育记事报》在过去十年里每年出版的特别年刊，人们确实会发现，在这十年的中段时期的三到四年的时间里，许多大学报告说每年的入学人数增长了10%或15%，甚至是20%。但再往后看一看——到2008年和2009年，仍然保持两位数的数字变化，只是这些年来它们已经从盈利变成了亏损。具有讽刺意味的是，就良好的学术价值观而言，慈善事业和高等教育，包括对捐赠基金的明智和健全的管理，在21世纪显然意味着，一所大学每年花费10%或15%用于学术改进和提高，以确保学生

---

① David F. Swensen, *Pioneering Portfolio Management: An Unconventional Approach to Institutional Investment* (New York: Free Press, 2000).

② Andrew Delbanco, "The Universities in Trouble," *New York Review of Books* 56, No. 8 (14 May 2009).

的质量和经济承受力，这样的做法并非是明智的。然而，很显然的是，同样一所高校通过高风险的投资策略损失10%到30%的捐赠基金，是不成问题的——或者说，至少是可以被理解和原谅的。如果大学因贪婪和冒险的投资而损失了一大部分基金可以被接受，但另一方面在对现在和未来进行"投资"，以大大超出传统的年5%的支出上限来解决各种教育问题，却被视为偏离了基础和挥霍浪费，这是否意味着我们的大学偏离了其应有的价值观、优先事项和目标的轨道？这便是21世纪美国高等教育所面临的基金和慈善方面的困境，需要借助历史的复杂性和背景来思考如何塑造现在和未来。根据《纽约时报》2010年11月的报道，这种对发展和捐赠政策进行知情、严格的自我审查的急迫性之一是基于这样一个严峻的事实，即由于捐赠者已经缩减支出，大学"一切照旧"（business as usual）的做法已经难以为继。捐赠行为发生这种变化的一个原因显然是由于捐赠者对高校失去了信心，其结果就是"捐赠者，尤其是大捐赠者，他们对社会上的管理者较为信任，因而会对高校提出更加严苛的问题"。①

在招生、募款和捐赠基金中出现的各种进取性的组织行为所带来的另一个相关重要影响，就是造成美国高等教育中教育和商业活动之间的边际模糊。大型学术研究的致命弱点是私人或商业部门能够规避高费用和高风险。制药公司就是这方面的典型代表。这种情况一直普遍存在，是因为联邦政府资助的研究通常是针对那些依托大学的研究中心的，为它们提供了充足的研究经费。而大学校园内的科学家承担了昂贵、耗时和不稳定的基础研究的任务。但是，对高校研究提供长期的慷慨资助已经变得越来越不确定和不可靠了。从长远来看，公司与高校之间这种不牢靠的关系已经变得有害，或至少是扭曲的，因为它迫使联邦资源因其他目标而转移到高等教育的其他地方。② 糟糕的后果是，这些因素会使大学变得越来越像是商业组织而不是教育机构。

为本书第三版撰写最后一章是件令人愉快的事情。撰写当下刚刚发生的历史具有特殊的困难，因此，这项工作也充满挑战性。在这种情况下，我对2010年以

---

① Geraldine Fabrikant, "As Donors Retrench, Challenges for Universities," *New York Times*, 11 November 2010, p. F17.

② Nicholas Wade, "Rare Hits and Heaps of Misses to Pay For," *New York Times*, 9 November 2010, pp. D1, D8. See also Sheldon Krimsky and Cat Warren, eds., "The Conflicted University," special issue of the AAUP's Academe (November 2010).

来美国高等教育问题和发展的新近研究,将反映在当下各种文件和数据中的讨论所形成的重大问题放置到历史的语境中。经过本人对第一手和二手资料的深入分析,我发现,从2010年到2018年,知名高校在很大程度上处在一种"错失机会"去预测可能出现问题的状态。其中包括随着时间的推移,许多高校的董事会和校长逐渐变得不再鼓励创新而开始崇尚模仿。他们还因为没有注意到预示校园严重撕裂的风暴警兆而付出了高昂的代价。与这些人的目光短视形成对比的是,一些学术群体致力开展各种促进公平的项目,并在教学、慈善捐赠和财政援助等基础领域显现出了卓越的创新性和韧性。我希望在本书的最后一章,即第十章,通过聚焦亮点与问题,使人们了解新的改革举措和正在开展的工作。

高校圈内外一些有影响力的人坚持认为,应该像经营企业那样来经营高等教育,我已将此观点牢记于心。这意味着,当我在2018年为第三版撰写新的一章时,我的阅读和研究范围开始关注高等教育经济学。这包括对高校内部以及州和联邦层面高等教育事业资金的由来和投向的关注。

重视品牌化和商业化的高校校长及其董事会使我重新开始关注旨在增加创收的活动上,如在线课程、研究园区、产品代言和体育场馆建设。这一策略通常包括依靠大型校际体育赛事来提升学校声誉,增加办学收入。1969年,还是一名研究生的我将大学体育运动作为研究美国高等教育的切入点,并在开始认真撰写文章时,我经常被告知这是个非主流的不足轻重的问题,这令我感到十分沮丧。数十年来,作为一名了解情况的支持者和公正的批评者,我一直在撰写有关大学体育运动的历史和经济方面的文章。到2010年,我认为我已经研究得非常透彻了,为数众多的委员会和专门小组终将进行彻底的改革。但我在这两方面都错了,因为无论是在积极还是在消极的方面,大学校际体育运动都变得越来越重要,越来越引起社会公众的关注,令我感到困惑不解的是,为何鲜有美国高校敢于将形象与现实联系起来,承认校际体育运动已成为高校的核心使命。

沉迷于商业企业和消费主义使得高校的领导者们坚信,美国高校所面临的问题主要是财务上的。这意味着只要有更多的钱就可以解决问题,从而让高等教育走上正轨。我在对高等教育的经费筹措问题进行分析时就考虑了这种逻辑关系,并重点关注高校之间存在的差异。我发现,一些最严重的丑闻、职业不当行为、校长被解雇和不文明的校园行为,都发生在资金充裕、收入丰厚的高校。除了缺乏资金,高校面临的问题还涉及基本原则和历史使命。社会公正、公平、教育机会、经济承受力、包容性的传统以及公民教育等问题仍然是接受高等教育这一 21 世纪美国人生活方式的核心问题。

在此我要重温 60 年前约翰·加德纳（John Gardner）[①] 所提出的问题（亦是挑战）："我们能兼顾平等与卓越吗？"在美国的高校中，性别、种族、民族、宗教和社会阶层仍然是值得关注的问题。在这本书的最新版本中，我希望通过认真的研究、深思熟虑的阅读和明智的讨论来提醒新一代的读者，历史在塑造美国高等教育的适当的品格方面依然发挥着重要的作用。

---

[①] 约翰·加德纳（1912—2002），美国林登·约翰逊总统时期的健康教育与福利部长。他也是卡耐基公司的总裁，以及两个重要的全国性组织共同事业组织（Common Cause）和独立机构（Independent Sector）的创建者。经典著作有《卓越：我们能兼顾平等与卓越吗？》（*Excellence: Can We Be Equal and Excellent Too?*）（1961）和《自我更新：个人和创新社会》（*Self-Renewal: The Individual and the Innovative Society*）（1964）等。——译者注

# 致　谢

在本书的撰写过程中，我有幸得到了许多同事的帮助。自 1969 以来，加州大学伯克利分校的荣誉退休教授杰拉尔丁·乔尼奇·克利福德（Geraldine Joncich Clifford）一直是我的导师。我有幸分享了威廉姆斯学院荣誉退休教授弗雷德里克·鲁道夫（Frederick Rudolph）本人关于美国学院和大学历史研究课题的材料。早在我们都还在加州大学伯克利分校攻读研究生时，克莱蒙特研究生院现任教授杰克·舒斯特（Jack Schuster）就开始和我一起探讨这个话题——迄今为止，这场对话已经持续了三十年之久。经常给我提供有关高等教育方面的见解的学者包括：威廉玛丽学院的詹姆斯·阿克斯特尔（James Axtell）；佐治亚大学的小托马斯·戴尔（Thomas Dyer, Jr.）；弗吉尼亚大学的约翰·卡斯滕三世（John T. Casteen III）；纽约州立大学布罗克波特分校的布鲁斯·莱斯利（Bruce Leslie）；布朗大学的凯瑟琳·谢普乐（Kathryn Spoehr）；威廉玛丽学院的劳伦斯·怀斯曼（Lawrence Wiseman）；田纳西大学的詹姆斯·塞林（James W. Thelin）；西谷社区学院（West Valley Community College）的彼得·塞林（Peter C. Thelin）；以及马尔昆迪亚历史与文学研究学会（Marquandia Society for Studies in History and Literature）的艾伦·布拉扎（Alan W. Blazar）。克莱蒙特研究生院已故的霍华德·鲍文（Howard Bowen）鼓励我撰写关于学院和大学历史的文章。我所信赖的印第安纳大学院长、教育历史学家同行唐纳德·沃伦（Donald Warren）长期以来一直支持我的工作。肯塔基大学的爱德华·基弗（Edward Kifer）耐心地阅读了章节草稿，帮助我更好地理解作为历史记录的统计分析和公共政策。

长期以来，教育史学会（History of Education Society）和高等教育研究协会（Association for the Study of Higher Education）这两个我所属的会员团体为我的写作提供了帮助。我要特别感谢多年来与我交换意见的学会成员同仁。其中包括：马萨诸塞大学波士顿分校的琳达·艾森曼（Linda Eisenmann）；先后执教于加州大学伯克利分校和华盛顿大学的马蕾茜·内拉德（Maresi Nerad）；乔治·凯勒（George Keller）；南卡罗莱纳大学的凯瑟琳·雷诺兹（Katherine C. Reynolds）；密歇根大学的简·劳伦斯（Jan Lawrence）；密歇根州立大学的安·奥斯汀

（Ann Austin）；密歇根大学的贾娜·尼迪弗（Jana Nidiffer）；印第安纳大学的爱德华·麦克莱伦（Edward McClellan）；以及阿默斯特学院的休·霍金斯（Hugh Hawkins）。

和我一起工作过的研究生们证明了这句谚语：最终，老师都会变成学生的。在威廉玛丽学院，玛莎·范·戴克·克罗特森（Marsha Van Dyke Krotseng）与我合写了许多文章，她还就州长与高等教育的关系方面进行了原创性的研究。芭芭拉·汤森（Barbara K. Townsend）、路易斯·罗伯逊（Louise Robertson）、简·明托·贝利（Jane Minto Bailey）、罗伯特·希尔（Robert Seal）、比尔·威尔逊（Bill Wilson）、黛博拉·迪克罗斯（Deborah DiCroce）、伊丽莎白·克劳瑟（Elizabeth Crowther）以及托德·科克雷尔（Todd Cockrell）等人，他们均曾担任我在高等教育史研究中诸多领域的研究助理。我在印第安纳大学教书时，大卫·坎培恩（David Campaign）帮助我做了所有学术领域的摘要，从打头的字母 A 到最后一个字母 Z［从"体育学"（athletics）到"动物学"（zoology）］。杰拉尔德·圣·阿曼德（Gerald St. Amand）经常为我提供当代高等教育方面的最新信息。盖尔·威廉姆斯（Gayle Williams）教给我美国高校宗教方面的知识。肯塔基大学的博士生艾米·威尔斯（Amy E. Wells）、埃里克·莫延（Eric Moyen）、罗宾·盖格（Robin Geiger）、克里斯·贝克汉姆（Chris Beckham）、德克斯特·亚历山大（Dexter Alexander）、理查德·特林杰（Richard Trollinger）以及杰森·爱德华兹（Jason Edwards）等人，他们都曾是我的研究助理，我们是一系列出版物的合作者。他们在各自学术研究成果所做出的原创性贡献为我们展现了高等教育教学与研究的活力。

我之所以能够完成本书，其中的原因之一是肯塔基大学在 2000—2001 学年所提供的慷慨支持，这年我应聘担任该校的"大学研究教授"（University Research Professor）。我要感谢艾伦·德扬（Alan DeYoung）教授的提名使我获得这一殊荣，并感谢肯塔基大学研究基金会的两位副会长詹姆斯·博林（James Boling）和凯西·斯坦威克斯—海（Kathy Stanwix-Hay），他们均支持我的出书计划。我要特别感谢肯塔基大学副校长温迪·鲍德温（Wendy Baldwin）、肯塔基大学教育学院院长詹姆斯·齐布尔卡（James Cibulka）、副院长罗伯特·夏皮罗（Robert Shapiro）以及杰弗里·比伯（Jeffery Bieber）教授为本书的编辑和索引制作提供资助。

我要感谢以下个人和机构，承蒙他（它）们慷慨允许我复制原始资料作为本书的插图：布朗大学档案馆和特别收藏馆的玛莎·米切尔（Martha Mitchell）、南卡罗来纳大学教育博物馆及其霍利明信片收藏部的克雷格·克里德尔（Craig Kridel）、加州大学伯克利分校班克罗夫特图书馆的苏珊·斯奈德（Susan Snyder）、伊利尼传媒公司出版部和伊利诺伊大学年刊《伊利奥》的玛丽·科里（Mary Cory）、威廉玛丽学院特别收藏部的档案管理员斯泰西·古尔德（Stacy Gould）、阿默斯特学院特别收藏和档案馆馆长达里娅·达瑞恩佐（Daria D'Arenzo）、为《生活》杂志拍摄封面配图的时代皮克斯（Time Pix）和时代与生活图片公司（Time and Life Picture Corporation）的希拉里·约翰逊（Hilary Johnson），以及发行1932年马克思兄弟电影海报的MCA家庭影音公司。肯塔基大学图书馆的特里·伯德惠斯尔（Terry Birdwhistell）和汤姆·罗斯科（Tom Rosko）协助我解决了许多与高校档案、口述历史和特别收藏方面有关的问题。

莎伦·塞林－布莱克本（Sharon Thelin-Blackburn）通读了本书第一版各个章节的手稿，尤其关注我写作衔接的改进问题。肯塔基大学教育学院的绘图部门主任丹·凡特雷塞（Dan Vantreese）出色地处理了本书插图的技术编排事宜。玛丽·耶茨（Mary V. Yates）熟练地完成了手稿的排校工作。艾莉克莎·希尔菲（Alexa Selph）草拟了索引。约翰·霍普金斯大学出版社的执行编辑杰奎琳·韦赫米勒（Jacqueline Wehmueller）自始至终为本书作者提供了专业知识与协助。

我尤其要感谢约翰·霍普金斯大学出版社的阿什丽·艾略特·麦考恩（Ashleigh Elliott McKown），正是由于她的鼓励和专业帮助使得本书的第二版适时增加了21世纪美国高等教育的内容。

从1988年起，我有幸成为约翰·霍普金斯大学出版社的作者。鉴于本书出版计划涉及新的第三版，编务总监雷格·布里顿（Greg Britton）给我提供了建议和鼓励。我特别感谢他本人以及约翰·霍普金斯大学出版社的他的同事和工作人员的耐心帮助。在我撰写工作的各个阶段，助理编辑凯瑟琳·戈德斯特德（Catherine Goldstead）为我提供了周到的协助。约翰·霍普金斯大学出版社的杰奎琳·韦赫米勒与我在出书项目方面合作了30年，此次她再度提供了很好的意见和建议。本书的编辑和制作由执行编辑朱莉安娜·麦卡锡（Juliana McCarthy）和制作助理编辑罗伯特·布朗（Robert M. Brown）负责。希拉里·杰克明（Hilary Jacqmin）、凯瑟琳·玛盖（Kathryn Marguy）和摩根·沙汉（Morgan Shahan）则负责营销和推广的各项工作。我非常感谢约翰·霍普金斯大学出版社团队的全程负责，正是他们的出色工作，本书第三版才能得以问世。

在为本书第三版撰写新的最后一章时，我继续仰赖那些我前面提到的同事，在撰写第一版和第二版的过程中我曾采纳了他们的高见。我非常感谢为本书第三版提供最新意见的下列诸位：休斯敦大学的迈克尔·奥利瓦斯（Michael A. Olivas）、南加州大学的威廉·泰尼（William Tierney）、南卡罗来纳大学的凯瑟琳·查多克（Katherine Chaddock）、俄亥俄州立大学的布鲁斯·金博尔（Bruce Kimball）、普林斯顿大学的斯坦利·卡茨（Stanley Katz）、纽约州立大学布罗克波特分校的布鲁斯·莱斯利（Bruce Leslie）、威廉玛丽学院的詹姆斯·阿克斯特尔（James Axtell）、中心学院（Centre College）的理查德·特罗林格（Richard Trollinger）、杜克大学的查尔斯·克洛特费尔特（Charles Clotfelter）、布朗大学的路德·斯波尔（Luther Spoehr）、宾夕法尼亚大学的玛丽贝丝·加斯曼（Marybeth Gasman）、惠顿学院的琳达·埃森曼（Linda Eisenmann）、印第安纳大学的玛格丽特·克莱门茨（Margaret Clements）、肯塔基大学的特里·伯德惠斯尔（Terry Birdwhistell）、威廉玛丽学院的多萝西·芬尼根（Dorothy Finnegan）、南卡罗来纳大学的克里斯蒂安·安德森（Christian Anderson）、肯塔基大学的拉尔夫·克里斯托（Ralph Crystal）、美国全国州议会联合会（National Conference of State Legislatures）的贝内特·博格斯（Bennett Boggs），以及杰拉尔德·圣·阿曼达（Gerald St. Amand）。学术期刊《学会》（Society）的编辑、韦尔斯利学院的乔纳森·因伯（Jonathan Imber）为发表本人关于高等教育发展动向的文章提供了平台。我要特别感谢高等教育研究协会的执行理事金·尼尔斯（Kim Nehls），在高等教育研究协会的大会上，多年来他一直支持我的工作。

当然，历史也关乎变化和死亡。我接受这一事实，并在此怀着极其悲痛的心情念及已去世的几位心爱的同事，他们多年来在学术方面给予我莫大的帮助。他们是：佐治亚大学的小托马斯·戴尔（Thomas Dyer, Jr.）、哈佛大学的詹姆斯·梅多夫（James Medoff）（我在布朗大学的同学和朋友）、威廉姆斯学院的弗雷德里克·鲁道夫（Frederick Rudolph）、阿默斯特学院的休·霍金斯（Hugh Hawkins）、美国教育部和高等教育政策研究所（Institute of Higher Education Policy）的克利福德·阿德尔曼（Clifford Adelman）、佐治亚大学的道格拉斯·托马（J. Douglas Toma）、田纳西大学的格雷迪·博格（Grady Bogue）、波莫纳学院的杰克·

昆兰（Jack Quinlan）、佐治亚大学的卡梅伦·芬奇（Cameron Fincher）、密苏里大学的芭芭拉·汤森（Barbara K. Townsend）（我在威廉玛丽学院的博士第一导师）、耶鲁大学的斯特林历史学讲座教授（Sterling Professor of History）大卫·安德当（David Underdown）（当年我在布朗大学读本科时，曾担任过他的研究助理）和乔治·凯勒（George Keller）。我还要对加州大学伯克利分校我的几位导师的逝去表示哀悼，他们是：哈罗德·霍奇金森（Harold L. Hodgkinson）、马丁·特罗（Martin Trow）、克拉克·克尔（Clark Kerr）、亨利·梅（Henry F. May）、桑福德·埃尔伯格（Sanford Elberg）、劳伦斯·莱文（Lawrence Levine）、卡洛·西波拉（Carlo Cipolla）和厄尔·切特（Earl F. Cheit）。

《高等教育内情》的编辑斯科特·贾西克（Cott Jaschik）、道格拉斯·莱德曼（Douglas Lederman）和莎拉·布雷（Sarah Bray）对我撰写的与本书第三版相关的高等教育评论文章进行了深刻的分析，并给予我莫大的支持和鼓励。《对话》（*The Conversation*）① 的编辑卡尔帕纳·贾恩（Kalpana Jain）邀请我写一篇长文，讲述1960年以来加州高等教育的遗产。最终发表于2017年11月的这篇文章引发我开始关注作为此书第三版最为重要的第十章的研究主题。

有些作者抱怨写作是一件苦差事，可我并不这么认为。多亏了上述这些体贴的同仁，让我体会到了写作此书的乐趣。而我呢，则希望他们能体会到阅读此书的乐趣。

---

① 在线新闻发布和研究报告非营利性媒体网站，属于独立的非营利组织或慈善组织，其资金来源包括合作的大学和大学系统、政府和其他捐款机构、企业合作伙伴以及读者捐款等。文章主要出自学者和研究人员。除特殊情况外，该网站只发表可认证的正规学术机构学者的文章。——译者注

# 导　论

## 历史学家与高等教育

在一场白宫新闻发布会上，一位被记者纠缠的公关人员曾用一句俏皮话来反驳记者提出的棘手问题："唉，那事都是历史了！"言下之意是，把一个问题放在历史的背景里，它会因为时过境迁而成为无关紧要的东西。对于政客和记者来说，事情也就到此为止了。由于今天的美国高等教育已成为一项艰巨的现代事业，高教界领导人会很容易忽视它的过去。然而，我的立场却截然不同。对我来说，对适时高等教育话题的讨论始于——而非止于——历史。

高等院校都是历史的机构。高校可能会失忆，也可能会选择性回忆，但从根本上讲，历史遗产是大学生命中流淌的血液。我是从 1963 年哈佛大学发给即将入学的招生手册上的一段话中得到启示的。其中的一句话言简意赅："与年龄一样，财富也不能使一所大学变得伟大。但财富是有所助益的。"认真思考会觉得这种坦率的说法显然是正确的。招生手册还写道："显然，时间并不能确保卓越。它可能只会导致自我陶醉和故步自封。但这所大学是与国家一起成长的。三个多世纪以来，它一直保持着非凡的生命力和对不断变化的环境的坚定意志。它在这三个动荡的世纪中生存和发展的能力，以及它在美国历史中的深厚根基，使之发展成为集视野、信心和目标连续性于一身的非凡结合体。"[①]

我认为这是一种对待高等教育历史的健康心态。在本书中，我将通过一些故事的描述来探讨高等教育。我希望这些故事将帮助读者从历史的角度对某些事件进行思考。对于当时事件的参与者来说，这些事件的后果既不明晰也不确定。我的目的是稍微纠正一些关于高校如何发展和运作的传统观念，尤其是在学校办学成本与效率、招生与录取，以及课程和课外活动的特点等不断变化的事情方面。这样做的目的是挖掘被遗忘的事实以及被忽视了的数据，以说服读者将当下关于高等教育声望和问题的看法暂且放在一边。

---

[①] *Information about Harvard College for Prospective Students* 60 (5 September 1963): 1—2.

历史确实很重要。即使是姓名、数字和日期这样最基本的事实在当下也会引起质疑和争议。在一所学院的校长就职典礼上，不同院校的代表通常按照各自院校的办学历史长短顺序排列，历史越久的院校就越有资格排在队伍的最前列。在欧洲，博洛尼亚大学（University of Bologna）的代表最有资格站在这个队伍的首位，几乎没有人会质疑这一点，因为博洛尼亚大学毕竟创建于13世纪。同样，来自美国大学的其他代表们也不会斗胆或无知地站在哈佛的前边，因为哈佛学院早在1636年就获得了办学特许状。然而，在这之后，事情就变得有点紧张了。例如，假设汉普登—悉尼学院（Hampden-Sydney College）的代表插队到布朗大学代表的前面，那么，历史学家该如何解决这场争端呢？毕竟双方都是在1764年获得办学特许状的。①

让我们来看一下不久前两所大学之间关于历史名称使用权的争议。1996年，特伦顿州立学院（Trenton State College）宣布自己将更名为新泽西学院（College of New Jersey）。而新泽西学院却是普林斯顿大学最初的校名。虽然普林斯顿大学已经有一个多世纪没有使用这个校名了，但它却"提出了商标申请，试图保留该校名的权利，并剥夺特伦顿州立学院使用该校名的权利"②。这可不是件小事，普林斯顿大学负责公共事务的副校长在给《高等教育纪事报》编辑的一封信中解释道：

唯一一位在《独立宣言》上签字的大学校长是来自新泽西学院的约翰·威瑟斯彭（John Witherspoon）。220年前的那个夏天，新泽西州议会的第一次会议是在新泽西学院的校园里举行的。仅有的两位在新泽西接受教育的美国总统詹姆斯·麦迪逊（James Madison）和伍德罗·威尔逊（Woodrow Wilson）都是新泽西学院的学生。首场大学校际橄榄球比赛是在两支新泽西高校的球队之间进行的，其中一支穿着新泽西学院的橙黄色球衣。

---

① 没有人质疑布朗大学的前身校罗德岛与普罗维登斯殖民地学院（College of Rhode Island and Providence Plantations）是在1764年取得办学特许状。尽管汉普登—悉尼学院现在将其建校时间定为1776年，但在20世纪80年代，它曾经根据很可能是其前身校的一所学院获得特许状的时间，将其建校时间往前追溯到1764年。

② "Two Colleges Assert Right to Use 'College of New Jersey' as Name," *Chronicle of Higher Education*, 12 July 1996, p. A6.

在新泽西学院，发生过许多在美国历史上，新泽西州历史上，以及高等教育历史上的重要事件。因此，特伦顿州立学院希望通过接管这个普林斯顿大学使用了150年的校名，将自己包装进这段历史中。这种做法并不令人惊讶。我们为自己的历史感到骄傲，为自己的最初校名感到骄傲，我们将尽一切努力阻止别人夺走我们的校名。

我们祝愿特伦顿州立学院在努力提升品质的过程中一切顺利，我们也同样祝福新泽西州所有其他高等院校。但我们希望特伦顿州立学院的董事们以他们自己的校名，而不是以我们的校名行事。至少，如果他们决定更名，让他们考虑更名为新泽西的学院（College for New Jersey），而不是新泽西学院（College of New Jersey）。把我们的历史留给我们吧。①

两所高校最终达成协议，同意特伦顿州立学院更名为新泽西学院（College of New Jersey）。此后不久，"新的"新泽西学院就以普林斯顿的口吻开篇，但用不同的事实充实了自己的传统："在新泽西学院，你会发现传统很重要。学院的历史可以追溯到1855年，由新泽西州立法机构建立，是新泽西州第一所同时也是全国的第九所师范学校。在19世纪后半期，学校得到蓬勃发展。1925年，学校开始开设学士学位课程。这一变革标志着新泽西学院开始向四年制大学转型。"② 对于同一个校名，各个高校都有不同的故事。上述案例表明，对学校办学历史的合理的自豪感对于当下的目标和信心是至关重要的。

政客们常常会向大学校长和董事施加压力，要求他们更改学校的办学历史，因为这样做可能有助于提升公民或州的自豪感。例如，1948年，路易斯维尔市长实施了一项长期的计划，旨在"对路易斯维尔大学（University of Louisville）的建校时间进行调整，从人们常说的1837年上溯到1798年"。为了寻找文献证实他的说法，他资助开展了"全面深入的编年史研究"。根据该大学历史学者的说法，"他有一份标示早期大学成立时间的纵向图，路易斯维尔大学位于末尾。然后，他对文件的查证使他得出一个全新的结论，于是他将图上路易斯维尔大学提高了

---

① Robert K. Durkee, letter to the editor, "The Name of a College in New Jersey," *Chronicle of Higher Education*, 16 August 1996, p. B5.

② "History," College of New Jersey website, 1999.

几个位次,还大喊道,'我们超过他们了'"。①

这些例子表明,高等教育历史的著述不断受到新的评价与审视。如果我们在高校校名和建校时间问题上存在严重分歧,那么,当我们试图重建和解释高等教育历史上最重要的问题和事件时,就有理由预料到会出现复杂性和不确定性。因此,研究高等教育的历史学者既要进行仲裁,也要开展分析。史学著述学术自由度很高,可以提高当代与高等教育有关的政策问题的重要性和吸引力。我的职业热情是为非历史专业人士撰写历史。历史学者在重构高等院校历史时所遇到的逻辑、方法和复杂性问题既可以帮助高等教育的领导者和决策者增长见识,也可以为他们提供启示。

为了说明当下我们的一些做法和假设有多不靠谱,举个例子,在19世纪90年代,哈佛大学私下招收那些无法通过大学本科入学考试的有钱校友的后代,安排他们就读大学的医学院。在当时大学正式名册中人们无法找到此类资料,因为这是哈佛大学著名哲学家乔治·桑塔亚纳(George Santayana)在他唯一的小说《最后的清教徒》(*The Last Puritan*)中所描述的"校外的传闻"(tale told out of school)。②

如果这类逸闻趣事似乎不太符合情理,不足以改变我们对高校声望和地位的一般看法,那么我提请大家注意19世纪80年代宾夕法尼亚大学教师的讨论记录:这所老牌文理学院的教授们拒绝了吸纳历史学、政治学和经济学系科的提议。这些被拒绝的系科只好另寻归属,划入了新成立的沃顿学院(Wharton School)。令人遗憾的是,现在的学者常常忽略了历史上的紧张关系和冲突,他们认为,这些看上去显赫的学科和领域早已在他们熟悉的环境中得以确立,但事实并非如此。③

历史学家可以帮助当代决策者避免对文献中看似显而易见(但并非正确)的结论进行匆忙的判断。例如,当你看到《生活》杂志的一张封面特写照片,照片

---

① Walter L. Creese, "Remembering Mayor Charles p. Farnsley," in *The University of Louisville*, ed. Dwayne D. Cox and William J. Morison (Lexington: University Press of Kentucky, 2000), pp.8—9.

② George Santayana, *The Last Puritan: A Memoir in the Form of a Novel* (New York: Charles Scribner's Sons, 1936).

③ Earl F. Cheit, *The Useful Arts and the Liberal Tradition* (New York: McGraw-Hill, 1975).

中是正在尖叫呐喊、情绪激动的伯克利学生（见图 1），你会很自然地认为这是学生运动的生动写照，这就证实了加州大学伯克利分校是大学生反叛和示威的火山的固有看法。如果这份《生活》杂志是 1968 年的，这种看法可能是正确的，但事实并非如此。这是 1948 年 10 月的《生活》杂志，编辑们将该大学当作是大型州立大学的典型予以了关注。在杂志的封面照片上，大学生们挤在体育场七万名观众中间，为他们的劲旅加州金熊（Golden Bears）橄榄球队在争夺联赛冠军和进军玫瑰碗（Rose Bowl）①冠军赛的道路上不断得分而呐喊助威。当年晚些时候，这些学生又为他们的加州金熊棒球队助威，这支棒球队击败了乔治·布什（George Bush）担任一垒手的耶鲁大学队，赢得了全美大学体育联合会锦标赛（NCAA）冠军。总而言之，历史文献使我们对综合巨型大学的理解复杂化了。这样一来，读者就会遇到一个历史困惑，即在面对作为加州大学伯克利分校历史一部分的 1948 年和 1968 年的图像的时候，该如何进行权衡。

图 1　1948 年 10 月 25 日《生活》杂志封面

---

①　玫瑰碗（Rose Bowl）指的是一年一度的美国大学橄榄球联赛，由全美大学体育联合会（National Collegiate Athletic Association，简称 NCAA）举办，通常于元旦在加州的帕萨迪纳的玫瑰碗球场举行。美国的大型橄榄球场大多呈碗状，玫瑰碗也因此得名。——译者注

本书开篇精选的这些小片段意在通过对当今许多政策和实践的持久性提出"合理质疑",来说明美国高等教育的多样性与变革。对那些分析高等教育的人来说,无论他们是大学的校长还是院长,或是董事会成员、教授,抑或是忧心的家长,要想有所发现,并深入了解高校历史的复杂性,最好的做法是去"处理脏数据"(get dirty with data)[1],对各种复杂多样的档案资料进行研究。

当高校校长们援引历史案例来渲染当代的问题时,感染力就变得更强了。州立大学的校长们抱怨说,现在他们从州立法机构获得的年度拨款已经不足。典型的历史证据是,1910年,大学办学预算开支的75%是由州政府拨付,但在2000年已下降到20%左右。[2] 如果仔细观察,大学校长的说法的逻辑是值得怀疑的,有时还显得不够坦诚。对大学过去与现在的预算进行合理的比较需要采取新的方法。首先,统计学家所遵循的一个基本原则是,在排除实际金额的情况下,比较不同时期的百分比是不完整的,而且可能具有误导性。其次,如果要对不同时期的经费投入进行比较,必须考虑到通货膨胀的因素,否则这种比较是没有意义的。此外,在1910年至2000年间州立大学预算的变化中,很重要的一点是要考虑到历史背景。现在的大学校长可能是在暗示州政府已经变得吝啬。在某些州,这可能是真的。然而,在大多数州,拨给州立大学的实际金额每年都在增加。1910年,一所州立大学之所以能获得如此高比例的州资助,可能仅仅是因为我们今天所依赖的众多资金来源渠道,在当时要么微不足道,要么根本就不存在。近几十年来,大学运行经费还包括联邦政府研发资助、联邦政府学生经济资助转移、校友基金捐款、大额捐赠利息以及私人大额捐款。此外,对1910年高等教育资助的大多数记录表明,州立大学校长认为,所在州的州长和立法者很抠门,给钱很不干脆。[3] 大学的教学负担相对较重,没有几所州立大学能够为博士课程配备先进的实验室、图书馆或其他资源。还有一点是,对过往美国高等教育的怀旧心结需要做一番深入的分析。原先是对高等教育财务状况进行纵向的"显性"比

---

[1] 脏数据或不干净数据是指在某种程度上存在错误的数据。它可能包含重复数据,或者过时、不安全、不完整、不准确和不一致的数据。脏数据的例子包括拼写错误的地址、丢失的字段值、过时的电话号码和重复的客户记录等等。——译者注

[2] Ben Gose, "The Fall of the Flagships: Do the Best State Universities Need to Privatize to Thrive?" *Chronicle of Higher Education*, 5 July 2002, pp. A19—A23.

[3] Edwin E. Slosson, *Great American Universities* (New York: Macmillan, 1910).

较，结果却变成了一个不能进行简单判断的棘手而复杂的问题，无法做出简单的判断。

1968年，社会学家克里斯托弗·詹克斯（Christopher Jencks）和大卫·里斯曼（David Riesman）在他们的著作《学术革命》（*The Academic Revolution*）的导论中指出，自1960年以来，关于高等教育的严谨著述和系统研究激增。他们回忆说："十多年前，当我们开始研究高等教育时，这个领域的学者数量很少，我们可以认识几乎所有的人，并与他们保持通信联系。但在今天，这已经不可能了。即便是了解公开发表的报告也需要耗费全身心的投入。如果一个人对'问题'的界定范围不仅限于高等教育，而是还包括高等教育与美国社会的关系时，工作量就更加巨大。"① 在过去的30年里，有关高等教育的学术研究成果不断丰富。鉴于学术界这种热络状况，我的书的一个目的是汇集历史学者的最新研究。大约1970年以来，他们为我们理解高等教育作出了有益的贡献。迄今为止，人们在对美国高等教育进行宽泛解释时，多多少少忽略了这些著述的价值。

因此，本书的叙述在很大程度上是建立在综合参考了数十位知名历史学家的文章、专著的基础上的。我尤其要感谢弗雷德里克·鲁道夫（Frederick Rudolph）1962年的经典著作《美国学院和大学史》（*The American College and University: A History*）。从本质上讲，我的书是对鲁道夫作品的认可——不是说我是一种模仿，而是尝试自己动手去写就，同时也可以完成1990年我在为他这本有影响力的著作再版所写的导言中提出过的一些建议。②

现在人们对新书的要求涉及两个方面。鲁道夫1962年的经典著作有一些局限性。第一，它所涉及的内容只延续到1960年前后，到现在时间已经超过了40年，需要对事件和故事进行补充，纳入本书的历史分析中——而不仅仅只是"时事"。这也同样适用于理查德·霍夫施塔特（Richard Hofstadter）和威尔逊·史密斯

---

① Christopher Jencks and David Riesman, introduction to *The Academic Revolution* (Garden City, N. Y.: Doubleday Anchor, 1968), pp. xii-xiii.

② John R. Thelin, "Rudolph Rediscovered: An Introductory Essay," in *The American College and University: A History*, by Frederick Rudolph (1962; reprinted Athens: University of Georgia Press, 1990), pp. ix-xxiv.

(Wilson Smith) 在 1961 年合编的两卷本基本资料和文献史。① 第二，可能也是最难以融入高等教育"记忆"的是，自 1960 年以来，出现了一种有趣的、往往被低估的史学动向。它不仅分析 1960 年以来的事件，而且扩及整个高等教育的历史。这些著述及其作者尚未得到充分的认可和全面的吸收。我希望本书能起到纠偏的作用。

弗雷德里克·鲁道夫的经典著作主要关注的是办学历史较长的学院和大学。我的研究范围则扩充到对其他未被充分研究的高校，如社区学院、女子学院，以及对历史上的黑人院校的历史意义的分析。我还会尝试对私立学校和独立的专业学院进行一些讨论。这些院校，无论是人们熟悉的还是研究不充分的，都是我所说的"纵向历史"（vertical history）的一部分，因为在我们脑海中，这些机构都是活生生站立着的熟悉面孔。我还会尝试扩展视角，明确聚焦我所说的"横向历史"（horizontal history）：在高等教育领域中横向分布的组织和机构的创立和影响。这些组织和机构包括私人基金会、政府机构和地区委员会。横向视角对于理解有组织的慈善事业与高等教育之间的相互影响尤为重要。② 这种视角还提供了一种好方法，将公共政策的历史与高校的历史互相结合。这一重要的补充也是对地方、州和联邦各级外部政府项目对高等教育机构发挥作用的肯定。

我撰写美国高等教育史的方法，是强调"组织叙事"（organizational saga）这一概念，这个术语来自社会学家伯顿·克拉克（Burton Clark）在 20 世纪 70 年代初期对特色学院的有影响力的分析。③ 我所说的传奇指的是高校是各种历史脉络的继承者。在一个层面上，有董事会会议和正式文件中提出的"官方"的历史记述。与此同时，还有其他群体所传递的经过加工的历史，这涉及传说、见闻和英

---

① Richard Hofstadter and Wilson Smith, eds., *American Higher Education: A Documentary History* (Chicago: University of Chicago Press, 1961).

② Merle Curti and Roderick Nash, *Philanthropy in the Shaping of American Higher Education* (New Brunswick, N. J.: Rutgers University Press, 1965); Jesse Brundage Sears, *Philanthropy in the History of American Education* (Washington, D. C.: Government Printing Office, 1922); Robert H. Bremner, *American Philanthropy*, 2d ed. (Chicago: University of Chicago Press, 1988).

③ Burton R. Clark, "Belief and Loyalty in College Organization," *Journal of Higher Education* 42 (June 1971): 499—515. See also Burton R. Clark, *The Distinctive College: Antioch, Reed, and Swarthmore* (Chicago: Aldine, 1970).

雄故事等。这种历史包括了学生们非正式但却是深刻的记忆，完全不同于官方文件或描述。例如，没有正式的记录可以证实，1819 年丹尼尔·韦伯斯特（Daniel Webster）在最高法院含泪这样谈及达特茅斯学院："先生，虽然这是一所小学院，但还是有人喜爱它。"尽管没有正式的文件为据，但当美国人视学院为历史上的特殊机构时，这种修饰性的描述却具有深远而有力的影响。这是一种制度性的记忆，完全有理由被纳入所有的实质性的历史叙述中。

每所大学都借助纪念碑和纪念物来展现历史传承，而建筑对于捕捉和传递这种历史传承是至关重要的。四十年前，历史学家艾伦·内文斯（Allan Nevins）指出了校园建筑对院校传奇的重要性："这些新建院校较为困难的职责之一是：营造一种氛围、一种传统、一种历史感。对于求知欲强的学生的教育而言，这可能与其他任何影响一样，具有重要的作用。这需要假以时日，需要对文化价值，以及景观和建筑的特殊之美的持续关注……州立大学不可能很快得到这种精神恩典，但它们一直为此孜孜不倦。"①

有时候，理解建筑的作用不应该只关注钟楼和拱门这样的标志性的校园建筑，还要关注其他的校园建筑。举个例子，一所大学的历史传奇往往依赖于某些圣地来获得持久的灵感，这不是因为它们是宏伟的建筑，而是因为它们是某些重要事件发生的神圣之地。因此，尽管斯坦福大学有令人印象深刻的地中海复兴式教堂——创始人为纪念他们的儿子（与斯坦福大学同名）而建造的，但完整的大学传奇还必须赞美校园附近租来的一个不起眼的车库。20 世纪 30 年代末，正是在那里，斯坦福大学两个年轻的校友威廉·休利特（William Hewlett）和大卫·帕卡德（David Packard）在电气工程领域进行了创新，最终帮助催生了北加州"硅谷"（Silicon Valley）的计算机产业。

我的研究方法是对高等院校具有深远影响的重要的历史事件进行考察，重点将放在影响高等教育机构的结构与生活的社会、政治和经济方面的因素上。因此，在获得高等院校历史背景知识的同时，读者还将在理解一系列历史文献和数据的过程中获益。我的目的不是培养专业的历史学者，而是为非历史学者至少提供一个与处理历史与现实的信息有关的问题和乐趣的样本。本书将借鉴一些二手

---

① Allan Nevins, *The State Universities and Democracy* (Champaign-Urbana: University of Illinois Press, 1962), p. 82.

资料和学术研究。本书还依靠院校记录、传记、小说、回忆录、传说、见闻、照片、纪念物、报章杂志、政府报告、统计摘要以及好莱坞影片，以便对那些作为高等教育中有趣而重要的历史的问题和争论进行重构。①

我的研究既仰赖关于大学生活的故事和回忆录，又对高等教育历史统计的使用和滥用有着同样浓厚的兴趣。1984 年，我为注重定量研究的杂志《高等教育研究》(Research in Higher Education)写了一篇关于"计量史学"的文章。② 在那篇文章中，我提出一种新的方法，以取代因草率的统计数据造成不可靠的历史分析。在本书中，我将再度关注这个问题并进行深入探讨。例如，我发现大多数高校关于入学人数和预算的年度报告都存在缺陷，而像西摩·哈里斯（Seymour Harris）这样的经济学者往往只从表象看待数据。③ 我要肯定一些研究成果所作的贡献。例如，科林·伯克（Colin Burke）1982 年的研究就是颇为出色的。他对大学创建日期这样的基本数据进行重新考察，使人们对 19 世纪早期机构的生存状况的看法完全改观。④ 我也希望新一代读者去见识一些未被人们充分认可的研究。比如玛芝莉·萨默斯·福斯特（Margery Somers Foster）1962 年出版的关于殖民地时期哈佛学院的经济史研究。⑤ 我的愿望是鼓励当代学者对历史统计数据进行新的分析，特别是在高等教育经济状况以及高校学生入学和学生在册人数模式方面。为此，我以两种方式呈现财务数据。一种是以当时文件中记载的实际金额，

---

① 有关这些资料的文集，可参见 A. C. Spectorsky, ed., *The College Years* (New York: Hawthorn, 1958).

② John R. Thelin, "Cliometrics and the Colleges: The Campus Condition, 1880 to 1910," *Research in Higher Education* 21, No. 4 (1984): 425—437.

③ Seymour E. Harris, *A Statistical Portrait of Higher Education* (New York: McGraw-Hill, 1972); Seymour E. Harris, *The Economics of Harvard* (New York: McGraw-Hill, 1970).

④ Colin Burke, *American Collegiate Populations: A Test of the Traditional View* (New York: New York University Press, 1982).

⑤ Margery Somers Foster, *"Out of Smalle Beginnings…": An Economic History of Harvard College in the Puritan Period* (Cambridge, Mass.: Belknap Press of Harvard University Press, 1962).

另一种根据通货膨胀率调整后的数据。① 即便这样也需要留意的是，理解过去时代高校的财政状况，最终必须以理解各个历史时期的经济和社会习俗环境为基础。一位有见地的经济学家在对1800年和2000年的大学学费进行比较时，可能还会提出一些问题来，如购买力、放弃的收入以及不需要货币的物物交换和服务交换等。正是这种对细节的关注，使得高等教育的历史变得既复杂又有趣。②

要想通过一本简明扼要的书来全面勾勒出美国高等教育的通史，这恐怕没有一个作者能够做到。无可否认，我的叙述是有选择性的。对于大多数读者来说，我也不认为试图去呈现关于美国高校的所有事实和数据是一个可取的目标。我的目标不是强调占有资料，而在于提高读者对文献和二手资料的兴趣，并加深对它们的理解。我希望这部简明通史能够告诉读者，对高等教育的历史分析是可以从被动的运动欣赏转变为主动的知性追求的。关于高等院校历史遗产的各种各样的记录，包括由新一代和不同群体反复写就的众多版本，展现了美国高等教育生动愉悦的历史画面。

---

① 我所参考的主要货币指数来源是 U. S. Bureau of the Census, Historical Statistics of the United States, Colonial Times to 1970, bicentennial ed. (Washington, D. C.: U. S. Government Printing Office, 1970); 我要特别感谢德克斯特·亚历山大（Dexter Alexander）对高等教育财务数据所作的历史分析。

② Ed Crews, "How Much Is That in Today's Money? One of Colonial Williamsburg's Most-Asked Questions Is among the Toughest," *Colonial Williamsburg*, Summer 2002, pp. 20—25.

# 第一章 殖民地时期的学院

## 学院与殖民地的复兴

在我们的国家记忆中,殖民地时期建立的具有历史影响的学院占有特殊的位置。例如,我们国家历史最悠久的法人团体是哈佛学院,而不是一家商业公司。这些学院不仅历史悠久,而且在美国人的心目中影响很大,形象鲜明。1953年,当艾森豪威尔总统参访达特茅斯学院校园时,他惊呼道:"哎呀,我心目中的学院就是这个样子的!"① 大多数美国人对此感同身受。红砖砌成的乔治王时代风格的建筑,石板屋顶、白色边饰、竖框窗户,周围一片绿地,显现出一种亦真亦幻的殖民地时期学院建筑的原始风貌。

这一景象意味着1781年前建立并留存下来的学院——如今为人熟知的哈佛大学、威廉玛丽学院、耶鲁大学、普林斯顿大学、哥伦比亚大学、布朗大学、达特茅斯学院、罗格斯大学和宾夕法尼亚大学,脱颖而出成为了办学历史悠久的著名高校。这些高校里最古老的建筑,包括普林斯顿大学的拿骚大楼(Nassau Hall)、布朗大学的大学楼(University Hall)、哈佛大学的马萨诸塞楼(Massachusetts Hall)、耶鲁大学的康涅狄格大楼(Connecticut Hall)和威廉玛丽学院的雷恩大楼(Wren Building),均成为令人敬重的尊贵纪念建筑。这些建筑之所以上升至国家圣地的地位,是因为在早期,它们的学术活动与社会和政治历史上的重大事件史诗般地交融在一起。校园的空间被戏剧般地转换,在美国独立战争中发挥了重要的作用。教室成为传奇般的爱国演说讲坛,学生宿舍在独立战争期间被征用作为军队医院和营房。1981年,一个校友会的标语这样写着:它们是"国家的母校"(Alma Mater of a Nation)。

然而,殖民地传统赋予这些学院的荣耀并非理所当然的,亦非永恒不变。有时候,历史上著名的学院对自己的办学历史渊源并不太关心。换句话说,直到

---

① 转引自 Ralph Nading Hill, *Dartmouth, the College on a Hill: A Dartmouth Chronicle* (Hanover, N. H.: Dartmouth College, 1964), p.280.

1890年或1900年前后，殖民时期建立的学院才重新发现并宣称它们的历史遗产是其当代教育使命和追求的一部分。建筑上的记录再一次为这种变化提供了一个很好的线索。大多数在17和18世纪兴建的原始建筑不是被拆掉就是被大火烧毁。到了19世纪仍存在的建筑物也处于失修状态。例如，当学院工作人员在19世纪50年代增加一个门廊，或是在19世纪70年代粉刷装裱窗户时，建筑物的许多原始设计元素便被时间隐藏了起来。1925年拍摄的威廉玛丽学院教学楼的照片显示，这座始建于1695年的学院建筑，石灰泥近乎脱落，电线从天花板上悬垂下来，窗框上杂乱地覆盖着砖块或胶合板。

殖民地成功的重要因素是，在1890年至1960年间，美国人，包括古老学院的管理人员，重新发现并复兴了他们殖民地时期的遗产。驱动因素部分源自1876年的独立百年庆典，而随着美国革命女儿会（Daughters of the American Revolution）等组织的建立，在1890年获得了正式的地位。① 在大西洋沿岸的许多城市和州，志愿者协会成立了致力于"保护文物"的团体，古老的学院也从这场致力于保护历史、崇拜祖先和爱国主义的积极行动中获益匪浅。首先是对少数幸存的17和18世纪的学院建筑进行翻修，同时注意把被遗忘的遗址整修一新，保护的理念要求尽量做到体现所谓真实的历史形式和色彩。人们对殖民历史渊源的兴趣和敬重也体现在其他视觉形式方面。例如，当1914年布朗大学庆祝建校150周年校庆时，它的官方海报上描绘的是一位戴着三角帽、沉思的殖民地绅士，跪在一位身穿学袍头戴学位帽的现代学者身边。（见图2）

图2 布朗大学150周年纪念海报，1914年（布朗大学图书馆）

---

① W. F. Craven, *The Legend of the Founding Fathers* (Princeton, N. J.: Princeton University Press, 1956).

作为学术策略的一部分，其他地方也开始重视殖民地复兴的主题。在弗吉尼亚州的威廉斯堡，学院校园从 20 世纪 20 年代末洛克菲勒家族资助的殖民地复兴项目中受益。① 不仅校园建筑得以重建，庆典和仪式也相应地得到了恢复，在大学出版物和公共活动中，学生和行政人员越来越重视殖民时期的历史渊源。依据学校的最初的文献资料的记载，殖民地的盛装舞会和"建校日"（Charter Day）等庄严活动也登上了台面。在 20 世纪 30 年代之前，学校专业课程简介、毕业文凭和图书馆印戳与历史上名称几乎没有什么关联，常常提及的院校是威廉玛丽学院。但是现在开始对名称和头衔进行梳理和规范，以体现学校辉煌的历史。从此以后，该校被称为"弗吉尼亚的威廉玛丽学院"。毕业证书的官方文字将历史主义推进了一步：遵从现实和想象的 18 世纪古典课程意味着 20 世纪的大学文凭上会有"Collegium Guillamus et Marius"这样的名称，尽管学习拉丁语早已不是获得学士学位的必要条件。

在威廉玛丽学院，历史自豪感的复兴也体现在学生年鉴——《殖民地回声》（Colonial Echo）的刊名和语调中。1936 年版的编辑们为了表达对创校先驱们的敬佩之情，使用 17 世纪的字体和拼写，"试图强化对学院辉煌历史的回应"。（见图 3）学院的校长为年鉴撰写的序言中强调了学生研究项目的精神："威廉玛丽学院 1693 年的目标、责任、勇气和意志，像一条连接生命之心的不停搏动的大动脉，激励着 1936 年的威廉玛丽学院。"②

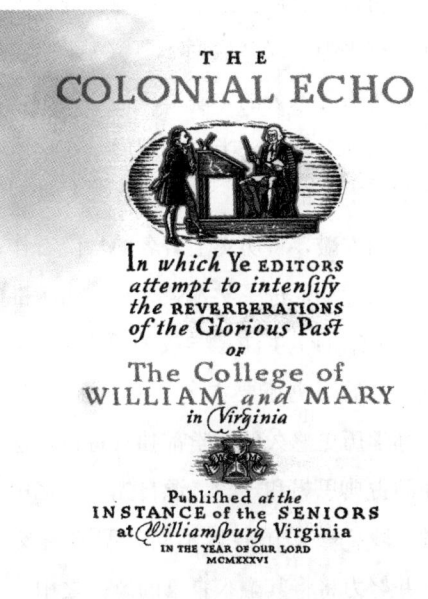

图 3　《殖民地回声》，威廉玛丽学院年鉴，1936 年（威廉玛丽学院档案与特藏品部）

---

① Parke Rouse, Jr., *When Williamsburg Woke Up* (Williamsburg, Va.: Colonial Williamsburg Foundation, 1981).

② John Stewart Bryan, "A Dedication," in *The Colonial Echo* (Williamsburg, Va.: College of William and Mary, 1936), pp. 6—7.

1936年的确是举行殖民地庆典的好年份。就在威廉玛丽学院再现17世纪历史遗产的同时,地处马萨诸塞州北部的哈佛大学也在庆祝建校三百周年,持续一年时间的庆祝活动包括邀请嘉宾演讲,举办学术典礼和特别活动。在所有历史上著名的学院里,为了不断增加人们对学校发端、奋斗进取和坚忍不拔、英雄事件和传奇人物的关注,校方纷纷对招生手册和"招生简章"(view books)进行了更新。

在20世纪将描绘殖民地复兴作为大学自我形象的一部分为什么变得很重要?首先,人们必须记住,唤起鼓舞人心的殖民地遗产是有用的,但情况并非总是如此。例如,在1888年,威廉玛丽学院的代表敦促弗吉尼亚的议员为这所历史悠久,而今陷入办学困境的学院提供资金。① 当然,立法机构会承认它有责任帮助学院重拾最初在殖民地时期对未来领袖进行自由教育的承诺。这一历史使命对校方代表而言是显而易见的,但他们惊讶地发现,弗吉尼亚州议会对他们的诉求活动并没有兴趣。议会驳回了复兴殖民地的诉求,而是选择为学校提供年度补贴,促使这所历史悠久的学院解决迫切的问题,即为该州新兴的公立学校系统培养男性白人教师。不过,半个世纪后,在学术经费筹措和招生方面,利用殖民遗产的做法都是奏效的。

细加推敲,将历史上著名的学院看作是复兴殖民地运动重要部分的第二个原因,是该运动促进了学术荣誉和效仿水准的提升。布朗大学在1956年的招生简章中提醒未来的学生注意学校的历史传统:"布朗大学是一所古老的大学——实际上比美国的历史还要古老——学校从丰富的历史传统和遗产中汲取了伟大的力量。办学历史悠久的大学都独具特色,这种特色源自丰富的办学经验,源自延绵不断的古典思想和理念,源自先人记忆中流传下来的精神,甚至源自攀爬在墙上的常春藤。"② 美国各地不同类型的高校,不论其办学历史长短,都认同这一传统,并努力将将其融入自己的风范之中。

美国公众和学术界都赞同将殖民地传统定性为卓越教育的源泉。1956年,历

---

① Russell T. Smith, "Distinctive Traditions at the College of William and Mary and Their Influence on the Modernization of the College, 1865—1919," Ed. D. diss., College of William and Mary, Williamsburg, Va., 1980.

② "What Is Brown?" *Bulletin of Brown University*, 1956, pp. 9—10.

史悠久的知名大学联合起来召开"常春藤联盟"体育赛事联盟,体育记者们戏称它们为"老八校"(Ancient Eight)。不仅是群众喜闻乐见的体育活动,好莱坞电影公司高管对大学传统的认识也是一样的。1934 年,一位电影导演坚持要派一个完整的摄制组从洛杉矶到新英格兰拍摄"大学生活"(college life)的场景。当人们对所花费的大量时间和费用质疑时,他直言不讳地说:"我想要常春藤联盟校丰富多彩和美好的怀旧氛围。"①

俄亥俄州迈阿密大学就是一个很好的复兴与模仿例子。这所大学豪华的马库姆会议中心(Marcum Conference Center)将 20 世纪的内饰与设施与威廉玛丽学院雷恩大楼的外观复制相结合。甚至连历史上著名的学院自身也步殖民地复兴的后尘。例如,殖民地威廉斯堡镇修复工程的主要建筑师之一,托马斯·莫特·肖(Thomas Mott Shaw)也在布朗大学设计了新的四方院宿舍。1934 年,威廉玛丽学院在一处不起眼的地块上建起一座殖民地时期风格的"低洼花园"(sunken garden),用来匹配新翻修的雷恩大楼。当哈佛大学准备在 1936 年庆祝三百年校庆时,它已经营造好了新乔治王朝时代风格的环境,由柯立芝(Coolidge)、谢普利(Shepley)、布尔芬奇(Bulfinch)和阿博特(Abbott)建筑公司来建造可容纳超过 3500 名本科生的新的寄宿制"学院"(residential "house")系统。与其他历史悠久的大学的做法一样,哈佛仅靠翻修现有的建筑物是不够的。当需要建造新建筑时,新盖的楼看上去也要像旧的。

## 挖掘和探究辉煌的过去

尽管校园访客和年鉴编辑可能对殖民地时期的学院所表达出来的光辉历史的范围和形象表示满意,但对我们而言,这只是对复兴运动历史探究的开始。纪念性建筑物和主题固然重要,但只是历史分析的一个层面。这里的挑战是以殖民地的庆典为透视镜,通过它来批判性地、仔细地审视这些独立战争前建立的院校的实质。

关于殖民地学院复兴的第一个研究问题是,这些学院的哪些独具特色和贡献使其成为美国遗产的中心?当这个问题与另一个发现相吻合时,重建学院教育的

---

① Budd Schulberg, *The Disenchanted* (New York: Random House, 1950), p.77.

过去逐渐变得复杂起来：早期美国学院的吸引力部分是由于它们与英国的历史联系。例如，一本新近出版的哈佛大学建筑指南将霍尔登教堂（Holden Chapel）（建于1744年）描述为一个"乔治王朝时期的宝石"（Georgian Gem），如同"生长在美国佬蒲公英地里孤独的英国雏菊"。① 当威廉玛丽学院的学术领导者完成他们历史性的学院的建筑时，他们称其为克里斯托弗·雷恩爵士楼（Sir Christopher Wren Building），尽管没有证据表明这位伟大的英国建筑师与这座建筑有任何关系，或者他的名字在17和18世纪曾被用来称呼这座建筑。因此，我们要记住的是，美国的遗产带有一种强烈的亲英情结。毕竟，这是一个包括所谓的"新英格兰"的殖民地。

亲英是美国高等教育史上一个反复出现的主题。一个重要的解释是，殖民地学院的杰出与成功与它们是牛津和剑桥的理念在美国的移植具有关联。这是历史学家弗雷德里克·鲁道夫对"学院模式"（collegiate way）所作的经典论述中提出的有趣论点。② 这也是今天的学院自身经常提出的一个主题。1963年，哈佛学院是这样描述这一历史遗产的："学生们一起居住在学院大楼里，经常与老师保持接触。他们一起学习和娱乐，创造了一个非常特殊的社群，直到现在依旧是美国住宿学院制的特征。美国的学院效仿的是哈佛早期的模式，而后者是来自剑桥和牛津，而不是来自欧洲大陆的大学。"③ 已故的耶鲁大学资深历史学家乔治·皮尔森（George W. Pierson）用"学院制"（college system）来概括这一传统：

> 从一开始耶鲁学院的法规中的另一个要素就是学院理想（collegiate ideal）。也就是说，年轻人应该一起吃住、学习、娱乐、参加礼拜，结识好友，互相竞争，学会自立，对社会永远忠诚。如同在牛津和剑桥，书籍只是教育的一部分。或如耶鲁学院年轻的蒂莫西·德怀特（Timothy Dwight，1886—1899）所坚持的那样："仅靠知识无法辨清真理。"

---

① *Building Harvard: Architecture of Three Centuries* (Cambridge, Mass.: Information Center of Harvard University, 1971), pp. 6—7.

② Frederick Rudolph, "The Collegiate Way," chap. 5 of *The American College and University: A History* (New York: Knopf, 1962).

③ *Information about Harvard College for Prospective Students 60* (5 September 1963): 11—12.

不管当下人们对这个问题的看法有什么不同，历史事实是，从最早的时候起，学院就试图将所有的学生汇聚在一起——年轻人的社会便由此形成，并且迅速而热情地致力于创建自身的自我完善的体系，即一种附加的或社会的课程。①

然而，由一群令人敬畏的大学历史学家不断提出的这种有趣的解释并不是问题的全部。为了准确地理解美国殖民地学院所推崇和借鉴的模式，有必要再对17和18世纪牛津大学和剑桥大学的特点和环境作分析。

## 牛津大学和剑桥大学的考察

的确，生活与学习相结合的"学院制"是牛津和剑桥教育的核心，美国殖民地学院创建者的高等教育计划所追求的正是这一愿景。然而，同样的事实是，牛津和剑桥在其治理和正式法律结构方面也很有特色。这种独特性表现在，"学院"是由私人捐资举办的、结合在一个联盟中的相对自治的单位。简言之，18世纪的牛津和剑桥所属的约12所寄宿"学院"都是著名的学生学习和生活的场所。这些学院包括贝利奥尔学院（Balliol）、三一学院（Trinity）、克莱尔学院（Clare）、凯斯学院（Caius）、彭布罗克学院（Pembroke）、伊曼纽尔学院（Emanuel）、麦格达伦学院（Magdalene）、奥里尔学院（Oriel）和基督教堂学院（Christchurch）等，都是将学生和教师联系起来的首要场所。作为上方结构的"大学"是授予学位的实体，受皇家特许状的规范和保护。在牛津和剑桥，学生的课程教学和课外活动可以相应的"学院"为中心，但负责组织考试并授予学位的却是"大学"。②

为什么这是重要的？首先，美国殖民地学院将教学与授予证书融为一体——这种做法与牛津和剑桥完全不同。其次，牛津和剑桥大学的特色在于，每所大学里都有蜂巢状的"学院"网络。每个学院都有自己的遗产、传统、拨款和重点。根据剑桥大学的校史档案，到1596年，学校有16所捐资学院，"学院的创始人各

---

① George W. Pierson, *Yale: A Short History* (New Haven: Yale University, 1976), p.41.

② B. A. O. Williams, "College Life," in *The Handbook to the University of Oxford* (Oxford: Clarendon Press, 1968), pp.275–288; Jasper Rose and John Ziman, *Camford Observed* (London: Gollancz, 1964).

不相同，但都非常富有"。① 与之相反，美国的高校全都是一所单一的"学院"，而且与英国大学的捐资规模相比较，美国学院建校捐赠数额都很小。美国的学院花了很长时间——两个多世纪，才在校园外观上达到牛津和剑桥的水平。直到20世纪30年代，哈佛大学和耶鲁大学分别建成了"舍院"（houses）和"学院"（colleges），才在建筑方面满足了学院制的理想。

建筑也是重构殖民地学院的有效途径，因为现存的建筑生动地展示了牛津—剑桥模式在美国的优势与局限。牛津和剑桥教育与"学院制"的突出形式是四方院子：四面围起来的完整的机构，带有庭院或内部草坪。历史悠久的殖民地学院建筑，尽管宏伟壮观，也存在将英国的校园建筑移植到新大陆的局限性。每座建筑物在建造时可能是其所在殖民地体量最大、造价最高的建筑。同时，无论是建筑物还是教学都无法完全复制牛津—剑桥的理念。大多数的情况是，四方院子本打算围绕主楼四周，为"学院模式"学习和生活营造"整体环境"（total environment），但学院却因资金不足难以完成建造计划。地处纽约市的国王学院（King's College，现哥伦比亚大学）最初是使用基督教三一堂校舍进行教学，并没有确凿的证据表明有精心建造四方院子的计划。在费城，当地募款的目的是为了建造所谓的"新大楼"（New Building），即一个大型布道厅和慈善学校。这座被视为该市最宏伟壮观的纪念性建筑，先是因为缺钱而停建，之后在独立战争期间又被用于医院和军事用途。甚至从一开始它就贯彻了本杰明·富兰克林独特的教育思想和计划，而富兰克林并没有打算效仿英国的寄宿学院课程计划。

在弗吉尼亚州，人们对殖民地学院试图在多大程度上创造真正的寄宿学院环境持保留态度。威廉玛丽学院的早期的章程明确规定，还在支付账单的学生无需住校："我们让他们的父母和监护人自行决定是在学校还是镇里或附近的乡村吃住。因为我们的目的是让年轻人尽量少交钱，就能学到精深的语言文字及其他文理课程；假如有人住处距离学校很近，从那里就可以听到学院的钟声，并且可以严格遵守学校的学习时间，我们就不会因这些章程而阻止他们为自己的孩子或朋

---

① Kenneth Cooper, "The Colleges," in *Cambridge* (Norwich, Great Britain: Jarrod Publishing, 1985), p. 10.

友提供住宿，或将房子租借给他们住宿。"①

学院适应了经费短缺的局面，但这并非问题的全部。缺少资金是一个普遍存在的问题，但不是唯一的因素。新大陆的学院创办者即便获得了额外的资金，他们也不一定中意 18 世纪牛津大学的建筑风格。来自英格兰的描述显示，许多大学里都有炫耀摆阔的建筑。牛津大学提供的一个好处是为绅士学者配备华丽的马厩，后者带到学校来的马比书还要多。在牛津大学，实验室和科学研究设施数量很少，是可有可无的。建造图书馆主要是作为纪念性的装饰，而非出于实用的目的。大学学者的日记一再表明，半个多世纪以来，牛津大学的本科生和硕士生不再"时髦地"投身于严肃的学术研究。② 总之，尽管牛津和剑桥影响和激励了美国学院创办者，但英国大学也提供了一些被殖民者有意摒弃的教育实践范例。殖民地学院并非"小牛津小剑桥"（little Oxfords and Cambridges）。

对于"学院模式"的笼统主张，必须通过对各种历史证据的考察来加以调整。首先，院校的移植很少是完美的，所以尽管有人在召唤"新格兰"，初衷良好的学院创建者们在美国重建剑桥或牛津的努力却落空了。此外，各殖民地学院也进行了本土化的创新和改革。事实上，殖民地时期的美国学院是非凡和复杂的，是历史遗产、移植、缜密计划和无意识改造的混合体。正如历史学家詹姆斯·阿克赛尔（James Axtell）所言，新格兰地区的殖民地定居者渴望建立一所"山巅学校"（school upon the hill），作为他们"山巅之城"（city upon the hill）③ 社会理想

---

① "Statutes of the College of William and Mary, 1727," in *American Higher Education: A Documentary History*, ed. Richard Hofstadter and Wilson Smith (Chicago: University of Chicago Press, 1961), 1: 39—49.

② Lawrence Stone, "The Size and Composition of the Oxford Student Body, 1850—1909," in *The University in Society: Oxford and Cambridge from the Fourteenth Century to the Early Nineteenth Century*, ed. Lawrence Stone (Princeton, N. J.: Princeton University Press, 1974), 2: 3—110.

③ 山巅之城（A City upon a Hill）出自《马太福音》第 5 章第 14 节耶稣关于盐和光的隐喻："你们是世上的光，城造在山上，是不能隐藏的。"1630 年，约翰·温斯罗普（John Winthrop）在带领英国的清教徒们前往新英格兰马萨诸塞湾建立殖民地的航程中，将此次殖民之旅与摩西率领犹太人出埃及作类比，发表了著名的布道文《基督徒仁爱的典范》（*Model of Christian Charity*），其中首次提出了"山巅之城"的概念，认为他们的殖民活动是与上帝的特殊"契约"，他们的新宗教领地将成为一座举世瞩目的"山巅之城"，为世人所效仿。——译者注

的一部分。① 上述对 17 世纪和 18 世纪牛津和剑桥的简要介绍已经提示出殖民地学院的一些重要特征。这为我们仔细考察美国独立战争前宗教、慈善事业、治理、课程和学生生活提供了很好的基础。

## 治理和结构

为了理解殖民地学院的办学理念和结构，不能仅仅考察牛津和剑桥的历史遗产。例如，尽管寄宿"学院模式"受到新大陆的学院创办者的青睐，但他们对牛津学者的懒散和自治深恶痛绝。因此，他们希望借鉴苏格兰大学仰赖外部董事会——而不是教师控制，给了学院法人机构的法律身份。在办学章程和学术规范方面，中世纪欧洲大陆的大学也产生了影响，而历史学家往往对这种影响不甚了解。鉴于新教教派在殖民地势力庞大，人们很容易看到英格兰"异教派学院"（dissenting academies）的影响：卫理公会教徒和其他团体建立的高级学习机构没有获得皇家办学特许状，因此无权颁授学位。②

由外部董事会进行最终控制的做法建立起持续的问责机制。同样重要的是，董事会将行政权力授予学院的校长。这种做法与历史悠久的英国大学的学术治理截然不同。在英格兰，传统的做法是，学院是教师自我维系的团体，多半是以轮流坐庄的方式由所谓的"同侪之首"（first among equals）的大师主政。英国大学没有强有力的核心行政官员。即便到今天，牛津大学仍然保留这样一个消遣，就是试图厘清大学名誉校长的具体职责（如果有的话）有哪些，美国的学院则完全不同。

数个世纪以来，虽然牛津和剑桥的学者们可以忍耐和漠视国王、王后和主教们，但殖民地学院的教师每天都面临着严苛的董事会及其任命的行政人员的审查，很少受到他们的纵容。校长向董事会或监事会汇报，而不是向教职工汇报。翻阅一下早期学院章程和细则，我们发现另有证据表明，存在着限制教师权力的

---

① James Axtell, *The School upon a Hill: Education and Society in Colonial New England* (New Haven: Yale University Press, 1974).

② Hugh Kearney, *Scholars and Gentlemen: Universities and Society in Preindustrial Britain* (Ithaca: Cornell University Press, 1970); see esp. chap. 8 for a discussion of the Scottish universities and their influence.

系统化做法。例如，在一所学院，有一项关于设置"大学评议会"（College Senate）的官方规定，但章程规定其成员仅来自监事会和学院董事会成员，而不能从教师中选出。这就难怪学术自由和涉及教师在雇佣及解雇之类的教师权利问题鲜有顾及。这点在学院的结构和责任是一个创新，具有持久的影响。有人可能会说，这种结构的建立与完善——外部董事会加上强大的学院——是殖民地学院的历史遗产，它对美国高等教育的界定和影响一直持续到了今天。

## 学院财政

在很长的一段时期里，不列颠王室对殖民地大肆征税。很重要的是，殖民地的收入被用来对学院进行资助。与其他公立或公共服务相比，每一所学院往往都有幸获得政府的资助。马萨诸塞湾殖民地的立法机构将殖民地年税收的四分之一，约400英镑，用于哈佛学院的创建。威廉玛丽学院享有皇家特许状的特权，是接受资助最多的学院。1693年威廉玛丽学院成立时，威廉国王提供了近2000英镑和其他财政补贴。王室或殖民地为学院提供了土地。有这样的情况，当一所新学院的创办者对最初的校址不满意的话，他们就会考虑迁址。这类问题引发了城镇之间的争斗，学院所在的城镇想方设法不让学院另择他处。如果劝说或激励不奏效，城镇居民就会动用其他手段。康涅狄格州赛布鲁克（Saybrook）的居民"故意解开缰绳放跑了一些牛，（并）破坏了一些桥梁"，试图阻止殖民地学院用车将书籍运往纽黑文（New Haven）。① 与此同时，竞争对手纽黑文提供土地激励和补贴，以劝说学院搬迁过来。在新泽西州，新布伦瑞克镇（New Brunswick）在新泽西长老会学院（Presbyterians' College of New Jersey）的选址竞争中输给了普林斯顿。这并没有打消新布伦瑞克镇的念头，他们最终说服荷兰归正会（Dutch Reform Church）的领袖在他们的镇上建立了新皇后学院（New Queen's College，现罗格斯大学）。

殖民地政府通过过桥费、牌照附加费、烟草交易费、彩票收益和土地赠予对学院进行资助。但如果学院的体系与目标过于庞大，那么常规资助的实际数目是不稳定的，而且（至少从学院的角度看来）即便没有到完全不够用的程度，也是

---

① 转引自 Pierson, Yale, p. 9.

十分微薄。因此，从一开始，美国学院就一直仰赖学费、捐赠和财政补贴来维持办学。① 学院从办学实践中领略到了承当责任和维持办学声誉的必要性，当他们开始获得大量办学资源的时候尤为如此。例如，在独立战争期间，哈佛学院的财务主管携带学校经费潜逃，一位经济史学者称之为"扰乱"行为。②

## 宗教与学院

宗教在殖民地学院居于中心的但又受到限制的位置。尽管新大陆为宗教自由提供了一些在英格兰和欧洲都无法享有的空间，但这并没有带来殖民地对于宗教的宽容。罗德岛有两个方面的例外。首先，它是由浸礼会创建的，这使得它不仅不受英国国教的约束，甚至它也不属于任何一种"被承认的"新教教派。第二，破例允许一些团体进行宗教活动。罗德岛学院（College of Rhode Island）的章程中就体现了这种宽容。章程明确规定"决不允许任何宗教考试，相反，学校所有成员永远都享有完全自由、不受干扰以及不受限制的信仰自由"，此外，"公共和古典教育内容不得体现不同教派的观点"。③

甚至这样的包容也有严格的限制。殖民地是一个基督教的世界，更准确地说是一个新教的世界。直到 18 世纪，很少有殖民地政府宽容贵格会教徒。在殖民地，我们没有发现一所属于罗马天主教会的学院。犹太教不在我们讨论的范围，即使学院的学生有时也学习希伯来语。宽容的罗德岛学院的董事会成员是根据章程的规定进行的，对其中浸信会教徒、长老会教徒、会众教徒以及圣公会教徒的人数做了严格的规定。与罗德岛一样，新泽西可能也是殖民地中最具多样性和包容度的地方——它有两所学院：由长老派教徒创立且对长老派教徒开放的新泽西学院，以及与荷兰归正会教派具有密切关系的皇后学院。在威廉玛丽学院，所有的教师与学者都必须宣誓效忠英国国王和英国国教。因此我们发现，尤其是在17

---

① See Margery Somers Foster, "*Out of Smalle Beginings…*": *An Economic History of Harvard College in the Puritan Period* (Cambridge, Mass.: Belknap Press of Harvard University Press, 1962).

② Seymour E. Harris, *The Economics of Harvard* (New York: McGraw-Hill, 1970), p. 509. 我要感谢德克斯特·亚历山大（Dexter Alexander）让我注意到这一插曲。

③ "Charter of Rhode Island College (Brown University), 1764," *in American Higher Education*, ed. Hofstadter and Smith, 1: 134.

世纪和 18 世纪早期，每个殖民地及其学院都由某个新教教派所控制，处于一种不稳定的平衡状态之下。

这是"神权政治"吗？与传统看法相反，它不是。马萨诸塞湾殖民地对神职人员和行政人员都有限制。哈佛学院任命董事会成员的章程对"牧师"（ministers）和"行政长官"做了严格的区分。虽然神职人员在殖民地生活中，包括在大学里，都是有影响力和有权势的人物，但受戒的神职人员不能担任政府官员。因此，对神职人员的权力具有某些结构上的制衡。然而，这一规定并没有禁止某一教派统治学院机构。后来更名为耶鲁大学的康涅狄格的学院就是由公理会教派建立的，这之前他们对他们所认为的哈佛学院牧师疏忽神学心存不满。在他们担当"荒野先知"（wilderness prophets）的新冒险中，他们很快就遇到了一些坏消息：学院董事会成员惊讶地发现，他们新选出的校长和一位教师，学校本想仰仗他们去维护严格的公理会正统学说，但他们却公开宣称拥护主教制度。英国国教在康涅狄格及其学院中都不受欢迎。为了显示外部董事会的权力，校长和导师都被立即解雇。此后，所有任职教师都必须签署"公理会正统教义声明"（confession of Congregational orthodoxy）。

到 18 世纪中叶，宗教政治与学院都发生了一场重大变革。一些新建学院在目标上允许教派具有一定的多样性和平衡性，以防止任何一个教派团体称霸。纽约的国王学院原计划是成为一所英国圣公会机构，但到了 1753 年，一群长老会成员，其中许多来自附近的新泽西学院，有效地阻止了这一计划。折中方案是，学院章程要求国王学院的校长是英国圣公会教徒，但其董事会成员来自其他新教教派，学院的招生要求不得偏向任何一个教派。

上述事件和最终结果表明，在殖民地各个学院中，相互竞争的教派之间既不互相友善也不互相宽容。历史学者尤尔根·赫布斯特（Jurgen Herbst）认为，学院治理事务方面的宗教纠纷是新教教派人数激增的结果，这导致殖民地人口，特别是中大西洋地区人口更具多样性。殖民地政府试图通过鼓励教派宽容来避免社会动乱，甚至在学院招生政策中也是如此。然而，在 18 世纪中叶，当一所学院的主要教派与学生和家长中的卫理公会教徒、浸信会教徒和教友会教徒发生冲突时，这种政策就失败了。赫布斯特声称，学院治理中宗教教派宽容度的崩溃，为

19世纪后出现的每个宗教派系都寻求创办自己的学院的趋势铺平了道路。①

## 慈善事业

慈善事业与宗教的关系十分密切，二者是一对伙伴，而学院则是其中的主要受益者。这种伙伴关系具体表现在几个方面。首先，英国的虔诚捐赠者可能不会对一所学院有特殊的兴趣，但他们却热衷于对美国印第安人开展传教活动。他们为在他们看来是野蛮的人开展的基督教教育项目提供了慷慨的资助。殖民地学院是管理这些资金和开展这些慈善计划的一个可用的、合适的手段。②

足智多谋的学院官员善于获准对遗嘱和遗产进行灵活的解释。英国富有的化学家罗伯特·博伊尔爵士（Sir Robert Boyle）的遗产也许就是这种意料之外的慈善收入的最好例子。博伊尔的遗嘱指定，从他的布拉弗顿（Brafferton）庄园收取的租金要用于资助"宗教和慈善工作"。遗嘱执行人有权将此解释为可以为美国偏远地区的印第安学生提供奖学金。两所殖民地学院的代表——哈佛学院和威廉玛丽学院——都急于想让遗嘱执行人知道，他们的学院可以帮助实现博伊尔的慈善愿望。除了奖学金外，每个学院还提出了一笔业务费用（这可能是"管理费"账目最初的做法）。后来，聪明的学院官员令人信服推论出，奖学金也可以用来教育殖民地印第安中有志于担任传教士教师的学生。

要了解早期捐赠者的动机和做法并不是容易的事情。约翰·哈佛（John Harvard）及其剑桥大学校友们内心虔诚，意图明确。他们早期捐赠的书籍和钱款对于马萨诸塞湾殖民地学院的建立起到了关键的作用。该学院的募款手册指出，行

---

① Jurgen Herbst, "From Religion to Politics: Debates and Confrontations over American College Governance in the Mid-Eighteenth Century," *Harvard Educational Review* 46, No. 3 (1976): 397—424. See also Jurgen Herbst, *From Crisis to Crisis: American College Government*, 1636—1819 (Cambridge, Mass.: Harvard University Press, 1982).

② Merle Curti and Roderick Nash, *Philanthropy in the Shaping of American Higher Education* (New Brunswick, N. J.: Rutgers University Press, 1963), pp. 31—35. Cf. Robert H. Bremner, *American Philanthropy*, 2nd ed. (Chicago: University of Chicago Press, 1988), pp. 24—28; Jesse Brundage Sears, "The Colonial Period," in *Philanthropy in the History of American Higher Education* (Washington, D. C.: Government Printing Offce, 1922), pp. 10—32.

善——即资助一所学院可能会帮助一个人升入天堂。这并不总是慷慨大方的唯一动机,因为一些捐赠者寻求并很快得到了在世的回报。例如,在伦敦,三名被定罪的海盗同意捐赠 300 英镑给威廉玛丽学院,作为回报,他们被免于上绞架。①

在最好的情况下,一位学院的捐赠者可以同时获得永久的名声和永恒的救赎。慈善家埃利胡·耶鲁(Elihu Yale)在 1721 年去世之前为自己所写的墓志铭,就在生平简介中将上述两个目标生动地结合起来:

> 出生在美洲,
> 成长于欧洲,
> 行走在非洲,
> 成婚于亚洲。
> 长寿富足,
> 伦敦安葬。
> 积德不少,
> 恶事亦做。
> 愿功过相抵,
> 灵魂入天堂。
> 愿你们多珍重,
> 为来世做准备。
> 唯正义之行动,
> 方可流芳百世。

乔治·皮尔森(George Pierson)将埃利胡·耶鲁描述为"曾在印度暴富的伦敦美国佬",他将价值约 562 英镑的"九包货物"和 417 本书籍,以及一幅英王乔治一世的肖像画纹章送给了康涅狄格州一所陷入财务困境的高等学院。② 虽然这笔捐款只是他商业财富的一小部分,但学院的董事还是把学院更名为耶鲁学院,

---

① Wilford Kale, *Hark upon the Gale: An Illustrated History of the College of William and Mary* (Norfolk, Va.: Donning, 1985).

② Pierson, Yale, pp. 6—7.

这既是为了表达对他的感激之情，也想借此希望他日后继续捐赠。但令校方失望的是，耶鲁没有在遗嘱中提及学院。当时，耶鲁学院校方并不知道，在埃利胡·耶鲁众多的计划和慈善事业中，从来没有真正考虑过将该学院当作重点对象。这其中宗教也可能起了作用。作为一个英国圣公会教徒，他对作为一所代表不同教派的学院的捐赠者的态度是有所保留的。

在殖民地时期，为教师提供的捐赠并不多见，但也有一些开创性的事件。1721年，托马斯·霍利斯（Thomas Hollis）为哈佛学院捐款设置了神学教授教席。这是一个重要但有争议的学术领域，此捐赠引发了学院与捐赠者之间的一场经典之争，争论的焦点是谁有权决定课程，谁有权挑选学者担任此教职。这段慈善事件留下的遗产是双方对滥用职权和自私自利的指控。① 幸运的是，当哈佛学院欣然接受捐赠并遵守霍利斯后来捐赠给科学和数学系的教授职位的条件时，这一事件所引发的激烈争论就烟消云散了。

人们可以从账本和日志中拼凑出学院预算的大致情况。然而，这些记录是不完整的，而且可能具有误导性。② 第一，货币的价值差别很大。来自英国的银币和金币比面额相当的本国货币更值钱。第二，经济史学者依赖于不同时期基于"可比价值"所做的粗略估算。某个账目在18世纪可能是必不可少的，但在20世纪却几乎没有需求时，这种做法就会遇到问题。第三，大学的很多收入都是以农作物、木柴或牲畜等所谓的"乡村支付"（country pay）的形式出现的。别以为这种做法已经过时了，值得注意的是，即便在21世纪，富裕的农场主和牧场主为大学橄榄球队食堂捐赠牲畜，仍然是一种慷慨和受欢迎的习俗。

殖民地学院是清贫的。大多数教师（被称为tutors）的薪酬很低，收入通常比工匠要少。教授职位很少。唯一能得到丰厚报酬的学术职位是学院的校长。校长的工资相对较高，通常直接由殖民地的参事会（general courts）③ 支付。校长职位的福利还包括一栋房子以及可以在校园草坪上饲养奶牛。

---

① Curti and Nash, *Philanthropy in the Shaping of American Higher Education*, pp. 13—18. cf. Bremner, "Doing Good in the New World," in *American Philanthropy*, pp. 5—18; Sears, "The Colonial Period," pp. 10—32.

② Foster, *"Out of Smalle Beginings."*

③ 参事会（general courts）是北美殖民地时期兼行使司法权和立法权的机关，为马萨诸塞州所首创，在新英格兰地区实行。——译者注

学院年复一年地维持生存，在一定程度上是依靠学生的学费收入。然而，根据大多数的估算，学费加上教室和膳宿费比较有限，没有一所学院能够依靠学生收费来维持所有的办学开支。当塞缪尔·约翰逊（Samuel Johnson）在 1754 年为开办国王学院（King's College）写广告时，他滔滔不绝地细述了学院的崇高目标："教导和鼓励孩子们了解耶稣基督上帝的存在，并在一生中庄重、敬虔和正直地热爱和服务上帝。"接着他以不太崇高但却十分强烈的字眼收尾："学费是由董事会确定的，每学期只收取 25 先令。"① 学院收入的另一个来源是为"贫穷但有能力的青年"捐赠的奖学金。这些学院似乎一直努力保持低学费，并利用经费资助来招收学生。值得注意的是，尽管殖民地学院办学预算拮据，但他们还是设法生存了下来。这部分原因归结他们实行保守主义财政，以及当时政府提供的法律保护和偶尔的补贴。但最重要的是，学院的生存归功于他们坚持不懈的募款努力。

## 课程

几乎没有书面记录来帮助我们重现殖民地的课程。每一所学院都公布过入学要求，通常会详细说明学生应该掌握的具体古典语言、古代作者和数学水平。出版的要求是一回事，但严格遵守则另当别论。入学考试通常由大学校长本人通过面试的方式进行。由于当时不存在可靠的中小学教育体系，未来的大学生究竟如何接受预备教育仍不确定。有时学院只允许男孩入学。他们通常只有 14 或 15 岁。大多数殖民地学院将招生要求，并提供预备和基础教育，作为获得收入和培养未来的学生群体的一种途径。

在教学方面，采取课堂背诵与口头辩论相结合的方式，在此过程中，老师和同学随即给予批判性的评价。② 让一个年轻人不再偷懒玩耍，而去学习圣经文本、解决数学问题或拉丁动词变化形式，其目的往往是为了避免因公众演讲效果不佳、逻辑缺陷或翻译错误而被人嘲笑。学年中最重要的活动是在毕业典礼周期间的一系列演讲和辩论。各种各样的报道显示，知识演讲和批判分析令人印象深

---

① "Samuel Johnson Advertises the Opening of King's College (Columbia)，1754，"in *American Higher Education*，ed. Hofstadter and Smith, 1: 109—110.

② Axtell, "The Collegiate Way," chap. 6 of *The School upon a Hill*.

刻。一家报纸报道了1758年国王学院的毕业典礼，赞扬了有关形而上学相关主题的演讲。当代科学被赋予了一个中心位置，观众们聆听了一篇根据天文观测和引力理论提出的关于地球绕太阳公转的论文演讲。尽管学院做出让步允许用英语进行辩论，但传统的守护者们还是得到保证，学生毕业告别演说用的是拉丁语。节目在祈祷和祝福声中结束，世俗学习与基督教信仰相互调和。这位报纸作者的结论是，这所年轻的学院做得很好，并敦促市民"支持这所有用的、管理到位的学校"。① 报纸报道没有提到的是，在殖民地时期，除了学术活动外，毕业典礼往往是城镇居民和大学师生共同欢庆和豪饮的时机。

国王学院毕业典礼上的重点讲座和演讲展示了激动人心的国际性发展。在最高水平的教学和科研方面，与牛津和剑桥相比，爱丁堡和格拉斯哥的学会对殖民地学院的影响更大。② 基于传统经典隐喻与合理逻辑基础上政治演讲有助于培养批判性分析技能，将政治经济学确立为一门学科。对新大陆学院培养未来政治家来说，政治经济学这门学科是至关重要的。

学院的教育环境也出现了丰富多样性，表明学习和探究的广度不再局限于正式的学习课程。包括年轻的托马斯·杰斐逊（Thomas Jefferson）在内的大学生们在日记中提到了法律甚至是医学课，以及与导师的讨论，尽管这些科目并不总是正式课程的重要部分。（纽约国王学院声称在1767年建立了一所医学院，但这是一个少有的创新。）罗德岛学院在设置宽泛的课程方面的设想具有创新性。学院的办学特许状明确规定："公共教学应普遍尊重各门科学。"③ 在所有的学院里，作为导师的年轻学者的兴趣和学习显然远远超出正规教学的需要。时不时有证据表明，他们还自主开展"自然哲学"研究，这是我们当代自然科学观念的先驱。

在最初的数十年里，殖民地学院有一个特点，就是很少强调必须完成学位。

---

① "Commencement Exercises at King's College, 1758," in *American Higher Education*, ed. Hofstadter and Smith, 1: 130.

② See Nicholas Phillipson, "Culture and Society in the Eighteenth Century Province: The Case of Edinburgh and the Scottish Enlightenment," in *The University in Society*, ed. Stone, pp. 407—448.

③ "Charter of Rhode Island College (Brown University), 1764," in *American Higher Education*, ed. Hofstadter and Smith, 1: 136. For a more complete version of that document, see appendix A in Walter C. Bronson, *A History of Brown University* (Providence, R. I.: Brown University, 1914), p. 493.

许多学生在入学一两年后就离开了学校,显然不存在我们现在所说的"辍学"的耻辱。大学生可能不到总人口的1%。即使就18世纪的人口而言,入学人数也不算多。1765年罗德岛学院开学时,只招收了一名学生入学。两年后,在校生人数是10人。到1707年,耶鲁学院共授予18名学生学士学位。在威廉玛丽学院,很少有本科生申请毕业,以至于在1768年,弗吉尼亚的新总督博特图尔勋爵(Lord Botetourt)决定采取各种办法提高文学学士学位授予率。他的做法是为毕业典礼周期间的演讲比赛提供大笔奖金和奖章。这位州长出乎意料地喜欢这所学院,这令其本人和殖民者都感到惊讶,他所坚持的有趣的要求是,只有学位候选人才有资格参加。博特图尔的计划很诱人。一些学生完成了学位,其中幸运的少数人获得了奖品,他们比那些学习不刻苦的同学更聪明、更富有。历史学者菲利斯·维恩(Phyllis Vine)指出,毕业典礼提升为一种庄严而崇高的活动,而与此同时殖民地领导人也越来越认识到,学院是年轻人进入成人生活中权力和责任地位的象征。①

重现殖民地时期教师和学生的学术生活是非常困难的,因为尽管许多因素看起来很熟悉,但殖民地时期的做法实际上与现代的做法明显不同。例如,一种普遍的教学模式是课堂背诵。在更高级的课程中,政治经济学等主题的讲座受到教师和学生的青睐。这可能与欧洲大陆和苏格兰大学卓越的教学遗产有最明显的联系。与此同时,殖民地学院确实借鉴了牛津和剑桥的教学:依赖导师和辅导课。在所有这些教学变量中,书籍和纸张仍然是昂贵的商品,因此大多数教学都是通过口头进行的。与我们今天所熟悉的笔试不同,朗诵和演讲在殖民地学院的教育生活中占居主导地位。学院引以为豪的是自己的藏书,但这些藏书量很小,很难算是允许本科生借阅各种书籍的现代意义上的图书馆。

即便是一些最富有、最成功的学院,如哈佛学院、耶鲁学院、新泽西大学院及威廉玛丽学院,招生人数仍然很少,在办学使命和生源地方面也很有限。很少有证据表明殖民地的一所学院在一年内招收了100名以上的学生。许多学院扩大了学习课程,除了文学学士课程外,还开设了文法学校课程。一些学院的特许状和文件谈到了增加神学等学科高级课程的意图,但这样的计划很少能够实现。肯

---

① Phyllis Vine, "The Social Function of Eighteenth Century Higher Education," *History of Education Quarterly 16* (Winter 1976): 409—424.

尼斯·罗伯茨（Kenneth Roberts）1937年出版的畅销历史小说《神枪游侠》(*Northwest Passage*)中,有一个虚构的例子说明了本科学习课程的局限性。讲述者是一个被哈佛学院开除的年轻人,在英国抗击法国人和印第安人的战争中,他担任著名的罗杰斯游骑兵（Rogers' Rangers）的绘图员,直至最后战死。他被迫离开哈佛是因为他违反了两项校规:他先是嘲笑学院的导师,后又用漫画讽刺校长和教师,他犯了失礼罪名。艺术和犯上在学院里都没有生存空间。

故事虽是虚构的,但却很有说服力,因为它说明了殖民地学院生活的特点是师生之间持续紧张的关系。① 尽管"学院模式"被誉为青年的避风港和学习的理想安排,但它也是引发学生骚乱和反抗的因素。这些突发事件常常是由我们所谓的"消费者投诉"所引发的,投诉涉及的问题从餐厅的劣质食物到对学生活动和自主权的限制。在导师的协助下,校长们始终做到纪律严明。学生犯错会受到各种惩罚。例如,"停学"（rustication）意味着一个学生必须"到乡村去"——即让这个学生打包个人行李离开学校一段时间。更持久、更正式的惩罚是"降级"（degradation）,即降低学生在年级中的排名位次。殖民地学院中学业惩罚措施似乎缺乏中世纪大学学生生活中所拥有的诙谐和善意。例如,在14世纪的巴黎,一个年轻的学生如果被判犯有某些过错,比如使用方言或是错过晚祷,可能会面临必须为老师和同学们提供葡萄酒的"处罚"。

学生对学校生活的抱怨远不仅限于食品和纪律方面。除了长期困扰学生的老问题外,到18世纪中叶,越来越多激进的、有思想的学生开始心怀不满,对学院教育的秩序和课程提出了批评。这种转变在一定程度上是由学生不端行为性质的变化所推动的。例如,在1720年,大学生中常见的过错多半是男生做出的一些幼稚恶作剧,而到了1770年左右,大学生的年龄更大,也更有政治头脑,他们敢于质疑长辈的观念和固有想法。学生们对共和主义和学术正统之外的思想兴趣日

---

① See Kathryn M. Moore, "Freedom and Constraint in Eighteenth Century Harvard," *Journal of Higher Education* 17 (November-December 1976): 649—659; Sheldon S. Cohen, "The Turkish Tyranny," New England Quarterly 47 (December 1974): 564—583.

增。此外，学院官员对不受欢迎的国王的忠诚加剧了学生与校方之间的冲突。①

后来与"学院模式"（collegiate way）相关的体育运动队和音乐社团等精心安排的课外活动并不是殖民地学院的组成部分。然而，学生辩论和文学社团这一重要的有组织的活动在殖民时代后期着实得到了蓬勃的发展。1776 年，威廉玛丽学院成立了第一个这样的社团——大学优秀生联谊会（Phi Beta Kappa）。据记载，该学生社团的章程和细则是在罗利酒店的阿波罗房间（Apollo Room of the Raleigh Tavern）里起草的，而不是在学院的场地或学院的大楼里。文件的条款中写明欢迎其他学院的同学加入到他们自己章程的起草中来，这体现了该组织的友爱和政治讨论精神。因此到了 1781 年，耶鲁学院和当时已经更名为哈佛大学的本科生先后收到建立各自学校的大学优秀生联谊会分会的邀请。为了促进文学讨论和学术研究，罗德岛学院的本科生也据此精神成立了他们自己的"阿德尔菲联合会"（Society of the Federal Adelphi）。②

无论正式的学术课程的界限如何，美国学院的学生从一开始就表现出对政治讨论和演说的兴趣。当一所学院恰好地处殖民地首府周边时，它就为年轻绅士观察和效仿当时顶尖律师和政治家提供了一种便利的途径。对政治和法律的兴趣无论是在学院正式课程之内还是之外，都标志着殖民地和学院的另一个重要变化：作为公共领袖的神职人员，其地位逐渐衰落，而律师作为政治家的地位则逐渐上升。③

学院学生群体的社会成分大致相同，但也存在显著的社会阶层差异。学院学生的花名册姓名排列顺序不是按姓氏字母排序，而是根据学生家庭的社会等级先后排列。按照牛津大学的传统，学术长袍是社会经济地位的标志。按照字面的意

---

① Howard H. Peckham, "Collegia Ante Bellum: Attitudes of College Professors and Students toward the American Revolution," *William and Mary Quarterly*, January 1971, pp. 50—72.

② Jay Barry and Martha Mitchell, *A Tale of Two Centuries: A Warm and Richly Pictorial History of Brown University*, 1764—1985 (Providence, R. I.: Brown Alumni Monthly, 1985), pp. 10—33.

③ Oscar Handlin and Mary F. Handlin, "Colonial Seminaries, 1636—1770," in *The American College and American Culture: Socialization as a Function of Higher Education* (New York: McGraw-Hill, 1970), pp. 5—18. See also Vine, "Social Function of Eighteenth Century Higher Education."

思,"自费生"(commoners),是指身穿长学袍在大餐厅(commons)用膳的学生,这有别于身穿短学袍为其他学生提供用膳服务的"侍从生"(servitors)。① 难怪 1769 年罗德岛学院在毕业典礼上被认为有点激进,因为海报上写的是"姓名按字母顺序排列"。尽管该学院的课程保留了拉丁精英主义,但它对民主做出了让步,按字母顺序公布了毕业学生的名单。在其他地方,哈佛学院和其他高校依旧按社会等级排列毕业生的名单。②

## 学院的学生:从基督教绅士到绅士型学者

上述关于大学课程的论述很自然涉及了学生生活和学生群体结构方面的问题。这些学生特征在很大程度上揭示了学院的办学目的,以及最初建立殖民地的原因。如果我们看看与哈佛、耶鲁和普林斯顿的建立有关的殖民地,不难发现创办学院是严肃的事情。公理会和长老会教徒(可以统称为清教徒)对学院教育有明确的认识,即学院教育是大的、重要的社会、宗教和政治观念的一部分。作为一个群体,清教徒在宗教方面属于异端。这使他们与王室产生矛盾,往往意味着他们的儿子没有资格进入皇家大学学习。牛津大学时不时要求所有学生宣誓效忠君主制和英国国教。宣誓效忠君主制为清教徒所接受,宣誓效忠英国国教则不然。

殖民地时期,哈佛、耶鲁和普林斯顿的学生家庭背景通常是富有的商人。清教徒商人不仅经商有道,生意兴隆,同时也很虔诚。他们不想让自己的儿子在牛津堕落沉沦。在牛津,"骑士"(cavaliers)和"浪子"(rakes)代表了社会上最糟糕的人,他们都具有与英国国教有关联的不端行为。在英国都铎王朝与斯图亚特王朝漫长的宗教战争和内战时期,清教徒有时会在大学里站稳脚跟。不过,一般来说,这两所古老的大学,特别是牛津大学,并不认可清教徒的礼规、宗教或教育观念。

清教徒创办学院的目的是为了对年轻人提供高标准严要求的教育,使他们成为基督教绅士。他们将继承家族的航运和销售商业企业。作为交换,父辈们希望

---

① 在近代英国的某些大学,如牛津大学和爱丁堡大学的一些学院,侍从生是免费住宿(和一些免费膳食)的本科生,并免除听课费用。这种制度在 19 世纪后半叶已经消失。——译者注

② Barry and Mitchell, *A Tale of Two Centuries*, pp. 10—33.

得到这样的保证：公理教或长老教是他们儿子日常生活和永恒生活的一部分。因此，早期的大学生是特权阶层之子，他们同时也被期望去继承重大的责任，成为新世界领袖人物和有影响力的人。在这个世界上，他们的宗教处于中心的位置，不受政府或教会的约束。学习是认真的，并且非常强调分析和表达的能力。然而，最为关键的因素是，所有的学习最终都会与基督教绅士的价值观和行为相融合。

进入殖民地学院学习的都是哪些人？如前所述，这些人是具有一定特权的年轻群体，他们被寄予期望去认真对待自己的学业和宗教。在早期的数十年里，学院的学费并不高，有能力的穷学生还可以得到一些奖学金。然而，在17世纪和18世纪初，马萨诸塞湾殖民地和康涅狄格的经济条件十分艰苦。没有几个家庭能承受得起家庭农场或生意少了一个健壮的年轻人所造成的损失。

不同学院所在的殖民地之间存在显著差异。在新英格兰南部和大西洋中部地区，弗吉尼亚和切萨皮克人的殖民地模式与坎布里奇或纽黑文就有显著差异。到了17世纪末，弗吉尼亚吸引并造就了新的种植园主阶层，这个群体的宗教遗产是英国圣公会，他们的祖先是英国的大地主，是喜爱马匹和狩猎的绅士。毫不奇怪，他们关于殖民地和学院的观念受到了这些传统的影响。种植园和水路，而不是城镇和马路，奠定了弗吉尼亚低洼平原（Tidewater Virginia）乃至卡罗来纳沿海地区的殖民地世界。

到了18世纪中叶，从新英格兰到弗吉尼亚，所有殖民地地区的经济都有了长足的发展和繁荣。每个地方社区都形成了自己的网络，地区精英和受宠爱的家族的阶层。大约到了1750年前后，上过大学成为声望和高社会地位的象征。一边失去收入，另一边需要花费两到三年的学费与生活开支，这使绝大多数殖民地居民负担不起学院的教育，或至少让学院教育变得不具备吸引力。殖民地存在显著的阶级差异，学院与大多数美国家庭的生活世界渐行渐远。显然，学院的主要目标是确定和造就殖民地精英。学院是保守的机构，对于传承相对固化的社会秩序至关重要。[1]

大学在造就殖民地精英方面的这种增强作用并非完全直接或立竿见影。菲利

---

[1] Jackson Turner Main, *The Social Structure of Revolutionary America* (Princeton, N. J.: Princeton University Press, 1965).

斯·维恩（Phyllis Vine）指出，殖民地领导人和年长者普遍担心，父母并不完全能为成年后可能担任要职的男孩提供适当的教养。一种解决办法是将社会化职能从家庭转移到包括文法学校和学院在内的正规机构。学院是牧师、校友、政府官员和导师等强势男性的天下，肩负着将小男孩塑造为小绅士的职责。① 大学职责得到强化的历史意义在于，它标志着殖民地社会的重大转变。伯纳德·拜林（Bernard Bailyn）1960年出版的开创性著作《美国社会形成过程中的教育》（*Education in the Forming of American society*），鼓舞了一代学者将家庭视为儿童识字和社会价值观教育的基本组织。② 维恩对此并无异议，但她断言，到18世纪初，学院已经补充甚至可能取代家庭的角色，成为了社会经验的传承者。

鉴于学院的社会化作用，对殖民地学院进行准确分析所面临的一个挑战是要对精英主义贬损的现代意涵进行一番探究。换句话说，殖民地学院的显著特点并不是精英性。相反，事实上，地位稳固的富裕家庭、节俭的殖民地政府和皇室代表投入了大量的自由时间和资源，试图使他们享有特权的儿子形成一种责任感和公共服务意识。的确，殖民地学院认可并强化了将继承显赫社会地位的精英阶层。你可以争辩说，一个富有的弗吉尼亚种植园主或波士顿商人的儿子，无论他上不上大学，都会变得有钱有势。殖民地学院是一份保单，能够确保这些家境优越的年轻人在大约20岁生日的时候不仅掌握了读写算知识，还能具备领导和服务的意识。现代意义上的民主一词在殖民地领导人中几乎得不到支持——这种落差是今天的我们难以接受的。一位弗吉尼亚人直言不讳地总结了那些通常上殖民地学院的年轻人的世界观："我是一个贵族。我热爱自由，我厌恶平等。"③

大学介入培养并控制这种态度。国王学院是这样描述自己的办学使命的：为未来的殖民地领袖提供这样一种教育，即"提心智，促理解，全面育人，让莘莘学子成为所有重要领域的杰出榜样"。④ 1772年，约翰·威瑟斯彭（John Wither-

---

① Vine, "Social Function of Eighteenth Century Higher Education."

② Bernard Bailyn, *Education in the Forming of American Society* (Chapel Hill: University of North Carolina Press, 1960).

③ John Randolph, quoted in David Hackett Fischer, *Albion's Seed* (New York: Oxford University Press, 1989), p. 412.

④ 转引自 "History and Background," in *About Columbia* (New York: Columbia University, 1999), n. p.

spoon）在描述新泽西学院（后更名为普林斯顿学院）的创建以及使命时，向西印度群岛的潜在捐赠者表达了类似的承诺和理由：

> 社会地位较高阶层的孩子，尤其是那些自食其力和勤奋致富的人家的孩子，最需要稳妥实施的早期教育。与生俱来的财富往往成为一种危险的诱惑，而他们步入社会所处的地位，要求他们接受那些最具才华的人才能承担的职责，除非经过精心的培养和历练，否则不可能造就出这样的人才。经验表明，提供自由教育……给那些不愿只为自己而活，而愿意把自己的才能用于为公众服务和造福人类的人。①

殖民地学院是否真的为所处的社会培养了有为和有用的社会精英？如果我们看看殖民地学院的校友们在涉及美国独立战争和美国建国相关的讨论、辩论和政治活动的巨大贡献，给大学打高分则是理所当然的。当然，大学校友们并没有垄断独立战争的知识和政治领导权，但他们是一种强大的存在。显示出他们在公共论坛上开展辩论的世俗领导力，并在政治哲学写作和法律文件起草等方面作出了不小的贡献。

学院创办者仰赖宗教引发了一些关于学院办学目标的问题。必须摒弃那种认为殖民地学院主要是为了培养神职人员的旧观念。哈佛学院的官员在17世纪的文献《新英格兰的最初成果》（New Englande's First Fruits）中指出，他们"非常害怕"所培养的未来的牧师是没有文化的。这句话经常被用来证明哈佛学院专心致力于神职人员的培养。② 事实上，这种解释是不准确的，因为它没有认识到文件的语气和背景。"最初的成果"实际上是在英格兰开展的募款活动，是对那些对新大陆更不用说学院不了解的潜在捐赠者所打的情感牌。强调宗教因素是因为学院创办者知道这种承诺对潜在的捐赠者特别具有吸引力。

引起争议的是殖民地学院没有授予神学学位，但其主要课程是用来培养神职

---

① John Witherspoon, "Address to the Inhabitants of Jamaica and Other West-India Islands on Behalf of the College of New Jersey" (1772), in *American Higher Education*, ed. Hofstadter and Smith, 1: 137.

② Winthrop S. Hudson, "The Morison Myth Concerning the Founding of Harvard College," *Church History 8* (1939): 148—159.

人员的说法。这些学院也没有任命牧师或神父。例如，在弗吉尼亚，虽然获得皇家特许状的威廉玛丽学院效忠于英国王室和英国国教，但它不可能成为一所神学院。圣公会牧师的任命必须由主教执行。任何想要获得神职的人都要乘船回到英格兰参加考试并满足教会的其他要求。还必须考虑到学院教学计划和学院学习结果之间存在重要的差别。威廉玛丽学院的办学特许状提到了修完文学学士学位课程之后的高级神学课程学程，但没有任何证据表明该计划曾经实施过。

如前所述，这场关于学院与神职之间关系的争论与保守精英主义问题有关。殖民地领导人显然是不信任一名没有文化的神职人员的。由于学院教育是高级神学研究和获得神职位的必要前提，因此学院成为了保护殖民地免受民粹主义宗教过度影响的薄弱防线。哈佛学院没有任命牧师，但约一半的毕业生最终担任神职工作。马萨诸塞湾、康涅狄格、新泽西以及其他殖民地的总督们希望，学院毕业生担任神职人员可以有效应对没有受过教育或者是"文盲"复兴派传教士的威胁。那些谨小慎微、具有批判精神且博学的长老会和公理会神职人员所担心的是，殖民地的宗教和社会被"宗教的狂热"而不是理性的信仰所主导。国教神职人员没有看到的是，到18世纪中叶，他们的影响力甚至在传统的学院支持者中也开始削弱，受过教育的世俗领导者的权力和声望不断提高。简而言之，到了殖民地末期，政府与学院和教会出现了明显的分离。

## 宗教复兴运动与殖民地学院

包括乔治·马斯登（George M. Marsden）在内的一些著名历史学者认为，当今的高等院校不明智地忽视了宗教信仰的重要性，或者取消了宗教信仰在高等教育中的核心地位。① 这种抱怨的一种变体是，教师和课程被允许偏离了"开国元勋"最初的宗教，确切说是基督教价值观。言外之意是需要进行改革，最好是重拾宗教精神，重视原始的学院。

将复兴运动作为改革授权的问题在于，过往的历史上并没有确定的经验可供参考。首先，我们不能将学院的"创办者"与国家的"开国元勋"混为一谈。如前所述，到了独立战争时期，学院的办学使命已出现明显的变化，从宗教正统转

---

① See George M. Marsden, *The Soul of the American University: From Protestant Establishment to Established Non-belief* (New York: Oxford University Press, 1994).

向世俗的学习和领导。在某些宗教信仰的首要地位问题上，18世纪中叶殖民地学院的主要教育思想家们意见不一。例如，本杰明·富兰克林和托马斯·杰斐逊与约翰·温思罗普（John Winthrop）或英克里斯·马瑟（Increase Mather）就完全不同。最重要的是，清教徒学院创办者所信奉的价值观并不显得特别人道或宽容。学院创办者无法容忍公理会和长老会的内部矛盾，或充其量表现出冷漠。他们对英国圣公会和罗马天主教充满敌意。

在学院创建的过程中，一个反复出现的模式是，有关宗教信仰的争议是一种驱动因素，致使一些群体要么被开除出一所已建立的学院，要么因为他们觉得这所学院有失宗教风范而选择离开。科顿·马瑟（Cotton Mather）对哈佛学院的宗教和政治都心怀不满，他和一些人认为，公理会在哈佛学院已经丧失纯洁性。他觉得康涅狄格新建的高等学院是一个好去处，他们可以在那里恢复公理会的纯洁性。康涅狄格的公理会随后对殖民地及其学院中圣公会的萌芽进行打压的努力表明，18世纪宗教与高等教育的融合更重视宗教正统性，而不是教派间的善意。后由新光长老会创立的新泽西学院在很大程度上是一种尝试，即建立一所有别于哈佛和耶鲁的，承认大觉醒运动的某些因素的机构。事实上，在17世纪和18世纪大学群体相对缺乏宽容和包容，而罗德岛学院显然是一个例外。这里重申一下先前在讨论朱尔根·赫布斯特关于18世纪中叶学院治理方面的学术问题时提出的一个观点，即殖民地总督们同心协力鼓励中大西洋地区学院在招生中的教派宽容的尝试以失败而告终。

总的来说，当时大多数殖民地学院的宗教政策是偏袒主流教派，排斥异教徒和福音教派。这种政策留下冲突和分裂的历史后果。不满和分离在这些学院历史上早就有先例可寻。正是在新教的封闭世界里，他们之间充满了不信任、争吵，并形成对立的派系。因此，对于21世纪美国这样一个宗教多样性的社会，把宗教恢复到校园的中心位置，它们所提供的模式是不靠谱的。

## 扩充与实验：学生多样性的局限

一种新的历史叙述应该包括对学院所扩展的活动的关注，而不仅仅是将殖民地学院视为神学院。文法学校和印第安人学校等实验表明，早期的学院的校长和董事会在制订计划以增加入学人数和资源方面表现出务实思想和创造性。慈善事业再次步入舞台的中心，因为美洲原住民的教育，包括他们对基督教的皈依，对英格兰的捐赠者具有很大的吸引力。问题是，这样的实验通常是灾难性的，大多数参与这些冒险的有进取心的学院官员很快就想方设法摆脱困境。① 学院里大多数印第安学生不是死于麻疹，就是死于肺结核或酒精中毒。从教育学和哲学上讲，他们被困在不同世界之间。原住民印第安学生大量减少之后，各学院不得不制订一项策略，在维持传教士捐赠的同时，将注意力从教育异教徒转移到向年轻绅士灌输知识和责任。很明显，原先同意送儿子到学院学习的印第安酋长委员会认为，殖民地教育对他们未来的酋长而言"一无是处"。他们拒绝了学院校方提出的延长奖学金计划的提议，并礼貌地建议殖民地官员或许可以把年轻的英国人送到部落去接受真正有益的领导力教育。②

传教士对美洲原住民实施基督教教育的热情是殖民的典型特征，也显现出他们与英格兰在工作上的关联。但少有证据表明他们对非裔美国人给予同样重视。学院官员和校友对待种族关系和奴隶制的态度或行动与其他殖民者并没有什么差别。无论是在正规课程还是在特殊附属学校方面，殖民地学院在黑人学生教育方面并没有做过什么。

根据学院的章程，女性被排除在校门之外。偶尔会有一些年轻女性被允许参加入学考试——这很奇怪，因为即使女性在入学考试中表现出色，学校也不会同意其入学。例如，乔治·皮尔森（George W. Pierson）写道："1784年，耶鲁学院校长认为露辛达·富特小姐的关于古典作家和新约圣经方面知识达到学校的录取标准。她得到了一张用羊皮纸记录的成绩。"除此以外，别的什么也没有了。③ 然而，留下的是几个有趣的历史谜团：是什么原因造成了部分承认才华而不给予教育机会？露辛达·富特会得到什么？或者说，她会拿安慰性证书来证明自己的学业能力吗？同样无法获知的是，除了正规的学校或学院，是否还有替代的教育模式使至少相当一部分妇女能够获得高水平的文化和专业技能。

---

① James Axtell, "Dr. Wheelock's Little Red School," chap. 4 of *The European and the Indian: Essays in the Ethnohistory of Colonial North America* (New York: Oxford University Press, 1981), pp. 87—109. See also Curti and Nash, Philanthropy, pp. 34—35.

② Benjamin Franklin, *Remarks Concerning the Savages of North America* (ca. 1784), reprinted in *Guide to the College of William and Mary* (n. p., 1983).

③ Pierson, Yale, p. 56.

## 学院目标与教育使命的局限

　　历史学家时不时发现一些零散的资料，人们可以借此对学院的办学领域和使命进行新的解读。例如，有没有证据表明工程与自然科学等"应用"领域在学院占有一席之地？当我得知威廉玛丽学院向乔治·华盛顿颁发了土地测量师执照时，我对这种可能性产生了好奇。这是否证明了18世纪的学院可能提供了土木工程方面的教学和认证？事实上，该证据并不支持这一假设。学院颁发测量师执照与课程并没有什么关系。这仅仅是一种使学院受益的便利做法：王室和殖民地政府允许学院颁发证书，更重要的是，也允许学院保留颁证费以及测量师出售土地所得的一部分收入。

　　此外，没有什么证据表明殖民地学院在需要专门化知识的职业方面提供了高级的教学。一所学院可能有一位教授讲授法律，但这门学科是与"警务"（police）等主题结合在一起，后者很可能是当今政治科学和公共管理学的先驱。当时没有法律学位，也没有系统的法律学习课程。进入学院学习并不是将来从事需要专门化知识的职业的先决条件。后者主要是在学校体系之外通过各种学徒制的形式进行的。

　　简言之，在这个时期，老牌学院并非从事高深知识学习的唯一场所。学院的学位并非从事任何需要专门化知识的职业（包括法律和医学）的先决条件，这凸显了殖民地学院的使命和范围的局限。特别是在18世纪中后期，这些学院确实进行了大胆的尝试，以确保本科生学习数学、历史、自然科学、政治经济学和道德哲学。他们并不反对创新。例如，18世纪50年代，学院就曾就使用英语还是拉丁语引发争论。但是，当时的学院并没有资源（而非不愿意）去从事先进的科学探究和我们所谓的"研究"。此类研究多半是由私人学会、博物馆团体或独立的博物学家和研究人员所进行的。高级专业学习和认证与美国学院的分离并不是一个固有的问题。为什么不让如律师学徒培训所（Inns of Court）、教学医院（Teaching Hospitals）、学徒制（Apprenticeship），或外科医学院（College of Surgeons）和皇家学会（Royal Society）等机构来承担呢？

　　改革和扩大学术课程的尝试往往面临失败。一个显著的例子是托马斯·杰斐逊未能说服其母校接受新的学习领域，更不用说是全面的教育改革计划了。1779

年，杰斐逊对威廉玛丽学院进行的所谓"杰斐逊式改革"（Jeffersonian Reorganization of the College of William and Mary）就是把这所历史悠久的学院改造成一所"大学"的一次认真尝试。但与其他学院的改革一样，由于监事会成员的保守势力和不幸遇到战争，许多创新性的改革只好搁置或取消了。杰斐逊不得不等待数十年，才能将他的"学术村"（academical village）计划付诸实施。

## 外部关系与追逐财富

对于21世纪的历史学家来说，要想构建殖民地学院的清晰图景是困难的，这是因为我们无法用今天我们思维中组织分类学所谓的"公立"和"私立"来对它们进行划分。尽管今天的哈佛、耶鲁、布朗和普林斯顿都宣称自己是"独立的"机构，但在17世纪和18世纪，它们都不可避免地与殖民地政府具有关联。这种联系在最初的校名中就得到了体现。普林斯顿大学原来的校名是新泽西学院，布朗大学最初叫做罗德岛和普罗维登斯殖民地学院。哈佛的毕业典礼游行队伍要等到米德尔塞克斯郡（Middlesex County）治安官出面领衔才能开始；没有马萨诸塞湾殖民地总督参加的董事会的批准，就不能授予学位。国王学院简介中专门提到了副总督在教师队列中的位置。威廉玛丽学院的办学特许状明确承认王室和王室的特使。在大多数殖民地，只有一所机构获得皇家特许状，新学院数量增速过快受到了强烈抵制。这里蕴含着一系列有趣的和重要的政府—高校关系，其中包括从监督到财政支持。

有关九所殖民地学院的成立和最初几十年的记载证明，学院领导经常被迫卷入外部政治事务。许多大学校长都很擅长这项工作，且似乎热衷于与社会人士进行协商与筹划。前面关于院校治理和慈善事业的讨论提示了学院关系的独特的美国传统。殖民地学院的领导者最突出的表现和精力，是在建立学院、继而建设学院和政治参与的对外关系中。总的来说，美国学院是土生土长的、令人振奋的办学机构。历史学家尤根·赫伯斯特（Jurgen Herbst）敏锐地称之为"地方性学院"（Provincial College）。[①]

在许多关于殖民地学院生活的早期记述中，我们看到有两类截然不同的校

---

① Herbst，*From Crisis to Crisis*，p.128.

长。似乎有许多人要么在个性上不适合担任此职，要么无法把握校长工作的头绪。在这一类人中，有些倒霉的校长深陷学生生活管理的泥潭中，另一个更令人沮丧的极端是，有些校长蓄意通过轻度滥用职权来敲诈学生，如克扣伙食费或者收取罚款。大量的日记和其他记述表明，事实上学生们经常用退场的方式表示强烈反对，要求将这样的校长赶下台。

相比之下，罗德岛学院的詹姆斯·曼宁（James Manning）、威廉玛丽学院的詹姆斯·布莱尔（James Blair）、耶鲁学院的托马斯·克莱普（Thomas Clap）和达特茅斯学院的埃利扎尔·惠洛克（Eleazar Wheelock）等校长都理解并喜欢学院的基本政治特性。他们抓住了机遇，并且理解伴随这种新的美国院校形式而来的问题：强有力的法律保护、大学外部董事会与校长强有力的行政管理权力的结合。他们也明白其中的特有挑战：不是资金不足，而是资金的数额无法确定，说变就变。美国领导力的这一本土形式在本杰明·富兰克林身上得到了体现，他是费城公共学院（Public Academy of Philadelphia）（后被称为费城学院，再后来即现在的宾夕法尼亚大学）的创建者。简言之，无论如何，美国学院的校长从一开始就必须是一名创业者。

成功的校长总是不知疲倦的。詹姆斯·布莱尔说服学校监事会任命他为终身校长，在数十年时间里他与殖民地总督们同时在位，这常常为他所钟爱的威廉玛丽学院带来不少好处。从1765年罗德岛学院创办伊始，詹姆斯·曼宁便担任校长，直到26年后去世。他的名气还体现在作为市民领袖、有影响力的城市教会牧师，以及1786年当选国会议员。他是一名专业石匠并擅长使用镰刀，同时他非常健谈，是一名演说家，作为一名教师，他赢得了学生们的尊敬。曼宁从布朗家族那里赢得了对学校长期的财政和政治支持。布朗家族是普罗维登斯的最重要的商业家族，学院最后就是因其而更名的。

在这批精力充沛、长期担任学院校长的人中，最吸引人的或许是埃利扎尔·惠洛克。他对殖民地政治生活的操控完全是出于他的投机取巧。他利用在康涅狄格获准成立的莫尔人印第安学校（Moor's Indian School）创建了新罕布什尔的达特茅斯学院。后来，当马萨诸塞西部的农民和商人对他们被排除在波士顿—坎布里奇地区的政治和特权之外表示不满时，惠洛克提出了一个大胆的主张：他敦促持不同政见者离开马萨诸塞，建立一个新的殖民地。他的贡献是帮助达特茅斯学院获得办学特许状，而条件是事后由他担任新殖民地的总督。①

无论是为了办学特许状、捐赠者还是政治盟友，寻求财富以及追逐的刺激都是殖民地学院校长们的活力之源，校长们经受住了考验，他们的机构也得以蓬勃发展。② 建筑设计师都喜欢争论形式与功能之间的关系。同样的观念也可以帮助我们理解，一个据称是从牛津和剑桥移植过来的院校模式，结果在发展动力方面为何如此显著地不同。在牛津和剑桥，依赖捐赠建立起来的"学院"（college）是至关重要的单位，结构就如同一只龙虾：坚固的外壳（包括大量的捐赠），为机构的内在生长和活力提供营养和保护。相比之下，美国殖民地学院激进的结构创新让它拥有了一个强大的骨架，但它的生长和活动却发生在外部。美国的学院校长在牛津和剑桥并不存在相应的职位，前者无法享受到向内退缩的奢侈。学院的办学特许状和章程可能保护他们不受制于教职员工和学生，但这些文书也赋予了他们与立法机关、州长、治安官、主教、商人和君主处理事务的自由和义务。

当然，时机对于学院校长的命运也很重要。到了独立战争前夕，许多学院的校长都处境艰难。一方面，如果他们的办学特许状或资金完全依赖于对英国皇室的忠诚，他们介入地方事务的自由就会受到限制。例如，1766年担任诸如国王学院或王后学院这样的学院校长的好处，到1776年很可能成为地方的职责。18世纪70年代的美国人（包括保皇派）被描述为"焦虑和烦躁不安的英国人"③——这种情绪对任何一所办学特许状内容含有对王室忠诚宣誓的学院来说都不是好兆头。

事实上，革命和战争的到来将殖民地学院置于一种两难的境地。一方面，对于学院而言，这是一个英勇的时代。他们输送学生和校友从军，担任政治领袖，他们提供校舍作为军营和医院。另一方面，教学活动在独立战争期间中断，战争也耗尽了经费。当然，一度来自国王和皇室的税收资助也丧失了。在战争结束时，几乎所有的学院不是关闭了，就是资源和活力大为减少了。王后学院可能是

---

① Curti and Nash, *Philanthropy*, pp. 34—35; John Whitehead, *The Separation of College and State* (New Haven: Yale University Press, 1973).

② John R. Thelin and Marsha Krotseng, "The Paper Chase: Charters and the Colleges," *Review of Education* 9 (Spring 1983): 171—175.

③ Carl Bridenbaugh, *Vexed and Troubled Englishmen*, 1590—1642 (Oxford: Oxford University Press, 1968).

老牌学院中情况最糟糕的。1793年，一项通过与新泽西学院整并以挽救这所陷入困境的学院的动议被否决。两年后，董事会考虑将学校迁往纽约，但由于缺乏资金和教师，他们关闭了这所学院。战争的时间段在一定程度上解释了大学未能或无力回应托马斯·杰斐逊等人提出的关于课程扩展和制度创新的激动人心的想法，这些人希望为一个新国家创建一所与众不同的现代大学。

## 殖民地学院的本质

总的来说，殖民地学院有什么独特的"美国"特色呢？这里我们遇到了一系列似是而非的观点。总的来看，殖民地及其学院表现出一些宗教多样性，但不一定是宗教宽容。这些学院关注的是培养学生从事"社会服务"，但这些学生既不是平等主义者，也不是民主主义者。

奥斯卡（Oscar Handlin）和玛丽·汉德林（Mary Handlin）夫妇在对年轻的约翰·亚当斯（John Adams）这个人物的描写中，捕捉到了学院角色的微妙细节：

对亚当斯这样的年轻人来说，高等教育的价值不在于专业训练，而在于其他方面。这源于这样一种信念：课程学习赋予那些完成它的人以文化属性，这是优越地位的标志。这绝不是一种简单的、精于算计的态度，而是由一套复合多样、近乎下意识的价值观。在法律诉状中引用希腊格言的能力不是必要的但却是有好处的。更重要的是，人们普遍认为，那些对希腊思想的复杂性有敏锐认识的人，将能够更好地处理侵权与契约方面的日常问题。最重要的是这样一种认识，即殖民社会仍然为精通古典著作绅士阶层提供奖赏和实际好处。[1]

除了培养殖民地那些政治上雄心勃勃、经济上享有特权的年轻人外，殖民地学院的建立对塑造美国独立战争的那一代人的思想和行动作出了重大而积极的贡献。正如戈登斯·伍德（Gordon S. Wood）所言，当人们对比18世纪中叶一家父子俩的愿望时，学院的影响就凸显了出来。例如，托马斯·杰斐逊继承了他父

---

[1] Handlin and Handlin, *American College and American Culture*, pp. 9—10.

亲作为弗吉尼亚种植园主的生活,并与他分享了这些好处。然而,许多美国开国元勋是他们家族中第一个进入学院学习的。学院教育强调的是学识的讨论、古典语言和政治经济学,为地主士绅补充了他们的精神气质中所欠缺的政治和知识意识。伍德写道:

> 苏格兰和北美领导人都感到有必要重新思考文明化的含义,在这个过程中,他们摒弃了传统的血缘和家族价值观,更加强调有学问的、后天习得的价值观。为了成为他们同时代人简·奥斯汀(Jane Austen)和埃德蒙·伯克(Edmund Burke)所理想化的那种绅士,他们满怀热情地接纳了18世纪新启蒙的绅士理想——优雅而不浮华,文雅而不炫耀,有美德而不做作,独立但不傲慢。他们努力将新的自由的人为标准内化,这些标准界定了真正文明的含义——礼貌、品味、社交、学识、同情和仁慈——以及成为优秀政治领袖的含义——美德、无私、厌恶腐败和奉承行为。①

作为一种合适的机构,殖民地学院恰逢其时地承担起此项新的任务。其影响并非是全面的和可靠的,甚至也不是不可或缺的,但意义却十分重大。罗德岛和普罗维登斯殖民地学院(后来更名为布朗大学)章程的前言部分记载了学院创建者的信念:"从事自由教育的机构对社会是非常有益的,因为它能使新一代的人养成美德、知识和实用的学问,从而源源不断地为社会提供能够履行生活责任的、能干的和有声誉的接班人。"② 这些办学艰难的小学院制订的校训凸显了激励人心的崇高目标:"Veritas"(真理)、"Lux et Veritas"(光明与真理)、"In Deo Speramus"(我们相信上帝)、"Vox clamantis in deserto"(空谷足音)。这些都是在新世界的荒野中呼喊着的寻找光明和真理的令人惊叹的声音——坚定的基督教信仰与世俗结合的决心。任何一个想要建设一个更美好的新世界的正直的人都不会反对宾夕法尼亚大学的校训:"Leges sine moribus vanae."(法无德不立。)尽

---

① Gordon S. Wood, "The Greatest Generation," *New York Review of Books*, 29 March 2001, pp. 17—22. Cf. Joseph J. Ellis, *Founding Brothers: The Revolutionary Generation* (New York: Knopf, 2000).

② Charter of Rhode Island College (Brown University), 1764, reproduced as appendix A in Bronson, *History of Brown University*, p. 493.

管存在许多困难和不利因素，这些大学还是培养了几代聪明且善于表达的年轻人，可能比同一时代的英国学术同行做得更好。

当然，历史记忆主要是受那些幸存下来并获得成功的人士的观点所影响。成立于 1636 年的哈佛学院在今天光彩夺目，是因为它延续了下来。这与 1619 年在弗吉尼亚创建学院的尝试失败或者说是胎死腹中形成了鲜明对比。弗吉尼亚公司（Virginia Company）捐赠了 1 万英亩土地，并与国王詹姆斯一世协商接受 1500 英镑捐款，用于在亨利科（Henrico）附近建立一所大学和一所印第安学校。然而，在印第安人屠杀了 347 名殖民者（包括负责大学土地的代表）后，这项教育计划就终止了。①

我们很难找到一个完全令人满意的答案，来解释为什么有些地方设立了学院，有些地方却没有。例如，对于弗吉尼亚潮湿地南部所有商业、贸易、农业和人口来说，为什么富有的种植园主没有在萨凡纳或查尔斯顿为他们的儿子建立一所学院？马里兰强烈的天主教色彩是导致圣公会君主制或邻近的新教总督们无法在那里建立学院的因素吗？在佐治亚这样的客观条件差的殖民地，没有学院并非主观因素。托马斯·戴尔（Thomas G. Dyer）重拾起福音传道士乔治·怀特菲尔德（George Whitefield）从 1755 年到 1770 年的长期推动努力，强化了地处萨凡纳的贝塞斯达学校（Bethesda School）的办学使命，以便他可以请求英国王室颁发特许状使其成为贝塞斯达学院（Bethesda College）。在一段时间里，怀特菲尔德努力争取学院办学特许状看似水到渠成，因为这一想法无论在英格兰还是在佐治亚都有众多的支持者。佐治亚的殖民政府对在临近本地建立一所真正的学院充满憧憬，这样殖民地未来的领导者就不必北上普林斯顿或国王学院接受教育。根据戴尔的说法，王室对一所具有福音派教徒渊源的学院的不信任显然是授予办学特许状的主要障碍。② 尽管创建学院的尝试无果而终，但贝塞斯达学院的创建计划所要求的承诺强化这样一种共识，即创建一所学院无论是在南方殖民地还是在北方殖民地都是一项重要的任务。

---

① Curti and Nash, *Philanthropy*, p. 31.

② Thomas G. Dyer, "Antecedents and Beginnings," in *The University of Georgia: A Bicentennial History* (Athens: University of Georgia Press, 1985); see esp. pp. 3—6.

## 殖民地化与学院的对比：新英格兰与新西班牙

迄今为止，我们有关历史的讨论仅限于英国殖民地。要正确看待这些殖民地的经验，不妨看看北美殖民地世界的其他地区。1538年，哈佛学院在马萨诸塞湾殖民地建立的近一个世纪前，西班牙移民在加勒比地区建立了圣多明哥大学。早在16世纪中叶，人们就发现西班牙殖民者利用西班牙国王和教皇的支持，在其殖民地开办了大学，其中包括墨西哥国立自治大学和秘鲁国立圣马尔科斯大学，这两所大学均建于1551年。一些证据表明，美洲最古老的、一直不间断办学的大学是墨西哥的圣尼古拉斯伊达尔戈学院。① 到17世纪初，西班牙人已经在智利、阿根廷和玻利维亚建立了大学。②

在新大陆的学校建设、教育项目以及对土著人民的传教工作等方面，西班牙帝国很可能在英国之上。③ 尽管英国殖民地的学院建筑令人印象深刻，但与精心设计的"完整机构"（total institutions）——传教网络相比，则显得黯然失色。这些网络是来自西班牙的圣方济各会修士在太平洋沿岸建立的，与英国殖民者建立学院的时间大致相同。西班牙殖民地的优势在于，王室和教会都采取专门的官方政策对不同的项目和目标进行资助和监管。但是，尽管西班牙殖民者可能已经建造了宏伟的教堂、教会和军营等协调系统，但这只是帝国蓝图的一部分，并没有强烈意愿让来自欧洲大陆的殖民者去建立平民市镇，从事农业以及开展当地贸易。在开发墨西哥北部广阔的美洲地区的殖民计划中，建立和培育大学显然并不是西班牙帝国模式一个内容。

我们可以把我们今天所知道的加利福尼亚的传教活动，与当时大西洋沿岸许多殖民地的印第安学校进行一些比较。由方济各会管理的加利福尼亚传教团组织良好，致力于"教育"美洲原住民（尽管并不总是有效），在某种意义上使他们皈

---

① George Isidore Sanchez, *The Development of Higher Education in Mexico* (Westport, Conn.: Greenwood Press, 1970).

② See Leslie S. Domonkos, "History of Higher Education," in *International Encyclopedia of Higher Education* (San Francisco: Jossey-Bass, 1977), pp. 2017—2040.

③ Walton Bean, "The Spanish Colonial Frontier" and "Spanish Settlement of Alta California," chaps. 4 and 5 of *California: An Interpretive History* (New York: McGraw-Hill, 1968).

依罗马天主教，并使他们养成与种植和加工当地农作物有关的职业道德。相比之下，达特茅斯、哈佛、威廉玛丽学院的印第安学校则依赖的是不确定的私人捐赠，所做的努力也具有被动性。但是，我们撇开传教活动不说，就高等教育而言，与英国殖民者相比，西班牙人在加利福尼亚的教育方面所做的工作是相形见绌的。在英帝国的计划中，从马萨诸塞湾殖民地延伸到弗吉尼亚湿地的学院是与众不同的。北美的英国殖民地和西班牙殖民地之间的反差，说明了学院的建立并非是必然的，英国殖民地学院创建者的非凡努力和成就具有特殊的历史意义。

## 独立以后：颠倒世界中的殖民地和学院

当康沃利斯率领的英国军队在约克镇向乔治·华盛顿投降时，战败军队的笛子手奉命吹奏《颠倒的世界》（*A World Turned Upside Down*）。的确，殖民者打败帝国军队打乱了传统的政治秩序。然而，早在那之前，殖民地的学院就把教育界搞得天翻地覆。他们采纳了牛津剑桥的法人组织架构，彻底改变了原先的做法，将控制权从教师转移到外部董事会和校长手里。他们在一个高等教育并不必然具有优先地位的国家建立并维系了 8 所学院。最令人难以置信的是一个显而易见的基本发现：在当时连精英家庭，更不用说普通民众，都无法接受稳定的和连贯的中小学教育的情况下，每个殖民地都设立了作为自己钟爱的"山巅学校"（school upon a hill）的学院（college）。

在殖民地末期，美国的学院有两个特点：它们的办学章程和法人团体结构都非常稳固；其结构和受保护措施确保了灵活性和持久性。这是幸运的，因为学院未来的生存和健康发展将有赖于它们的适应能力。

对殖民地学院历史遗产的讨论有一个有趣的补充，那就是始于 1890 年左右的"殖民地复兴"（colonial revival）动力在振兴大学方面的能力最终被证明是有限的。1960 年，哈佛大学的一份入学报告指出，学院的宣传册和宣传品的语气需要加以改变。报告警告说，"冰冷的清教徒口吻"可能传递出这样一个信息：哈佛只是在寻找"书呆子"（eggheads）。[1] 换言之，办学历史悠久的哈佛的声望面临

---

[1] "The Public Image (s) of Harvard," in *Admissions to Harvard College: A Special Report by the Committee on College Admissions Policy* (Cambridge, Mass.: Harvard University, February 1960), p. 14

危险，未来有可能失去对有才华、有活力的学生的吸引力。显然，这份报告对这家历史悠久的大学所展示的形象带来了冲击。1970年，一位评论家注意到，哈佛的官方出版物不再沉迷于忧郁的散文古风和殖民主题："直到最近，哈佛的官方出版物看起来还像是由上新世（Pliocene）① 的印刷工人设计的，他的审美观与我们不同。其中大多数出版物在外观上仍具有另一个时代的强烈印记。虽然出版物提出了一些大胆的新事物，但它们用灰暗色的版面宣称，哈佛大学坚决抵制变革。但一些官方出版物翻开了新的一页，摆出了一副勇敢的姿态。"②

因此，在1780年和1980年，历史上著名的学院的学术领导人都意识到，依赖历史传统而不关注不断变化的社会和政治环境，预示着高等教育机构将走向衰败。下一个需要考虑的主题是，独立战争之后，在一个新国家和一套新法律基本规则的保护下，学院的变化与发展的境况。

---

① 上新世（Pliocene）是地质时代中第三纪（新近纪）的最后一世，始于约533万前，终于约258万年前，持续约270万年。该词在文中意在形容哈佛的官方出版物风格守旧古板、一成不变。——译者注

② "Signs of Modernity: The New Look in Harvard's Offcial Publications," *Harvard Bulletin*, November 1970, p. 57.

# 第二章　构建高等教育的"美国方式"：学院的创办，1785—1860

## 学院校训与美国抱负

殖民地时期的学院校训带有崇高的目的。"Veritas"（真理）一词传递了哈佛对真理的追求。而耶鲁的校训"Lux et Veritas"（光明与真理）体现了其对真相与理性的追求。布朗大学的校训"In Deo Speramus"（我们相信上帝）则把希望寄托在上帝身上。独立战争之后设立的新学院沿袭了上述用拉丁文校训追求高尚目标的传统。1790年得到特许成立的北卡罗来纳大学采用的校训是"Lux libertas"（光明与自由）。1801年成立的新南卡罗来纳学院（后更名为南卡罗来纳大学）的校训是"Emollit mores nec sinit esse feros"，大致可译为"学习塑造人性，令我们远离残暴"，此可谓冗长而立意崇高的拉丁语校训的典范。

尽管上述每则校训都令人为之振奋，但它们并没有完全捕捉到那个时代的精神。18世纪末和19世纪初通常被称为"新国家时期"（new national period），对于这一时期美国的高等教育来说，更为合适的大学校训应该是"买者自慎"（Caveat emptor）（即"买主购物需自行小心"）。这是一个创新精神迸发和消费主义盛行的时代，几乎不存在政府问责或监管。但对于高等教育而言，这并不是一个混乱的时期，因为此时的大学在创办和响应上，都表现出了与国内不断变化的地理、人口和经济发展特点相适应的模式。

高等教育将发展成为美国的"家庭手工业"（cottage industry）①。1800年，美国授予学位的学院数量为25所，到1820年这一数字则增加到了52所。② 这一增长过程稳定且快速，但与此后三十年间的学院建设热潮相比，仍是相形见绌了不少。到1860年，学院的总数已增至241所（该数字不包括40所创建后却停止

---

　①　此处"cottage industry"指的是美国建国初期涌现了大量新建的学院以及其他高等教育机构，它们大多规模较小，没有形成统一的规范化管理体系。——译者注

　②　Jurgen Herbst, *From Crisis to Crisis: American College Government*, 1636—1819, Cambridge, Mass.: Harvard University Press, 1982, pp. 244—253.

办学的院校）。① 这一时期不仅有大量新创办的学院，还出现了其他各种开设正式课程的院校，如大学、专科学校（academies）、神学院（seminaries）、科学学校（scientific schools）、师范学校（normal schools）和专门学校（institutes）等。在上中西部地区，高校命名的创造性被发挥到了极致。1817 年，创办新的"密歇尼亚大学"的设想被提了出来［官方最初曾将之命名为"学术大统殿"（Catholepistemiad）］。幸运的是，由于发音方面的原因，这个名字没能在其他地方流行起来，最终甚至在密歇根州也被弃之不用。

这个时期的创新不仅包括新学院的创办，还涉及院校内部的变化。在学院内部，课程逐步从博雅学科（liberal arts）② 拓展至医学、法律、工程、军事科学、商业、神学和农业领域。19 世纪上半叶，一些高校开始招收原先被排除在高校大门之外的群体，如女性、黑人和罗马天主教徒。此时美国的高等教育并非一潭死水，而是一项复杂却又充满活力的活动。

## 一个没有国家主义的新国家

新美国的一个突出特征在于，民众普遍不信任强大的国家政府。北方与南方之间激烈的区域竞争加剧了这种厌恶情绪。于是导致大多数真正有关"国家"（national）倡议的提案都被驳回了。例如，银行业务仍然归各州自行经营。尽管有乔治·华盛顿、托马斯·杰斐逊、詹姆斯·麦迪逊和本杰明·拉什（Benjamin Rush）等受到举国尊敬的大人物的拥护，甚至有时由他们提供资金，但许多关于创建"国立"大学（"national" university）的前瞻性提案不是被搁置就是被打了折扣。詹姆斯·麦迪逊担任总统时，他在四次年度咨文中都就此提出过具体建议。1817 年本是最有望实现创办国立大学计划的一年，当时一份关于建立国立大

---

① Colin Burke，*American Collegiate Populations：A Test of the Traditional View*，New York：New York University Press，1982，pp.15—17.

② "liberal arts"在国内通常译为"博雅学科""人文学科"或"文理学科"，原意指在西方古典时代，一个自由人应具备的基本学识，有别于职业教育和专门技术教育，主要包括文法、逻辑、修辞学、算术、几何、乐理和天文学等学科。本章中出现的"博雅学科"或"人文学科"均指 liberal arts。——译者注

学的议案已提交至国会，甚至得到了一个国会委员会的认可。然而，该提案最终还是遭到了众议院的否决。

这一时期的美国缺少"国立"院校，唯一的例外就是两所军事院校的设立，即 1802 年成立于纽约西点（West Point）的美国军事学院（United States Military Academy）和 1845 年在马里兰州安纳波利斯创办的美国海军学院（United States Naval Academy）。这两所学院都是根据美国国会法案设立的。联邦政府还参与了高级研究和学术领域，最著名的例子是国会在 1846 年成立的史密森学会（Smithsonian Institution），这笔资金来自于早年约瑟夫·史密森（Joseph Smithson）50 万美元（相当于 2000 年的 960 万美元）的厚重馈赠。① 除此之外，正规的教育计划，尤其是批准设立学院或大学的权力，几乎总是由各州把控，仅有少部分由各州的市政当局负责。

高等教育史学家通常将 19 世纪初期和中期的教育机构称为"战前学院"（antebellum colleges）。但将它们描述为 1785 年至 1860 年间整个时期的产物会更为准确，在此期间，人们对"新国家"进行了定位和探讨，无论新、老学院都在商讨范围之内。

## 章程与变革

许多前身为殖民地的州对已有学院的章程做出了相对较小的调整。显然，在管理模式和学校名称上，凡是与君主制有关的内容都进行了修改。例如，纽约的国王学院（King's College）更名为哥伦比亚学院（Columbia College）。1792 年，耶鲁学院对其具有历史意义的章程进行了修订，让康涅狄格州政府的一些官员进入学校董事会（Yale Corporation），成为董事会的当然成员（ex officio members）。这一变化也为耶鲁获得州的资助打开了大门。最明显的重大转变是，学院以及其他教育和文化机构现在由州政府所资助，而不受国家或联邦的管辖。

另一项重要的政策转变不亚于学院与政府之间互动方式上的一场革命。就像在英国一样，在殖民地时期的美国，学院想要获得办学特许状是十分困难的。而那些少数享有特权的机构，一旦获得特许状，就有望得到长期的慷慨资助。相

---

① Robert H. Bremner, *Philanthropy in America*, 2nd ed., Chicago: University of Chicago Press, 1988, pp. 50—51.

反，在建国之初的美国，特别是在南部和西部，办学许可证的授予被视为政治赞助和政党分肥制的一个组成部分。对于立法者和州长来说，用这种方式回报支持者既便捷又廉价。这一新办法所带来的结果是，授予办学许可证并不意味着州政府明确或暗中承诺提供财政支持。这种情况促使高校不断寻求办学资金的支持，而这些资金的来源混合多样，且往往是短期的，并不稳定。因此，在对以下两个关键的可变因素——获得办学许可证的难度，以及获得许可证后是否可能获得可靠的政府或公共资金——进行考查后，可以判定美国高等教育当时正受到这项新政的影响。

一些统计摘要表明了这个阶段高等教育在法律、政治和金融环境方面的转变。英格兰人口稠密、政治强盛、历史悠久，是大英帝国的中心，但也只有牛津、剑桥和伦敦大学等寥寥几所高校获得特许状并有权授予学位。同样，在美洲殖民地，每个殖民地往往只有一所学院能够获得特许状。相比之下，到1860年时，仅俄亥俄州就有27所学院持有办学许可证，宾夕法尼亚州有19所，肯塔基州有14所。那么，我们应该如何解释这种增长？这些学院又是如何维持运作的呢？

我们看到，学院和相关院校在财务和课程方面进行了一系列的创新。这些各种不同类型的新院校改变了学界的传统看法，因此它们理应受到重视。20世纪50年代和60年代，历史学家们通常将研究重点集中于同一种类型的学院——即经费短缺的小型教会文理学院，他们认为此类学院是19世纪上半叶美国学院的原型。这种观点的必然结果是，这些学院被认定是效率低下、顽固保守的机构，阻碍了"真正现代"（truly modern）的大学网络体系的建立。诚然，在19世纪初期至中期，小型教会学院是高等教育中的重要组成部分，但它们并不能代表高等教育的全貌。此外，"二战"后几十年间的那一代美国史学家可能低估了这类学院的作用。近期历史研究的最重要贡献在于重新审视了认为美国许多新设学院脆弱、僵化、难以为继的评价。半个世纪前的历史学家断定，那些成立于19世纪初经费拮据的小型教会学院面临着大约80%的失败率。然而，在过去的20年间，科林·伯克（Colin Burke）、詹姆斯·麦克拉克伦（James McLachlan）和罗杰·盖格（Roger Geiger）等历史学家对档案数据做出了一系列细致的分析，结果表明，在1800年到1860年期间的美国，学院的办学资源还是比较丰富的。在某些情况下，它们的生存率估计略高于80%，这证明它们的适应性很强。① 由于这个较高的估算数据是基于不完整的记录和相对较小的统计抽样而得出的，它的准确性还有待商榷。② 尽管如此，这还是让人们对20世纪五六十年代历史学家所估计的学院极低生存率产生了强烈怀疑。

## 历史记忆与高校周年纪念日

鉴于19世纪高校所处的生存困境，办学历史成为当今高等教育声誉之源也就不足为奇了。"新国家时期"留给我们一个有趣的问题——哪所高校可自称为第一所州立大学？两个多世纪后，这个问题成为了佐治亚大学（University of Georgia）和北卡罗来纳大学之间争端的源头。

1985年，在佐治亚大学200周年校庆之际，它获得了"美国第一所州立大学"的声誉。这一具有里程碑意义的地位被广为宣传，因为大学校友能买到佐治亚州所颁发的印有200周年校庆信息的车牌照，车牌上雅致地呈现了该校的建筑主题。作为一所历史悠久的大学，佐治亚大学与州政府合作，运用现代化手段展现本校的历史传统，而放眼各大高校，还有比佐治亚大学更好的例子吗？对这一历史遗产的庆祝活动很快造成了州与州之间的紧张局面，因为创办于1795年的北卡罗来纳大学也声称自己是"最古老的州立大学"。美国邮政局以发行特别版明信片的形式对此加以纪念，此举更强化了这个说法。历史遗产而非橄榄球成了院校间竞争的根源。如果体育类报刊没有报道这种竞争，那么《华尔街日报》《华盛顿邮报》和《高等教育纪事报》等全国性报纸也都不会错过。1785年，佐治亚大学获得了佐治亚州政府颁发的正式合法的办学许可证，这一点是毫无疑问的。而北卡罗来纳大学于1789年才获得办学许可证，1793年该校第一栋校舍奠基，新生于1795年开始入学。北卡罗来纳大学之所以认为自己办学历史更长，是因为

---

① See James McLachlan, "The American College in the Nineteenth Century: Toward a Reappraisal," *Teachers College Record* 80 (December 1978): 287—306; Burke, *American Collegiate Populations*; and Roger L. Geiger, ed., *The American College in the Nineteenth Century* (Nashville: Vanderbilt University Press, 2000), pp. 91—114.

② Robert T. Blackburn and Clifton F. Conrad, "The New Revisionists and the History of U. S. *Higher Education*," Higher Education 15, No. 3—4 (1986): 211—30.

佐治亚大学直到 1801 年才开始招生。①

无论是站在佐治亚大学还是北卡罗来纳大学一方，这段插曲都很重要，其原因有以下几个。首先，这标志着一个有趣而独特的学院建设时期的开始，从一整个区域发展到遍及全美各地。其次，它体现了美国人对高等教育的复杂感受——从强烈的自豪感到漠不关心甚至充满敌意。最后，这也暴露出美国高校历史统计数据不完整所带来的问题，无论是在确定高校创办日期还是分析年度办学预算和毕业率等方面。

## 南部地区更大规模的高校建设

佐治亚大学和北卡罗来纳大学并不能代表美国南部地区高校发展的全貌。1961 年，梅尔·博罗曼（Merle Borrowman）在对综合性现代大学前身校的研究中还考察了三个重要的机构：特兰西瓦尼亚大学（Transylvania University）、南卡罗来纳学院（South Carolina College）和纳什维尔大学（University of Nashville）。这三所学校在创设之初都很成功，但后来却不再辉煌。② 此外，要研究南部地区有代表性的新建院校都必须考虑到弗吉尼亚大学（University of Virginia）。这些关于南部大学的例子推翻了人们对 19 世纪早期的学院所下的轻率结论，他们曾经认为这些学院往往在教学上古板僵化，与那个时代的主要社会和政治大潮脱节。

### 特兰西瓦尼亚大学

特兰西瓦尼亚大学位于当时弗吉尼亚州西部的肯塔基县（Kentucky County），于 1780 年获得办学许可证，当时正是托马斯·杰斐逊任弗吉尼亚州州长之职。1792 年，肯塔基县脱离弗吉尼亚州，获准成为肯塔基州。

根据一些历史学家对现存文献的解释，特兰西瓦尼亚不仅是一所早期的学

---

① Jean Evangelauf, "Where Did U. S. Public Higher Education Begin? Georgia and North Carolina Claim the Honor," *Chronicle of Higher Education*, 23 October 1985, p. 1; Linda Williams, "We Just Can't Picture Pep Rallies for This Intercollegiate Match," *Wall Street Journal*, 3 October 1985, p. 1; Bill McAllister, "UNC Carries a New Card," *Washington Post*, 3 September 1993, weekend section, p. 62.

② Merle Borrowman, "The False Dawn of the State University," *History of Education Quarterly*, No. 2 (1961): 6—22.

院，也称得上是最古老的州立大学。无论如何，特兰西瓦尼亚大学都被推崇为一所开拓性的教育机构，有时还被称作"西部导师"（Tutor to the West）。① 1818年到1826年间，在校长霍勒斯·霍利（Horace Holley）的努力下，特兰西瓦尼亚大学在招生以及课程改革与质量两方面都取得了成功。霍利是一名新英格兰移民，他从美国东北部、英格兰和欧洲大陆招聘教师。尽管学校最初的资助者是长老会教徒，但在霍利担任校长期间，学校开始呈现出一神论派（Unitarian）的色彩。该校的课程改革包括增设了科学课，特别是植物学的课程。特兰西瓦尼亚大学不仅设有一所文理学院，还拥有一所蓬勃发展的法学院和医学部。弗吉尼亚州的年轻律师亨利·克莱（Henry Clay）② 就曾在法学院任教过数年时间。事实上，托马斯·杰斐逊曾在弗吉尼亚州议会上以特兰西瓦尼亚大学为例，借此说明正是由于弗吉尼亚州迟迟没有创建自己的州立大学，才使得许多优秀学生被特兰西瓦尼亚这所出色的大学吸引走。③

衡量特兰西瓦尼亚大学成功与否的一个指标是它所培养的早期国家领导人数量，包括50名国会参议员、101名国会众议员、36名州长和34名大使。其他知名校友包括南北战争时期担任南方邦联总统的杰斐逊·戴维斯（Jefferson Davis）、废奴主义者卡修斯·克莱（Cassius Clay）和得克萨斯州州长斯蒂芬·奥斯汀（Stephen Austin）。如果说特兰西瓦尼亚大学的例子表明了它在19世纪初生机勃勃的创新潜力，那么它同样也显示出迅速崛起的风险和命运的起伏不定。特兰西瓦尼亚大学地处当时有着"西部的雅典"（Athens of the West）之誉的列克星敦（Lexington），吸引了杰出的教员和校长，他们是这个繁荣城镇的骄傲。特兰西瓦尼亚大学付出的代价是它作为一个繁荣的人文与科学中心的声誉，由于它具有一神论教派的特征，且位于该地区最富裕的城镇，最终使它与州内其他地区疏远

---

① See, for example, John D. Wright, Jr., Transylvania: Tutor to the West (Lexington, Ky.: Transylvania University Press, 1975), and Walter Wilson Jennings, *Transylvania: Pioneer University of the West* (New York: Pageant Press, 1955).

② 亨利·克莱（Henry Clay, 1777—1852），是美国参众两院历史上最重要的政治家与演说家之一，曾经任美国国务卿，辉格党的创立者和领导人。他曾于1805年起任特兰西瓦尼亚大学法学教授。——译者注

③ William A. Bowden, "The Jefferson Connection," Transy Today 15 (Fall 1977): 18—19.

了。这种疏远反映在肯塔基州议会后来采取的惩罚措施上,而该州议会主要由农村地区的选民所控制,同时也是产生激烈的教派争端的场所。一神论教派主导下的特兰西瓦尼亚大学成为代表对立宗教团体的议员们攻击的目标,政府资助也改投向了肯塔基州的其他院校。尽管特兰西瓦尼亚大学最终走向衰败,但在数十年间它仍是当地乃至全国范围内具有重要影响的一所高校。

**南卡罗来纳学院**

现名为南卡罗来纳大学的南卡罗来纳学院设立于1801年,正式开办则是在1806年。历史学家基本一致认为,作为一所高校,南卡罗来纳学院发挥了它应有的影响力,特别是影响了数代政治领袖。对于一所学院来说,这是否算得上是种"好"的影响,却仍是一个颇受争议的问题。

在学院创立之时,包括查尔斯顿市(Charleston)在内的南卡罗来纳州低地可能是美国最繁荣的地区。这儿是种植园贵族的安乐窝,他们靠水稻、靛蓝染料和航运发家致富。他们的目标是创办一所学院,好让他们的儿子待在当地,避免因远赴哈佛或耶鲁上学而接触到校园里传播的危险思想。由市政批准成立查尔斯顿市立学院也是当时的一种可能。但这个方案很快就让位于在该州首府哥伦比亚设立一所新学院的计划。这所学院的选址能够实现两个目标。第一,对于那些渴望毕业后在州里从政的大学生来说,学院毗邻州议会和州政府能够为他们提供大展拳脚的空间。第二,由于哥伦比亚靠近南卡罗来纳州低地,无论在地理上还是心理上都远离有着不同社会经济背景和宗教信仰的山区居民群体。新学院被定位成一个独一无二的强大熔炉,确保现有种植园贵族权力的传承,也使18世纪的政治正统观念得以延续。

南卡罗来纳学院有着良好的开端。1820年,在第二任校长托马斯·库珀(Thomas Cooper)任职期间,学校迅速发展成为一所富有吸引力且高度政治化的机构。来自英国的库珀被哥伦比亚市和南卡罗来纳州的政治与社会精英所吸引,他开发并完善了学院的人文课程,强调课程应具备独特的形式与内容。南卡罗来纳学院的教育目标是培养种植园贵族子嗣们的传统领导力,其中包括演讲和辩论等方面的技能。公共演讲是一种媒介,其内容是联邦法律的"废止权"(nullification）理论①和"州权论"（states'rights）②等政治理论。

这项教育计划进展顺利。南卡罗来纳学院是南方各州几代州长的母校，不仅是南卡罗来纳州，还包括佛罗里达州、阿拉巴马州、佐治亚州和路易斯安那州。在美国参众两院中，也有众多议员是该校的校友。约翰·卡尔霍恩（John C. Calhoun）③成为学院及其政治传统与国内地位的象征。弗吉尼亚州威廉玛丽学院的校长托马斯·杜（Thomas Dew）曾为维护奴隶制撰写过一份高明的辩护，而国会中几代南方蓄奴派的支持者和反联邦主义的鼓吹者都曾就读于南卡罗来纳学院。正如特兰西瓦尼亚大学，南卡罗来纳学院同样证明了南方可以创办独具特色的当地学术机构。

学生日记与回忆录不仅使当时的课堂教学状况得以重现，还呈现出学生生活的更多侧面。首先，南卡罗来纳学院的学费相当高昂，因此只有当地富裕家庭的子弟才能接受教育。其次，正式课程强调以特有的"州权"和"废止权"理论思想为中心的宣教方法。再次，文学社团增加了这些课程的吸引力，成为便于学生和校友们进行辩论并提高修辞技巧的附设组织，使他们趋之若鹜。而南卡罗来纳人被认为是全美最健谈的演说家。最后，与其他学校的学生生活形成鲜明对比的是，南卡罗来纳学院学生的行为规范尤其强调荣誉，学生必须维护和捍卫荣誉。当个人荣誉受到损害的时候，无论是用手枪、剑还是拳头进行决斗，都被认为是解决争端的正常、甚至是必要的方式。南卡罗来纳学院校园生活的荣誉准则可谓是成人社会生活的一种预演，这在1849年美国参议院发生的一次不光彩事件中得

---

① 美国内战前夕，南部地区盛行所谓的"废止权"理论（也译作"拒绝执行"理论），主张各州法院有权废止或拒绝履行自认为违宪的联邦法律。托马斯·杰斐逊和詹姆斯·麦迪逊（James Madison）共同起草的《1798年肯塔基－弗吉尼亚决议》（*Kentucky and Virginia Resolution in 1798*），声称州对国会制定的法令有宣布"无效"权。政治家约翰·卡尔霍恩（John C. Calhoun）在其《陈情与抗议》（*Exposition and Protest*，1828）一文中进一步提出了"废止权"（nullification）理论。——译者注

② 州权论是美国内战前政治生活中的重要政治思潮，与联邦主义相对，崇尚州权至上，主张各州有权宣布联邦国会的某项法律无效，甚至认为各州具有"主权和独立的资格"。美国内战的结束宣告了州权论最终成为历史。——译者注

③ 约翰·卡尔霍恩（John C. Calhoun，1782—1850），出生于南卡罗来纳州阿布维尔，19世纪上半叶美国著名的政治家，美利坚众国前副总统，是州权论和奴隶制的拥护者，曾提出各州有权宣布任何它认为违宪的联邦法律为无效，即联邦法律"废止权"理论。——译者注

到了充分的体现。当时，在一场关于废奴和州权的激烈辩论中，南卡罗来纳州的参议员用手杖殴打了一位马萨诸塞州的反奴隶制参议员。显然，这位南卡罗来纳参议员在大学期间学得很不错。

乔恩·韦克林（Jon Wakelyn）通过考察在南卡罗来纳学院和南部其他学院就学的学生和他们父亲之间的书信往来，对教育与学生生活进行了探讨。他发现，父亲们总是会纵容和原谅下一代的年少轻狂，因为他们认为"男孩子总归是男孩子"（boys will be boys）。不过父亲们在信件里也用"男孩终究会成为男子汉"（boys will be men）这样的句子恰如其分地表达了他们的信念和期望。这里提到的父亲，大多是种植园主，他们始终保持对自己儿子的关切，相信孩子们会渐渐理解成年的重要意义——继承财富与地位也意味着承担责任，并具备健全的价值观。①

库珀是位颇具魅力的校长，同时却也是个令人费解的人物。库珀身为托马斯·杰斐逊的朋友兼同事，和后者一样也信奉自然神论（deism）。一些高等教育史学家给予库珀"建设者与革新者"的正面评价，尽管他最终耗尽了自己的好运或善意（或许两者兼而有之）。其他人更为关注的是他的过激行为，而不是他恪尽职责投身革新的贡献。② 无论如何，库珀最终还是走过头了。他坚持发表反对神职人员的引战式演说——在一个有组织的宗教派别势力强大的州，他的立场无疑是灾难性的。库珀的反教权主义（anticlericalism）立场给他的职业生涯带来了持续性的阻力。在他被迫辞去南卡罗来纳学院校长一职后，杰斐逊推荐其前往弗吉尼亚大学任教，但这一安排遭到了弗吉尼亚州宗教领袖的强力制止。尽管库珀本人在南卡罗来纳学院的声望和影响力已不再显赫，但该校直到内战前都一直延续着培养南方政治领袖的传统。

**纳什维尔大学**

南卡罗来纳学院为培养未来领导人提出了"本土化"（home-grown）的教育

---

① Jon Wakelyn, "Antebellum College Life and the Relations between Fathers and Sons," in *The Web of Southern Social Relations*: *Women*, *Family*, *and Education*, ed. Walter J. Fraser, Jr., R. Frank Saunders, Jr., and Jon L. Wakelyn (Athens: University of Georgia Press, 1985), pp. 107—126.

② Michael Sugrue, "'We Desired Our Future Rulers to be Educated Men': South Carolina College, the Defense of Slavery, and the Development of Secessionist Politics," in *American College*, ed. Geiger, pp. 91—114; McLachlan, "American College in the Nineteenth Century."

理念与实践，而田纳西州则在菲利普·林斯利（Philip Lindsley）的领导下采取了相反的做法。林斯利曾就读于普林斯顿大学，并一度担任副校长之职，但他拒绝了普林斯顿大学以及中大西洋地区其他几所老牌高校招揽他任校长的邀请。他将自己看作是一名教育传教士，他的使命是在当时被称为南部和西部的边疆地区建设一所真正意义上的非教会的现代大学。

1824年，林斯利接受了纳什维尔大学校长一职。林斯利坚信，南方家庭把儿子送到东北部地区院校就读是一个错误。他最担心的是，一个离开家乡去其他州上大学的学生在学成返乡后可能会失去他人的尊重。他认为，与其依赖政治与社会环境与南部各州迥异的远方院校，南部高校更应该通过最优质的人文与科学课程教学，打造负责任的地方领导人才。然而，要做到这一点，就需要建立一所无教派的新型城市大学。

与南卡罗来纳学院的托马斯·库珀不同，林斯利既不是反教权主义者，也不信奉自然神论。而且他也并不是无神论者。事实上，他与普林斯顿大学的长老会有着相当密切的联系。但是，他对基督教教育的个人投入与对高等教育政治经济的务实关注并存，他认为，宗教上的教派意识与宗派主义对创建具有教育吸引力且财务稳健的学院造成了阻碍。他在1829年的毕业典礼致辞中慷慨陈词：

> 毫无疑问，西部地区学院泛滥成灾却又质量低下的一个主要原因是我们宗教教派林立。几乎每个教派都有自己的学院，而且通常每个州至少一所。在俄亥俄州、肯塔基州和田纳西州的学院中，除了两三所之外，其余都是由各教派创办的。当然，其中真正名副其实的寥寥无几，绝大部分不过是强加给公众的。为什么学院应该由教派来办，而监狱、银行、公路或运河公司却不是，个中原因并不明显。学院的办学目的是帮助年轻人学习精妙的语言、优雅的文学，以及人文和科学知识，而不是任何教派或团体教条独断的神学。那么，为什么它们要用教派的名义呢？①

---

① Philip Lindsley, "The Problems of the College in a Sectarian Age" (1829 baccalaureate address), in *American Higher Education: A Documentary History*, ed. Richard Hofstadter and Wilson Smith (Chicago: University of Chicago Press, 1961), pp. 232—237; quotation at pp. 233—234.

林斯利是一位善于雄辩的倡导者。他的演说和文章见诸全国性的媒体报道，一些北方的学院仍在继续尝试招揽他为校长。他为纳什维尔大学制订的发展计划令人瞩目，数年来他也一直坚定不移地为此付出。遗憾的是，他误判了当地的消费倾向。人们确实更青睐那些小型的教派学院。纳什维尔大学的课程不仅覆盖人文和科学学科，还包括一系列专业领域的课程，赢得了全国各地高校校长的赞誉，但在田纳西州及其周边地区却无法吸引到大量的学生或捐赠者。

**弗吉尼亚大学**

弗吉尼亚大学，也称"杰斐逊大学"（Mister Jefferson's University）[1]，在其教育使命和建筑设计上都是高校规划的杰出典范与奇迹。它的伟大之处很大程度上在于它独树一帜的特色。它与人们对高校的传统观念和设想形成了反差。著名的"学术村"（academical village）和诸如"圆形殿"（Rotunda）等精心设计的建筑为创新性的课程提供了现实环境，这些课程不再使用授课班级、学位和课程要求等传统称谓。在弗吉尼亚大学，学习的课程里包括现代语言、科学以及建筑学。学校教师都是从国外大学或美国顶尖高等教育机构中遴选出来的。校园内没有设置日常的礼拜堂，学校与宗教派别之间也毫无联系。学生都是学校自治团体中的真正公民。独特的学生守则取代了传统的记过制度和琐碎的纪律规章，这些守则由学生们自己制定，同时也用于自我约束。学校明确告知教师，他们唯一并且全部的任务就是做好一名教授。

然而，令人赞叹的建筑设计与课程设置所勾勒出的愿景，却掩盖了新弗吉尼亚大学生活与学习的现实。[2] 甚至连杰斐逊也承认了这个事实。有些让人失望的事是平淡无奇的，也是可预见的，相对来说有些微不足道。例如，杰斐逊曾经设想将学生的生活与学习联系起来，正如外国语言的学习可以和对其他国家文化（包括饮食文化）的深度体验相结合。可是他的这个想法从未真正实现，因为饮食烹饪和个人行为往往都带有地域性的特征，并非全球的普遍习惯。在当时的学生文化中，大学生只需要对古典文学、现代语言和博雅学科有一定程度的了解，

---

[1] 弗吉尼亚大学是由美国第三任总统托马斯·杰斐逊于1819年创建的一所公立研究型大学，杰斐逊本人几乎全程参与了该校的校园设计、课程设置以及教员招募，并出任第一任校长，因此学校也被称为"Mr. Jefferson's University"。——译者注

[2] See Jennings L. Wagoner, Jr., "Honor and Dishonor at Mr. Jefferson's University: The Antebellum Years," *History of Education Quarterly* 26 (Summer 1986): 155—179.

超出绅士生活范围以外的严肃学术研究或任何刻苦钻研几乎得不到鼓励。

新弗吉尼亚大学理想与现实之间的差距在很大程度上是由学生的行为造成的。正如南卡罗来纳学院的学生一样，弗吉尼亚大学的学生绝大多数来自弗吉尼亚州以及南部其他州富有的种植园主家庭。该校的学费是美国所有大学中最高昂的，这更为当时已经固化的社会阶级分层增设了一道经济上的门槛——这与杰斐逊宣称致力于培养"天才贵族"（aristocracy of talent）① 的理念显得格格不入。

学生的态度、价值观和行为都表现出明显的区域和地方精英主义倾向，而不是遵循真正的道德原则，或是国际或新古典主义的行为准则。弗吉尼亚大学的学生都是地主豪绅家庭的子嗣，他们把自己的奴隶、仆人和马匹，连同他们对喝酒、赌博和枪支的爱好一起带到了学校所在地夏洛茨维尔（Charlottesville）。教师基本上无力阻止这种消遣活动。因为杰斐逊让学生拥有很大的自决权，在弗吉尼亚大学成立后的近二十年间，学校推行的是一种几乎没有制衡的荣誉准则。学生对教授提出质疑，对教师所谓的"侮辱"表示愤慨，这些行为都被认为是恰当的。而且最重要的是，学生守则以一种特殊的、错误的方式定义了学术公民的身份："荣誉"意味着绝不背叛同学——这种精神基本无益于弘扬大学的最高价值观。

公正地说，到1860年，弗吉尼亚大学已经成功地将19世纪弗吉尼亚绅士独特的准则与文化传递给了学生和南部的未来领袖。但这种教育上的成功是否实现了托马斯·杰斐逊的构想，培养出他理想中的"天才贵族"，只怕未必如此。

## 多样化的院校与创新

在美国这个新生的、不断壮大的国家，南部地区的学院建设热潮是高等教育越来越受欢迎的最有力证据。但地域上的扩展只是正在发生的变化的一个方面。以下是19世纪上半叶一些主要的新建教育机构和高级教学课程的典型例子，由此

---

① 杰斐逊认为，教育的主要目的在于提高公民的素质，为国家和社会培养治理人才，公共教育应该面向全体公民。他主张不论财富或阶层，让那些被自然赋予才华和美德的人，通过自由教育培养成为治理国家的领袖，以促进国家繁荣，增进公民福祉。这些德才兼备的精英就是杰斐逊认同的"自然贵族"（natural aristocracy），也称"天才贵族"（aristocracy of talent）。——译者注

可见，无论在美国东北部还是东南部地区，高等教育都已呈现出多样化的特点。

**新英格兰的"山巅学院"**（Hilltop Colleges）

在新英格兰地区，已有大量证据表明教育机构和学生的多样性。大卫·奥尔门丁格（David Allmendinger）的著作《贫民与学者》（*Paupers and Scholars*）聚焦于阿默斯特（Amherst）、威廉姆斯（Williams）、鲍登（Bowdoin）、达特茅斯（Dartmouth）以及卫斯理（Wesleyan）等"山巅学院"创设初期的情况，重新分析了这些院校的学生人口结构。奥尔门丁格发现，很多学生的年龄都超过了18—21岁这个"传统的"大学生年龄范围，而且其中大多数人来自中等收入家庭，在为将来从事教师和牧师职业做准备的同时，他们还必须靠勤工俭学来完成学业。①

这些关于新英格兰小型学院学生的研究结果反映出高等教育与区域经济、人口结构之间存在着某种有趣的联系。按照盎格鲁-撒克逊继承法的规定，新英格兰的农场主家庭不会同时将农业用地分配给几个儿子。② 此外，与南方的种植园不同，新英格兰地区的农业通常是自给自足型农业。其结果是，到19世纪初，农村地区年轻男性过剩，按照当时的说法，这些人实在"没有前途"。对于这部分年轻人来说，上大学成了很有吸引力的选择。

因此，地理位置便利、经济实惠的地方学院为减轻土地和家庭压力提供了一个稳妥的渠道。对新英格兰家庭中排行第二和第三的儿子而言，无论是为了自我提升还是为了增加职业选择，上大学都极具吸引力和认同度。例如，担任教师和牧师都需要受过教育才能被录用。与传统的大学生相比，"非传统"的大学生年龄更大，经济状况更差，他们内心对上大学更为迫切期待。由于公理会（Congregationalism）③ 在新英格兰地区占主流地位，该教派强调神职人员需要接受教育，这使"山巅学院"得到了认同和青睐，尤其是可以作为哈佛大学的替代选择，而哈佛因为地处大城市且具有一神论派的特质而被认为是"不虔敬的"（godless）。

---

① David F. Allmendinger, *Paupers and Scholars* (New York: St. Martin's Press, 1974).

② 在19世纪上半叶的新英格兰地区，传统农场主家庭依然沿用殖民地时期的盎格鲁—撒克逊继承法，即长子继承制，每个家庭的全部土地都由长子继承。——译者注

③ Congregationalism：（基督教）公理主义、公理制，又译为"公理会""公理宗"。公理会是基督教新教教派的一支，成立于17世纪，教制主张各地教堂自组自治，而非受制于主教或其他神职人员。——译者注

在长期担任威廉姆斯学院校长的马克·霍普金斯（Mark Hopkins）等教育家的领导下，"山巅学院"将成为举国尊重的文理学院之典范。

## 医学院和法学院

据估计，19世纪上半叶大约有175所医学院曾经开设过课程。这充分显示了美国社会在热爱教育的同时却厌恶严格的办学标准。这些医学院几乎没有实质性的入学要求。没有人认为未来的医学生必须具备高中文凭或大学学位。在类似费城、纽约和波士顿这样的城市地区，医生在大学毕业后再继续学医似乎是种传统，但这一流程并非通例，也不是必需的。

大多数医学院都是独立的，也就是我们所说的"专有学校"（proprietary schools）①。其中有些学院与文理学院有着松散的、名义上的附属关系，但它们相互间几乎没有互动。教学、课程、教师、学生、预算和场地在功能上是分开的。各地的医学院在所学课程方面各有不同，学制从一到三年不等。教学内容一般包括解剖学讲座、疾病理论研讨以及由教师自行决定的其他主题。除了这些基础课程，医学课程与化学、生物科学领域的新学术成果几乎没有任何联系。

医学院通常设在城市，以租用教学楼为主，而不是购买固定设施。尽管对于医学院来说，廉价且稳定的尸体供应是必不可少的，但这些学校连实验室都没有。解剖通常不是必修内容，也不在课程讲座中进行，而是由少数学生在晚上操作。学校严格按照现收现付的方式提供教学。对于医学院的教员来说，经济收入至关重要，因此学生每次听课都必须购买不可退款的入场券。另一个收入来源则是直接付给教授的考试费。而有些医学院甚至要求学生参加两次期末考试。相信这样做的目的也许是为了保障高质量的学业，但热衷于收费应该是更合理的解释，因为学生不得不为第二次敷衍性的考试再掏一次腰包。②

在某些方面，法律领域和医学颇为相似。法律相关职业十分热门，连从欧洲来的访客都曾在1820年就此评论说，美国到处都是律师和律师事务所。然而，高校开设的学术课程涉及法律领域的却并不常见。大多数律师是通过担任律师事务

---

① 在当今美国的教育体系中，proprietary schools指专有学校，属于盈利性的私立教育机构，灵活性较强，主要根据市场需求提供专门的职业教育。——译者注

② Dwayne D. Cox and William J. Morison, "First among Medical Schools of the West," in *The University of Louisville*, ed. Dwayne D. Cox and William J. Morison (Lexington: University Press of Kentucky, 2000), pp. 11—19.

所或法官的书记员和学徒而得到基础训练。各州律师开业执照申请和律师资格考试的规定参差不齐，不过对于是否具有特定的学术学位都不做要求，可以是文学学士学位，又或是诸如法学博士（LL. D.）①或职业法律博士（J. D.）②等法学学位。这并不是说，律师基本没有大学学位或是不曾在法学院就读过，而是说当时根本不存在教育或认证上的要求。据初步估计，在 1800 年到 1860 年之间，大约有 36 所不同的法律院校在办学，其中大部分是集中在后半段开设的。

我们很难精确地勾勒出法律教育的演变过程。例如，一些学院在诸如"警务"（police）或"法理学"（jurisprudence）等领域设有讲席教授（chairs）或教授职位（professorships），这些学科方面的术语可能表明法律和我们所说的"政治学"出现了某种结合。这种创新在培养未来律师的教育中发挥着何种作用在当时并不明确，对 21 世纪的历史学家来说更是难以做出明确的论断。如果在 19 世纪上半叶，各学院的校长和董事会确实关心如何吸引付费学生选择上述这些在美国社会极具吸引力的课程，那么试问为什么在各大学院中，法律作为一个明确的学科领域却显得缺少存在感呢？

**女子高等教育**

与男性相比，"新国家时期"女性在高等教育机构的入学人数更少。但若是和为年轻女性提供接受正规高等教育机会所取得的净收益相比，人数上的差距就显得不那么重要了。我们找不到任何有关殖民地时期女性获得学位的历史记录。与之形成反差的是，在 1800 年至 1860 年间，至少有 14 所院校招收女性学生攻读

---

① LL. D. 是 Doctor of Laws 的缩写，是美国早期的法学博士学位称号，现在的 LL. D. 一般指法学院为对社会作出突出贡献的公民授予的一种荣誉学位，即"荣誉法律博士"学位。目前美国真正意义上的法学博士学位称为 J. S. D. （Doctor of Juridical Science），以学术研究为导向，学制为三到四年。——译者注

② J. D. 是 Juris Doctor 的缩写，即法律博士，在我国学位认证时译为"职业法律博士"。J. D. 是美国法律教育体系中的"专业博士学位"，是法学第一专业学位，学制通常为三年，少数法学院为两年。申请人必须先取得本科学位，但不限专业。其培养目标是为希望从事法律工作的人提供学术和专业的训练。——译者注

被视为具有"学院水准"的高等课程。①

据不完整记录显示,最早的女子学院创立于19世纪40到50年代,其中包括伊利诺伊州的诺克斯大学(Knox University)、佐治亚州梅肯市的卫斯理女子神学院(Wesleyan Female Seminary)、阿拉巴马州塞尔玛市的共济会大学(Masonic University)。女子学院在中西部地区②似乎最受欢迎,密歇根州、威斯康星州和俄亥俄州各有三所女子学院。奥柏林学院(Oberlin Collegiate Institute)因率先实行男女同校和种族同校教育而声名鹊起。1837年,玛丽·劳茵(Mary Lyon)在马萨诸塞州西部建立的曼荷莲女子学院(Mount Holyoke)通常被认为是最完备且教育水平最高的女子学院。该校引人注目之处在于其教学法、课程以及生活安排构成了一个连贯的整体。根据海伦·莱夫科维茨·霍洛维茨(Helen Lefkowitz Horowitz)的观点,玛丽·劳茵创建曼荷莲女子学院的创举备受世人瞩目,一大原因在于学院不仅有劳茵这样富有献身精神的领导者,还有着充足的资源,最终成为一所极具特色的学校。例如,学院的建筑就反映出一种成熟的教育哲学。劳茵"简单朴素"的校园设计兼具慈善庇护场所和家庭住宅的特点,在女性受教育机会有限的时代,学校开设的课程兼顾了广泛性与实用性。③

在大多数情况下,若要对包括曼荷莲学院在内的女子学院追本溯源,则需要对其课程进行功能分析,并评估其学术水平,因为大部分女子学院设立之初并非冠以"学院"(colleges)之名,而是被称为"专科学校"(academy)、"女子学校"(female institute)或"女子神学院"(seminary for women)等。克里斯蒂·安妮·法纳姆(Christie Anne Farnham)对19世纪美国南部女性高等教育的研究支持了

---

① Linda Eisenmann, "Rediscovering a Classic: Assessing the History of Women's Higher Education a Dozen Years after Barbara Solomon," *Harvard Educational Review* 67 (Winter 1997): 689—717; Burke, *American Collegiate Populations*, p. 341; Roger L. Geiger, "'The Superior Instruction of Women,' 1836—1890," in *American College*, ed. Geiger, pp. 183—195.

② 美国中西部地区(Midwest)指的是美国地理上中北部的辽阔地区,包括密歇根州、俄亥俄州、威斯康星州、印第安纳州、伊利诺伊州、明尼苏达州、爱荷华州、密苏里州、内布拉斯加州、堪萨斯州、北达科他州及南达科他州。——译者注

③ Helen Lefkowitz Horowitz, "Plain though Very Neat: Mt. Holyoke," in *Alma Mater: Design and Experience in the Women's Colleges from Their Nineteenth Century Beginnings to the 1930s* (New York: Knopf, 1984), pp. 9—27.

这一观点。法纳姆发现，南方的精英家庭斥巨资创建学校为自己的女儿提供高等教育，但同时又强调她们必须为家庭女主人、管家、妻子和母亲等传统女性角色做好准备。[①] 上述概况是从众多历史学家的个案研究中拼凑出还原而成的，有可能低估了女性的入学率，因为这一时期也存在大量的师范学校，为教师提供正规的课程和资格认证。对学校概况一览表、学习课程和师生留下的回忆录进行分析后，我们可以看出，"女子神学院"在学术严谨程度上通常与同一地区的男子学院相当。一些证据显示，女性学习的课程一般更强调英语和现代语言，而不是古典文学，这与男子学院里的"理学学士"课程中学生所学的平行课程并无不同。

"文凭工厂"（Diploma Mills）

除了我们熟悉的学院这类机构外，我们还应该在美国高等教育的历史叙事中引入一个美国特有的机构类型——"文凭工厂"。其中最受欢迎的形式是"医学院"（medical college）。这种特殊的实体通常没有校园，没有实验室，没有教员，也没有课程。但它确实有权授予学位，特别是授予那些为某些特定的活动和事业捐款的人。这些例子在当代关于质量和认证的讨论中十分重要，因为它们反驳了现代学术标准不如早期那么严谨的观点。

一项关于19世纪30年代这种学院及其主要支持者的个案研究有助于我们深入了解投机取巧的"文凭工厂"这一普遍现象。约翰·库克·贝内特（John Cook Bennett）是马萨诸塞州人，后来搬到了俄亥俄州，他声称自己曾在当医生的叔叔那儿做过学徒，之后借此获得了在俄亥俄州行医的执照。实际上，贝内特就是个流动小贩、骗子和伪造者。不过，他在1832年的时候又弄到了一个新职务，成了印第安纳州新奥尔巴尼市（New Albany）新成立的基督教学院的"校长"（chancellor）。贝内特协助起草了学院章程，其中包括一项允许学院在15个学科领域授予博士学位的条款，而当时美国还没有任何一所老牌大学开设博士课程。接着，他为学术创新又做出了一项贡献——将这所学院更名为"印第安纳大学"（Uni-

---

① Christie Anne Farnham，*The Education of the Southern Belle*：*Higher Education and Student Socialization in the Antebellum South*（New York：New York University Press，1994）.

versity of Indiana)①。

贝内特在医学教育领域的重大改革在于,他将经验作为评估专业成绩的最终标准,而不仅仅是完成规定的正式教育课程。他的这个观点确实不错,后世的教育工作者们也都支持通过有明确目标的学习、从可证明的生活经验中获得的成绩,以及课业以外的成就来衡量专业标准。然而,实际上贝内特是利用这种认证方式上的变化为自己攫取私利,却损害了公众的利益。他亲自负责给那些他认为合格或通过考试的学术授予医学博士学位。随后,他到访了好几个州,授予了一系列学位,每本证书收费10到25美元不等(约合2000年的172到430美元)。

在收到了无数投诉之后,基督教学院与现在被称为"文凭贩子"的贝内特解除了关系。人们发现,他不仅在授予学位时无视任何能力水平测试,还把收取的所有费用都私吞了,一分钱也没有上缴给学院。后来,贝内特成为俄亥俄州威洛比大学(Willoughby University)的一名代理人,学校董事委托他替该校开设一所医学院。但是,他的声名狼藉最终让他尝到了恶果——威洛比大学解雇了他。之后,他又出现在一个高等教育机构的学术职位上,这次是担任辛辛那提市的文学与植物医学学会(Literary and Botanical Medical Society)的讲师。最后他搬到了伊利诺伊州,说服了一个摩门教团体组织成立了一所瑙沃大学(Nauvoo University),校长当然是他自己。一年后,他被逐出摩门教,回到了家乡马萨诸塞州。据一位历史传记作家的记载,在他进行最后一次胆大妄为的冒险活动时,他从医学转行到了农业。这次尝试的高潮部分在于,他在波士顿主办了一场吸引了一万名参与者的家禽大会。大获成功的贝内特写了一本关于家禽的畅销书,由于该书的效应,全国一度风行起了"母鸡养殖热"(hen fever)。②

贝内特利用州政府特许成立的学院作为贩卖各种学位的大本营,这种行为是彻头彻尾的欺诈,反映出当初那个时代所特有的过度的进取精神,彼时各州监管严重不足,州政府即便有心管控也难以执行。同时,文凭兜售也引发了一些与教

---

① 此处的"印第安纳大学"(University of Indiana)不是现在我们熟知的"印第安纳大学"(Indiana University),后者在全美共有7个分校,主校区为伯明顿校区(Bloomington),成立于1820年,是著名的公立研究型大学。——译者注

② See Andrew F. Smith, "'The Diploma Pedler': Dr. John Cook Bennett and the Christian College, New Albany, Indiana," *Indiana Magazine of History* 90 (March 1994): 26—47.

育政策相关的有趣问题。譬如,学位授予是否应该以在固定场所进行学习并通过考试为依据?抑或是通过证明自己的熟练度和能力为标准?值得注意的是,在19世纪中叶,无论是在法律还是医学领域,专业实践对是否取得学位都不作要求。核发执照是州政府的一项活动,与教学和学院本身完全分离。

人们很容易认为贝内特四处兜售文凭只是一个异常的特例。然而,这个案例表明,州政府没有能力或是不愿要求那些已经被特许设立的高校承担责任。对市场力量的依赖使美国的高等教育易于创新,甚至是胡作非为。此外,尽管有偿出售学术和专业学位的做法有违法之嫌,但这一事件的发生表明,高校在管理其活动和事务方面具有选择自由。几乎所有老牌学院和大学有时也会采用类似的做法——授予荣誉学位。耶鲁大学曾在18世纪末授予一位慷慨的捐赠者荣誉医学博士学位,此举是对合法性的界限的一种试探。但这并不意味着耶鲁已经成立了医学院,而是说明医学博士学位代表的是"Multum donivat"——"他给得够多"。①

**"实用艺术":科学、工程、军事和农业**

尽管大多数职业,包括一些专业性较高的职业,几乎都不需要正式的认证或培训,但人们发现,有重要迹象表明,在"新国家时期",高校愿意提供农业、军事、科学和工程等领域的正规培训。大多数资金较为充足且乐于开设"流行"课程的老牌大学,设置了一些自然科学和物理科学课程。以年轻的北卡罗来纳大学为吸纳新教员发布的第一份招聘启事为例:"经考虑,董事会决定首先开设一批学生最应该重点学习的课程,包括语言,尤其是英语;古代史和现代史;美文(Belle Lettre)② 和道德哲学;数学和自然哲学;农业和植物学;以及建筑原理……倘若各位精通以上科学与文学的分支学科,并得到学校的大力推荐,那么董事会将不吝重奖。"③ 在哈佛和一些经费充裕的院校,经董事会批准,捐赠者设立

---

① Merle Curti and Roderick Nash, *Philanthropy in the Shaping of American Higher Education* (New Brunswick, N. J.: Rutgers University Press, 1965), p. 29.

② Belle Lettres是法语词汇,字面意思为"美丽的文字",也就是"美文"——具有优美文字与艺术性的文章,一般包括散文、诗歌、随笔等文学形式。——译者注

③ Announcement of 12 December 1792 published in the North Carolina Journal, reproduced in William S. Powell, *The First State University: A Pictorial History of the University of North Carolina*, 3rd ed. (Chapel Hill: University of North Carolina Press, 1992), p. 12.

了科学和自然哲学教席。如果学院认为增设新的科学课程扰乱了文学学士课程体系，校方可能会开设能够授予科学学士学位的"平行课程"（parallel course）。最终，一些文理学院创建了各自的"科学学院"，并配有相应的课程、师资和学位。

人们发现，除了文理学院进行了课程设置扩充外，还有证据表明，一些全新类型的院校也纷纷设立。前文在探讨联邦政府对高等教育采取有限干预时，曾提到军事院校和海军学院的建立。全国各地都有由私人捐赠者或各州政府创办的同类院校，如佛蒙特州的诺威奇学院（Norwich Academy）①、南卡罗来纳州的要塞军事学院（the Citadel）②，以及弗吉尼亚军事学院（Virginia Military Institute）③。军事院校之所以重要，是因为它们还做出了另一种贡献，只是往往被它们首要的正式使命和校名所掩盖。这些院校的重大价值主要体现在它们是工程和应用科学院校。

正如我们所料，19世纪30年代西点军校学员的日记详细记述了有关纪律、过失、军营生活、行军和战术的内容。在对野战演习的抱怨中，夹带着关于数学和工程教学的反复讨论。一位学员在1833年写给他兄弟的信中说："我们已经学完了今年的课程，现在正在复习。我们在画法几何学（Descriptive Geometry）中学到了球面投影，只有在这里才能学到这门课。这门学科的目的是为了表示平面上的所有几何问题，给出的物体是在空间中的，而我们必须找出它们在平面上的投影。昨天我画了两个圆柱体的交点。"他的一位同学在日记中写道："从现在起到明年六月，我们将有一段非常繁忙的时间，大约需要一周的时间进行考试，明年六月我们还有很多科目要考，其中最重要的就是土木工程，这也是我最需要花时间对付的一门。现在全美到处都在修建铁路，这将为许多工程师提供就业机会，如果我没能被派驻往西点军校，那我想我应该试着在其中哪个铁路修建项目

---

① 现更名为诺威奇大学（Norwich University），成立于1819年，位于美国佛蒙特州北田市，是美国最古老的私立军事学院。——译者注
② 全称为南卡罗来纳要塞军事学院（The Citadel, The Military College of South Carolina），成立于1842年，位于南卡罗来纳州查尔斯顿，是一所国家支持的综合性军事院校。——译者注
③ 弗吉尼亚军事学院（Virginia Military Institute），成立于1839年，位于弗吉尼亚州列克星顿，是美国第一所州立军事学院，与西点军校齐名。——译者注

先工作一段时间。"①

学员们对军事生涯的不确定性表示担心是合情合理的。在和平时期,大多数完成学业的学员不太可能同时获得中尉军衔和军队里的职务。在兴修铁路和桥梁的时代,土木工程是一种又明智又有就业前景的技能。即使是那些西点军校的毕业生,当上了军官,军队的任务也常常包括建造堡垒、水坝和桥梁。因此,19世纪初,正规教学和高级进修并不一定与"真正的工作"(real work)全然无关。

**"昔日的宗教":关于教派学院的再思考**

1980年,肯塔基州在列克星敦市中心树立了一个历史标志,以纪念1831年由美国知名参议员亨利·克莱(Henry Clay)主持的一场为期16天的辩论会。辩论会主要讨论与婴儿洗礼和救赎相关的教派差异问题。这场辩论每天都吸引了成千上万人参与。当时列克星敦被认为是一个文化程度很高的城市社区,有"西部的雅典"的美誉,也是著名学府特兰西瓦尼亚大学的所在地。这场辩论会声势之大,就连一个没什么消遣或娱乐的文盲都有所耳闻。大量的参会人数和铺天盖地的新闻报道都很好地说明,宗教教义问题是19世纪中叶美国公众关心的重要问题。

鉴于"新国家时期"宗教派别在公共生活中占首要地位的历史事实,教会和教派将成为大学课程的组成部分,并试图界定美国年轻人大学教育的价值观和态度,这种情况实在不足为奇。由于州政府和联邦政府都没有为高等教育提供可靠、充足的财政支持,很少有实体能够超越新教教派成为学院建设与运作资金的来源。尽管20世纪中叶的历史学家可能会抱怨教会在19世纪的学院活动中有着过高的影响力,但当初除了教会,进入教育领域的机构寥寥无几。1843年成立的"西部学院和神学教育促进会"(Society for the Promotion of Collegiate and Theological Education of the West)成为教会慈善地位的体现。通过该机构,东海岸捐赠者的慷慨捐赠被用于俄亥俄州的玛丽埃塔学院(Marietta College)、印第安纳州的沃巴什学院(Wabash College)和伊利诺伊学院(Illinois College)等指定高校。

历史记忆的一个讽刺之处在于,那些在自己所处时代具有创新性的院校往往被后人视为平庸无奇。20世纪50至60年代的历史学家在表述时常常将19世纪

---

① Cadet journal entries cited in Sidney Forman, "Cadets," in *The College Years*, ed. A. C. Spectorsky (New York: Hawthorn, 1958), pp. 58—68.

建立的教派学院蔑称为"旧时学院"(old-time college)。具有讽刺意味的是,这些学院,无论从字面上还是从类型上看,都谈不上"老旧"。相反,它们算得上年轻,而且它们初创之时可谓是一种创新。例如,在 19 世纪初,福音派(evangelical denominations)① 为使自己的儿子(后来也包括女儿)能够传承父辈的信仰,开始热衷于创办大学,这也许是当时高等教育最引人注目的变化。更令人惊讶的是,卫理公会和浸信会决定为新一代牧师提供正规教育,这一点从他们建立并资助自己的学院与神学院就可以得到证明。在 19 世纪早期之前,创办学院的人都是圣公会、公理会和长老会的教徒。② 但到 1820 年,卫理公会和浸信会教徒成为高等教育领域中迟来却依旧满腔热情的参与者。这种发展是出人意料的,因为在此之前,世人大都认为这种教派更倾向于吸纳文化程度低的神职人员。早期的卫理公会和浸信会是靠感召和启示来招募神职人员的,他们并不需要正式的学习和学位。总之,今天我们所谓的"旧时学院"实际上是一种新型的学院。

这些高校面临着受欢迎程度方面的矛盾。似乎创办学院的热情已经蔓延到每个小镇上的每个教会之中。不足为奇的是,这类学院往往招生人数少,经营惨淡,捐赠不足。由于招收的学生来自收入不高的家庭,学费较低,因此总体收入微薄。根据大卫·波茨(David Potts)和詹姆斯·麦克拉克伦(James McLachlan)的说法,最初这些教派学院并不总是排斥其他教派的学生。很多学院招收来自不同新教教派的学生,因而成为"地方性"(local)学院。③

虽然有时为了服务于越来越多的当地人群而掩盖了教派的差异,但对学院的创建者和宗派来说,教派信仰往往比单纯的机构生存更为重要。新学院最明显的脆弱之处在于,校园内,或者更准确地说,学校所属教派或董事会内部常常发生宗教纠纷。尽管长老会在 18 世纪末和 19 世纪初对特兰西瓦尼亚大学有着强大的

---

① "福音派"(Evangelical Denominations)一词始于 16 世纪的德国,原指福音的传扬者,后来成为基督教新教强调传播福音、个人救赎、以《圣经》为唯一信仰基础的教会及其信徒的统称。——译者注

② Howard Miller, *The Revolutionary College*: *American Presbyterian Higher Education*, 1707—1837 (New York: New York University Press, 1976).

③ McLachlan, "American College in the Nineteenth Century"; David B. Potts, "Curriculum and Enrollment: Assessing the Popularity of Antebellum Colleges," in *American College*, ed. Geiger, pp. 37—45.

控制力，但这种影响力却不是稳定的。因此，当一神论派这样一个相对较新的宗教团体，还被其他教派公认为"不虔敬的"，在特兰西瓦尼亚大学获得影响力时，长老会便退出了这所大学，迁往 30 英里之外的肯塔基州丹维尔（Danville），成立了一所全新的、完全由长老会管理的学校——中央学院（Centre College），这是很自然的现象。在这个时代，不少学院的创建和搬迁也经历了与之相似的过程。

伊利诺伊州、威斯康星州和爱荷华州等中西部州的学院，在教派争端方面与南部的学院有着重要差异。在中西部地区，历史上有很长一段时间都是由长老会和公理会（Congregationalists）创办学校，这一传统仍然占据了主流地位。不过情况有了新的变化，随着越来越多高校的设立，这两个教派合并力量，搁置教义上的分歧，走上合作办学的道路。

这些新教教派和他们创办学院是典型的志愿组织，他们始终支持并赞助自己最热爱的事业。因此，亚历西斯·德·托克维尔（Alexis de Tocqueville）在他的作品简介中将年轻的美国描述为"参与者的国度"（nation of joiners）。这些学院是献身精神的典范。几乎每一位大学校长都会一次性离开校园几周或者几个月时间，开展"拉票之旅"（canvassing trip），到遥远的城镇和其他州从事筹款活动。这些教派的会众会不断地为其附属学院筹款。大多数高校校长都是牧师。传递募捐盘（collection plates）[①] 和说服教区居民缴纳"什一税"（tithe）[②] 的经验，正是为高校需要长期筹款这一艰苦过程所做的恰当准备。

这一宝贵的贡献并不是教会给美国慈善事业和高等教育留下的唯一遗产。教会支持大学教育的一个主要动因是，后者被视为招募和教育未来神职人员的一种手段。这是一种重要的"横向"（horizontal）慈善机构——全国范围的奖学基金的发端。其中最引人注目的机构是美国教育协会（American Education Society），该协会的奖学金发放对象是在新英格兰和中大西洋地区小型学院就学的贫困青年学生。这种激励计划可能意味着许多地方高校的生死存亡。据估计，在阿默斯特学院或威廉姆斯学院这样的"山巅学院"，多达 25%—40% 的学生获得了某种形

---

[①] 募捐盘（collection plates）指的是在教堂中用于放置捐款的盘子，也叫"捐献盘"或"奉献盘"。——译者注

[②] 什一税（tithe）是欧洲中世纪时期教会向全体基督徒征收的一种宗教捐税，税额为纳税人收获物的十分之一，收入用于维持教堂设施、主教、教士的圣俸及救济穷人。——译者注

式的传教士基金奖学金。经济上的资助通常是有附带条件的。例如,学生需同意在大学毕业后去落后地区担任牧师、传教士或教师。①

## 老牌大学与"校园生活"

到目前为止,我们对这个时代的讨论主要集中在新设高校及其创新举措方面。那么,在19世纪上半叶,那些历史悠久的院校又是什么情况呢?少数地处城市中心、创建时间较早且资金较为充足的院校变得越来越同质化,也更为排外。具有讽刺意味的是,尽管这些高校享誉全国,但它们却变得越来越地方化。例如,校友亨利·亚当斯(Henry Adams)的回忆录和文学史学家范·威克·布鲁克斯(Van Wyck Brooks)后来的描述指出,在1830年到1860年间,哈佛大学变得越来越波士顿化。亚当斯回忆起19世纪50年代末他自己学生时代独特的"哈佛印记"(Harvard Stamp):"亚当斯、布鲁克斯、博伊尔斯顿以及戈勒姆家族的一代又一代成员都进了哈佛,尽管据我们所知,他们中没有一个人在哈佛表现出色,也没有人认为哈佛使他们变得更加优秀,但传统做法、社会关系、便利性,尤其是财力,使每一代人都重复着相同的道路。接受任何其他教育都需要认真努力,但没有人把升入哈佛大学当回事。所有人都去哈佛是因为自己的朋友们去了那里,哈佛是他们实现社会自尊的理想所在。"②

应该指出,亚当斯的看法主要基于他特有的悲观主义倾向。尽管他低估了哈佛的机构地位以及在教育方面的影响力,但哈佛的办学实力日益强大,越来越成为全国民众钦羡的对象。无论本科生活的主导基调是什么,哈佛都能够吸引具有广泛学术兴趣和观点的教师。我们的确从亚当斯的描述中了解到1858年间哈佛大学的一些基本情况:这所学校很小,每班大约有100名学生,全校学生总人数大约有400到500人。哈佛的教师在当地享有很高的声望,但薪酬却不高。哈佛的教育目标显然是向学生灌输一种自我批评甚至自我怀疑的习惯。它的目的不是传授高深的或专门的知识,而是塑造一种平衡与节制的品质,兼具内心的自由开明

---

① Allmendinger, *Paupers and Scholars*.
② Henry Adams, "The Harvard Stamp," from *The Education of Henry Adams*, as presented in *The College Years*, ed. A. C. Spectorsky (New York: Hawthorn, 1958), pp. 346—359.

与外在的低调内敛。

当哥伦比亚大学、耶鲁大学和宾夕法尼亚大学分别成为其所在城市的"首选高校"(preferred college)时,这些学校也开始朝地方城市精英主义发展。在东北部最初的殖民地学院中,耶鲁和普林斯顿之所以格外突出,是因为它们既有特权又有影响力。它们的校友创办了数量惊人的新学院。这两所大学都十分重视宗教,坚持开设保守的课程,使得大量外地学生慕名而来。例如,对于南方的精英家庭而言,普林斯顿大学是他们会考虑送孩子去读书的最北部的一所高校。这种特性和倾向意味着普林斯顿和耶鲁是其他地方关注和效仿的对象。

在普林斯顿和耶鲁这样的老牌大学,最具影响力的领域是它们的学生文化与校园生活,体现了正式与非正式、课内学习与课外活动的有趣融合。弗雷德里克·鲁道夫(Frederick Rudolph)在其开创性的著述中就这一主题进行了详细探讨。① 让处于青春期后期的年轻人从事正式的学习并非易事。有人批评了那个时代的大学课程,认为标准的教学模式——每日背诵和严苛的评分制度——是反智的,只会导致师生之间玩起了精心设计的猫捉老鼠游戏。著名的 1828 年《耶鲁报告》(*Yale Report*)描述了当时典型的课程:文学学士课程强调学习古典语言、科学和数学,目的是为了培养学生的品格,养成独特的思维习惯。

那个时代的教育改革家尤为警醒的是学生和学习之间的明显鸿沟。他们担心校园文化会阻碍学生对他们在正式学习中遇到的概念产生真正的兴趣。许多高校常常试图通过提供新的教学方式或教学内容,让学生从整日的死记硬背中得到些许解脱。不过,人们不禁想问,这种制度化的教学形式或学习课程是否能够激发 16 至 22 岁美国青年的学习兴趣和热情。问题的根源是什么?美国大学生对于 18 世纪末和 19 世纪初大学应该提供什么样的教育,是否有了截然不同的期望?当时校园里出现了学生示威、反抗和蓄意破坏的现象,学生通过这些反叛事件表达他们对过时的管理制度、无礼的教师以及学习与他们成年后生活无关的枯燥课程的真正不满。对大学生来说,从独立战争后对个人权利和自决权的追求,到学生对与法国大革命相关思想和社会运动的狂热,这一切都说明共和主义对他们越来越有吸引力。利昂·杰克逊(Leon Jackson)深刻地将这种学生动机和主动性的复

---

① Frederick Rudolph, "The Extracurriculum," chap. 7 of *The American College and University: A History* (New York: Knopf, 1962).

杂结合归结为对"人的权利"(Rights of Man)和"青年仪式"(Rites of Youth)的区分。① 这些反叛事件也体现了青年人对长辈典型的不耐烦态度,是"代际战争"(war between the generations)的表现。这种冲突具有破坏性,但可能还是无法避免的。

于是校园内出现了一种不同寻常的学生生活模式,在这种模式下,大学生们在学院官方的世界内外精心创造了一个属于他们自己的世界,这种模式尤其经常出现在那些老牌院校,以及在某种程度上效仿老牌院校办学模式的其他学校中。对许多大学生来说,参加正规课程仅仅是进入"大学生活"的代价。这种妥协在丰富了校园生活的内容的同时,却也让学生与校长和教授之间的关系变得不太稳定。用弗雷德里克·鲁道夫的话说,学生发起的活动有一个明显的生命周期。②在最初阶段,一项活动会在大学生中非正式甚至自发地出现。如果某一特定活动持续受欢迎,它就会受到学校管理部门的审查,随后要么被废除,要么受到控制。行政部门的做法通常会失败,学生的活动将以叛逆组织的形式重新出现。最后,校方为了控制或笼络学生活动,会将其并入学校的正式组织(和协议)中。

如今,人们一般认为,由于19世纪的高校规模相对较小,因此它们是具有凝聚力的社团和"全控机构"(total institutions)③。事实上,几乎没有几个大学有足够的资源来为所有学生提供校内住宿。一个典型的校园通常包括三到四座建筑:一座多用途的"老主楼",旁边是一所供住宿的"学院"(college),也许还有一个小教堂或一个其他建筑。学生们常常不得不自己想办法,在校外的私人住宅或寄宿处寻找住处——这是校园生活的一个特点,阻碍了校方控制学生行为的能力。同样,在耶鲁大学、普林斯顿大学和其他学院,人们也会发现各种各样的伙食安排。不是每个学生都在公共食堂吃饭,学生们经常组成"饮食俱乐部"。这是一种临时性的、高度实用的安排,一群朋友聚在一起,整合资源,雇佣一名管

---

① Leon Jackson, "The Rights of Man and the Rites of Youth: Fraternity and Riot at Eighteenth Century Harvard," in *American College*, ed. Geiger, pp. 46—79.

② Rudolph, "The Extracurriculum."

③ 全控机构(total institution)是加裔美国社会学家欧文·戈夫曼(Erving Goffman)在1961年提出的术语,指的是让一大群人在正式管理之下共同居住与工作的封闭性场所,机构内部人员的自由受到了严格的限制,通常包括军队、监狱、精神病收容所、戒毒中心、住宿学校在内。——译者注

家或厨师,并在校园附近租一间餐厅。多年以后,这种社团很可能会形成持久的社会组织,但在19世纪初那十年间,它们还没有发展成为永久性的组织,也不具大的影响。

上述文字有助于解释学生生活和课外活动的模式。它们发端于耶鲁和普林斯顿学院,随后流传到阿默斯特、鲍登和威廉姆斯学院等其他新英格兰的山巅学院。它还阐明了在弗吉尼亚和南卡罗来纳等南方精英大学中独特的学生守则中共存和竞争并存。此外,从制度扩散的角度看,这是透视文学社团、辩论俱乐部、讨论团体、希腊字母联谊会、校园出版物、体育、图书馆和阅读收藏、秘密社团、荣誉团体,甚至宗教团体等学生组织发展的一个很好的视角。[1] 正如20世纪中叶的行为科学家所证实的,学生群体的影响力一直是很强大的。

学生组织的激增还意味着,如果本科生发现正式课程令人乏味,他们至少很有可能在课堂和正式课程之外找到或开始有趣的追求。总的看来,19世纪上半叶的校园生活在设施和资源方面都是有限的。在当时美国任何地方的生活都是如此,但在大学里,至少大有希望去发展一些重要的人际关系,或是追求学问,发展社会性。

大多数大学规模相对较小,试图通过安排诸如一年级、二年级、三年级和四年级等不同班级成员的方式来增强凝聚力。然而,在实践中,这样的正式安排是不够的,20世纪60年代,社会学家马丁·特罗(Martin Trow)和伯顿·克拉克(Burton Clark)对大学生亚文化进行了分析,如他们所称,大多数校园被细分为其他重要的学生群体。海伦·霍洛维茨(Helen Horowitz)追溯了"大学生"(college men)——那些在文学社团或希腊字母联谊会这样的著名团体中具有重要影响的完美的"局内人"(insiders)的演变过程。[2] 与"大学生"和他们的课外活

---

[1] James McLachlan, "The Choice of Hercules: American Student Societies in the Early Nineteenth Century," in *The University in Society: Oxford and Cambridge from the Fourteenth Century to the Early Nineteenth Century*, ed. Lawrence Stone (Princeton, N. J.: Princeton University Press, 1974), pp. 449—494.

[2] Burton R. Clark and Martin Trow, *Determinants of Collegiate Subcultures* (Berkeley: Center for Research and Development in Higher Education, 1967). See also Helen Lefkowitz Horowitz, *Campus Life: Undergraduate Cultures from the End of the Eighteenth Century to the Present* (New York: Knopf, 1987), esp. pp. 1—60.

动形成鲜明对比的是"局外人"(outsiders)——他们家境一般,没有被那些知名团体所接纳。这些低收入学生被嘲笑为"蓝皮肤"(blue skins),即虔诚的乡巴佬,他们经常被认为成天讨好教师和管理人员。富裕的大学生时不时地公然歧视促使大学董事会成员和校长考虑建立单独的神学院,给予低收入学生正式的认可和保护。

"局内人"和"局外人"的两分法在学校里也有其他一些有趣的表现形式。"局外人"常常组成自己的团体。例如,在那些既有穷学生又有富学生的学校里,存在一种反复出现的组织模式。那些领奖学金维持学业的学生,需要在课余打工,他们买不起绅士服装和配饰,通常会在毕业后成为牧师或教师。他们总是被精英学生协会排除在外,但他们创建了自己的团体:宗教信仰研习会。当宗教复兴运动成为一种普遍的高校运动时,他们的"局外"团体可能会在一段时间内在校园生活中获得声望和地位。

校友回忆录中常出现的一个主题是,尽管19世纪早期的学院有其局限性,但它们依然为其学生提供了多样化的选择。其中充满感激的校友是那些获得奖学金的学生,他们虽然在校园文化中忍受了势利和排斥,但仍然遇到了在其他地方不太可能找到的经历、友谊、学习和社团。

## 消费主义与大学

要想客观准确地了解19世纪早期学院的状况,需要从复杂的数据中推导结论。例如,科林·伯克(Colin Burke)对美国内战之前学院的设立与停办进行了深入细致的研究,发现当时的学院比20世纪50年代历史学家所认为的更加坚韧顽强。① 通常情况下,有的学院看似倒闭,事实上却是合并。研究这个时代的历史学家还必须考虑"学校与社会"之谜:如果一所学院能满足其创办者所认为的"社会需求",它就一定会兴旺发达吗?如果是的话,为什么开设"实用"和"现代"课程的屡屡尝试却无法让学生或捐赠者感兴趣呢?从另一种极端来看,也许我们应该考虑到,许多美国人需要的不是现代的大学,而是以教派为基础的本科学院。

---

① Burke, *American Collegiate Populations*.

事后看来，1820 年或 1830 年的大学本应提供一门现代的、实用的课程。问题是，历史记载显示，这样的方案未必有效。现代学科和院校诉求之间的格局是不平衡的。耶鲁学院是古代语言和保守课程的首屈一指的倡导者，有着极高的办学声誉和知名度。其在校生人数是全国所有院校中最多的。相比之下，哥伦比亚大学增加工程学课程的实验对未来的学生并没有什么吸引力。与此同时，在纽约州北部，联合学院将传统的文科课程与应用科学和工程的平行课程结合起来，取得了巨大的成功。与此同时，位于纽约北部的联合学院除了传统的文科课程，另行开设了应用科学和工程课程，也取得了巨大成功。虽然科技教的创新举措引起了高等教育捐赠者的兴趣，但这个时期新英格兰制造业和商业财富捐赠主要是投向通常是以宗教为重点的文科教育领域。总的来说，当时的学院既没有吸引捐赠者，也没有吸引付费学生的万灵丹。

学院建设热潮的一个非同寻常之处在于，它的出现要早于初等和中等教育体系的建立，而且热度更高。边远地区大学城的名字印证了这种崇高但有时是过早出现的热情：俄亥俄州和佐治亚州有雅典郡，俄亥俄州和密西西比州有牛津郡。城镇居民对建立大学城"热心支持"（boosterism）可能导致了大学遍地开花。"助推学院"（booster college）运动的流行也意味着，即使是表面上由某个教派建立的"与教会有关"的学院，最终也可能成为跨越教派界线的当地"社区学院"（community college）。

这些例子是如何在 1795 年到 1860 年间融合成美国高等教育的整体布局的？首先，在新英格兰、中大西洋地区、南部和今天我们所说的中西部之间存在着重要的地区差异。大学建设和入学人数的最大增长发生在南部和西部。与我们对社会大众入学和支付能力的假设相反，在南部各州，州立大学是十分排外的，而且学费昂贵。南卡罗来纳学院和弗吉尼亚大学是最典型的例子。如果说 19 世纪初的高等教育在为家境背景一般的年轻人提供了社会流动的机会，那么这只会发生在新英格兰农村地区以及新移民定居的俄亥俄州，伊利诺伊州，宾夕法尼亚州，田纳西州，肯塔基州，南、北卡罗来纳州的小型教会学院。

总的来说，19 世纪大多数学院在招生方面不是排外的或精英化的。它们入学要求灵活，学费低廉。事实上，即使大多数小型学院能够向所有注册学生收取全部学费，由此带来的收入也不足以支付年度运营和教师工资。慈善活动、财政援助和筹款都是教育理念和战略的核心。这些大学对美国人的生活所做的贡献，恰恰是为人们提供了一个进入新的，受过教育的精英阶层所负担得起的途径。他们不是固化而是去帮助打造一个精英阶层。它们主要培养的是宗教、教学、法律和工程等方面的人才。

在19世纪初期和中期的经济形势下，大学对未来的学生和他们的父母有多大的吸引力？当然，新学院的涌现是一种吸引人的迹象。然而，人们通常认为学生入学率更多地体现了消费者利益。最近的一些估计表明，大学入学人数在1800年到1860年之间翻了一番，显示出越来越大的吸引力。但这种说法值得仔细推敲。如果正确的话，这意味着在19世纪初，上大学吸引了大约0.6%的16到25岁的美国男性，这个数字在接下来的半个世纪里增加到了1.75%。统计汇编所依据的记录是不完整的，不完全可信的。① 即使对数据的乐观解读也表明，在"新国家时期"，大学教育仍然是一种稀缺的商品和难得的经验。

鉴于许多高校的学费、住宿费和伙食费都很低，为什么更多的年轻男女不选择入学呢？美国经济提供了两种截然不同的解释。一方面，尽管学费很低，但许多家庭负担不起学费；更重要的是，如果年长的孩子离开农场去上大学，那么他们就负担不起因此损失的收入或田间劳动。另一方面，在美国经济呈现出蓬勃发展的那些领域，大学学位即使负担得起也很容易获得，也被视为是浪费了发财的时间。这不仅指土地开发、采矿和商业等高风险企业，还牵涉法学和医学这样的学术性专业，因为这些专业实践基本上不要求具备学位。因此，在这个时代，上大学只是在成人社会和经济中找到自己位置的一种手段。

## 达特茅斯学院案："公立"与"私立"大学之争

但凡文献记录涉及19世纪上半叶政府与高校关系以及当时高等教育里程碑式的进展，都一定会提到1819年著名的达特茅斯学院诉伍德沃德案（*Dartmouth College v. Woodward*）。此处对其进行重新解释的关键原因在于，我们一直误解了这个案件的深层含义，尤其是那种认为约翰·马歇尔（John Marshall）的裁决有助于"创造"和保护美国高等教育的"私立大学部门"的看法。

错综复杂的历史事件导致著名的达特茅斯学院案从上诉法院（appellate

---

① Robert T. Blackburn and Clifton F. Conrad, "The New Revisionists and the History of U. S. Higher Education," *Higher Education* 15 (1986): 211—230.

courts）一直打到最高法院。简言之，美国建国以后，高校的办学许可证是由新成立的州议会进行审查。在新罕布什尔州，州议会和达特茅斯学院董事会之间的政治竞争显然导致了某些激进的行为，州议会试图从董事会及其创办者惠洛克（Wheelocks）家族手中夺取学院的控制权。达特茅斯学院职员抗议说，这是一种反复无常的政治行为，州议会修改学校章程违反了合同法。在初级法院对学院做出裁决后，达特茅斯学院向最高法院提出了上诉。在一个已经成为传奇的决定中，首席大法官约翰·马歇尔（John Marshall）做出了有利于达特茅斯学院的传奇性裁决，判定州政府不得对学校特许状进行干预。

该裁决的标准解释是，"达特茅斯学院案在历史上被视为美国私立大学的大宪章（Magna Carta）。① 然而，对该事件的重新梳理表明，这一说法与其说是一个有效的结论，不如说是一段需要仔细推敲的言辞。值得关注的是，首席法官马歇尔裁决的模糊性——这一事实表明，该裁决对美国高等教育的适用性有限。

"私立大学的大宪章"的说法是经不起仔细推敲的。首先，与大学相比，该案对与商业和商业公司有关的合同的重要性要大得多。其次，首席大法官约翰·马歇尔和达特茅斯学院律师丹尼尔·韦伯斯特（Daniel Webster）是根据"慈善机构"（eleemosynary institutions）的特殊定义来对一所大学进行分类界定。这一术语更多地指慈善信托机构、基金会、学术组织和机构，其目的是收集和分配捐赠的资金，不同于学院或大学，后者的主要职能是教学和颁授学位。最重要的是，那种赞美达特茅斯学院的裁决激发和促进了美国"私立学院"（private colleges）发展的说法实际上是夸大了该判案的作用。这样的说法将一个当代的名字套到早期的学校身上，因此可能犯了混淆年代的历史错误。假如法院最初的裁决是特指"私立"（private）学院，那么也就意味着当时一定存在"州立"（state）或"公立"（public）学院。

当然，新罕布什尔州当时情况并非如此。达特茅斯是该州唯一一所大学。其他州也是一样的情况吗？再者，请记住，即使是像佐治亚大学这样的"州立"高校，在1785年被佐治亚州议会批准设立时的名称是"富兰克林学院"（Franklin College），且这个校名沿用了将近半个世纪。我们现在所知道的印第安纳大学是

---

① Edwin D. Duryea with Don Williams, *The Academic Corporation: A History of College and University Governing Boards* (New York: Falmer Press, 2000), p.105.

一所州立大学，它的前身是19世纪20年代位于布卢明顿的印第安纳神学院。菲利普·林斯利曾指出，教派争端对高校产生了不利影响，而印第安纳大学对"州"（state）隶属关系的依赖，作为一项公共政策，从某种意义上回应了林斯利的控诉。印第安纳州的做法旨在确保没有一个教派能主导招生或课程，但除了这一保障措施，它几乎不涉及州对学校的控制或资助。

在19世纪初，"公共"和"私人"概念在同一机构内的融合是一种常见的做法。鲍登学院校长在1802年的讲话中说明了这一点："应该永远记住，我们建立和维持教育机构的目的是出于共同利益，而不是为了那些依靠他们接受教育的人的私利……每个在公共机构的帮助下接受教育并掌握来了有用知识的人，都具有为公共利益发挥自己的才能的特殊义务。"① 换句话说，人们有理由怀疑，在19世纪初，人们能否真正区分美国的"公立"和"私立"大学。事实上，在18世纪末和19世纪初，较为常见的做法是具有宗教性质的学院以自己是"公立"学院为由向州立法机关申请资金补助。而当这些教派学院寻求私人捐赠时，他们又会摇身一变，变成私立高等教育机构。

为什么要强调这一点？尽管假定州政府希望维持对大学的控制，但有证据表明，存在反对的意见。州立法机关希望减少对高等教育的监督和资助的责任。当一个州内的大学申请财政资助时，州长和立法机关往往勉强同意捐赠当时被认为是没有价值的土地，或是通过偶尔彩票所得给予少量资助。那个年代并不存在年度拨款这样的政治词汇。约翰·怀特海德的《大学与州的分离》一书提供了最有说服力的解释。② 怀特海德认为，当代意义上的公立和私立两个词最早是在19世纪70年代开始使用的。在南北战争期间，人们曾用这两个词来对自愿的活动（如红十字会）、腐败低效的联邦健康和医疗服务项目加以区分。该术语后来被大学和学院的校长们使用，尤其是在新英格兰地区。后来伊利诺伊州等中西部州，因无法争取到议会财政资助而不满的教会学院也开始使用上述术语。

这是否意味着达特茅斯案无关紧要？很难，但它所描绘的达特茅斯学院董事

---

① President Joseph McKeen at Bowdoin College in Maine (1802), quoted in *Rudolph*, *American College and University*, pp. 58—59.

② John Whitehead, *The Separation of College and State* (New Haven: Yale University Press, 1973). See also John Whitehead, "How to Think about the Dartmouth College Case," *History of Education Quarterly* 26 (Fall 1986): 333—349.

会清晰、强大的学术力量是所有学院和大学的一种"胜利",不管它们是我们今天所说的"私立"还是"公立"院校。大多数"州立大学"都有章程和董事会,尽管州长或立法机关可以施加影响或进行奖惩,但必须根据学校章程的基本原则行事。人们总是能在公与私的二分法中找到巨大的例外。我们所认为的属于"私立"学院及其董事会所独有的特征,在我们所统称的高等教育的"公立部分"中也许也能找到一二。

相反,那种认为"私立"大学董事会不受州政府监督和控制的看法是不准确的。州政府授予私立大学的特许状可以撤销,尽管这种情况很少发生,而且必须要有充分的理由。纽约州就是其中一个例子。即使在今天,纽约州政府委派的理事(regents)对该州所批设的高校也享有某种最终决定权。新近发生的一个例子是阿德尔菲大学(Adelphi University)。1997年,在调查了阿德尔菲大学校长和"他的"(his)董事会的不端行为指控后,纽约州教育理事会(New York State Board of Regents)投票罢免了阿德尔菲大学董事会19名董事中的18名。[①] 州有权通过其通过理事会,对违背公众信任的学校董事会成员的指控进行监督。无论是过去还是现在,所有学院和大学一直都是"公共"机构,因为它们有义务遵守大学特许状,遵守法律、规则和规范,它们对从工作场所的安全要求到更大的使命和滥用职权等问题作了规定。在美国高等教育中,大多数传统的治理理论都隐含着这样一种假设:学术法人制度既独特又合乎情理,因为这种安排保护大学免受州政府的干预。也存在一个矛盾:"学术法人"(academic corporation)制度是否赋予了不必承担责任的外部董事会成员太多的权力?

对达特茅斯学院案的传统解释中最特殊的一个方面在于,有观点认为法院的判决对私立大学的建设有促进作用。这种评价是无法令人信服的,因为几乎没有证据表明各州政府当时在阻挠任何形式的大学建设计划。18世纪末,一些记者和学者谈论了各地兴起创建大学的"学院热"(College Enthusiasm)现象。到大约75年后,即1860年,这种热情不仅继续存在而且有所增加。在私人捐赠关注从捐赠收容所到建造孤儿院等慈善活动和公共工程的当时,学院获得了美国广大民众的大量和持久的支持。这是"学院建设热潮"(college-building boom)的时代。

---

① Courtney Leatherman,"New York Regents Vote to Remove 18 of 19 Adelphi U. Trustees," *Chronicle of Higher Education*,21 February 1997.

# 第三章　多样与困境：美国高等教育的韧性，1860—1890

## 全国主题与地方创举

19世纪60年代美国发生的两个里程碑式的重大社会和政治事件，对于美国高等教育具有重大的影响：一是美国内战（1861—1865年）对美国的整个社会生活产生了广泛的影响；二是1862年颁布的《莫里尔法案》（Morrill Act）作为一项开创性的立法，标志着联邦政府进入创建赠地学院的公共政策领域。关注上述两个重点是合情合理的。然而，只关注这些"全国性"事件也会淡化地方、州和地区发展，这些发展对高等教育的影响可能不那么引人注目，但却更具影响力。因此，尽管美国内战和《莫里尔法案》无愧为重要的历史事件，但最好把它们对高等教育的影响看作是显而易见的结果，这种结果是对地方学院和州立学院的创新和趋势所做出的回应。换言之，对于19世纪中叶的美国高等教育而言，"全国性"的趋势是以州和地方一系列引人瞩目的改革举措为先导的。

传统观点认为，一场重大战争会打乱社会常态。简单来说，学院通常会搁置新的计划，甚至暂停学校的正常办学。然而，在美国内战时期，战争也为启动新的高等教育计划提供了一些机会。诚然，在南方的许多学院里，学生和教师要么奔赴南部同盟军当兵，要么接受军官的委任，校园里没有了学生，甚至连教师也奔赴战场。到1865年，南方的大多数学院都已停课。许多高校的校园因战斗和炮击而受到毁坏，有的被改造成北方联军和南部同盟军的掩蔽所和医院。这一主题贯穿于众多高校的传奇故事中，例如，密西西比大学（University of Mississippi）的全体学生都加入了南部同盟军；弗吉尼亚军事学院（Virginia Military Institute）的学员参加了纽马克特战役（battle of Newmarket），曾担任该校讲师的托马斯·

"石墙"·杰克逊（Thomas "Stonewall" Jackson）① 是南部同盟军的一位将领和烈士；直到今天，在南卡罗来纳州查尔斯顿市的要塞，当地市民每年都会举行仪式，纪念那些因保卫家乡等原因弃学从军的年轻学员。

然而，上述英勇表现并不能全面反映内战期间各高校的所作所为。有证据表明，除了那些脱离联邦的州，内战为推动已搁置了数年的立法提供了一个政治机会。1862 年的《莫里尔法案》就是这样一个例子。迫于来自南部各州的参众议员反对扩大联邦计划的政治压力，1859 年，詹姆斯·布坎南（James Buchanan）总统曾否决了该法。1860 年到 1890 年间延续了此前半个世纪里开始的诸多创新。最为显著的表现是女性高等教育机会的迅速扩大，以及学院等高等教育机构开设的课程更具多样化，特别反映在教师教育、应用科学、工程和农业领域。

## 赠地的遗产

人们往往将 1862 年的《莫里尔法案》视为一项具有重大影响力的联邦立法，它促进了实用公共高等教育的发展。一些历史学家将该法誉为"民主学院"（democracy's colleges）的发端——由州立学院与大学提供负担得起的实用高等教育的开端。事实上，这并不是国家或州政府第一次利用"赠地"来促进中小学和学院的建设。1787 年的《西北法令》（Northwest Ordinance）的条款就要求为中小学划拨城镇土地。1796 年至 1861 年间，国会曾向 17 个州的高等教育提供土地。赠地包括田纳西州的 10 万英亩土地，以及分别给路易斯安那州、印第安纳州、密西西比州、伊利诺伊州、阿拉巴马州、密苏里州、阿肯色州、密歇根州、爱荷华州、加利福尼亚州、俄勒冈州和堪萨斯等新成立的州各 46,080 英亩土地。俄亥俄州、佛罗里达州、威斯康星州和明尼苏达州获得了从 69,120 英亩到 92,160 英亩不等的更多的国会土地赠与。②

除了这些国会土地赠与形式的联邦资助外，各州政府在自己的辖区也采取类

---

① 托马斯·"石墙"·杰克逊（Thomas "Stonewall" Jackson, 1824—1863）是美国内战时期南部邦联的著名将领，他在布尔溪畔战役（the Battle of Bull Run）中率领一个旅的兵力，组成一道坚如石壁的防线，抵挡住了优势北军的进攻，因此赢得"石墙杰克逊"的绰号。——译者注

② Donald G. Tewkesbury, *The Founding of American Colleges and Universities* (New York: Columbia University Teachers College Press, 1932), pp. 185—190.

似的做法。长期以来，立法机关倾向于为申请办学特许状的雄心勃勃的学院创建者提供土地，而不是直接财政拨款。对于地处边远地区的州立法机关来说，土地毕竟比金钱更便宜也更丰富。例如，俄亥俄州的牛津镇是19世纪早期一项直接赠地的受益者，其所附带的条件是要求将土地资源用于教育机构的建设。牛津镇信守诺言，在后来的两个世纪里成为了许多文实中学、学院和大学的建校之地。然而，在其他州和市镇，对学院建设的投入则是不稳定的。

《莫里尔法案》的独特之处在于，土地赠与并不是州政府建造一所学院的实际土地。相反，该法构建起一种复杂的伙伴关系，联邦政府由此鼓励各州出售边远的西部土地，各州有义务使用所得资金资助先进的教学项目。这项计划始于1862年，是一个慷慨的激励制度，每个州都按公式分配一部分与其国会代表人数相称的联邦土地。然后，要求州政府将土地销售收入用于建立农业（agriculture）、机械（mechanics）、采矿（mining）和军事（military）教学等具有"实用技艺"（useful arts）的高等教育项目——这也是许多赠地学院的校名中都有"A&M"字眼的原因。

这一具有历史意义的立法是为了纪念贾斯汀·莫里尔（Justin Morrill），他曾作为佛蒙特州的代表在参众两院任职，长期以来他一直力主通过该立法。该立法被誉为联邦支持高等教育的一项创举，也是联邦与州在国内计划中开展合作的模式。它在制度上的遗产是以提供宽泛和实用课程为特点的学费低廉的州立学院和大学。[1]

人们对《莫里尔法案》颁布后对后来数十年间高等教育的影响的认识存在误解，有时是夸大了其影响，尽管该法带来了一些具有象征意义的成就。第一个误解是，《莫里尔法案》导致了19世纪中叶出现大量的州立学院的创建。[2] 实际上，在许多州，主要的老牌州立大学在1862年之前就已经创办了，与《莫里尔法案》计划几乎没有任何关系。在《莫里尔法案》颁布以前，威斯康星大学（University of Wisconsin）就已注重实际研究领域并向全州各地推广。事实上，联邦立法常常

---

[1] Earle D. Ross, *Democracy's College: The Land Grant Movement in the Formative Stages* (Ames: Iowa State University, 1942).

[2] Eldon L. Johnson, "Misconceptions about the Early Land Grant Colleges," *Journal of Higher Education* 52 (July-August 1981): 331—351.

导致各州内部的分化和专门化发展。例如，在俄勒冈州，我们今天会看到俄勒冈大学（University of Oregon）和俄勒冈州立大学（Oregon State University）。在印第安纳州，有印第安纳大学（Indiana University）和赠地院校——普渡大学（Purdue University）。密歇根大学（University of Michigan）与密歇根州立大学（Michigan State University）是两所不同的大学。在南卡罗来纳州，有赠地高校克莱姆森大学（Clemson University），还有历史悠久的旗舰高校①南卡罗来纳大学。

州政府不仅享有将赠地院校与州立大学分设的自由，而且在执行《莫里尔法案》条款的规定方面也具有灵活性。赠地项目常常交付给那些成立已久的学院。在农工赠地院校与中西部和西部的著名州立大学结合在一起之前，赠地资金通常首先被用于设立州的农业项目，而负责这些项目的院校是我们如今所说的"私立"学校。这其中包括新罕布什尔州的达特茅斯学院、康涅狄格州的耶鲁大学以及肯塔基州的特兰西瓦尼亚大学。按照这个标准，弗吉尼亚州的布莱克斯堡神学院（Blacksburg Seminary）则不太可能成为赠地学院。即使在今天，私立大学依赖州政府伙伴合作的做法也有着重要的历史传统：马萨诸塞州立法机关选择在一个新建的"私立"院校——麻省理工学院——而不是阿默斯特的州立农业学院——使用联邦赠地项目。在最重要的赠地项目州之一的纽约，私人捐赠的康奈尔大学（Cornell University）一直是该州《莫里尔法案》的农业和工程项目的实施机构。

《莫里尔法案》中没有专门的条款明确规定各个州应开设什么样的课程。除了农工领域之外，《莫里尔法案》还广泛鼓励各州开设普通文理专业。一些州利用了这种自由度，实际上是利用赠地资源分别创建了文理学院。其中最为典型的是加利福尼亚州，它将地处奥克兰的加利福尼亚学院（California College of Oakland）改造成为加利福尼亚大学（University of California），其课程设置与新英格兰地区的学院的课程设置非常接近。在其他州立赠地学院，教师的聘用和学术课程设计与农业或工程并不存在什么必然的联系。在某些情况下，这是州立学院努

---

① 美国并没有关于旗舰大学的官方定义，各州用于确定旗舰地位的标准也不尽相同。一般说来，旗舰大学是所在州的赠地院校，且通常是得到重要的政府资助最早建立的公立大学，办学水平高，社会声誉好。一个州可能有一所以上的旗舰大学。例如，在德克萨斯州，德克萨斯大学和德州农工大学都被认为是旗舰大学，可以说是它们所代表的每个大学系统的"旗舰"。——译者注

力吸引学生的救命稻草，尤其是当教授们认识到，对于许多农村青年来说，上大学的主要目标是获得文凭，使他们能够逃离农场。在"A&M"名称中，历史学家对农业、机械和采矿业的关注要多于"军事"部分。具有讽刺意味的是，规定对男大学生进行军事训练——后来又与预备役军官训练营（Reserve Officer Training Corps）等项目建立联系——是《莫里尔法案》中最成功的条款之一。

《莫里尔法案》没有让联邦政府涉足大学建设的事务中。事实上，只要基本的条款得到满足，联邦政府对州一级的项目几乎不进行监督。出售所分配的西部土地的责任在各州。国会里漫长辩论的议题不涉及高等教育项目，而是那些未使用的土地是否应该开放给商业开发，或者由政府有计划的分配，以促进土地利用，同时增加收入。后一种解决方案占居了上风。一些州（如纽约州）花大力推销自己的土地，以获取丰富的财源，实施全州范围的高等教育计划。在其他州（如罗德岛州），政府官员廉价出售所分配的土地，该州几乎没有得到什么财源。简言之，在如何利用赠地法方面，各州之间的做法存在很大的差异。

如果说作为联邦政府政策的一部分的《莫里尔法案》为高等教育留下了什么遗产的话，那就是高等教育成为联邦重大举措的附加项目和间接受益者。《莫里尔法案》是国会就联邦土地政策进行广泛讨论的副产品。核心问题是如何处理西部广袤的土地，以及此举所要达到的目的——而不是应否建立州立院校，或者甚至是促进高等教育计划的发展。[1]

一些历史学者注意到，贾斯汀·莫里尔在国会中擅长于土地政策，而不是教育。他强烈地意识到应该把西部未开发的土地利用起来，并模糊地认识到要将土地出售与某种教育计划联系起来，缓解商业开发可能带来的问题。他非常倚重纽约的阿莫斯·布朗（Amos Brown）等教育说客们所提出的建议。后者将他们所在州高等教育的认识和经验带到了华盛顿特区。来自纽约、俄亥俄和伊利诺伊等州的地方教育政策为美国联邦政策提供了蓝图，并最终成为美国高等教育的"全国性"趋势。为了理解其中的来龙去脉，我们有必要对一些州的地区性教育改革进行梳理。

---

[1] Scott Key, "Economics or Education?" *Journal of Higher Education* 67 (March-April 1996): 196—220.

## 农业与技术教育

好几个州开展的活动为 1862 年的《莫里尔法案》提供了支持。其中最重要的支持可能是来自纽约州。在纽约州，高等教育作为一项受欢迎的事业，受到了社会的广泛支持。以至于到 1845 年，纽约州的当局已经批准开设了 145 家以"神学院"（seminaries）为名的教育机构。这些机构提供各种高等教育教学，其中许多最终还获得了官方授予的"学院"或"大学"的地位。但在 19 世纪中叶的纽约州，这些学校与哥伦比亚学院（Columbia）、联合学院（Union）、汉密尔顿学院（Hamilton）、伦斯勒学院（Rensselaer）、罗切斯特大学（Rochester）和圣约翰学院（St. John's）等获得办学特许状的院校并不属于同一类别。

当时一些院校的名称和类别放在今天是难以理解的。学校的类别并不是固定不变的，当时并不存在今天这样的中等教育和高等教育之间的明显区分。一个突出的案例就是杰纳西学院（Genesee College），该校是一个由一所叫做杰纳西卫斯理神学院（Genesee Wesleyan Seminary）发展而来的机构。[①] 它开设了从初等和中等教育一直到高等教育的各种教育课程。在卫理公会教徒的赞助下，其中的文实中学和学院吸引了来自所在地区不同教派的学生。本地大量的生源，加上全州各地卫理公会教徒的捐赠和学生的学费支持，使杰纳西学院拥有相当坚实和广泛的基础。在办学成就的推动下，1848 年，该学院向州议会提交了"大学办学特许状"申请，将原来的神学院与授予学位的学院和其他附属学校合并。这项动议的核心是将应用科学以及农业和技术教育纳入课程。虽然立法机关拒绝了"大学"头衔的申请要求，但它确实批准了创建"杰纳西学院"。学院获批学位授予权，并将设立自然历史和农业科学的教席。到 1860 年，杰纳西学院已是一所开设多样性课程的成功学院。它被指定为具有资格的有望获得纽约州联邦赠地款的有力竞争者之一。

然而，杰纳西学院并不是唯一一所雄心勃勃的院校。纽约的另一所锐意进取、富有创新精神的学校是"人民学院"（People's College），这所学校的校长是

---

[①] Nancy Beadie, "From Academy to University in New York State: The Genesee Institutions and the Importance of Capital to the Success of an Idea, 1848—1871," *History of Higher Education Annual* 14 (1994): 13—38.

孜孜不倦的阿莫斯·布朗（Amos Brown）——一位来自新罕布什尔州，潜心致力于教育改革事业的神学家。布朗曾考虑建立一所机械学院，开设技术领域的高级课程，就是我们今天所说的工程学学科。① 这所学院于 1858 年奠基。在后来布朗担任校长的数年间，他访问了华盛顿特区，并与参议员贾斯汀·莫里尔进行了讨论。根据布朗的回忆录，莫里尔对布朗的教育观点印象深刻，并让他参与了赠地项目工作。布朗随后游说国会议员投票赞成准备出台的联邦赠地提案。正是通过这样的方式，纽约州的高等教育倡导者开始对国家的立法施加了直接的影响。

在纽约州的另一个地方，也有团体致力于建立"纽约农业学院"（New York Agricultural College）。1853 年，在为州政府支持农业教育进行了几年的筹款和游说之后，他们获得了学院办学许可证。但争夺土地基金这部戏的最后登台的角色是康奈尔大学——说得更准确点，是其创办人和主要捐资者埃兹拉·康奈尔（Ezra Cornell）。康奈尔曾一度对新成立的纽约农业学院给了一些支持，但他最终放弃了这个项目。相反，他将精力转移到创建一所以自己名字命名的新大学上。在 1860 年至 1865 年间，纽约州的一些院校和利益集团开展了紧张的谈判。康奈尔自己也通过投入大量资金来补充州的土地出让金不足，这加强了他在立法机关中的地位。他还向杰纳西学院提供捐款，可能是为了减缓管理者的担忧，并暗示通过工作和使命的某种分工，纽约州可以有能力对不同的院校提供支持。

1862 年之后，在纽约寻求个人和机构支持的人中，有一个奇怪的人是阿莫斯·布朗。此人之前在获得华盛顿对土地授予法案的支持方面颇有影响力。布朗的"人民学院"一度被认为是纽约赠地资金指定的主要竞争者。然而，这是一场没有价值的胜利，因为无法满足州议会严苛的条款。他们要求布朗出示拥有大量资金的证据，这个条件他不太可能满足。布朗接受了这些条件，但随后不情愿地承认，他面临的限制迫使他放弃项目。他的新的希望是，他对《莫里尔法案》的游说活动可以帮助他在新成立的康奈尔大学谋得一个职位。但他还是错了。康奈尔大学最终于 1868 年成立时，埃兹拉·康奈尔的老同事和教育顾问安德鲁·迪金森·怀特（Andrew Dickinson White）被任命为第一任校长。

与此同时，杰纳西学院的代表也改变了策略。他们意识到，如果埃兹拉·康

---

① Daniel W. Lang, "The People's College, the Mechanics Mutual Protection, and the Agricultural College Act," *History of Education Quarterly* 18 (Fall 1978): 295—321.

奈尔的新大学获得纽约州的赠地资金,他们的政治影响力最终将不足以抵消康奈尔大学所能提供的大笔捐赠和资本。因此,他们放弃了原来的学术计划。然而,1870年,同一批卫理公会教育家和领袖重新组织起来成立了锡拉丘兹大学。

随后,康奈尔大学最终宣布在纽约的赠地学院竞争中获胜。康奈尔大学的这次胜利标志着一场持续数年的经济、企业和教育创新领域的激烈竞争达到了顶峰。在联邦赠地资金项目开始实施之前,开展包括农业和技术教育在内的院校之间的竞争就已经开始了。

## 科学与技术教育中的竞争和合作

在纽约、俄亥俄和马萨诸塞等北部州,对"实用的教育"的认真承诺达到了极致。设立麻省理工学院的规划始于1851年,辛辛那提农业学院(Cincinnati College of Agriculture)在同一年开始教学。在南方地区,也开始关注对高级技术教育进行投资,尽管南部州的国会议员带头反对联邦政府的干预。他们的反对所针对的不是科学技术教育,而是担心联邦项目开创了侵犯州政府权利的先例。南卡罗来纳大学就是南部教育创新的一个很好的例子。1851年夏季,该校教师代表团对纽约、康涅狄格、马萨诸塞和罗德岛的科技项目进行了深入的考察。两年后,北卡罗来纳大学采纳了调查报告的建议,设立了应用科学学院。[1]

不管是在纽约州还是北卡罗来纳州,都出现了一种有趣的现象,即对技术教育的支持是大量的,但同时又是分散的。这种好奇心的高涨引发了多样且常常是复杂的资助科技专业的建议。对教育形式和功能缺乏共识,而不是缺乏兴趣,成为地方和州创建学院过程中具有讽刺意味的障碍。北卡罗来纳大学考察团提出一个看法是,某地所提出的新项目通常不会去关注邻近城市或州的创新做法。其结果是,在整个东北地区,各地之间应用科学的发展缺乏协调,尽管一所高校的新项目可能恰巧与相邻州高校的项目高度相似。

在混乱无序的项目创立的过程中,反复出现的一个课程问题是,新旧专业之间如何进行衔接?在老牌学院中,普通文理教育与实用教育之间的关系该如何处

---

[1] Thomas Kevin B. Cherry, "Bringing Science to the South: The School for the Application of Science to the Arts at the University of North Carolina," *History of Higher Education Annual* 14 (1994): 73—100.

理？实用教育应成为文学学士课程的一部分吗？学院是否应该增加诸如哲学学士学位（Ph. B.）之类的新学位课程，在增加新的学位领域的同时减少对古典课程的倚重？另一个诱人的模式是在老牌学院内创建新的"科学学院"。加州立法机关在该州宪法中提出在加州大学之外设立一所机械学院。但支持者与反对者之间仍旧无法达成共识。尽管"农机学院"的名称与农业和机械有关，但对于19世纪中叶的参与者和核心人物来说，这两个研究领域是截然不同的，而且常常是相互冲突的，这使得创建学院的过程矛盾重重。

技术工人的代表们对学界融合实际和应用领域的看法不一。他们的主要保留意见之一是基于这样一个问题：关于机械教育的提议在多大程度上是企图取代能工巧匠的角色？他们的担心是有道理的。例如，纽约州实用教育计划的一位倡导者认为，这些计划将会使雇主利用监狱劳役代替熟练工人。毫不奇怪，这样的提议遭到了行业协会的抵制。

在农业教育方面，包括小农场主、自耕农和农夫在内的传统的农业劳动者与工业大生产支持者之间存在很大的分歧。许多农民怀疑纳税人对农业教育的补贴是否会对作物生产产生很大影响，这点加大了他们之间的分歧。农业劳动者还认为，科学家和学者没有资格对农业问题提供建议。一方面，实用教育理念和策略的多样性创造了丰富的教育环境；另一方面，院校与利益集团之间的分歧和紧张关系使得州或联邦无法在政策方面达成共识。

即便在1862年《莫里尔法案》通过后，冲突仍没有停止下来。联邦新资源的注入促使一些州对自身的计划进行了重大调整。州的战略往往是地方之间的竞争促成的。例如，在肯塔基州，宗教派别争端导致特兰西瓦尼亚大学（也称为肯塔基大学）（Kentucky University）在州议会中失宠，导致该大学的赠地项目宣告终止。不久之后，在市镇的另一边建立了一所新的州立学院——肯塔基州立学院（Kentucky State College）（后更名为肯塔基大学）（University of Kentucky）。同样的，在新罕布什尔州，赠地项目最终从历史悠久的达特茅斯学院转移到位于达勒姆（Durham）的新建的州立农学院（State Agricultural College）。康涅狄格州也出现了这种情况。州议会最初确定的对象是耶鲁大学谢菲尔德科学学院。后来项目被转到在斯托尔斯（Storrs）新设立的州立学院。

在19世纪70年代和80年代，除了威斯康星大学和密歇根大学发展势头强劲外，中西部地区则缺少名牌赠地高校。在伊利诺伊州，关于设立州立学院选址的争论的结果是遭到公然的反对。香槟－厄巴纳（Champaign-Urbana）的居民认为，比起建立州立工业学院，教养学校或监狱对他们社区的好处更大。在许多情况下，土木工程和采矿工程比农业更吸引学生和雇主的兴趣。新的赠地学院项目存在的这些不足表明，我们可以在其他方面的改革举措中找到19世纪中叶前后美国高等教育所发生的最重大的变化，其中包括为妇女提供高等教育的诸多尝试。

## 女性与高等教育

截至1860年，至少有45所教育机构为女性提供学院学位层次的教育。这些教育机构的名称不一，包括"学院"（college）、"专科学校"（academy）、"女子神学院"（female seminary）和"文学学院"（literary institute）。这些机构开设的课程范围从职业培训到高雅的中学结业课程，从专业教育到普通文理课程，不一而是。其中最为突出的是，女性接受高等教育在19世纪中叶成为了现实，而在此20年前这是无法想象的。同时，大多数美国人并不喜欢女性高等教育，但对于一个少数群体来说，它却越来越具有吸引力。玛格丽特·纳什（Margaret A. Nash）的研究揭示了这一时期女性高等教育的某种复杂性。例如，人们发现，在19世纪50到60年代，俄亥俄州的学院城——牛津，至少有三所女子学院。[1]每所院校都根据学生的社会阶层特点开发出各自的课程重点和学生群体。

通常被视为极端行动的扩大女性接受高等教育的活动，却由于保守派民众的担心而得到了意想不到的推动。在南方地区，通常反对女性教育的传统团体有时决定采取以火攻火的办法。[2]他们的逻辑是，最好就近建立一所灌输传统宗教和地方价值观的女子学院，而不是冒着让南方年轻女性到叛逆的北方学院就学的风险。全国各地天主教家庭也都持类似的理据。与其把女儿或侄女送到远离家乡的

---

[1] Margaret Nash, "'A Salutory Rivalry': The Growth of Higher Education for Women in Oxford, Ohio, 1855—1867," in *The American College in the Nineteenth Century*, ed. Roger L. Geiger (Nashville: Vanderbilt University Press, 2000), pp. 169—182.

[2] Christie Anne Farnham, *The Education of the Southern Belle: Higher Education and Student Socialization in the Antebellum South* (New York: New York University Press, 1994).

卫理公会高校，还不如把她们送到当地的天主教女子学院。① 正是由于这种复杂的动机和多样的捐赠者，女子学院的发展和多样化逐渐成为19世纪50年代之后美国高等教育最为突出的特征之一。

## 师范学校

任何关于19世纪女性高等教育的讨论最终都会涉及教师教育这一主题。历史学者过于关注增设工程和农业教学的计划，常常忽略了另一个重大的发展领域：教师的专业教育与认证。随着时间的推移，这些机构先后采用了不同的名称，包括"师范学校"（normal schools）和"师范学院"（teachers' colleges），它们通常授予证书或教学许可证，而不是学士学位。许多师范院校最终成为综合性院校。专业教师教育领域具有足够的吸引力，因此产生了一些私立院校。后来，随着公立学校教育的扩充，州政府先后建立了州立师范学校和州立师范学院。南北战争后，最为雄心勃勃的私立院校是阿尔弗雷德·霍尔布鲁克（Alfred Holbrook）创办的国立师范大学（National Normal University）。阿尔弗雷德的父亲是约西亚·霍尔布鲁克（Josiah Holbrook），此人是美国学园运动（lyceum movement）② 的成功发起人。阿尔弗雷德将国立师范大学设想为计划的核心。作为未来教师培养工作的一部分，霍尔布鲁克及其同事们非常重视课程开发和作为一门科学的教学法。

师范学校的招生对象具有多样性。有些学校专门招收女生，有些则是男女同校。在一些男女同校的师范学校中，女生比例占居多数。③ 师范学校的历史较为复杂，因为它们所属的教育类别并不总是很明确。有时他们被归入中学，有时则被认为是高等教育中的一个专门类别。最后，在一些大学中，教师教育则被视为学术发展方向之一。

---

① James C. Albisetti, "American Women's Colleges through European Eyes, 1865—1914," *History of Education Quarterly* 32 (Winter 1992): 439—458.
② 又译为吕克昂运动或书院运动。是美国开始于19世纪20年代的一场公共教育运动，它促进了美国公立学校、图书馆和博物馆的广泛建立。——译者注
③ Jurgen Herbst, *And Sadly Teach: Teacher Education and Professionalization in American Culture* (Madison: University of Wisconsin Press, 1989).

弗吉尼亚州的威廉玛丽学院很好地说明了这种变化的状态。这所历史悠久的学院在内战期间中断了教学。学校办学经费拮据，勉强维持到19世纪70年代。由于没有圣公会的大力资助，该学院面临着依赖学生学费收入的暗淡办学前景，因为弗吉尼亚州经济状况很差，很少有人能负担得起学院的学费。威廉玛丽学院唯一的希望是寻求联邦和州政府的资助。在每次资助申请中，学院领导者都以学院办学历史悠久的特点为由寻求支持。学院请求国会给予战争赔偿，以重建这所殖民地学院。但是，申请遭到了拒绝。在弗吉尼亚州，学院游说州立法机构支持重建本州这所重视为未来领袖人物提供文理教育的历史悠久的学院。上述努力也没有激起人们的多少热情。其中一项提案确实获得了州立法机构的批准，即州政府每年应给予威廉玛丽学院经费补助，用于为毕业后愿意到该州不断扩大的新兴公立学校系统中任教的白人男生提供高等教育。这对立法机关特别有吸引力，因为这意味着威廉玛丽学院虽不是公立院校，但随后将成为一所与女子师范学校并立的全部招收男生的院校。在随后的20年时间里，学院每年办学经费中有90%以上是来自州议会的拨款。

这个例子反映出当时大多数州正在出现的一种趋势：义务公立学校教育的吸引力日益增强，随之而来的是对受过教育并获得教师资格证书的公立学校教师的需求不断加大。1862年《莫里尔法案》的支持者们预计，农业和应用科学将是高等教育的增长点，然而，增长最快的专业领域是教师教育，这首先反映在入学人数上，随后表现在就业规模方面。

## 学院中的商业课程

农业、工程等实用学科在高等教育中的地位，是19世纪末期教育改革者十分关注的问题。鉴于这种对实用性的重视，在当时的公众讨论中有一个奇怪的遗漏，那就是对将商科引入高等教育显然缺乏兴趣。尽管到了19世纪中叶，美国已经有了复杂的商业组织——特别是铁路公司和钢铁厂——但人们很少愿意指望学院为这些职业提供培训或认证。银行业几乎完全是一种以学徒制或家族关系为基础的自主性职业。

与这种主流趋势不同的是，一些零星的证据表明，在19世纪中叶的高等教育布局中，商科的确占有一席之地。一位坚定的捐资人曾计划在路易斯安那大学

(University of Louisiana)建立一所商学院,但在 1857 年终止了该计划。尽管没有出现独立设置的商学院,但有资料显示,在 19 世纪 50 年代,全美有 160 门左右的商业课程。其中有为期六周的短期课程,专门教授簿记和商业信函的基本知识。然而,开设商业课程的院校很多,最好的例子是宾夕法尼亚大学沃顿商学院(Wharton School)的实验。① 宾夕法尼亚大学约瑟夫·沃顿商学院成立于 1881 年,致力于为未来商界领袖的教育提供广博、自由的学习课程。课程史的一个有趣旁注是,当宾夕法尼亚大学文理科系教师否决了增设历史、政治和经济系的提议后,这些学科被纳入到沃顿商学院,避免了无所依托的局面。

将普通文理教育与专业教育界限相互贯通的例子很多,沃顿商学院便是其中的一个。但这也只是一个特例。在后来的数十年间,大学积极致力于创建工商管理学院的势头并没有得到增强。直到 1890 年,学院的发展历程终于使校长和教授们明白,即使是——或者尤其是——未来的商人会越来越成为文学士课程的支持者。

## 有关现代大学特征的论辩

我们很难理清 19 世纪中叶的思想观念与院校建设之间的确切联系。《共和国》(The Nation)、《大西洋月刊》(Atlantic Monthly)和《哈珀》(Harper's)等期刊以及各种日报经常发表有关高等教育未来的文章。这些文章多半力主创建一所真正的现代美国大学。文章作者多半曾在欧洲学习后返回美国,他们对德国大学的先进学术和学术自由赞不绝口。例如,具有影响力的编辑林肯·斯特芬(Lincoln Steffen)就曾深思熟虑地写下自己在海德堡大学的求学经历。许多在欧洲大陆深造过的学者都认为,德国大学高级学术研究严肃认真,对国家发展至关重要,应该移植到美国。

19 世纪中叶,布朗大学校长弗朗西斯·韦兰(Francis Wayland)是这一公共论坛的一员。韦兰不仅是一位有影响力的大学校长,也是一位全美闻名的作家,他在 19 世纪 50 年代为美国高等教育敲响了警钟。他在文章中把典型的美国大学

---

① Earl F. Cheit, "Business Administration: Trade Comes to the University," Chap 5. of *The Useful Arts and the Liberal Tradition* (New York: McGraw-Hill, 1975).

描述为是过时的，它与充满活力的工业社会的需求相脱节。① 他和巴纳德（F. A. P. Barnard）② 一起引用了有关大学入学人数的人口统计数据，证明传统大学在一个民主、资本主义国度中的吸引力正在下降。韦兰担任布朗大学的校长所面临的问题影响到了他的观点，在担任布朗大学校长的任期内，他无数次的创新尝试都遭到了顽固的教职员工的阻挠。尽管布朗大学地处人口稠密的工业区，但学生人数却少得可怜。韦兰在课程改革方面的尝试屡屡未能吸引到大批渴望学习并愿意支付学费的学生。在这种挫败感的驱动下，他发表了在全国各地传播的文章，提出了在一所现代大学中开设实用课程的必要性。

关于美国高等教育前景讨论的另一条主线是来自国外的例子。这个时期探讨高等教育问题的一种惯常做法，就是援引红衣主教纽曼（Cardinal Newman）的《大学的理念》（Idea of a University）书中的观点。此书主要是以1852年他在担任都柏林天主教大学校长时发表的就职演讲为基础。③ 由于演讲的语言优美，内容言简意赅，经常一版再版。但并没有什么证据表明纽曼的办学理念在他自己所在的大学里真正得到贯彻，更不用说美国的大学了。人们只能得出这样的结论：他的思想对同时代的人来说并不是特别有吸引力。由于系列演讲在都柏林不太受欢迎，因此内容受到缩减。演讲内容的出版则被推迟了好几年，且最后的版本是压缩版。纽曼的课程改革计划在他自己的大学里遭到了拒绝，而专业教育和医学院在那里获得了成功。纽曼的经典演讲在20世纪中叶结集出版，受到了广泛的欢迎，超过了当年的高等教育支持者的阅读量和关注度。

---

① Francis Wayland, "Report to the Brown Corporation" (1850), in *American Higher Education: A Documentary History*, ed. Richard Hofstadter and Wilson Smith (Chicago: University of Chicago Press, 1961), pp. 478—487.

② 弗雷德里克·奥古斯塔斯·巴纳德（1809—1889），美国著名教育家。曾任康涅狄格州教育督察长、美国第一任教育署署长和威斯康星大学校长等职。主张实施公立教育，并创办了美国第一所师范学校。在其一生中对美国教育事业作出了巨大的贡献，被誉为美国早期公共教育的开拓者之一。——译者注

③ John Henry Newman, *The Idea of a University*, ed. Frank M. Turner (New Haven: Yale University Press, 1996). See also Jaroslav Pelikan, *The Idea of the University: A Reexamination* (New Haven: Yale University Press, 1992), and John R. Thelin with Todd Cockrell, "Reasonable Doubts about Newman's University," *The Review of Higher Education* 17 (Spring 1994): 323—330.

纽曼的身上集中体现了作为一名管理者的哲学家所处的困境。根据莱顿·斯特拉奇（Lytton Strachey）在1918年所作的富有洞察力的描述，纽曼对天主教大学最初的希望很快就破灭了："在接下来的五年里，纽曼孤立无援，如同深陷泥沼之中，绝望地挣扎。他在工作中克服了诸多困难……他的理想是在幻想和哲学的遥远空幻边际中荡漾，但现在却被细枝末节所羁绊，采取中庸之道妥协求生。"在美国，1870年至1890年间为大学改革而不懈努力的人们应该会从纽曼身上找到共鸣。作为天主教大学的校长，纽曼"不得不去募款，不得不为学生报纸撰稿，不得不为医学实验室做规划，还要讨好市政当局。"斯特拉奇为这位具有远见卓识的大学建设者推荐了一个贴切的墓志铭，同时可能也会得到布朗大学的弗朗西斯·韦兰的认同：他是一匹"套在四轮马车的纯种马；他自己也知道这一点"。①

除了红衣主教纽曼那些很少被人关注的文章外，美国出版的期刊上持续发表了有关新兴美国大学发展未来的鼓动性文章。② 这些文章写得不错，读者面也很广，但同样没有证据表明它们直接影响了院校创建或课程改革。在19世纪70到80年代，所谓大学创建者们在《哈珀》和《大西洋月刊》等期刊上发表大量文章，他们正确地指出，"学院"是一个模糊的实体，学生的学业水平和类型存在极大的差异。作为一种解决办法，他们建议在美国实施一种新的"大学"结构，将体系不连贯、质量不均衡的学院教育系统提升到更高的水平，更具学术选拔性。这些论点引人入胜，也令人信服，但它们并没有解决导致学院办学质量低下的根本问题：美国中学数量少，课程设置参差不齐。即使有人能够提出一个高明的计划，关闭历史悠久的学院，设立新的大学取而代之，但学生从何而来？不幸的是，几乎没有哪所美国高校能认真考虑实施如此严格的学习课程，因为大多数院校在录取学生时都没有选择的余地，而许多学生在学业上没有做好充分的准备。对于我们这代美国高等教育的评论者而言，应该关注的是用最佳办法去促进学业水平的提高。

---

① Lytton Strachey, *Eminent Victorians* (1918; reprinted London: Folio Society, 1967), pp. 84—85.

② Hugh Hawkins, "The University-Builders Observe the Colleges," *History of Education Quarterly* 11 (Winter 1971): 353—362.

关于美国大学未来的文章越来越多地从分析转向了宣传。1884年，约翰·伯吉斯（John Burgess）出版了《美国大学：何时、何处、何样？》（*The American University: When Shall It Be? Where Shall It Be? What Shall It Be?*）一书，就书名中所提出的一系列问题作了详尽的回答。在对这些问题进行了大量论述之后，伯吉斯得出结论说，真正伟大的现代大学应该建在都市，为私立院校，以高深的文理研究为特征。他的结论既耐人寻味又似是而非，但有眼光的读者注意到了一个惊人的巧合：伯吉斯所提出的特征与他所在的地处纽约的哥伦比亚大学的特征非常吻合，他曾任该校政治科学系系主任和教授。

多亏了伯吉斯和他的同事们的努力，哥伦比亚大学在从一所学院发展成一所大学的过程中取得了长足的进步。1860年至1890年间，美国国内其他高校的高级学位课程也取得了进展。例如，1861年，耶鲁大学为科学学院的约西亚·威拉德·吉布斯（Josiah Willard Gibbs）颁授了美国第一个哲学博士学位（Ph. D.），这是对其所做的高深研究的认可。然而，即使在耶鲁大学，这一成就也是出类拔萃的，并没有在其他高校引起什么效仿。罗杰·盖格（Roger Geiger）认为，统计数据似乎显示出的19世纪80年代博士学位数量激增是具有误导性的。① 大多数学位是由文凭工厂授予的：高校收取学费然后授予哲学博士学位，它们并不提供学术指导或诸如图书馆或实验室等先进设备。

此投机取巧活动一个重要例外，就是1876年成立于巴尔的摩的约翰·霍普金斯大学。它是美国大学移植德国大学高深学术研究和博士课程的突出案例。但这所著名大学在美国高等教育界也只不过是个特例。尽管约翰·霍普金斯大学作为研究生学习的典范激励了未来几代的学术领袖，但它远远领先于大多数有抱负的竞争院校，这种情况直到进入20世纪之后才开始发生变化。

## 错发的文理学院讣告

倡导实用研究和现代大学的背后蕴含着这样一种观念：传统的文理学院已经不合时宜了——而且，作为一种适当的惩罚，这些学校正在招生和财务方面的困境中挣扎。但这是真的吗？詹姆斯·阿克塞尔特（James Axtell）对1880年前后

---

① Roger L. Geiger, "The Crisis of the Old Order: The Colleges in the 1890s," in *American College*, ed. Geiger, pp. 264—276, esp. p. 270.

"学院"和"大学"的办学状况进行了研究。他发现,只有 26 所高校(其中 17 所原先称为"学院")的入学人数超过了 200 人。他指出:"阿默斯特学院与威斯康星大学和弗吉尼亚大学一样大。威廉姆斯学院比康奈尔大学和印第安纳大学要大,鲍登学院的规模与约翰·霍普金斯大学和明尼苏达大学几乎相当。拥有 687 名学生的耶鲁学院比密歇根大学、密苏里大学或纽约城市学院的规模要大得多。"①在图书馆或实验室等学术资源方面,"现代大学"通常也不及传统学院。在 19 世纪晚期,研究生学习,特别是哲学博士课程,在大学只是处于边缘的地位。

事实证明,这些历史悠久的学院能够提供新的学习领域,而不必把自己改造成"大学"。文理学院非但没有衰落,反而在内战后的几十年里表现出了相当大的活力。达特茅斯学院就是一个很好的例子。根据玛丽莲·托拜厄斯(Marilyn Tobias)对学院学术生活的重现,到 19 世纪 80 年代,达特茅斯学院已经成为一个非常重要的学习中心。学院的教授们从事研究,在许多领域进行了独创性的实验和田野调查。他们为学术期刊写作,并参加各种学术组织。这些活动与他们对教学和大学教育的承诺没有冲突。与此同时,学生们开展各种新学科和新课题的项目研究。毕业不久的校友在波士顿、纽约和芝加哥事业取得成功后回到母校,以确信母校正在为学生们毕业后适应美国经济发展状况做好准备。该学院整体活力的一个突出例外是长期担任校长的塞缪尔·科尔科德·巴特利特(Samuel Colcord Bartlett)。1881 年,达特茅斯学院的一群教师、学生、校友和董事联合起来对巴特利特进行质询,指控他阻碍了各领域的探究和创新。"老派达特茅斯"(Old Dartmouth)真的受到了批判,脾气暴躁的巴特利特被免去了校长职务。②

改革并不意味着将学院变为大学。相反,新校长威廉·杰维特·塔克(William Jewett Tucker)通过增加课程和专业(包括专业学院),来完善学院的身份和使命。在接下来的 25 年里,达特茅斯学院重视基督徒品格的自由教育模式受到了人们的欢迎。在此期间,在校生人数从大约 300 人增加到 2000 多人。

达特茅斯学院的"试验"只是一个例外,但它也反映了其他地区历史悠久的

---

① James Axtell,"The Death of the Liberal Arts College,"*History of Education Quarterly* 11 (Winter 1971): 339—352.

② Marilyn Tobias, *Old Dartmouth on Trial: The Transformation of the Academic Community in Nineteenth-Century America* (New York: New York University Press, 1982).

学院正在进行的调整。正如乔治·彼得森（George Peterson）所指出的那样，类似的模式适用于像阿默斯特、威廉姆斯和卫斯理这样的新英格兰地区的小型学院。① 布鲁斯·莱斯利（Bruce Leslie）对 1870 年前后宾夕法尼亚州和新泽西州的文理学院进行的历史研究也证实了这类机构的活力和繁荣的景象。② 对巴克内尔学院、富兰克林·马歇尔学院、普林斯顿学院和斯沃斯莫尔学院所作的详细历史分析，使人们对历史悠久的学院在"大学时代"不受欢迎这样一种传统观点产生了怀疑。学院在自己所在的地区备受尊崇。文理学院教授收入丰厚，社会地位高。宗教信仰可以是灵活的。文理学院财务状况稳中向好，对中上层新教徒家庭的孩子的吸引力也越来越大。家庭、教师和学生自己都认同学院教育是培养"绅士学者"的熔炉的观念。这不是一个以"文理学院消亡"为标志的停滞时期，对许多院校来说，1870 年至 1890 年是学院的校园正在转型为越来越有吸引力的学术社群的时期。

　　布鲁斯·莱斯利不选择战后的南方学院作为考察对象，因为他认为，南部各州的经济萧条，绝大多数高校办学规模很小，依靠教会资助勉强维持，这使得该地区的学院不太可能具备什么活力。令人惊讶的是，后来的研究表明，莱斯利在大西洋中部地区私立教派学院中所看到的活力，同样也可以在 19 世纪 70 到 80 年代之间南部地区一些浸信会学院中找到。这一现象归功于教育改革者的努力，这些人曾在南卡罗来纳州的南方浸信会神学院（Southern Baptist Seminary）一道工作。内战结束后，他们从事的渐进式改革工作把他们带到了肯塔基州、弗吉尼亚州和德克萨斯州的浸信会学院。例如，肯塔基州的乔治敦学院（Georgetown College）选择巴兹尔·曼利（Basil Manly）担任校长。此前他是阿拉巴马大学校长，也是南卡罗来纳州南方神学院（Southern Seminary）的领导。曼利是一名保守派领袖，作为牧师，他曾在杰斐逊·戴维斯（Jefferson Davis）就任美国南部邦联总统的典礼上主持祈祷仪式。令人惊讶的是，这些过往的经历并不能很好地预测曼利在内战后对南方高等教育进行的改革。

--------

　　① George Peterson, *The New England College in the Age of the University* (Amherst, Mass.: Amherst College Press, 1963).

　　② W. Bruce Leslie, *Gentlemen and Scholars: College and Community in the "Age of the University,"* 1865—1917 (University Park: Pennsylvania State University Press, 1992).

曼利与南方浸信会教育家们中的一部分人认识到，除非他们适应内战后南方严酷的新环境，否则他们将宗教与高等教育联系起来的努力注定会以失败告终。尽管曼利曾是南部邦联的铁杆支持者，但他也是一名现实主义者，他认为有必要抛开过去的敌意，以便集中精力进行教育改革和经济发展。他在南方浸信会的教育工作，与他从其他地区带来的先进思想相互交融，亦即马萨诸塞州牛顿神学院（Newton Theological Institution）和普林斯顿神学院（Princeton Theological Seminary）接受教育的经历。在乔治敦学院，曼利开始尝试选修制，其中包括英国文学等新领域［在这方面他曾征求了耶鲁学院校长诺亚·波特（Noah Porter）的意见］。与专注于培养未来神职人员的浸信会神学院不同，他还强调对世俗浸信会教徒进行自由教育。根据克里斯托弗·贝克汉姆（Christopher Beckham）的说法，乔治敦学院和其他南方浸礼会学院"虽然在特征和核心方面都具有南部和强烈的基督教色彩，但并不是毫无创造性的教派学院。"①

在弗吉尼亚州的里士满学院（Richmond College），曼利的一位同事——约翰·布罗德斯（John A. Broadus）推行了类似的改革。作为校长，他在1868—1869学年度学校课程介绍中明确表示，未来的学生将发现"在教学上不会再有宗派偏见"，而是致力于培养基督教绅士。他招收的学生背景越来越多样化，并鼓励学生们学习不同的科目。学生学习的文理课程被宣传为包括商业在内的任何未来的职业都是实用与适合的。布罗德斯还在正式课程中增加了一门"商业课程"。

这些浸礼会教育家们也提出了关于南方妇女教育的进步观点。里士满女子神学院（Richmond Female Seminary）隶属于里士满学院，专门招收女生入学。这所女子神学院反映了布罗德斯效法新英格兰地区女子学院的兴趣。地处德克萨斯州的贝勒大学的校长也是男女同校教育的拥护者。这三所院校的例子说明，南部的院校可能是保守的和教派性的，但却对社会和教育改革充满热情。

## 学生生活：莱曼·巴格与《耶鲁四年》

"新型现代美国大学"的倡导者们抱怨说，对于活力四射的年轻的美国人来

---

① Christopher Beckham, "Toward an Appreciation of the 'Denominational College': Three Innovative Approaches to Baptist Higher Education in the Post-Civil War South," unpublished manuscript, August 2001.

说，学院已经不再具有吸引力。然而，当人们翻阅学生的回忆录，而不是大学改革者的论争性文章时，展现在我们面前的美国学院的景况却是截然不同的。莱曼·巴格（Lyman Bagg）就是呈现学生视角的一个很好的例子。他在内战结束一年后进入耶鲁学院修读本科，并于1869年毕业。巴格喜爱收藏，他保存了上学时的各种纪念品和物件，然后花了三年时间把资料整理成书。他是这样解释自己的计划的：“许多没有机会经历过大学生活的聪明人对大学生活存在错误和荒谬的看法。这使我相信，哪怕是对这些事情作一分钟的解释，就好像是发生在当下美国一所重要的学院里一样，这对普通公众来说是有意义的，对本校或是其他学校的校友和本科生来说也是充满乐趣的事情。"[①] 于是，巴格向我们展示了一部长达713页的详尽介绍，详细记述了耶鲁学院本科生生活中系统组织的活动、习俗和仪式。从餐会俱乐部到荣誉协会，从体育校队到文学社团和辩论队，从开学典礼和校歌到学生行为操守等都有详细的客观记录。

巴格的《耶鲁四年》揭示了大学生们在正式的校园组织中创造了一个错综复杂、引人入胜的世界。作者花费大量笔墨记述了如何在杂乱无章的学生文化中保持自我的才能。许多学生活动显示出相当多的创造力和实用性。"餐会俱乐部"这个后来被视为非常正规的组织，其特点在1870年前后就截然不同。按照巴格的说法，他们是由每年聚在一起分享资源的一群学生创建的；其中一名学生负责收取会费，然后与不同的房东进行谈判，租用一个餐厅，雇佣一名厨师。餐会俱乐部通常到了学期结束时解散。其他活动的开展与此类似。如果说美国的校园生活在内战后衰落下去的话，那么，耶鲁学院的情况却不是这样。

耶鲁学院的例子是非常恰当的。回想一下在1824年，耶鲁被看作是古典课程的最重要的支持者——现代大学的拥护者批评这种做法是反动的，是美国青年对进入学院学习失去兴趣的重要原因。此外，耶鲁学院一直坚持服从主流公理会宗教信仰，包括每日做礼拜，全力开设既重视知识传授，又注重虔诚和品格养成的课程。这本该是一种灾难性的做法。但与批评者的预测相反，耶鲁学院蓬勃发展了起来，到1870年。它成为美国最大的学院。耶鲁的保守性并不等同于故步自封。在课程设置方面，耶鲁学院获得了赠地项目，增设了科学学院和法学院。最

---

[①] Lyman C. Bagg, *Four Years at Yale: By a Graduate of '69* (New Haven: Charles C. Chatfield and Company, 1871), p. iii.

重要的是，学院的学生生活非常健全——这是一个具有全国性兴趣和志向的问题。

本科生生活的核心特征在于，它是由学生精心组织的，是用来为学生服务的。其奖惩制度不受学院行政部门的干预。学生对课外活动的热情舒缓了课程学习和考试的要求。到1870年，在耶鲁和其他高校里，学生活动已经成为从新生到毕业班的四年制的课程的固定模式。新出现的本科生活动包括男生联谊会和校际体育赛事，特别是赛艇、田径、棒球和橄榄球比赛。

莱曼·巴格在《耶鲁四年》中所作的记述的意义在于，耶鲁学院的办学的模式在全国各地得到了效仿。布鲁斯·莱斯利（Bruce Leslie）对1870年到1890年间中大西洋各州四所学院所作的研究表明，这种大学生活模式在巴克内尔学院、普林斯顿学院、斯沃斯莫尔学院和富兰克林马歇尔学院很受欢迎。① 俄亥俄州、爱荷华州和加利福尼亚州的高校也是如此。这并不是说一些院校没有尝试本科生活方面的新做法。男女同校、新的学习领域以及新的招生对象都属于新的做法。康奈尔大学崭露头角，成为一所令人兴奋的大学，最初曾经招收内战老兵和女性入学。该校的校训折射出美国人特有的乐观精神："我要建立一所大学，在这里，任何人可以学到任何东西。"正是在这种校训精神的激励下，康奈尔大学开设了包括美国史、罗曼斯语、现代文学以及土木工程和应用科学等全新的课程。

学院衰落的可怕景象与学生们描述的充满活力的校园生活二者之间该如何相协调呢？这种反差可以部分归因于对统计数字的解释。在19世纪末，就全国范围数据收集的尝试似乎表明，学院的受欢迎程度在下降。但这一解释没有将所涉及的统计类别的不确定性考虑进去，也没有考虑到当时更大规模的人口变化趋势。例如，学院学生人数下降的出现有时是因为美国教育类型的划分方式发生了变化。当一所学院增设了科学学院、师范学校或农学专业时，这些新的学科领域的学生可能不被算作是传统学院的学生。具有讽刺意味的是，那些确实增设了现代、实用学科领域的学院，充其量只是自身对课程改革所做出的综合反应。1865年至1890年之间，农学系科的在校生人数有所下降。在19世纪70、80年代，农民及其农业协会时不时对扩充农学课程提出强烈的反对意见。《莫里尔法案》最为提倡的实用学科中，土木工程的发展情况可能是最好的。鉴于在本科学院的课

---

① Leslie, *Gentlemen and Scholars*.

程中农业和应用科学起步迟缓，人们不得不一直对文学士学位中开设的饱受诟病的古典课程表示喜欢。

在分析学院的在学人口统计数据时，19世纪末美国开始出现的大规模移民潮是必须加以考虑的第二个因素。人口的涌入迅速扩大了对学院入学率进行估测所依据的总人口基数。来自不同种族群体的移民对美国高等教育产生了另一种影响：新的群体仿效老学院建立了新学院，面向具有独特宗教或民族血统的本群体的子女。人们可以看到，在1870年之后的一段时间里，由教会举办的新学院数量激增。在由卫理公会教徒、浸信会教徒、长老会教徒和会众教徒建立的旧的新教教派学院的基础上，天主教和路德教会也开始建立学院。学院的宗教归属往往具有种族的特点。例如，中西部的路德学院旨在为德国和斯堪的纳维亚国家移民的子女提供接受高等教育的机会。同样的，天主教学院绝大多数学生的家庭是来自爱尔兰，后来又来自意大利和东欧部分地区。然而，尤其需要注意的是，新学院往往模仿耶鲁学院和老牌学院开创的学生生活形式。最终的结果是，每个利益群体都倾向于建立自己的院校，而不是尝试到对立宗教或民族群体开办的学院就读。因此，19世纪末的美国高等教育虽具有民族和宗教的独立性特点，但总体上是相当多样化的。

统计数据显示到学院上学不再为美国人所青睐，而美国教育体系的不平衡则强化了这种情况。大多数高校都玩不起择优录取。一名付费的学生，尽管其中学的学业成绩很差，都不可能被高校拒之门外。尽管公布了正式的入学要求，但大多数学院的招生考试都是灵活打分的。假如申请者的学业程度实在太低，无法适应高校课程的学习，高校会提供辅助课程。因此，美国大多数院校开设的课程中都包含相当数量的（收费）预备或补习课程，目的是为了帮助学生达到"大学学业"的水平。甚至连诸如瓦萨学院这类财力雄厚的著名高校，也将大量的资源投入到在预备系科学习的学生身上。

尽管理想的学院以及大学生的课外活动是四年制，但在实践中的做法与此理想并不一致。完成学士学位并不是每个学生都可以做到的事情，而且人们也不期望这样做。一种高度多样化的且常常是非连续性的大学学习模式开始出现，退学或转学成为一种常态，这在大学校长和院长的年度报告中几乎没有提及。例如，在弗吉尼亚州的威廉玛丽学院，为四年制的文学士学位安排了相应的学习课程和学生活动。然而，在1880年至1900年间，实际上，该校90%以上的学生选择在学习两年后结束学业。这并不意味着学业上的失败。相反，务实的学生——主要是指那些来自贫困家庭的学生，在学完获取教学资格证书之后便离校了。即便没有文学士学位，教学资格证书也使得他们很快就可以担任公立中小学教师。

此外，学院经历的正式说法在特征上与中等教育和研究生学习的区别仍然是模糊的。美国的公立中学系统仍然很不平衡，合格毕业生人数不足。但另一个极端是，在19世纪末，所谓的"文实中学"（academies）并不仅仅是中学。它们常常将自己描述成高等教育甚至是终结性的教育机构。"文实中学"中有许多学校后来被称为"预备学校"（preparatory schools）。在20世纪，这个名称表示培养学生上大学的机构。然而，在19世纪七八十年代，这个名称是指为培养学生为生活做准备的机构，而不仅仅是为了培养学生为进入哈佛、耶鲁或普林斯顿学院做准备。①

## 男女同校与女性

内战结束后，与学界有关的一个重大变化是允许男女同校。在此之前数十年，奥伯林学院就率先实行男女同校。在新建院校中，康奈尔大学通常被视为这方面的典范。中西部的州立院校也紧随其后。在新英格兰和南部地区，男女分校就读仍是常态。

不管男女同校这种新的做法在社会上多受欢迎，在实践中其效果充其量是毁誉参半的。例如，康奈尔大学和加利福尼亚大学的女性就受到了不公平的对待。进入高校大门后对男女学生隔离对待。安排女性修习特定的课程和专业，限制女性修习某些领域，尤其是不允许她们参加课外组织和活动，均是施行男女同校做法中令人失望的现实。②

在男女同校的组织结构中，不公平对待女性导致两个必然的结果。首先，女性无视学校行政管理和男子主导、控制的主要课外活动，她们主动地组织自己的正式和非正式课外活动。第二，新建女子学院继承了为女子高等教育提供独特结

---

① See James McLachlan, *American Boarding Schools: A Historical Study* (New York: Charles Scribner's Sons, 1970).

② Charlotte Williams Conable, *Women at Cornell: The Myth of Equal Education* (Ithaca: Cornell University Press, 1977).

构和组织文化的机会。这包括参与新闻、体育、音乐和文学社团的丰富的机会。女子学院还为师生提供了一个前所未有的机会，使他们能够继续去追求高深的学问。其中一个结果是，19 世纪 80 年代女子学院过多的女毕业生继续攻读法律、医学以及博士学位课程。女子学院利用这一偶然时机获得大量资助。1870 年至 1890 年，各种新的科学设备和仪器问世，因此，此阶段是新的校园设备升级换代的理想时期。一所办学经费充足的新建女子学院的实验室和图书馆可以迅速赶上并超过老牌男子高校。一位历史学家就将早期数十年间卫斯理这类女子学院的学者群体描述为一个"没有亚当的伊甸园"（Adamless Eden）。[1]无论人们是否接受这种说法，对卫斯理学院、瓦萨学院、布林莫尔学院、蒙特荷约科女子学院以及史密斯女子学院的学术和校园生活的描述都表明，女子学院特色鲜明，办学卓有成效。此外，到 1890 年，创办和资助女子学院的动力非但没有减弱，反而是在不断增强。[2]

## 学院的管理与财务：大额慈善捐赠的由来

高校如何规划并实施年度办学预算，是美国高等教育中最令人困惑的历史谜团之一。学院公布的学费很低，即使收费全部来自全日制学生的学费，也不足以支付教职工的工资和服务，更不用说是基建开支了。学院的在校生人数还经常出现下降，在这种情况下办学经费就更加吃紧。即使是那些获得捐赠数量很多的学院，仍然要依赖学费，而且经常处于缺钱的状态。

根据布朗大学校长弗朗西斯·韦兰的说法，大学在学费定价策略上通常采用一种特殊的消费形式。先期注册的学生缴纳全额学费。然而，如果一所学院在临近开学时招生人数面临缺口的话，可能对学费进行打折，以便在最后一刻让缴费学生填补空缺。[3]韦兰将此做法作为学院的古典课程缺乏吸引力的佐证。他认为，学院最好要提供现代课程，并收取合理的费用。这一论点的缺陷在于，一所高校

---

[1] Patricia Palmieri, *In Adamless Eden: The Community of Women Faculty at Wellesley* (New Haven: Yale University Press, 1995).

[2] Helen Lefkowitz Horowitz, *Alma Mater: Design and Experience in the Women's Colleges from Their Nineteenth-Century Beginnings to the 1930s* (New York: Knopf, 1984).

[3] See Wayland, "Report to the Brown Corporation".

的课程与其社会吸引力之间没有一贯的联系。一些最现代的高校,如纽约康奈尔大学,招生也面临困难。耶鲁学院是美国最保守、最受传统束缚的高校之一,但在校生规模位居全美高校第一。

不同高校的学费高低的确有所不同,新英格兰和中大西洋地区学院的学费最高。但一般来说,各个高校的学费都处在可以接受的范围之内。假如一个学生没有被某一学院录取,多半是因为社会、性别、民族、种族或宗教歧视等方面的原因,而不是付不起学费。大多数高校并不会将申请者拒之门外。相反,而是极力劝说美国的年轻人进入学院学习,而不是从事别的冒险活动。此外,在1860年至1890年间的经济环境中,就多数职业的准入条件而言,进入学院学习还不是必需的条件,就更谈不上学士学位了。即便这样,学院仍然像过去那样吸引有抱负的学生,这是很了不起的事情。

大多数学院的资源有限,这意味着学校行政部门要精简,主要学术官员由校长担任。尽管校长是主要的募款人,但大多数高校也雇佣"学院代理人"(college agent),负责招生、征募捐赠者和促进高校捐赠等综合外部活动。[①] 一些高校增设一名负责"杂事"(catchall)的行政人员,此人集财务主管、注册主任和图书管理员职责于一身。大学教师继续承担着监督学生行为的部分责任,但学生管理工作开始出现专门化管理的迹象,有时会任命一名学监专门负责学生纪律方面的事务。

多数学院依旧仰赖来自社会的小额捐赠。这些捐赠虽不起眼,但对学校却非常重要。许多社区将当地的学院视为不可或缺的组成部分,因此,市民和城镇政府都是学院官员寻求捐助的热门对象。由于地方学院对商人和房地产开发商具有吸引力,19世纪中叶学院校长及其代理人坚持不懈地募款的努力才能取得很好的效果。

1850年以后,慈善事业在高等教育中的作用被宗教彻底改变。宗教团体,如与公理会教会有着密切联系的美国传教士协会(American Missionary Association),采用高度组织化的方法,在全国各地为高校建设筹集和分配资金,而不是依靠虔诚的个人大笔捐资建立一所教派大学。这些努力导致新英格兰地区的学院

---

[①] George Keller, *Academic Strategy: The Management Revolution in American Higher Education* (Baltimore: Johns Hopkins University Press, 1983), pp. 5—8.

模式向中西部（比如爱荷华州的康奈尔学院和格林内尔学院、威斯康星州的劳伦斯大学、明尼苏达州的卡尔顿大学）一直到加利福尼亚州（如波莫纳学院）的广泛的地区传播。

1850年至1890年间，美国高等教育出现了一个重要且相对平静的变化，那就是大笔慈善捐款的影响力不断增强。通常以基金、信托和不动产的形式提供的大额捐赠，成为推动创新的有力工具。例如，波士顿的阿伯特·劳伦斯（Abbott Lawrence）为哈佛学院提供了大量资金，捐资建立了理学院和博物馆等设施。在大都市区以外的马萨诸塞州西部，富有的制造商留下的遗产资助了一所文实中学，还使得阿默斯特学院和威廉姆斯学院办学经费充裕起来。

女子学院是新型慈善捐赠的主要受益者。具有讽刺意味的是，这些高校恰恰是经常因为非主流身份而获得大量的捐助。由于女性教育得不到大众的支持，它只好仰赖与众不同的捐赠者的大力支持。例如，富有的酿酒商马修·瓦萨尔（Matthew Vassar）捐出巨款在纽约的波基普西（Poughkeepsie）开办了一所女子学院，他希望自己独特的捐赠具有特殊的价值。他的奉献精神还在于，在学院成立很久后，他一直都在为学院的项目提供捐助。瓦萨尔捐赠的125万美元（以2000年的美元计算超过1600万美元）是一个转折点，标志着从"小额捐赠时代向六位数和七位数美元捐赠时代"的转变。①

马萨诸塞州是女子高等教育的充沛的资助来源。杜兰特家族（Durant family）出资创办了卫斯理学院。索菲亚·史密斯（Sophia Smith）为巨额意外遗产带来的好运所困扰，为了减轻金钱带来的负担，她在北安普敦（Northampton）创办了史密斯学院（Smith College），该学院距离开创性的霍利约克山学院大约5英里。在南方，约瑟芬·路易丝·纽科姆（Josephine Louise Newcomb）从1886年起便开始持续捐赠，最后资助建立了路易斯安那大学的女子学院（后来被称为杜兰大学）。梅尔·柯蒂（Merle Curti）和罗德里克·纳什（Roderick Nash）估计，纽科姆（Newcomb）家族的捐赠最终总计超过350万美元（相当于2000年的约

---

① Merle Curti and Roderick Nash, *Philanthropy in the Shaping of American Higher Education* (New Brunswick, N. J.: Rutgers University Press, 1965), p. 91.

7000万美元)。①

与慈善捐赠在美国高等教育中的作用转变同时出现的，就是勤勉劳作与所谓的"新教工作伦理"宗教教义的相互交融。对越来越多富裕的美国人来说，辛勤工作与慈善义举被视为是一种天然的结合。学院从富有企业家的世界观中获益匪浅，后者承认自己有责任成为重要教育事业的管理者。这是财富的边际，使一些学院能够从一开始就拥有优秀的设施。②马萨诸塞州西部的塞缪尔·威利斯顿（Samuel Williston）就是这类捐赠者的一个很好的案例。威利斯顿是阿默斯特学院的董事，他出身于一个农业家庭，但从事纽扣制造业发了大财。他认真地履行学院董事的职责。1845年至1874年间，他捐给阿默斯特学院15万美元（相当于2000年的240万美元）。19世纪50年代后从学院毕业的波士顿商人们，持续性地捐助了高达17.5万美元（相当于2000年的约360万美元），显示出对学院的实质性的支持。根据柯蒂和纳什的研究，威廉·约翰逊·沃克（William Johnson Walker）在他成年后的一生中为高校捐赠数额超过100万美元，在他身上集中体现了新的慈善捐赠精神。③

慈善捐赠基金在形式上也发生了新的变化，不再仅仅关注具体的院校，而开始注重不同的议题和群体。同样重要的是远距离捐赠的观念，尤其是北方财富往南方捐赠。肯塔基州的伯里亚学院（Berea College）是一所致力于不分种族教育的创新机构，就是这种慈善事业的一个例子。另外两个基金分别是：皮博迪教育基金（Peabody Education Fund）提供300万美元（相当于2000年的3680万美元），用于资助南方的教育；1882年成立的"约翰·斯莱特自由教育基金会"（John F. Slater Fund for the Education of Freedmen）。上述三个均为跨地区的慈善捐赠，来自新英格兰和北部其余地区的资金被用于重建时期的南部地区。④

---

① Merle Curti and Roderick Nash，*Philanthropy in the Shaping of American Higher Education*，p. 105.

② Merle Curti and Roderick Nash，*Philanthropy in the Shaping of American Higher Education*，pp. 46—49.

③ Merle Curti and Roderick Nash，*Philanthropy in the Shaping of American Higher Education*，pp. 47—49.

④ Jesse Brundage Sears，*Philanthropy in the History of American Higher Education* (Washington, D. C.：U. S. Government Printing Office，1922)，pp. 82—83.

## 跨地区慈善捐赠与黑人高校

诸如美国传教士协会（American Missionary Association）这样的新教团体不仅与美国西部地区文理学院的创建具有密切的关系，他们还在非裔美国人的教育方面做了大量的工作。美国传教士协会在汉普顿学院（Hampton Institute）、菲斯克大学（Fisk University）、华盛顿特区的霍华德大学（Howard University）、亚特兰大大学（Atlanta University）和阿拉巴马州的塔莱德加学院（Talledega College）等院校的创建过程中发挥了十分重要的作用。① 美国传教士协会以及斯莱特基金会（Slater Foundation）和皮博迪基金会（Peabody Foundation）为非裔美国学生的教育提供的资助大量增加，与此同时，出现了关于黑人学院较为注重普通文理课程，而忽略工业技术和应用领域的辩论。黑人教会和社区协会热衷于创建和资助自己的本地学院，但他们的贡献常常被忽视。迈克尔·丹尼斯（Michael Dennis）发现，这些本土化的学院创建尝试往往坚持认为，自由教育对培养未来的黑人领导力至关重要，而这一重要承诺决不可以被工业训练所取代。② W. E. B. 杜波依斯（W. E. B. DuBois）后来重申了这点。他呼吁，应该为黑人人口中"十分之一的天才"提供真正的"高等"教育。1860年至1890年间，关于黑人高校中自由教育与实用教育的争论，是那个时代美国高等教育中广泛的课程论争主题的一种表现形式。

然而，对于黑人学院而言，不同之处在于，"实用教育"通常承载着在日益工业化的经济中与种族和社会经济发展轨迹相关的种族包袱。换言之，黑人高等教育并没有为毕业生将来从事与领导力和真正权力相关的职业和领域做好准备。最终的结果是，来自北方的大规模大型慈善捐赠多流向专门招收黑人的高校，这些高校主要开设培养实用技能行业人才的课程，目的均是使非裔美国人的教育成

---

① Curti and Nash, *Philanthropy*, pp. 168—170.
② See Michael Dennis, "Architects of Control: Progressives and the Education of Blacks in the New South," chap. 3 of *Lessons in Progress: State Universities and Progressivism in the New South*, 1880—1920 (Urbana: University of Illinois Press, 2001).

为保守的和种族隔离的社会和政治结构中，区域经济发展计划的一部分。①黑人学院对学士学位培养方案中的文理课程，对需要通过训练的法律和医学专业，以及对未来政治领袖的培养，均不够重视。就培养黑人领导精英阶层而言，神职人员仍然是唯一最有影响力的职业。

在为黑人提供实用高等教育课程方面，除了阿拉巴马州的塔斯基吉学院，弗吉尼亚州的汉普顿学院是最为知名的，得到的资助也最多。该校的做法很成功，但也受到争议。②汉普顿学院公开强调工业和农业课程，却掩盖了其作为一所师范学校的潜在功能，即培养非裔美国人在各领域从教。学院致力于经济发展，而不是有意识地去培养黑人知识分子阶层或黑人政治领导人。在私人捐款和联邦资金的支持下，汉普顿学院兴建了宏伟的校舍建筑，形成了包括农场、乳品厂、金工厂、家政和修鞋在内自给自足的学院经济。随着时间的推移，学校所在城市汉普顿以汇集受过教育的专业人士，即黑人中产阶级而闻名遐迩。

现在的汉普顿学院通常与其非洲裔美国人的传统相联系，尽管它最初办学目的和招收的学生包括大量的美洲原住民。学院的第一批学生中大约三分之一是来自西南部的流离失所的部落。时至今日，学校仍有专门为美国原住民学生设立的奖学金。汉普顿学院并不是唯一承担此任务的院校。19世纪末期，宾夕法尼亚州就出现了卡莱尔印第安人学校（Carlisle School for Indians）和其他类似的学校。

## 一项被忽视的贡献：美国综合性大学

办学领域的拓展和院校学生群体的扩大是理解内战后三十年高等教育的两个关键。从名称的表象上看，1860年到1890年间，美国高校的主要转型是从"学院"到"大学"的转变，这种说法需要加以一定的限定。的确，越来越多的高校采用大学的头衔，如前所述，1876年开办的约翰·霍普金斯大学实现了成为一所

---

① Eric Anderson and Alfred A. Moss, Jr., *Dangerous Donations: Northern Philanthropy and Southern Black Education*, 1902—1930 (Columbia: University of Missouri Press, 1999).

② See James D. Anderson, "The Hampton Model of Normal School Industrial Education, 1868—1915," in *The Education of Blacks in the South*, 1860—1935 (Chapel Hill: University of North Carolina Press, 1988), pp. 33—78.

真正的现代美国大学的追求。然而，美国的"大学"与其说是全国性的成就，还不如说是一个愿望和字面上的称谓。

如果说在1860年至1890年间，美国"大学"的雏形就已经出现的话，那么它是通过一所学院的扩张和整并创造出来的，最终形成一种由不同学院组成的结构。这与去除"学院"核心，成为一所"现代大学"那种办学使命的根本性转变是不同的。换言之，在美国，到1890年，除了约翰·霍普金斯大学外，美国没有哪所高校能够像德国大学那样具有高深学问研究，专家型教授，博士生研究生课程，以及学科层次分类。相反，1890年左右出现的美国大学通常是历史悠久的学院，他们显示在内部进行了改造，然后在原有的架构中补充了新的项目和部门。这通常是一个并行的发展过程。也就是说，传统学院不一定处于轴心的位置，而后新项目再由此向外辐射。它更像是一种为了迎合学生选择的大杂烩。与19世纪30、40年代一样，几乎没有哪个专业学院的入学要求是需要具备学士学位。即使在哈佛和哥伦比亚等著名高校，法律和医学专业学院也是完全独立的，与大学的本科课程没有任何实质性的衔接关系。

如果说1862年的《莫里尔法案》对美国高等教育做出了什么贡献的话，那就是它有助于将州立学院拓展为联合体的"大学"模式。该法对打造以博士学位课程为特征的"研究型大学"方面并未产生多大影响。大学教师的教学负担仍然很重，研究生课程和研讨教学也是象征性的。大多数与赠地项目有关的课程都是为本科生开设的。《莫里尔法案》地区促进了专业教育的发展，其途径是打通了专业教育与学士学位课程之间的关系，这点有别于执照、文凭和证书课程。新的学术部门的激增导致出现一种较为扁平的结构，几乎所有的项目都集中在本科教育阶段。在1890年之前，联邦赠地法几乎没有涉及高级课程、推广教育或研究中心方面的内容。它确实使一些高校能够聘用各门学科特别是自然科学领域的教师。如果说这些新教授给大学带来更多的对原创性研究和科学探究的兴趣的话，那么，这在不同程度上通常是由个人因素所决定的。自然科学是这场运动的主要受益者。还有迹象表明，社会科学和行为科学的新兴学科——经济学、历史学、政治学和心理学——也获益增设了教师岗位和课程设置。

这种美国的混合模式似乎是在没有太多集中计划的情况下发展起来的。与那些到处发表宣言和建议的大学创建者的希望和主张相反，这个时代的美国大学并不是雄心勃勃和高瞻远瞩的产物。但大学却遍及各地。尽管缺乏明确的理念或持续连贯的运动，但每个地区都出现了这种情况。例如，在新英格兰地区，达特茅斯学院在其学院的核心部分增加了州赠地补助农业课程，增设了法学院、医学院和理学院。在南方地区，特兰西瓦尼亚大学（也称肯塔基大学）曾设有一所文理学院、一所师范学校、一套商业课程和一所位于路易斯维尔的医学院，以及一所神学院。在加利福尼亚大学的克拉克·克尔（Clark Kerr）提出"多元化巨型大学"（multi-versity）概念的约一个世纪前，特兰西瓦尼亚大学以及19世纪晚期的其他高校已经形成了这种松散和分散的"学院"联盟。纽约市的哥伦比亚大学与其创始学院、采矿学院、师范学院，以及后来的附属内外科医师学院的关系就很像这种模式。

尽管1862年的联邦《莫里尔法案》的投资提供了激励举措，但直到1890年，各州对高等教育的资助仍然是不够均衡的，而且常常也是不稳定的。在南部地区，按照重建时期立法机构的要求，州政府的开支特别节俭，在向公民征税定期慷慨资助公立学校系统问题上格外小心谨慎，更不用说支持州立高校了。在中西部和西部地区，作为一场社会改革政治运动，进步主义说服立法者和公民开始相信对公共高等教育持续进行投资的价值。然而，这些提议也遭到反对、淡化，甚至是全然拒绝。令人惊讶的结果是，到1890年，"公立大学时代"的远大期望已经经由美国学院的扩充和拓展而得以实现。

与19世纪70、80年代学者们在美国全国性期刊上发表的大胆意见相反，美国的学院显现出了出人意料的吸引力和实用性，而打造真正的大学强校在数十年时间里是无法实现的。通过《莫里尔法案》获得资助的公立高校无论是在表面上还是办学行为上都不像是现代的州立大学，倒更像是所谓的古老的"私立学院"。而那些大学校长们——如先后担任麻省理工学院和哈佛大学校长的查尔斯·艾略特（Charles Eliot）——在开创研究生课程方面处于最佳地位，但他们实际上把大部分的行政精力和写作投入到了本科教育改革中。

虽然博士项目缺乏广泛的研究结构和资源，但这并不排除大学教师在如何定义自己的角色和开展工作方面发生变化的可能性。查尔斯·艾略特在哈佛学院引入选修制的大胆创新使他在全国各地声名鹊起（也挨骂）。他的哈佛模式后来在其他高校的推广程度是不平衡的。一些学院在学生课程中对选修课做了规定，而另一些学院则保留固定的学习课程。有证据表明，越来越多的学校设置了专业化的学系，尽管学生"主修"某一特定领域的情况并不常见。从学院集合体向大学发展的最大影响在于教师身份的认同。到1890年，无论是在阿默斯特学院还是加利福尼亚大学，许多教授已经主动成为"科学人"（men of science）或"文人"（men of letters）。他们建立自己的实验室，收集自己的书刊，从事植物学田野调查，著书立说，为自然史博物馆收集标本和器物。在许多情况下，这些属于"非法"的做法没有在官方文件中提及。除了诸如阿伯特·劳伦斯捐赠的哈佛学院自然历史博物馆等一些重大项目外，通常必须由教授们零敲碎打地进行。学术研究领域不断扩大，教学与科研观念不断拓展，这些积累的成就为大学教师后来发起的大规模的学术自由运动打下了基础。

在19世纪80年代，州政府和联邦政府在加强校园建设问题上相对较为沉默，但这并不一定意味着政府对技术、应用科学或研究缺乏兴趣。让学院或大学成为大型政府项目的依托单位的迫切性并不存在。然而，联邦政府建立了自己的科学基础部门，包括美国海岸和大地测量局（U. S. Coast and Geodetic Survey）、美国地质调查局（U. S. Geological Survey），以及农业部气象局（Department of Agriculture's Weather Bureau）。美国地质调查局的科研工作质量受到国际赞誉。它的预算规模相当可观：从1881年到1884年，每年50万美元（相当于2000年的890万至960万美元之间）。联邦部门的科学家面临来自国会急躁的议员们持续不断的审查，后者偏好实用性和可预期的研究。① 然而，联邦政府在科学调查和研究方面的投资依然强劲。1862年的《莫里尔法案》已经为在高校开展的联邦政府资助的项目提供拨款奠定了基础，但作为一项重大和持续的国家政策，直到1890年才刚刚开始起步。

## 包容与排斥

19世纪晚期，美国高等教育中各种各样的机构最突出的特点是地方主义——这是公民、宗教或种族自豪感来源的基本品质，丹尼尔·布尔斯汀（Daniel

---

① Daniel J. Kevles, "A Time for Audacity: What the Past Has to Teach the Present about Science and the Federal Government," in *Universities and Their Leadership*, ed. William G. Bowen and Harold T. Shapiro (Princeton, N. J.: Princeton University Press, 1998), pp. 199—240.

Boorstin）称之为"捐助型学院"（booster college）。① 无论是州立大学，还是女子学院、教会大学，抑或是黑人学院，当地社区提供的生源和经费支持都是至关重要的。每所学院都在不断尝试各种不同的吸引学生入学和捐赠的方法。例如，康涅狄格州的卫斯理大学全心致力于普通文理教育，同时摆脱了地方性男子学院的身份，把自己打造为一所服务于广阔地域的卫理公会教会高校。后来卫斯理大学把男女同校作为一种发展战略，但几年后放弃了这一计划，恢复了男子大学的身份。②

许多高校也常出现这种左右摇摆的情况。绝大多数高校至少在考虑到所作的让步是有利于学校生存的情况下，才会去秉持连贯的高等教育理念。全国各地高校的做法是，通过拓宽课程领域，以及专业化的培养目标，扩大接受高等教育的机会。总体而言，大学提供的入学机会要多于个别学生的选择余地。换言之，在19世纪八九十年代，打算上学院就读的年轻男女肯定可以找到一所缴得起学费的本科高校。但根据学生的个人特点，选择往往局限于有限的几所高校。大多数学院招收家住学校附近的学生。高校学生成分基本上是同质化的。一所高校的主要生源通常可以按照地域、性别、宗教或种族等加以粗略的划分。结果造成了高校各自为政，在招生过程中对不同的对象公然区别对待。但总的来说，越来越多的居民和特殊利益集团找到了某种解决办法，主要途径是通过创办属于他们自己的学院。当然，某些高校开始实施男女同校教育显然背离了高校隔离的做法。但男女同校并不是内战结束后美国高校的普遍特征。相反，它是把学生当作消费者，为他们提供的若干制度性安排之一。

公共领域的制度差异常常会被放大。例如，在当今，哈佛大学、耶鲁大学和普林斯顿大学往往被视为同类高校，无论是从个体还是从整体上说，它们都同属于常春藤盟校类型。1890年时的情况可不是这样，当时这三所历史性的高校均声称自己具有独特的传统和教育追求。在新英格兰地区学院校长们的聚会上，哈佛学院校长查尔斯·艾略特和耶鲁学院校长诺亚·波特（Noah Porter）对本科生教

---

① Daniel J. Boorstin, "The Booster College," in *The Americans: The National Experience* (New York: Harper and Row, 1965), pp. 152—161.

② See David Potts, "American Colleges in the Nineteenth Century: From Localism to Denominationalism," *History of Education Quarterly* 11 (Winter 1971): 363—380.

育的看法就截然不同，于是聚会有时是在大声吵闹声中结束。

在1860年到1890年间，美国高等教育机构对与商业和工业经济的吸引力竞争的挑战做出了不充分但却是务实的回应。高校通过增加新课程来吸引新的学生群体——所有这些都是对它们的历史使命和传统对象的补充。大多数学院的校长都认识到，他们必须考虑进行改革，尽管它们并不十分清楚何种具体的改革方案最合适、最有效。教会院校在维持教派性质的同时弱化了其严格的教派色彩。传统上强调虔诚的高等教育哲学现在必须承认才智的日趋重要性。虔诚与智慧交融是常见的折中。现代的自由教育既要培养品格，又要拯救灵魂。

经过这种谨慎而持续的边际探索，美国高等教育为自己争得了一席之地，甚至在不断工业化的经济中，它也具备了吸引力。学院的校长面临的挑战，是要让美国家庭相信，本科教育是有价值的，也是可以负担得起的，与此同时，坚守学院对品格教育的基本承诺。学院的品格教育和学生家庭的投资将是确保学生进入某个专业群体，即美国中产阶级的通行证。传统学院和新的州立院校中正在酝酿中的所有这种变化，恰好发生在美国经济充满大机遇和大风险的时代。这种状况使得许多饥肠辘辘、资金不足的大学试图定义办学目标和市场。大多数院校将自我定位和市场争夺都集中在本科教育上。与1862年的《莫里尔法案》有关的州立学院数十年来一直发展迟缓。对美国高等教育整体而言，以高深学术和专业研究为特征的大学创建的美妙时代尚未到来。

# 第四章  业界巨头与学界巨子：大学创建者，1880—1910

## 追求伟大的美国大学

1880年至1890年间，美国只有少数几所大学有资格声称自己要成为一所"真正的大学"。除了约翰·霍普金斯大学、康奈尔大学、哈佛大学、克拉克大学和哥伦比亚大学外，真正具有当选实力的大学数量非常少。尽管建设美国大学引起了人们的极大关注，但当时的大多数文章所谈的都是关于美国大学的未来理想，而不是关于美国大学的现实情况的报道。在接下来的三十年间，这一切都发生了巨大的变化。1900年发生了一个具有里程碑意义的事件，14所大学的校长齐聚一堂，成立了美国大学协会（Association of American Universities）——十年前这么做却还为时过早。[①] 协会的创始院校包括：哈佛大学、约翰·霍普金斯大学、哥伦比亚大学、芝加哥大学、加利福尼亚大学、克拉克大学、康奈尔大学、天主教大学、密歇根大学、斯坦福大学、威斯康星大学、宾夕法尼亚大学、普林斯顿大学和耶鲁大学。

大学成熟的另一个迹象出现在1910年，《独立者》（*The Independent*）杂志编辑埃德温·斯洛森（Edwin Slosson）指出，人们现在可以看到一批"伟大的美国大学"。斯洛森是一位有影响力的记者，此人曾获得芝加哥大学的化学博士学位。他对作为新兴实体的美国大学对国家的重要影响的关注并非心血来潮。他花了两年的时间访问高等院校，然后用了五百多页的篇幅仔细研究了14所高校，并且精选了一部分以系列月刊文章的形式刊载。这些文章非常成功，随后汇编成书出版，书名便是《伟大的美国大学》。斯洛森选择的大学与美国大学协会的创始会员校基本一致，一些显著的变化说明了大学地位的兴衰的速度非常之快。位于马萨诸塞州伍斯特市（Worcester）的克拉克大学和华盛顿特区的天主教大学，都

---

[①] William K. Selden, "The AAU-Higher Education's Enigma," *Saturday Review*, 19 March 1966, pp. 76–78. See also Hugh Hawkins, *Banding Together: The Rise of National Associations in American Higher Education, 1887—1950* (Baltimore: Johns Hopkins University Press, 1992).

曾是美国大学协会的创始成员校,都已经不在斯洛森的顶尖大学名单中。取而代之的是中西部的两所州立大学:伊利诺伊大学和明尼苏达大学。斯洛森所选择的大学也反映了大学声誉的延续性。除了上述变化外,至少根据斯洛森的标准,在1900年的美国大学协会创始成员校中,有12所维持了领先的地位。

在斯洛森看来,作为少数"伟大"大学的必然结果,到1910年,出现了一个他所谓的"S. A. U."的显而易见的大学形式。"S. A. U."是"标准美国大学"(standard American university)的缩写。这类大学在形式、结构、使命和名称等方面都很相似,体现出一种成熟和稳定。鉴于1880年前后美国高校的高深学术研究还处在变化和缺乏的状态,这种演变进程是如何发生的?"标准美国大学"的特色是什么?在描述1910年的这些机构的特征之前,让我们先来考虑一下1880年至1910年这数十年的形成阶段中大学创建的动因。

1880年至1910年是"大学创建者"的时代,其特征是成长和成功。这一时期的财富和精神为高等教育的发展提供了绝佳机会。然而,这并不是一个平稳的发展过程。从对作为捐赠者和大学校长的大学创建者的记述中显示,那个时代美国商业竞争的风险和竞争的特点也反映在美国大学中。这些相似之处促使托尔斯坦·凡布伦(Thorstein Veblen)杜撰出了"学界巨子"(captains of erudition)这一具有讽刺意味的术语,作为"业界巨头"(captains of industry)这一流行语的呼应,用以形容大学创建者们处理学术事务的方式。[1]在大学建设者身上充斥着猜忌、蔑视、欺诈和蓄意破坏行为。财富迅速付之东流。从1893年到1896年,持续的经济萧条使得一些大学捐赠股票的市场价值大跌,随之而来影响到大学校长们的一些宏伟计划。[2] 最要命的是,不存在行为规范的基本规则,也不存在"大学"应该包括什么或不应该包括什么的计划。

学理上的争论和奢侈的规划是当时的一种常态,但这却是一个开放的论坛,没有专家小组的强加标准。一所大学的捐赠者和校长对别的大学发生的事情知之甚少,也不太关心,当然,除非对他们自己的事业构成了威胁。鉴于这种缺乏秩

---

[1] Thorstein Veblen, *The Higher Learning in America: A Memorandum on the Conduct of Universities by Businessmen* (New York, 1918), pp. 63—71.

[2] See Merle Curti and Roderick Nash, "Great Gifts for New Universities," in *Philanthropy in the Shaping of American Higher Education* (New Brunswick, N. J.: Rutgers University Press, 1965), pp. 107—135.

序和规则、野心和财富的环境，从 1880 年至 1910 年间，一些雄心勃勃的高校有不少被淘汰出局。竞争人才、抢夺竞争院校的师资、建造豪华设施均是常见的做法。在 1900 年至 1910 年间，克拉克大学和天主教大学跌出名校第一方阵就说明了这种现象。以克拉克大学为例，其针对研究生课程和行为科学高级研究的独特计划成为办学经费不足的受害者。学校办学资金不足的公开化使自己更容易受到竞争对手的伤害。芝加哥大学哈珀校长主导的一场师资抢夺战，使克拉克大学彻底跌出了顶尖大学的行列。位于华盛顿特区的天主教大学未能履行自己的承诺，即提供一个具有独特天主教视角的全国高级学术研究中心。每所高校都有自己的传奇故事，期望很高，随之而来的是失望和滑坡。

许多大学在这几十年间纷纷兴起的一个原因是工业——在 19 世纪末，美国公司和企业创造出大量可供自由支配的财富。约翰·霍普金斯大学及其医院于 1876 年在巴尔的摩成立，耗资 700 万美元，这是利用当时美国有史以来最大的慈善遗产捐赠的。按照通货膨胀指数换算，这笔捐款在 2000 年的价值为 1.128 亿美元。除了商业财富使慈善捐赠成为可能之外，产业组织还为高校结构提供了模式。在这些方面的影响中，最重要的是，大学教职员工的等级和职务模式可以采用与公司相类似的做法。其次是越来越多的业界领袖成为大学董事会的董事，于是便出现了这样的修辞性的口号："为什么大学不能像商业那样来经营呢？"

无论是在实质上还是在形式上，宗教在高校演变中都扮演着最为重要（尽管常常被忽视）的角色。即便当时一些评论家认为宗教的影响力正在减弱，而且常常脱离商业和科学发展的新趋势，但有令人感兴趣的证据表明，宗教是这个时代工业和企业精神的驱动力。这种影响直接波及塑造和资助美国高等教育的方式。约翰·洛克菲勒与美国浸礼教育协会（American Baptist Education Society）合作，捐赠了 1200 万美元（大约相当于 2000 年的 2.29 亿美元）用于创建芝加哥大学，使之成为中西部地区一所著名的浸礼会高校。范德比尔特大学实现了成为一所著名的卫理公会大学的愿景。在南部的另一个地区，从 1898 年至 1925 年，本杰明·杜克（Benjamin Duke）从烟草、铁路、棉花和电力产业的财富中捐出 200 多万美元（相当于 2000 年的 2950 万美元），以帮助三一学院（Trinity College）这所摇摇欲坠的卫理公会高校重现生机。

除了教派与上述大学建设之间的这些直接联系外，一种被称为"财富的福音"（gospel of wealth）的混合信条对向高等教育提供大量慈善捐赠也起到了推波助澜的作用。大约与此同时，德怀特·穆迪（Dwight Moody）凭借其不分教派的赠与这样一种"财富的管理"的教义受到美国商界的推崇。这种信条对大学建设筹款者们来说恰好是场及时雨，因为穆迪借由慷慨捐赠，将新教的"善举"维度和繁荣与资助高等教育事业联系了起来。捐赠者和代表其他宗教团体的大学创建者也不时地效仿。宗教作为创建现代美国大学的核心力量，其最好的证据也许是出现在1884年。当时，来自纽约、费城和新奥尔良的女性继承人与富商联合起来，捐资在美国首都这一战略要地创建了美国天主教大学，以确保天主教的观点在美国的哲学和神学领域的高深学术研究中占有一席之地。

因此，在19世纪末，宗教是塑造高等教育的一股难以忽视的力量。我们不应只关注所谓的宗教与大学科学理想之间的冲突，而应注意这两种力量是如何相互促进的。美国政府、企业和教育机构中所说的"科学"，与其说是一个与宗教相抵触的价值体系，不如说是一种重视秩序和效率的组织精神。无论是公立中小学、企业还是高等教育的改革，进步主义者都相信，他们对专业知识和分析的依赖可以促成"一种最好的体制"（one best system）[1]。一项事业或一个组织要做到"科学"，就是要有纪律、有秩序、有系统，也就是说，要坚持"科学管理"的原则。从这个意义上讲，科学意味着效率、效果和责任，正是这些原则导致了观念冲突，使工业企业家塑造组织生活的特征和基调的做法与专家和工程师截然不同。

从1880年到1910年，美国大学的兴起在一定程度上是因为时运极佳。伴随着史无前例的工业财富的增长，慈善捐赠的规模也达到了全新的高度。[2] 一项对1893年至1916年间美国捐赠的分析揭示了两个重要的巧合：第一，在那25年里，捐赠和遗赠总体上大幅增加了5倍多；第二，在这几十年里，给予大学的捐赠比例从约47%跃升到约75%。高校在捐赠受益者中位居前列，超过博物馆、慈

---

[1] David B. Tyack, *The One Best System: A History of American Urban Education* (Cambridge, Mass.: Harvard University Press, 1974).

[2] Curti and Nash, "Great Gifts for New Universities." See also Robert H. Bremner, "Benevolent Trusts and Distrusts," in *American Philanthropy*, 2d ed. (Chicago: University of Chicago Press, 1988), pp. 100–115.

善机构、图书馆、公共设施、公园和宗教组织。① 例如,北卡罗来纳州的三一学院之所以成为本杰明·杜克慷慨捐助的受益者,主要是因为杜克改变了他最初为卫理公会孤儿院提供资助的计划。范德比尔特准将迷上了把大学作为自己的纪念物的想法后,放弃了捐赠诸如铁路工人退休之家这样的项目。当人们捐建博物馆和天文台时,通常是因为它们是大学的一部分。在这个繁荣富足和慷慨大方的时期,所有的慈善事业都得到了发展,但高校是这股高涨的浪潮中最受青睐的那条船。

由于制图工艺的技术革命,慈善机构对高等教育的慷慨捐赠在其与公共关系的联系中产生了倍增效应。②这是插图版的全国性杂志的黄金时代。包括《世纪》(Century)、《独立者》、《展望》(The Outlook)、《哈珀》、《共和国》、《芒西》(Munsey's)和《麦克卢尔》(McClure's)在内的月刊和周刊,成为了全国各地受过教育的中产阶级的首选读物。新扩建的建筑和翻新的历史校园的简介成为了主要特色。这些杂志对校园大兴土木,翻修老建筑场面的报道成为一个突出的亮点。③同时,关于捐赠人和大学校长的传记作品塑造并传播了业界巨头和学界巨子的受欢迎的形象。即便是在当时杂志刊载的传记作品很挑剔的情况下,新生代捐赠大户和踌躇满志的大学校长也通过这种名声的曝光(假如不是奉承的话)而声名鹊起。

## 校园建筑与大学精神

校园建筑最能够展示新兴大学的新形象。这一时期美国大学的校园建筑有一个怪象,越是新建的高校看上去越显得古老。多亏了捐赠者前所未有的财富(以及自我实现的愿望),新大学作为捐赠者的宏大纪念物,采用了复古的形式,将

---

① Jesse Brundage Sears, "The Late National Period, 1865 to 1918," in *Philanthropy in the History of American Higher Education* (Washington, D. C.: U. S. Government Printing Office, 1922), esp. p. 60.

② Daniel J. Boorstin, *The Image: A Guide to Pseudoevents in America* (New York: Harper Colophon, 1964).

③ James C. Stone and Donald p. DeNevi, eds., *Portraits of the American University*, 1890 to 1910 (San Francisco: Jossey-Bass, 1971).

现在和过去联系在了一起。① 技术方面的进步，包括钢筋混凝土技术和 I 字梁结构技术等方面，使得高层办公楼的建造可以采用哥特风格的石料或具有殖民地时代特色的砖块的外观。无论是市政建筑还是演讲大厅，美国人都非常重视设计。大学创建者的工作犹如设计一座完整的城市。例如，1900 年，菲比·阿佩森·赫斯特（Phoebe Apperson Hearst）认捐 8 万美元（相当于 2000 年的 160 万美元）赞助一项国际竞赛，其目的是找到一位能够胜任为新的加利福尼亚大学设计校园的建筑师，以便将其打造为"西部的雅典"（Athens of the West）。② 提交的一份设计方案出自法国的埃米尔·伯纳德（Emile Bernard）之手，包括一个华丽的古典体育场馆和露天体育场。不久之后，设计师增加了一座希腊式剧院和一座钟楼。赫斯特夫人一开始就对这些建筑情有独钟，最后捐出巨资用来设计和建设赫斯特家族的纪念建筑，其中包括建筑师约翰·盖伦·霍华德（John Galen Howard）设计的采矿与工程大楼以及一座女子体育馆和游泳池。所有这些建筑都采用了高雅的古典装饰风格。其他地方的大学也掀起了一股"美丽校园"的热潮，竞相模仿加利福尼亚大学伯克利分校的建筑设计的古典风格。③ 这些设计竞赛不仅吸引了当时的顶尖建筑设计师，还提升了景观设计方面的专业知识水平。职业生涯跨越了近半个世纪的建筑设计师比阿特丽克斯·法兰德（Beatrix Farrand），就是最早说服芝加哥大学和普林斯顿大学等高校董事会和学校官员花钱设计和采购校园细部景观，如长椅、花园、步道、小树林、门洞和装饰点缀物。④

哥特复兴式建筑在外观上让人怀旧，在功能上也很实用。这种建筑开阔的空间特别适合大型的新建图书馆、实验室、体育馆和天文台。在加州的帕洛阿尔托，斯坦福家族选择了地中海风格建筑。甚至连埃及复兴建筑也广受欢迎。史诗

---

① John R. Thelin, "Picture Perfect: Postcards and the Image of the American Campus," in "*Having a Great Time …*": *The John B. Hawley Higher Education Postcard Collection*, ed. John B. Hawley and Craig Kridel (Columbia: University of South Carolina Museum of Education, 2001), pp. 13–38.

② "The Old Century Plan," *California Monthly*, June 2000, p. 24.

③ Paul Venable Turner, "The University as City Beautiful," in *Campus: An American Planning Tradition* (Cambridge, Mass.: M. I. T. Press, 1984), pp. 163–214.

④ D. Balmori, "Campus Works and Public Landscapes," in *Beatrix Farrand's American Landscapes: Her Gardens and Campuses*, ed. D. Balmori, D. K. MacGuire, and E. M. Peck (Sagaponack, N. Y.: Sagapress, 1985), pp. 127–196.

般的大学创建时期提醒我们大学生活的两个重要特征：在1890年以前，美国学院的规模都比较小，使命和功能也比较简单。对美国公众来说，19、20世纪之交的高校建筑宏伟、景观别致，宛如今天的主题乐园。甚至连学界也沉迷于对这种热衷于建筑的做法表示支持。这种热情一直持续到了第一次世界大战之后。作为当地社会和学界共同筹款活动的产物，1929年建成的匹兹堡大学宏伟壮观的"学习大教堂"（Cathedral of Learning），就是"哥特式梁柱"与城市自豪感融合的典范。在人们的心目中，美国大学既是旅游观光景点，同时也是启迪心灵之处。美国的新闻工作者非常了解这点，他们经常发表附带有美国大学校园建筑景观的文章。①

## 历史视角下的组织变革

这一时期充满活力的校园建筑所象征的结构变化，是美国大学行政和知识结构发生重大变化的背景。研究这个时代大学的任何一位历史学家都必须感谢劳伦斯·维西（Laurence Veysey）所写的《美国大学的崛起》一书。② 维西认为，从1865年到1910年，美国大学逐渐发展并最终成为我们今天所熟悉的模式。在知识运动和课程发展方面，多种高等教育理念并存，存在着不同程度的冲突与合作。"虔诚与纪律""自由文化""实用性"和"研究"，等等，均是高等教育思想家和企业家所提到的传统。在每一所新兴的大学里，这些迥然不同且常常相互冲突的概念呈现出不同的表现形式。

与此同时，正式的机构开始显示出一些共同的结构和管理特征——一种拼凑式的安排，常见的特征是采取注重实效的对策，而不是进行连贯的精心规划。维西将这种做法形容为"结构的代价"。③ 假如主要捐款人不沉迷于某一特定的理念或愿景，那么学术规划的工作就会交给高校了。范德比尔特准将承认："如果是

---

① A. D. F. Hamlin, "Recent American College Architecture," *The Outlook*, August 1903, reprinted in *Portraits of the American University*, ed. Stone and DeNevi, pp. 357—366.

② Laurence Veysey, *The Emergence of the American University* (Chicago: University of Chicago Press, 1965).

③ Laurence Veysey, *The Emergence of the American University*, part 2.

修建铁路，我会知道该怎么办，但我对大学一无所知。"① 同样，丹尼尔·柯伊特·吉尔曼（Daniel Coit Gilman）充满感激地回忆起约翰·霍普金斯及其慷慨的建校捐赠：

大学创建者没有做出任何努力来制订计划。他只使用了一个大写的词——大学，然后把这个词留给了他的后人，让他们根据过去和着眼未来去诠释其含义。没有迹象表明他对哪门学问更加偏好。他没有"赶时髦"接受过什么教育。没有证据表明他拜读过红衣主教纽曼或马克·帕蒂森（Mark Pattison）的著述，也没有证据表明他读过重要的议会报告。他是一名胸襟开阔的人，他知道，受托人的聪明才智将决定基金会是否能够成功发展。②

与霍普金斯的拘谨态度不同，大学校长们在心里头通常对他们的学术项目有着详细的计划。康奈尔大学的第一任校长安德鲁·怀特（Andrew White）回忆起"康奈尔理念"（Cornell Idea）最初是如何在他脑海中形成的，其灵感是来自牛津大学和剑桥大学：

卑微的美国大学的每一个特色看上去都显得更加凄惨。但渐渐地，我开始通过建造空中楼阁来安慰自己。这些是与一所伟大的大学相吻合的结构形式：各个领域都有杰出的教授，图书馆藏书与牛津大学图书馆一样丰富，有基督教堂学院或三一学院那样富丽堂皇的大厅，有国王学院那样启迪人心的教堂，有麦格达伦学院和莫顿学院那样庄严的钟楼，有耶稣学院和圣约翰学院那样美丽的四方庭院。在所有其他的工作中，我不断地在纽约最美丽的湖泊之上建造这些建筑，并梦想着一所无愧于联邦和国家的大学。在所有的工作中，我一直梦想着这样的建筑坐落在纽约湖畔的神圣之地，梦想着拥有一所值得联邦和国家敬重的大学。

---

① 转引自 James Howell Smith,"Honorable Beggars: The Middlemen of American Philanthropy," Ph. D. diss., University of Wisconsin, Madison, 1968, p.176.

② "Gilman Recalls the Early Days of the Johns Hopkins, 1876," in *American Higher Education: A Documentary History*, ed. Richard Hofstadter and Wilson Smith (Chicago: University of Chicago Press, 1961), 2: 643.

怀特承认:"这个梦让我深深地着迷。在我工作的时候,在我身处教室的时候,在我晚上沿湖漫步的时候,在我在大学校舍前的走道上来回踱步时,我会看到那些建筑拔地而起,一直延伸到它们后面美丽的小丘中去,这里才是一所伟大大学的名副其实的家。"①

安德鲁·怀特和其他大学创建者们在制定规划的过程中都不满足于照搬牛津大学或剑桥大学的模式。他们吸纳了国际著名大学的美丽校园和庄严气度,但也整合了自己的课程计划,增加了现代历史教席,或将工程和农业纳入文理课程,此外还有其他数百种课程组合。安德鲁·怀特的做法,以及将牛津和剑桥移植到纽约州北部的构想表明,即使是那些深思熟虑的高等教育思想家,在将英格兰的历史建筑与那些让牛津学究搞不明白的美国课程相结合时,也是前后矛盾的,或者至少是非正统的。

劳伦斯·维西认为,在第一次世界大战之前,像这样在知识和组织上杂乱结合已然成为美国大学的声誉和实践的基本规则和形式,已经确定并基本上得到了实践。尽管大学教授们关于理想的美国大学的著述很多,但作为大学的主要创建者的捐赠者和大学校长们却经常对此保持沉默。新建的伟大大学在多大程度是一种明确的哲学观点的体现,或者在多大程度上是从学者们提出的明确观点中摘取、有选择地借用的怪异想法的产物,对此,我们难以搞清楚。这些被维布伦戏称为"学界巨子"大学的创建者,是精力充沛、执着冷静的开拓者,他们有时我行我素,对政府或公众舆论满不在乎。他们很像今天的大联盟棒球队老板:富有、放纵,能够将一个组织应该如何配备人员和运作,按照自己喜欢的想法付诸实践。例如,利兰·斯坦福(Leland Stanford)和简·斯坦福(Jane Stanford)全身心投入大学建设,以此来纪念他们十几岁不幸夭折的儿子。斯坦福夫人无论是对大学建设的重大问题还是无数微小细节,都是亲自过问。大学创建者们常常认为自己可以凌驾于法律之上。然而,这不是一个可以为所欲为的时代;说得准确一点,这时期几乎不存在什么可以违反的规则或法律。在 1880 年至 1900 年间,高等教育是完全不受管制的行业。

---

① Andrew D. White, *Autobiography*, quoted in American Higher Education, ed. Hofstadter and Smith, 2: 549—550.

## 大学校园与当地社会概况：1893 年的芝加哥

在 19 世纪 90 年代，在芝加哥发生的事件说明了这些社会、经济和政治趋势是如何相互融合，助力培育美国卓越的新大学的。就连对芝加哥最忠诚的支持者也承认它的地理位置不好，气候也不宜人。德怀特·穆迪（Dwight Moody）是一位商人出身的宗教改革家，也是 19 世纪末美国最有影响力的人物之一，他对芝加哥的环境氛围做了这样的概括：商业一派繁荣，活力十足但资源贫乏，冬季寒冷，生活设施不足。① 对任何一个成功的商人来说，芝加哥是一个令人振奋的地方。随着商业财富的到来，校园建设成为了城市建设的一个部分。芝加哥大学的建立和资助是一项基础广泛的事业。除了 19 世纪 90 年代约翰·洛克菲勒提供的 1200 万美元（约合 2000 年的 2.29 亿美元）的空前数额的捐赠外，学校还得到了马歇尔·菲尔德（Marshall Field）以及当地其他成功商人的大力支持。例如，菲尔德为学校捐赠了位于米德韦（Midway）的大片土地。另一位董事慷慨解囊，捐资建设了一间设备齐全的物理学实验室；还有人捐建了一座观测站和理学研究生院，出资设立了 29 个教授职位。基金匹配和回报的传统延续了下来——这种做法深深打动了洛克菲勒这位创建者，到 20 世纪初期，他捐款总额达到了 3500 万美元（相当于 2000 年的 6.6 亿美元以上）。尽管这所新大学曾是浸礼会学校，但它被所有的人所接受，成为该市最受欢迎的大学。

1893 年，芝加哥举办了世界哥伦布博览会（Columbian Exposition），这在当时是美国历史上规模最大的游览活动，标志着繁荣所燃起的城市自豪感。世博会为这个相对年轻的城市带来了 2700 万游客，也提升了其国际知名度。世博会举办的时间恰逢芝加哥新大学的建设和落成。二者毗邻米德韦地区，都吸引了游客，也增强了彼此之间的好奇心。正如让·布洛克（Jean Block）所回忆的那样："芝加哥大学这个'灰色之城'和世博会这个'白色之城'同为年轻芝加哥的孪生后代，二者均由充满激情和热情的商人创造，他们渴望改变芝加哥的形象，使之从物欲横流的城市变为有品位有文化的城市。"② 另一个小小的好时机是，世博会的

---

① Smith, "Honorable Beggars," pp. 113—156.

② Jean F. Block, *The Uses of Gothic*: *Planning and Building the Campus of the University of Chicago*, 1892—1932 (Chicago: University of Chicago Library, 1983), p. 2.

举办恰逢美国风景明信片行业刚刚起步。对于摄影师和明信片产商来说,以美轮美奂的世博会建筑和哥特式尖顶的芝加哥大学建筑为标志的芝加哥建筑奇观,为他们提供了理想的素材。因此,除了众多游客亲身体验了芝加哥无比壮观的绝世美景外,数十万计的亲朋好友还通过大量精致的明信片得以欣赏。芝加哥大学的领导层并没有错过这个机会。他们打破学校的传统做法,主动出击,寻求通过剪彩仪式、精心设计的校园游行以及与新闻记者保持经常性接触等方式扩大学校的知名度。

善于处理公共关系和社会关系的新型大学校长在美国出现了。即便是一个高等教育领导中英雄领袖辈出的时代,芝加哥大学校长威廉·雷尼·哈珀(William Rainey Harper)也是出类拔萃的。他成为了当地的英雄,被称为芝加哥大学的"行色匆匆的年轻人"。[①] 在当地和全国其他地方,芝加哥大学被称为"哈珀集市"(Harper's Bazaar)。通过他的传记对了解现代美国大学至关重要。作为芝加哥大学的第一任校长,他是美国现代大学发展的领军人物。他是一名神童,在10岁时进入马斯京根学院(Muskingum College)读大一,在那里学习语言和音乐,14岁大学毕业。他进入耶鲁大学,用了三年时间,在19岁生日前获得了语言学的哲学博士学位。在研究生院就读期间,他与马斯京根学院校长的女儿喜结良缘。

哈珀在耶鲁大学完成博士学位后,曾在田纳西州和俄亥俄州担任教师和学校校长,后到老芝加哥大学[②]教授希伯来神学。到1880年,他已是神学正教授。在该大学关闭前的最后一年,即1886年,他被任命为校长。随后,他去了耶鲁大

---

[①] See Milton Mayer, *Young Man in a Hurry: The Story of William Rainey Harper, First President of the University of Chicago* (Chicago: University of Chicago Alumni Association, 1941); Edwin E. Slosson, "The University of Chicago," in *Great American Universities* (New York: Macmillan, 1910), pp. 405—441; Veysey, *Emergence of the American University*; and Richard J. Storr, *Harper's University: The Beginnings* (Chicago: University of Chicago Press, 1966).

[②] 老芝加哥大学是一所从1857年至1886年由浸信会在芝加哥创建的大学。虽然该学院与之后同样由浸信会创建的芝加哥大学在法律上没有关联,但新芝大仍然将老芝大校友视同校友,并将老芝大被焚毁的校舍的残垣保留在校内广场中。该校的法学院后来由西北大学继承,成为今日的西北大学法学院。——译者注

学，在研究生院担任闪族语言①教授，并在神学院担任讲师。他教授希伯来语、亚述语、阿拉伯语、亚拉姆语和叙利亚语。他继续负责管理几所暑期学校、几份期刊、一所函授学校和一个印刷厂。不久，他开始举办讲座活动，向公众开设有关《圣经》的课程，并找到了一种新的方法来阐述《圣经》的起源。

哈珀作为一名杰出的宗教学者的声誉，以及他的浸礼会成员的身份，吸引了约翰·洛克菲勒的注意，后者正在制订建立一所大学计划，并打算为此捐赠大笔资金。1891年，哈珀接受了洛克菲勒的邀请，出任新的芝加哥大学的第一任校长，任职14年，直到1906年去世，享年49岁。作为一名学者的哈珀给人留下深刻的印象，而作为一名组织天才和创新领袖，他为美国高等教育做出了不朽的贡献。他善于交际，与芝加哥地方的市政领导和捐赠者合作融洽。哈珀大胆地为新芝加哥大学制定了雄心勃勃的计划，并把这种热情倾注于通过各种手段招聘有才华的教师、学生和管理人员。为了提高芝加哥大学的行为科学的水平，他挖走了克拉克大学的教师，遭到全国各地高校校长们的嫉妒和鄙视。哈珀与被他任命为教务长的社会学教授阿尔比恩·斯莫尔（Albion Small）合作，在芝加哥大学开展了包括精心设计的学术科系系统在内的一些开创性的变革。他在这座城市引以为豪的宏伟的哥特式复兴校园的历史主题中，打造起一所现代化的创新型大学。

哈珀理解并力促将学校办成一所复合的服务多重目标的大学。他为学校赋予一些新的特色，如设立了一所两年制的初级学院和一所推广暑期学校。成立伊始，芝加哥大学的章程就明确强调要为女性提供受教育的机会。哈珀坚守这一规定，芝加哥大学从一开始就实行男女同校教育。哈珀为许多项目争取了大量的资助，其中科学实验室、天文观测站、大学出版社、拥有众多博士学位课程的研究生院、专业学院、研究院所和图书馆。同时，他还重视发展校际橄榄球运动，配备了宏伟的体育场，旨在吸引来自全市的观众。他聘请了耶鲁大学的阿莫斯·阿隆佐·斯塔格（Amos Alonzo Stagg）担任橄榄球教练和体育主管，这有助于芝加哥大学褐红者队（University of Chicago Maroons）成为西部大学联盟（后被称为

---

① 闪语族是亚非语系的六大语族之一，代表语言有阿拉伯语、希伯来语、阿卡德语、亚拉姆语、包括格厄兹语和阿姆哈拉语等在内的埃塞诸闪语、古代南阿拉比亚语、乌加里特语、腓尼基－迦太基语、现代南阿拉比亚语等中东地区的重要古代文献语言和现代语言。——译者注

"十大联盟")的绝对霸主。此外，经由哈珀同意，斯塔格提出了建立高度商业化的体育系模式。体育系直接对校长和董事会负责，基本上不受教师常规管理的约束。

无论是在招生考试还是学位要求上，哈珀都不拘泥于高等教育的俗套。他赞成男女同校教育。为了宣传学校的各种活动，他重视刊登学校广告、制作广告牌和大量邮寄宣传材料等手段。他致力于开展系统公关和募款工作。他在芝加哥市和全国性的委员会和理事会中任职。芝加哥大学势必发展成为一所现代大学，它将成为一个充满活力的大都市区的中心，并树立起作为一所真正伟大的美国大学的全国性典范。具有讽刺意味的是，哈珀的活力与抱负给捐赠者洛克菲勒留下了一种复杂的印象。洛克菲勒显然很钦佩哈珀的才华，并希望他担任大学校长。但他也提防哈珀的大手大脚消费偏好，尤其是涉及他自己的财产时更是这样。因此，洛克菲勒聘请弗雷德里克·盖茨（Frederick Gates）担任中间人，对大学的项目进行审查和监督。

作为一名大学校长，哈珀的人格特点是不屈不挠。1905年，在癌症晚期住院期间，他出版了一本关于教育的书，修改了两篇经文，出版了一本圣经教科书，并完成了一部重要的学术著作。在临终之际，他还在忙着为自己精心准备的送葬队列制订计划，其中包括详细指示芝加哥大学的教职员工在队列中身着正式学术盛装，这是他担任大学校长热情的最后展现。[1]

## 巨额慈善捐赠：作为高等教育宗教的赠与福音

19世纪末，美国商业活动的一个特点就是缺乏联邦的监管或干预。这种自由放任的环境与制造业和采矿业方面的技术突破的结合，又恰逢全国范围内对新产品和服务的需求的出现。炼油、铁路、航运、煤矿开采和钢铁生产成为了经济繁荣的核心。毫无疑问，监管缺失一方面鼓励企业大胆冒进，另一方面也导致了高风险的收益和损失——这是一个非常低效的经济体系。我们最感兴趣的是那些获得成功的企业领袖，即"业界巨头"，他们既是英雄又是恶棍：钢铁业的安德鲁·卡耐基，炼油业的约翰·洛克菲勒，航运和铁路业的康奈利厄斯·范德比尔特，

---

[1] 具体描述参见 Veysey, *Emergence of the American University*, pp. 379—380.

电报和通信业的埃兹拉·康奈尔、肉类包装业的阿莫家族，以及铁路业的利兰·斯坦福。慈善事业也从商业财富中获益，芝加哥的马歇尔·菲尔德、新奥尔良的保罗·图兰和休斯敦的威廉·马什·赖斯就是明证。所有这些名字都因创建和资助新大学而为人们所熟悉。

　　毫无疑问，最大的捐赠者吸引了同时代的记者和后来的历史学家的最多关注。然而，这些捐助者并非故事的全部，这个时代对高校的捐赠量大面广，而他们只是其中的典型代表。例如，1862年的《莫里尔法案》的主要目的是要对科学和技术教育提供资助，但个人捐助者支持的新的私营机构也对这些领域提供了大量的资助。许多新建高校获得了商界领袖对实用教育的持续的大量支持。纽约市的库伯联盟学院（Cooper Union）、宾夕法尼亚州的理海大学（Lehigh University）、纽约州北部的伦斯勒理工学院、费城的德雷塞尔大学、休斯敦的莱斯学院、马萨诸塞州的伍斯特理工学院、芝加哥的阿穆尔学院（Armour Institute），当然还有麻省理工学院，均是这股捐赠浪潮中涌起的浪花。即使是特殊的行业也为高校提供了慷慨的支持。波士顿附近的塔夫斯大学将巴纳姆的"世上最牛的表演"（Greatest Show on Earth）中的明星大象金宝（Jumbo）选为学校吉祥物，以感谢马戏团经理巴纳姆（P. T. Barnum）的捐赠。罗素·康威（Russell T. Conway）是一位口才极佳的巡回演说家，他关于财富与美德融合的"钻石宝地"（Acres of Diamonds）主题演讲曾打动过众多雄心勃勃的听众，此人在费城捐赠建立了坦普大学。

　　这一时期高等教育最吸引人之处在于，那些既不是校友甚至也不是大学毕业生的人所付出的新的奉献和资助。正如梅尔·柯蒂（Merle Curti）和罗德里克·纳什（Roderick Nash）所指出的那样，正是这些平时处事低调的高等教育的"朋友"们，助推了美国高等教育课程的多样化，使高校的办学经费更加充足。① 城市自豪感把联合阵线下的不同群体凝聚起来，以确保一座城市无论如何也要拥有自己的大学。在洛杉矶，一个由犹太人和天主教徒等组成的公民领袖团体接受了卫理公会派的邀请，成立了南加州大学——这是一所服务于被州长和加州大学忽视的大都市地区的私立大学。

　　在齐心协力创建大学的过程中，除了朋友和捐赠者外，还有一类重要的参与

---

① Curti and Nash, "Toward a Practical Higher Education," chap. 4 of *Philanthropy*.

者：募款人，他们当时被戏称为"可敬的乞丐"（honorable beggars）。这些人是高等教育捐赠事业的助推者，他们充当捐赠者与大学校长之间的中间人角色。他们是与商界领袖打交道的奇才。这方面的开拓者大多曾是新教神职人员，或者在专门从事专业募款工作之前，曾积极参与正式的教会工作。在这个时期，为大学项目募款已成为一项复杂细致的工作。[1]

在 1880 年至 1910 年间，弗雷德里克·盖茨（Frederick Gates）是一个重要的捐赠者。他是一名连接旧时代宗教与创建大学的现代慈善事业之间的过渡性人物。盖茨出身浸礼会牧师家庭，曾担任浸礼会教育委员会的秘书。他早期在募款方面的成功案例之一，是说服了明尼苏达州的皮尔斯伯里家族（Pillsbury family）捐出农业和粮食加工行业方面的部分财富，资助明尼阿波利斯的浸礼会学院（后更名为皮尔斯伯里学院）。作为浸礼会组织的行政主管，盖茨与威廉·雷尼·哈珀（William Rainey Harper）和托马斯·古德斯皮德（Thomas Goodspeed）一道耐心说服老约翰·洛克菲勒考虑为新建的芝加哥大学提供巨额资助。

盖茨及其同事们绘声绘色地描述了他们所做的工作。在交谈中，他们把募款称为"垂钓之旅"（fishing expeditions），把可能的捐赠者称为"鳟鱼"（trout）。而一名打算捐出巨款的捐赠者则被称为"捐钱大款"（big with gift）。有时候他们会略带歉意地将捐赠者称为"受害者"（victims）。盖茨在 1890 年的募款"程序规则"备忘录中，描述了他和同事们所谓的"游说"募款活动的特点，即严肃的商业活动和寻找乐趣的结合。盖茨的备忘录开宗明义直截了当地提出了有关仪容仪表和举止方面的建议。由于募款者要应对的都是些"大忙人"（busy men），所以建议"一进门就要直奔主题，不要说废话。"募款过程应该是系统慎重："充满热情地快节奏不停歇地开展工作……日复一日地上门拉捐款，风雨无阻地拜访各方人士。什么都不读，什么都不写，什么都不想，心无旁骛，一心一意不停地谋募款。"[2]

盖茨知道自己写的是什么，因为他本人一直在执行这些原则，他先是在明尼阿波利斯争取到皮尔斯伯里家族的支持，然后又与古德斯皮德一起为新建的芝加

---

[1] Smith, "Honorable Beggars," pp. 156—182.

[2] Frederick T. Gates, "Rules of Procedure"（memorandum of 26 May 1890）, in ibid., appendix I, pp. 256—265.

哥大学募集了第一笔款项。然而，正如他所阐述的那样，达成重大的目标需要依赖敏锐的感觉：

> 我在第二点中提到，你必须始终保持友善。我现在想说的是，你也必须始终善待你的受害者（假如我可以这样称呼的话）。在跟他见面交谈时要尽力让他始终觉得愉快。你一旦察觉到他感到尴尬，就要去缓解这种场面。举个例子：他可能会因为他所能捐出的款项数额太少而感到尴尬。这种男人实属出类拔萃之辈。如果你觉得有必要的话，就需要对他进行安慰。……如果你发现有人要捐出巨款，可以亲切地鼓励一下，让他慢慢来。要让他觉得捐赠是出自他本人的意愿，而不是被迫拿钱出来……捐钱只能是出于最高尚的动机。①

盖茨的方法显然是奏效的。商人们解释说他们之所以答应弗雷德里克·盖茨或德怀特·穆迪（Dwight L. Moody）这样的中间人的要求捐出巨款，关键在于他们说的是现实商人的语言："他们不是外人。"②

霍兰德·麦克泰尔（Holland N. McTyeire）也是高等教育大笔捐赠时代的先驱。他是卫理公会牧师，他把神职事业与"垂钓之旅"的慈善捐赠相结合。麦克泰尔最重要的"鳟鱼"便是科尼利厄斯·范德比尔特（Cornelius Vanderbilt）。范德比尔特享有排斥募款人的坏名声。为了摆脱一个烦人的募款人，他给了募款人一张去美国中部地区的单程票——大概属于范德比尔特自己的汽船航线。麦克泰尔当时已被任命为南部卫理公会的主教，由于岳父母的关系，他在纽约偶然遇见了范德比尔特。经过耐心的倾听以及与海军准将之间的多次交谈，麦克泰尔最终赢得了范德比尔特的兴趣和尊重——范德比尔特甚至为没有选择麦克泰尔担任铁路公司的律师而感到十分惋惜。

麦克泰尔对范德比尔特开展的渐进式的募款活动包含以下几个步骤。首先，麦克泰尔提出这样一种观点，即建立一个教会教育机构比建立一所教堂更为可取。其次，他耐心细致地说服了范德比尔特，使他相信，作为一种纪念物，创建

---

① Frederick T. Gates, "Rules of Procedure" (memorandum of 26 May 1890), in ibid., appendix I, pp. 256—265.

② A Wall Street financier describing Dwight L. Moody, quoted in ibid., p. 108.

一所完整的大学比设立一所独立的神学院更为适合。第三，他令人信服地指出，在南部建立一所卫理公会大学将是一种有效的象征，有助于治愈内战留下的地区之间的创伤。范德比尔特喜欢此人及其观点。他最后同意采纳建议，在纳什维尔创建一所真正杰出的卫理公会大学，下设神学院、本科学院、研究生院和专业学院。范德比尔特所提出的一项条件是，作为中间人的麦克泰尔必须担任这所新大学的校长。有趣的是，范德比尔特表现出了他的矜持，他没有干预大学的运作；实际上，他一次也没来过学校。①

## 作为创业者的大学校长

世纪之交的这一代大学校长被称为巨人——有时这只是他们自己自鸣得意时的封号，但这也是同时代的仰慕者和后世的历史学家的看法。一些值得纪念的大学校长也是出色的募款者。比如威廉·雷尼·哈珀，虽然个子不高，但在这代校长中实属出类拔萃的人物。其他著名大学校长包括哈佛大学的查尔斯·艾略特，加利福尼亚大学的本杰明·艾德·惠勒（Benjamin Ide Wheeler）、约翰·霍普金斯大学的丹尼尔·科伊特·吉尔曼（Daniel Coit Gilman）、斯坦福大学的大卫·斯塔尔·乔丹（David Starr Jordan）、克拉克大学的斯坦利·霍尔（G. Stanley Hall）、范德比尔特大学的霍兰德·麦克泰尔、康奈尔大学的安德鲁·怀特，以及哥伦比亚大学的塞思·洛（Seth Low）和尼古拉斯·默里·巴特勒（Nicholas Murray Butler）。

这些开拓性的校长的一个重要特点是他们的任期时间很长。另一个特点是他们都是社会公众人物，其影响力不仅限于大学内部，而是扩展到所在地方、州和国家事务层面。对于主要城市的大学校长来说，通常会在当地的中小学委员会中任职——这种模式是由哈佛大学的艾略特校长和哥伦比亚大学的尼古拉斯·默里·巴特勒校长建立起来的，他们在波士顿和纽约的公立学校委员会任职。艾略特还在支持美国红十字会的发展方面发挥了重要作用，其中包括一场揭露美国政府服务部门贪污腐败的持续性运动。实际上，艾略特和他的大学校长同事们在促进充满活力的私营部门提供各种社会和人道主义服务方面发挥了不可或缺的作用。塞

---

① A Wall Street financier describing Dwight L. Moody, quoted in ibid., pp. 156—182.

思·洛是将家族、商业财富与大学领导力相互结合的典范——这种结合在纽约市的商业文化中尤其有效。在成功担任哥伦比亚大学校长期间，塞思·洛还利用职权将慈善捐赠扩展到其他地方的高等教育。例如，他是南卡罗来纳州和其他南部州黑人学院的领导者和捐助者。

公众注意力多半都集中在新建的大学身上。这些大学的大规模建设工程和宏伟壮观建筑十分引人注目，对传统院校进行修缮的慈善捐赠活动则不那么引人关注。哈佛大学的查尔斯·艾略特并没有想追求芝加哥大学的威廉·雷尼·哈珀那样的关注度。在他担任哈佛大学校长的 40 年里，他悄无声息地、有效地改变并巩固了哈佛大学的财务和学术状况。为了改变哈佛，艾略特与波士顿的领导者和名门望族开展密切的合作。根据历史学家默尔·科蒂（Merle Curti）和罗德里克·纳什（Roderick Nash）的说法："艾略特强调哈佛对公共服务的贡献，他搞清楚了需要什么以及为何需要。捐赠纷至沓来，结果是在 1869 年至 1878 年间捐赠增加了两倍，在接下来的 20 年里又增加了两倍。"[①]在 1869 年后的二十年里，哈佛大学可流通使用的捐赠增加了 150 倍。在 1889 年至 1909 年间，这一数字翻了一番。1909 年，在艾略特退休时，哈佛大学的捐赠额略高于 2200 万美元（相当于 2000 年的 4.2 亿多美元）。

这个时代伟大的大学校长们还经常在全国性杂志上撰文议论时事。他们参与国家政治事务。西奥多·罗斯福担任美国总统时，曾在西部狩猎之旅中抽空拜访他的密友、加州大学校长本杰明·艾德·惠勒。罗斯福利用加州大学校庆纪念日庆典发表重要演讲，并进一步与惠勒和加州州长兼参议员海拉姆·约翰逊（Hiram Johnson）会面，共同谋划他的竞选纲领。对于某些大学校长来说，参与时政会提高知名度——当然也会招致麻烦。布朗大学的本杰明·安德鲁（Benjamin Andrew）发挥自己作为经济学家的专长，但却惹恼了学校董事会。无论是输还是赢，大学校长都身处公共事务的焦点，他们的大学具有全国性的意义。

## 美国现代伟大的大学的特点

从每一所"伟大的"美国大学的最佳实例中进行提炼，我们就可以勾勒出世

---

[①] Curti and Nash, *Philanthropy*, pp. 136—167.

纪之交鼎盛时期美国大学的综合概貌：

**巨额慈善捐赠**。大学首次拥有了永久的财政基础——以至于出现了一个新的描述性短语供人们使用："私人捐资大学"（privately endowed university）。这个定义除了指哈佛大学、斯坦福大学、芝加哥大学和哥伦比亚大学外，也适用于一些新兴的州立大学，如威斯康星大学、密歇根大学和加州大学，慷慨的友善捐赠使这些大学得以摆脱来自州政府的数量不足和不稳定的拨款的限制。

**校长风范**。人们希望大学校长应该具有进取心，能够与外部社会政治和工业界进行互动，并活跃于高教界。

**专家型教授**。教师专业化是一个显著且重要的趋势，在此过程中，教授们逐渐以某一领域的专家而闻名。这种专业知识包括加入学术组织，参与学术出版物——如全国性的学会和期刊，如美国历史学会（American Historical Association）、美国经济学会（American Economics Association）和美国心理学会（American Psychological Association）。[社会学家们最初使用了一个略有不同的称谓，将他们的学术团体称为美国社会学学会（American Sociological Society）。然而，考虑到该称谓的首字母缩写 ASS① 可能造成负面的公众印象，他们很快就把名字改为美国社会学协会（American Sociological Association）]。每个学会都会主办全国性的会议并发行全国性的学术期刊。大学办学声誉的一个标志是主办学术期刊，并由学校的知名学者担任主编。大学所要付出的代价是必须提供办公场所和工作人员支持。约翰·霍普金斯大学和芝加哥大学的例子较为突出，两校都主办和资助了众多的学术期刊。

学术职业化这一全新的概念对于大学教席的创建至关重要。由讲师到助理教授，再到副教授和正教授的阶梯式晋升成为一种常规。最重要的是，这一等级制度与授予那些获得晋升并通过考核的教授终身教职和学术自由特权之间存在关联。随着美国大学教授协会（American Association of University Professors）的成立，学术自由成为超越单一院校的高等教育的制度化安排，目的是为那些声称自己的学术权利被暴躁的校长或董事会成员侵犯的教师们提供保障和补救。

新的教师精神在托尔斯坦·凡勃伦（Thorstein Veblen）身上得到了体现。他

---

① American Sociological Society 三个词的首个字母缩写为 ASS。在英文中，ass 有傻瓜、笨蛋和蠢驴之意。——译者注

关于"有闲阶级理论"和"炫耀性消费"的精彩而诙谐的文章激怒了董事和校长们。他嘲讽大学董事是误入大学校园的商人，这给他带来了褒贬不一的评价。他的处事方式也给自己带来了职业上的麻烦。在开学的第一节课上，学生们抱怨他说话含糊不清，他表示了认同，并建议学生们转修其他课程。当校长对他与女学生和教师妻子的绯闻提出批评时，凡勃伦没有加以否认，他只是耸了耸肩，似乎在说他无力改变自己的行为方式。因此，凡勃伦被好几所一流大学反复雇佣和解雇就不足为奇了。幸运的是，在他职业生涯的后期，他得到了一系列的访问教授的职位。这要归于他曾经带过的研究生的影响力，这些学生已经成为全国各地的知名教授。

凡勃伦的才华和他明显的个人不当行为都不具备典型性。他之所以惹人注目，是因为他甚至考验了支持他的校长和教授的耐性和原则。他提出的改革议程倾向于倡导技术专家治国论（technocracy）——一个以专家型工程师们领导的和高效率为特征的计划社会。具有讽刺意味的是，他的个人生活习惯定会让他很难适应他自己提出的方案。

**教学方法**。大学取消了传统的强制性的"每日背诵"（daily recitation），用两个具有截然不同的创新性的课程取而代之。第一种是讲座（lecture），听众很多，但很少进行讨论——这是由教授作为专家举办的讲堂（forum）。第二种则是相反的、互补的方式，即研讨会（seminar）。在研讨会上，一小群高年级学生与教授会面，就某个专门主题的原创性研究展开。大学的教与学活动也不再限于正规的课堂，拓展至馆藏丰富的图书馆、博物馆、观测站、实地考察和科研考察等途径。

**专业学院**。以1876年建立的约翰·霍普金斯大学这一创新模式为榜样，现代美国大学开始设立专业学院，并打通了其与其他学术部门之间的纵横联系。随着时间的推移，一些大学还增加了入学要求——例如，在进入专业学院学习之前，必须完成两年的本科阶段的学习。约翰·霍普金斯大学医学院对申请者设置了高标准，要求必须具备学士学位。这种发展带来的最终结果，就是形成了一系列连贯的课程，在这个分层的教学和资格认证体系中，最高层级的资格是哲学博士学位。

**课程**。教授们试图在本科教学课程中施加强大的学术影响力，做法是强调他们自己的科研工作。科学和实用与自由文化和虔诚在不同程度上相融合。根据《共和国》杂志的编辑戈德金（Godkin）的说法，在1881年，耶鲁和哈佛在课程和目标的争论中立场相互对立。哈佛实行的是选修制,对学生生活不太过问,世俗化特征较为明显,这使得它与耶鲁的做法截然不同。耶鲁实行的是固定的课程模式,学生生活高度组织化,带有公理会传统色彩。与选修制的选择性密切相关的对学生学习的统一性的同步关注。大学创建者们倾向于面向专业化发展的课程,要求大三和大四的学生选择一个"主修"领域。这种情况扩展到了研究生学习阶段,在研究生学习中,硕士或博士候选人需要明确某一特定领域作为攻读方向。

人们可以在每个高校内部看到就不同课程的重要性展开的激烈交锋。罗伯特·麦科马克(Robert McCormack)的小说《一个经典物理学家的夜思》(*Night Thoughts of a Classical Physicist*)描述了这种交锋的激烈程度。一位教授在院系内部的小冲突中败北,其结果就具有羞辱性:他"就像维克多·雅各布(Victor Jakob)教授一样,本世纪初他在德国大学教授牛顿物理学时……当管理员不再为他擦洗黑板时,他才意识到自己所处的境况"。[①]在心理学领域,关于课程的争论尤为激烈,针锋相对的一方支持开展实验室研究和实验设计,另一方则把心理学看作是类似哲学的空谈学科。

**学生的专业化**。现代美国大学的一个主要特点是硕士生和博士生的招收和资助。他们中的大多数人已经历过严格和充分的培养,在开始博士学习之前已经具备学士学位,并可能还达到了所在学科的其他要求。

**设施**。为了开展现代学术研究活动,大学校园里添置了大型的复杂设备。19世纪后期,随着严谨的科学研究的出现,老式学院的老旧设备显得十分落伍。在19世纪初,学院的图书馆就如同博物馆,藏书流通十分有限,开馆时间也很短。相比之下,大学图书馆简直就是一台学术发电机。期刊订购、采购预算、珍本室、档案馆、文献服务和小研究室等等,改变了人们对图书馆实物设备和专业人员的期望。同样,不断改进和完善的观测站或实验室也被视为必要的工作场所。所有领域对标本和数据的存储要求使现有的校园设施显得陈旧过时。

**学术事业的动力**。"大学运动"的掀起不仅涉及为建造一座新图书馆或配备

---

[①] Robert McCormack, quoted in Jeffery p. Bieber, Janet H. Lawrence, and Robert T. Blackburn, "Through the Years: Faculty and Their Changing Institution," *Change* 24 (July-August 1992): 32.

一个实验室投入经费，还涉及根据专门的规划安排管理、教师和学生。在美国建立学术机构存在冗长的不确定过程。正如约翰·霍普金斯大学一些有影响力的教授所描述的那样，为一所大学奠定基础需要几代人的时间。研究生研讨会是一个至关重要的孵化器。博士生在资深教授的指导下从事各自的课题。在获得哲学博士学位后，这些过去的研究生会撰写学术论文和专著，这些文章和专著将会在全国性学会主办的学术刊物上发表。

富兰克林·詹姆逊（Franklin Jameson）是美国历史学会著名的会长，他离开布朗大学，加盟约翰·霍普金斯大学历史系。他利用该学会作为平台，表达他对美国学术的期望。他采取的策略是逐步建立起一个强大的学术基础，当他宣称美国需要良好的三流学术时，他已经在实施自己的计划了。这个评论既不是讽刺他人，也不是心胸狭窄的表现，而是对学术活动空洞无物的一种回应。[①] 詹姆逊承认了这样一个事实，即大多数学院和大学的教授都没有获得博士学位。许多教授也没有花很多时间做研究和写文章。他们的教学负担通常很重。除了在少数大学，研究是一项非主流的附加活动。

## 解析伟大的美国大学

埃德温·斯洛森在1910年出版的文集中列举了14所伟大的美国大学，在文集的最后所提的问题与它解答的问题一样多。例如，很明显，学科和院系已经在各高校获得普遍认可，每个学科都建立起了自己的全国性的组织。人们越来越期望一流大学的教师都具备哲学博士学位——随后他们可以担任新一代博士生的导师。高深学术、实验室研究、实地考察、图书馆、学术期刊——所有这些都是学术职业的条件。

然而，即使在成熟的大学中，不同学校的规模也存在很大的差异。在将哲学博士课程作为大学的核心特征的重要统计数据中，这种差异是显而易见的。从1898年至1909年，各校对博士课程的投入参差不齐。在这十多年的时间里，授予200名以上哲学博士学位的高校有芝加哥大学、哥伦比亚大学、哈佛大学、宾夕法尼亚大学、耶鲁大学、约翰·霍普金斯大学和康奈尔大学等7所高校。另有

---

[①] John Higham, *History: The Development of Historical Studies in the United States* (Englewood Cliffs, N. J.: Prentice-Hall, 1965), pp. 21—28.

一些"伟大的"大学在博士生培养规模方面做得不够。例如,在这十年的时间里,授予的博士学位人数不足100名的学校有伊利诺伊大学、斯坦福大学、明尼苏达大学、普林斯顿大学、加利福尼亚大学和密歇根大学。对于中西部和西部的州立大学来说,哲学博士培养人数较少可能是因为学校发展还不成熟,这与缺乏资源以及合格研究生人数不足有关。然而,普林斯顿大学的情况显然不是这样,该校有生源、有声望,也有资源。它所欠缺的是开展研究生教育的大学理想。多年来,这所大学一直排斥博士生培养,宁愿将哲学博士学位作为荣誉来授予,而不是将其当作一种通过学习来获取的学位。

斯洛森列举的高校名单存在明显的缺漏。克拉克大学和天主教大学这两所高校均是1900年美国大学协会的创始成员校,但它们显然已经放弃了对研究生学习和高深学问的重视。这种情况表明它们已经丧失了理想和抱负。布朗大学和达特茅斯大学发展态势很好,都拥有研究生院和专业学院,并与斯洛森名单中的高校争夺教师和学生,但斯洛森在名单中并没有提及这两所大学。印第安纳大学、爱荷华大学、西北大学、普渡大学和俄亥俄州立大学等中西部州立大学发展较为缓慢,都没有进入顶级大学的行列。虽然约翰·霍普金斯大学也在名单之列,但与1876年至1900年期间充满自信和活力相比,它在1910年明显处于低谷状态。约翰·霍普金斯大学这一欧洲大陆模式移植于美国的典型代表正处于低潮阶段。在14所创始成员校中,约翰·霍普金斯大学的年收入最少,学生与师资人数也最少。普林斯顿大学被列入"伟大的"大学之列,尽管它并没有开设博士学位课程的意向。换句话说,斯洛森本人也对自己的选择留有余地,因为任何"伟大的"美国大学的名单都不能漏掉约翰·霍普金斯大学和普林斯顿大学,不管它们的统计数据情况如何。

假如仔细观察斯洛森编制的院校列表,最令人惊讶的是专业学院的发展趋势。尽管大学创建者们大肆主张将法律、医学和神学转型为学士学位之上的"学术性职业",但几乎没有哪所大学能做到这一点。在大学创建时代,在"学院"里开展的本科普通文理与专业教育之间没有做到相互协调,这是课程方面最大的问题。例如,1910年,密歇根大学有两所医学院——医学院和顺势疗法学院——二者都在争夺高中毕业生生源。多数大学未能将医学院整合到生命科学的高级学术研究中。最大的不足或许是大学附属的医学教育依然是获得执业证书和从业的非强制的特殊路径。

大多数州立大学招收的学生主要是学习各种非选拔性的职业课程，没有什么高校将学士学位作为入学或从事高级学术研究的要求。甚至是著名的私立大学也屈服于这种趋势。例如，芝加哥大学仅仅通过兼并库克县师范学校（Cook County Normal School），就将开设了教育类专业课程。研究生教育的招生规模很小。教授培养博士生的回忆录就传达出一种悠闲、高度个人化的语气，其原因之一就是博士生实在是太少了。大学创建者们可能曾经将博士生培养课程当作现代大学的一个显著特征，但即便是在许多"伟大的"美国大学里，无论是对于学生还是对于教师而言，博士生培养仍然处于边缘地位。因此，对于当时的情况而言，这显然是一种超前的说法。

无论是招生规模还是办学使命，"伟大的"大学之间存在很大的差异。注册学生人数最多的是哥伦比亚大学，共有6232人（包括暑期班在内的所有项目），接下来依次是哈佛大学、芝加哥大学、密歇根大学、宾夕法尼亚大学、康奈尔大学、威斯康星大学和伊利诺伊大学，每所大学的学生人数都在4000到5500名之间。斯坦福大学、普林斯顿大学和约翰·霍普金斯大学的学生人数都在2000名以下。按照20世纪中叶的标准，旗舰州立大学的在校生人数通常在2万到6万名之间，因此，"伟大的"大学并不一定是"大"的。在1910年，数百所学院的招生人数均少于300名，而一所大学的招生人数达到4000名以上，这的确是一个庞大的数字。两所规模较小的"伟大的"大学——普林斯顿大学和约翰·霍普金斯大学——数十年来一直有意避免扩充规模。两所大学都获得了成功，但背后的原因各不相同。普林斯顿大学是坚守学院特色。相比之下，1910年的约翰·霍普金斯大学实际上存在招生不足的问题，并努力采取措施扩大本科生和研究生的入学人数。

在斯洛森的选集中，关于约翰·霍普金斯大学不确定状况的记述最令人感到困惑。40年前，在研究生教育和高级学术研究方面，约翰·霍普金斯大学处在美国高校的前列。校长丹尼尔·吉尔曼为学校注入了一种独特的学术精神，受到了教职员工、研究生和学校董事的普遍赞誉。然而，到1910年，该校的财务状况表明，学校的办学出了问题。在一些较新的大学崛起的时候，约翰·霍普金斯大学却显现出严重的衰败迹象。难道是它的缔造者和领导人高估了美国对从事高级学术研究机构所给予的承诺或能力？

大学创建者们显然低估了他们对中小学教育的倚赖程度。美国大学的办学状况与美国公立高中发展状况具有密切的关系,而当时美国公立高中还没有达到普及的程度。密歇根大学与州政府和当地社区开展合作,对公立高中进行认证,这代表了大学与中学之间合作关系的一种主要趋势,但密歇根大学的做法只是一种特例,而非一种典型情况。大多数州立和私立大学继续为无法通过大学入学考试的学生开设预科。而且,正如赠地大学校长在19世纪90年代所了解的那样,大多数州的立法机构还没有说服纳税人,对公立高等教育提供强有力的、经常性的补贴是州政府的应尽职责。

到1910年,校长和董事们已经亲身体会到,他们低估了为一所志向远大的大学提供年度办学预算的难度。只有8所大学公布的年度办学预算达到每年100万美元(约合2000年的1800万美元),其中哈佛、哥伦比亚和芝加哥三所大学遥遥领先,在1910年的预算介于160万至180万美元之间(约合2000年的2900万至3300万美元)。即使考虑到通货膨胀的因素,1910年的"伟大的"大学与20世纪末的大学相比也很小。在2000年,一所典型的拥有博士课程的研究型大学的年度办学预算可能会超过10亿美元(相当于1910年的5400万美元)。即使是1910年规模最大的美国大学也缺少经费,不得不通过扩张来保证年度预算支出。

一些处于发展阶段的大学在办学经费方面更显得紧张。以加州斯坦福大学和德克萨斯州休斯敦的莱斯学院为例,用于建校的大量资金没有得到使用,原因是捐赠者的遗嘱被有争议的遗产诉讼所耽搁。斯坦福大学的创建者曾提出不向学生收取任何学费的政策,但实际情况却非常糟糕,只能依赖利兰·斯坦福的遗孀简·斯坦福的个人照管,才能够在若干年时间里支付员工的工资和办学开支。斯洛森在大学财务方面总结指出,任何一所大学都无法为研究项目吸引到外部资金。1900年之后,开展第二波大规模捐赠的前景变得渺茫。业界的先驱们曾经心血来潮热衷于捐助大学,以此作为一种建筑纪念。而对于平淡无奇的维持大学运行来说,再进行捐助就没有多大意思了。

## 赠地大学:投资与立法的第二波热潮

到1880年,根据1862年《莫里尔法案》建立起来的高校出现了停滞的迹象。政治经济学家乔治·阿瑟顿(George Atherton)辞去新泽西州罗格斯大学的教职,转而担任宾夕法尼亚州立学院(Pennsylvania State College)的校长,他将赠地高校从州政府冷漠和无所作为的低迷状态中拯救了出来。阿瑟顿与几个州的赠地高校校长取得了联系，并说服他们联合起来在华盛顿特区进行游说。阿瑟顿的策略行之有效。他的第一个成功做法是与其他校长、国会和美国农业部开展合作，促成了1887年《哈奇法》（Hatch Act）的通过，该法规定为赠地学院的农业实验站提供资金。第二项赠地法，即1890年的《莫里尔法案》，为赠地计划补充了联邦资金，并批准建立新的赠地学院。总之，在1887年到1914年间，国会通过了一系列重要的立法，扩大和巩固了联邦政府在农业、军事训练和工程等领域的投入。第二波立法热潮包括建立研究实验站的条款。正是通过这些条款，州立学院获得了新的设备，增加了人员，还获得了建立持久应用研究基地所需的巨额资金。阿瑟顿及其他校长在赠地高校内部的领导，加上这些联邦计划所增加的外部资源，为中西部和西部地区大型赠地大学的兴起奠定了基础。1910年，办学最为成功的州立大学每所都招收了3000到4000名学生。

联邦项目的激增对公立高等教育的发展产生了另一种影响。它使得赠地项目扩展到了先前被排除在外的两个群体：南方各州的黑人学院，以及在内战期间没有资格参加土地补助计划的南部各州历史悠久的州立学院。黑人赠地学院的建立说明了进步时代高等教育的成就与局限：它为黑人提供了机会和服务，但只是在种族隔离的框架内实现的。这种对南方各州的让步实际上是早于而不是晚于几年后最高法院在普莱西诉弗格森案（Plessy v. Ferguson）[①] 裁决中所支持的吉姆·克劳精神。尽管在这十年中所有的赠地高校都面临资金不足，但这17所黑人机构在设施、工资和人员配备方面所遭受的忽视特别严重。他们的设施不足，无力开展高层次的原创性研究。在赠地学院的传奇故事中，有一个事实经常被忽视，即黑人赠地学院开创了一个最终会扩散到整个《莫里尔法案》中去的做法，即实施推广计划，直接向当地农户家庭提供有关农作物和家政方面的建议。

到1900年，赠地学院开始展示出提供各种实用教学和服务的能力，这是平民主义者长期以来一直在提倡的。在肯塔基州，赠地项目资助的应用研究与政府监

---

[①] 普莱西诉弗格森案（1896年），简称"普莱西案"，是美国历史上一个标志性案件，对此案的裁决标志着"隔离但平等"原则的确立。这个判决维护了种族隔离的合法性，使得美国南部各州在公共场合实施的"隔离但平等"的种族隔离法延续了半个多世纪，直到美国国会于1964年通过的民权法、1965年通过的投票权法后，南部各州实施的种族隔离法才彻底消失。——译者注

管相互合作，制定了《新肥料法》（*New Fertilizer Law*），授权州立学院承当质量监控的职责。这意味着要建立监测站，对农民带来的肥料进行氮和其他基本化学物质含量的检测。这一平凡的职责实际上提高了州立学院在农民眼中的合法性，因为它消除了人们对州立赠地学院沉迷于抽象深奥的研究的质疑，也证明了高校的科学工具可以应用于解决日常问题。

成功的案例不仅仅体现在农业方面。在这个时期，很多学生选择了土木工程、采矿和军事训练。此外，人们认为赠地项目应包括教学和家政，这使得州立学院受到女性的青睐。家政是最成功的新领域之一，有时它是作为农业项目的一部分来提供的。家政的范围涉及从基本的家政服务到营养科学方面的高级研究。家政项目留下的复杂遗产，就是既将女性教师和学生吸引到高等教育中来，同时又将她们限制在了"女性领域"（women's sphere）之中。

在那些新建的州立赠地学院中，教授们经常会开发出一套"不合规的"（bootleg）课程。一位从德国招聘来的从事植物病理学和农作物产量研究的植物学家，可能会被迫对课程和研讨班教学进行调整，其中既包括纯研究，也包括应用科学。学科专业及其分支领域不断涌现出来。因此，联邦项目为真正的学术创新提供了直接用途，同时也提供了创业资本和时间。

赠地立法第二波热潮的历史遗产，就是巩固了赠地学院作为集体观念的公众形象。它还使农业部、内政部和作战部这三个联邦部门与州高等教育之间建立了密切的合作伙伴关系。上述每个部门都将为赠地高校带来资源和责任。赠地立法也固化了赠地学院内部的紧张关系，因为每位校长都要处理学校与农业实验站或军人培训项目之间的管理和控制问题。例如，谁来承担军事学员训练的制服和武器的费用？这个问题给经费不足的学院校长们带来了沉重的压力。当农业实验站的主任们商量着要离开州立大学，以组建一个联邦联盟时，各州的州长和州议员们终于开始考虑为高校提供常态化、充足的州财政年度拨款。

赠地高校并不是各州高等教育发展的全部。在一些州，在赠地高校和非赠地州立大学之间，出现了新的竞争者。除了这些基本状况外，公立高等教育内部还存在着显著的地区差异。

**中西部的州立大学**

赠地协会集体游说带来的结果之一，就是中西部地区的许多州立大学开始追赶——或者更确切地说，接受——威斯康星大学的精神。由于得到进步的州政府的支持，以及长期担任校长的查尔斯·范·海斯（Charles Van Hiise）的有效领导，威斯康星大学在联邦项目之外独立建立起了惠及全州各地区的推广服务。20世纪初的一篇杂志文章将"威斯康星理念"（Wisconsin idea）誉为"把整个州送入大学"的方法。① 威斯康星大学很早就从它对应用研究的赞助中获益，学校一些教师的创新——即测量牛奶中乳脂含量的程序——彻底改变了美国农业，给大学带来了敬重与声誉。威斯康星大学的哲学博士课程项目，特别是经济学和历史学哲学博士课程项目，以高质量受到人们的高度认可。②给威斯康星大学带来极大声誉的是该校教授弗雷德里克·杰克逊·特纳（Frederick Jackson Turner），他是约翰·霍普金斯大学的博士，后当选为美国历史学会主席。特纳在他的就职演讲中提及"边疆假说"（frontier thesis），向东部沿海地区的老牌院校宣告：西部也能开展严谨深入的学术研究。

高等教育的"威斯康星理念"的另一个核心观念是，高校与州政府应该开展合作。由于威斯康星大学和州政府都位于麦迪逊，所以很合适进行合作。威斯康星大学是一个模范系统，负责为州政府培养包括会计、公共卫生、地理、医学、法律和工程等领域受过教育、能够胜任工作的人才。反过来，威斯康星州的公务员制度被受过教育的、负责任的精英们誉为进步派"良好政府"的典范，但这并不足以保证威斯康星大学免受立法的约束。然而，范·海斯校长所能做到的是在州立大学框架内建立起了学术卓越的持续记录。

与威斯康星大学一样，密歇根大学作为一所成熟的现代大学，也显示出中西部地区的州立大学可能具备全国性的影响力。威斯康星州长期以来一直给予威斯康星大学支持和重视，而密歇根大学则长期遭受密歇根州立法机构的忽视，并最终在19世纪后半期取得了巨大的成就。密歇根大学实施了一个项目，使学校成为整个州公立学校系统的协调中心。这个项目包括一套复杂的程序，密歇根大学的教授们根据这个程序系统地到全州的中学进行考察。任何一所通过密歇根大学教

---

① Lincoln Steffens, "Sending a State to College," *American Magazine*, February 1909, reprinted in Portraits of the American University, ed. Stone and DeNevi, pp. 118—133.

② Merle Curti and Vernon L. Carstensen, *The University of Wisconsin*, 1848—1925 (Madison: University of Wisconsin, 1949).

师考核的中学，都能获得大学的认证。这种"认证制度"的关键在于，任何一所认证高中的毕业生都可以保送进入密歇根大学。①

**高等教育中的"加州理念"**

加州提供了一个很好的例子，说明了政治改革意识形态和国家高等教育体系之间的联系。大旧金山湾区有幸拥有两所升格的大学——斯坦福大学和加州大学——以及斯托克顿的太平洋学院、圣何塞的一所师范学校、旧金山和莫拉加的天主教学院以及奥克兰的米尔斯女子学院。事实上，高等教育建设过度，而且分布不均，在不断发展的洛杉矶地区没有州立大学。

位于伯克利的加州大学成为实践具有西部特色的进步主义的基地。如前所述，加州政府和教育界的领导人在全国具有重要的影响力。州长兼参议员约翰逊（Hiram Johnson）和加州大学校长惠勒（Benjamin Ide Wheeler）所制定的加州整体计划获得了全国的认可。他们还得到西奥多·罗斯福总统的支持。罗斯福总统曾到访伯克利，并在大学校庆典礼上担任特邀演讲嘉宾。这一进步主义的高等教育计划是基于这样一种理念，即通过一所运行良好、收费合理的州立大学来培养下一代开明有为的州领导者和公民的好方法。实际上，这意味着加州大学不会收取学费。这项政策再加上全州的公立小学系统，将为该州培养出有教养有文化的公民，可以有效缓解诸如南太平洋铁路公司（Southern Pacific Railroad）和石油公司这样的"托拉斯"的滥用权力和贪污腐败现象。因此，在20世纪初，这种全州范围内的协调和招生办法成为了高等教育中"加州理念"的特征。②

具有讽刺意味的是，加州大学和斯坦福大学继续得到一些家族和行业的慷慨资助，而后者恰恰与它们试图革除的弊端具有密切的关联。由简·斯坦福管理的斯坦福家族财产是斯坦福大学维持办学的唯一资金来源。位于伯克利的加州大学得到赫斯特报业财富继承人菲比·阿珀森·赫斯特（Phoebe Apperson Hearst）的大力资助。倡导州立大学作为培养负责任公民的"加州理念"，被1887年毕业于

---

① Harold Wechsler，*The Qualified Student: A History of Selective College Admissions in America*（New York: Wiley, 1977）.

② John Aubrey Douglass，*The California Idea and American Higher Education: 1850 to the 1960 Master Plan*（Stanford: Stanford University Press, 2000）. See also John R. Thelin, "California and the Colleges," *California Historical Quarterly* 56（Summer 1977）: 140—163（part 1）; 56（Fall 1977）: 230—249（part 2）.

加州大学的亚伯拉罕·鲁夫（Abraham Reuf）这个案例离奇地扭曲了。此人长期以来一直是旧金山的政治大佬，他在市政公用事业和煤气管道合同中大肆贪腐，而这与 1904 年地震后的大火有直接的关系。他因贿赂罪被判入狱。在圣昆廷监狱（San Quentin）中，他成立了这里的第一个加州大学校友分会，并由此受到赞誉。这种情况可能不是大学创建者心目中所设想的教育和公共服务模式。

高等教育中"加州理念"的显著特征是将实用性与旨在培养品格和公共服务的教育相融合。这一原则使得加州大学和斯坦福大学很早就在工程师和公职人员教育方面取得了成功。例如，赫伯特·胡佛（Herbert Hoover）就是斯坦福大学的首届毕业生。他是一名采矿工程师，先是在拉丁美洲发了大财，然后转向了公共服务领域，最终当选为美国总统。使国际领袖和国家领导人感到震惊但不太为人所知的是，第一次世界大战后，他对欧洲国家的粮食救济工作进行了有效的系统协调——这是通过将工程学中问题解决原则应用到大规模分配和管理的社会项目中的一项成就。

**南部地区的州立大学**

在 20 世纪初，在著名大学的历史名单中，并没有南部地区的大学。就连托马斯·杰斐逊的弗吉尼亚大学的"学术村"（academical village）也陷入了困境，面临着从缺乏运营资金到严重的火灾破坏等一系列问题。在内战后的重建时期，传统的州立大学都在努力寻找一种集获得资金与具备合法性于一身的角色。

南卡罗来纳大学就是这种不断探索与漂移的典型。在 19 世纪 70 年代的激进重建时期，这所大学同时招收了"有色人种"和白人学生。在放弃了这一冒险做法后，该大学在 1880 年曾短暂地采用了南卡罗来纳农业与机械学院（South Carolina Agricultural and Mechanical College）的校名，试图将自己重组为州的赠地学院，以谋取获得联邦拨款的资格。[1]这个实验持续时间很短。在这个时期，大多数南方人心目中的高等教育通常与"干草叉本"蒂尔曼（"Pitchfork Ben" Tillman）有关。蒂尔曼是一位持民粹主义立场的议员，他曾打算关闭南卡罗来纳大学。一

---

[1] See Carolyn B. Matalene and Katherine C. Reynolds, "Struggling to Survive: The Old College from 1880 to 1906," in *Carolina Voices: Two Hundred Years of Student Experiences*, ed. Carolyn B. Matalene and Katherine C. Reynolds (Columbia: University of South Carolina Press, 2001), pp. 66—103.

些对他的民粹反智主义的讽刺具有误导性,因为他的观点被断章取义地解读。蒂尔曼实际上根本就不反对高等教育。他只是想强调实用性,并破除将公立高等教育当作富有的农场主家庭儿子的专属场所的传统。虽然他不再对老牌的南卡罗来纳大学提供资助,但他创建并资助了该州新的赠地高校——克莱姆森学院(Clemson College),这是一所以约翰·卡尔霍恩(John C. Calhoun)的孙子名字命名的学院。①

在蒂尔曼对克莱姆森大学开展的实用研究提供的支持的推动下,掀起了一场波及整个南部地区的复兴州立大学运动。1880年至1920年间,这一代高校校长放弃了"月光和木兰"(moonlight and magnolias)的大学理想,转而接受进步主义及其对实用和绩效责任的强调。他们都认为,经济发展与公共服务为建立全州的教育系统提供了一种途径。一些大学的校长,如田纳西大学的查尔斯·达布尼(Charles Dabney)、弗吉尼亚大学的埃德温·阿尔德曼(Edwin Alderman)、佐治亚大学的沃尔特·巴纳德·希尔(Walter Barnard Hill)和南卡罗来纳大学的塞缪尔·米切尔(Samuel C. Mitchell)等人都有过这样的经历。北卡罗来纳大学获得校友的大量捐赠,制定了比相邻州的州立大学更加宏大和长远的发展规划,可能是美国南部地区办学经费最为充足、名气最大的州立大学,

南部的州立大学不具备进行高深学术研究和培养博士生的能力。它们转而专注于为实用学科奠定基础,这主要是在本科阶段。这代州立大学校长都崇尚进步主义的理念,共同努力将自己的大学融入州和地区经济复苏的进程。②终于,一些专门招收白人学生的州立旗舰大学——尤其是北卡罗来纳大学教堂山分校——从北方慈善家那里获得了大笔资助。总部设在纽约市的慈善机构多年来为南部黑人中小学和学院捐赠了大量资金。但州立大学的创建者们现在对这种做法提出了两个告诫:首先,他们警告北方的慈善基金会,如果他们将善款专门用于黑人教育项目上,他们将加剧而不是减少南方地区的种族冲突;也就是说,无论是白人还是黑人的教育项目,都应该得到慈善基金的支持。其次,他们认为,假如是以州

---

① Edward L. Ayers, *The Promise of the New South: Life after Reconstruction* (New York: Oxford University Press, 1992).

② Michael Dennis, *Lessons in Progress: State Universities and Progressivism in the New South*, 1880—1920 (Urbana: University of Illinois Press, 2001).

和地区整体经济发展为目标,那么就必须将资源集中在那些做得最好的院校——也就是那些只招收白人学生的旗舰州立大学。他们的逻辑很有说服力。到 1910 年,基金会的政策就已经发生了重大的变化,开始向只招收白人学生的州立大学倾斜。①

## 天主教学院与大学

大多数州立大学都地处乡村小镇——有意远离州的主要城市中心。由于这个时期的天主教移民群体——即爱尔兰人、意大利人和斯拉夫人——倾向于定居在城市,而地处乡村地区的州立大学的学生主要来自新教家庭,因此在地理上形成强大的缓冲,保持了学校在宗教和种族上的同质性。因此,城市天主教大学在地理位置和宗教方面的差异,使得它们更加合适用来培养第一代城市大学生。天主教学院服务城市的使命在校名中得到突出体现,它们的校名通常包含所在城市的名称:如波士顿学院(Boston College)、普罗维登斯学院(Providence College)、西雅图大学(University of Seattle)、旧金山大学(University of San Francisco)、西雅图大学(Seattle University),以及圣路易斯大学(St. Louis University)。耶稣会院校则是城市高等教育的另一种类型,如分别位于芝加哥、新奥尔良和洛杉矶的洛约拉大学(Loyola Universities)。城市天主教院校的特点是注重实用性和向上流动性,对于第一代移民的子女尤为如此。

圣玛丽学院(St. Mary's College)与加州耶稣会之间关于"拉丁语问题"(Latin question)争论的例子,可以说明高等教育与社会流动性之间的关系。基督教兄弟会(Christian Brothers)提议在圣玛丽学院开设文学学士学位课程,并采用拉丁语进行教学。但遭到了圣克拉拉和旧金山大学耶稣会教士的反对,理由是该提议违反了宗教团体章程。基督教兄弟会应专门进行职业培训;这是他们在法国和其他欧洲国家所扮演的角色。拉丁语和文理学科则是耶稣会的领地。基督教兄弟会认为,不宜参照欧洲的模式来阐释美国高等教育的使命。具有讽刺意味的是,在美国,最不具实用性的教育却是最有用的教育。学习拉丁语并获得学士学位可能不会给学生带来突出的工作技能,但对于具有理想和抱负的美国年轻人来

---

① Eric Anderson and Alfred A. Moss, Jr., *Dangerous Donations: Northern Philanthropy and Southern Black Education*, 1902—1930 (Columbia: University of Missouri Press, 1999).

说，学士学位是获得社会流动性的珍贵通行证。基督教兄弟会最终占了上风，并获准继续教授拉丁语。①

## 学术厨房：大学中的女性学者

以追求学术卓越为目标的"大学运动"为女性提供了一个喜忧参半的环境。几所备受瞩目的新大学，如斯坦福大学和芝加哥大学，与中西部和西部的州立大学共同承诺实行男女同校教育。韦尔斯利学院前校长爱丽丝·帕尔默·弗里曼（Alice Palmer Freeman）被威廉·雷尼·哈珀聘为芝加哥大学女子学院的首任院长。②早期的芝加哥大学招收女生，聘用女教职员工，因此在社会上享有盛誉。然而，芝加哥大学的做法在当时并不是普遍的现象。

高校乐意招收女生。事实上，本科生中女生的比例很高，往往能够占据33%到50%不等。女生占比高的情况也延伸到了研究生阶段，尤其是在芝加哥大学。在实行男女同校教育的大学研究生课程中，来自蓬勃发展的女子学院的早期毕业生占了很大比例。宾西法尼亚州的布林莫尔学院（Bryn Mawr College）专门为其毕业生前往约翰·霍普金斯大学攻读博士学位提供了具体的安排——正是由于效果显著，布林莫尔学院得到了"简·霍普金斯"（Jane Hopkins）的绰号。

很可惜，两个循环模式抵消了女性接受高等教育在统计方面的成就：在课程和校园生活中，经常遭到限制和压制；另外，最为不公的是，那些获得高级学位的女性在学术就业市场上仍然会遭到公然的歧视。在1890年至1910年间，那些在男女同校的高校里追求专业学术生活的女性，有时被称为"开拓者"。根据杰拉尔丁·乔尼奇·克利福德（Geraldine Joncich Clifford）的新近研究，女学者的日记和自传显示，她们也把自己描述为"孤独的航行者"（lone voyagers）——孤立于大学的教师文化之中。③ 玛蕾西·内拉德（Maresi Nerad）对女性在高校中被

---

① Ronald Isetti, *Called to the Pacific*: *A History of the Christian Brothers of the San Francisco District*, 1868—1944 (Moraga, Calif.: St. Mary's College Press, 1979).

② Lynn D. Gordon, *Gender and Higher Education in the Progressive Era* (New Haven: Yale University Press, 1990), p. 87.

③ Geraldine Joncich Clifford, *Lone Voyagers*: *Academic Women in Coeducational Institutions*, 1870—1937 (New York: Feminist Press at the City University of New York, 1989).

边缘化现象所得出的结构性隐喻是：她们被限制在了新兴美国大学的"学术厨房"之中。①

一些女教授，如芝加哥大学的马里昂·塔尔博特（Marion Talbot）、先后执教于斯沃斯莫尔大学和明尼苏达大学的玛丽亚·路易斯·桑福德（Maria Louise Sanford）、霍华德大学的露西·迪格斯·斯洛（Lucy Diggs Slowe），以及怀俄明大学的格蕾丝·雷蒙德·赫巴德（Grace Raymond Hebard）等，均属于"孤独的航行者"。加州大学的艾格尼丝·费耶·摩根（Agnes Faye Morgan）是一个特别重要的人物。在芝加哥大学获得化学博士学位后，她来到伯克利。她的职责是将家政学建设成为一个实质性的科学领域。虽然她本人通过发表学术成果而享有信誉和声望，但她在加州大学建设中得到大力资助和充分认可的家政学项目的尝试却没能获得成功。没有成功并非由于努力或付出不够，而是她受到众多院长和校长的不断冷落、阻挠甚至是破坏。为了强调科学和数学，她提出了提高录取标准和学位要求的建议，但遭到了否决。院长和校长们给出的虚假承诺在多年后导致了希望的破灭。她在维生素和营养方面的研究取得了成就，而她的家政学项目却受到轻视，只得到少量资金的资助。随着时间的推移，二者之间的反差非但没有缩小，反而变得越来越大。具有讽刺意味的是，1962 年，即在加州大学教师投票决定终止伯克利分校的项目，并将其挪到戴维斯分校的七年后，为了纪念艾格尼丝·费耶·摩根，他们以其名字命名了伯克利分校的一幢建筑。利用命名建筑作为退休的纪念固然是一种令人愉悦的荣誉，但为摩根教授提供一笔像样的部门运作经费应该是更为合适的褒奖。②

在这所男女同校的大学里，女学者总是被边缘化。她们被视为教师文化中的一部分，同时又被看作是教师文化中的另类。例如，习惯做法是不允许她们加入教师俱乐部或参加学术游行。可能会挑选一名女教授担任女子学院院长，并承担

---

① Maresi Nerad，*The Academic Kitchen*：*A Social History of Gender Stratification at the University of California*，*Berkeley*（Albany：State University of New York Press，1999）. See esp. chap. 3，"Institution Builder：Agnes Fay Morgan."

② Maresi Nerad，*The Academic Kitchen*：*A Social History of Gender Stratification at the University of California*，*Berkeley*（Albany：State University of New York Press，1999）. See esp. chap. 3，"Institution Builder：Agnes Fay Morgan." pp. 139—142.

其他各种行政职责，这通常是以牺牲她自己的教学和研究为代价的。①对她们的任命的做法通常是不符合常理的，如没有固定的任期，且薪酬也很少。根据玛格丽特·罗西特（Margaret W. Rossiter）的研究，在 20 世纪初，女科学家们在招聘方面形成了两种策略。首先，由于大学不愿意聘用女教授，致使女学者转而寻求到联邦机构、博物馆和实验室等机构工作。其次，不同代际的女科学家们（她们中有许多人在学生时代或担任教师时曾在一起生活或工作）结成了"受保护女性链"（protegee chains）——由资深女科学家为年轻学者提供指导和资助。② 琳达·艾森曼（Linda Eisenmann）的研究进一步证实了罗西特的看法，即强调女子学院在这个时代作为女教授的雇主和先进的科学研究中心的重要性。艾森曼指出："瓦萨学院在天文学方面处于领先地位［尤其是在第一位发现彗星的美国女性玛丽亚·米切尔（Maria Mitchell）的长聘期间］，布林莫尔学院在数学和地质学方面表现突出，蒙特霍利约克学院则在化学和动物学方面享有名气。"③

一名女学者为了获得成功就必须做出牺牲，萨拉·布兰丁（Sarah Blanding）就是一个例子。布兰丁曾担任肯塔基大学政治学助理教授和女子学院院长。为了进一步开展学术研究，她离开肯塔基大学，来到康奈尔大学担任家政学系主任，后来被任命为瓦萨学院的校长。④ 她是杜鲁门总统 1947 年高等教育委员会（the President's Commission on Higher Education）中仅有的两名女性之一。在这样一个将孤立看作院校美德的时代里，由男性招聘和提拔男性的做法对男性毕业生来说是可以接受的，但对女毕业生来说显然是不合适的。一名学术能力出众的女性有时可能会因其丈夫是一位知名教授而得到学校的聘任。露西·斯普拉格·米切

---

① Jana Nidiffer, *Pioneering Deans of Women: More Than Wise and Pious Matrons* (New York: Teachers College Press, 2000).

② Margaret W. Rossiter, *Women Scientists in America: Struggles and Strategies to 1940* (Baltimore: Johns Hopkins University Press, 1982).

③ Linda Eisenmann, "Creating a Framework for Interpreting US Women's Educational History: Lessons From Historical Lexicography," *History of Education* 30 (2001): 460.

④ Biographical profile presented in Clifford, *Lone Voyagers*, p.17.

尔（Lucy Sprague Mitchell）① 在加州大学和哥伦比亚大学就职，以及创建班克街学校（Bank Street School）②，就是这种不确定带来的好处。③对一个有远大抱负的女学者来说，其职业生涯得仰赖婚姻关系的帮助，不失为一种小小的安慰，但却是一个小概率的机会。

为了应对大学官员施加和容忍的孤立，女性学者们找到了自己的解决办法。根据琳达·艾森曼的说法，在这些努力中，最重要的就是在1881年成立了大学女校友联合会（Association of Collegiate Alumnae），这个组织最终发展成为美国大学女性联合会（Association of American University Women）。④ 到1900年，该联合会已经拥有2000名会员。在大学校园里，人数相对较少的女教授和行政人员组成了自己的女性教师俱乐部，这通常是对男性教师俱乐部将她们拒之门外的回应。

## 从纵向历史到横向历史：大型基金会

1900年以后，主要捐助者已不愿意出资建设新的高校。这种兴趣的转变有多种原因。首先，捐助者厌倦了拒绝越来越多的申请者的请求。其次，人们经常担心美国高等教育已经过度扩张，出现了太多不太成熟的院校。因此，捐赠者对教育施加影响的策略出现了新的变化。

最具吸引力的工具是慈善基金会——它是对高校整体层面产生影响的横向。其中包括这样一种认识，即通过建立专门的研究院所，吸引全国各地的学者从事

---

① 露西·斯普拉格·米切尔（1878—1967），美国著名教育家与儿童作家、班克街学校创始人。深受约翰·杜威进步主义教育思想的影响，致力于儿童教育的研究与实验，是班克街学校的创建者之一。米切尔还是加州大学伯克利分校的第一位女院长，关注教育平等，主张为女性提供教育机会。著有《我们的孩子和我们的学校》（*Our Children and Our Schools*）（1950）等20多部著作。——译者注

② 由露西·斯普拉格·米切尔等人于1916年在纽约创立的儿童实验学校，主要目标是"研究孩子们，找出什么样的环境最适合他们的学习和成长，创造环境，并培训成人保持它"。学校也鼓励教师进行实验，找出什么方法能更好地支持"完整的儿童"的成长。——译者注

③ Joyce Antler, *Lucy Sprague Mitchell: The Making of a Modern Woman* (New Haven: Yale University Press, 1987).

④ Eisenmann, "Creating a Framework," pp. 453—470.

研究，以促进某些学科的高级学术研究。位于华盛顿特区的卡耐基研究院（Carnegie Institute）就是一个典型例子。从 1907 年至 1928 年，研究院的重点是对全国各地院校的历史学科进行资助。随后的重点转向了考古学。除了从横向层面对学科进行资助外，慈善基金会的另一项重大创新，就是审慎决定在基本政策层面对高等教育进行引导——艾伦·康利夫·拉格曼（Ellen Condliffe Lagemann）称之为"为公共利益服务的私人权力"。[1]示范项目、种子资金、委托报告和激励资金成为慈善基金会对高校发展和教育系统施加影响的手段。

这场政策剧的主角包括：卡耐基教学促进基金会（Carnegie Foundation for the Advancement of Teaching）、洛克菲勒基金会及其通识教育委员会（General Education Board），以及罗森沃尔德基金（Rosenwald Fund）。尽管 1900 年后创立的基金会为慈善家实现自己的意愿提供了一种新方式，但也带来了一种潜在的，甚至是不正常的意外作用。基金会的特许经营身份使自身可以独立运作，而冠名基金会的捐赠者的控制力却逐渐降低。[2]根据安德鲁·卡耐基的传记和其他记述，根本就没有证据显示卡耐基教学促进基金会资助的各种项目正是安德鲁·卡耐基心目中所想要的。[3]一种强有力的新角色步入了高教界：基金会主管。弗雷德里克·盖茨（Frederick Gates）就属于这种角色，他成功说服了约翰·洛克菲勒为自己青睐的项目提供资助，后成为洛克菲勒的心腹和项目监管人。卡耐基教学促进基金会是当时最具影响力的基金会之一，其主管是亨利·普里切特（Henry Pritchett）。此人是一名工程师，曾任麻省理工学院校长。卡耐基教学促进基金会推行的是普里切特的想法，而不是卡耐基的，这么说是恰如其分的。

## 从极度混乱走向协调与标准

这些总部大多设在东北部地区的基金会的共同使命，是将包括高等院校在内

---

[1] Ellen Condliffe Lagemann, *Private Power for the Public Good: A History of the Carnegie Foundation for the Advancement of Teaching* (Middletown, Conn.: Wesleyan University Press, 1983).

[2] Barry D. Karl, "Andrew Carnegie and His Gospel of Philanthropy: A Study in the Ethics of Responsibility," in *The Responsibilities of Wealth*, ed. Dwight F. Burlingame (Bloomington: Indiana University Press, 1992), pp. 32–50.

[3] See Peter Krass, *Carnegie* (New York: John Wiley, 2002).

的美国教育从不确定和混乱状态引向协调和效率。此过程隐含着这样一种信心，即无论是在高校招生还是在教师招聘方面，这样的机制都能够吸引人才，提升业绩。①

因此，我们最好将这些大型基金会看作是进步主义这样的更大规模的变革运动的一部分。1900 年，14 所大学的校长聚集在一起成立了美国大学联合会，这一事件预示着成功和成熟。这也表明了人们对质量的严重担忧。为了回应与欧洲大学关系密切的美国高校教授们的抱怨，美国大学联合会用肯定的语气消除欧洲学者的疑虑，同时警告美国大学，美国多数所谓的大学都达不到应有的标准。美国大学联合会代表了一种对标准和标准化问题的正式回应。此后不久，美国大学入学考试委员会（College Entrance Examination Board）宣告成立。这是一个私立的自愿组织，主要致力于编制具备可靠性的标准化大学入学测试。在联邦层面没有设立教育部的情况下，私立志愿协会承担起制定标准的职责。慈善捐赠，尤其是有组织的大型慈善捐赠，在这项事业中起到了核心作用。自此以后，卡耐基、洛克菲勒和罗森瓦尔德等捐赠的财富将主要用于作为监管者的"基金会"的建立及其人员配备上，而不再关注建立新的大学。②

这些改革举措和制度是美国进步主义的重要组成部分，罗伯特·韦贝（Robert Wiebe）称之为"寻找秩序"（search for order）。③ 分类（Ratings）、排名（Rankings）和声誉（Reputations）成为了新的"三 R"（three R's）④。⑤这些分类不仅带来荣誉，同时也是强制和协调的工具。早期卡耐基教学促进基金会的一项举措是利用教师养老金计划的激励措施，引导美国高校朝向某些特定方向发展。参与该计划的高校需要做到入学要求规范，学士学位课程不带宗教色彩，以及入学人数达到最低要求。该项目将所谓的卡耐基学分（Carnegie Unit）引入美国中

---

① Michael Schudson, "Organizing the 'Meritocracy': A History of the College Entrance Examination Board," *Harvard Educational Review* 43 (1972): 34—69.

② Lagemann, *Private Power for the Public Good*.

③ Robert Wiebe, *The Search for Order, 1877—1920* (New York: Hill and Wang, 1967).

④ 在近代美国基础教育中，"三 R"原本是指"读"（reading）、"写"（writing）、"算"（arithmetic）三种基本技能。——译者注

⑤ David S. Webster, *Academic Quality Rankings of American Colleges and Universities* (Springfield, Ill.: Charles C. Thomas, 1986), pp. 3—10.

学，作为一种基于学习总量和学习时间最低要求对课程成绩单进行编码的方式。尽管中学与高校之间的这种联系被人们普遍接受，卡耐基基金会为大学教师提供养老金的最终计划却因人数过多而失败。最终，不得不取消了慷慨的邀请条款，原因很简单，这些条款太昂贵了，基金会实在无法承受。不过，该计划做了调整后得以实施，最终演变成为当今世界上最大的养老基金之一——美国教师退休基金会（TIAA-CREF）。①

如前所述，高校参与卡耐基基金会教师退休计划资格的条件之一，就是课程不能带有宗教教派的色彩。那么，在大学理想中，宗教处于何种地位呢？许多"伟大的"大学，无论是州立的还是私立的，与宗教之间均存在某种松散的关系。哈佛大学的情况比较特殊，因为查尔斯·艾略特校长曾回绝了一笔巨额捐赠，该捐赠的条件是哈佛大学须恢复每日的教堂礼拜活动。事实上，在许多州立大学，每天做礼拜是常见的做法。实际上，大多数州立大学招收的学生是来自新教家庭，在校园生活方面也极具新教色彩。在这些高校中，曾发生过多次因生物学家和其他科学家讲授与宗教信条相冲突的进化论学说，而遭到校长和董事会开除的情况。有时候，一些教授在课堂上讲授无神论，不出所料地在校内外引发激烈的批评。然而，具有讽刺意味的是，宗教和科学的争论大多发生在社会科学和行为科学领域。与生物学家和物理学家相比，从事不同文化和历史时期的宗教实践研究的社会学家和人类学家通常更容易受到审查。由此所做的推论是，大多数被社会高度关注的学术自由事件都集中在教师非正统的政治观点，而不是他们的宗教信仰。

一些神职人员和大学董事会成员认为大学理想危及基督教正统观念，这可能是高估了学术方面的威胁，而低估了世俗主义在美国社会中日益增长的吸引力。牧师们对教区年轻居民上教堂的人数下降深表担忧。与大学相比，休闲活动、城市生活、烟草、电影、歌舞杂耍以及美国流行文化中丰富多样的元素对虔信和宗

---

① 美国教师退休基金会（TIAA-CREF）的英文全称为 Teachers Insurance and Annuity Association of America-College Retirement Equities Fund。该基金会初创于 1918 年，现为美国最大的保险公司之一。主要服务于教育事业和非营利性的组织。其核心业务包括退休基金、养老金和个人退休账户等。通过美国教师退休基金会的企业提供学费金融服务、教育个人退休账户和信贷服务。其他业务还包括人寿、健康、伤残保险和共同基金。——译者注

教信仰所产生的威胁可能更大。即使是宗教色彩极为浓厚的高校也在徒劳地努力吸引学生的注意力。例如，在一些以忠于传统宗教习俗为荣的校园里，会坚持进行日祷活动，但随着时间的推移，日祷活动的内容已经发生了变化。牧师和校长们逐渐开始邀请事业有成的校友利用布道的机会发表鼓舞人心的演讲。改变宗教在美国大学校园中的地位的，不是学术无神论，而是美国社会的普遍世俗化。财务方面的实用主义和卡耐基退休金计划的诱惑，确实促使许多校长和董事会开始重新认真思考这样一个问题，教派对高校特征的影响有多么的重要。

除了经济上的诱因外，基金会还可以将委托研究报告作为一种政策工具。其做法是委托项目调查专家，就某些全国性的问题或主题进行分析。此类研究项目中最为著名的是亚伯拉罕·弗莱克斯纳（Abraham Flexner）在1910年发表的关于美国和加拿大两国医学教育的报告。①这份报告展示了将改革议题引入公共领域的系统分析的力量。托马斯·埃金斯（Thomas Eakins）的油画《格罗斯医生的临床课》(the Gross Clinic)②，生动地描绘了外科医生，他们以未清洗的双手为荣，以黑色外套上凝固的血液的多寡作为衡量声望的标准。而弗莱克斯纳则以叙事的方式达到了同样的效果。弗莱克斯纳肩负着一项使命——将约翰·霍普金斯大学的医学教育的标准，由此对所有医学院进行评估和改造。这种模式要求医学实践与生物科学的高级学术研究相结合。它坚持认为，医学院应隶属于大学，并融入大学组织结构中。在数百所医学院中，没有多少所采用了这种模式。

弗莱克斯纳的批判性研究似乎是有效的，因为在报告发表后的一两年时间里，美国有大约30%的医学院关闭了。然而，报告中所披露的教学质量低下和机

---

① Abraham Flexner, *Medical Education in the United States and Canada*, Bulletin no. 4 (New York: Carnegie Foundation for the Advancement of Science, 1910). See also Thomas Bonner, *Iconoclast: Abraham Flexner and a Life in Learning* (Baltimore: Johns Hopkins University Press, 2002).

② 托马斯·埃金斯（1844—1916），美国的现实主义画家、摄影师、雕塑、美术教育家，被认为是美国艺术史上最重要的艺术家之一。《格罗斯医生的临床课》又译《格罗斯诊所》，创作于1875年，是埃金斯的现实主义代表作品之一。画面所体现的是70岁的美国创伤外科医生格罗斯博士穿着一件黑色的外套，正在给一位年轻病人的腿部进行手术，杰斐逊医学院一群学生在周围观摩学习。格罗斯医生沾满鲜血的手上握着一把解剖刀。此画在医学上具有非常重要的地位，这不仅因为它将外科手术作为一种有治疗功用的专业具有的历史意义，还因为画面向我们展示了19世纪手术室的面貌。——译者注

构丑闻并不是唯一的原因。实际上，大多数独立设置的医学院之所以倒闭，是因为多年来一直存在办学资金不足的问题，而不是弗莱克斯纳报告所带来的结果。①医学作为一种需要深入学习的职业在社会上享有一定的声望。但这也是充满竞争的辛苦的工作，需要依赖病人的缴费，对医学院教师来说，还要直接依赖学生的学费。对于一所1910年的医学院来说，如果它获得小额捐赠，而且基本上只从事医学教育的话，那么就不可能在实验室设备和先进教学方面进行大笔投资了。弗莱克斯纳的报告没有对医学院的财务困境表示任何的同情。他尤其对缺乏标准和设备的黑人医学院提出了批评。他要求那些难以为继的医学院停止办学，他们实际上也这样做了。报告对问题的揭露所带来的后果是，医生的培养数量出现下降，由此在短期内减少了病人的选择。

弗莱克斯纳后来主持了包括法律领域在内的其他领域专业教育的研究。但与第一份医学教育研究报告相比，后来的研究并没有引起广泛的关注，改革的幅度也相对较小。弗莱克斯纳所倡导的可能是所谓的约翰·霍普金斯大学的专业教育理想：在获得文学士学位之后进行的全日制学习，强化学术研究和实践之间的联系。但是，当他利用卡耐基教学促进基金会委托的研究严厉批评数量众多的法律夜校和在职法律学校时，却遭遇了失败。弗莱克斯纳完全低估了夜校的支持者和校友在法律界和律师协会中的政治影响力。

尽管改革有成功也有失败，但卡耐基基金会继续通过研究预警来揭露美国各级教育的缺陷。这并不是一个完全公正的研究议程。当卡耐基教学促进基金会获得的资助开始减少时，通过委托报告收取的费用就成为基金会的主要活动，对于其年度运作来说，也是必不可少的。此外，卡耐基教学促进基金会发表的各种主题报告，成为了传递基金会合理性变革的宣传工具。

因此，高等教育中的变革体现了进步主义的远见卓识和短视。从20世纪末的角度来看，这些改进学院和大学的早期尝试是不完整的，因为它们不符合现代社会的公正观念。例如，1880年至1910年间的改革提倡扩大高等教育，但对基于种族、性别和阶级的歧视却没有丝毫的愧疚。无论是高等教育中进步主义者，还

---

① Paul Starr, *The Social Transformation of American Medicine*: *The Rise of a Sovereign Profession and the Making of a Vast Industry* (New York: Basic Books, 1982), pp. 117—127. See also Lagemann, *Private Power for the Public Good*, pp. 61—71.

是政治领域中的进步主义者,当他们都把希望寄托在"最好的人"(best men)身上,或者谈论招募"科学人"(men of science)时,他们只是在字面上这么说,并无意将女性包括其中,也会因将她们排除在外而自责。早年毕业于东北部地区著名的"七姐妹"(Seven Sisters)学院的毕业生是学界的先驱,她们确实为女性带来了一些好处,但同时也反映出对女性面临的社会阶层不平等的忽视。同样的,1890年的联邦立法帮助建立了黑人赠地学院,为教育资源不足的黑人族裔群体扩展了接受高等教育的机会,但并没有对促进高校内部的种族融合问题给予关注。①

## 小结

无论是劳伦斯·维奇1965年的里程碑式历史研究《美国大学的兴起》,还是埃德温·斯洛森1910年的文集《伟大的美国大学》,都倾向于关注一批人们所熟悉的知名高校的结构和课程模式。这种专注可能导致维奇和斯洛森忽视了其他地区的创新。特别是他们忽视了南部地区创建大学的尝试。这种地域偏见需要加以纠正,因为除了14所"伟大的"美国大学,其他一些高校的改革可能也具有相当大的影响力。位于肯塔基州列克星敦的特兰西瓦尼亚大学就是一个例子。它所进行的创新虽然没有使这所大学进入培养博士研究生的一流院校行列,但这些改革或许蕴含着综合性、多功能大学的早期结构形态。例如,在1890年前后,特兰西瓦尼亚大学(当时已更名为肯塔基大学)内设一个办学历史悠久的文理学院,还有一个师范学院、一个法学院、一个位于路易斯维尔的医学院、一个神学院、一个音乐系和一套商科课程。它甚至还是所在州最早的赠地计划主办学校,直到州立法机构将赠地计划转移到位于同一城市另一处的新建的肯塔基州立学院。实际上,东北部地区著名高校所进行的各种议题和创新都可在这里看到。特兰西瓦尼亚大学在19世纪90年代根据实际情况将各种项目加以组合的做法,比克拉克·克尔在1963年所说的"多元化巨型大学"(multiversity)要早得多。然而,克尔依据的是来自加州大学伯克利分校、哈佛大学、芝加哥大学和威斯康星大学的历

---

① John R. Thelin,"Left Outs and Left Overs: The Limits of Education and Social Reform since 1890," *Reviews in American History* 20 (1992): 222—228.

史证据，而没有涉及梅森-迪克森线（Mason-Dixon line）① 以南的院校模式。②

斯洛森声称，到 1910 年，美国大学已经形成某种固定的形式，一些历史学家近来对此提出了质疑。理查德·安吉洛（Richard Angelo）对费城地区一些高校的研究，以及保罗·马丁利（Paul Mattingly）关于"伴随时间变化的结构"（structures over time）的文章都强化了修正论者的论点，即将高等教育以"大学"或"学院"分类并加以固化，是对各种不同类型院校发展的一种简单化的分类方式。③ 相反，不稳定性、不确定性和多样性才是这个时期高等院校最重要的特征。例如，安吉洛发现，在费城，学生是消费者，他们是根据各种各样的实用的理由来进行选择。他们不会将文学士学位看作是最高等级，并按照声望等级依次对城市中的各种高校进行明确划分。对不稳定性和选择性的这种解释与劳伦斯·维奇在《美国大学的兴起》中对大学声望的描述是不同的。由于学习法律、牙医、药学或医学等专业课程基本上不需要具备什么条件，跨校转学的情况大量存在。安吉洛综合使用了宾夕法尼亚大学和坦普尔大学的数据，他指出，将文理学院及其颁授的文学士学位作为大学的核心或基础的观念，直到第一次世界大战后才真正得以确立。

有人可能会说，宾夕法尼亚大学很特别，因为自 18 世纪以来，它一直有重视专业教育的传统；它的文学士课程从未达到哈佛大学的哈佛学院所具有的传统和地位。然而，安吉洛的重新解释放在美国其他地区却是具有说服力的。如果我们不关注东北部地区的传统大学，而是关注南部的城市大学——例如，新奥尔良的

---

① 也译为梅森－狄克森线或梅森－狄克逊线，为美国宾夕法尼亚州与马里兰州之间的分界线，于 1763 年至 1767 年由英国测量家查理斯·梅森（Charles Mason, 1728 年 4 月—1786 年 10 月 25 日）和英国测量家、天文学家杰里迈·狄克森（Jeremiah Dixon, 1733 年 7 月 27 日—1779 年 1 月 22 日）共同勘测后确定。

② Clark Kerr, *The Uses of the University* (Cambridge, Mass.: Harvard University Press, 1963).

③ Richard Angelo, "The Social Transformation of American Higher Education," in *The Transformation of Higher Learning*, 1860—1930, ed. Konrad H. Jarausch (Chicago: University of Chicago Press, 1983), pp. 261—292; Paul H. Mattingly, "Structures over Time: Institutional History," in *Historical Inquiry in Education: A Research Agenda*, ed. John Hardin Best (Washington, D. C.: American Educational Research Association, 1983), pp. 34—55.

杜兰大学、纳什维尔的范德比尔特大学，以及肯塔基州的路易斯维尔大学——我们会发现，这些新兴大学的核心都是地方性的医学院，处在次要位置的是本科文理学院。根据多萝西·芬尼根（Dorothy E. Finnegan）和布莱恩·卡拉蒂（Brian Cullaty）的新近研究，在许多美国城市，1866年之后高等教育的一个主要成就，就是建立了二十多所"基督教青年会大学"（YMCA universities）——这是一种与"伟大的"大学不同模式，面向所有群体，收费低廉的城市高校。①

保罗·马丁利认为，即使到了1910年，美国也没有就"大学"的核心要素达成一致。② 事实上，即使是斯洛森的《伟大的美国大学》在这方面也没有定论。在斯洛森看来，大学的突出特征在于它提供研究生教育——这个标准本身并没有得到解决，还引发了如何定义美国大学的其他许多问题。对另一些人来说，这是一种模糊但却是确定的对科学的承诺，这是现代美国大学的特征。从下面的记述中可以看到布朗大学转变情况的记载。1889年，布朗大学聘任伊莱莎·本杰明·安德鲁斯（Elisha Benjamin Andrews）为新校长。他是布朗大学的校友，曾在德国学习哲学和政治经济学。后来，他先后担任丹尼森大学（Denison University）的校长和康奈尔大学的历史学教授，然后回到母校布朗大学：

在他担任校长的十年间，他使得教师和学生人数翻番，让大学开设的课程增加了四倍，增加的部分主要是在自然科学和应用科学方面。现代科学对布朗大学迅速发展起到了十分重要的影响。乘着19世纪80年代工业繁荣的大潮，布朗大学与美国其他地区众多的大学一道，在19世纪90年代经历了一场科学复兴。正如英语教授沃尔特·布朗森（Walter Bronson）在1914年的一部布朗大学校史中所言："科学精神正在渗透到每一个思想领域。"③

不幸的是，"科学精神"一词并没有表达有关"大学"的形式和结构方面的

---

① Dorothy E. Finnegan and Brian Cullaty, "Origins of the YMCA Universities: Organizational Adaptations in Urban Education," *History of Higher Education Annual* 21 (2001): 47—78.

② Mattingly, "Structures over Time."

③ Adam R. Nelson, "Setting Students Free," *Brown Alumni Monthly*, September-October 2001, pp. 50—55; quotation at pp. 51—52.

细节。尽管坚定的改革者十分引人注目,同时也极具影响力,诸如卡耐基教学促进基金会的亨利·普里切特和亚伯拉罕·弗莱克斯纳,但他们很难成为大学形式的唯一决定因素。

最好的评判也许是,大学的创建者都是具有远见卓识的人物,他们心目中的现代美国大学在课程结构方面如同新哥特式建筑的宏伟的尖顶,在严格程度和声望上的逐渐提升,以课程学分、学位和认证为突出特征。然而,到 1910 年,除了少数院校外,大多数高校的课程功能都没有遵循这种模式。这所美国大学没有实施按顺序逐级上升的课程,而是提供了线性排列的专业,其中大多数专业随时向所有人开放。新生可以选择文学士课程,这些课程通常以古典语言为特色。此外还有哲学学士学位,它提供没有拉丁语和希腊语的通识教育。学生还可以选择其他任何课程:医学、法律、工程、商业、神学或农业。事实上,美国大学的成功之处在于所谓的新职业的出现——商业、工程、林业、家政、社会工作和农业——这些职业都是大学社会中的成员。①在某些情况下——最重要的是 20 世纪 90 年代明尼苏达大学的农业站——农业和工程受到社会的普遍欢迎,这引发院长们开始认真讨论这些赠地项目部门是否应该从苦苦挣扎的州立大学中分离出来。农业实验站最后并没有脱离各自所在的州,它们也放弃了在联邦政府农业部下面建立全国性协会的计划。此外,建立独立专业学院的呼声也逐渐消退。然而,无论是文理学院还是专业学院,几乎都没有严格的招生标准,或是与学校其他部门协调一致的课程项目。高等教育的规划者们曾设想将本科文理课程和文学士学位当作高级研究的核心,但现在他们却不得不接受大杂烩。

1910 年的美国大学尚处在青少年时期——身材瘦长,精力充沛,神秘莫测。除了《莫里尔法案》与相关的赠地立法之外,联邦政府几乎不再过问高等院校,这留下了复杂的后果。一方面,联邦层面教育主管部门的缺失,使得高校失去政府的拨款,同时也避免了政府的实质性监管。另一方面,高等院校及其捐赠者可以免受政府的干预,进行创新。的确,《谢尔曼法》(*Sherman Act*)② 等反托拉斯

---

① Earl F. Cheit, *The Useful Arts and the Liberal Tradition* (New York: McGraw-Hill, 1975).

② 美国国会 1890 年制定的第一部反托拉斯法,也是美国历史上第一个授权联邦政府控制、干预经济的法案。该法奠定了反垄断法的坚实基础,至今仍然是美国反垄断的基本准则。——译者注

法使得高校免受政府的管辖，加强了高校的自治，下个世纪的大学校长们会不断援引这些法律条款。①这也为发挥包括基金会和认证机构在内的志愿组织的作用打开了方便之门，使标准实践广泛应用于学术领域。随着卡耐基教学促进基金会和大学入学考试委员会批准的标准和标准化测试的确立，一些不受约束的教师抱怨说，学术先驱们一直不受习俗和规定的限制，他们对这些学术先驱们的初心走向衰退深感惋惜。

一种趋势可能是无法避免的，即发展和专业化导致了对高等教育科层体制的需求——这种体制的特征是科系和院长，再加上地区和全国性的机构。然而，处于成熟阶段的美国大学的特征是复杂性的矛盾，即将教师视为劳动力。随着教授们的专业地位的提升，作为专家行使自主权，参加国家学术专业组织，并享有诸如终身教职和学术自由等权利，也要求他们应当对管理层和董事会负责。②

美国高等教育在新的活动领域、高级研究和严格学术方面取得了较为显著的成就。尽管如此，这些创新并没有取代对本科教育的基本承诺。在1890年至1910年的美国高等教育中，存在一个被大学创建者们忽视了的有趣谜题，这就是"大学时代"为何同时也是校园生活的黄金时代。③

---

① Nathan Glazer, "Regulating Business and Higher Education: One Problem or Two?" *Public Interest* 54, no. 56 (1979): 43—65. See also Eugene D. Gulland and Sheldon E. Steinbach, "Antitrust Law and Financial Aid: The MIT Decision," *Chronicle of Higher Education*, 6 October 1993.

② Christopher Jencks and David Riesman, *The Academic Revolution* (Garden City, N. Y.: Doubleday Anchor, 1968).

③ 见 Hugh Hawkins, "The University-Builders Observe the Colleges," *History of Education Quarterly* 11 (Winter 1971): 353—362.

# 第五章　母校：美国人涌入大学，1890—1920

## 大学时代的"学院理想"

1910年埃德温·斯洛森（Edwin Slosson）写道："学院与大学根本差异在于二者定位相反，大学向前看，学院向后看。"① 这种二分法的不足在于，那时的美国高校是个混合体，就像希腊神话中的双面门神雅努斯（Janus），向前看的同时又向后看。大学是复杂的，具有多重特征。具有讽刺意味的是，1890年到1920年美国的高等教育，既是大学创建期，同时也是学院发展的黄金时代。该如何解释这一巧合呢？

我们可以在亨利·亚当斯（Henry Adams）的经历中找到线索。这位忧国忧民的波士顿贵族及哈佛历史学教授，对美国流行文化深感困惑。1876年，一位本科生直言不讳地告诉亚当斯："哈佛大学的学位在芝加哥很值钱。"② 虽然亚当斯对这一说法感到不解，但大多数美国人并不会。上大学越来越受欢迎的原因有好几个方面。它是社会经济流动的一种方式，因此越来越多青少年趋之若鹜。除了可以增强赚钱能力，新贵家庭认为学士学位是获得社会地位的方式。一位发了大财但自己却没有上过大学的父亲，极有可能会重视进入名校接受教育的机会。白手起家的有钱人希望他的儿子与那些出身名门，有教养的年轻人成为校友，共享大学经历，建立联系。

这种对上大学的渴求与高等教育的结合对大学校长意味着大笔意料之外的资金。1870年时的大学官员都在为低迷的入学率担忧，而且人口统计学数据显示申请上大学的年轻人比例正在减少。到了新旧世纪之交，大学的状态和风貌已大为改观。"男大学生"（college man）以及后来的"女大学生"（college woman），再

---

① Edwin E. Slosson, *Great American Universities* (New York: Macmillan,), p. 374.

② Henry Adams, *The Education of Henry Adams* (Boston: Houghton Mifflin, 1918), pp. 305—306.

加上崭新宏伟的校园建筑，成为了美国商业文化中引人注目的形象。到19世纪末，美国高等教育最为重要的变化是，上过大学成为一种时尚且尊贵的经历。这意味着在现代化和工业化占据重要地位的几十年间，传统院校还能具有一定的影响力，这也解释了为什么即使大学创建者们做出悲观预测的情况下，颁授文学士学位的本科学院并没有走向衰败。

尽管大学创建者们往往在公开言论中贬低历史悠久的学院，称其为过时陈腐之物，但在私下谈话中，他们也承认大学有赖于学院的复兴。最实际且明显的原因是，研究生课程需要大量受过教育的学生成为申请硕士或博士学位的人选。其次，正如约翰·霍普金斯大学管理者们在碰壁之后，终于发现，没有一所大学能在没有本科生支付学费的情况下顺利运转。最后，文理学院为大学结构提供了真正的具有象征意义的核心价值，这有助于培养校友和捐赠者的忠诚度。正如哈佛大学哲学家乔治·桑塔亚纳（George Santayana）在解释为什么"大学模式"（university model）没有取代传统的学院时所写的那样："哈佛学院具备当地的社会和体育竞赛传统，否则哈佛学院与克拉克大学没有本质的不同了。"[1] 这一现象将新的现代大学与学院传统紧密地联系在一起，并促进彼此的共同繁荣发展。

学校的名声是来自悠久的历史，而非它的现代性，这是学院繁荣的特征之一。耶鲁大学的校友亨利·塞德尔·坎比（Henry Seidel Canby）把这个时期称为"美国学院的哥特时代"（Gothic age of American college），其暗指深色且常常是灰暗的哥特式校园建筑在美国现代主义生活方式出现之前，为生机勃勃的本科生文化提供了一片肥沃的土壤。回顾世纪之交前的十年，坎比回忆道，"新建的学院，不论是'州立的'，还是'私立的'，都是以老学院为榜样塑造它们的生命与理想。"[2] 1900年，布朗大学校友杂志的编辑表达了同样的观点："在新英格兰地区，每一所学院都需要更多的钱，但是这种说法是否容易让人产生一种错觉：认为建设一所大学，金钱是唯一的必不可少的要素，从而过于重视学院的物质财富？加州大学和斯坦福大学，虽然优秀且强大，但无法买到哈佛、耶鲁和布朗大学的历

---

[1] George Santayana, "The Spirit and Ideals of Harvard University," *Educational Review*, April 1894, reprinted in *George Santayana's America: Essays on Literature and Culture*, ed. James Ballowe (Urbana: University of Illinois Press, 1967).

[2] Henry Seidel Canby, Alma Mater: *The Gothic Age of the American College* (New York: Farrar and Rinehart, 1936), p.24.

史与老榆树。"①

## 学院庆典活动：图片新闻报道与校园影像

所有的媒体都在报道严肃学术研究的出现，这是现代大学的出现预兆，但是在1890年至1910年间，美国公众却对本科生的校园生活产生了极大的兴趣，这是当时一个重要的社会发展现象。而且，这种兴趣在后来的几十年间长盛不衰。要寻找这一转变的证据，我们不能只局限于学校的课程简介，还要研究校园的服饰广告、流行杂志、低俗小说、校园歌曲以及校际体育比赛等，将它们作为校园文化核心与本国流行文化之间的联系。②

公众对校园生活的兴趣，从一些全国性杂志专题报道的标题上可以明显看出。编辑们发现，读者不仅对崭新宏伟的大学建筑的图片报道感兴趣，还喜欢有关介绍著名大学校园生活的文章。作家和摄影师的作品至少部分地满足了公众对大学围墙内所发生事情的好奇心。1880年至1910年间，一些全国性期刊杂志如《独立周刊》（The Independent）、《大西洋月刊》（Atlantic Monthly）、《世纪杂志》（The Century）、《斯克赖伯杂志》（Scribner's）、《麦克卢尔月刊》（McClure's）、《展望周刊》（The Outlook）等，新闻报道的标题包括"美国大学生"［由赛奇威克·库珀（Sedgwick Cooper）撰写的系列文章］、"女子学院的生活"、"普林斯顿的学院生活——新与旧"以及"关于了解大学男生"。③

这种类型的通俗文学作品是学院内部人士（学生、校友、教职员工和校长）的骄傲与校外人士的好奇心相结合的产物。为了跟上大学校园生活的步伐，新闻工作者充当诠释者的角色，他们向校外人士解释每所学院独特的用语和习俗。写作者们认识到，公众不仅对学院的形式与功能感兴趣，还对神秘的大学精神充满好奇。一位作者这样解释道："每一所学院和大学除了都在开展系统的教学和研究，还拥有独特的校园生活和氛围，这与塑造'全人'（whole man）的教育密切

---

① "University Competition," *Brown Alumni Monthly*, June 1900, p. 5.
② John R. Thelin, "Ivy's Roots, 1890 to 1900," in The *Cultivation of Ivy* (Cambridge, Mass.: Schenkman, 1976), pp. 5—19.
③ James C. Stone and Donald p. DeNevi, eds., *Portraits of the American University*, 1890 to 1910 (San Francisco: Jossey-Bass, 1971).

相关。"①

作者们用各种隐喻来讲述大学生们志趣相投的集体经历:"在牧场上一起嬉戏的小马驹""一起划桨的伙伴",相形之下,教授和他们的家人在公众眼里,要么是隐形的,要么是一个奇怪又可怜的形象。《独立周刊》的汉密尔顿·霍尔特(Hamilton Holt)撰写了一系列关于煤矿工人、肉类加工厂的屠夫、血汗制衣工厂的女童工、南部受压迫的黑人以及受到虐待的移民劳工的悲惨生活的系列文章。在"平凡美国人"(undistinguished Americans)的系列文章中,他描述了一位"教授的妻子"。根据介绍,1905 年,一位在中西部地区小型学院任教的教授每年大约能挣到 1100 美元(约合 2000 年的 2.1 万美元)。这些钱并不经花。租一套一般的房子,年租金是 216 美元(约合 2000 年的 4126 美元);食品杂物费用达 300 美元(约合 2000 年的 5731 美元);服装费 150 美元(约合 2000 年的 2865 美元);保险费 100 美元(约合 2000 年的 1910 美元);余下的钱几乎全都用在其他家用杂费开销。为了保证收支平衡,教授家人甚至需要从肉贩和菜农那里购买廉价的处理品。教授的教学负担很重,每学期要上 4 到 5 门课程,另外还要负责指导学生,接待校外演讲嘉宾访客等额外的工作。② 鉴于大学教授单调乏味的生活,美国读者们更愿意了解大学的活动和逸事,就不足为怪了。

尽管"学院模式"(collegiate way)基本相同,在世纪之交,除了"派系"宣称的独特性之外,读者们还对院校之间或虚或实的差异感兴趣。亨利·塞德尔·坎比(Henry Seidel Canby)回忆道:"最狂热的标准化信徒也不敢断言威斯康星州湖畔的大学生活与普林斯顿大学宿舍或者南部大学校园生活是完全相同的。"③本着这样的精神,加利福尼亚州的波莫纳学院(Pomona College)设法说服未来的学生,"去西部"上大学和"回到东部"上大学一样有吸引力。在写给一位虚构的高中毕业生比尔的"公开信"中,波莫纳学院的代表对其晓之以理:"比尔,当

---

① James W. Alexander, "Undergraduate Life at Princeton-Old and New," *Scribner's Magazine*, June 1897, p. 64.

② Hamilton Holt, "A College Professor's Wife," *The Independent* 59 (30 November 1905): 1279−1283. See also David M. Katzman and William M. Tuttle, Jr., eds., Plain Folk: *The Life Stories of Undistinguished Americans* (Urbana: University of Illinois Press, 1982), pp. 82−96.

③ Canby, *Alma Mater*, p. 24.

你来到波莫纳，你来到的是一所民主的学院，具有西部的奋发与激情，在这里衡量一个人的是素质和能力，而不是他的贵族血统。"①

这种对大学的忠诚激发学生们创造出了独一无二的学校象征物。1890 年到 1910 年间，学院纷纷选定了属于自己的代表颜色和吉祥物。哈佛大学的深红色和达特茅斯学院的绿色成为了学生和橄榄球迷们熟悉的标志性颜色。对于有些院校来说，它们选择的理由是显而易见的。布朗大学很自然地选择了棕色和白色作为学校的代表色，棕熊是校橄榄球队——熊队（the Bruins）的吉祥物。其他院校在选定独特的代表颜色时有些举棋不定，花费了很长的时间。塔夫茨学院犹豫不决，最终选择了怪异的粉蓝色和棕色就证明了这一点。谁知道是什么原因让肯塔基州的乔治敦学院（Georgetown College）选择了粉色和灰色，并且拥有一个奇怪的昵称"飞翔的牧师"（The Flying Parsons）呢？普林斯顿著名的黑色和橙色组合，被美国许多地方的长老会学院充满敬意地效仿着。有时意外事件也会影响校园颜色的选择。例如，在弗吉尼亚大学，学生们精心地选择灰色和红色以此纪念南部邦联的流血事件。然而，当运动队服生产商宣称，某种染料的短缺将会造成官方颜色的运动队服延期交付时，学生们选择使用蓝色和橙色作为临时替代色。一个多世纪以后，弗吉尼亚大学仍在沿用这两种颜色。

除了有代表颜色外，每一所大学还都选定了各自的吉祥物。吉祥物是校运动队的美德的化身。凶猛是当时大学选择吉祥物的潮流，比如普林斯顿的老虎、加州大学的金熊、哥伦比亚大学的狮子、密歇根大学的狼獾、威斯康星大学的獾，以及耶鲁大学的牛头犬。有时，这种对凶猛特性的强调导致了一些不合逻辑的组合，包括宾夕法尼亚大学好斗的贵格会教徒（Fighting Quakers），以及惠蒂尔学院（Whittier College）好斗的诗人（Fighting Poets）。附属于浸礼会的韦克森林学院（Wake Forest College）用善恶兼容的"恶魔执事"（Demon Deacons）来命名学校运动队。吉祥物的选择有时是受到了体育记者报道的启发。例如，南加州大学的"像特洛伊人一样战斗队"，或者是肯塔基大学的"像野猫一样战斗队"。有

---

① *As a College Man Thinks*: *Being a Letter from a Pomona College Student to a High School Senior* (Claremont，Calif.：Pomona College，ca. 1924). See also John R. Thelin，"California and the Colleges," *California Historical Quarterly* 56 (Summer 1977)：140－163 (part 1).

时运动队名传递了本州的荣耀，比如印第安纳大学山地人队（Indiana University Hoosiers）、俄亥俄州立大学七叶树队（Ohio State Buckeyes）、密西西比大学反叛者美式足球队（Ole Miss Rebels）和弗吉尼亚大学的骑士队（Virginia Cavaliers）。南卡罗莱纳学院选择斗鸡作为吉祥物，象征勇猛的战斗精神和体育传承。加州波莫纳学院选择不太符合情理，它的吉祥物是一只鼠尾草鸡（Sagehen）。马萨诸塞州的威廉姆斯学院选用紫牛（Purple Cow）这试图让对手感到惶恐不安的奇特吉祥物。有些大学的队徽和吉祥物，如华盛顿与李大学的将军队，密歇根州立农学院的斯巴达人队，所传达的体育精神如威廉·詹姆斯（William James）所描述的那样："在寓意上如同战争"。有些工程院校用运动队的名称来炫耀它们的课程特色，比如普渡大学的锅炉工队（Boiler Makers），以及自称是工程师的摇篮的麻省理工学院的队名"工程师队"（Engineers）。

除了各种各样的吉祥物，大学生和新近的毕业生还为学校谱写校歌和赞美诗。他们还构思出别出心裁的歌曲和欢呼口号声，让参与体育赛事和聚会者感觉到自己是校园群体的一分子。蓬勃发展的校园歌谣集产业就是这一现象的标志。例如，1926年，阿默斯特学院校友会出版了一本146页的精装歌谣集，专门收录了阿默斯特学院的歌曲，既有直率的橄榄球队进行曲《老阿默斯特全力以赴》（Old Amherst's out for Business），又有诸如《月夜》（In the Evening by the Moonlight）这样伤感的歌曲。校园歌曲成为全国大学生关注的焦点。1903年，纽约市海因茨与诺布尔出版社（Hinds and Noble Publishers）发行了第四版《校歌全集：更多的新曲目》（Songs of All the Colleges：Including Many New Songs）。该书广告传单上的头条消息就是出版商终于获准出版"著名的耶鲁波拉歌"（Yale Boola Song）。这则消息提醒读者："这首歌被认为是迄今最流行的歌曲之一，旋律'朗朗上口'，各地的管弦乐队和流行音乐乐队都在演奏。只要在钢琴上弹奏，合唱部分就能'让你彻底放松'。我们同时刊印了运动场版的和感伤版的歌词。"[1]

其他出版商们也试图挖掘繁荣的校歌市场。总部设在波士顿的校际音乐联盟（Intercollegiate Music League）与阿姆思科音乐出版社（Amsco Music Publishers）

---

[1] David B. Chamberlain and Karl p. Harrington, eds., *Songs of All the Colleges：Including Many New Songs*, 4th ed. (New York：Hinds and Noble, 1903), flyer and p. 26.

计划向全国听众推出一本 255 页的歌曲集:《美国大学官方认可歌曲集》(*Officially Approved Songs of the American Colleges*)。在这些厚重的歌曲大全中收录了全国每一所大学的校歌,从《哈佛万人》(*Ten Thousand Men of Harvard*) 到密歇根州立大学的《靠近弯曲的雪松》(*Close Beside the Winding Cedars*) 等。甚至著名的捐资人都会在校歌中受到歌颂。芝加哥大学因一首独特的歌曲而出名:《约翰·洛克菲勒》。这首歌照例以歌颂开头,然后表达了学校对启迪心智与促进学识的承诺,在之后的合唱中,以庄严而具体的颂扬作为结尾:

> 约翰·洛克菲勒,伟人如斯,
> 为我芝大倾囊相助。
> 他让我校杰出校队
> 经年不辍。
> 授善款于哈珀博士,
> 助我壮大。
> 愿荣耀归于芝大!

这几十年也是校园音乐团体的黄金时代,如飞龙合唱团(Whiffenpoofs)和鳄鱼合唱团(Krokodiloes),更别提游行乐队和曼陀林俱乐部,它们的小夜曲和音乐会标志着每年大大小小的校园活动的开始。

这些校园活动包括多次的官方游行。举行时间是在开学伊始,或者在"校庆日"(Founder's Day),还有一次是在六月的毕业典礼时。学生们常常会增设一些属于他们自己的正式活动。例如,布朗大学的"春假"(Spring Day)是专属大四学生的节日,他们穿上学位袍,用幽默演讲和讽刺小品等形式,尽情调侃老师和校长。在加州大学,"劳动节"(Labor Day)和"植树节"(Arbor Day)是专门为了校园改善和校园庆典活动。斯坦福的学生游行被称作"扬博瑞诺斯"(Jamborinos),是一系列精心策划的活动,包括游行花车、行进乐队,以及演唱斯坦福大学的传统老歌《甘博利尔之子》(*Son of a Gambolier*)。

秋季橄榄球赛,特别是"校友返校日"(homecoming),让本科生和校友们欢聚一堂。随着校友会的发展壮大,大学在毕业庆典周期间开始组办校友联欢游行活动。在公众眼里学术生活是严肃的,与此相反,校友活动则是无忧无虑的聚会，它让一个"老毕业生"（old grad）成为一个"老男孩"（old boy），这在某种程度上印证了大学生活让人永葆青春的说法。根据惯例，每个年级聚会的服装会确定某种幽默的主题，选择范围从《爱丽丝梦游仙境》中的角色，到模仿穿条纹的监狱服刑犯。所有这些细节为整个过程增添了一丝庆典的气氛，仿佛中世纪的节日和圣人时代的精神轻松地浸入现代大学。

与校歌创作者一样，小说家们对校园生活的仪式和主题非常敏感。艾默里·布莱恩（Amory Blaine）是斯科特·菲茨杰拉德（F. Scott Fitzgerald）笔下的虚构人物之一，他向一名预科学校的学生描述了东海岸精英大学之间所谓的差异：

"我想去普林斯顿，"艾默里说，"我不知道为什么，但我认为所有的哈佛男人像我以前一样，都是胆小鬼，而所有的耶鲁男人都穿着宽大的蓝色毛衣，抽着烟斗……普林斯顿的人慵懒、漂亮、有点贵族气——你知道，就像春日。哈佛似乎感觉在室内，有点沉闷。"

"而耶鲁就像是十一月，清新又充满活力，"蒙西格诺尔总结说。

"是啊！"①

大学申请者并不是唯一对高校进行比较的人。乔治·桑塔亚纳（George Santayana）过去是哈佛的学生，现在是哈佛的教授，凭着对哈佛的了解，他于1894年写道："哈佛是科学的，既复杂又有所保留。"② 威廉·斯隆（William Sloane）解释道，普林斯顿代表着纪律和优雅。③ 世纪之交，一首达特茅斯学生谱写的歌曲唱出略显幼稚但充满热情的评价：

我为你唱一首大学之歌，告诉你该去哪儿上大学；
约翰·霍普金斯涨知识，康奈尔学划船，
阿默斯特多纨绔，达特茅斯出汉子，

---

① F. Scott Fitzgerald, *This Side of Paradise* (New York: Charles Scribner's Sons, 1920), chap. 1.

② Santayana, "Spirit and Ideals of Harvard University," p. 58.

③ William Sloane, "Princeton," in *Four American Universities* (New York: Harper and Brothers, 1895), p. 95.

有钱人,去威廉姆斯镇,无赖们,去布朗,阿门!①

这些歌词,只有那些明白"大学生"的内部暗语的人才听得懂。例如,本科生使用的俚语"无赖"(muckers),指的是那些拥有虚假学历而身体强壮的小伙子,他们被教练从铸造厂招募出来,为大学的橄榄球队效力。"划船"(row)一词指的是大学赛艇队的队员。威廉姆斯镇是马萨诸塞州威廉姆斯学院所在地。这些都是普通读者们喜闻乐见的丰富多彩的暗语。

正如《哈佛倡导者》(Harvard Advocate)杂志对学生编辑所指出的那样,"由于某种无法解释的原因,公众似乎觉得大学生很有吸引力。他们关注大学生的所有事情——体育赛事,文学和社会造诣,恶作剧及蠢事。因此,校园小说正在成为一种流行的文学形式"。② 老牌学院,尤其是耶鲁大学,通常为小说提供了背景和主角。校园生活小说中,最无处不在的人物可能是"弗兰克-梅里韦尔在耶鲁"(Frank Merriwell at Yale)系列,发表在 1896 年到 1915 年间的《顶点周刊》,平均周销量达 150 万份。这些故事通常是把大学生活浪漫化,缺乏真实性。在弗兰克·梅里韦尔系列小说不再流行之后,新一代的严肃的小说家专注于大学生活中的重大危机。嗅觉敏锐的出版商利用女孩子们对大学生活日益增长的兴趣,迅速出版了一系列有关女子学院的青春小说。在这几十年间,上述所有趋势的共性在于,美国大学校园引起了社会的广泛关注。

## 美国学院哥特时代的大学生,1890—1910

公众对学院的兴趣始于 1890 年左右,一直持续高涨到美国参与第一次世界大战。那个时代的图片新闻报道和通俗小说提供了一个从外部看校园的视角。但是,同样重要的是,从内到外,即从大学生的视角来重构大学世界。

教师和哲学家之间的许多严肃的课程辩论就像羽毛球比赛,球在学生们头上来来回回,而他们根本就不关心这些辩题。19 世纪 90 年代的学生宿舍有一种流

---

① 转引自 Forrest J. Hall, "Nightshirt 'Peerade,'" *Dartmouth Alumni Magazine*, April 1954, p. 83.

② Harvard Advocate (n.d., ca. 1910), quoted in William Bentinck-Smith, *The Harvard Book* (Cambridge, Mass., 1953), p. 13.

行的横幅，上面写着：“不要让你的学习妨碍了你的教育！"（Don't Let Your Studies Interfere with Your Education!）大学生们创造出复杂的社交体系，证明他们是何等忠实地听从这条告诫的。课程学习虽然被视为不得已的事情，但却是为进入校园生活这场世上最精彩的演出必须付出的代价。

对严格的课程学习的不在乎并不意味着对大学生活的要求不高。相反，在评价、奖惩等方面是极其严格的。同样，这也不意味着就没有学生专注于学术阅读和学术思想中。那些选择关注学业的人在一定的范围内是可以被接受的，通常他们会明确地传达出这样的信息：学业并不是主流校园文化优先考虑的事。有时，如果哪位学生打破校园规则，对教授的提问大胆地发表了严肃的评论，很快他的同学就会报以嘲笑、咳嗽、椅子的吱吱声，或者其他方式的警告。大学生擅长化解掉课堂上那些严肃认真的学术讨论。按照劳伦斯·维西（Laurence Veysey）的说法，这是学生恶作剧的黄金时代，大部分恶作剧都加强了"学院制"（college system）的反学术规范的特点。

官方纪事和学生年鉴之间的差异最好地说明了大学生与学校管理部门之间的分歧。前者是对学校要求和规章制度的一种简洁、直接的表述，没有任何插图。它最具文学性的部分可能是校园的历史的简介，或是校长和院长的欢迎辞。相比之下，后者则是一部内容丰富的记事册，编录了一整年的难忘事件，包括有内涵的笑话，谐趣诗，美好的回忆以及精心制作的漫画和讽刺画。学生年鉴的名称丰富多彩，比如约翰·霍普金斯大学的《喧嚣》（*Hulabaloo*）、西点军校的《榴弹炮》（*Howitzer*）、加州大学的《白板》（*Tabula Rasa*）、弗吉尼亚大学的《软木与卷发》（*Cork and Curls*）、布朗大学的《利伯·布鲁恩西斯》（*Liber Brunensis*），以及南加州大学的《埃尔·罗德奥》（*El Rodeo*）。记录世纪之交校园生活的学生年鉴传达出一种强烈的印象：每一次校园活动是被一组程式化的照片捕捉到，留待后人观看。有关"美好的校园年华"（Bright College Years）[①] 的记忆都被保留在了一系列正式的照片里，包括了运动队、合唱团、编辑部、餐会俱乐部和荣誉

---

[①] 19世纪晚期的耶鲁大学的传统歌曲之一，由亨利·杜兰德（Henry Durand）于1881年创作。该歌曲以德国歌曲《坚守莱茵河》（*Die Wacht am Rhein*）为基调。在一些古老的歌本和出版物中，这首歌的名字是《亲爱的老耶鲁》（*Dear Old Yale*），可能是参考了另一首流行的耶鲁歌曲《榆树下》的结束语："在亲爱的老耶鲁的榆树下的日子是多么快乐！"此歌虽然是非官方的歌曲，却受到广泛认可，至今仍在传唱。——译者注

协会等,每一个人都是在熟悉的校园场所,如学院礼堂前的台阶上,或是在老栅栏旁边摆好姿势拍照(见图4)。协会和团体的普通的共性是,学生们表露出一副老于世故的神情。这些处于青春期后期的本科学生,看起来比他们的长辈更成熟。因为这个做作的群体形象,所以从一个爱冒险且野心勃勃的年轻白人男子的角度看,上大学并不关乎遵守学位要求和组织章程,而是更多地意味着进入到了一个引人入胜、令人陶醉的世界,这一点不足为奇。大学校园就是一座由学生掌控,为学生服务的美国"城邦"(city state)。

从亨利·塞德尔·坎比(Henry Seidel Canby)到乔治·桑塔亚纳(George Santayana)以及之后不同时期许多历史学者都指出,大学生们几乎用他们自己的话语创造了一个世界。坎比描述了大学新生丰富的体验,他们走出大学城的火车站,穿过小镇的绿地,刚踏入校园立刻感受到了大学生活独特的魅力。尽管校园建筑无明显的特色,"昏暗的礼堂,装饰着仿哥特式或拜占庭式的方格子花窗",这名新生却发现学生世界是如此的迷人,"只在片刻间,在绿园(Green)与校园之间",他"就用一种年轻人惯有的漫不经心的自大,放弃了所有关于校园宏伟建筑的幻想,转而接纳真实世界——大学生活。坎比接着说道:

图4 毕业班学生在学院栅栏旁歌唱,阿默斯特学院,1926年(阿默斯特学院档案与特藏品部)

或者是来自眼前的一切,或者是来自别人的回忆,它就好像美国年轻人的避风港，在这一段短暂的光阴里，能量得以释放，年轻人创造一个属于他们自己的世界，至少在一段时间里，这个世界与成年人的世界基本上是一致的。

上大学是贯通学生与校友联系的一种成人礼：

成千上万和我一样的人曾经到过这里（正如我穿过绿园时的体验一样），他们的生活即将成为我的经历。在家里我们大多数人的生活都是在一个单调的维度上，至少我自己肯定是这样的，顶多只有通过家族的追溯才能与美国历史发生关联。只在一夜之间，我们就将穿过一扇开放的大门通向传统——有用的、富有同情心的青年传统。我们将有幸获得新生，没有痛苦，不用自省。

坎比对19世纪90年代大学生文化的回忆还包括了独特的服饰、暗语、标志和亲密友情，以及对学院规章制度的遵守——通常是含蓄，但能够清楚领悟：

因此，就像所有自信的一代人那样，当我发现学院时，我就接纳了它，并以一种狂热地忠诚地相信它的生活和精神。90年代后期的一天，一群男生正漫步在秋日的街道上，他们与小镇居民截然不同，仿佛来自另一个世界……他们的言行举止间，有一种傲慢的漫不经心，让人陶醉。我恨不得扔掉自己那塞满没用书本的手提箱，换上我认为必须穿的毛衣——像他们那样装束，像他们那样生活。

"像他们那样装束，像他们那样生活"——正是这种吸引力让美国新贵们聚到一起，也吸引了好奇，甚至放纵的一代美国成年人。①

不同院校的学生服饰各有不同。在弗吉尼亚大学，任何胆敢戴上鲜艳领带的新生都会被欺负。斯坦福的本科生则要戴着宽檐帽，穿上宽大的灯芯绒裤。在伯克利湾区，加州大学的学生很容易被认出来，因为他们戴着一种名为"丑帽"（plug ugly）的高顶礼帽，每一顶帽子上还有同学的签名（图5）。在每一所校园，那些身穿印有校名毛衣的人都会得到特别的尊重。最终，全国性杂志和服装制造商瞄准了各地的大学生，他们成为了衬衫、西装、帽子和鞋子等的潮流引领者和消费者。最引人注目的是"箭牌衬衫男"（Arrow Shirt Man），坚硬的领子和俊朗的外表代表了强壮、自信、衣着考究的大学绅士。

---

① Canby, *Alma Mater*, pp. 23—26.

图5 头戴"丑帽"的加州大学1898届学生（加州大学伯克利分校，班克罗夫特图书馆）

这种美国式的学院精神从耶鲁这个具影响力的核心传播出去。"学院制"（college system）的关键在于"耶鲁式民主"（Yale's democracy）——主张由各种校园活动构建起一个自由的平台，学生们在此施展他们的才能，其他同学评判他们的优点。访客将耶鲁校园形容为"发电机"（dynamo），所有的学生活动都充满了能量与激情。一个重要的细微差别在于，"耶鲁模式"将个人的抱负与努力融入团队努力，共同为所在的年级和学院赢得更大的利益和荣誉。这一点使得耶鲁成为培养未来领袖之地而闻名，它为美国的个人主义、团队协作、和谐共生提供了至关重要的模式。耶鲁是一所具有美国特色的学院。并不是所有的知名学院都效仿耶鲁模式。例如，哈佛拥有自己强大的"学院文化"和各种活动。不过，哈佛大学"终极俱乐部"（final clubs）① 是一个学生社交俱乐部网络，而不是像耶鲁大学和其他高校的"学院制"那样，学生成员可以得到分数方面的好处。

---

① 创立于19世纪晚期，当时哈佛大学每个年级的学生都有各种各样的俱乐部。如新生可以加入新生俱乐部，然后是"等待俱乐部"，最后，当他们接近完成学业时，可以加入"终极俱乐部"。因此，"终极俱乐部"是学生们在大学毕业之前最后所能参加的俱乐部。进入该组织成为了身份的象征和拥有超高阶校友群的保证。——译者注

当"学院制"的作用处于最佳时,可以不受财富和社会地位等因素的影响。正如亨利·塞德尔·坎比所言:"但是,我们没有受到那些财阀巨头们大名鼎鼎的名号的影响——比如范德比尔特家族、阿斯特家族和洛克菲勒家族——因为我们都亲自盯着他们。"① 评判一名学生的至关重要的标准在于"他做了什么",能为学院带来荣誉的成就才被认为是校园王国里的杀手锏。认同这种价值体系的学生要面临着一系列的考验。首先,他必须展示能进入橄榄球队的天赋,入选文学杂志的编辑部的能力,或者通过合唱团的面试。其次,在每一项正式活动中,他都要展现领导才能——例如,担任橄榄球队的队长,或者是报纸的主编。校外观察者常常会忽略第三层面的情况,即担任学生社团的管理者经常能在校园里赢得很高的声望,被称为"大人物"(Big Man),从他们帽子和大衣穿戴就可辨认出他们精明能干,处事圆滑,举止间透着深思熟虑的坚定的神情。后来的美国大学生都知道 BMOC 就是"校园大人物"(Big Man on Campus)的缩写 。

无论学生选择哪种方式的努力出人头地,最终的考验还是在于学生领袖们是否认可他的独特的成就,并认为他值得入选荣誉社团。例如,耶鲁有一套复杂的等级制度,从"二年级社团"(sophomore societies),到著名且神秘的"四年级社团(senior societies),其中包括骷髅社(Skull and Bones)② 和狼头社(Wolf's Heads)③。不同学校的学生组织各有不同,但是基本的原则通常都会仿效耶鲁体制。本科生们或许会对课程期末考试漫不经心,但他们对庄严的"选员日"(Tap Day)却是认真对待。在这一天,荣誉社团的老会员们通过一套精心策划的仪式迎接选拔出来的新会员。在普林斯顿,著名的餐会俱乐部新人入会的重要日子被称为"斗嘴"(Bicker)。在不知情的局外人看来,这样的四年级社团的"选员"程序就好像大学生联谊会的"招新"(rushes)活动一样。在某种意义是这样,但有一个本质的区别。学生是以新生的身份被联谊会"招募"(rushed)进去的,而

---

① Canby, *Alma Mater*, p. 50.
② 耶鲁大学高年级(四年级)学生的秘密社团,成立于1832年。又称骷髅会、骷髅骨,是美国耶鲁大学的一个秘密精英社团。成员包括许多美国政界、商界、教育界的重要人物,其中包括3位美国总统、2位最高法院大法官,还有无数美国议员以及高官。从20世纪90年代初期起开始招收女性学生会员。——译者注
③ 耶鲁大学高年级(四年级)学生的秘密社团,成立于1883年。与骷髅社一样,也是耶鲁大学最为著名的学生社团之一。——译者注

四年级社团的"入会"则是在一个人校园生涯即将结束之时,因其在校园生活方面作出全部贡献的褒奖。

世纪之交的耶鲁和其他许多学院,学生内部奖励机制的一个基本要点就在于它的毫不掩饰的公开选拔性。会员资格最终取决于才干,并由现任的资深会员来评判。尽管许多学生在落选荣誉协会时可能会感到失望,但是只要大多数的学生相信选拔过程是公正的,是严格基于真才实干,而不是出于徇私舞弊或任人唯亲,那么"学院制"就会继续繁荣,"精选出的少数人"就会继续受到尊重。然而,从1900年以后的学生回忆录和教师评论中可以发现,对于学院颁发的奖励是基于公开标准这一点,越来越受到质疑。对本科生"学院制"第二方面的批评是关于它的前提假设,这种假设认为美国的学院确实做到了对众多才华横溢的年轻人开放。如果这种"大学生活"(college life)模式被认为是培养未来国家领导者的有效机制,那么有哪些措施可以确保它是一个公平、公开的竞赛呢?最后,由于"学院制"引以为豪的一点在于,它对学生的学习活动的评价不仅仅限于正规课程的学习,但是否存在这样一种风险,即导致学生系统偏离学术课程的重要观点和内容?为了检验1890年到1910年间的"大学生活"美好图景,我们有必要使用一些历史数据来检验这些方面的主张。

## 入学与负担

美国人对"学院理想"的颂扬并不只是一种对校园生活的普遍性迷恋;它还是一个存在严重社会后果的问题。虽然大学生活的景象与标志有时看起来无关痛痒,但实际上是美国生活中关于社会流动性和获得声望的严重问题的反映。1910年到1920年间,高等教育付出了一种"人气的代价"(price of popularity):伴随学院的发展和声望的提升,随之而来的是正当性问题。

"学院理想"第一个也是最明显的局限在于:它几乎完全只是白人男性的专属。而且,甚至也并不是全部有才华的白人男性都能获到上大学恰当的机会。学院入学率在18岁到22岁的美国人口中只占不到5%的比例,更令人不满的是,在这些能进入学院的相对小的人群中,并不是所有试图想成为学院内部世界一分子的人都能如愿以偿。即使上大学赋予学生个人以精英的身份,但是在校园中,并不是每一位本科生都能享受到一等公民的待遇。

对于学院而言，吸引美国公众的喜爱是一个方面，在现实中利用这种美妙的意象来招募学生则是另一回事情。为了弄清楚哪些人想要上大学，有必要将入学视为一种可承受能力的机制。学费和管理费都是很普遍的收费项目。从 1890 年到 1910 年，尽管上大学的支出费用并没有发生大幅度的年度性增长。然而，对于大多数美国家庭而言，上大学的费用依然相当昂贵。

对于亚历山大·梅克尔约翰（Alexander Meiklejohn）的家庭来说，情况就是如此——他最终成为了著名的教授、教务长、校长和哲学家。梅克尔约翰是一名熟练技工的儿子，他的父亲从苏格兰移民到罗德岛，聪明的他在中学的表现出色；实际上，他是以年级第一的成绩毕业。在 1889 年的美国，上中学仍然还是一种相对享有特权的经历。不过，那个时期公立中学在学术教学上都很强大，尤其是在美国东北部的城市地区。梅克尔约翰就读的高中位于波塔克特（Pawtucket）——这里很难称得上精英地区，他所学过的课程包括语法、书写、算术、代数、拉丁语、希腊语、绘画和音乐，并且在高年级的时候还学过几何、物理、化学、天文、法语和古代史。[①]

梅克尔约翰的受教育之路揭示了一个重视教育但收入微薄的家庭所做出的利弊权衡。他的父母做出了一项慎重决定，全力培养 8 个儿子中最小的亚历山大上大学；他的哥哥们放弃了大学，都在普塔基特的工厂里做工。上大学被认为是荣耀的，但是在当时，人们通常会选择在本地的大学就读。尽管年轻的梅克尔约翰与他的父母考虑过申请耶鲁，但是，最终他们还是选择了位于附近普罗维登斯市的布朗大学。

布朗大学的学费在新英格兰地区的院校中间比较典型：学费每年 105 美元，外加必须缴纳的 48 美元杂费。这 153 美元的费用约合一个世纪后的 2000 年的 3100 美元。9 月中旬到第二年 6 月底的学年被分成三个学期，外加一个暑假，可以自由从事兼职工作或是其他副业。布朗大学所收取的学费对于新英格兰地区的

---

① Adam R. Nelson, "Setting Students Free: Who Was Alexander Meiklejohn and Why Does He Still Matter?" *Brown Alumni Monthly*, September-October 2001, pp. 50—55. See also Adam R. Nelson, *Education and Democracy: The Meaning of Alexander Meiklejohn*, 1872—1964 (Madison: University of Wisconsin Press, 2001). Cf. "University Fees" and "Financial Aid to Students," *Catalogue of Brown University for* 1907—1908, pp. 160—165.

中产阶级家庭来说，并不是特别的昂贵，他们的年收入大约为600美元到2000美元（约合2000年的1.2万到4.1万美元）。但是这对于大多数工人阶层的家庭来说，很有可能难以负担。1890年，一个熟练工人每年大约挣460美元（约合2000年的8700美元）。因此，甚至对于一名薪资相对丰厚的熟练工人而言，上大学的开支都是难以企及的。以梅克尔约翰为例，整个家庭，包括他的7位兄长，共同捐助才能保证一个孩子——最有前途的学者——支付得起大学的费用。在他本科的部分岁月中，亚历山大·梅克尔约翰是我们以后将要称作的"走读生"（commuter student）；他住在家里，然后步行三英里到达布朗大学。（顺便一提，这一省钱措施表明，即便是历史悠久的著名学院也不可能拥有一个完全住校的学生群体。）

上文粗略估算了梅克尔约翰在1889年的开支，作为后续研究，考察一下接下来20年时间里大学收费的延续与变化很有意义。在1907—1908学年，布朗大学的行政部门对"适中的"年度预算的描述如下：

| 学费 | 105美元 |
| 杂费 | 48美元 |
| 住宿费 | 60美元 |
| 餐费 | 150美元 |
| 书费和实验费 | 30美元 |
| 总计 | 393美元 |

这每年393美元的开支约合2000年的7300美元。然而，对于"大手大脚的（liberal）（即奢侈的）生活方式而言，住宿费和餐费两项的预算可能会飙升至每学年655美元（约合2000年的1.22万美元）。如此看来，在过去的十年里，学费并没有增长多少。105美元的学费有一点误导性，因为48美元的"杂费"是强制性的——杂费包含了各种大学服务费、加工费等。而且，正如我们稍后的详述，对于那些每年花费上千美元的"大手大脚花钱的人"来说，这项655美元的估算往往低估了大量富裕学生每年消费累积的数千美元的账单。

包括最精英的学院在内的学院确实都为低收入家庭学生提供了一些经济援助

和校园工作。这些为亚历山大·梅克尔约翰这样的本科生提供援助的措施,将"自力更生的"(self-help)学生提升到了平民英雄的地位,他们是校园版的白手起家之人。这些措施充其量意味着霍雷肖·阿尔杰(Horatio Alger)① 小说中的一个角色可能在1900年找到上大学的办法,尽管他可能只是少数获益者之一。在世纪之交,对于一些出身贫寒家庭,却又志存高远、勤奋好学的学生而言,美国的学院不再是遥不可及,但是,大学的校门依然主要是对不断壮大的中上层阶级17到21岁的白人男性开放。

我们的历史知识存在一处空白,即不同的学费是如何切实地影响了全国各地不同院校学生群体的社会经济构成。例如,在加州,斯坦福大学和加州大学都坚持免学费政策。然而,目前还不清楚这些政策是否打开了入学的闸门,使得学生群体不像东部和中西部的大学那样过于向富裕家庭的孩子倾斜。同样,有关内布拉斯加大学在20世纪初期入学情况的回忆录表明,绝大部分的学生都来自于富商家庭。② 然而除了学费开支的影响,大学入学的最大障碍仍然是人口稀少地区学术型中学分布不够均衡。

在南部地区,内战后的经济破坏意味着学费和生活费,无论多么低,都超出了大多数年轻人的支付能力。图兰大学的记录表明,甚至新奥尔良地区家底殷实的家庭应对上大学的开支也深感无力。弗吉尼亚州的威廉玛丽学院为了应对地区性的经济困境,在海报上宣传自己是"南部最古老和最廉价的学院"——这是一个双管齐下的策略,既强调传统,又强调可负担性。但是,即便收费低廉也没能成为招生的手段。对学院财务记录的分析表明,财务主管常常没有向学生收取学费,原因很简单,学生根本就没钱。学院最终的解决方法便是依靠年度州财政补贴,这些补贴是用来提供给那些承诺毕业后到州公立中小学任教的本科生。

纵观全国,多数学院的生源都来自学校周边地区的中学。例如,1907—1908学年,布朗大学略高于百分之四十的学生来自于大普罗维登斯地区及邻近的罗德岛镇。如果将来自于紧邻州界另一边的马萨诸塞州城镇的学生计算入内的话,布

---

① 霍雷肖·阿尔杰(1832—1899),19世纪晚期最受欢迎和最有社会影响力的美国作家之一,以少年小说而闻名。其小说的风格大多一致,均描述着一个贫穷的少年是如何通过其正直、努力、少许运气以及坚持不懈最终取得成功。——译者注

② Laurence R. Veysey, *The Emergence of the American University* (Chicago: University of Chicago Press, 1965).

朗大学的地方性特征甚至会更加明显。作为东北部地区最著名的文理学院之一阿默斯特学院,超过百分之六十的本科生来自于两大生源地:其所在的马萨诸塞州西部地区以及相邻的纽约地区。阿默斯特学院从人口密集的波士顿地区招收的学生相对较少,尽管两地仅相隔大约100英里远。

到1900年,尤其对于东北部地区最著名的那些学院而言,大学招生模式中的另一个趋势是,它们生源越来越依靠私立寄宿学校,而不是公立中学。这导致大学与一些特定的私立预备学校之间达成一种"对口"(feeder)关系。根据这一惯例,私立中学的校长与大学的招生主任之间,在从中学招收"合适"的学生进入特定学院这一问题上达成了相互的信任。新泽西州的劳伦斯维尔学校(Lawrenceville School)就是普林斯顿大学的对口校。安多弗的菲利普斯中学(Phillips Academy of Andover)与耶鲁之间的关系紧密。埃克塞特的菲利普斯中学(Phillips Academy of Exeter)和格罗顿学校(Groton)每年为哈佛输送大量的学生。迪尔菲尔德中学(Deerfield Academy)则为阿默斯特学院推荐了大批学生。

耶鲁也许是生源地最多样化的学院,其次是哈佛和达特茅斯学院。它们都有很高的知名度,再加上战无不胜的体育运动队,深受全国各地学生的青睐。然而,即便这些"全国性"的院校也未能背离依托邻近地区生源的准则。几乎没有证据表明,在1890年到1910年的学院招生过程中,这些学院以宗教、种族或社会阶层为由,故意将一些学生拒之门外,但是存在着一套学生自我选择的机制,凭着这套机制,中学生根据就近原则、可负担性和同质性等因素来选择高校。一所传统上只招收盎格鲁—撒克逊白人新教家庭子女的学院,趁着这股势头提升其持续的吸引力。

有一个跨区申请的重要少数群体值得我们关注。约瑟夫·肯尼迪(Joseph Kennedy)就是其中的一员,他不顾家人的劝说,拒绝上圣十字学院(Holy Cross)或者波士顿学院,而是选择了去哈佛大学,成为以爱尔兰天主教徒身份的少数派之一。城市里的大学——哥伦比亚大学、宾夕法尼亚大学和哈佛大学——都拥有相对多样化的生源,这是大量移民涌入这些大都市的反映。尽管存在这种多样性,但就地理范围而言,它们本质上仍然是"本地的"院校。例如,宾夕法尼亚大学和其所在地费城一样,充满多样化和开放化的特征,一位新闻记者对此评论道：它具有"街头汽车的民主"（democracy of the street car）。①

在1900年以前，校方在招生中的反犹主义（anti-Semitism）远低于一位犹太学生在校园文化中可能面临的来自其他同学的歧视。基于种族和性别的排斥是另一回事。每一所高校都会明确地宣称支持还是反对男女同校教育。通常情况下，男女同校在中西部和西部地区比在东北部和东南部更有吸引力。新英格兰和东北部地区的院校趋向于实行性别单一的教育（也就是说，要么是男子学院，要么就是女子学院）。最终妥协的产物就是"合作学院"（coordinate college）的出现即一所女子学院成为这所男子大学中的一部分。由于院校传统与州法律的共同作用，南部的学院坚持实行种族隔离政策。然而，即使在法律没有规定种族隔离的东北部，招收黑人学生进入历史悠久的白人学院也是很罕见的。例如，哈佛校长查尔斯·艾略特（Charles W. Eliot）在公开声明中表示，学院招收过多黑人学生是失策。他同时对在南部高校中推行严格种族隔离政策的院长和校长们表示理解。②

在哈佛和其他东北部地区的大学里，与宗教和民族问题相比，种族问题显得不那么敏感——与其说这是一个原则的问题，还不如说是一个还未凸显的问题。哈佛大学的艾略特和哥伦比亚大学的尼古拉斯·默里·巴特勒（Nicholas Murray Butler）在大学校长中很有影响力，他们经常表示，他们担心来自爱尔兰和东欧移民子女大量涌入大学，可能会侵害他们历史悠久的学院的文化地位和学生构成。在东北部和大西洋沿岸中部地区的著名学院中，象征性地让多元化的群体住宿在一起成了常见做法，因为校长和董事们越来越陷入仇外情绪之中，仇外情绪与保持或重获"种族纯洁性"（racial purity）有关。

1890年至1900年间，大学招生实践的另一个显著特点是缺乏连贯的计划。大多数高校只是通过招收更多学生来适应日益增长的入学需求。高校关切的唯一迹象是试图对学生的学业状况进行基本审查，做法要么是通过入学考试，要么是通过与某一特定中学进行认证的方式。1910年之后，这些名校都存在入学人数增

---

① Slosson, *Great American Universities*, p. 363.

② Jennings L. Wagoner, Jr., "The American Compromise: Charles W. Eliot, Black Education, and the New South," in *Education and the Rise of the New South*, ed. Ronald K. Goodenow and Arthur O. White (Boston: G. K. Hall, 1981), pp. 26—46.

长和缺乏系统的招生计划问题,最终出现了申请人数超出了校园所能容纳的学生人数的范围的状况。

有时课程可以为"校园生活"中社会分化和对立提供一些线索。例如,考入耶鲁谢菲尔德科学学院的学生,被要求坐在学院教堂后排的位置。在其他院校,学习工程学或其他应用科学的学生被看作"书呆子"(grinds),这是一种表示校园二等公民身份的名称。这种分化表明,"学院制"并没有实现它所声称的促进学院凝聚力的目标。

大学领导人和本科生们都时常赞扬"学院制",因为它努力将一群学生汇聚在一起,共同度过四年光阴,而且作为同一年级的毕业生,他们还将建立一种终身的关系。一套必修课程体系,以及共享的"学院生活"经历,强化了这种体验。友好的内部竞争包括各种比赛,例如,在新生入学周开展的1898级与1899级之间的对抗赛,这些比赛在未来的四年将持续开展。受辱的经历包括被要求戴上年级"小圆帽"(beanies),(即常说的"ducs"),以及遵守花样繁多的行为准则。所有这些都促进了集体的"年级体验"。但是,所有这种努力真的奏效吗?美国学院对学生来说真的是个充满凝聚力的机构吗?

"学院制"的凝聚力被夸大有以下几个原因。首先,大量的校园歌曲和故事大多表达怀旧或远大的志向,而不是现实。其次,校方收集的招生数据常常具有误导性。在准备年度招生报告时,校长或教务长的通常做法是简单地公布该学年的招生数——这种做法类似于剧院统计每一场观众的人数,所作的从一场到下一场演出的票房统计,也像一位牧师记录每周去教堂的人数。如果问题仅仅是卖票或填满教堂的长椅,那么这种粗略统计就足够了。但它不足以用来分析"学院制",因为它不能准确地反映特定学生群体一年又一年持续就读的情况,这些学生在入学时原本应该是在同一个年级,然后在整个大学生涯中,作为一个有凝聚力的群体或"队伍"建立起亲密关系。

为了说明为什么这种方法论上的区别对于评估学院凝聚力至关重要,查看一下大学统计数据是有帮助的。以肯塔基州立学院(后更名为肯塔基大学)为例,1903年的秋季,124名新生入学组成1907届。依据校长的官方报告,以下是这一届学生四年的登记情况,以及最终授予学位的情况:

| 年级 | 人数（名） | 占入学学生数比例 |
| --- | --- | --- |
| 一年级 | 124 名 | 100% |
| 二年级 | 115 名 | 93% |
| 三年级 | 81 名 | 65% |
| 四年级 | 67 名 | 54% |
| 授予学位 | 64 名 | 52% |

这组数据显示了很高的学生持续就读率，93%的学生在二年级时继续就读。大二结束时的辍学率很高，但超过一半的新生坚持读完四年获得学士学位，这表明学生群体具有相当强的凝聚力。然而，这种说法具有误导性。如果对1903年招收的这124名新生做四年的深入跟踪调查——学院并没有做——就会得出一种明显不同的学生退学模式：

| 年级 | 人数（名） | 占入学学生数比例 |
| --- | --- | --- |
| 一年级 | 124 名 | 100% |
| 二年级 | 68 名 | 59% |
| 三年级 | 41 名 | 36% |
| 四年级 | 34 名 | 30% |
| 授予学位 | 34 名 | 30% |

这组数据具有双重含义。首先，即使在一个学生们热情拥抱"学院生活"模式的院校，创建一个有凝聚力、经久不衰的班级的努力也跟不上学院作为"共享兄弟情谊"的设想。实际上，学生的流失率非常高，只有30%的学生能坚持读完四年获得学士学位。其次，如果回到大学官方公布的年度入学人数，那些数据中肯定包含了每年大量涌入的新学生，而他们并不是以新生身份加入。这些后加入的二年级、三年级和四年级学生，解释了为什么尽管有很多新生辍学，但总入学登记人数维持在一个相对较高的水平上。例如，大学记录显示，1904年秋天，二年级学生的登记人数是115名，然而其中只有68名学生是在一年之前以新生身份

进入这所大学的。换而言之，看起来没什么问题的二年级注册学生数 115 名，其实是在最初的年级之外通过多种渠道增加了 47 名学生。

显然，学院每年的入学数包括大量的转学生。这些后来者失去了在大学一年级新生才能获得的凝聚体验，这成为他们缺少"学院年级"归属感的另一项原因。他们在校园生活中如何融进"年级意识的"（class-conscious）人际关系里去呢？这种修正后的状况与学院对当时的自我描述相反，并对"学院模式"的效能与效果提出严肃的质疑。如果将"上大学"比作"与船友一起航行"，那么美国的学院就是一艘漏水的船，经过四年航行靠岸停泊时，船上的乘客名单已经大幅减少。

肯塔基州立学院 1907 届学生的例子在全国范围内并不特别。通过对 1890 年到 1910 年间多所院校（包括布朗、哈佛、阿默斯特、特兰西瓦尼亚和威廉玛丽学院）学生登记和持续就读情况进行细致的历史分析表明，在这段"黄金时代"里，学院经历着很高的学生流失率及相对较低的学士学位完成率。例如，在阿默斯特学院，从 1880 年到 1900 年，新生四年后的毕业率大约在 75％到 90％。相比之下，1905 年到 1910 年的毕业率显著下降，只有 50％到 60％左右。特兰西瓦尼亚大学的新生辍学率过去一直维持在 50％左右，很少有超过 10％的新生能在四年后获得学士学位。哈佛学院多年前就敢于打破"光明的大学年华"模式，允许学生选择三年而不是四年毕业。此外有证据显示许多本科学生在高校间转学，这与"学院制"团结、共享的特征相悖。①

对于学院的各种利益相关者来说，以上这些招生趋势和流失率肯定是让人感到头疼的事情。对于学生领袖而言，这种模式意味着他们的很多同学都正在"让一个团队瓦解"，因为这些学生甚至都不能完整地待上一个学年。高辍学率导致有资格参加校园团队和组织的学生数量的减少。对于那些因非学术原因离开大学的学生而言，这种流失表明大学生活的吸引力并不像通常描述中所声称的那样普遍存在。学院的校长和董事们往往在公开言论中避免提及这些趋势。在他们的行政管理圈层，他们面临的问题在于，需要寻找有支付能力的新生，来帮助他们填补学院的预算。由于持续不佳的学业成绩，学生频繁缺席，教师的士气无疑受到

---

① John R. Thelin, "Cliometrics and the Colleges: The Campus Condition, 1880 to 1910," *Research in Higher Education* 21, no. 4 (1984): 425—437.

了影响。对于依赖忠诚度和归属感的组织文化来说，高辍学率是成问题的，这当然也与凝聚力和连续性的形象不一致。

足智多谋的大学校友会管理者设计出了部分的解决方案。一个人只要曾经在学校注册过，那么他就可以算是终身的大学校友。获得学位并不是一项必需的条件。即使是那些从大学辍学的人也可以宣称与母校存有联系，并可以回来参加返校日等其他聚会活动。而且校友办公室的工作人员也可以利用这种校园情结给所有校友，学位获得者和辍学者等写信开展募款活动。

## 校际体育比赛

由于"学院理想"强调品格和团队合作，作为这种理想的一个看得见并被高度重视的组成部分，大学体育赛事蓬勃发展。从一开始，校际体育比赛就已经成为学生们巨大乐趣和竞争的来源。随着时间的推移，这些比赛飞速发展成为公众兴趣，对于花钱买票的观众和新闻报道都是如此。早期哈佛和耶鲁的划船比赛长达一周，新闻记者和观众坐在沿着航道路线行驶的有轨电车上观看比赛。[1] 后来，棒球大受欢迎，尤其是在毕业典礼周，球队在大批校友面前进行比赛。到1880年，这些活动都渐渐退潮，取而代之的是弗雷德里克·鲁道夫所说的"橄榄球的崛起"。[2] 大多数校园里的体育馆座位数有限，无法容纳那么多的观众。因此，一些重大的比赛，比如在感恩节举行的耶鲁—普林斯顿橄榄球对抗赛，就在大城市的运动场中进行，比如纽约市的马球场（Polo Grounds）。迈克尔·奥里亚德（Michael Oriard）认为，大学橄榄球赛和新闻报业二者是彼此成就的关系。大学橄榄球队是热心的记者们大幅报道的对象，日复一日地占据了报纸的头版头条。橄榄球比赛还助推了全新的新闻词汇和夸张文风的出现。大学橄榄球队为新闻报道提供了大量富有戏剧性的主题，校队同时也获得了在当地和全国范围内宣传的机会，这大大提升了校友、付费读者和普通民众对橄榄球的兴趣。[3]

---

[1] Ronald Smith, *Sports and Freedom: The Rise of Big-Time College Athletics* (New York: Oxford University Press, 1988).

[2] Frederick Rudolph, "The Rise of Football," in *The American College and University: A History* (New York: Knopf, 1962), pp. 371—393.

[3] Michael Oriad, *Reading Football: How the Popular Press Created an American Spectacle* (Chapel Hill: University of North Carolina Press, 1993).

如前一章所述，校际体育比赛与其他课外活动具有一个同样的特点，二者最开始都是由学生运作，并为学生服务。教师和行政管理人员试图控制体育比赛，都被坚定的本科生们阻止了。旅行、日程安排和设备维护等后勤工作都由学生主管负责协调。学生队长同时也要担负起"场上教练"的职责。曾经是队员的校友们经常志愿协助球队举行训练。在那些体育队严肃且强大的高校，负责平常的管理工作的组织是"体育协会"——这是一个与校方有着松散关系的正式组织，但它实际上是由学生管理者控制，资金来源是学生缴纳的费用和其他捐赠款项。1890年至1910年间，这一典型的体育协会经历了一次转变：工作人员的职业化，也就是说，雇用了专门的体育主管和教练组工作人员。

一方面，这种组织的转变有助于本科生创建出属于他们自己的、不受教员和校长控制的活动。然而，在某种程度上这需要依靠其他成年人——教练和体育主管，他们是从学生协会那里获得薪水，而学生协会的资金又来自于学生们的会费。这样通常需要与其他一些新的团体建立联盟关系，如校友会。若从最好的一面来看，学生组织与校友会之间的这种联合关系能够同时提供影响力和资金，这足以保证校际体育比赛避免来自学校管理层的改革干涉。

另一方面，体育协会的规范化通常意味着，决策权和预算控制权从学生手中转移到聘请来的成年体育主管那里。在三十多年的时间里，耶鲁一直是全国举办橄榄球项目最成功和最知名的地方，管理权转移到校友兼体育主管沃尔特·坎普（Walter Camp）的手中。随着时间的推移，坎普将越来越多的体育协会资金划拨给橄榄球运动，这伤害到游泳、田径、曲棍球和体操等其他体育项目的发展。作为橄榄球运动连载专栏的作家，以及年度"全美"（All American）最佳体育运动队评选活动的创始人，坎普的影响力是全国性的。[1] 允许教练员和体育主管获得超越学生组织和大学官方的权力，这是一个创举。

坎普在耶鲁实行的校际体育比赛管理模式与耶鲁的橄榄球体制一起推广到了其他大学。坎普最重要的追随者是阿莫斯·阿隆索·斯塔格（Amos Alonzo Stagg）。此人放弃了耶鲁大学助理教练的职位，于1892年担任新成立的芝加哥大学橄榄球队主教练兼体育主管。在此后长达四十年里，他完善了大学体育部门的

---

[1] John R. Thelin, *Games Colleges Play: Scandal and Reform in Intercolle-giate Athletics* (Baltimore: Johns Hopkins University Press, 1994).

运行制度。他意识到大学校长威廉·雷尼·哈珀认同一支获胜的橄榄球队可以为一所新大学带来很多好处的观点。因此，斯塔格与校长之间达成了一项重要的协议。他获得了一个终身的教师身份，还被委任为体育主管和橄榄球教练的行政职务。斯塔格的部门预算不用受到常规的学校内部审查，他直接向校长汇报——在某些情况下可以直接提交董事会。尤其值得一提的是，有一名董事会成员是阿穆尔家族肉类加工产业的财富继承人。此人特别喜欢斯塔格的体育项目，并确保斯塔格能获得资金和董事会的支持。尽管大学已经给斯塔格支付了工资和运行经费，但是还是允许他开展多种涉及校园体育的活动，并保留所获得的收益。在这种富有进取精神的环境中，斯塔格的事业蓬勃发展。他赞助了伊利诺伊州中学田径运动会；收取校园网球场使用费；在全城各处搭建广告牌，张贴着大学橄榄球队比赛赛程广告牌遍布全城；还组织了一系列的募捐活动和推广活动。他所执教的芝加哥大学红翼队，是西部联盟（即后来的"十大联盟"）的常胜冠军，球队主场比赛的门票通常是卖给有欣赏能力的都市球迷。①

虽然有许多教练和体育主管竞相效仿，但鲜有大学校园体育项目能赶上斯塔格在芝加哥大学或沃尔特·坎普在耶鲁大学的成就。其结果就是出现了集公众名人和校园霸主于一身的橄榄球教练与体育主管。

大学体育运动与商业主义有着千丝万缕的联系，且容易引发腐败。教师群体试图规范校际体育比赛的大多数努力都无法做到持之以恒。准确地说，大学体育的过激做法还算不上违法，因为当时实际上几乎就不存在规则或管理协会。但是，正如罗纳德·史密斯（Ronald Smith）所言，这种美国大学体育独特的风气，显然背离了牛津与剑桥所代表的体育精神准则。在19世纪晚期，哈佛、普林斯顿和耶鲁等历史悠久的美国大学，控制了美国校际体育比赛，包括"全美"最佳体育队的评选。美国的大学与牛津和剑桥在划船和田径的激烈比赛中名利双收。根据史密斯的研究，即便是在这类国际体育比赛的初期，英美两国大学之间在体育精神上也存在显著的差异。对于牛津和剑桥的学生运动员来说，体育比赛而言，重点是遵守比赛的精神，甚至以牺牲规则手册中的规定为代价。美国的大学生运动员则颠覆了这种精神；对他们来说，只要一个人在技术上遵守正式的规则，忽

---

① See Robin Lester, *Stagg's University: The Rise, Decline, and Fall of Big Time Football at Chicago* (Urbana: University of Illinois Press, 1995).

视体育精神是可以接受的,只要能"获得优势"战胜敌手都被认为是"公平竞赛"。①

这样一来,随后为美国大学体育带来秩序和规范的尝试注定会走向失败。大学管理者曾试图规范体育生的学业资格要求,也曾力图消除球场暴力现象,但大学生的聪明才智与校友的支持通常都占居上风。这种现象培育了一种独特的美国大学体育精神。

## 女子学院

女子学院,特别是本科"学院女生",是1880年到1920年的美国高等教育最显著和最成功的特征之一。女子学院包括了日后著名的韦尔斯利学院、拉德克利夫学院、曼荷莲学院、史密斯学院、瓦萨学院、巴纳德学院和布林莫尔学院等"七姐妹"女子学院,以及包括布朗大学的彭布罗克学院、塔夫茨大学的杰克逊学院和图兰大学的索菲·纽科姆学院等在内的一些合作学院。这些学院大多具有两大优势:巨额捐助所带来的良好设施,以及来自富裕家庭的年轻女学生。第三个共同特征是,具有引领社会和学术的意识,形成一种对强大的教育使命的共同承诺。

根据海伦·莱夫科维茨·霍洛维茨(Helen Lefkowitz Horowitz)的观点,20世纪初,这些女子学院最初的基础发生了变化。女子学院的学生们开始沉浸在组织和荣誉所带来的一种复杂的内部学生文化之中,这种文化被称作"生活"(The Life)。为校园活动定基调和占主导地位的学生团体更倾向于遵守"生活"的原则,而不是为某种职业或进入研究生院做准备而刻苦学习。精英女子学院不仅没有仿效男子学院,而是在某些方面形成了一种与男子学院不同的组织结构和文化。②

"生活"中的主角是"名媛"(swells),即一群自信、富足、优雅的年轻女子,她们为女子学院带来的好处包括财富、良好的学术背景和社交魅力等。她们引领行为方式,在学校一系列精心安排的典礼、仪式、节日和重大活动中,她们

---

① See Smith, Sports and Freedom, esp. pp. 38—42 and 110—114.
② Horowitz, "Acting a Manly Part: The Beginnings of College Life" and "The Life," in Alma Mater, pp. 56—68 and 147—178.

既是导演，又是主角。从学位袍到希腊式礼服，她们的服装强调了日常服饰的高雅时尚。从自治会到年鉴和文学杂志等，这些学生组织彰显着活力与责任。尽管高等教育史学家们经常忽视这一事实，但体育运动处于校园文化的核心地位，竞争激烈的运动会和篮球赛都极大地提高了学生们的凝聚力和归属感。对于不知内情的外部观察者而言，女子学院的舞会、戏剧和典礼等展现了田园诗一般的悠闲生活。实际上，对参与者来说，女子学院的生活是苛刻的，强调的是参与、形式、规矩和顺从。

一些女子学院一开始就有独特的住宿安排（如独幢别墅、套间和四方院子），其目的在于将课程与"学院模式"传统的住宿方案结合起来。到1900年，另一个重要变化是，在女子学院内部，一个学生所住的地方，能够显示出她在校园等级中的地位。韦尔斯利学院的管理者们试图让一般收入家庭的女子也能负担得起学费，向她们提供低收费的宿舍，此举产生的后果是根据收入状况为标准划分学生群体，从而更加凸显而不是消除社会经济差异。正如东北部地区的男子学院设定了全国范围内效仿的标准一样，女子学院也是如此。瓦萨、韦尔斯利、史密斯以及布林莫尔学院是创始人在创建加州奥克兰的米尔斯学院、新奥尔良的索菲·纽科姆学院，以及佐治亚州迪凯特市的阿格尼丝·斯科特等女子学院时所采用的模式。林恩·戈登（Lynn Gordon）认为，南部的女子学院，特别是索菲·纽科姆学院和阿格尼丝·斯科特学院，目标定位是重视基督教，成为培养"尽责的女儿和未来母亲"的"可靠的"（safe）学院。然而，1890年至1910年间，正是这两所学院的学生率先创立了一些协会和组织。这些协会和组织将会突破学院最初的目标，提供适当的活动以培养"新女性"（new women）。

蓬勃发展的课外活动包括文学社、戏剧社、报纸和运动队等，这些活动并不在校长和捐赠者最初的计划之中。这些女子学院的学生希望选择专业工作而不仅仅为了婚姻而学习。她们更多的是将刚毕业不久的校友当作榜样，而不是她们的教授和父母。苏菲·纽科姆的毕业生因在新奥尔良进行城市改革而获得了良好的名声。①

---

① Lynn D. Gordon, "Sophie Newcombe and Agnes Scott Colleges, 1887—1920: From Dutiful Daughters to New Women," in *Gender and Higher Education in the Progressive Era* (New Haven: Yale University Press, 1990), pp. 165—188.

## 女性与男女同校教育

在那些决定同时招收男生和女生的院校中,"学院制"如何调整以适应性别差异带来的问题呢?本科男女同校教育是一项影响广泛的改革,尤其是中西部和西部的高校。改革者的理想是为年轻女性和男性提供平等的教育机会,并为他们提供共同学习和工作的经历。然而,女性入学机会的提升往往被校园内部不公平的待遇和课程所抵消。

例如,在加州大学,男生将女生称为"鹈鹕"(pelicans),这是对女生外貌的负面嘲讽。尽管所有学生都必须缴纳数量相同的活动费,但是女性却被排除在大多数校园组织之外,其中包括学生报社和学生自治会。大学官方公开支持并资助一整套完备的男生联谊会体制,可是在女生联谊会方面却未给予同等的投入。教师不允许女生进入某些特定的研究领域。由男生编辑的学生刊物以嘲笑女生为乐,并不断警告女生,上大学注定会让她们身体疲惫不堪,让她们完全不适合谈情说爱,更不用说结婚了。女学生们和女教师一样处处被教训:她们是校园里的二等公民。当男生阻止女生加入加州大学学生联合会时,大学行政管理部门拒绝采取措施进行干预。作为回应,女生成立了自己的组织——女生联合会。[1] 这一做法在康奈尔大学和其他实行男女同校的大学中得到了多种类似的响应。在斯坦福大学,当女生田径队去运动场进行比赛时,男生们会嘲笑并奚落她们。作为回应,女生们创建了她们自己的组织,并组建了自己的联盟。即使,而不是由于,男生和大学校方对女生采取了温和的无视和公然的歧视,男女同校教育在生存和发展方面,还是积累了一些经验。

大学女生对男生的嘲笑不可能置之不理。在一首由女生创作的校园歌曲中可以找到对男生嘲笑的幽默回应,在这首名为"模范大学女生"的歌中写道:

一向循规蹈矩<br>始终不说假话<br>杜绝外出度假

---

[1] Gordon, "Women at the University of California, 1870—1920: From Pelicans to Chickens," in *Gender and Higher Education*, pp. 52—84.

*每当遇到困惑*
*总向书本求解*
*喜欢闷头睡觉*
*从不细品甜点*
*即便肚腩空空*

之后还有几段类似的歌词,这位"模范大学女生"详述她对大学规则的遵守("从不轻举妄动/当我不知该怎么走的时候"),她用自豪且独立的方式总结道:

*看看我的表现*
*我是如此优秀!*
*我以母校为荣*
*母校以我为傲!*①

哈佛、哥伦比亚和布朗大学等高校反对男女同校的教育模式,而是采用所谓的女子合作学院方式。"哈佛附属"(Harvard Annex),这是一个恰如其分的名称,原本是指为通过间接途径入学的女生而建造的宿舍楼,此后发展成为了拉德克利夫学院。哥伦比亚大学的本科学院不招收女生,转而选择将培养女生的巴纳德学院并入到大学体制中来。1891年,布朗大学承认了布朗大学的女子学院。1928年,该学院更名为彭布罗克学院。

布朗大学女生的经历很有意思,因为它推翻了人们对于受过大学教育的女性与影响市政和地区变革举措二者之间关系的传统逻辑。许多第一批女子学院的校友们,因为在毕业之后创立了各种市政与改革协会而声名鹊起。在罗德岛州的普罗维登斯,逆向操作产生了结果:女性市民俱乐部和社会组织联合起来,共同募集资金,并制定一个系统的议程,创建一所真正授予学位的女子学院。在莎拉·多伊尔(Sarah Doyle)等一些来自普罗维登斯显赫家族的受过教育的有钱女性的领导下,罗德岛女子大学教育协会(Rhode Island Society for the Collegiate Education

---

① Dorothy Hayden et al., "A Model College Girl," in *Songs of All the Colleges*, ed. Chamberlain and Harrington, pp. 230—231.

of Women)发展成为一个坚持不懈、有条不紊、成效显著的组织。① 协会成员与布朗大学的校长合作,为女学生建造了一幢壮观的大楼,还为开设课程和聘用教员募集了必要的资金。1891年,布朗大学的女子学院开始招生。在新任院长、知名学者安·克罗斯比·埃默里(Anne Crosby Emery)博士的领导下,学院充满活力且富有远见。

对于布朗大学的本科女生而言,少即是多。也就是说,她们应当感谢曾经遭遇过的种种局限。他们缺乏像史密斯学院、韦尔斯利学院或瓦萨学院那样的土地、奢华的设施和捐赠。因此,她们接受作为一所城市高校的使命,其绝大部分的生源来自普罗维登斯市以及附近的城镇。事实证明,这个地区是一个合适的巨大的市场,此前这里就已经有大量完成了中等教育,却未能上大学的年轻女性。由于布朗大学女子学院不得不在一所基本上全是男性的高校范围内运行,教师和院长强调女性在学术上的平等,以便女生能够与男生一起选修布朗大学教师讲授的课程。同时,她们能够在大学组织内部保留(并且享受)一所真正女子学院的独特身份。这种独特性可以在他们各自的校园活动氛围中得到证实。布朗大学的男生遵循了"学院制"的传统模式,而女子学院中的学生在选择俱乐部和客座演讲者时,则强调社会和市政变革。因此可以说,维持一所独立的女子学院为布朗大学的学生们可能遭遇的普遍的反对提供了一种因应之策。②

芝加哥大学的男女同校教育做得最好。这在很大程度上归功于院长玛丽昂·塔尔博特(Marion Talbot)所制定的策略。根据林恩·戈登(Lynn Gordon)的研究,塔尔博特为芝加哥大学的女学生们设计了一套培养项目,它兼具"西部之耶鲁"和"西部之韦尔斯利"的特征。根据这种制度设计,教学和班级都是男女混合的,男生和女生一起被招收进来,在相同教授的指导下学习相同的科目。然而,在安排社交生活的制度时,塔尔博特却采取了完全不同的做法。她关注的是,在性别中立的课外活动中,女性不可能获得完全的参与权。因此,她确保女

---

① Karen J. Blair, "The Women's Club Movement Creates and Defines the Women's College," in *The Search for Equity: Women at Brown University*, 1891—1991, ed. Polly Welts Kaufman (Hanover, N. H.: Brown University Press with the University Press of New England, 1991), pp. 27—54.

② See Linda Eisenmann, "'Freedom to Be Womanly': The Separate Culture of the Women's College," in *Search for Equity*, ed. Kaufman, pp. 55—86.

生拥有自己居住的四方院子,以及属于她们自己俱乐部、文学社团和其他活动完善的制度。由于许多女生没有住在校园里,学院主张她们加入代表自己所居住的芝加哥城区的"社区俱乐部"(neighborhood clubs)。校方还鼓励女生参与解决城市问题的社团。她们还有许多机会接触到许多在研究生院里攻读硕士学位或者博士学位的女性。以上措施所产生的结果是,芝加哥大学的女生在学术和课外活动方面都得以蓬勃发展。最重要的是,女学生们可以很自如地与男生坐在同一间教室,而且在入选美国大学优等生荣誉协会等学术荣誉方面也超过了男生。

唯一的问题也是由成功引起的。1902年,芝加哥大学有242名女生,占到了全部在读学生数的48%。显然,哈珀校长越来越担心女生给大学带来的男女比例的失衡以及对文化产生的影响。一群心怀不满的教师抱怨道,男女混合的课堂对男生是一种伤害。在他们的操纵下,教授评议会正式通过了一项教学隔离的新政。有一段时间,这项政策对校园文化几乎没有产生什么影响,因为它的重心看起来更多的是管理问题,而不是芝加哥大学的本科生。然而,到1910年前后,芝加哥大学的学生文化就已经发生了转变,从最初的男女生混合模式,变成了更为典型的男性主导的"学院文化"。在这种新的体系中,校际体育比赛的队伍全部都是男生运动队。"学院制"再次表现出了它与真正的男女同校教育之间存在不协调。

高教界对男女同校的抨击最为奇怪的一点,就是逻辑的转换。在1880年或者1890年,学生家长、教育者和心理学家担心的问题是,男女同校的大学教育会对女性造成伤害,例如脑炎、身体衰弱,以及在审美方面"没有女人味"。到1910年,反对男女同校的原因发生了戏剧性的转变。此时女性似乎非常好地处理学业学习和校园生活带来的负担。新出现的观点是,女生的存在对于大学男生是有害的——或者更确切地说,是相当有威胁的。

## "学院理想"与黑人学院

即使在那些没有采取正式的种族排斥政策的学院里,黑人学生几乎也没有什么机会参与"学院生活"的内部活动和回报。将黑人学院排除在全国性媒体之外是一种常规的做法,不论是大报,还是有报道学院生活的其他出版物都是如此。例如,出版于1900年到1920年的校园歌曲集自称无所不包,但是黑人学院却没有出现在代表了全国的上百所院校中。不论北方还是南部,种族隔离都是一项习以为常的准则，那么在黑人学院中，是否发展出了一种不同的"学院制"形式呢？

第一个障碍是，在 1900 年前后，黑人学院实际上几乎没有提供大学程度的教学。大多数学院仅限于提供初等和中等教育水平的学习。其次，为非裔美国人提供教育的最优秀的学院，即便汉普顿学院和塔斯基吉学院，都热衷于农业和工业教育，而忽视大学教育。南部黑人学院和专业学校的在校学生数十分有限，这一点都不奇怪。根据美国教育委员会（U. S. Commissioner of Education）的一份报告，1900 年，南部州和华盛顿特区黑人学院和专业学校的在校学生总数为 3880人。黑人缺少教育机会的进一步表现在于，在南部州和哥伦比亚特区，仅有 364名非裔美国人获得了大学学位。①

在向黑人学生提供大学普通文理教育方面，有两所学院表现比较突出，它们分别是：位于华盛顿特区的霍华德大学，以及位于纳什维尔的菲斯克大学。这两所独特的大学其特征在于，它们提供了一种相当有教养的领导力教育，学生和校友们都表现出高昂的士气和强烈的投入精神。霍华德和菲斯克两所大学缺少社会捐助，它们主要依靠的是黑人传教士团体和教会协会的捐款，因此这两所大学有意识地选择不同于汉普顿和塔斯基吉学院所代表的工业——职业教育模式。然而，它们也为这一远大的目标付出了高昂的代价：它们没能成为北方基金会或者所谓的工业慈善捐款的资助对象。虽然对于这些学院里学生生活的记录不多，但是大多数记录显示，教师和学生们的目标都很严肃，他们基本没有时间或资金开展像耶鲁大学和达特茅斯大学自我放纵的"学院模式"那样的活动。

然而，菲斯克大学和霍华德大学逐渐丧失了一些自主权和使命，因为他们的董事会开始被全国性基金会和洛克菲勒普通教育委员会支持的候选人所取代。这一改变为缺乏资金的大学带来了大量的捐赠和资源。这也让菲斯克大学和霍华德大学越来越多地仿效其他高校的"学院制"。正如 1930 年杜波依斯在霍华德大学毕业典礼的演讲中的总结所言："一般而言，我们今天的大学生，是一个没有受到真正文化影响的人。他故意屈服于自私甚至愚蠢的理想，投身于半职业的体育运动和男女学生的联谊会，假装蔑视学术和艰苦的学习研究。黑人学院每年最盛大的聚会就像白人学院那样，成为了一场烈酒、奢侈品和毛皮大衣的庸俗展示

---

① James D. Anderson, *The Education of Blacks in the South* (Chapel Hill: University of North Carolina Press, 1988), p. 112.

会。我们的学院里越来越多地充斥着愚蠢和冷漠。"①

## 从小贼到侠盗：无节制的校园生活

世纪之交的"学院理想"将完全不同的个体聚集到一起，对才干和忠诚的人，尤其那些为母校整体利益和荣誉作出贡献的人进行褒奖。正如前文所述，"学院制"的支持者们声称，学院的世界本质上是民主的，因为它并不会屈从家族血统和财富。在学院的世界里，最重要的是一个人能做什么，他能够在为学院带来荣誉的各种活动中贡献了什么。亨利·塞德尔·坎比恰当地举例说明了在以行动为导向的校园文化中，富家子弟们不能证明他们的才能。② 因此，当学院理想得以实现之时，从理论上讲，它一定能展现出美国传统中最好的一面。

在最好的情况下，"学院理想"在像西奥多·罗斯福和伍德罗·威尔逊这样的公众人物身上得以体现。这两位都是具有治国之才的学者，著名的美国总统。他们都很享受本科生活——罗斯福就读于哈佛大学，威尔逊就读于普林斯顿大学。罗斯福为自己是哈佛大学拳击队的一名杰出成员而感到非常自豪。威尔逊在卫斯理大学担任政治学教授时，还抽出时间执教橄榄球队。罗斯福和威尔逊的行为都体现了"强身派基督教"（muscular Christianity）所秉持的才华与品行相结合的理念。

遗憾的是，有足够的证据表明，在 1900 年后，著名的"学院理想"在具体的施行过程中已经开始显露出不足。罗斯福和威尔逊都是 19 世纪后期"学院制"培养的结果，他们对一战前几年所看到的学院状况感到困扰。1900 年以后出现的抱怨表明这一切绝不是偶然的过失，而是制度性的问题。人们反复关注的问题是，学院给予的成绩和文凭并不像原先承诺的那样，是基于才能和优秀品质，而是变成了一种偏袒和裙带的问题。普林斯顿开始被看作是美国"最舒适的乡村俱乐部"。哈佛学院的院长被迫专门找时机在全国出版物上刊文，反驳哈佛已经被一个"享乐阶层"（Fast Set）掌控的指责。伍德罗·威尔逊承认说，教师和行政部门已经失去了对校园生活的掌控："就学院目前的情况而言，杂耍演出已经完

---

① James D. Anderson, *The Education of Blacks in the South*, pp. 238—278; quotation at p. 276.

② Canby, *Alma Mater*, p. 50.

全占领了马戏团，而在大帐篷里的我们还不知道外面发生了什么。"①

后来先后担任过新泽西州州长和美国总统的威尔逊，在担任普林斯顿大学校长期间，从改变权力强大的大学餐会俱乐部的社会性势利行为失败经历中汲取了前进的动力。威尔逊认识到了大学校长改革的艰巨性，一个由校友和本科生组成的联盟可能会对一个试图改变校园传统的大学校长进行强烈的反对。在校园战场上失败之后，威尔逊将他的精力转向了州议会和华盛顿更易于对付的敌手。但是，即便美国总统也无法解决校园生活中日益增多的问题。1904年，西奥多·罗斯福总统对新闻图片中出现的大学橄榄球场上的野蛮行径相当不满，于是他召集了一批顶尖院校的校长到白宫共商校园体育的改革事宜。令罗斯福深感失望的是，他自己的母校哈佛的代表，连同耶鲁及普林斯顿的代表都拒绝到会。②

哈佛、耶鲁和普林斯顿的校长们很快就自食其果了。他们呼吁召开高级对话会议，重新整顿学生组织，但是本科生们却对此完全置若罔闻。公然违抗大学官方的命令变得很普遍，特别是在东海岸的知名院校。例如，在耶鲁，学生们故意无视校长亚瑟·哈德利（Arthur Hadley）发出的禁止在校外组织活动的规定。他们在纽约的酒店里举办昂贵的宴会和舞会，以公然违抗校长的禁令。在耶鲁的本科生圈子里，威望与学业成绩成反比。每一年级的学生都竞相抢夺学业成绩排名垫底，并以此为荣。在一本学生年鉴上，1904届的学生们自我吹嘘"拥有过往所有年级中，最多的绅士和最少的学者"。1905届的学生也不甘示弱，自鸣得意地反击道：

天兵降临

众神大战

未见此般年级

学业一败涂地③

---

① Aleck Quest, "The Fast Set at Harvard University," *North American Review*, November 1988, p. 542; Woodrow Wilson, quoted in Slosson, Great American Universities, p. 506.

② Theodore Roosevelt, paraphrased in Rudolph, *American College and University*, pp. 376—377.

③ *Yale College Book of* 1904 (New Haven: Yale University, 1904), p. 180.

欧文·约翰逊（Owen Johnson）1912 年的小说《斯托弗在耶鲁》(*Stover at Yale*）生动地描绘了"学院制"失败的过程。许多校园小说要么是浪漫化的叙述，要么是那些对校园生活几乎一无所知的局外人的想象，而《斯托弗在耶鲁》是知情者批判性的记述。约翰逊 1900 年从耶鲁毕业，在校期间曾担任文学杂志的编辑。小说的开头很老套，讲述新生丁克·斯托弗（Dink Stover）进入一所著名的大学开始校园生活，他所面临的挑战和成功在当时都是很典型的。但是随后约翰逊笔锋一转，他的主人公发现，荣誉社团的选拔并不总是根据才华，而是建立在与"正确的一群人"（right crowd）的关系上。一个学生在校园等级中的地位取决于他之前上过的私立中学，而不是他在体育比赛或其他课外活动中的表现。富裕家庭的学生和低收入家庭的学生之间存在着明显的鸿沟。这部三百页的小说涉及四年本科生活中的方方面面，却几乎没有提到学业。只有当学生不情愿地推掉一些活动的邀请，为拉丁语课的背诵"突击苦读"（bone up）时，才会提到课堂作业。

根据约翰逊的描述，"耶鲁体制"已经处于崩溃边沿，因为复杂的评价制度和荣誉社团已经无法同时适应耶鲁学生群体的增长和多样性。约翰逊的小说还暗含着大学教育与国民生活之间关系的一些重大变化。一位叛逆的学生编辑向一群批评他的同学说道："我们就是一所商业学院，就是因为我们作为一个国家，只有唯一的理想——那就是商业的理想。"历史悠久的"学院理想"可悲之处在于，它在大受欢迎的同时，也丧失了原本的价值观："二十年前，我们还怀揣各种理想，想要成为一名律师、医生、政治家、绅士、作家或者军人……而现在，一切都要符合商业，一切都可以用钱解决。"① 在小说的结尾，真正有才能的学生最终被选入荣誉协会，这表明"学院制"重新回到正确且良性的轨道上。

从小说回到现实，我们发现耶鲁和其他院校对"学院制"过度的强调导致了持续不断的严重问题。甚至哈佛校长艾略特在任期临近结束时承认，他对教育理想的投入产生了令人失望的结果。他叹息道，在他的领导下，哈佛过分地专注于"土地、建筑、募捐、资金和数以千计的学生数，我有时候会担心，在下一代看来

---

① Literary editor Brockhurst, quoted in Owen Johnson, *Stover at Yale* (New York: Frederick Stokes, 1912), pp. 238−239.

我什么都不是，只是一个成功的庸俗之辈而已"。①

"学院制"的失败在于，它在培养学生在参与国家政治事务方面表现不佳。没有迹象表明当时的学生真正参与重大政治议题。在美国历史上最具政治活力的时期，志向远大的本科生们却无视国家大事和思想，完全沉浸在获得校园好处的狭隘世界之中。在俱乐部和荣誉社团中的席位竞争可能是在美国商业生活中取得成功的一次很好的预演。但对于任何渴望成为参议员、州长或被选为其他需要政治技能的职位的人来说，这是适得其反的做法。西奥·罗斯福、威廉·霍华德·塔夫脱（William Howard Taft），以及伍德罗·威尔逊的例子都证明了，19世纪70和80年代"学院模式"作为进入公共生活的前奏是成功的，然而，从1900年到1920年，东海岸的精英学院在把学生培养成为全国选举的候选人方面表现欠佳。这个时代的学院培养出来的"学院生"乏善可陈且而过于稳重。在一战后当选美国总统的卡尔文·柯立芝（Calvin Coolidge）（阿默斯特学院1895届毕业生）便是其中的典型例子。

担任四届美国总统的富兰克林·德拉诺·罗斯福（Franklin Delano Roosevelt）的情况则截然不同。他可是一位来自于纽约富裕的贵族家庭的哈佛毕业生。然而，通过进一步的考察，我们发现，罗斯福很另类。他排斥哈佛传统的"俱乐部成员"（club men）生活方式，成为了特立独行的活动家，以极大的热情沉浸在撰写报刊文章和许多其他活动中。多年后，在他总统任期内，罗斯福被校友们认为是"他所在年级的叛徒"（traitor to his class）。他所推行的社会和税收"新政"被视为对全体上层阶级，尤其是对共和党的背叛。并且，正如在哈佛学院的同学聚会明显看到的那样，他被大多数同年级的校友公开批评是1904届毕业生的叛徒。

在培养未来的政治领袖方面，"学院制"在中西部和西部的新兴大学的推行似乎要比在东北部历史悠久的私立学院中更见成效。到20世纪20年代，人们开始看到州立大学的年轻校友竞选成功当上了州长、州议员或国会议员。厄尔·沃伦（Earl Warren）和罗伯特·斯普劳尔（Robert Sproul）的职业生涯是年轻的州立大学的"老毕业生"的经历的典型代表。从1910年到1912年，沃伦和斯普劳尔在加州大学就读时就是亲密的朋友。他们既是同学，也是行进乐队的成员。在

---

① Charles W. Eliot to Henry James, quoted in Veysey, *Emergence of the American University*, p.438.

20世纪30年代，他们依旧步调一致，沃伦当选为加州州长，斯普劳尔担任加州大学的校长。在参加竞选的时候，州立学院的校友会努力吸引普通选民的支持，因为这些人往往反对学院教育。赫伯特·胡佛成功地利用了这一点。他曾是斯坦福大学工程专业一名勤奋的学生，是该校首届（1895届）毕业生，在竞选总统时，他将童年时期在爱荷华获得的中西部价值观与西海岸的冒险和节俭精神相结合，创造出了一个非常吸引美国选民的政治形象。他是一名"学院生"（college man），但是更准确地说，他是一名依靠自我奋斗，而不是利用"俱乐部成员"身份获得成功的人。

也许著名的"学院制"最令人失望的地方就在于它强调从众，压制想象力。歌唱团体和戏剧社能够为创造力提供一些展示的途径，但是，学生们对艺术表演的投入时间和精力明显是业余的，其重要性位于与其他同学"和睦相处"之后。教授与学生们在实验室中所取得的科学突破，也一样没能纳入校园荣誉的体系。

一战前普林斯顿大学的大四学生档案表明，在要求他们总结自己的政治兴趣或职业计划时，许多人在毕业问卷中留下空白。乔治·安东尼·韦勒（George Anthony Weller）1932年创作了一部关于哈佛校园生活的小说，《不许吃，不许爱》（Not to Eat, Not for Love），它很好地捕捉到了1890年到1920年间"学院制"的局限，其中一段话或许非常合适于做墓志铭："谨记：学院的伟大在于将来它会变得近乎伟大，有时候它们甚至无法达到这个高度。"①

同时代的其他小说进一步印证了学院制的缺陷。例如，斯科特·菲茨杰拉德（F. Scott Fitzgerald）的小说就告诉大家，刚毕业的普林斯顿学生很少对自己的未来有明确的规划。许多人通过与普林斯顿人的关系找到一份经纪公司的平淡无奇的工作。在他们的职业转换中，根本就没有激情，也没有追求。他们只是基于一些偶然的因素做出选择，理由是经纪公司很可能能够容纳更多几个亲密的朋友。②"学院生活"本应该潜移默化地传授给学生的能量和远见在哪里？在美国学院的哥特时代具有讽刺意味的是，许多最有吸引力的学生和学生活动，都只能在

---

① George Anthony Weller, Not to Eat, Not for Love (New York: Robert Haas, 1933), p.114.

② Fitzgerald paraphrased in John Davies, The Legend of Hobey Baker (Boston: Little, Brown and Company, 1964), pp. viii-ix.

"校园生活"的名声以外才能找到。

## 主流校园文化以外的学生团体与活动

"校园文化"既引人瞩目，又占据了主导的地位。然而，它的受关注程度与实际参与的人数不成比例。换言之，校园活动的组织者和参与者只是少数群体。大量的学生被排除在该文化之外，无法真正参与。而且随着学生群体规模和多样性的提高，被排除在校园文化以外的局外人还在增加。

学生会大楼（图6）是20世纪初大学生规模扩充所带来的建筑遗产。这种建筑在餐会俱乐部和秘密社团的基础上为学生活动提供了额外的选择。它告诉我们，校园不是一个有聚合性的居住实体，而是以多样化的生活安排为特点，包括为走读学生的安排。它还代表了大学管理者试图对学生的生活模式施加一定的影响，或者说是控制。学生联合会运动确实是一种全国性的现象。这是大学官员采取的第一种方法，其目的在于减少分散居住的学生们形成特定的居住小团体，比如哈佛广场（Harvard Square）附近被称为"黄金海岸"（Gold Coast）的奥本山大街（Mt. Auburn Street），因其昂贵的私人宿舍，备受有钱本科生的欢迎，从而聚集而成一个小团体。虽然精心设计的学生会大楼对走读生和其他住在校外者来说是巨大的便利，但它并没有减少不同学生团体在居住上的隔离。有钱的学生不去使用学生会大楼中的设施。校长和院长们时不时会考虑为本科生建造强制居住的宿舍楼，但是，在1920年以前，即便对那些财大气粗的大学，这也是一种无法付诸实施的极其昂贵的设想。

图 6　印有新学生会大楼的校园明信片（约 1900—1920 年间）（从上到下依次为）斯坦福大学、哈佛大学、印第安纳大学、加州大学伯克利分校（南卡罗来纳大学教育博物馆，霍利明信片收藏室）

## 课程

　　主流"学院制"存在的另一个局限在于，由于它的自主权来自于学院官方（包括教师），这导致它低估了对课程变革的重要性。也许除了让学生掌握某些雕虫小技以规避认真读书外，"学院制"显然没有对学生的学业提出说明要求。纽约的海因茨和诺布尔出版社推出的校园歌曲集持续畅销，由此打开了校园出版业市场。《大学生三分钟演讲》（College Men's 3-Minute Declamations）是 20 世纪初期在本科生中最畅销的书之一，这部文集"精选当代知名演说家的最新演讲，包括昌西·迪普（Chauncey Depew）、休伊特（Hewitt）、格拉德斯通（Gladstone）、克利夫兰（Cleveland）、哈佛大学校长艾略特和威廉姆斯学院校长卡特等等。此书承诺所收录的"都是充满最新生动素材的获奖的演讲"。文集的成功促使出版商发行了针对女学生的姊妹篇《大学女生的三分钟读物》（College Maids' 3-Minute Readings）。类似的书籍，以及大学校园周边遍地开花的"补习学校"（cram schools），让学生们不用花费太大力气就能取得好成绩。

　　尽管大多数公众的关注毫无意外地聚焦在了"校园大人物"身上，他们是运动队和社交俱乐部里的明星，但是由于美国的大学校园已经变得既庞大又复杂，公众的关注正被转移到了远离"校园生活"核心的边缘部分。"大学生活"的支持者可能会有理由对正规课程漠不关心，例如，如果教学是乏味的，课程也是无趣的。然而，当时的课程正在注入活力和多样性。不幸的是，这样的课程变革基本没有得到"校园生活"拥护者们的重视。"学院制"造成的悲剧还在延续，它使得学生领袖们根本没有注意到正在发生的令人兴奋的课程改革创新。具有讽刺意味的是，"学院制"的成功引发了一场反革命——一系列深思熟虑、积极进取的改革运动于20世纪二三十年代开始了。

## 筛选与选拔性招生：管理改革的讽刺

多年来，人们对上大学的热情持续高涨，这意味着院长和学院只能以扩招的办法来满足需求。在过去很长一段时间里，鉴于大多数学院多年来都面临无法招满学生的问题，入学人数的增加根本就不被看成是一个问题。但是，演讲大厅、实验室、图书馆和餐厅等场所最终达到了饱和状态。

学院采用多种标准来决定招生对象。主要的任务是确认申请对象是否能够胜任大学学习。选拔标准包括通常在六月举行的大学入学考试，以及获得认证的中学提供的证书（certificate）协议。在中学认证制度方面，最为知名的是密歇根大学，它建立了一套覆盖全州的体系，这种认证制度也在其他地方得到了应用。例如，布朗大学就建议申请者与他们的中学校长核实，他们的中等教育是否已经得到了认证。最后，每所学院通常在开学前的九月初也都会组织一系列入学考试。

然而，随着申请人数的增加，一些学院终于可以在申请者中进行挑选，他们采取了选拔性招生的方式来决定学生群体的规模和社会构成。总之，选拔性开始成为"具有识别力的"（discriminating）学院的看门人。这就意味着，社会性的筛选转移到了招生办公室，而不再是在学生活动和组织的领域里进行。也许，选择性录取的出现最具讽刺意味的是，校园生活中最严重的不宽容、宗教和种族歧视发生在那些新生构成最多样化的大学里。最引人注目的分别是波士顿、纽约和费城大都市地区的哈佛大学、哥伦比亚大学和宾夕法尼亚大学等大型城市私立大学。具有讽刺意味的是，当严重问题浮出水面，校园内部派系发生冲突时，大学官员的惯常反应是站在"学院制度"一边，强化占主导地位的学生组织的排他性倾向。

"选拔性招生"制度的采用就是一个恰当的例子。在20世纪20年代，两位从新英格兰地区学院毕业的校友试图劝说大学校长们限制新生年级的规模。他们是这样解释这一计划的："或许有人会说，这种方法会产生一种文化精英。但是，如果我们具备了最高的文化，我们必须拥有一种精英文化，那么对于这个国家以及整个世界来说，都不会有所损失，反而会有更多的好处，如果一些学院愿意继续保持小规模，放弃一些不值得培养和没希望的学生，转而专门致力于培养学生的学术能力和领导才干。"①这种方法同时存在发挥积极和消极作用的可能性。如果它确实能够使招生办主任优先考虑那些具有良好学业成绩和很强学术倾向的申请人，那么这种方法就能发挥出它的积极作用。遗憾的是，根本没有令人信服的证据可以证明，这种办法一定会选出优秀人才。选拔性招生机制往往用来排斥少数宗教和种族学生群体，强化学生社会背景的同质性。例如，哈佛大学校长阿博特·劳伦斯·洛厄尔（Abbott Lawrence Lowell）和哥伦比亚大学的弗雷德里克·凯佩尔（Frederick Keppel）院长就估计各自大学里犹太裔学生占比达到15%到40%，他们公开表达了对"犹太学生问题"的担忧。他们担忧的是，这种失衡可能会让传统白人新教家庭的子女避而远之。他们的解决办法是公开和秘密地实施招生配额。到1910年，有关招生政策的影响已经变得更加复杂。在很大程度上，由于美国公立高中的成功，大学招生办公室不得不认真对待越来越多来自学校周边寄宿学校之外的城市和学校的申请人所呈现出的优异学业成绩。全国各地公立高中提供的大学预科课程的改善也提出了一个问题，即选择性招生改革的实际目的是什么。是通过甄别人才来提高教育标准吗？或者更确切地说，它是将考试作为一种透明的社会筛选机制，其最终成就是减少学生群体多样性所引起的摩擦。正如马西娅·辛诺特（Marcia G. Synnott）在1979年对哈佛、耶鲁和普林斯顿大学招生政策的研究中所记录的那样，对少数族裔背景的优秀新生来说，选择性录取的实施是一扇特殊的"半开的门"（half-opened door）。②

即便一所学院控制招生规模，使学生群体构成较为单一，但大学校长仍然需要面对由难以控制的独立自治的学生文化所引发的越来越多的问题。结果是致使1900年之后大多数学院的行政官僚机构的不断扩充，设置了更多的负责监督学生行为的学监和助理学监岗位。在学生人数较多的大学里，相互回避扩大了师生的鸿沟。由于教师和学生之间相互交流的机会减少，导致二者的分歧越拉越大。针对这个问题，很多大学设置了集调解人和执法者职责于一身的学生事务主管。

本科生们群居的"校园生活"引发的许多问题导致了另一项管理改革。高校

---

① Cornelius Howard Patton and Walter Taylor Field, *Eight o'Clock Chapel: A Study of New England College Life in the Eighties* (Boston: Houghton Mifflin,), p. 332.

② Marcia G. Synnott, *The Half-Opened Door: Discrimination and Admissions at Harvard, Yale, and Princeton*, 1900－1970 (Westport, Conn.: Greenwood Press, 1979).

越来越认识到，它们不得不制定正式条文，如果说不是为了对校友事务进行控制的话，至少要起到限制的作用。当校友会和俱乐部在 19 世纪 90 年代刚出现之时，大学校长们在协调校友组织活动方面还没有什么经验可言。而且随着校友和支持者团体投入越来越多的精力和资金，用来资助体育比赛等学生活动，大学官方却陷入了一种奇怪窘境中。校长们已经错失良机：他们本可以对外部事务行使权力的关键时期已经过去，现在他们再也不能疏远作为捐赠者的校友了。大学校方在管理上的妥协是，鼓励校友活动，同意他们涉足校园体育比赛，校方只是希望这些让步措施能够让校友们不至于插手于严肃的学术事务。最重要的是，这项协定甚至可能会刺激他们对其他大学项目的慷慨支持。

这是一种一厢情愿的想法。在 1920 年时，大学校长通常都将自己的任期押在了职位上，这样他所制定的教育政策不得不与校园生活中的小事件共存，甚至相互竞争。此后，他不得不与包括董事会、体育协会和校友办公室在内的联盟进行合作。这些组织通常都是同一种本科生"学院制"的热情产物，而"学院制"正是校方试图掌控的对象。对于州立大学的校长来说，一些成功校友在州议会中占有一席之地，甚至登上州长之位，这些人都想在校友返校聚会活动中坐在最好的位置。教师或许是大学校园里最缺少组织的群体，他们对无视学术自由的专制校长保持警惕态度。由于大学校长们必须给校友群体做出巨大的让步，教授们甚至感觉自己离大学的重心和决策制定越来越远。

校长们发现，学生在十年或者二十多年前的"校园生活"中采用过的同样的组织能力和坚韧不拔的精神，现在在高度组织化的校友团体，甚至董事会中再次出现。学生领袖们在学业上也许并不是那么出色，但是他们却很好地学会了如何把控校园优势地位的办法。

## 第一次世界大战与大学

尽管美国参加第一次世界大战的时间相对较晚，但却是全面投入战争。大学校长们对国家参与战争表示支持。与此同时，他们也担心入伍和征兵会大大减少大学生人数，并且影响大学的正常运转。大多数学生年鉴都专门用精心的绘图来致敬学生们投身战争的爱国事迹。

不同高校学生的入伍人数存在很大的差异。根据林恩·戈登（Lynn Gordon）

的观点,东海岸高校学生参军尤为踊跃。例如,在哈佛和耶鲁,在校学生数仅仅一年时间就下降了 40%,普林斯顿和康奈尔的在校学生数也分别下降了 35% 和 27%。然而,在西海岸,斯坦福大约只有 10% 的学生入伍。① 戈登的结论与一份 1937 年斯坦福大学校友刊物上刊载的轶闻不一致。这篇文章描述了 20 名学生是如何在 1918 年组建了斯坦福第一支救护队,最终的报道是"有超过一半的本科学生服役过,而且几乎所有留在后方的大学生都以这样或那样的方式为参战做好了准备"。校园歌曲再一次在这些活动中发挥了突出的作用,1918 年 6 月,斯坦福大学在橄榄球场上主办了一场由舒曼·海因克女士(Schumann-Heink)② 和一万名学生军训团(Student Army Training Corps)成员和士兵组成的一个大合唱团,这一场合唱被称为"世界上最大的音乐活动"。③

虽然各个高校学生入伍人数有所不同,但是所有的大学校长的态度都很复杂,既要公开支持援战行动,私下里却担心战争对学校生存造成的影响。鉴于高校对学生人数和学费的依赖性,他们的担心是有理由的。伍德罗·威尔逊总统提出一种互利共赢的解决之道,他于 1917 年 7 月创立了学生军训团(SATC)。军训团迅速为军校学员和军官建立了一套校园培训项目,它由联邦政府出资,按照参加人数向合作高校拨付丰厚的补偿金。④

根据乔纳森·弗兰克尔(Jonathan Frankel)的观点,全美有 540 所院校"将它们自己转变成了军事训练学校,大约有 12.5 万名学生应征加入学生军训团……参与项目的高校获得了急需的资金为学生兵们提供食宿和训练;作为回报,政府

---

① Gordon, *Gender and Higher Education*, pp. 81—82.

② 舒曼·海因克(Ernestine Schumann-Heink,1861—1936),美籍奥地利女中音、女低音歌唱家。她的卓越的歌唱和戏剧表演,使她成为歌剧和艺术歌曲的杰出歌唱家之一。——译者注

③ Norris E. James, "Passing Show: Each Carefree Generation Develops Customs and Traditions of Its Own," in *Fifty Years on the Quad: A Pictorial Record of Stanford University and the 35,000, Men and Women Who Have Spent a Part of Their Lives on the Campus*, 1887—1937, ed. Norris E. James (Palo Alto, Calif.: Stanford Alumni Association, 1938), pp. 90—93.

④ David O. Levine, "The College Goes to War," in *The American College and the Culture of Aspiration*, 1915—1940 (Ithaca: Cornell University Press, 1986), pp. 23—44. See also Carol S. Gruber, *Mars and Minerva: World War I and the Uses of the Higher Learning in America* (Baton Rouge: Louisiana State University Press, 1976)

则获得身心都受到良好训练的战士"。① 学生军训团的意义在于，它顺利地将大学校园与更大范围的全国性援战活动联系在一起。大卫·莱文（David O. Levine）认为，这种做法改变了美国民众对大学的看法，而且改变了大学在对外展示自己的事务中如何定位的问题。② 高校校长们非常成功地说服了国家领袖和民众，让他们意识到，全面而有效的战争投入需要受过大学教育的领导人和众多民用专业知识，而适应性强的美国大学就是他们的最佳选择。美国高校从成为总统的伍德罗·威尔逊那获益匪浅，因为他与高校领导人一样都认为高校还必须培养领导能力和服务国家。

威尔逊的支持以及高校在公共关系上的努力意味着大学生们不会大规模应征入伍。实际上，情况正好相反。成千上万的年轻人应召进入大学校园，成为学生军训团的成员。高校不得不修改招生录取要求，以符合联邦政府有关招募军官的指导方针。为了进行军事操练，宿舍和体育馆进行了改造。至少在几年的时间里，身穿军装的学员就是典型的大学生形象。多亏了学生军训团，一些大学实际上既获得了联邦政府补贴的建筑项目，同时还招收了大量学生。弗兰克尔对哈佛大学军训团的案例研究说明了该项目产生的影响。③ 在1916—1917学年与1917—1918学年间，哈佛的在校学生数从4976名降低到2998名，这意味着学费收入减少了40万美元（约合2000年的530万美元以上）。然而，哈佛和其他大学都为课程军事化付出了代价。可以预见的是，教学开始倾向于支持军事政策。传统课程，如历史方面的课程都暂停了，转而支持一些目标更加明确且实用的课程学习。直到1918年底，大学管理者和教师才终于对学生军事训练团项目进行反思，并得出总结，认为这个项目扰乱了正常的大学学习，情况令人担忧。这个项目的初心是提升国家兵役的善举，让军事训练与普通文理教育二者形成前景光明的合作关系，同时也让学院在资金充沛的条件下继续运转，然而，这个项目最终对学界来说又是一个躲不开的灾难。

在第一次世界大战期间，参与科学和技术创新的军队和联邦机构并没有按部

---

① Jonathan Frankel，"The Ivory Boot Camp," *Harvard Magazine* 94 （September-October 1991）：71—74；quotation at p. 74.
② Levine，"The College Goes to War."
③ Frankel，"Ivory Boot Camp."

就班地依赖高等院校来获取专业知识。普遍的看法是认为产品开发的更为可靠的经验来源是产业界，而不是高等教育。然而，也有一些重要的例外。例如，哈佛大学的化学家詹姆斯·科南特（James Conant）因为进行了把芥子气提纯成毒气弹作为武器的实验而功成名就。另一项变革的标志发生在1916年，这一年成立了国家研究委员会（National Research Council）和海军研究实验室（Naval Research Laboratory），它们的功能是确定并协调产业界、大学和政府科学家之间的合作。但是总的来说，高校在一战中发挥的主要作用是为培养军事人才提供便利的场所。（这个功能带来一个值得关注的意外结果，即大学里的心理学家在大规模心理和能力倾向测试科学方面作出了开创性的贡献，他们研发出来的测试量表被用于征兵，而不是用以测试大学申请者。）尽管联邦政府对教师专业知识的利用有限，但是这个在第一次世界大战期间积极合作的案例不仅让公众更加深刻地认识到，大学是一个有用的资源，也为将来更大规模的高校－政府之间合作关系奠定了基础。

第一次世界大战确实为"校园英雄"大展身手提供了一个绝好的机会：甚至在美国参战之前，学生们就已经在远征军中担任救护车司机，或者是"王牌"飞行员。普林斯顿的霍比·贝克（Hobey Baker）一战前就已经是人人皆知的校园名人，他代表了具有绅士风度的运动员。[①] 贝克是圣保罗学校（St. Paul's School）的毕业生，在普林斯顿他是橄榄球和曲棍球两个项目的全美最佳运动员。最重要的是，他因其体育精神、绅士举止和英俊帅气的外表而闻名。斯科特·菲茨杰拉德是贝克在普林斯顿的同学，对他崇拜不已，以他为原型创作出了一个虚构的校园英雄形象。1914年毕业之后，贝克却没能找到一份适合的工作。与其他许多前大学运动员一样，贝克也加入了著名的拉法叶飞行队（Lafayette Escadrille），[②]成为了一名飞行员。在这里充满惊险和刺激，堪比大学橄榄球场和曲棍球场上的精彩往事，这一切是成人的世界里所没有的。很快，贝克就成为一战中美国最有名的王牌飞行员之一。他驾驶的斯巴德飞机刷着普林斯顿的黑色和橘黄色，赢得了

---

① See Davies, *Legend of Hobey Baker*.
② "拉法叶飞行队"成立于1916年4月，是第一次世界大战期间的一支充满传奇色彩的空军部队，飞行队的成员都是二十出头的年轻人，他们都来自当时对战争保持中立的美国，成为与同盟国作战的法国空中战斗力量重要的一部分，也是西部战线上最重要的战斗单位之一。该故事后被米高梅电影公司搬上了银幕。——译者注

其他飞行员的尊重。在战争结束之时，他收到了退伍的命令，贝克在告别仪式上起飞，其他飞行员向他致敬。但是，他的飞机引擎失灵了，这位执行过多次战斗任务的英雄老兵在坠机事故中不幸牺牲。关于霍比·贝克去世的消息以及对他在大学里的辉煌成就的评论文章几乎成了美国各家报纸的头条。普林斯顿为了纪念他，将曲棍球场命名为贝克球场。直到今天，每一年最杰出的大学曲棍球运动员还会被授予霍比·贝克奖杯。

公众对于霍比·贝克以及其他在"一战"中的阵亡学生的悼念之情，为美国学院的哥特时代的另一个贡献奠定了基础，它们之后成为了全民景观和国家记忆。或许"一战"为美国校园留下的最瞩目的遗产就是20世纪20年代兴修的一批纪念建筑。很多高校收到了校友和市民的大量捐款，用于建造一批精心设计的以参加过"一战"的学生名字命名的设施。大型的橄榄球场是最受欢迎的纪念建筑，通常被称为"纪念体育场"（Memorial Stadium），可以容纳3万到7万名观众（图7）。这些纪念建筑的激增足以表明，公众对学生课外生活的兴趣正在日渐增长，特别是对于橄榄球这样可以吸引大量观众的观赏性强的运动赛事。

图7　印有举办校园橄榄球赛的新"纪念体育场"（约1904—1925年）（从上到下依次为）加州大学伯克利分校纪念体育场、伊利诺伊大学纪念体育场、明尼苏达大学纪念体育场、哈佛大学军人体育场
（南卡罗来纳大学教育博物馆，霍利明信片收藏室）

## 第六章  成功与过剩：高等教育的扩张与改革，1920—1945

### 建设美国式的大学校园：发展大众高等教育

第一次世界大战后，美国各地高等院校兴建大型橄榄球场的热情表明，美国公众对高等教育的兴趣是日趋高涨，而不是日渐冷淡，他们对大学课外活动尤其感兴趣。体育场馆的兴建预示着一场创建更宏大校园运动的开始。这场运动肇始于1890年到1910年，从那些历史悠久的名校开始，之后扩展到一些教育不太发达的城市和地区。

这一股校园建设的浪潮标志着美国高等教育入学模式的一次转型——高等教育不再是稀缺商品和精英体验。美国正逐步转向大众高等教育，而公立中学的扩大推动了这一目标的实现。可以预见的是，高中毕业生数量的增加创造了大量期望上大学的新考生群体。其结果是在"一战"至"二战"期间的年代里，高校的入学人数增加了五倍多，从25万人增加到130万。虽然在1917年，18岁至20岁这一年龄段的美国人只有不到5%的人能上大学，但20多年后，这一数字增长到了15%。1937年，全国发行的新刊物《生活》杂志的编辑，对高校这一学生成分和校园建筑的变化总结如下：

这一增长趋势表明教育吸引力的重心从大西洋沿岸转移到了中西部。80%的高等教育机构得以实行男女同校教育。它把校园从一个学术世外桃源，变成了一个为大学四年准备的全新的、精心设计的生活场所。学院得以进一步扩张并增值，仅其房产价值就达20亿美元（约合2000年的239亿美元）。在这种巨额投资的背后，是人们坚信高等教育会带来收益。这种信念是所有民主理念的基石，也是自杰斐逊以来的作家们所称的美国梦的核心。

这些学院很快将输出他们的年度产品——15万名1937届的毕业生。这些男女毕业生，以及与他们相似的1938届、1939届和1940届的毕业生，在20年后将在权力部门占有一席之地。只有到那时，历史学家对大众高等教育在多大程度上促进美国梦的实现做出评判。①

在这个时代，来自大工业财富的最后一批大规模捐赠被用来建设一批宏伟壮观的新校园。最重要的一笔捐赠高达 2000 万美元（约合 2000 年的 2 亿美元），它使得在苦苦挣扎中的三一学院变成了北卡罗来纳州达勒姆市（Durham）拥有中世纪复兴风格的尖顶建筑的杜克大学。② 尽管杜克家族的烟草和公用事业财富使杜克大学的房屋和设施等实体建筑成为可能，但其余的校园建设所必需的资金则来自在整个大都市地区开展的私人捐赠以及地方募捐活动。可口可乐饮料带来的新财富使得亚特兰大的坎德勒（Candler）与伍德拉夫（Woodruff）家族为埃默里大学（Emory University）投入了大笔资金。③ 匹兹堡大学（University of Pittsburgh）的校园也进行了类似的重建，建造了新的雄伟壮观的"思学圣堂"（Cathedral of Learning）。这是一座具有中世纪"哥特式梁柱"风格混合式建筑物，内置装备则都具有现代化的功能。

当然，杜克、埃默瑞和匹兹堡大学的复兴表明"大学"模式将继续盛行。与此同时，其他类型的院校也在蓬勃发展——其中包括新的技术学院、初级学院、师范学院、商学院、市政学院、女子学院、劳工学院、天主教学院，以及地方性的州立大学等。由于州议员、纳税人和校友捐赠人的慷慨支持，"热心学院"（booster college）在两次世界大战期间也逐渐成熟。这一时期也见证了土生土长的美国式两年制"初级学院"的发展，特别是在西部和中西部地区。④

大学自豪感与校友忠诚感的迅速高涨让那些刚成立还相对较新的州立大学也

---

① "The Colleges Turn out Their 1937 Models: American Boy and Girl," *Life*, 7 June 1937, p. 23.

② See Robert E. Durden, *The Launching of Duke University*, 1924—1949 (Durham, N. C.: Duke University Press, 1993).

③ David O. Levine. *The American College and the Culture of Aspiration*, 1915—1940 (Ithaca: Cornell University Press. 1986).

④ See Steven Brint and Jerome Karabel, *The Diverted Dream: Community Colleges and the Promise of Educational Opportunity in America*, 1900—1985 (New York: Oxford University Press, 1989), and Thomas Diener, *Growth of an American Invention: A Documentary History of the Junior and Community College Movement* (Westport, Conn.: Greenwood Press, 1986).

能声称，它们也享有曾经只属于哥伦比亚大学、哈佛大学、芝加哥大学、耶鲁大学、普林斯顿大学等这样的院校才能够享有的声望。在洛杉矶地区，捐赠者投入资金在韦斯特伍德（Westwood）购置了一块临近好莱坞的豆田，其目的是在洛杉矶创建一所加州大学，以此作为位于伯克利的"真正的"加州大学在南部的分校。到1920年，当地对这个计划十分热衷，募集到了足够的资金用于建设装饰华丽的地中海风格的教学楼，注重细节的校方甚至进口了一块巨石，这样一来洛杉矶加州大学就能够拥有自己的"奠基石"（Founder's Rock），来展现其短暂的传统。这种方式，某种程度上起到画龙点睛的作用，在新大学寻求合法性的过程中助益良多。加州大学洛杉矶分校的创建也标志着高等教育治理方面的一个重要的结构性创新，即全州范围内的多校区大学系统。

加州大学洛杉矶分校的创建者并不是唯一关注校园细节的人。在路易斯安那州，信仰平民主义的州长休伊·郎（Huey Long）坚决主张：路易斯安那州立大学新的橄榄球馆和教学楼应该使用从意大利进口的大理石，这些建筑物把位于巴吞鲁日的路易斯安那州立大学定义为"人民的学院"（people's college）。在20世纪30年代中期由各州出版的《公共事业振兴署指南》（WPA Guide）中可以发现高等教育为各州带来的自豪感证据。在这些指南中，学院和大学被描绘成旅游者和当地居民可以前往的著名景点。

在整个大萧条时期对校园建设的支持一直持续不断。1937年《生活》杂志的编辑这样记录道：

> 美国的高等学校几乎都坚信这样的观念，一个没有一排柱子的大学校园是不完整的。在这一页上刊登的三根爱奥尼亚式柱子，证明这种观念已遍及全国。这些柱子所表达的不是对古典建筑的热爱，而是对一般称为大学设施的物质实体的无法抗拒的尊重。美国对于大学设施的投资高达22.5多亿美元（约合2000年的270亿美元）。当慈善家要捐助一所学院时，他最先想到的就是投资校园设施。比起资助一个教授席位，他更愿意去建造一栋大楼。①

---

① "Into College Plants Has Poured $25250000000," *Life*, 7 June 1937, pp. 52—57.

有许多证据可以证明人们对校园建筑的追求：内布拉斯加大学社会科学大楼的圆柱，麻省理工学院的主楼，以及得克萨斯州农工学院的行政大楼。在加州大学伯克利分校，新的专业学院的与日俱增的权力和声誉在具有古典复兴式设计的希尔加德（Hilgard）大楼中得以体现，这里正是农学院所在地。希腊复兴式的圆柱和大理石浮雕上刻着比例匀称的牛头和麦束堆，花岗岩上刻着一句铭文——"为人类社会拯救农村生活固有的价值。"（To rescue for human society the native values of rural life.）这段读来有些鼓舞人心的公共关系言论是容易让人误解的，因为加州大学伯克利分校和其他地方的农学院所承担的对技术和农作物生产的研发，通常是在有影响力的种植者协会的命令下进行的，这实际上损害了农村的传统价值观。[1] 在美国其他大学，也建造了许多新的科学设施，这些设施远远超过斯巴达式建筑简朴的功能，并且追求更加宏伟庄严。大学不遗余力投资新设施的设计，不论是天文观测台、物理学实验室、宿舍、学生活动中心，还是运动场。

## 大学体育运动

大学不仅建造了大型橄榄球场，而且也面向公众有偿开放。校际体育运动迅速发展成为校园公共关系的重要来源。南加州大学和圣母玛利亚大学（Notre Dame）规划了年度赛事，在洛杉矶和芝加哥两地交替举行，观赛人数常常超过10万人，1929年在芝加哥的士兵运动场（Soldier Field）观赛人数创纪录地高达12万人。虽然其他赛事的观众没有这么多，但也相差无几。老牌宿敌之间的对抗赛，例如哈佛与耶鲁、密歇根与俄亥俄州立、斯坦福与加州大学、得克萨斯与得克萨斯农工学院等，他们之间的赛事经常场场爆满，观众多达6万到7.5万人。对一所声称拥有新地位、雄心勃勃的大学来说，校际橄榄球比赛和一座崭新耀眼的体育馆成为了一种具有标志性意义的仪式。类似的情况发生在1929年，佐治亚大学在其新落成的斯坦福体育馆主场迎战耶鲁大学代表队（佐治亚大学是耶鲁的校友于1785年创建的，与耶鲁有着长期的联系，这一关系甚至表现在与耶鲁队使用相同的吉祥物：牛头犬）。这一事件标志着耶鲁大学第一次允许它的橄榄球队为了一场比赛走出美国东北部。为了庆祝佐治亚大学校史中这一里程碑事件，他

---

[1] See Earl F. Cheit, "Agriculture: The Search for a Dual Purpose Cow," in *The Useful Arts and the Liberal Tradition* (New York: McGraw-Hill, 1975), pp. 31–56.

们举办了长达一周的庆祝活动款待来自耶鲁的客人，并且佐治亚大学橄榄球队还第一次打败了耶鲁校队。①

在美国各地，人们对橄榄球的狂热延伸到了其他校际体育运动项目，如篮球、田径、划船、游泳等。大学参与赛事的程度以及全国冠军归属的地区差异趋势标志着大学体育成就的新变化。根据1937年《生活》杂志的观点，一种持续发展的趋势是"体育运动纪录在向西部转移"。

在过去的20年里，体育运动的优势大规模转向西部和南部。许多高中运动员，毕业于州立大学设计精良的运动场上，他们的好成绩打破了传统的认知，即老一代的哈佛、耶鲁、普林斯顿、康奈尔、宾夕法尼亚的橄榄球、划船和田径等运动项目代表着优秀。现在明尼苏达州把控着3000万美元（约合2000年的3.6亿美元）的橄榄球生意，这一赛事每年秋天能吸引2000万观众走进体育场观赛。华盛顿州统治着水上运动项目，它的毕业生在东部院校划船队担任教练。在过去的10年间，一些来自斯坦福大学和南加州大学的田径队员，只要与东部院校田径队相遇，都能轻松将其击败。在专业运动项目中，加州大学的网球项目一马当先；密歇根大学从耶鲁手中夺取了游泳的霸主地位，而且在高尔夫球项目上正与耶鲁大学一争高下。②

这并不是说久负盛名的东海岸线学院在运动项目的重视度还是能力方面已经日渐颓势。相反，大学运动精英人才已经遍布全国。例如，哈佛和耶鲁的教练们依旧能夸耀他们的橄榄球队的辉煌战绩，同时，这些教练们也不得不承认，那些毕业于得克萨斯和加州公立高中的天赋异禀的运动员，他们传球进攻有创新，敢冒险，不会被常春藤联盟院校几十年前创下的历史纪录所吓倒。中西部力量的增长和地区自豪感的日益增强，在明尼苏达州州长哈罗德·斯塔森（Harold Stassen）那儿得到最好的诠释，他在演讲中经常将州的伟大与20世纪30年代明尼苏

---

① F. N. Boney, *A Pictorial History of the University of Georgia* (Athens: University of Georgia Press, 1984); Thomas G. Dyer, *The University of Georgia: A Bicentennial History* (Athens: University of Georgia Press, 1985).

② "Sports Records Move West," *Life*, 7 June 1937, p. 72.

达大学的橄榄球队全国冠军头衔相提并论。

校际体育运动在全美范围内受到追捧所产生的负面影响是，体育主管和野心勃勃的教练不停地挑战行为规范的底线。各种不端行为蔓延，以至于卡耐基教学促进基金会（CFAT）对大学体育运动的现状进行一项为期三年的深入系统的调查。1929年10月，霍华德·萨维奇（Howard Savage）为卡耐基教学促进基金会撰写的报告发表，并登上了全国各地报纸的头版头条。① 许多校长和体育主管怒气冲冲，纷纷指责这份报告并不属实。但事实恰恰相反。霍华德·萨维奇和卡耐基教学促进基金会的董事会为他们的声明提供了翔实的文件。该报告的结论是，大学管理者（包括校长和教授在内）已经丧失对公共形象的操控能力。那些有胆识的教练们应运而生成为手握权力，富有的，有时是腐败的公众人物。此外，当地的商业利益（报告中称它为"商业区集团"）极力提升校际橄榄球运动的商业潜力。卡耐基教学促进基金会建议校长应该收回对校园体育项目的控制权。②

在萨维奇1929年的研究发表之后的几年间，校际运动在营收和观赛人数上出现了下滑，这并不是因为大学体育运动的受欢迎程度出现饱和（如卡耐基教学促进基金会的代表所期望的那样），而是与美国大萧条时期失业引起的全国性经济问题有关。与20世纪20年代相比，现在的美国人已经几乎没有余钱来购买门票。即使在1929年的股票市场崩盘导致大学资源日渐减少后，大学官员依旧迎合校友和公众对兴建橄榄球场的热情。例如，1931年在达拉斯的南部卫理公会大学（Southern Methodist University），董事会同意为偿还新建橄榄球场的债务而扣押教师工资，这个建馆计划是在1927—1928年的经济繁荣时期获得批准的。③

到1935年，大学橄榄球赛事的上座率已经从暂时的下降中恢复过来，并开始超过先前的纪录。至于卡耐基基金会倡导的各种结构性改革，一些校长和体育主

---

① Howard J. Savage, *American College Athletics*, Bulletin no. 23 (New York: Carnegie Foundation for the Advancement of Teaching, 1929).

② John R. Thelin, "The Reform Canon," in *Games Colleges Play: Scandal and Reform in Intercollegiate Athletics* (Baltimore: Johns Hopkins University Press, 1994), pp. 13—37.

③ John R. Thelin, "Looking for the Lone Star Legacy," *History of Education Quarterly*, Summer 1977, pp. 221—228; Mary Martha Hosford Thomas, *Southern Methodist University: Founding and Early Years* (Dallas: Southern Methodist University Press, 1974).

管努力通过组建体育协会（或联合会）以加强绩效问责，其中许多联赛增设了新的委员岗位。然而这些措施并不是特别有效，因为大学体育官员们——带着校长和董事会的期望——将更多的注意力（和资源）用于做强做大体育运动，而不是限制它的无节制的行为。例如，正如默里·斯佩贝尔（Murray Sperber）所记载的那样，体育主管们越来越依赖高效的麦迪逊大街的广告公司宣传推广各种体育赛事。纽约市的唐·斯宾塞公司（Don Spencer Agency）用高质量的节目和海报在全国范围内推广大学运动赛事。广告公司越来越将校际体育运动及其观众视为一个可以被利用的媒体市场。报纸出版商也千方百计挤进这个利润丰厚的市场以期获利，从每日新闻报道到更精心的宣传活动等，用以宣传获胜者并提高门票的销售。体育主管、教练、校长、董事会成员和校友会工作人员都是神通广大的主动参与者，他们想方设法出现在新闻发布室、广播网络办公室、电影制片厂和公关公司。与此同时，大学的领导者却似乎丝毫没有意向要建立一个全国性的组织来管理大学体育事务。①

## 乐园中的麻烦：校园生活的公众形象

如果说学院在两次世界大战期间因其宏伟的建筑和大型体育赛事而名声大噪，那么学生和校友们的享乐主义行为也让其名声扫地。虽然1890年至1900年的"大学生"（college man）被描绘成绅士，然而这一形象在1920年至1930年间发生了变化。返校日庆典、毕业典礼周聚会、毕业舞会、全年都有的大学生联谊会聚会——所有这些都与酒精相关联。如今非法私酿杜松子酒、地下酒吧、学院体育赛事赌博，以及喧闹的20年代的其他典型的活动，已经不再是专属于芝加哥黑帮和纽约诈骗犯，而成为校园生活的公众形象突出特征。校园生活也开始与奇装异服联系在一起——20世纪20年代的黄色雨衣、灯芯绒裤以及宽松的毛衣。10年后，女生的马鞍鞋和男生的粗花呢夹克、牛津布扣领衬衫成为了校园时尚打扮。全国性杂志定期在9月刊上刊载以"重返大学"为主题的专题文章和广告。1936年，纽约梅西百货公司跟上了大学的潮流，以如下的秋季时尚预测来推销

---

① Murray Sperber, *Onward to Victory: The Crises That Shaped College Sports* (New York: Henry Holt and Company, 1998), pp. 91—284. See also John R. Thelin, "Academics on Athletics," *Journal of Higher Education* 73 (May-June 2002): 409—419.

"常春藤盟校冠军"（Champion of the Ivy League）的风格："大学参观者在新英格兰各个大学都会看到，大学生们就像疯了一样地吆喝，他们穿着结实漂亮的衣服，看起来就像是聪明勇敢的英国猎狐人。现在这种风潮正在蔓延到城市里的大学俱乐部。"①

对本科生活的关注不仅出现在文章和广告中，在严肃的文学作品中也有所体现。斯科特·菲茨杰拉德（F. Scott Fitzgerald）和珀西·马克斯（Percy Marks）是这一风格的最为杰出的实践者，《天堂那一边》（*The Far Side of Paradise*）和《懵懂年代》（*The Plastic Age*）就是这种类型的小说。对校园生活的概述，从耶鲁的精英主义到明尼苏达大学医学院学生的杂乱无章的文化，在辛克莱·刘易斯（Sinclair Lewis）的小说也有展现。小说只是大学形象传播的媒介之一。在20世纪20年代约翰·希尔德（John Held）在全国各地每周刊载的漫画里也有展现。30年代则扩展到好莱坞的电影，包括马克思兄弟（Marx Brothers）出演的高票房电影《马鬃》（*Horse Feathers*）。以上作品紧扣那个时代的反智主义精神，将"绅士C等级"（Gentleman's C）当作崇高的最低成绩标准。

高等教育的公共形象超越了性别界限。两次世界大战之间的典型"女大学生"（college woman）在庆典活动中的不当举止，让人与轻佻女子和"新女性"（new woman）联系在一起。无论是电影还是杂志，都向观众和读者展示着校园里的风流韵事。《纽约客》（*New Yorker*）的多萝西·帕克（Dorothy Parker）曾经对耶鲁大学舞会上大学生的不端行为大加讽刺。1921年，波士顿一家小报以粗体字体凸显其新闻标题："爱情饥渴女孩的'爱抚晚会'（Petting Parties）震惊了大学男生。"副标题进行了详尽报道："在布朗大学舞会上的社团男生们令人吃惊的举动引起了学院报纸的严厉斥责。"② 曾经在印刷品中不被接受的图形评论，转瞬间在世纪之交，就被新一代见多识广的读者们所接受，他们期望甚至喜欢关于大学无节制行为的报道。

女大学生作为社交名媛逐渐成为一种全国性的现象。到了20世纪30年代，

---

① "Champions of the Ivy League," advertisement for Macy's Men's Store, *New York Times*, 26 November 1938, p. 5.

② Article in the *Boston Sunday Advertiser*, ca. January 1921, reprinted in Gentlemen under the Elms, ed. Jay Barry (Providence: Brown Alumni Monthly, 1982), pp. 11—13.

中西部的一些州立大学杂志封面上,例如哥伦比亚市的密苏里大学,出现了关于女大学生初入上流社交界和参加女学生联谊会享受悠闲生活的照片。斯蒂芬斯学院(Stephens College)——一所同样位于哥伦比亚市的私立两年制女子大学——因其在佐治亚的校园而闻名。该校园拥有一个骑马学会,可容纳36匹马的马厩和一个乡村俱乐部。它的课程包括"世界上最大的圣经班"和一个由纽约化妆品专家提供的"美容诊所"(grooming clinic)(面向学生,而不是马匹)。一位新闻记者在1937年是这样写的:"斯蒂芬斯学院会在年中安排一次长时间的郊游。其风头甚至超过了东部的本宁顿学院和莎拉劳伦斯学院。今年,伍德校长带着学校的女生们去了新奥尔良,征召262名杜兰大学的男生参加了一场舞会,之后来到纽约的西点军校与男生举办了另一场舞会。"①

对高等教育的调侃奚落成了《星期六晚邮报》(*Saturday Evening Post*)全彩色封面与专题文章经常出现的主题。即使是大萧条时期漫长的经济危机,也不能抑制美国公众对这个主题的着迷。也许这种持久吸引力的最显著的证据就是《生活》杂志对高等教育的关注。1937年6月7日的《生活》杂志全部用来报道美国校园生活的方方面面(图8)。

为什么美国公众对大学生的离经叛道的行为举止现象能够宽容且痴迷呢?根据大卫·莱文的观点,在两次世界大战之间,"上大学"的观念深深扎根在美国"抱负文化"(culture of aspiration)中,作为学院所提供的社会阶层向上流动过程的一部分,年轻人的言行不

图8 《生活》杂志封面,1937年6月7日

---

① "Junior College: At Stephens in Missouri Girls Are Taught to Solve Women's 7. 400, Problems with Classes in Beauty, Riding, Voice," Life, 7 June 1937, pp. 66-67.

羁得到公众的容忍甚至是鼓励。① 一个本科生如果可以建立"良好的人际关系"（good contacts），并与"恰当的群体"（right crowd）保持联系，放纵的聚会和周末橄榄球赛的门票的花费只是一个小小的代价而已。事实上，喧嚣玩乐的校园社交生活经常被视为儿女们成为成人世界一部分的标记。就像 19 世纪早期英格兰的店主不指望年轻的精英军官会支付昂贵的裁缝账单一样，美国公众期望新的大学生精英通过仪式化的放荡不羁的行为来证明他们的身份。

如果有人对那种学生生活存在抱怨的话，那通常是来自因他们的活动没有被媒体报道而心生羡慕的学院。俄亥俄州立大学《灯塔日报》（*Daily Lantern*）的本科生编辑曾向《生活》杂志的编辑抱怨，认为他们所谓的"全国性"摄影新闻存在地域偏见：

> 我们这些中西部的大学生要投诉你们的杂志。自从你们杂志发行以来，偶尔会刊发一些展示美国大学校园生活的图片——但迄今为止，显然，你们认为在阿勒格尼山脉（Alleghenies）的这一边没有美国大学。
>
> 我们这些位于教育欠发达地区的学生，很欣赏你们刊发的有关东部学校的图片——但该死的，我们在这做的事也同样值得报道。②

全国许多高校的学生和校友们也赞同这一说法。康奈尔大学的一位校友对这句话尤为感到愤怒，"哈佛、耶鲁、普林斯顿……也许还有康奈尔"这样的表达主导着绝大多数关于美国伟大大学的讨论。他通过列举了康奈尔对美国高等教育的所有创新的贡献进行反驳，并得出结论，那些关于大学伟大的讨论应该这样开始，"康奈尔……可能还有哈佛、耶鲁、普林斯顿"。③

## 媒体与高等教育：美国大学的公众形象

几十年来，印刷媒体使美国人能够读到那些有关著名学院的报道，还能去研

---

① Levine, *American College*.

② August Brunsman (editor, *Daily Ohio State Lantern*), letter to the editor, *Life*, 7 June 1937, p. 6.

③ Morris Bishop, "-And Perhaps Cornell," *in Our Cornell*, ed. Raymond Floyd Hughes (Ithaca, N. Y.: Cayuga Press, 1939), pp. 76—77.

究照片中所捕捉的校园生活形象。现在，无线电广播使听众能够亲临现场般地收听大型橄榄球比赛的直播。确实，全国的无线电广播对圣母玛利亚大学的橄榄球比赛的转播创造了一个全新的支持者："地铁校友"（subway alumni）。他们从未踏进过位于印第安纳州南本德（South Bend）的圣母玛利亚学院，但他们却收听了每一场比赛并为其捐款捐物。由于有了这些转播，像布鲁克林这样偏远地方的牧师才可以定期提醒教区居民支持并为圣母玛利亚学院的橄榄球队"战斗的爱尔兰人"（Fighting Irish）祈祷。在克利夫兰或西雅图天主教小学教书的修女们能够向学生们描述圣母玛利亚学院的比赛。圣母玛利亚学院是这类广播节目的最大受益者。在无线电的帮助下，其他高校忠实球迷的数量也有所增加（数量虽然不大，但也相当可观）。

如果无线电中播放的有关大学校园生活的声音已经对美国公众产生了强烈吸引力，那么移动的影像就更加不可抗拒了。电影，尤其是配有校园环境的有声电影吸引着观众，他们蜂拥而至全国各地的影院观看好莱坞制作的一系列电影。只需一张日场门票的价格，就可以观看天之骄子们的大学生活，而不必真正踏入大学校园或坐在大学课堂上。尽管只有一小部分美国人真正上了大学，但现在通过这种方式任何人都可以成为他们间接的校友。

这种类型电影中较为典型的就是马克思兄弟主演的《马鬃》（Horse Feathers）（图 9）。这部电影于 1932 年上映，当时正是美国大萧条最严重的时期，影片以此前几十年的经历和事件为背景，运用 20 世纪 20 年代的道具与场景表现出世纪之交的移民群体歌舞杂耍式的舞台幽默。故事发生在虚构的赫胥黎学院（Huxley College）中，它是达尔文大学（Darwin University）的主要竞争对手，松散的情节从格鲁克·马克思（Groucho Marx）扮演的瓦格斯塔夫（Wagstaff）校长的就职典

图 9　马克思兄弟出演的电影《马鬃》的海报，1932 年（派拉蒙电影公司）

礼展开。这个学院正陷入财政困境,学生们也都是平庸之辈,校橄榄球队遭遇连连落败。曾经的商人瓦格斯塔夫被聘为校长来拯救这所日暮西山的学院。观众们看到了一群熟悉的刻板的人物:懒散的教授,对校长唯唯诺诺、阿谀奉承的系主任,衣着考究、正襟危坐听着枯燥讲座的学生。虽然教室被设置在不同的场景,但主要事件围绕着橄榄球。校友们与当地商人拿橄榄球比赛下赌注,学院的行政官员执着于为橄榄球队招募身体强壮的工人阶级队员。校长、赌徒、橄榄球队支持者在城里的地下酒吧有一个共同的会面场所。

这些夸张的戏剧化演绎中反映出某些真实的元素。学生群体接受的是男女同校教育,年轻男女学生都是和蔼善良且富有的白人。两名"流浪运动员"(Tramp Athletes)都是爱尔兰人——穆林斯(Mullins)和莫利(Molloy)。电影中唯一的黑人角色是一个旅店女佣。马克思兄弟中的两名成员放下他们的犹太移民身份,扮演从事街头小贩的意大利移民。

《马鬃》只是众多描写大学生活的流行电影之一。在两次世界大战之间那段时期末①,1941年,关于圣母大学(University of Notre Dame)的传奇式橄榄球教练克努特·罗克尼(Knute Rockne)的好莱坞传记片渲染了学校的庆祝氛围,成为当年的票房冠军。

## 重构校园生活:学生回忆录

显然,媒体对本科生活的叙述明显倾向于报道课外活动和浮夸的行为。这种失真的描述并没有被那时的大学共同体视而不见。1923年,著名的哈佛历史学家在布朗大学讲授关于重建中世纪大学学生人格的困难时,他援引自己所处的时代以强调他的观点:"今天勤奋好学的青年从来不会成为新闻头条,没有人看好制作一部'刻画好学生形象'的戏剧或电影。然而熟悉当代大学的每个人都知道,严肃认真的学生无处不在。"② 根据达特茅斯学院一份关于本科生活报告的叙述,

---

① 虽然第二次世界大战欧洲战场于1939年就已全面爆发,但美国一开始并没有参战,直到1941年12月7日,日本偷袭珍珠港之后的次日,美国才正式对德国、意大利宣战。因此,文中有"两次世界大战之间的时期"的说法。——译者注

② Charles Homer Haskins, *The Rise of the Universities* (New York: Henry Holt, 1923), pp. 90—91.

"对于那些保守的人来说,曾经为了教化异教徒而建立的达特茅斯,现在已经退化成异教徒化的基督徒了,这件事再自然不过了。"① 卢修斯·毕比(Lucius Beebe)是一位在成年后喜欢运动和休闲的知名富豪,是唯一一名因为行为不端而被哈佛和耶鲁开除的学生(是否唯一尚存疑),甚至连他也认为新闻媒体对精英大学的报道片面得离谱。他认为编辑和作家们仅仅把校园视作"满足上层社会骚动的取之不尽的源泉"。② 本科生被流行的"校园小说"的肤浅逗乐。《哈佛讽刺报》(*Harvard Lampoon*)的学生编辑们通过为有抱负的作家编写了一个公式化的创作模板来嘲笑这一流派:

这是个不错的开头:在大学校园里花半天时间,记下街道和建筑的名字,之后你将依靠这些来了解当地风土人情。

让你的角色在经济上和其他方面都显得特别奢侈。要多次出现以下场景:雨水敲打着窗棂,而他悠闲地披着睡袍站在温暖的炉火旁——至少有一次是出现在特里蒙特街的前排。

要让他们酒不离口,烟不离手。在每一章节会出现一个莽撞的小伙子,在每一页里都有一把莫里斯躺椅。他们熟悉地谈论着董事会、戈尔堂(Gore Hall)和俱乐部……再来一个天真无邪的女孩,以及一两个不那么单纯的女孩。③

与令人兴奋的校园生活中的公众形象不同的是,许多学生的描述表明,美国校园是一个冷静清醒的地方,在20世纪20年代末和30年代,美国校园甚至是个气氛严肃凝重的地方。从保存下来的学生文学作品,以及刚毕业的校友们后来花时间所写的回忆录、短篇故事和小说中记录下自己的经历可以获得的大量信息。这是学生新闻报道和学生写作的黄金时代。由学生协会编辑和出版的校园报纸形成自己的风格。另一项事业是学生的幽默杂志——它既是学生洞察力和讽刺挖苦

---

① *The Report on Undergraduate Education of the Dartmouth College Senior Committee* (Hanover, N. H.: Dartmouth College, 1924), part 1, p. 16.

② Lucius Beebe, "The Boston Telegram," in The Lucius Beebe Reader, ed. Charles Clegg and Duncan Emrich (New York: Doubleday and Company, 1967), p. 66.

③ William Bentinck-Smith, ed., *The Harvard Book: Selections from Three Centuries* (Cambridge, Mass.: Harvard University Press, 1953), pp. 13—14.

能力持续不断的来源,也是未来一代的美国作家的训练场。

本科生习惯性地与他们的长辈存在分歧,不管是父母、教授,还是系主任。学生中的英雄人物通常是那些才思敏捷的学生,在与教师和学校行政管理人员的辩论中,他们坚持自己的立场。学生们钦佩那些在校园组织中胸有成竹的同学,这些人既能完成最低的学位要求,又能尽可能多地参与课外活动。哈佛最基本的管理规定是学生必须获得3个C和一个D,而且不能让自己的名字因为行为不端登上报纸。

本科生生活和学习的地方就是这样一个行政斗争竞技场。20世纪30年代早期的普林斯顿,一位大一新生就是因为一名历史教师停止授课并批评他闭着眼睛听课的行为而成为传奇式人物。在被训斥上课不专心听讲之后,这名学生——爱德华·普里查德(Edward Prichard)——继续闭着眼睛并总结了这位教师的课堂内容,甚至纠正了几处不准确的说法。[1] 普里查德是一个聪明却不"埋头苦学"的学生。这些品质使他不仅成为普林斯顿本科生的学生英雄,之后他成为哈佛法学院《法律评论》的编辑,并被选为最高法院大法官的书记员。然而,他的法学院课程的重要性还是排在参与各种政治运动之后。法学院毕业后,他去了华盛顿特区成为富兰克林·德拉诺·罗斯福的"智囊团"成员之一,他被认为是最聪明的人。他在法律方面的杰出才华使他为自己赢得了尊重。他对公众人物的模仿——一项在普林斯顿获得的技能——使他成为罗斯福总统的一员爱将。

普里查德,这个来自肯塔基州的聪明孩子,他出人头地的故事让人印象深刻。在20世纪30年代,另一位在大学时靠自己奋斗成功的人是来自科罗拉多大学获得"全能美国人"(All American)称号的拜伦·怀特(Byron White)。他出生于科罗拉多一个贫穷的从事农场和采矿业的家庭,怀特以年级第一名的成绩毕业,是橄榄球队中卫明星球员并赢得了全国荣誉。他为职业橄榄球效力的目的是挣学费读法学院。后来,他被任命为最高法院的法官。像爱德华·普里查德和"奇才"拜伦·怀特(Byron "Whizzer" White)——他自己十分讨厌这个绰号——这样的大学英雄成功的案例更让美国人相信大学是一种基于能力与毅力的向上流

---

[1] Tracy Campbell, "Banishment to Paradise," in *Short of the Glory: The Fall and Redemption of Edward F. Prichard, Jr.* (Lexington: University Press of Kentucky, 1998), pp. 24-43.

动的途径。

当然，这些传奇故事也有一定的道理。然而，总体而言，学院社会制度的复杂性和回报机制让学生了解了现实，而不是美国社会的理想。仅有才能还不足以获得成功。这使得"大学生活的黄金时代"的一个遗留问题，在 20 世纪 20 和 30 年代形成了一种趋势，即所有校园的学生都被分成富人和穷人，通常是以男生联谊会和女生联谊会的希腊字母体系组成的序列对"自力更生者"的排列为标准。权力、声望和声誉不成比例地进入到能自我更新的社会组织中。尽管存在这种分裂，所有的学生都忍受着——并回忆起——试图理解课程选修系统并在大校园里找到自己的道路。

詹姆斯·瑟伯（James Thurber）因其在《纽约客》上几十年的幽默写作而成名，他写了一篇文章追忆俄亥俄州立大学新生时的经历。这篇文章证实，当校长和教授们为新的选修课制度和两次世界大战中间那些年大学使命的扩大而振奋不已时，大多数刚入学的新生对这一宏大的制度设计毫不知情或全无兴趣。选修课制度对学生而言，通常是一种共同的经历，就像是通过游泳考试，完成生命科学课程，或使用内战留下的来复枪完成预备役军官训练营（ROTC）的军事训练。①

瑟伯对中西部州立大学的大众高等教育充满困惑的回忆语气与罗伯特·本奇利（Robert Benchley）对哈佛的回忆很相似。当回忆起"学院对我做了什么"时，本奇利留下了一本学习指南，用以帮助未来的本科生们顺利通过课程。他假装严肃地写道：

我的大学教育不是一件没有计划的事，我选择课程都有一个非常明确的目的，头脑中也有一个明确的计划——早上十一点之前，下午两点半之后不上课——周六全天不上课。这是我的信念。我接受的教育就是建立在此基础之上。

众所周知，古典课程几乎不涉及下午的实验室工作，然而选修科学课程的学生一直要忙到下午 4 点之后。反正，我选修了古典学课程。但只选修了那些不耽误早上睡个好觉的古典学课程。毕竟人是要考虑自己的健康，当然世上也存在痴迷于学习的人。

---

① James Thurber, "University Days" (1934), in *The College Years*, ed. A. C. Spectorsky (New York: Hawthorn, 1958) pp. 436—441.

对本奇利来说，选修制度意味着要选修如下这些课程：周二和周四下午 1 点 30 分的美术 6（陶立克式圆柱：使用、历史与高度）；周三和周五中午的音乐 9（古钢琴的历史与鉴赏）。为了完成外语的课程要求，他还选修了德语 12b〔（早期吟游歌手——沃尔特·冯·沃戈维德（Walter von der Vogelweide）、尤瑞克·格兰多夫（Ulric Glannsdorf）、弗雷曼·冯·斯特姆霍芬（Freimann von Stremhofen）：他们的歌曲与时代〕。当碰到一个关于美国和纽芬兰之间海上关系的试题时，本奇利试图用一个反问句来分散老师的注意力："有人从鱼的角度看待这个问题吗？"①

鉴于选修课程的严格，本奇利设计了一个"同样严格"（no less strict）的学习体系。他回忆道："在课堂上，我记笔记时设计得非常合理，有半页纸可以用来画五角星（很巧妙地被隐藏起来）、女孩的头像以及井字棋游戏。在《早期英国贸易风潮》课上有关在经济学笔记本上的那些画是我最好的作品。其中有一个画的是一整棵树（橡树），每片树叶都画得很精细。有几位教师还对我的作品发表了评论。"在他的宿舍中，一次晚间"研讨课"通常是以几个人围坐在一把空椅子前打牌的形式进行的。当有个学生说，"我出 50 美分开局"，这次讨论课就开始了。本奇利总结道："讨论课结束后，我会回到我的书桌前，把笔记和书本叠放好，关上灯，然后上床睡觉，累却快乐着，因为意识到我不仅忙忙碌碌地度过一个晚上，而且帮助我的四个朋友完成大学学业。"②

瑟伯回忆起一个怒不可遏的教练员曾经教训他："你是这所大学的大麻烦！"但瑟伯自己认为，问题确实并不只是出现在他一个人身上，而是像他这样的学生群体身上。③ 为了应对不断增长的入学规模，像瑟伯和本奇利这样的不闻不问或者独立思考的本科生充斥着课堂，大学的行政管理人员为了应对这一局面，开始增加了学生事务管理人员系统。乔治·安东尼·韦勒（George Anthony Weller）对这位哈佛大学的年轻系主任描述如下：

---

① Robert Benchley, "What College Did to Me"（1927）, in *The College Years*, ed. Spectorsky, pp. 183—193.

② Robert Benchley, "What College Did to Me"（1927）, in *The College Years*, ed. Spectorsky, pp. 189—190.

③ Thurber, "University Days," p. 476.

他中等偏瘦的个头，28岁，经常穿深蓝色衣服，棕色的头发整齐地从中间分开，有着一张正派的椭圆形脸孔。他以前是棒球管理者，还是他们班上的第三个典礼官，当他从剑桥回来后，在系主任的办公室中有一个职位等着他。他们让他做负责记录的系主任，这意味每天要写如下的信件："我很遗憾地通知你，董事会认为没有可能批准你重新参加地理12科目的年中考试的请求……"有时，他说，"请方便时候来我办公室一趟"或"我随时恭候……"他总是说，"几乎没有可能"，因为对他而言，使用"不可能"（"impossible"）这个词有点像敲丧钟一样太过残忍。虽然他对课程目录和委员会过去的决议都了如指掌……但当有人向他咨询时，即使能帮上忙，他也不会直接回答。他会用他干瘦的手拿起课程目录，翻开书，直接翻到能找到解决问题的那一页进行查阅。①

负责学生事务的工作人员强调加强对规则的执行。很可能的是由于大学行政管理人员有一种不安的感觉，学生数量的扩张使高校处于一种不稳定的境地——也就是说，对学生行为承担的责任越多，对学生行为管控能力反而越弱。在留住学生或提供咨询方面，院校很少给予专业的意见，也没配备相应的任何资源。许多教授认为，担任大量边缘学生的导师是一件躲不掉的糟心事/逃避不了的不快之事，因此经常态度敷衍，应付了事。

那些不闻不问或者心存困惑的学生对要与指定的导师会见的要求同样感到厌烦。其结果就是辍学率日益增高，尤其是州立大学。事实上，在两次世界大战之间，学生的高流失率就是本科教育的特点，即使是那些久负盛名的高等院校。让我们来看哈佛学院1929级学生概况，大约有1000名新生入学，从全国平均标准看，这个规模算是相当大的。四年后，其中的356名学生要么辍学，要么转学，要么是没能完成学位要求。数据表明学生来源在地理和社会经济方面日益多样化。有130名来自中西部和西部的公立高中，135名来自东海岸的公立高中。大约四分之三来自新英格兰地区的各种私立学校。②

---

① George Anthony Weller, *Not to Eat, Not for Love* (New York: Robert Haas, 1933), pp. 93—94.

② Statistics compiled from *Harvard College, Class of 1929: First Report* (Cambridge, Mass.: Crimson Printing Company, 1930).

大学生对"隐性课程"(hidden curriculum)这种类似猫捉老鼠的游戏的关注既不会出人意料,也不完全是毫无理由的。尽管在 1910 年出现关于建立"伟大美国大学"的大胆而自信的宣言和美好希望,但 20 世纪 20 和 30 年代美国校园是一个严肃的、与外界隔绝的地方。爱德华·希尔斯(Edward Shils)对他 30 年代在宾夕法尼亚大学的本科生活的不带个人情感的回忆很好地描述了美国校园的这种状况。根据希尔斯的回忆,20 世纪 30 年代美国的大学教授自认为——也被认为——"像神职人员一样,他们的优点相当不均匀,但行为举止却很一致。他们讲课从不参考任何私人的东西。有些人就着旧的课堂讲稿照本宣科……有些人授课时看着已有数年历史的卡片,像我这样坐在教室前排的学生,能清楚地看到已磨损卡片的毛边。教师们准点上课,准点结束,没有对学生们再说一句话就离开了教室,也很少因为学生的问题而多做停留。"希尔斯继续回忆道:"班级规模不大,但没有课堂讨论。课堂上没人提问题,也没有为学生提供问询的办公时间。"[①] 教授们知识渊博,正如文件所记载,他们都拥有博士学位,但他们很少成为公众人物,也很少成为被记者采访或受邀充当电台节目嘉宾的专家名人。他们的影响力是向内的,大学是一个堡垒或避难所,而不是一个注重宣传的实体。

希尔斯并不是唯一把大学教师比作神职人员的人。长期担任《纽约客》编辑的布伦丹·吉尔(Brendan Gill),回忆起他在耶鲁的本科岁月时说,学生们注意到许多教授不结婚,租住在校园附近的公寓。根据吉尔的回忆,耶鲁的工资太低不足以供养一个家庭,因而许多教授过着只有书籍和学问的单身生活。[②]

宾夕法尼亚大学和其他高校的教学形式主要是讲座,不仅是学生人数较多的导论性课程,大多数高年级的课程也是这如此。一般是教授讲,学生安静地记笔记。几乎没有课堂讨论。学生和教授对任何与学生有过度友善关系的教员或者把题外话带进课堂的教师都保持谨慎态度。即使是在宾夕法尼亚或布朗这样的大学,为了出版而进行的研究和写作都是很让人觉得奇怪的边缘行为。如果校长暗示出版学术成果必须成为一项工作要求时,这些教授就会坐立不安。

---

① Edward Shils, "The University: A Backward Glance", *The American Scholar*, May 1982, pp. 163—179; quotations at p. 164.

② Brendan Gill, *Here at the New Yorker* (New York: Random House, 1957), pp. 63—71.

虽然希尔斯在宾夕法尼亚大学时的所在年级规模不大，许多大学通过增加上课座位的方式来容纳不断扩大的入学人数。例如在威斯康星大学，一门经济学导论课程有超过840名学生注册参加。正常的授课形式是由高级教授来讲课，现在被改成分组讨论，每组都有一位被本科生称作"组长"（section man）的研究生主持。威斯康星大学和加州大学伯克利分校的班级规模都非常大。然而，这种讲座的形式却无处不在。

对绝大多数家长、校友和议员而言，高等教育就是指本科生教育。在公众视野之外悄悄地发生的转变是研究生教育规模的逐渐扩大，其中包括硕士和博士学位项目。这一时代写大学小说的作者们提到过法学院和医学院等专业学院的吸引力越来越大。然而，他们的言论不完全是一种赞美。在哈佛，本科生认为法学院的学生是二等公民，只会埋头苦读，与校园生活完全隔离。[①] 在大学系统中杰出的人物是严厉、富有魅力的讲师，既苛刻又疏离。从正式的院校史角度来看，哈佛法学院因使用独特的案例教学法以完善课程而受到赞誉。但这样的教学法对法学院的学生有何意义呢？20世纪20和30年代的哈佛法学院没有采用选择性招生，相反，采用了上文提到的案例教学法，允许大多数申请者被录取，然后使一年级学生［被称作"水平一"（One L's）］经受严格的、极不人性化的考验，其特点是对课程考试进行严格的评分。结果招收的人数很多——600到700名——但学生流失率也很高，经常会高到40%。[②]

博士课程的学习高度专门化。研究生通常是资深高级教师的弟子，就一些非常具体的课题开展研究工作。他们处在大学的边缘地位，但也有一些影响很大的例外。爱德华·希尔斯（Edwin Shils）在完成宾夕法尼亚大学学士学位后，去了芝加哥大学攻读博士学位，他发现芝加哥大学学术环境独树一帜，与众不同：激烈的论辩，强大的学术能量，研究生和教授你来我往平等地交换意见。然而，这在大多数大学并不是研究生的典型经历。经济学家约翰·肯尼思·加尔布雷思（John Kenneth Galbraith）回忆起30年代在伯克利攻读农业经济学博士学位时提到，他与大多数研究生一样每天晚上在图书馆待到很迟，图书馆午夜闭馆后步行回廉价的公寓。在经过学生联谊会时，他听到里面的歌声和无忧无虑、淋漓畅快

---

① Weller, *Not to Eat*.
② Campbell, "Harvard Law School," in *Short of the Glory*, pp. 44—58.

的笑声，笑声不时被破碎的玻璃声打断，这种声音，"伊芙琳·沃夫（Evelyn Waugh）很具体地描述为是贵族玩乐时所发出的所有声音中最令人回味和引人怀旧的。在这玩闹的人都拥有一个安全的社会地位，他们知道这一点并对此感到心满意足。"① 加尔布雷思和他的研究生同伴都清楚地知道，这是一个他们永远不会成为其中一分子的大学世界。他们冷静务实地接受这一现实，并开始在大学的世界里开拓属于他们自己的群体和活动。

哈佛的研究生描述了相似的生活情景。本科生要么忽视研究生的存在，要么就是用充满同情、不屑和转瞬即逝的好奇看待他们。一天晚上，一名哈佛本科生在剑桥附近散步，看到"帕金斯（Perkins）大楼五楼长长的大厅寂静无声，从事动物学、数学和斯拉夫语言专业的研究生们正在台灯下熬夜苦读"。在一次艺术史讲座上，一位时髦的本科生是这样描述："似乎只有教室前排的研究生在认真听讲，其中一个人穿着白色短袜。"在圣诞节假期间，只剩下那些孤独的研究生还留在校园。走读生，不管是本科生还是研究生，也因为这种并不优雅自如的"埋头苦读"形象而受到鄙视："那些走读生拿着文件包，很多人还戴着高度数的玳瑁眼镜，从地铁里出来，讨论着考试。与那些住在宿舍的学生不同，他们正坐在广场上的餐馆里点着早餐，九点钟的课对他们来说还早着呢……他们要利用等待早餐的这点时间来复习笔记。"这些有钱的学生对走读生的鄙视混合着反智主义与反犹太主义。亚伯拉罕·艾克斯坦（Abraham Eckstein）是一名典型的走读生，他住在多尔切斯特（Dorchester）的一座三层楼里，他的父亲原先在布鲁克林区有一份按件计酬的工作，现在有了自己的小店铺。普林斯顿的"餐会俱乐部"和哈佛的"最后的俱乐部"偶尔会吸纳一些"曾经是运动员且好脾气的爱尔兰人"，作为对民主做出的让步——这一太过于明显的姿态，愚弄不了任何人。②

洛克菲勒基金会的慷慨捐赠让一些著名的大学可以建立引人注目的国际学舍。加州大学、芝加哥大学、哈佛大学、康奈尔大学都是这些捐赠的受益者。虽然这些学校本科生群体的构成反映了几乎所有美国高校的主要特征——很大程度

---

① John Kenneth Galbraith, memoir in *There Was Light*: *Autobiography of a University*: *Berkeley*, 1868—1968, ed. Irving Stone (Garden City, N. Y.: Doubleday and Company, 1968), pp. 19—31; see esp. p. 28.

② Weller, *Not to Eat*, pp. 47 and 280.

的地方性色彩，但这些高等教育机构还是能够吸引许多外国学生，此举表明至少他们在超越地方性方面做过少许努力。由于欧洲的战争以及社会的混乱，一些美国高校的教师的国别成分日趋多样化。来自德国大学的流亡学者，他们被纳粹统治者清洗出学术岗位后逃到美国，大多数情况下他们会接受一些院校提供的教学职位，而这些院校在以前是不可能招聘到这样的人才。然而，这些新来者对美国本科生生活的影响微乎其微，或者充其量而言是不均衡的。

尽管美国高校强调统一性，并倾向于为封闭的社会精英提供丰厚的回报，但是 1920 年到 1940 年间的美国高校还有一个优点：它的复杂性。让学生像新生一样感到困惑的迷宫一般的课程要求和校园办公室，最终为学生探索和展示各种才能提供方寸之地。例如，对于一个优等生和物理学的本科生助理，这名大三或大四学生受到的吹捧比不上那些大学联谊会理事会的主席。但它确实为专业化的学术提供了机会，为进一步的研究生学习成为可能，为今后的职业路径带来前景，这些在十年前是闻所未闻的。美术、表演艺术以及其他新领域都存在类似的情况。无论是否是大学联谊会成员，一般校园都会提供充足的俱乐部、图书馆、博物馆、特藏馆，让那些认真的学生能够沉浸在学术生活中。

在一些重点大学，研究生和高级教授们渐渐建立起强大的网络，使大学成为具有丰富学术经验之地。在没有低价飞机票和定期参加遥远的国际会议的年代，功成名就的学者和想要成名的学者一样，都不得不依赖当地的同事。根据约翰·肯尼思·加尔布雷思（John Kenneth Galbraith）的记录，伯克利的教授们经常喝着咖啡或啤酒与博士生讨论甚至是争论。后来成为美国参议员和副总统的休伯特·汉弗莱（Hubert Humphrey）回忆起在明尼苏达大学担任政治科学教授的日子，在那里一周最快乐的时光是与研究生共进晚餐，吃华夫饼，连着数小时谈论学术趋势和当代政治。[①] 每个校园都会上演相似的场景，虽然这些活动几乎不会进入高校的官方历史，原因是这些事件和联盟很少能够登上毕业生年鉴和校园报纸文章中。

## 新女子学院

在两次世界大战期间，女性接受高等教育的人数强劲增长。1940 年女生大约

---

[①] Galbraith, in *There Was Light*, p. 22.

占本科生总注册人数的 40%——可以说是增幅巨大,如果考虑到 60 年前女性不被允许攻读学士学位的话。这一巨大的成果很大程度上要归功于新成立的女子学院的吸引力,以及许多高等教育机构的男女同校政策。然而,统计记录往往掩盖还在持续讨论中的至关重要的紧张局面,即应该给予美国女性什么样的教育选择。

统计汇总产生一个令人困惑的问题,女性是否确实获得了更多的入学机会。根据大卫·莱文(David O. Levine)的观点,从 1890 年到 1910 年,女性本科生数的增幅最大,这期间学院入学人数中超过 40% 是女生。那么在两次世界大战期间女性占总入学人数的比例实际上是略有下降。然而两次世界大战期间总入学人数的大幅增加意味着,比起 1910 年女性在 1940 年有了更多的入学机会。女本科生人数从"一战"前的大约 30 万人增加到"二战"前的大约 60 万人。[①]

第二个让人不易觉察的担忧是在 1910 年到 1940 年间历史悠久的女子大学似乎失去了其开创时期的初心和冲劲。总体而言,就像美国高等教育一样,女子学院对于本科生应该经历什么并没有达成共识。例如,史密斯学院放弃了建立一所伟大的女子大学的初衷。到 20 世纪 30 年代,瓦萨学院提供了严格的本科学术课程,然而,其重点是让年轻女性为成为好妻子和公民志愿者角色做好准备。比如纽约的莎拉·劳伦斯学院(Sarah Lawrence College)、加州的斯克里普斯学院(Scripps College)和佛蒙特州的本宁顿学院(Bennington College)等,是 20 世纪 30 年代出现的新一代女子学院。进步教育的新精神在斯克里普斯学院的校训中得到体现:"新生命开始了"(Incipit via nova)。每一所新的女子学院在课程中兑现了这承诺,形成富有特色的学习课程,并根据创新的标准招聘教师。毫无疑问,这些久负盛名的女子学院都是些特殊的地方。尽管如此,女性仍然有种被隔离在课程中的感觉。

增加女性受教育机会的承诺并不意味着阶级、民族或种族歧视的减少。例如,萨拉·劳伦斯学院在 20 世纪 30 年代就依赖于严格的配额制度,这种制度谨慎地(并且有效地)限制了犹太裔女生的录取人数。[②] 本宁顿学院作为全国最昂

---

① Levine,"Women on Campus," in *American College*,pp. 123—126.

② Louise Blecher Rose,"The Secret Life of Sarah Lawrence," Commentary,May 1983 pp. 52—56.

贵的学院而闻名,一年的学费高达 1650 美元(约合 2000 年的 20500 美元)。除了本科阶段的学习成本,本宁顿的学生们还被要求体验"都市生活"。她们在学期结束后难得的假期里,要自费生活在像纽约市这样的地方。无论是否有意,这样的要求往往让有才华的年轻女子因为财力问题(而不是因为才智问题)被私立女子学院拒之门外。

到 20 世纪 30 年代,历史悠久的"七姐妹"女子学院——韦尔斯利学院、拉德克利夫学院、史密斯学院、曼荷莲学院、瓦萨学院、巴纳德女子学院以及布林莫尔学院——作为才华横溢、享有特权的美国女性精英的母校,获得了集体声誉。正是这一身份使得几乎没人关注种族或经济阶层的社会公平问题。根据琳达·帕金斯(Linda M. Perkins)的观点,在第二次世界大战之前,只有几百名黑人女性从这七所女子学院毕业。尽管它们校友总数超过 1 万人。[①] 在这七所女子学院内,政策和具体做法也存在的某些显著差异。例如,自 19 世纪末以来,韦尔斯利和史密斯就有招收黑人女性传统。相比之下,瓦萨、巴纳德和布林莫尔找不到丝毫的招收证据。布林莫尔学院的创始人凯里·托马斯(M. Carey Thomas)长期担任该校的校长,她毫不避讳地主张维护盎格鲁-撒克逊人的优越感和纯粹性,在她任职期间,明确表明拒绝招收黑人学生。在很多情况下,招收黑人女性进入精英大学是疏忽大意的结果,显然是因为她的肤色很浅,才使她得以"通过"。当这种错误之后被发现时,通常会在校园里和报纸上引发论战。

即使那些招收黑人女性的女子学院,她们的教育实践中存在严格的限制。学生几乎全部来自剑桥(马萨诸塞)、巴尔的摩、华盛顿和纽约市的有名望的从事专业工作的家庭。几乎没有迹象表明招生的地理范围扩展到南方。黑人学生要么被禁止住在校园里的宿舍内,要么后来被隔离在不同的宿舍里。韦尔斯利学院则是个例外,学院主张黑人学生有权利在公共场所用餐。总的说来,黑人校友的回忆录表明她们的学术体验很好,她们为从一所杰出的大学毕业而自豪,而且她们是忠诚的校友。在这一人数不多的小群体中,毕业于"七姐妹"学院的黑人女学生,在完成高级学位和从事医生、律师和法官的职业方面所占的比例相对来说是

---

[①] Linda M. Perkins, "The African American Female Elite: The Early History of African American Women in the Seven Sisters Colleges, 1880—1960," *Harvard Educational Review* 67 (Winter 1997): 718—756.

很高的。

"女子校园"的典范并不仅局限于私立的或独立的学院。有一些州,尤其是南部的州,建立了公立女子学院。包括位于格林斯博罗(Greensboro)的北卡罗来纳女子学院、位于塔拉哈西(Tallahassee)的佛罗里达女子学院、密西西比女子学院、得克萨斯女子大学、弗吉尼亚的朗伍德学院(Longwood College)以及玛丽·华盛顿学院(Mary Washington College)。然而教育机会扩大又再一次是不完整的,这些院校在种族上进行限制,只招收白人女性。

发展最迅速的男女同校教育模式为女性提供了入学机会的同时,也在排斥女性。在典型的综合性大学,女性往往会被引导进入特定的学术项目,阻止她们选择其他学术项目。尽管女性在校园生活中享有多种多样的机会,但她们不太可能获得学生报纸编辑或学生会主席等这样的领导职位。在蓬勃发展的女生联谊会制度中,女性确实获得了某种平等,但这种平等只是为了映衬男生联谊会才是特权和权力的发源地。女学生拥有她们自己的团体——Delta Delta Delta、Pi Beta Phi等。然而即使一所中西部的州立大学可能有多达 23 个希腊字母的女生联谊会,但是其成就通常会以男学生的希腊字母联谊会的固定仪式来界定,诸如小夜曲和"别针"(pinning)等。一名女生联谊会的成员渴望成为"Sigma Chi 的甜心"。

大学社交生活中女生联谊会的兴起,对男女同校中的女生产生了另一个影响:它为女生获得其他类型的校园认可提供了一个渠道。返校节活动的最初目的是邀请校友回到母校,但在两次世界大战之间,焦点转向了在校的本科生,尤其是返校节女王的选拔,以及她获得的女生联谊会成员的支持。男女同校的高校会在整个学年中举办了一系列的选美比赛和庆典,全都是些复杂的竞争和选拔仪式。伊利诺伊大学的"伊利诺伊选美"(Illio Beauties)就反映了这一发展趋势,每年的盛会都会刊登在校园年鉴《伊利奥》(*The Illio*,图 10)上。编辑们大声宣告:

屏住你的呼吸!

准备好了吧!让人眼花缭乱的美女们来了!几个月来,你一直在急切地等待着谁是伊利尼校园里的 14 个最漂亮的女生。

你们已经看到,这次选美比赛从代表校园每个宿舍的 263 名美女们开始选拔,经过第一轮淘汰赛剩下 56 名,到第二轮筛之后仅剩下 26 名。

你们肯定羡慕那些教师评委，他们的工作就是负责挑选最后的 26 名女王，她们的照片已被送到好莱坞。

当你发现塞西尔·德米尔（Cecil B. DeMilleg）将要评判最后 26 张照片时，你会倒吸一口凉气的。

你们已经等了很长时间了，但现在就是时候了。做好准备！我们的女王来啦！①

图 10　伊利诺伊大学的"伊利诺伊选美"，1946 年（《伊利奥》，伊利诺伊大学年鉴）

作为大学社区成员之间共同兴趣和联系的来源，年鉴编辑们所描述的这些事实，实际上表明了高校亚文化之间的分裂，这是由社会学家伯顿·克拉克（Burton Clark）和马丁·特罗（Martin Trow）所确认的——历史学家海伦·莱夫科维

---

① *The Illio*（Champaign-Urbana：University of Illinois，1946），p. 156.

茨·霍洛威茨（Helen Lefkowitz Horowitz）称之为"局内人"与"局外人"的对立。① 与此同时，女生在大学女生联谊会和校园选美比赛中亮相的同时，全国性的证据表明她们的学术计划也发生了变化。与 1890 年的女大学生相比，20 世纪 20 年代、30 年代和 40 年代的男女同校中的女学生攻读高级学位的更少，尤其是医学或法学这样的需要高深知识的专业领域。学生项目经费的分配具有倾斜性，和对男生校际体育比赛代表队的支持相比，对女生代表队那一点象征性的支持显得不值一提。如果综合学生们的意见后进行评估，这似乎是一个运行较好的社会系统。然而，对一名学生而言——不论是男生还是女生——如果要追求一种非传统的专注学术或课外活动的路线，美国的校园可能会格外难以实现。

两次世界大战之间，对于女学生们来说，最大的变化是她们追求高级学位和研究生学习的机会的减少。几乎没有女生被法学院和医学院录取。新开设的商业管理硕士项目里几乎全是男生。这种被某些领域排除在外的情况也发生在本科生层面。尽管商业管理是这个时代最受欢迎的研究领域，但"B. B. A"这一商业管理学士学位项目几乎没有女学生。为大学女生提供的商业教育显然不同于为培养未来的公司管理者和高管的教育。受过大学教育的女性的职业和文化氛围不断变化的一个标志是纽约市凯瑟琳·吉布斯学院（Katharine Gibbs School）——俗称"凯蒂·吉布斯"（Katy Gibbs）的大受欢迎。它的市场定位是为年轻女性——特别是那些在纽约市和其他大都市地区找工作的著名女子学院的女校友——提供入门级的秘书技能。芝加哥的格雷格学院在大学年鉴上的宣传广告语是，"为大学生提供秘书培训"。在 20 世纪 40 年代早期，学院声称所招收的学生已经遍布 137 所学院和 31 个州。它的目标是提供四个月的密集课程以"打开商业之门"，显然这并不能保证年轻女子能够完成学士学位。

所有高等教育机构的女学生都面临着学业与职业提升方面的不确定前景，然而对于处在保守的美国文化影响下的父母和家庭来说，他们更关心那些与高等教育和性别有关的问题。几十年来，家长们一直担心上大学会对他们的女儿带来两

---

① Burton R. Clark and Martin Trow, *Determinants of Collegiate Subcultures* (Berkeley: Center for Research and Development in Higher Education, 1967); Helen Lefkowitz Horowitz, *Campus Life: Undergraduate Cultures from the End of the Eighteenth Century to the Present* (New York: Knopf, 1987), esp. pp. 3—23.

种威胁,这两种威胁都会让她们不适合结婚。首先是担心受过高等教育的女性作为潜在的配偶没有吸引力。其次,密切接触会催生女同性恋关系。到1940年,对文化保守主义者而言,来自男女同校教育和完全女子教育的校园的"好消息"是,美国的女大学生似乎并不会失去她们结婚和做母亲的大好前景。这一成就是否值得让整整一代受过教育的美国女性付出职业机会减少的代价,有关这一问题的讨论,在两次世界大战之间,并没有在美国公共舆论中引起多大的反应。

## 非洲裔美国人与高等教育

大多数报道美国高等教育的记者都是"色盲",他们几乎不关注黑人大学生。例如,1932年《生活》有一期杂志对美国学院进行了专门报道,却完全没有提及黑人学院,所有的照片中都没有出现黑人学生。这个例子强调了主流文化对种族隔离的推定和对种族融合的无视。

虽然在南部的州立大学,种族排斥既是法律也是惯例,但这种排斥通常是含蓄而不是明确地表达出来。例如在路易斯安那州立大学1936年的大学宣传册里关于"大学招生"的官方信息只是这样写道:"经过州教育厅核准的路易斯安那州的高中,不论是公立还是私立,学生只要出示文凭或毕业证书,均有资格进入大学低年级部。"此外,"路易斯安那州之外的由地区或州当局认可的高中,学生只要出示毕业文凭或毕业证书就有可能被录取进入路易斯安那立大学的低年级部。"唯一提及非洲裔美国人的地方是在路易斯安那州立大学1936年的大学宣传册中农学院的"农场和家政工作"(Farm and Home Demonstration Work)板块。受雇于该大学示范服务部门的黑人工人被指定为"当地代理人"(local agents)。17名这样的代理人被指派到38个黑人居民占比很高的教区提供外展服务。大学宣传册上写道:"所有这些本地代理人都是在学区代理人(白人)的直接监督下工作。"①

黑人学生的入学机会仍然受到限制,不仅仅在种族隔离的州,在全国范围内都是如此。尽管像马库斯·加维(Marcus Garvey)这样敢于直言的黑人领袖赞扬北方大学录取黑人学生,但统计数据表明,这样的做法影响微不足道。据估计,在20世纪30年代中期,除了专门的黑人学院外,每年高校的黑人本科生入学人

---

① *University Bulletin*: *Louisiana State University and Agricultural and Mechanical College*, n. s., 28 (June 1936): 91—92.

数大约在 1500 到 2000 人之间。第一次世界大战后,黑人学院的入学人数有所增加,从 2000 多人增加到 1930 年的 14000 多人。尽管百分比有所增长,但黑人学生接受高等教育的机会远远落后于白人。就在第二次世界大战前,年龄在 18 岁至 20 岁之间的白人入学率比同年龄段的黑人高四倍。

种族隔离的本科教育带来的一个结果是,它为那些渴望去北方知名学府攻读研究生学位的黑人学生提供了更多的机会。这一结果得益于当时南方各州政府试图通过建立州奖学金基金,资助黑人学生前往其他州攻读研究生和专业学位,以证明州政府在一定程度上遵守了"隔离但平等"的声明。例如,肯塔基州通过了 1936 年安德森·梅尔州资助法案(Anderson Mayer State Aid Act of 1936)。① 至少有 16 个州也设立了类似的项目。哥伦比亚大学、芝加哥大学、印第安纳大学、密歇根大学、霍华德大学是这些可转移的州奖学金的主要受益学校。

高等教育中的种族排斥现象是全国性而非地区性的。在 20 世纪 20 年代,即使在像俄亥俄州的安提克(Antioch)这样的社会进步的学校都拒绝录取黑人学生。在北方那些据称已废止种族隔离的校园里的实际行为也根本不值得赞扬,正如南部高校将种族隔离合法化的行径一样令人憎恶,1940 年,密歇根大学行政管理部门禁止黑人学生住在校园宿舍。在中西部和北部的其他州立大学,显然也有类似的做法。以杰西·欧文斯(Jesse Owens)为例,他是 1936 年柏林奥运会四项田径项目的金牌得主。作为非裔美国人的欧文斯被俄亥俄州立大学录取,他在田径比赛中获得的奖学金只够支付一小部分学费和生活费,而且他不被允许住在校内宿舍。于是他只能靠经营干洗和印刷生意来养活自己,并租住在校外。根据大卫·莱文(David O. Levine)的研究,只有少数美国校园没有执行严格的种族隔离宿舍政策。②

报纸时不时会报道那些杰出的黑人大学生,比如新泽西州罗格斯大学(Rutgers University)的保罗·罗布森(Paul Robeson),洛杉矶加州大学的杰基·罗宾逊(Jackie Robinson)。罗布森后来成为举世闻名的男中音歌手和演员,他是罗格斯大学的荣誉学生和明星橄榄球员,他与之后的电视明星、乐队指挥和制片人

---

① See Vernell Denae Larkin, "Dreams Denied: The Anderson Mayer State Aid Act, 1936—1950," Ed. D. diss., University of Kentucky, Lexington, 2001.

② Levine, "Black Students," in American College, pp. 158—161.

奥兹·尼尔森（Ozzie Nelson）［在"奥兹与哈里特（Harriet）"中出名的那个奥兹］在同一个橄榄球队。尽管罗布森在罗格斯大学的本科生生活中成就斐然，但他在校园社交生活中仍然受到排斥。大学体育运动虽然经常因其具有平等主义的特性而备受赞誉，但这种理想却几乎没有实现过。在与南方的禁止取消种族隔离的州进行比赛时，北方学校的教练也赞成不让黑人运动员参赛。

尽管种族隔离造成黑人学生被轻视和受侮辱，但很少有黑人学生能抵制住"大学生活"带来的赞誉和"大学生活"方式的诱惑。以希腊字母命名的男学生联谊会和女学生联谊会（Greek-letter system of fraternities and sororities）① 就是具有这种吸引力的地方。在20世纪20年代的像菲斯克大学（Fisk University）这样的黑人学院，本科生获准成立他们自己的联谊会。在那些已经废除种族隔离的院校，比如中西部的州立大学，黑人学生接受希腊字母体系的方式，不是通过实现种族融合，而是通过创建专属于自己的黑人男生联谊会和女生联谊实现的，而当时的黑人学生联谊会并不在希腊字母社团范围之内。例如，伊利诺伊大学的Delta Sigma Theta 就是全美校友会中的黑人女学生联谊会（图11）。两个黑人男生联谊会分别是 Alpha Phi Alpha 和 Kappa Alpha Psi（图12）。黑人联谊会的出现促使黑人学生在种族隔离政策还未全面废止的情况下，就融入校园社团体系中。

图11 伊利诺伊大学黑人女学生联谊会——Delta Sigma Theta，1946年（《伊利奥》，伊利诺伊大学年鉴）

---

① 男学生联谊会和女学生联谊会通常以希腊字母命名，为美国高校的学生社团组织。在拉丁语中，Frater 和 Soror 分别代表"兄弟"和"姐妹"。因此，二者分别为招收在校男女学生的学生社团组织。——译者注

图12　伊利诺伊大学黑人男学生联谊会——Alpha Phi Alpha（上方）和 Kappa Alpha Psi（下方），1946年（《伊利奥》，伊利诺伊大学年鉴）

## 挽救学院课程

在媒体对高等教育的新闻报道中，充斥着有关学院的逾矩行为和成功事例的种种宣传，这些文字为批评者和改革者提供了肥沃的土壤和共同的敌人。首先，大学校内活动的极端享乐主义行为给批评者提供了正当理由，他们认为需要想出许多改革方案来纠正这些突出的问题。对改革者来说，第二个意外收获是，当报纸杂志的报道集中于体育和校园社交生活时，改革群体就可以自由地实施教育革新计划，而没有媒体过多的干扰和过度的报道。各种各样的改革团体堪比白蚁军团，每个人都潜藏在校园生活的表面之下默默耕耘致力于推翻主体构架。

罗伯特·梅纳德·赫钦斯（Robert Maynard Hutchins）在就职芝加哥大学校长不久之后的1931年发表了创建"新学院"（New College）的声明。他成为改革者们共同批评的对象。赫钦斯指出："学院不是一个大型的运动协会和社交俱部,也并不仅仅是偶尔提供与运动和社交格格不入的智力活动的场所。学院是学者组成的联合体,在这种学院里,如果一个人要成为一名在社会中身心健全且有用的成员,除那些纯智力的东西之外,学院还提供需要后天培养的品质和能力。"① 各种不同的改革举措的共同之处在于,本科学习杂乱无章,没有明确目标,而且很少认真对待对重大问题的研究。根据伯顿·克拉克(Burton R. Clark)的观点,这一时代高等院校的改革与创建"特色学院"的关键是一场教育危机与一位具有远见和魅力领导——通常是一位新校长的同时出现,俄亥俄州的安提克学院(Antioch)、俄勒冈州的里德学院(Reed)和宾夕法尼亚州的斯沃斯摩尔学院的复兴与克拉克观点的体现。②

人们提出各种各样措施以解决本科教育中普遍存在的缺乏连贯且平庸的问题,这些措施却经常是相互矛盾的。而对改革的决心和热情是一个反复出现的重要因素,它把校长、董事会成员、教师、员工和学生联结在一起。③ 在芝加哥大学,赫钦斯校长将"名著"(great books)课程作为改善本科生学习体验的核心。在马里兰州的安纳波利斯城,斯科特·布坎南(Scott Buchanan)依靠古典语言、原著以及"名著"课程,为举步维艰的圣约翰学院(St. John's College)吸引严谨且优秀的学生。对于费城附近斯沃斯莫尔学院(Swarthmore College)的新校长弗兰克·艾德洛特(Frank Aydelotte)来说,一个受牛津大学启发的理念是缓解美国学院顽疾的良药。具体而言,艾德洛特引入了一个"荣誉项目",该项目既能要求也能奖励更多治学严谨的学生。这一项目包括高强度的研讨会、特殊课程,以及由外部审查员评估的毕业论文。

一些改革者坚信,形式比功能和特点更重要。他们强调结构的改变,将大校园分割成几个小单位,为特殊教育安排提供场所。能说明这一观点的事例包括阿博特·劳伦斯·洛厄尔(Abbott Lawrence Lowell)对哈佛新"舍院"(house)制

---

① Robert Maynard Hutchins, *The New College Plan* (Chicago: University of Chicago Press, 1931), p. 16. See also Robert Maynard Hutchins, *The Higher Learning in America* (New Haven: Yale University Press, 1936).

② Burton R. Clark, *The Distinctive College: Antioch, Reed, and Swarthmore* (Chicago: Aldine, 1970).

③ Gerald Grant and David Riesman, *The Perpetual Dream: Reform and Experiment in the American College* (Chicago: University of Chicago Press, 1978).

度的支持。多亏了耶鲁大学校友埃德温·哈克尼斯（Edwin Harkness）的慷慨捐赠，洛厄尔才有了资源开始精致而昂贵的"舍院"体系的建设，这一系列"舍院"包括学生休息室、图书馆、游戏室、体育设施以及为舍监提供的教员公寓。随后耶鲁大学重新考虑了它最初不愿回应哈克尼斯的那个提议，并热情地接受了一笔巨额捐赠，这使耶鲁大学能够建立起自己的住宿型"舍院"体系。然而，大多数大学没有像哈克尼斯那样一掷千金的慷慨捐赠者，对这些大学而言，建造这种精致的住宅四方院是不可能的。

教育机构开展结构性改革的另一种方式出现于20世纪20年代洛杉矶以外的克莱蒙特（Claremont）。波莫纳学院是一所蓬勃发展的文理学院，大约半个世纪之前由新英格兰的公理会教友创立。它反对随着申请人数的增加而不断扩大招生人数的标准化趋势。相反，在詹姆斯·布莱斯德尔（James Blaisdell）的领导下，波莫纳的董事会启动了一项计划，给入学人数设定上限，然后与捐赠者、教育工作者和市政领导合作，在地理上与波莫纳相邻的区域建立一系列新的文理学院。此举催生了一种适应现代美国大众化教育的"牛津计划"（Oxford plan）——蜂巢状的住宿型学院群可以共享某些设施，比如综合图书馆，它们整体上就像是一个合作联盟，同时每个学院都享有自治权并致力于履行各自独特的办学使命。① 这种学术共同体的蓝图使斯克里普斯学院的创办成为可能。这是一所拥有自治权的合作型女子学院，就位于波莫纳大街上。这一蓝图也使得克莱蒙特研究生院（Claremont Graduate School）得以创建，该研究生院在一些特定的领域提供高级学位项目。克莱蒙特计划最直接的贡献在于为一个人口日益增长而教育意识日渐增强的地区提供了一种值得信任的结构，从而将小型住宿校园的文理教育推向更多合格的学院申请者。

对那些渴望在美国高等教育领域留下独特印记的改革者来说，期望越高，失望也就越大。洛厄尔校长宏大（且昂贵）的"舍院"计划遭到大多数哈佛学生群体的猛烈抨击，他们认为这是对学生自主传统的行政侵犯。学生对建筑的批评最初把这个计划戏称为"模范村"。没有任何改革能保证取得成功，或达成发起者最初的目的。在阿默斯特学院，哲学家亚历山大·梅克尔约翰（Alexander

---

① See William Clary, *The Claremont Colleges: A History of the Development of the Claremont Group Plan* (Claremont, Calif.: Claremont University Center, 1970).

Meiklejohn)的目标是把真正的天赋民主引入这一久负盛名的学术共同体。作为一名来自一般家庭的知名学者的经历激励梅克尔约翰致力于使历史悠久的文理学院远离富豪政治,而走向英才管理。他还坚持认为学院校长的角色是一个学术领导,要把更多的时间花在与学生讨论上,而不是募集资金上。这些不受欢迎的理念,以及其他紧张局面和争端——包括他公开的冲突以及个人恩怨——导致梅克尔约翰失去董事会成员和一些资深教授的支持。当他被解雇的消息传到学生那里时,许多即将毕业的大四学生抵制出席毕业典礼,并拒绝接受毕业学位。梅克尔约翰在阿默斯特学院遭受的挫折并没有消磨他改革学院的动力。不久他应威斯康星大学的邀请,创办一所对古典文明进行多学科学习的荣誉寄宿学院,它将成为庞杂的威斯康星大学校园内的一处学术乐土。

随着时间的推移,在这些不同类型的学校中开展的星星点点的创新都进入了大多数高等院校的课程和词汇表。尽管改革已经产生了诸多影响,然而,这些具有改革精神的学者们所塑造的独具特色的学院并没有立即改变二战前美国高校的主要特征。

## 慈善捐赠与结构性变革

尽管上文提及的校园评论家和改革者都强调,改革一所单一的高校并把它作为未来发展的模式,但是主要的基金会更重视全美国高等教育系统中的结构问题。那些对改革美国高等教育的结构产生深远影响的计划,是从有组织的美国慈善机构的私营部门逐渐扩散开去的。一个由几个大基金会组成的联盟加速为美国高等教育确立标准,并努力将其标准化,这项举措早在19世纪90年代就已开始。卡耐基教学促进基金会和洛克菲勒普通教育委员会协同美国联邦政府教育局(United States Bureau of Education)收集并分析数据,以实现高校系统更加优化的共同目标。[1] 这种合作关系是不均衡的。私人基金会在工作人员和资源方面的优势,使美国教育局的作用相形见绌。政府机构的作用被缩减为检验基金会试点研究的工具,并在之后发布基金会收集的数据和研究结果的相关报告。

---

[1] Clyde W. Barrow, *Universities and the Capitalist State: Corporate Liberalism and the Reconstruction of American Higher Education*, 1894—1928 (Madison: University of Wisconsin Press, 1990).

基金会确立的标准得到广泛的实施。例如大学公司化改革的倡导在学院董事会和大学校长构成上的变化上得以体现。在 1880 年,绝大多数校长和董事会成员来自神职人员群体。到 1930 年,在 15 所著名的私立高等院校中,公司的高管、公司的律师和银行家在董事会占比超过 73%。对州立大学、私立大学和技术学院的抽样调查表明,这一数字是 65% 或更高——该比例约是 1880 年时的两倍。①

基金会改变了慈善捐赠的策略,不再重点捐资创建新大学或为相应高等教育机构提供退休金。现在卡耐基教学促进基金会使用"调查"(survey)工具对单个校园进行治理——或者在某些情况下,形成一个州的系统。麻省理工学院前任院长亨利·普里切特在《哈珀》(*Harper's*)等全国性出版物上发表重要文章,提倡一种长远目光,即把美国高校进行分类,并采取系统性措施进行监管。在力主将"公司模式"嫁接到大学时,他强调内部的财务控制,目的是依据可计算的(并且是可问责的)单位来界定教授及他们的工作。自此之后董事会主要由公司高管组成,他们是天然领导者,大学校长要对其负责。总之美国高等教育计划经历一场管理上的革命。

根据主要基金会代表们的观点,为了避免项目重叠,全校整体的办学效能要求高等教育机构对其使命进行调整。这意味着存在一个粗略的等级体系,在这一等级中,在东北部数量不多的私立大学成为著名的本科教育与博士培养项目相结合的领跑者。正如克莱德·巴罗(Clyde Barrow)指出的那样,美国最大的五个基金会拥有的捐赠资金价值远远超过大多数高等院校所拥有的捐赠资金。仅普通教育委员会(General Education Board)在 1909 年就拥有 5300 万美元的资产(约合 2000 年的 10 亿美元),相当于那个时期所有美国高校捐赠资金的 20%。这意味着基金会的资金使其完全有权在选定的大学中建设经过批准的项目。基金会认识到这一点,并且利用它们的资源在美国的高等教育内部实施集中资助政策。根据巴罗的观点,"从 1923 年到 1929 年间,五个最大的基金会把大约 86% 的捐赠款项仅分配给 1000 多所美国高等教育机构中的 36 所"。②

---

① Barrow, "Who Owns the Universities? Class Structure and the Material Means of Mental Production," in *Universities and the Capitalist State*, pp. 31—59.

② See Barrow, "Corporate Power and Social Efficiency: The Industrialization of American Universities," in *Universities and the Capitalist State*, pp. 60—91, esp. pp. 86—87.

扩展的基金会举措还包括对高等教育中政治经济学的关注。例如，卡耐基教学促进基金会将进行一项关于州高等教育状况的调查。可以预见的是，该报告中的建议将会倾向于建立一所强大的旗舰州立大学，或许还将会为一个州内所有公立高等院校设立单一的管理委员会，然后基金会官员会将这些政策建议提交给州长和立法机关。虽然卡耐基教学促进基金会在运用这种多步骤的方法方面取得了相当大的成功，但它的前后矛盾之处不时会激起政治上的反对意见。在加州，建立一所强大的州立大学和州立系统被誉为是抗衡联合太平洋铁路和美孚石油两大公司势力的进步的对策。这一逻辑的弱点在于，公立高等教育被要求采用与工业垄断集团一样的相同的组织方案和变革动力，而这些正是高等教育本应该对抗的。在这种情况下，最好的合理性解释是高等教育的新系统可能以毒攻毒地与垄断公司斗争。

在其他地方，如华盛顿州和内布拉斯加州，平民主义议员对卡耐基教学促进基金会关于高等院校改革的建议并不乐观。对那些基金会官员来说，在高校内部或在高校之间把文理学科与实用领域混合的做法听起来像是拉响了"低效"的警报。因此他们往往热衷于把诸如农业和工程等"赠地"（land-grant）学院的学科与传统的大学文理学科加以严格区分。愤怒的州立议员和州立大学校长不时指出，《莫里尔法案》总是意图促进文理学科与应用领域研究的混合。就像西部选民和州代表憎恶华尔街的银行家一样，他们同样也不信任那些来自让人讨厌的纽约市的基金会官员们。

根据克莱德·巴罗的观点，在南部地区，大学董事会由地方精英所把控。但与哈佛、哥伦比亚、芝加哥或耶鲁的董事会不同，南部的董事会成员主要是农业精英，而不是工业精英。[1] 卡耐基基金会的举措最终在南部取得成功是因为他们有能力说服州长和州立大学校长们并让他们相信，一个高效的大学是拯救停滞不前的州和地方经济的关键。这种联盟最好的例子发生在北卡罗来纳州，北卡罗来纳大学的社会学家霍华德·奥达姆（Howard Odum）研究所成为了地区经济发展的总指挥部。在像佐治亚理工学院这样的实用型高校也出现了同样的做法，佐治亚理工学院位于亚特兰大市区，是一所相对年轻的高校，却能欣然承担起"建设新南方"的使命。

---

[1] Barrow, *Universities and the Capitalist State*, pp. 50—53.

亚伯拉罕·弗莱克斯纳在1930年出版的《大学：美英德比较研究》(*Universities: American, English, and German*)是对基金会观点进行最广泛宣传的作品之一。受他早些时候关于美国和加拿大医学院浪费和标准过低的报告的成功鼓舞，弗莱克斯纳开始将注意力转向美国所有的大学。这本书基于他1929年在牛津大学所做的一系列讲座，先是全面回顾英国和德国具有典型性的成熟大学。在弗莱克斯纳看来，牛津和剑桥的卓越表现令人钦佩，但到20世纪因为不合时宜地强调培育有教养的非专业人才的自由教育而显得实用性不足。他特别赞扬了高效能的德国大学，因其强调专业化的学术和科学方法，且与政府资助和管理协调合作。同时他列举了一些薄弱的学术项目和质量不佳的学位的案例以证明美国高等教育的不成熟。①

尽管存在一些小争论也经历了一些挫折，总体上卡耐基基金会计划得到了广泛的拥护，甚至在全美范围内得到一定程度的接受。该基金会的标准和标准化计划可能是一次塑造美国高等教育最艰巨的运动，然而，即使这种影响力和资源的集中也不足以建立一个真正的全国性的"制度"。基金会的提议充满着矛盾和不合历史逻辑的事例，但通常被忽略或被解释过去。例如，包括亨利·普里切特和亚伯拉罕·弗莱克斯纳在内的卡耐基基金会的领导者，将欧洲大学作为美国大学应该效仿的效率模型。但他们忽视了一个事实，欧洲的大学长期以来支持的管理方式是由强大且有自治权的教师群体与教育部协同工作。几乎没有证据表明欧洲高等教育采取了依靠商业领袖组成的外部管理理事会的公司模式。尽管企业领导者和基金会官员对欧洲模式大加赞赏，但他们把美国高等教育作为自己的改革项目，并没有兴趣培养一支真正强大、享有自治权的、像欧洲大学那样的教师群体。

也许，在弗莱克斯纳对当代美国大学的抨击中，他的主要疏忽在于没有发现所谴责的美国大学的缺陷正是由美国经济造成的。有时他称赞公司高管是领引美国大学走出懒散和低效的牧羊人。有时他又强调正是由于"市区商业群体"的主宰，他们支持和要求一流学院无节制地举办体育比赛。对于这种显而易见的矛盾，或许可以这样解释：这些基金会青睐的商界精英来自少数几家全国性公司的董事会，与地方商界领袖的支持截然不同。但是令人不解的是，弗莱克斯纳指责

---

① Abraham Flexner, *Universities: American, English, German* (New York: Oxford University Press, 1930).

高校校长们在课程中增加了各种新的专业领域。他专门对家政学、新闻学和商务管理等专业进行批判，而这些专业正是商界领导者们拥护支持的，目的是确保为美国经济的有用领域提供接受过培训的大学毕业的劳动力。

弗莱克斯纳对美国高等教育的批评中最令人费解的是，他宣称大学已经丧失了其核心使命感。他把自己对标准和标准化的机械解决方案描绘成一个道德命题。事实上，这仅仅是道德上的自以为是而已。如果美国校园拥有弗莱克斯纳所期望的明确目的，这种探寻就变得徒劳无益。当然，他的未来主义计划在价值观方面几乎没有什么令人信服的东西。弗莱克斯纳及其同事的疏漏之处还表现在他们对20世纪20年代末德国大学的赞扬。他们没有注意到，多年来，这些久负盛名的高等院校一直在清除学生群体和教职员工中持不同政见的学者，并对真正追求真理的人加以限制。控制，而非探究才是在基金会赞助下的结构革新的结果。

将企业精神作为美国高等教育模式的支持者似乎很少被这种矛盾所困扰。效率是他们的口号，但是，公司的慷慨捐赠在建造一个昂贵的，可以美化一个家族名声的校园时从未精打细算——即便这些建筑并不十分实用。例如，当杜克大学宏伟的哥特式校园新开放时，管理者们发现，对礼拜堂的过度重视使建筑师们忽略了其他要素。在一栋教学楼里，竟然没有教师办公室。某种意义上效率的实现居然是通过给那些被忽视的教授们分配一个小房间里的共享办公空间。

这些疏漏加剧了在全国各地一些持批评态度的教授的担忧，即基金会的代表及其公司合作者对有主见的教授和所谓的"教师价值观"要么是无视，要么是蔑视。在两次世界大战期间，教授们反对那些自上而下的举措，他们草拟声明和成立组织以反对或抗议院校治理的转型。例如在哥伦比亚大学，像詹姆斯·麦基恩-卡特尔（James McKeen Cattell）和查尔斯·比尔德（Charles Beard）这样的全国知名的学者都站出来发表意见。美国大学教授联合会签署的声明中也表达了反对意见。然而，总而言之，教师们的这些对抗措施分散且无效。

基金会代表们要求美国高等教育实行公司模式，美国教授们完全弄不明白这个要求的目标究竟是什么。尽管他们援用了商业公司的模式，但是他们在大学的改革努力导致了一种组织风气，让人联想到公务员的官僚作风。教授们的专业知识既是嫉妒之源，也是不信任之源；它代表着释放出来的能量。具有讽刺意味的是，这种态度造就了一种对那些真正聪明、有主动精神的学者不利的环境，这些学者本可以作出创新性的贡献。最糟糕的是，公司模式促进了一种可问责的"照常营业"模式，而它在鼓励教学和推动原创性研究方面却是不能兼得的。

最让那些主张把他们的方法和手段嫁接到校园的公司高管们尴尬的是，他们的模式在国民经济中竟然是失败的。他们对工厂有效管理的执着使他们忽视了与大规模投资和企业有关的健全的经济政策。这些缺陷最明显的表现是在1929年股市崩盘之时以及大银行和大公司为拯救美国经济所作的徒劳努力中。弗莱克斯纳和普里切特仍然相信工业效率是国家福利的关键吗？显然是这样，因为许多高等院校的董事会坚决反对新政的政策——他们完全没有意识到正是他们自己的领导层带领国家经济陷入了灾难性局面。

总体而言，卡耐基基金会和普通教育委员会的建议对大学校长和董事会成员产生了强烈的影响。然而，这是一场并没有取得完全胜利的"管理革命"。

### 院校概览：斯坦福与创业型大学的产生

20世纪30年代的大学到底是如何着手实施改革并制定生存策略的呢？其中一所深受大基金会和企业精神影响的高校就是斯坦福大学。[①] 在20世纪20年代，那时斯坦福是一所规模中等，校园舒适但缺乏学术气息的大学。位于旧金山的斯坦福大学医学院也并不出众，但它拥有温和的气候和美丽的校园，因此成为加利福尼亚富有家庭子女们的首选目的地。斯坦福大学在学术严谨性方面有很大的选择自由。大多数本科生认为，提高斯坦福大学橄榄球队的能力，以挑战加州大学和南加州大学从而晋级玫瑰碗（Rose Bowl）才是大学最重要的任务。

由于教务长弗雷德里克·特曼（Frederick Terman）的极度关注，20世纪30年代早期，斯坦福的学术氛围开始发生变化。特曼是一名工程学教授，他的父亲是一位因智力测验而举世闻名的心理学家。他最引人注目的改革举措是促进工程师与物理学家之间的密切合作，特别是在那些与工业界签订合同的研究项目上。为了建立这样的合作关系，特曼有意清除物理系的那些认为大学的工作不包括应

---

[①] See Rebecca S. Lowen, "Transforming the University: Administrators, Physicists, and Industrial and Federal Patronage at Stanford, 1935—1949," *History of Education Quarterly* (Fall 1991): 365—388. See also Rebecca S. Lowen, *Creating the Cold War University: The Transformation of Stanford* (Berkeley: University of California Press, 1997).

用研究的老一代教授。随着时间的推移，作为教务长的特曼将这个计划推广到其他专业系所。在还没有联邦研究拨款的时代，斯坦福大学在推动大学与公司合作进行研发工作方面起了先锋作用，这策略得到斯坦福大学校董会的强力支持，校友赫伯特·胡佛就是其中较有影响力的成员。

教务长特曼为斯坦福规划的课程也展示出极端的公司模式。包括历史和经典学在内的院系，如果不能为学校带来研究合同，那么就要受到审查甚至惩罚。院系和学校将会达成一项协议，凭此协议，如果在研究合同方面做得不合要求，那么院系就要同意开设大规模的调查课程作为补偿。甚至一位获得诺贝尔奖的生物学家也因为没有引进外部资金而受批评。到1940年，斯坦福大学成了具有多重特性及多层次的美国大学的典范。它在支持高性能、实用性强的应用研究的同时，也同样支持传统田园诗般的本科社交生活和大学体育项目。有时这种混合方法产生的效果比专家规划者想象的要好得多。一个有说服力的证据是，随着时间的推移，学生为母校所作出的贡献发生了巨大的变化：1934届的大卫·帕卡德是第一个在斯坦福橄榄球队作为一名明星后卫而出名，他是带领斯坦福进入"玫瑰碗"的著名的"宣誓男孩"（Vow Boys）成员之一。几年后，他与一位校友共同合作，在斯坦福大学校园附近一个租来的车库里开发电子电路，为电气工程应用于计算机发展提供了基础。当大卫·帕卡德和威廉·休利特（William Hewlett）着手开始他们的工作时，主导着圣克拉拉山谷经济的还是李子和桃子，而不是技术。很大程度上要归功于斯坦福大学的教育以及后来的支持，休利特和帕卡德帮助开创了北加州电子和信息技术的"硅谷"。① 斯坦福研究重点的模式以及斯坦福大学既是房东，又是商业催化剂角色日益成长，最终这一模式发展成为一所创业型大学的典范。

## "热心学院"与新州立大学的校长

最著名的州立大学主要集中在美国中西部和西部。加州大学声称有2.5万人，俄亥俄州立大学有1.9万学生。到1936年，加州大学不再认为自己是东海岸古老大学的影子，而是呈现出一种新的模式——拥有众多校区的扩展的、具有多重使

---

① 可参见 the profile of David Packard in the Hewlett-Packard advertisement in *Chronicle of Higher Education*，5 March 1999，pp. A8—A9.

第六章　成功与过剩：高等教育的扩张与改革，1920—1945　　239

命的大学。正如《加州大学宝典》(The Golden Book of California)的编辑们在"今日大学"简介中所解释的那样：

　　白得发光的建筑，带来凉意的绿树，温暖的棕色山丘——那就是让无数校友（从开普敦到锡兰，从伯克利到孟买）魂牵梦萦的加州大学伯克利分校。在美国，没有哪一所大学校园能与伯克利校区媲美，也没有哪所大学能像伯克利校区有远见，有规划。

　　当一个人谈及或写起加州大学时，如果只提到伯克利，那么他只讲述了故事的一部分。洛杉矶的韦斯特伍德校区从一处不毛之地发展成为一座美丽无比的校园。这里有旧金山医疗中心的新旧建筑，在圣克拉拉郡的汉密尔顿山的山顶上坐落着利克天文台。斯克里普斯海洋学研究所 (Scripps Institution of Oceanography) 坐落在拉乔拉 (La Jolla) 海滨之畔，波莫纳附近的山谷里，凯洛格 (W. K. Kellogg) 畜牧业研究所，繁花似锦、绿草成茵；河畔柑橘试验站矗立在山坡上，俯瞰数英里的柑橘园。农学院分部本身就是一个大型农场，位于萨克拉门托 (Sacramento) 山谷中的戴维斯。①

　　美国新型州立大学激增的重要原因在于大学校长领导风格的革新，加州大学的罗伯特·斯普劳尔 (Robert G. Sproul) 以及印第安纳大学的赫尔曼·韦尔斯 (Herman B. Wells) 就是最好的例证。他们都是拥有金融背景的忠诚校友，从来没有宣称或渴望以学者自居。他们都与商界有联系，但都不是公司高管。此外，他们都代表着本土人才。以总部设在纽约的国家基金会的标准来看，像加州的斯普劳尔和印第安纳州的威尔斯这样年轻的校长在地方应该依赖他们自己州和地方的资源，助力他们建立伟大的州立大学。

　　二者的相似之处在于，他们很好地融合了校友的忠诚和会计的精明。他们都具有敏锐的金融专业知识，也都有能力和意向在州首府巧妙而有效地进行游说。他们带着全面的数据参加预算小组委员会的听证会，并耐心地与州议员和州长的

---

① Robert Sibley, "The University of Today: A Portfolio of Scenes from the Seven Campuses," in *The Golden Book of California*, 1860—1936, ed. Robert Sibley (Berkeley: University of California Alumni Association, 1937), p. 17.

工作人员论证他们获得州政府支持的理由。他们拥护以年度资助方式的系统性决策。斯普劳尔和韦尔斯进入大学管理部门之前，已经与州政府官员建立起多年的相互信任关系。例如，威尔斯在印第安纳州受到普遍赞扬，因为他领导了一个特别小组改革该州的银行监管制度——这个制度的缺陷在大萧条期间暴露无遗。斯普劳尔职业生涯最初在奥克兰（Oakland）市政府担任会计和审计员。总之，他们都对公共金融了如指掌。

他们处理校园与州议会关系的方法是强调稳定和信任，同时他们作为忠诚校友的热情体现在大规模系统性的筹款活动中。斯普劳尔为了解决加州议会对加州大学的长期资助不足问题，创建"金熊社团"（Order of Golden Bear），一个享有盛誉的校友团体，其中大多数校友是商人。斯普劳尔时常召集社团成员以征求意见，但事实上，这个社团的主要贡献在于发起大规模筹款活动。

斯普劳尔和威尔斯这样的校长都明白，通过让年轻的大学吸引有才华、声名鹊起的学者以建立一支教师队伍的重要性。例如，伯克利的一个至关重要的成功之举是说服一名年轻的物理学家欧内斯特·劳伦斯（Ernest O. Lawrence）离开耶鲁来加州。在纽黑文劳伦斯觉得自己在专业上没有得到充分的赏识，在社会上也受到冷落。在伯克利，他既得到了研究资源，又受到赏识——两方面的结合使加州大学成为其研发放射实验室项目的理想之地，这些项目彻底革新了大规模的大学科学研究。

多年来印第安纳州财政对州立大学的资助相当平稳却十分有效。韦尔斯坦然地接受他的家乡并不富有的事实。通过避免每两年一次与州长和州议员有争议的论战，他可以自由地把时间投入经营全州范围内的公共关系，并且不受干扰地开展科研项目建设。他的这一努力得到了印第安纳州大学基金会：IU 基金会（IU Foundation）的支持——一个附属于州立大学的私人法人实体。它的目标有两个：寻找潜在的捐助者和资金，然后把资金转交给大学用于学术项目。这是一个有效的策略。当一位年轻的生物化学教授因无法得到其他基金会和联邦机构的支持而苦苦挣扎之时，印第安纳州大学基金会将会为其提供研究资金。为了表达感激之情，这位化学家后来把他从与氟化物相关的工作中所获得的专利和专利权税遗赠给了印第安纳州大学基金会。氟化物这种物质后来作为佳洁士牙膏中的抗蛀牙成分，成为美国人生活中必不可少的一部分。

20 世纪 30 年代，最引人注目的成功故事发生在中西部和太平洋沿岸那些伟大的州立大学中。然而，为了了解全国公立高等教育的普遍效益，还有必要对南方州立大学进行评估——这一地区被认为是州立大学发展的局外人，因为在拨款和入学途径方面长期落后。具有多重办学目的的州立大学模式在南部得以传播的一个很好的例子是，路易斯安那州立大学（LSU）在州长休伊·朗的领导下开始转型。评估一下在休伊·朗离任州长进入美国参议院后，路易斯安那州立大学的管理层是如何试图进一步发展和构建已经在运转的变革将是一个很有趣的问题。

路易斯安那州立大学有4000多名学生，提供了大量的本科课程和学位课程。它还进入了研究生教育领域，包括博士项目。尽管该州资助公共教育的传统很薄弱，路易斯安那州立大学依然在全州树立起良好形象。从1925年到1935年，教师人数增加了一倍，教授人数从168人增加到394人，其中许多教授是经过全国性竞争得到聘用。路易斯安那州立大学承担起一些著名学术期刊的出版，如《南方评论》（*Southern Review*）。最显著的成功是大学课程扩展到广泛的专业和职业领域，包括本科生教学以及野外工作站和研究所。

巴吞鲁日（Baton Rouge）的主校区距离州议会大厦三英里，是这所大学皇冠上的一颗明珠。该校的其他设施还包括位于门罗（Monroe）的东北部研究中心、新奥尔良的医学中心，以及众多的国家农业实验站，致力于农学、畜牧业、动物病理学、乳制品管理、农业经济学、昆虫学、园艺学、寄生虫学、植物病理学、家禽、甘蔗、商品蔬菜栽培；还有一些由美国农业部资助的其他中心。农业和家政推广工作人员包括一个由十九名成员组成的监督部门、二十名专家、两名编辑和一百多名被派到全州教区的代理人。

在巴吞鲁日的主校区，来自该州高中的本科生可以从一系列前所未有的院系中挑选课程和专业。除传统的文科和理科，另外还有师范学院、工程学院、农业学院、商学院、理论与应用科学学院、音乐学院、图书科学学院、林学院、法学院等。路易斯安那州立大学也开展了研究生教育，提供许多硕士学位课程以及一些博士学位课程。

虽然1936年的大学情况一览手册中罗列大量的课程和专业设置，但大学创新的程度可能被夸大了。正如它所宣称的那样，路易斯安那州立大学确实是一个博士授予机构，但1936年6月的毕业典礼上，它共授予两个博士学位，而授予的学士学位超过1000个。虽然路易斯安那州立大学开设多种研究生项目，但它的主要贡献仍然是本科生教育。

从理论上看，州立大学的兴起是一个提供综合性网络、项目和服务的奇迹。例如，路易斯安那州立大学的扩展已经超出了巴吞鲁日的示范性主校区之外，把遍布全州的农业专家分站列入其中。像路易斯安那州立大学这样处于上升期的州立大学，他们的规模和存在感代表了一种综合成就。如果我们越过那些规模庞大的大学，如加州大学和俄亥俄州立大学等，就会发现，典型州立院校的本科生、研究生和专业学生的总注册人数在 2500 人到 7500 人之间。以下是摘录自 1940 年的《世界年鉴》（World Almanac）的花名册，数据表明了典型的注册学生人数和教师规模：①

| 院　校 | 注册学生人数 | 教师人数 |
| --- | --- | --- |
| 印第安纳大学 | 6492 | 310 |
| 爱荷华大学 | 6802 | 649 |
| 内布拉斯加大学 | 7210 | 429 |
| 俄克拉荷马大学 | 7236 | 292 |
| 堪萨斯大学 | 4831 | 255 |
| 俄勒冈大学 | 3592 | 234 |
| 弗吉尼亚大学 | 2895 | 170 |
| 拉特格斯大学 | 2900 | 470 |

这些高等院校的惊人之处在于，它们在规模和课程设置方面与路易斯安那州立大学极其相似。一方面，这些州立大学的创建和发展预示着公立高等教育的平稳扩张；另一方面，入学和完成学位的模式强化了这样一个结论，即典型的美国州立大学首先并不是高级学术的所在地。也没有多少证据表明，州立大学是一个连贯的实体，在其中众多的专业流派和前沿领域以历史悠久的文理学科为核心向外辐射。相反，人们发现各学术领域或多或少呈线性排列，文理学科只是大学众

---

① *The World Almanac* (1940), *as presented in Report of Self-Study* (Williamsburg, Va.: College of William and Mary, 1974), p. 5.

多学科中的一类。① 高级项目和专业的研究计划获得外部资助的机会仍然有限。在科研拨款和创新研究项目方面的资助是例外，而不是惯例。正在崛起的州立大学得到了一代又一代校友和州议员越来越多的支持——但前提是校园没有政治争论或橄榄球队并无失利。对大多数学校来说，它们的庞大结构超越了实际课程和项目提供的内容。典型的州立大学仍然存在资金不足以及过度扩张的情况。

## 地方主义与美国初级学院的发展

尽管州立大学校长，如加州大学伯克利分校的罗伯特·斯普劳尔（Robert Sproul）和印第安纳大学的赫尔曼·威尔斯（Herman G. Wells）喜欢将他们的高校描述为"影响力遍及全州"以及"为全州人民服务"，但现实是，没有任何一所大学能够为整个州提供入学和服务措施。其结果是，遍及全美数百个社区中当地的"初级学院"——经常被誉为美国人独特的发明——作为一种成功的高等教育机构产生了。无论是公立还是私立学校，20世纪20年代典型的初级学院通常提供普通文理课程，这代表了获得学士学位前两年的学业。芝加哥大学校长威廉·雷尼·哈珀曾设想，两年制初级学院是将本科前两年的学习与高年级和研究生课程区分开来的一种途径。在中西部和西部，这一最初的想法与当地要创建一种学术性大学的举措相融合，学生在这里学习两年后能够转到四年制大学完成学士学位。

随着时间的推移，这种两年制学院最初的学术重点由于技术或职业课程的增加而受到削弱。最重要的是，这些高等教育机构是真正的地方创新举措的产物。尽管在规模、范围和资源等方面存在局限性，它们仍然是两次世界大战之间的成功故事之一，因为它们为当地人提供了在经济上负担得起、地理位置上便捷的上大学的机会。到1940年，初级学院已有456所，学生总人数达到149584人。② 许多获得"副学士"学位的毕业生转到四年制大学完成学士学位。这种新高等教育机构模式的吸引力在加利福尼亚州得到了体现，在20世纪30年代加州有49所初级学院。在大多数情况下，这些高等教育机构都得到地方财政税收的支持，这

---

① Cheit, *Useful Arts*.
② Brint and Karabel, "Organizing a National Educational Movement，1900—1945," in *Diverted Dream*, pp. 23—66.

与公立中小学教育类似。而私立的初级学院几乎完全依赖学生的学费。

到 20 世纪 30 年代，初级学院的口碑成为州立大学校长和主要基金会代表们担忧的问题，因为这些地方性举措不属于现有这些高等教育机构的系统或控制范围。系统改革者的最终目标是使初级学院放弃普通文理学科（因此，他们将不再提供大学前两年的教学工作），而最终转向职业教育。① 这种改革的倡导者还希望初级学院与已建立的州立大学设计的全州等级系统同步，并遵从这一等级制度。

## 入学途径与支付能力：大学费用的变化

从 1880 年到 1920 年，即使是那些最负盛名的大学其学费也是比较稳定且相对便宜的。在 1920 年之后这种情况开始发生变化，大学学费在 20 世纪 30 年代大幅上涨。根据克劳迪娅·戈尔丁（Claudia Goldin）和劳伦斯·卡茨（Lawrence F. Katz）的叙述："1933 年的公立本科生学费和其他费用总计是 61 美元（约合 1997 年的 753 美元），私立院校收取的费用是 265 美元（约合 1997 年的 3272 美元）。"② 一项全国调查数据显示，学费从 1920 年的平均 70 美元增加到 1940 年的 133 美元。③ 以 2000 年的市值计算，相当于从 601 美元增加到 1143 美元。1939 年普通教育委员会的一项调查结果显示，42% 的美国高校的学费在 1936—1937 年超过 200 美元，而在 1928—1929 年，仅有 37% 的高校按这一水平收费。

到 20 世纪 30 年代中期，美国东北部著名的大学收取的费用大约是中西部老牌私立大学的两倍。根据斯图尔特·斯托克（Stuart Stoke）1937 年发表在《高等教育杂志》(*Journal of Higher Education*)的一项研究："阿默斯特学院、威廉姆斯学院以及卫斯理大学的学费都是 400 美元，而在同一地区相同类型的女子学

---

① Levine, "The Junior College and the Differentiation of the Public Sector," in *American College*, pp. 162—184; John H. Frye, *The Vision of the Public Junior College, 1900—1940: Professional Goals and Popular Aspirations* (Westport, Conn.: Greenwood Press, 1992).

② Claudia Goldin and Lawrence F. Katz, "The Shaping of Higher Education: The Formative Years in the United States, 1890 to 1940," *Journal of Economic Perspectives* (Winter 1999): 37—62; quotation at p. 50.

③ Seymour E. Harris, *A Statistical Portrait of Higher Education* (New York: McGraw-Hill, 1972), p. 687.

院学费则高达 500 美元。包括威斯康星、伊利诺伊和密歇根等州在内的州立大学每年收取不到 100 美元的杂费，而同一区域规模较大的私立大学每年收取 300 美元。"① 加州大学继续保持其不向来自本州的学生收取学费的传统，虽然它确实收各种杂费。路易斯安那州立大学的收费结构与加州大学类似。来自路易斯安那州本地的学生不用交学费，但在 1936 年学生每个学期要支付 30 美元的"一般大学费"（general university fee）用于支付给学生提供的各种服务和设施的费用。来自路易斯安那州之外的本科生每个学期要交 30 美元的学费（约合 2000 年的 372 美元）。

私立学院学费的上涨尤其值得注意，因为它发生在大萧条时期，这一时期由于失业和银行倒闭导致人们收入减少。而且，在 1940 年，尽管公立高校的学生人数也在相对增长，但是私立院校招收了大多数的本科生。上涨的学费对那些来自收入一般家庭的学生来说打击尤其严重，因为很少有高校提供奖学金或其他形式的经济资助。联邦政府也没有为需要经济资助的学生提供援助计划，用以抵消学费的增长。一个直接的结果就是名牌大学离普通人越来越远，除了那一小部分富有的美国家庭。

在社会上名声显赫的女子学院学费涨幅更是居前。1931 年，瓦萨学院制定的学费和住宿费是每年 1200 美元（约合 2000 年的 13500 美元）。如前所述，1936 年，本宁顿学院每年收取 1650 美元（约合 2000 的 20500 美元）的学费和生活费。与消费品进行对比来看，在 1940 年，一辆新的庞蒂克（Pontiac）汽车售价 783 美元——大约是一所资深私立学院一学年学费的一半。总的来说，那些自以为可以吸引到富裕学生群体的私立大学大幅提高了学费和生活费。与此同时，许多州立大学依旧能够吸引潜在的学生，原因是政府财政补贴以及学校缩减机构预算使得学费相对较低。然而，在 20 世纪 30 年代，最主要的趋势是大学学费日益上涨，而大多数大学生享有的资源则日益减少。

为了应对这些困境，学生通过共同合作的生活安排、租住便宜的寄宿公寓或者住在家里等方式以减少食宿费用。因描写阿巴拉契亚的散文和小说而出名的杰西·斯图亚特（Jesse Stuart）回忆道，在范德比尔特大学（Vanderbilt University），经济拮据的本科生通过大量饮水来缓解饥饿。在许多大学，学生们通过减少

---

① Stuart M. Stoke, "What Price Tuition?" *Journal of Higher Education* 8 (June 1937): 297-303; quotation at p. 297.

吃饭次数来节约开支，在冬季依靠在窗台上冷藏的几瓶牛奶来作为早餐或午餐。在校园内，出现以物易物的经济形式，用服务替代现金。教授们的薪水常常是用代币支付的——或者根本不发薪水。尽管存在这些不可避免的危机，但学生和教授们都倾向于继续他们的常规活动。当工作岗位稀缺，在别处也不能拿到工资的时候，最好的选择似乎是守好自己目前的岗位。

作为《联邦就业救济法案》（*Federal Employment Relief Act*）的一部分，联邦政府确实通过工作项目提供了一些救济，许多本科生都有资格获得救济。学校也从一些校园建设项目中受益，这些项目也是工作促进署（Works Progress Administration）和公共工作署（Public Works Administration）等联邦工程救济计划的一部分。然而，这种项目都是短期的，并不是为了救助深陷困境的高校而设计的。相反，国会议员和内阁官员强调，对高等教育提供直接支持并没有列入他们的议事日程，学院以及其他机构如医院和博物馆等，只是机缘巧合，恰好属于公共工程项目。其结果是，在全国经济长期存在问题的时期，学院、大学和其他高等教育机构的入学人数还有所增加。这种韧性表明，本科教育作为一种文化制度，已经巩固了自身的地位，成为美国社会向上流动前景的模糊信仰对象。

尽管一些支持者强调对高等教育投资的经济效益，但大学学位更像是一种身份证明，而不是一张餐券。现实是在 20 世纪 30 年代，完成大学学位并不能保证毕业生能够获得一份工作。对高等教育的投资并不能立即缓解低迷的就业市场。在这十年间，大多数高校毕业生要么是没能充分就业，要么是失业。20 世纪 20 年代校友们声称，初始工资水平远远高于那些 30 年代进入就业市场的毕业生。尽管这些刚毕业的学生对他们在美国经济中所处的不安全地位感到失望，甚至痛苦，但更年轻一代的高中毕业生却仍在继续申请并进入大学，并创下新纪录。

化学家詹姆斯·科南特（James Conant）接替阿伯特·劳伦斯·洛厄尔（Abbott Lawrence Lowell）担任哈佛大学校长，他在 1937 年推出一项重要的创新举措。他投入了大量的助学金资源，为来自美国东北部以外地区的申请者提供哈佛奖学金。这一策略为未来广泛的项目播下了种子，知名高等教育机构的大学录取成为了对人才的认真选拔，而不在乎学生的居住地或家庭收入。它对哈佛大学的直接影响是，为校长和教师提供了一个系统的工具，使本科生招生摆脱由少数私立寄宿学校的富裕学生主导的历史模式。科南特的改革举措开创了基于需求的经济资助方式，这一工具将在未来几十年改变许多高等教育机构的招生。这种经济资助项目的意义不在于它极大改变了这一时代哈佛或其他大学中学生群体的社会经济构成。相反，它的历史重要性在于它的求新性。关于如何出资接受大学教育的问题上，这种资助办法的出现对于高校和家庭的预期来说显然都是一个意外，这个事实表明，人们理所当然地认为支付大学教育的费用应该是学生和家庭，而不是高校。尽管美国的高等教育逐渐走向大众参与，但大多数美国人仍然将上大学视为一种特权，而不是一种权利。

## 终点：保守的校园

大学改革者可能有理由对"大学生活"的浪费感到痛惜。然而与本科生生活相关的疯狂活动根本上是保守的，因为他们坚信"上大学"才是步入美国中上层社会的必经之路。大学生联谊会的入会仪式、周末聚会、返校节等盛大活动，以及橄榄球杯赛等活动都在强化在美国社会取得成功的既定准则。它们对主流政治和经济价值观不造成任何威胁。美国校园为大学的男生和女生婚恋仪式提供了一个便利而有效的场所。事实上与《女生贝蒂》（Betty Co-ed）有关的传说是，贝蒂是一名学士学位候选人（candidate），同时也是一名"夫人"（M. R. S）的候选人（candidate）。传统上缺少上大学机会的群体（如工人阶级）现在可以渴望接受大学教育，如果他们自己不能，那至少也可以为他们的子女争取到。

大学的社会功能与日益强大但模糊的经济功能共存。求职者很自豪地在他们教育经历的部分列出"某个学院"，尽管他们可能没有完成四年的课程学习。对那些坚持到毕业典礼的学生而言，一个大学的学位，尤其是工程与商业领域的学位，增加了他们获得入门级的白领工作的机会。然而，美国的大多数职业与大学证书没有紧密的联系。在一些情况下，通过学习土木工程、药学或会计学而获得的专业技术技能使学生在招聘决策方面具有优势。在另一些情况下，只凭一个大学校友的社会声望就足以在就业市场中获得优势。

能够体现高等教育这一特性的物质文化制品就是20世纪40年代流行的棋盘游戏"一起上大学"（图13）。玩家相互竞争，从"大一新生"，到"大二学生"，再到"大三学生"，最后到"大四学生"，一路晋级。活动卡有四种类型："娱乐""运动""重考""考试不及格"。受到的惩罚包括到学校财务室交钱，丰富多彩的角色包括系主任（Scrutinize Z. Marks, M. A.），校长（Dr. O. G. Flunk.），审计主任（Roland N. Dough, B. S.），以及橄榄球队长（Lyon Buck, R. A. H）。和电影或杂志文章中所呈现的一样，严肃认真的学习和课程被描述成玩家在校园棋盘游戏中需要避开的障碍物。这项游戏被市场定位为校园的"大富翁"（monopoly）游戏，它保证"在游戏中充满大学生活的乐趣！"当然，这个游戏所描述的校园生活过于简单且肤浅。然而，它的图像和图标与学院和大学年鉴中传达的主题非常协调一致。

图13 棋盘游戏"一起上大学"，1944年（电动游戏公司）

## 对学术自由的评估

本科生和大学课外活动引人注目的魅力往往遮盖了严肃的教学工作。具有讽刺意味的是，对教授和学生学术活动的忽视可能是一件意料之外的好事。对他们的学术活动的不关注，实际上意味着教授以及相对少数专心学业的高年级学生能够自由探索那些艰深的领域，这些领域对于董事会成员、家长或普通大众而言可能毫无意义。那个时代的学生幽默杂志取笑高度专业化的课程名称和晦涩难懂的院系，这是对美国高校为扩充课程类别提供的肥沃土壤的一种毫无诚意的赞许。除了一些大学外，高级研讨班和博士项目根本是一种点缀，但这至少为专业化的学术保留了一个长久的空间。因此，在追求研究选题和专题工作的非正式意义上，美国教授在两次世界大战期间在学术领域的内容和性质上都取得了巨大的进步。

在这个时代，从形式和结构性意义上看，学术自由的地位不那么清晰。一些学术组织在全国和地方的分会持续发展。美国大学协会获得了会员资格，但在与专制的校长和缺乏耐心的董事们对抗时，成效好坏参半。最有可能的情况是，美国教授正在悄无声息地、缓慢地壮大自己的力量，尤其是在一些外部支持者可能需要专业知识的时候。

这一时代教授们之间的矛盾在于，一些人能够控制资源，获得尊重；而另一些人——很可能是大部分人——要么辞职，要么只能接受现实。当一名雄心勃勃的校长或教务长（比如斯坦福的特曼）着手组建一只充满活力的、力量强大的教师队伍时，这一矛盾就更加凸显：那些具有所需求技能的教授拥有很大的议价能力，而那些不再受欢迎的或从未获得过声望的教授很容易被清除出去或被边缘化。没有任何一个教师组织能够对这种体制改革的负面影响提供足够的保护。无一例外，高校校长在教师雇佣、晋升和解雇的游戏中手握关键的牌，具有主动权。即使是在加州大学这样的大学，校长罗伯特·斯普劳尔会亲自审查并仔细考虑每一位教师的任命。几十年前，哥伦比亚大学的校长尼古拉斯·默里·巴特勒（Nicholas Murray Butler）对那些敢于质疑他的决定的教授们的顶撞行为完全没有耐心，即使他们是享誉国际的教授。就大学权力来说，或许教师们所获得的重大收获在于"系主任"（department chair）这一职位的出现。系主任拥有实际的权力，这种权力来自于校园内部的拥护和权力，更多地取决于直接的校园政治而不是全国性的学术名声。然而，在第二次世界大战期间，学术性的专业知识意外成为获得权力和名声的重要来源。

## 第二次世界大战与实用主义的校园，1941年—1945年

在20世纪30年代，大基金会对美国大学的效率和效能并不乐观。然而，尽

管美国的高等教育存在重复性、不一致性和随意扩张等问题,但作为国家战争的一部分,美国高等教育在第二次世界大战中发挥的作用证明了它的适应性和实用性。从某种程度上说,这次合作延续了第一次世界大战所开的先例——也就是说,几百所学院对校园进行了改造,为开展各种强度的军事训练项目提供合适的环境。

也许,最能说明"大学精神"已经让位于"打胜仗精神"(win-the-war spirit)的是,大学自愿决定减少甚至经常停办大学体育赛事。即使是像玫瑰碗赛这样备受瞩目的全国性赛事也进行调整以适应国家紧急状况,传统的新年赛事转移到了安全的地方,从加州的帕萨迪纳转移到了北卡罗来纳州的达勒姆。进一步展示军方和大学之间友好关系的是,在许多陆军和海军训练基地组建了具有很强竞争意识的橄榄球队,队里全是应召入伍或是被征召入伍的大学明星球员和教练员。在第二次世界大战期间发生了一起不寻常的涉及美国军事学院的滥用权利事件,军事学院的行政管理层和体育官员利用手中特权延长学员的缓服兵役期。学院利用权力之便,通过获得国会任命,让数量惊人的运动员在西点军校的运动场上完成了"兵役"——而不是在欧洲战场或太平洋战区的战役中。[1]

无论是在西点军校还是在军事基地,战争期间对运动员的优待与和平时期标准的大学放纵行为是一致的。但成千上万的学生、教授和学校行政人员在这时期所展现出的战时合作和服务的主流精神确实不同于和平年代。伴随着战时大学招生和大学运作情况不断发生变化,"二战"期间美国高等教育的重大革新是,不同领域的教授不仅展现出专业知识,而且意愿将这些专业知识用于前所未有的战时应用。这些项目包括用深奥的语言进行的高级教学。尽管典型的美国学生可能只粗略地接触过法语、德语和拉丁语等常见的外语,他们的教授们用以前大多数公民没有听过的语言传授专业知识而成为某种战时英雄。在美国大学院系和选修课中,隐藏着一些能阅读、写作和教日语、意大利语和俄语的教授。地理和历史教授迅速为政府机构提供那些很少被研究的地区和国家的文化、地形、政治以及习俗语言的简要介绍。一位生物学家因为研究的是热带疾病,在大学几乎不被认可,却通过为战争贡献自己的专业知识而成为民族英雄。大学为赢得战争所做的

---

[1] Sperber, "World War II: The Deterioration of College Sports," in *Onward to Victory*, pp. 91–156.

努力中，最突出的成就是物理科学教师们参与了与国防相关的研究和开发，包括原子弹和氢弹项目。

在"二战"期间，高校能够在短时间内动员起来，服务联邦机构定义的那些特别任务的能力将会让早期的批评者感到惊讶。例如，在1930年，亚伯拉罕·弗莱克斯纳特专门提到了芝加哥大学及其在全市范围内宣传校队橄榄球比赛日程的广告牌，把这一事例作为混乱不守纪律的高校进行不适当活动的典型。① 大约10年之后，芝加哥大学解散了橄榄球队，并任由校园体育场变得破败不堪。体育场年久失修，空荡荡的座位杂草丛生。这是一种衰败的迹象吗？外表是具有欺骗性的，到1942年，这个体育场成为美军研制原子弹的曼哈顿计划的一个秘密据点，这一项目的研究试验室就设在大看台下面的旧更衣室里。②

这样的研究及其相关研究活动标志着美国大学学术科学的成熟。大学在第二次世界大战危机时刻发挥的效用，留下了一份经久不衰的宝贵财富——即在大规模应用研究项目中学术合作的成功，为联邦政府与大学之间的未来合作伙伴关系提供了合理的依据。这一成就将彻底改变1945年"二战"结束后美国高等教育的使命和经济资助方式。

---

① Flexner, "American Universities," in *Universities*, pp. 64—66.
② Oliver Jensen, *A College Album: Or, Rah, Rah, Yesterday* (New York: McGraw-Hill and American Heritage Press, 1974), p. 61.

# 第七章　高等教育的"黄金时代",1945—1970

## 战后政策与机会

在"二战"后四分之一世纪的时间里,美国高等教育得到广泛的支持,其特点是"3P"(three P's):繁荣(Prosperity)、声望(Prestige)和普及(Popularity)。这是一个出乎意料、令人振奋的大好机遇,新闻记者、高校管理者以及历史学者都将这一时期称为"黄金时代"(golden age)。然而,获得的成功也无法避免校园问题的产生,其中许多问题与发展初期遇到的困难有关。1945年至1970年间是危机四伏的时期,对高等教育参与者而言,由于缺乏确定性且无先例可循,这意味着变革和一系列新的压力使得高校发展陷入混乱和失控状态。最具说服力的是"中等后教育"(postsecondary education)这一新词语的出现,议员和新闻记者借以描述不同院校的使命以及院校类型的多样性和复杂性。

美国高等教育在两个不同的方向同时发生变化。一方面,高等教育基础的不断扩展,使高等教育越来越接近大众教育。另一方面,由于美国高等院校显示出越来越强的能力,增加从本科层次到专业学院和博士这样的高等学术选拔性项目,从而提升了学术金字塔的高度。在这一时期,那些被称为研究型的大学,作为一种具有影响力的新机构应运而生,为美国学术赢得了国际声誉。同一时期,公立初级学院(最后被称为社区学院)作为一种新型且独具美国特色的教育机构也得到蓬勃发展。使高等教育版图进一步复杂化的是,战后的美国为包括职业学院和贸易学院在内的那些广受欢迎的营利性高等教育机构的涌现提供了肥沃的土壤。这些改革创新的发生正值那些著名的私立和公立学院处于继续发展和声望提高的时期。

"二战"结束后,校园里突然涌现的新建筑形式最能体现美国高等教育出人意料、不确定性的发展进程。与20世纪20年代宏伟的学生活动大楼和体育场馆建筑相比,1945年至1952年期间的标志性建筑是由波纹铝材仓促建造而成的半圆拱形活动房屋(Quonset hut)。奇怪的是,这样一个不起眼的、不太像建筑的建筑类型标志着一个前所未有的校园繁荣时期的开始。单独来看，每座半圆小屋都平淡无奇，通常被当作不美观的临时设施而不被重视。但当每个校园同时出现几十幢这样的建筑时，它们就形象地反映了外部群体对校园的发展和创新的期望。战争结束后，许多建筑仍被使用数十年，这证实了奥斯卡·王尔德（Oscar Wilde）的论断："没有什么比临时任命更永久的了。"

回顾战前高校入学数据有利于客观看待战后高等教育的发展。1939—1940 年间，所有高等院校的总入学人数不到 150 万。第二次世界大战期间，受征兵的影响，常规学生的入学人数大幅下降。学生（以及教授）人数的不足引发哈佛大学的校长和教师们开始考虑在哈佛法学院和其他高级研究生项目中实施暂缓入学和教学的措施。所有这一切在 1945 年之后发生了变化。1949—1950 年间，在校生总数已经激增至 270 万人——仅仅 10 年的时间增加了约 80%。这种情况并非反常，因为在 1960 年这一数字上升到大约 360 万，而后在下一个十年里这一数字翻了一倍，到 1970 年入学人数超过 790 万。[①]

引发入学人数急剧增加以及众多课程创新等历史性变化的原因是，高等教育已经成为联邦政府和各州政府公共政策制定的关注焦点。这在很大程度上表明，在第二次世界大战期间，高等教育的表现与作用得到政府机构和美国公众的认可。其必然结果就是，在战争结束后很长一段时间内，在向和平时期社会过渡的大规模规划中，包括民用经济，政府与高等教育之间的合作可能会占有一席之地。

这些政策和项目的转变并非必然发生。然而它们的涌现代表政府所探索的不同路线的汇合并引发了一些松散的改革举措。最终高等教育获得了州政府的长期支持，联邦政府也开始致力于推动高级研究发展以及高等教育入学机会的增加。在同期的几十年间，主要基金会也为高等教育提供了大量赠款——前提是参与研究的院校承担了新的任务。但是这种事后的总结潜藏着危机，可能会给当时一些支离破碎的、不确定的项目造成一种具有连贯性和统一性的错觉。在 1945 至 1970 年期间，谈论"公共政策"和高等教育政策转型是不准确的。更准确地说，不同的群体在寻求多样化的公共政策和项目，但缺乏明确的协调——因此，无法

---

① American Council on Education, "Enrollments by Levels of Study, Selected Years 1899−1900 to 1990," in *1984−1985 Fact Book on Higher Education* (New York: Macmillan 1984), p. 87.

保证这些试验长久存在。

## 安置与入学：《退伍军人安置法案》

在战后美国联邦政府的政策中，多半只是因为偶然的事件和事后的考虑，才将高等院校当作合作伙伴。对于富兰克林·罗斯福总统及其国会所关心的问题主要集中在两个方面：一是如何调整战时的生产以适应和平时期的经济发展；二是如何安置那些返家后没有工作或好前途的退伍军人，防止他们因心怀不满而发生内乱。罗斯福与副总统哈里·杜鲁门牢记政府在公共关系方面出现的严重问题：在大萧条时期，成千上万失业的"一战"退伍军人前往华盛顿发起"酬恤金游行"（Bonus March）①，当时他们在白宫附近设立了"胡佛村"营地。国会和内阁早在1943年就一直在考虑战后复苏计划。到了1944年，当盟军有可能取得最终的胜利时，国会和政府机构开始探索在和平时期经济转型以维持社会秩序的可能性。然而，这是一场还没有让高校及其领导者发挥任何核心作用的讨论。

1944年，国会将注意力集中于一项法案的起草，该法案展示了一个被称为"52—20俱乐部"（52-20 Club）的项目。它保证资助每位退伍军人每周20美元（约合2000年的195美元）的失业补助，为期一年时间。作为公共法第346号的《退伍军人安置法案》（*Servicemen's Readjustment Act*）关注的是如何暂缓归来的退伍军人进入劳动力市场，以便工厂有充足的时间把坦克生产线重组为汽车生产线。在一些议员和美国退伍军人协会（American Legion）的推动下，后期在法案中增加了一些有关教育福利条款。1943年，参议院与众议院在关于教育项目、医疗和就业福利混合问题上意见不合，法案被搁置，之后在联席会议上妥协方案只以一票的微弱优势勉强通过。

根据小埃德温·基斯特尔（Edwin Kiester, Jr.）的记载，1944年的法案保证每位军人"服兵役90天就可获得一年的教育机会，此外每多服役一个月就可再获

---

① "酬恤金游行"（Bonus March），也称"补偿金事件""补助金进军事件"，指由于1932年美国政府拒绝约2万名第一次世界大战的退伍军人即时得到战时服役的薪饷的要求后，这些退伍军人在美国国会大厦前集会请愿，最后导致军方介入而造成了流血事件。历史学家认为，"酬恤金游行"是促成后来《退伍军人安置法案》颁布的重要原因之一。——译者注

得一个月的教育,最长可达 48 个月。每年高达 500 美元的费用,包括学费、杂费、书本费和生活用品费等将直接支付给高等院校(当时私立大学每年收取的学费大约是 300 美元,州立大学则要低得多)。单身的退伍军人每个月有 50 美元的生活补贴,已婚的退伍军人每个月 75 美元"[1]。以 2000 年的现值换算,并考虑通货膨胀指数,这相当于每年 4800 美元的学费补贴,单身退伍军人每人每月 489 美元的生活津贴,已婚军人每人每月 734 美元的生活津贴。

几乎没有人对政府的大学计划寄予厚望。1945 年 8 月 18 日《星期六晚邮报》的一篇专题文章评论道,退伍军人不会接受这种教育项目,而更愿意找一份工作。许多大学官员对这项法案持保留意见,有些甚至公然反对。他们真正想要的是"一如往常"(business as usual),招收数量合理的传统学生,重新开始 20 世纪 30 年代末那种"真正的"校园生活。《退伍军人安置法案》的支持者甚至预测只是大约有 8% 到 10% 的退伍军人会充分利用联邦政府的教育项目进入大学学习。

结果证明早期的这些论断是错误的。到了 1945 年秋,已有 88000 名退伍军人提出申请并被大学录取。到了 1946 年,受益于《退伍军人安置法案》的退伍军人大学生人数超过了 100 万。作为法案的一部分,联邦政府支付总津贴超过了 55 亿美元(约合 2000 年的 480 亿美元)。到了 1950 年,1400 万符合条件的退伍军人,超过 200 万人(16%)根据《退伍军人安置法案》选择接受中学后教育。

该项目势头如此强劲的一个原因是,一些学院有目的地提供了入学宣传材料和计划,以鼓励退伍军人考虑报考大学。例如,哈佛大学预见到战后会发生的变化,战争结束前就在海外军人中发起了一项积极的广告攻势宣传和招募计划。在准备向美国大兵展示哈佛形象的宣传册时,学校试图激起那些可能不熟悉"大学"的青年才俊们上大学的兴趣。简洁、精美的宣传册《哈佛》(What about Harvard?)为潜在申请者提供有吸引力的校园生活照片和鼓舞人心的信息。宣传册中简洁实用的表达风格鼓励那些怀有"有严肃目的"和那些"当真"要上大学的军人进行咨询。入学要求是灵活的,可以为那些能够以各种形式展示成就的军人提供免修学分资格(advanced standing),宣传册这样强调:

---

[1] Edwin Kiester, Jr., "The G. I. Bill May Be the Best Deal Ever Made by Uncle Sam," *Smithsonian* 25 (November 1994): 128—139.

这并不意味着录取时只需要聪明才智——也并不是说录取后只有依靠聪明才智才能成功。性格、经验、期望、综合表现也是至关重要的。

哈佛大学认识到,与和平时期的普通学生相比,参加过这场战争的老兵更希望从教育中获得一些不同的东西。显然,在海上、空中和地面上做过生死决定的人,与直接从高中毕业的人想法不同。本所大学将竭尽全力满足这些人的需要。①

这些努力直接的结果是,从1943年到1946年期间许多高校的入学人数翻了一番。根据基斯特尔的研究,威斯康星大学招收了11000名退伍军人,该校学生数从9000人增加到18000人。到1948年拉特格斯(Rutgers)大学学生人数从7000人增加到16000人。斯坦福大学的入学人数也增加了两倍多,从3000人增加到7000人。②

《退伍军人安置法案》最值得注意的是关于教育项目的创新条款。首先,这是一种权利,这意味着所有符合公布资格标准的退伍军人都可以享受教育福利。换而言之,参与人数没有上限,也没有"先到先得"的限制。其次,学费和津贴是可以携带的,退伍军人可以将学费和津贴"携带"到他们选择的院校,只要该院校符合政府批准的标准。退伍军人不仅可以选择申请哈佛或伊利诺伊大学这样的本科院校,还可以申请初级学院、贸易学院、职业课项目或者诸如法学、医学、牙医学、药学、建筑学或工程学等研究生层次的专业学院。

该项目的隐患在于如果学费和津贴的钱要转移到大学财务部门,该所大学必须得到联邦政府的批准。这种官僚主义的谨慎是有必要的,因为符合《退伍军人安置法案》条件的退伍军人成了雨后春笋般迅速发展起来的文凭作坊行业和机会主义教育项目的猎物,而这些教育项目往往只是一个邮筒和一本小册子。经费由政府掌管,在保护军人的同时,也管理纳税人的钱。然而,联邦政府确实并不想介入对高校和中小学进行认证这类事情。高校的官员也不希望学校受到联邦政府的审查,这就像是农业部的代表对运往超级市场的肉类产品进行审核,然后在上面盖章评级一样。联邦政府同意接受高校作为自愿认证协会的一部分进行的机构

---

① *What about Harvard?* (Cambridge, Mass.: Harvard University, 27 March 1945), p. 4.

② Kiester, "G. I. Bill," pp. 130—133.

评估作为代理。令人满意的解决方法是，由高校自身组成认证组织代为对高校进行评估。对于地区性的认证协会诸如南部学院和学校协会、西部学校和学院协会、中北部协会而言，这是一个意外的收获。从此以后，地区性的认证及其十年一轮的院校自评和专家现场检查成为授予学位的高校的标准程序——尤其是对那些希望能有资格获得联邦资助的学校。

1944 年《退伍军人安置法案》带来的影响是美国校园结构和文化从量变上升为质变。第一个创新在于高等院校评估学生申请者的方式发生了变化。尽管申请者的人数比平时要多得多，但现在学校必须迅速做出决定。更成问题的是，这群新的潜在学生通常没有传统的成绩报告单和大学预备记录。此外，由于大学需要让学生快速完成学位课程以便为下一届学生腾出空间。现在的录取决定包括评估是否允许跳级和免除课程，以及其他一系列复杂的决定。大学管理部门的回应是主要依靠中学成绩报告单的替代物以及考虑申请者在军队中接受的培训以及经验。大学开始更多地在录取和年级安排中使用标准化测试。

战后入学人数的激增表明需要大规模建设实验室、教学楼和住宿楼，同时也意味着大学行政管理层必须满足这些新类型学生的需要——这些学生的年龄超过传统大学生（17 到 21 岁），有些学生已结婚并且有孩子，还有些学生是身有残疾的退伍军人大学生。学生和教师在回忆录中的大量描述表明，由于这一前所未有的学生群体与刚毕业高中生一起入学，在校园里以及课堂上都产生文化冲突。退伍军人大学生被典型地描述为老于世故且经验丰富的急性子，对大学生活的幼稚行为缺乏耐心。他们务实、勤奋、急于完成学位，最重要的是这些学生中有许多人是家庭中的第一代大学生，他们的家庭基本上没有接受大学教育的经历或对大学教育没有什么期望。退伍军人大学生的出现也促使传统的大学生们重新考虑他们的校园活动，例如联谊会入会仪式的侮辱伎俩怎么才能够吓倒这些参加过生死战斗的 26 岁退伍军人呢？

有时吸纳大量退伍军人作为大学生对校园产生的影响是复杂的。与一些说法相反，那种认为退伍军人对传统的校园活动没有兴趣的观点是不准确的。在大学校运动队中，退伍军人的出现意味着参加校队选拔的男生数量是前所未有的。1945 年北卡罗来纳州一个海军训练基地的教练接受了马里兰大学橄榄球总教练的职位，条件是允许他带上一些在海军基地服役的橄榄球队员作为本科生进大学。马里兰大学的校长满腔热情地答应，主动安排专车迎接北卡罗来纳海军基地挑选出的 60 名退伍军人，自动录取并立即报名，这些退伍军人大学生甚至在学年开始之前就参加三次大学校队的比赛。① 在其他高校，橄榄球校队人数多达 200 人。

这些务实且缺乏耐心的退伍军人大学生用他们的脚来投票决定了课程人数——也就是说，他们选择那些容易就业的课程或专业，诸如工商管理和工程等。有时候教授（尤其是艺术和科学领域）与退伍军人看问题视角有很大的差异。例如，在欧文·肖（Irwin Shaw）的小说《富人，穷人》（Rich Man, Poor Man）中，一位具有改革思想的经济学教授在 1949 年的课堂上向本科生指出，美国所得税结构是不公平的，有利于富裕家庭和企业。在座的本科生们，其中许多是退伍军人大学生，认真听了这堂课，得到启发——但不是试图改变税法的递减特征，而是进入商界，享受税收优惠。②

受益于《退伍军人安置法案》的退伍军人大学生增加了美国校园的保守性。最明显的表现是性别成为招生时的一大考虑因素。尽管在 1939—1940 学年女性本科生入学人数约占 40％，到 1950 年时已下降至 32％。作为《退伍军人安置法案》的受益者，有 6 万名退伍女兵进入高等教育机构，这是一个很高的数字（与男性退伍军人 18％的入学率相比，女性退伍军人入学率高达 30％）。尽管如此，女性只占退伍军人总入学人数的一小部分。因此，《退伍军人安置法案》带来的一个后果是战后校园的男性化——一方面是新录取的男生数量不断增加，另一方面是进一步加强典型的男性学习领域与现在认为适合女性学习的领域之间的分化。虽然工程和商业等专业领域的学生人数总体上迅速上涨，但这些领域的女学生人数没有明显增加。相反，20 世纪 50 年代在这些领域的女生人数大幅减少。总而言之，由《退伍军人安置法案》引发的高等教育的社会转型产生了不同的影响，它增加了跨越不同经济阶层的机会，但这些机会却过度地偏向男性而非女性。直到 1970 年，女性占高等教育入学人数的比例才重新回到在 1940 年就获得的 40％。

虽然《退伍军人安置法案》增加了中等收入退伍军人接受中学后教育的机

---

① 可参见 Sylvan Karchmer, "Hail Brother and Farewell" (1949), in *The College Years*, ed. A. C. Spectorsky (New York: Hawthorn, 1958), pp. 180 – 187; Sloane Wilson, "G. I.," ibid., pp. 160–162; and John R. Thelin, *Games Colleges Play: Scandal and Reform in Intercollegiate Athletics* (Baltimore: Johns Hopkins University Press, 1994), pp. 99–100.

② Irwin Shaw, *Rich Man, Poor Man* (New York: Delacort, 1970), pp. 1–3.

会,但它对美国高等院校种族关系的影响有限。黑人退伍军人也有资格获得《退伍军人安置法案》规定的津贴,因此这一项目有助于增加黑人大学生人数。但该法案的条款并没有要求参与其中的高等教育机构不能带有种族歧视。那些传统上排斥少数族裔学生的高校仍然继续种族歧视行为,联邦政府也不会处罚他们。事实上,在起草法案时,美国武装部队仍然存在种族和民族歧视政策,尤其是在美国海军。然而教育机会的经济效益不得不扩大到对公民权利的关注。充其量,"隔离但平等"主义将成为美国各种机构种族关系的运作原则。

尽管《退伍军人安置法案》获得了意想不到的吸引力和成功,但不论是最初的倡导者还是那些批评者都没有预见到这会成为一个永久性项目。此项目规模很大,但解决的问题有限,是为了缓解特定问题而采取的临时措施。然而,对于希望通过使用政府财政援助来扩充本科教育机会,从而永久改变美国高等教育的倡导者来说,这项法案确实提供了令人信服的数据。《退伍军人安置法案》是20世纪40年代末期那些独特却相互关联的高等教育政策讨论的典范和序曲。在这一形势下最引人注目的产物是由哥伦比亚大学教授乔治·祖克(George Zook)担任主席的1947年杜鲁门总统高等教育委员会的报告——《为了美国民主的高等教育》(*Higher Education for American Democracy*)。

## 入学机会与负担能力:大众高等教育的蓝图

1946年7月13日,哈里·杜鲁门总统成立了一个由28名成员组成的高等教育委员会,负责"研究高等教育在我们的民主中的作用,以及能最好地发挥这些作用的方法。"具体而言,杜鲁门要求这个委员会要关注"为所有具备才能的年轻人扩大受教育机会的方法和途径;充足的课程,特别是在国际事务和社会理解领域;建立一系列中等技术学校的可取性;高等教育的财政结构,尤其是在物质设施需求快速扩张的情况下"[①]。包含其中的一个任务,就是探讨《退伍军人安置

---

[①] President Harry S. Truman, "Letter of Appointment of Commission Members" (13 July 1946), in *Higher Education for American Democracy: A Report of the President's Commission on Higher Education*, ed. George F. Zook (New York: Harper and Brothers, 1947), n. p. 8. Paula S. Fass, *Outside In: Minorities and the Transformation of American Education* (New York: Oxford University Press, 1989).

法案》中的原则是否可以不仅仅限于短期的集中项目。问题是，对于接受从小学到中学教育的整整一代美国公民来说，未来全面的政策是否应当包括一系列项目以增加上大学的选择机会和可负担能力。

这种尝试的一个显著特征是它标志着美国总统第一次有意识地在联邦层面上对高等教育议题进行审视。根据美国宪法第十条修正案，习惯上把这一议题留给州和地方政府。特别有趣的，这一做法的逻辑依据是高等教育是国家利益不可或缺的组成部分，包括它的国际和社会角色以及在国防中的作用。几乎所有委员会的报告都在某种程度上屈从于妥协和一般性的讨论。杜鲁门委员会的报告避免了这种问题，并成功做到强有力地支持那些调查结果和提出的相关建议，这些结论和建议将成为之后联邦有关经济资助和中学后教育长期发展政策的蓝图。

如果从1980年或2000年的角度来看，这份报告读起来就像是一系列节目的剧本，这些节目最终变得既熟悉又出名。例如，它预言了公立学校种族隔离的紧张局势，这种紧张局势最终以一个里程碑式的事件告终，即1954年的布朗诉堪萨斯州托皮卡教育委员会案（Brown v. the Board of Education of Topeka, Kansas）。它提供了有关高等教育中由于收入和种族导致不平等和不公平的相关数据和评论。报告章节中创新地对议员和机构改革者在社会公正的保护下共同制定的立法和项目的必然性进行了评论。报告的章节对立法和计划的必要性进行了开创性的评论，后来的立法和制度改革者将这些立法和计划归入"社会公正"的范畴。之前由基金会和其他团体开展的全国性讨论主要集中在那些知名的高校，而杜鲁门委员会报告对公立社区学院投以极大的关注，把公立社区大学当作是确保中学后教育普遍化的至关重要的机构。该报告中教育建议的提出是基于这样的经济论据，美国国民生产总值中对中学后教育的投入占比太少。报告最后还列出了扩大教育切实可行的资本投资和税收的详细计划。

这份报告的致命弱点是，它在建议联邦政府参与高等教育方面走得太远、太快了。虽然美国总统已经成立了该委员会，但没有必要将其建议与总统或国会的立法联系起来。杜鲁门总统是民主党人，但同时也是财政保守主义者，他不愿推行由联邦政府资助的大规模高等教育项目。而且该报告也受到了时机不佳的影响。杜鲁门正面临着强烈反对他的国会，媒体对他也不支持，特别是对他的国际计划和国防政策。以上情况，以及他现有的财政谨慎政策，使他不愿意花费政治资本来推动扩大联邦政府在高等教育中的作用。简而言之，杜鲁门委员会的报告是一份精心准备好的但却无用武之地的有趣政策计划。它既无先例可循也没有得到总统的支持，所以无法进入国会小组委员会上进行讨论。

杜鲁门委员会的报告引发了争议，因为它的建议有鼓励联邦政府干预州和地方政策的风险，特别是在强制实行种族隔离的公共教育的州法律方面。为了了解高等院校中关于种族融合游说活动谨慎的步伐，应该注意到这个时期正是杰基·罗宾逊（Jackie Robinson）[①] 打破美国职业棒球大联盟"肤色界限"（color line）的时候——这个里程碑式的事件在当时既具有争议性又具有分裂性。鉴于当时美国组织（不论是棒球还是校园）中的种族关系状况，政治家确信在联邦层面委员会报告当下的命运是被束之高阁。这份报告的影响将在十年到二十年之后，在约翰·肯尼迪总统的"新边疆"（New Frontier）[②] 政策以及林登·约翰逊总统的"伟大社会"（Great Society）[③] 的施政目标等有关民权举措中得以复苏。

虽然杜鲁门委员会报告把联邦政府带入一场关于高等教育的全国性大讨论，但在20世纪40年代末50年代初，只是州政府、私人基金会、个别的学院和大学带头采纳了委员会报告的各种建议。让委员会承担起一个远见卓识的角色还为时过早，也许有点冒失。毕竟加州、伊利诺伊州、明尼苏达州和纽约州的州长、议员以及州立大学的校长们都已经致力于投资中学后教育。州政府已经使大部分美国人有能力和机会接受大学教育，至少在这些特定的州内是这样。同时，联邦教育政策的理念对全国私立高等院校校长和董事会而言是危险的，使得他们理所当然保护他们高等教育机构的自主权和自决权。他们同样也关心杜鲁门委员会报告

---

[①] 杰基·罗宾逊（1919—1972），美国职棒大联盟史上第一位非裔美国人球员，效力于布鲁克林道奇队。在1947年4月15日罗宾逊穿着42号球衣以先发一垒手的身份代表布鲁克林道奇队上场比赛之前，黑人球员只被允许在黑人联盟打球。虽然美国种族隔离政策废除已久，但无所不在的种族偏见仍强烈左右着社会各个阶层。因此这一事件被公认为近代美国民权运动最重要的事件之一。——译者注

[②] "新边疆"是1960年美国总统肯尼迪提出的施政纲领。包括内政和外交两个方面。内政方面包括了提出解决种族隔离的民权法等。——译者注

[③] 建设"伟大社会"是美国总统林登·约翰逊1964年的演说提出的施政目标。为实现这一目标，美国国会通过了包括"向贫困宣战""保障民权"及医疗卫生等方面的立法四百多项，将战后美国的社会改革推到了新的高峰。约翰逊的"伟大社会"纲领和肯尼迪的"新边疆"政策都是资产阶级自由主义改革，把罗斯福新政式的国家垄断资本主义发展到了一个新的高度。——译者注

对私立高等院校产生的影响相对较小；这个报告似乎转向一种不符合逻辑的宿命论，即联邦的资金必须以某种方式主要用于公立（州的）院校。

在1950年前后，由于基金会在各州启动了一些新举措和新项目，美国高等教育在没有国家政策指导下出现了全国性的趋势。正如保拉·法斯（Paula Fass）发现的那样，在这个时代，比起在公立中学，少数族裔在军队中获得了更强的读写能力和更多的受教育机会。但缺陷是，军队中的这些教育成果是在没有消除种族隔离的情况下实现的。[1]

## 作为研究资助者的联邦政府："大科学"即"最佳科学"

与杜鲁门委员会对大众高等教育的关注形成鲜明对比的是，"二战"后联邦政策商议的另一个主要领域集中在科学中尖端的、高级的研究和科学发展前景。支持这一方向研究的宣言是万尼瓦尔·布什（Vannevar Bush）1945年的报告《科学：无尽的前沿》（Science, the Endless Frontier）。[2] 布什是来自马萨诸塞的物理学家和电器工程师，曾担任总部设在华盛顿特区的卡耐基研究所（Carnegie Institution）的主席。在第二次世界大战期间，他领导着联邦政府的科学研究与发展办公室（Office of Scientific Research and Development），考虑到他成功地将学术科学用于解决战时问题，所以战争停止后他成为能很好地解释联邦政府对研究要扩大支持的恰当人选。

布什的观点包含历史和情感两个独特层面。对于公众普遍抱怨美国已经失去了当年开疆拓土和西进运动中的开拓冒险精神，布什认为应该将国家探索的竞技场从地理位置上的开拓转向科学领域的探索，这样就能重新获得开拓精神。科学才是正确的、没有尽头的前沿。为此，布什建议设立一个永久性且资金充裕的联邦机构（这个机构后来成为国家科学基金会的前身）。

布什及其同事强调的基本原则是，这样的联邦项目在本质上不是平等主义。

---

[1] Paula S. Fass, *Outside In: Minorities and the Transformation of American Education* (New York: Oxford University Press, 1989).

[2] United States Office of Scientific Research and Development, *Science, the Endless Frontier: A Report to the President by Vannevar Bush, Director of the Office of Scientific Research and Development*, July 1945 (Washington, D. C.: U. S. Government Printing Office, 1945).

"大科学"才是"最佳科学"的口号意味着这是一个竞争性的资助制度,资助款将给予那些提交项目规划并被同行评议选出来的大学科学家,以实施联邦项目。这一制度与19世纪末期联邦政府的做法形成鲜明对比,当时联邦政府几乎无一例外地选择建设自己的实验室、机构和研究基础设施。随着时间的推移,联邦政府将同时采取这两种方法。由布什倡导的竞争性研究资助的历史意义在于,它们成为少数实力强大资金充足的研究型大学的长期支持机制的起源。这些项目和政策结构将会决定未来几十年大规模的高校科学研究。

对于万内瓦尔·布什和他亲密的科学界同行们,如哈佛大学校长兼化学家詹姆斯·科南特来说,这是一件严肃的事情。一些学校在提升那些发展不充分的项目并使之达到标准时缺乏耐心,因为成功解决高水平的科学问题方面才是获得研究资助的筹码。在实践中,这意味着项目将要——而且应该——给予那小部分被认可的学者和大学。组建学术团队参与战时的曼哈顿计划就是一个很好的模式。"大科学"就是"最佳科学",是一项合理的政策,为优先权和复杂问题匹配到最合适的人才。

与1947年的杜鲁门委员会报告不同的是,万内瓦尔·布什的《科学:无尽的前沿》对联邦政策和项目产生立竿见影且持久不衰的影响。本质上,联邦政府成为了研究赞助人和立约人——这不仅通过新成立的国家科学基金会(创建于1950年)以及日益完善的国家卫生研究院(National Institutes of Health),还通过在其不同的部门和机构中进行的研究和发展举措得以实现。美国国防部、能源部、农业部、交通运输部和卫生部越来越多地向学术专家发出征求建议的要求去竞争某些专门研究任务。困扰布什以及高校科学家这些倡导者们的是,新形式的研究支持更偏好于应用型项目以及与军事相关的联邦机构所寻求的立竿见影的效益。如何促使联邦政府对理论科学提供持续的资助仍然是个问题。

大学如何应对这一新的外部环境?包括斯坦福、麻省理工、加州理工、约翰·霍普金斯以及加州大学伯克利分校在内的一些大学在思想上已准备好为越来越多的新联邦资助项目而竞争。此外,国防部或原子能委员会在为联邦研究机构寻找长期的校园场所时,这个由数所在应用科学方面能力强大的高等教育机构组成的小圈子引起了他们的注意。位于加州理工学院的喷气推进实验室和麻省理工学院的电子实验室就是这种趋势的典范。以斯坦福大学和麻省理工学院为例,它们之前的大部分经验是不断地寻求来自私营企业的合同。对斯坦福大学来说,转向联邦拨款领域是一个乐见其成的改变，因为国家科学基金会和其他学术同行评议机构实际上比那些来自企业的高度具体又务实的合同更了解大学科学家的偏好和工作风格。① 加州大学伯克利分校的旗舰校区在投资应用科学基础设施方面处于领先地位，该设施可以快速提供大规模联邦项目，特别是物理和生物学所需的设施和人才。

"二战"后由于联邦研究资金的注入而使美国大学内部发生最大变化的单位很可能是医学院。尽管像亚伯拉罕·弗莱克斯纳这样的改革者自20世纪早期以来就一直主张医学需要与生物科学的高级学术联系起来，但只有少数几所大学采纳了这一主张并且大获成功。约翰·霍普金斯大学是在融合学术和专业工作方面的领先者，但它只是个例外，几乎没有院校能够效仿它的模式。大多数医学院从生物学专业的"医学预科"学生中招收新生。这种联结方式的局限性在于尽管学生能够将本科生物课程与医学院的课程联结起来，但几乎不能保证医学院的教师能够接触到生物学家和其他自然科学家最新的研究成果。随着国家卫生基金会提供重大研究资金的日益增加，20世纪50年代早期，这一切发生了变化。医学院现在越来越多地扩大了他们在未来医学博士（M.D.）临床教育方面的工作，也包括医学院教师的研究和著作出版工作。这种变化的一个表现是，在医学院教师与研究人员中增设自然和物理科学的博士点。最终，跨学科的研究所和研究中心把学术部门与医学院联系在一起。在这一过程中甚至导致了日益高深的研究部门的发展，并让医学院自身也获得了回报。医学院受益于用人单位预付的医疗保健计划的扩展中，以及之后的联邦政府计划的增长，诸如美国国家老年人医疗保险制度（Medicare），这为大学附属医院提供了大量的补贴。到1960年，不出所料医学院及其所在大学的医学中心通常是资金最充足的研究机构之一。

哈佛大学的例子显示了这个新研究时代的一些复杂情况。一方面，两次世界大战期间，哈佛校长詹姆斯·布莱恩特·科南特是发展学术科学与联邦政府之间工作关系的重要人物之一。然而，哈佛大学的管理层和教师们对联邦资金有着复杂的情绪并担心可能发生的冲突。哈佛是第一个对关于接受联邦研究资金是否违背学术探究精神这一问题进行辩论的院校，后来出现许多这样的院校争论。然

---

① Rebecca S. Lowen, *Creating the Cold War University: The Transformation of Stanford* (Berkeley: University of California Press, 1997).

而，最终哈佛与其他大学不得不正视这一现实，一旦联邦政府的基金会和机构成了科学领域的主要资助来源，如果没有联邦研究资助，任何一所大学几乎不可能保持在某一领域中的领先地位。

这种情况给整个学术界带来了巨大冲击，因为它意味着外部的联邦机构有权力改变大学的管理方式以及大学的使命，包括学术自由的基本原则。这一次，大学校长面临的主要难题不是资金短缺，而是新资金及其不平均分配所引起的政治问题。

## 学术自由与高等教育政治

当从国会到大学校长等各种团体都认同高等教育对国家福利至关重要这一观点之时，这种言论最初强调的是高等院校能够作出的积极贡献，或者通过教育民主国家的公民，或者通过提供有利于国防的研究专业知识。然而，就在第二次世界大战结束后的几年里，这种言论强调的内容发生了变换——也就是说，有人担心美国校园是持不同政见者和不忠诚者的避难所。在冷战中，由参议员约瑟夫·麦卡锡（Senator Joseph McCarthy）组成的众议院反美活动调查委员会（House Un-American Activities Committee）和其他调查团体认为大多数大学领导人毫无防备之心，因为他们的假设是在新的国际秩序下，在维护美国作为一个强有力的民主国家方面，他们是解决方案而不是问题本身。

对大学的这种批评与联邦政府在学术科学领域越来越多的介入联系在一起的是与罗伯特·奥本海默等一流核物理学家有关的政治争论。当时最杰出的物理学家和化学家们是世界主义的知识分子，他们的工作允许他们轻松自如地进出一流大学并参与联邦研究项目。但因含糊地被控诉为政见不合和一系列相关的含沙射影的暗讽，他们的声誉受到了损害。公开表达异议，包括支持国际合作与和平，都会被看作是对国家不忠诚的迹象。例如，芝加哥大学校长罗伯特·梅纳德·赫钦斯（Robert Maynard Hutchins）试图说服核物理学家们不要传播他们的知识和技术，并最终停止他们在这一领域的研究，尽管他的劝说失败了，但此举却引起麦卡锡参议员的愤怒。[①] 反对不忠诚行为的运动在 1951 年获得了强劲的发展势

---

[①] Edward Kifer,"Robert Maynard Hutchins," in *Encyclopedia of Education* (New York: Macmillan Reference for Thompson-Gale, 2002), pp. 1094—1096.

头，那时《耶鲁每日新闻》（Yale Daily News）能力超常的本科生编辑威廉·巴克利（William F. Buckley）发表了《耶鲁的上帝与人》（God and Men at Yale）——这是一本极具煽动性的书，书中对耶鲁和其他老牌大学背离了为教会和所在州服务的传统使命感到失望。①

像这样的公开事件引出了两个问题：大学要获得联邦研究拨款资金是否就必须提交新的政治服从的检验？这样的标准是否侵害了学术自由？最终这些问题超越了具体的研究项目，扩展到对教师行为的广泛调查，并要求教师，尤其是州立大学的教师签署一份效忠誓言。

尽管由参议员麦卡锡主持的高度公开化的国会听证会已经吸引了大部分人的关注，但这些全国性事件只是战后高等教育政治报道的一小部分。由州立法机构与大学行政管理层开展的调查显示，地方政治在塑造学术自由过程中发挥的作用尤其重要。埃伦·施雷克尔（Ellen Shrecker）在1987年发布了一份其详尽的研究——《没有象牙塔》（No Ivory Tower），其中记录了一个令人惊讶的现象：许多州立大学校长主动要求教师签署效忠誓言，并遵守那些警觉的国会或州官员可能要求的任何行为准则。事实证明，许多大学校长更感兴趣的是消除外部审查，而不是捍卫教授们的传统学术自由权利。② 最引人注目的例子发生在加州大学、华盛顿大学以及内布拉斯加大学，而在全国的其他高等教育机构中，表现形式有所不同。最极端的结果是一些教授被立即解雇。罗伯特·斯普劳尔（Robert G. Sproul）校长认为通过清除加州大学中的不忠诚行为所取得的成就，很快就因加州大学失去在全国学术界的地位而得不偿失。不确定的是，伯克利在吸引世界级科学家方面是否仍具有竞争力。斯普劳尔惊讶地发现与大学教师相比，董事会成员们对他的监视更加严密。③

---

① William F. Buckley, God and Man at Yale: The Superstitions of Academic Freedom (Chicago: Regnery, 1951).

② Ellen W. Schrecker, No Ivory Tower: McCarthyism and the Universities (New York: Oxford University Press, 1986).

③ See John Aubrey Douglass, "Rising Costs, the Red Scare, and the End of Postwar Consensus," in The California Idea and American Higher Education: 1850 to the 1960 Master Plan (Stanford: Stanford University Press, 2000), pp. 198 – 222. Cf. Verne A. Stadtman, "A Test of Loyalty," in The University of California, 1868 – 1968 (New York: McGraw-Hill, 1970), pp. 319 – 338.

与加州大学的效忠宣誓闹剧相比,全国范围内有数百起校长和董事会在没有正当程序的情况下悄悄结束教师生涯的案例就显得不那么引人注目。玛丽·麦卡锡(Mary McCarthy)1952 年的小说《学术圈子》(*The Groves of Academe*)① 是对这种甚至蔓延到小型文理学院的反共情绪进行的最好描述。与那些屈从于州议会和国会调查压力的校长的总体趋势相反,一些大学校长——芝加哥大学的罗伯特·梅纳德·赫钦斯校长以及哈佛大学的新校长内森·普西(Nathan Pusey)等有勇气逆流而上对抗那些有关校园中真实存在的或是臆想的政治威胁的冷战癔症的浪潮。他们都有效地为学术自由发声。1948 年至 1953 年间令人失望的事件是美国大学教授联合会的分崩离析,它未能在各种各样的大大小小争论和冲突中有效地代表教师成员和院校。

到 1954—1955 年,在那些煽动性的反共产主义效忠宣誓事件之后,大学仍然必须面对长期以来一直存在的协调联邦研究项目与校园自治二者之间关系的问题,尽管这些问题不那么引人注目。除了机密研究、审查制度和制定研究日程的授权等原则性问题外,大学官员对大规模研究资助的组织工作必须努力制定互相都能接受的基本规则。例如问责的问题,范围包括研究项目管理费用的责任分工等重大政策问题,以及学术研究者向联邦机构报告他们的时间投入等这些看似微不足道(但却易出问题)的方式。研究管理费用将如何处理以及由谁处理的问题至关重要,因为校长和院长希望尽量减少他们自己的机构资金在完成外部赠款事务所需的设施和人员上的支出。学校总是情不自禁地(但不切实际地)希望政府的大额赠款能有足够的灵活性,可以"私自转移"——也就是说,转移一部分资金用于补助与拨款说明仅有一点间接关系的学校工作上。

在所有这些问题之外,还有诸如耶鲁大学校长惠特尼·格里斯沃尔德(A. Whitney Griswold)等人的合理担忧,他担心从今以后,决定"大科学"进程的是联邦机构而不是大学。而内阁部长和联邦机构的主管对这样的担忧漠不关心。毕竟他们优先考虑的问题既不是建设大学也不是调解大学内部事务。大学只是一个便利的场所,在这里,那些专门领域的学术专家能够为具体的应用问题提供答案。然而,大学的状况却不容乐观。持续参与联邦研究资金的竞争意味着至少需要对诸如负责研究工作的副校长的新办公室进行投资,包括必要的精心设计的人

---

① Mary McCarthy, *The Groves of Academe* (New York: Harcourt, Brace, 1952).

员配备，以便及时了解获得目前和未来的研究拨款的可能性。一些学术领导人没有表达出的担忧是，大学服从联邦规则付出的代价以及政府对学术生活节奏的干扰将是一个永远令人头痛的问题。正如罗杰·盖格 1993 年的著作《研究与相关知识》(Research and Relevant Knowledge) 中所讨论的那样，美国校园——包括传统上致力于高级学术活动的大学——从本质上而言，不适应那种将外部赠款强加给本质上还是教学机构的互动类型。① 然而，到 20 世纪 50 年后期，联邦提供的赠款资金如此慷慨大方，政府管理者与大学行政管理层之间进入友好的休战期，以至于大多数雄心勃勃的大学开始持续不断转向各种联邦机构作为资助大学研究的来源。

## "联邦赠款大学"的出现，1950 年—1960 年

尽管存在哲学上和管理上的协调问题，到 1960 年，人们还是可以确定一小部分大学是联邦研究基金资助的最大受益者。加州大学的校长克拉克·克尔把典型的"联邦赠款大学"描述为美国高等教育的最高点——如果不是国际高等教育的话。克尔在哈佛大学所做的戈德金讲座（Godkin Lectures）[名为《大学之用》(The Uses of the University)，于 1963 年出版] 中指出，"从目前来看，联邦的支持已经成为许多大学整体成就的一个主要因素，涉及的金额相当可观。1960 年高等教育从联邦政府获得了大约 15 亿美元资助——20 年来增长了 100 倍"。② 约合 2000 年的 87 亿美元。

从重要的细节上看，这种慷慨赠款在两个方面存在明显倾斜。首先，少数几个联邦机构实际上成为所有联邦研究基金资助的来源。例如美国国立卫生研究院的资助占全部研究资金的 37%。其他主要赞助机构包括国防部、国家科学基金会、原子能委员会、农业部和国家航空航天局（National Aeronautics and Space Administration）。其次，受赞助的研究项目集中在少数几个领域，特别是物理和

---

① Roger L. Geiger, *Research and Relevant Knowledge: American Research Universities since World War II* (New York: Oxford University Press, 1993).

② See Clark Kerr, "The Realities of the Federal Grant University," chap. 2 of *The Uses of the University* (Cambridge, Mass.: Harvard University Press, 1963); quotation at pp. 52—53.

生物科学、健康学和工程学，这就不足为奇了。

　　赠款奖励的模式进一步强化了联邦政府资助的研究事业的专属特性。根据克拉克·克尔的观点，1960年联邦对项目研究和大型研究中心的资助中，"六所大学共获得了57％的总资助经费……20所大学共获得了79％的总资助经费"。[①]在这20所大学中，联邦研究基金资助已经在学校年度运作预算中占了相当大的比例，从最低的20％，到最高的80％不等。这种外部资助不仅使这20所大学脱颖而出，也引起了这些精选出来的大学内部的奖励和优先权等变革动力的改变。它把一所研究型大学分裂成"有钱的学院"与"没钱的学院"，这产生的必然结果是联邦基金资助为一些专业学院，包括工程学院、农学院、公共卫生学院以及医学院带来了权力的提升（有时是声望）。

　　高等教育词汇表中新增加一个新词"软钱"（soft money）——它最初是为了区分临时的外部资助与永久的高等教育机构的运营预算的"硬钱"（hard money）。然而，随着时间的推移，这种区别变得模糊起来。对那些成功获得大量联邦研究基金资助的院系来说，基本工资和教学工作量变得越来越无关紧要。此外，"大科学即是最好的科学"的信条意味着，由联邦机构设立的外部委员会进行的同行评议非常重视一个研究团队的成果过程记录。结果是，"有钱人变得更加有钱"，他们只需更新多年来都在进行的项目并增加一些新的奖项就可以了，事实证明，获得联邦资助项目者既不特别也不意外。于是问题就产生了：新的资金需要经过连续多少年，"软钱"才会变得与"硬钱"一样难以区分？然而即使在那些非常适合参与联邦研究资助领域的大学里，校长与系主任对于联邦政策的一个基本特征感到烦恼——那就是，几乎没有任何直接的拨款支持用于教学和"常规"的高等教育机构的运作。这种情况在大学医疗中心最为严重，院长和校长面临着这样的矛盾，在拥有充足的资金开展新的深奥的研究项目的同时，还不得不四处奔走寻找资金用于维持诊所和教学项目的运作预算。

　　联邦研究投资造成的另一个结果在高等教育的联盟和势力范围上的表现较为明显。虽然几乎所有的高等院校的校长都是美国教育委员会的成员，但是有关于政府政策的活动和会谈则越来越多地转移到了美国大学协会——这一团体位于华

---

　　[①] Clark Kerr, "The Realities of the Federal Grant University," chap. 2 of *The Uses of the University*, pp. 53—54.

盛顿特区，由一流的研究型大学组成，只有受邀才能成为其会员。值得注意的是美国大学协会的会员制并没有造成公立和私立高等教育机构之间的隔阂，公立机构和私立机构都能够加入成为会员。能否加入协会并不是简单的大型院校和小型院校之间的区分的问题，相反，被吸纳为协会的成员是由院校在博士项目和赞助研究方面所做的努力获得的声誉决定的。

在这些精英大学组成的相对较小的圈子中，研究力量的集中产生的一个意想不到的结果是，它提升而不是阻碍了院校在高等教育领域追求向上的强烈愿望。考虑到在寻求获得外部赠款的过程中所面临的"升级"或"出局"的挑战，许多院校的选择是，要么留在这场竞赛中，要么第一次进入这场竞赛。在克拉克·克尔所说的"疯狂竞争跟上时代"的背景下，每年都有越来越多的教授和校长们在思考并探索着他们自己获得一个补贴项目的前景。① 这种"筹措资助款的诀窍"（grantsmanship），是当时流行的说法，与增添新的学位项目，特别是博士项目密切相关。因此，尽管一些资深的研究型大学可能会认为，它们的与众不同可能会让其他大学气馁，但事实上，它们却激起了其他大学的勃勃雄心和效仿之心。洛杉矶加州大学可能是那些年轻高等教育机构最好的例证，它既拥有好时机又拥有好人才，能够在这个精英圈层中获得一席之地。随着时间的推移，特别是在1960年到1970年间，越来越多的新大学参与到这场争取外部赠款的竞争中。这仍然是一个危险的环境。正如罗杰·盖格详细记录的那样，像匹兹堡大学那样的高等教育机构，从1955年开始同心协力努力迈进著名研究行列。尽管学校进行过投资和规划，但其校长、副校长团队以及给予学术支持的教职工还是遇到了问题。因为专注于高级研究生项目的快速扩张，他们忽视了匹兹堡大学的传统基础是本科生，本科生的学费是其年度预算的主要来源。而且，这些新举措往往会疏远老一代的校友，最终，这所试图创新的大学面临着紧缩甚至处于财务崩溃的边缘。②

20世纪50年代末，"二战"后联邦研究基金资助的第一波浪潮趋于平稳。1957年由于新的推动力的出现——国会对苏联发射人造卫星作出的反应，这股浪

---

① Clark Kerr, "The Frantic Race to Remain Contemporary," *Daedalus* 93 (Fall 1964): 1051—1070.

② Geiger, *Research and Relevant Knowledge*.

潮被重新点燃而且更加强烈。《国防教育法》(National Defense Education Act) 为先进的科学研究注入了前所未有的新资源。此外，《国防教育法》还有关于培训项目的条款，包括诸如在东欧语言领域，以及自然与物理学等传统研究领域之外的学科设置博士奖学金。对大学来说，好消息就是在整个 20 世纪 60 年代，申请大范围的研究和发展资助的机会大大增加了。为了提高待遇，大学的科学家们要求得到尊重，甚至是敬意，因为他们的专业知识可能有助于美国超过苏联和东欧共产主义国家阵营的科学家。

## 博士和研究生学位项目的扩张

增设新研究和博士项目的动力来自于 20 世纪 40 年代末，一些经济学家预测并得出的结论：美国高等教育的扩张，特别是为了适应高等教育大众化，将会导致美国严重缺乏合格的高校教师。换而言之，博士学位的短缺使扩大高等教育的愿景面临风险。从招生数据来看，这种警告是可以理解的。19 至 20 世纪之交建设大学的英雄时代并没有在全国范围内产生一个稳定、完全成熟的高级学位项目。例如在 1939—1940 年，攻读硕士和博士学位的总学生人数不到 106000 人——大约占所有受高等教育学生总数的 7%。如果美国经济的发展依赖专业学者，既包括工业界的科学家，也包括所有领域的教授，那么这种培育途径从数量上和质量上来说都是不足的。

对此做出的回应的迹象之一是，在未来的十年，研究生入学人数增加了一倍多，在 1950 年达到 237200 人。然而，这一数字仍然只代表大学总入学人数的很小一部分。与联邦研究经费集中在一小部分院校类似，大约在 1950 年前后，同样是这 20 所大学占据了博士学位授予的优势。如果美国对扩大大众高等教育的承诺要在未来的十年内实现，那么美国的大学必须大幅提升教育和培养各学科领域的博士学生的能力——他们将成为各类高等教育机构，从小型学院到大型研究型大学未来的教授。

然而，扩张和雄心的吸引力被内部限制所削弱，尤其是那些刚刚开展研究生项目的大学。院长们必须应付教师开设更高级课程和研讨班的要求——这一提议意味着招收学生人数要减少，这些教授还要求减少教学工作量，增加图书馆开支并建立最新的实验室。公休假和研究假被认为是研究型大学教师的标准政策。致力于博士项目的建设另一方面意味着需要提高工资：拥有主持博士论文委员会的资格通常意味着，教师必须是终身教职而且通常是正教授。这样的高级职位所要求的工资远高于院长发给那些刚毕业的助理教授的工资。所有这些措施极大地增加了院校的开支。但如果研究生项目满足以下两个标准：处在一所久负盛名的大学中，而且所在的领域受到联邦机构的大力支持，那么问题就不是不可解决的。否则，情况就会很艰难，因为大多数州的立法机构和支付学费的家庭仍然只关心本科教育的基本规定。

对于校长和院长来说，一个解决办法就是逐渐增加对教学助理（teaching assistant，T. A.）的依赖，对于本科生来说则不是这样。"教学助理"的出现意味着一所大学可以容纳其本科生群体规模的巨大增长，同时为越来越多的博士生提供资金资助和接受导师指导的机会，特别是在那些几乎没有机会获得研究基金资助领域的博士生。人们对博士学位项目关注的增加反映在博士人数的增长上，博士授予人数从1949—1950年的6420人增长到1960—1961年的11622人，而且人数持续激增，到1969—1970年已经达到30000人。这些汇总数据没有显示的是大多数大学可能增加了大量的博士课程，但这些课程都是无实质内容的框架。博士培养项目在纸面上的增长通常并没有带来充足的支付学费的入学人数或研究资源。其结果是，在许多有抱负的大学里，高等研究仍然只是蛋糕上昂贵的糖霜而已。

从20世纪50年代开始，对于研究资源稀缺的问题，越来越有吸引力的解决方案是大学校长挑选出几个领域作为"学术尖端"（steeples of excellence）。那些既具有获得良好声誉的潜能又具有吸引外部资源能力的领域享受着乘数效应，得到学校的更多支持，而其他系所正是属于不被提及和剩下的"其他领域"。

## 慈善捐赠与外部资助的前景

第二次世界大战后，联邦政府开始资助大学的研究，这严重地改变了外部关系的生态平衡，原因有以下两方面。首先，联邦政府补充而且往往是超过了私人基金会成为高等院校获得激励性资助的主要来源。第二，联邦研究资助增加的同时，正值一些久负盛名的基金会处于相对衰落期，从赞助项目中退出。例如，卡耐基教学促进基金会一直是20世纪初对高等教育政策产生影响的最重要机构之一。然而，到 1950 年，它已经失去拥有资金进行分配的影响力，并暂时退出这个舞台。与此同时，福特基金会——成立于 1936 年，一个采用家族运作模式、相对较为年轻的地方性慈善组织——1947 年之后开始在高等教育中确立其独特的身份。鉴于这些大型的基金会的名字——卡耐基、洛克菲勒、罗森沃尔德和福特——都被认为是资本主义的堡垒。然而，令它们吃惊的是，1952 年众议院委员会和 1954 年参议院委员会都指控他们犯有颠覆罪。显然，他们对一些涉及民间故事、艺术、哲学和教科书修订的学术项目的支持被认为是反美国化的。尤其是福特基金会对于共和党的支持，成为参议员麦卡锡领导的众议院反美活动调查委员会的一个特别目标。尽管这些基金会可能无法逃脱这种审查，但它们确实挺了过来。到 1954 年，它们得以重启对高等教育慷慨支持的议程。

各大基金会与各种联邦机构的不同之处在于，它们具有灵活性，而且章程允许它们关注两类不符合政府常规限制的项目。如果基金会愿意的话，它们可以致力于加强对一所特定的大学——或者是一种院校类型的支持，比如文理学院或者私立研究型大学。这一主题的另一种变体是，他们可以着手开发一个新的学术领域，或者重塑现有领域的特征，如行政管理科学、宗教研究或实验心理学等。它们将通过提供激励补助金、资助实验室或补贴研究所或中心等方式来支持课程创新和雇佣新教师。其结果是，更多的院校和更多的领域能够参与学术创新，而不仅仅只靠联邦研究项目大幅资助那几个与军事相关的项目。在 20 世纪 50 年代到 60 年代早期，福特基金会协同其他基金会聚焦以下两个方面来解决联邦资助的一些不平衡：主要的私立大学以及社会和行为科学。正如罗伯特·布雷姆纳 (Robert Bremner) 所指出的那样，福特基金会的这份高额馈赠得到广泛赞誉，它"在 1955 年 12 月宣布专门拨款 5.6 亿美元（约合 2000 年的 3.6 万亿美元），帮助私立高等院校提高教师工资，协助私立医学院加强教学提高服务。一直到 50 年代末，除了开展外国援助和提供奖学金项目外，还支持教育电视实验，为风险或低或高的众多学术领域提供风险投资。另外基金会也开始资助小说家、诗人、音乐家、作曲家以及剧作家"。[1]

福特基金会的策略在商业管理领域尤其有效。商业管理作为本科生的一个专

---

[1] Robert H. Bremner, *American Philanthropy*, 2d ed. (Chicago: University of Chicago Press, 1988), pp. 168—169.

业长期受欢迎，但作为学术和高级研究领域，它并不受尊重。为了改变这一形象（和现实），福特基金会为一些院校——芝加哥大学、斯坦福大学、哈佛大学、康奈尔大学以及哥伦比亚大学——提供慷慨的补贴，通过借鉴经济学、政治学、统计学和社会学等学科来振兴这一领域。福特基金会的理念是，这些起到示范性作用的大学能够激励其他院校效仿他们进行创新。

福特基金会认真关注学者们早在 20 世纪 30 年代末就提出的那些议题。在第二次世界大战前，瑞典社会学家贡纳尔·默达尔（Gunnar Myrdal）为卡耐基基金会写了一份引发思考的研究报告，将种族不平等作为美国文化面临的一个普遍问题来对待。① 与此类似的是，1947 年杜鲁门委员会报告也对非裔美国人教育机会的不公平问题给予了大量的关注。到 20 世纪 50 年代和 60 年代，福特基金会继续对长期以来资金不足的传统黑人高等院校及研究所进行大规模投资。

福特基金会也以另一种方式为美国高等教育的转变做出了贡献：通过使用激励计划和配套的拨款，推动高等院校开发出一个永久性的、高水平的筹款机制。② 福特基金会的创新举措暴露出除了例行公事的校友捐赠之外，大多数高等院校在系统开发活动方面是那么薄弱。从 30 年代末到 50 年代初，即使是像哈佛这样有声望且富有的大学在筹措资金活动中也表现不佳。到 1960 年，哈佛大学以及几乎所有其他院校（特别是私立院校）已经开始认识到，它们不能再把募集资金的科学和艺术当做次要的活动。行政上的解决办法是设立一个负责此项活动的副校长，并配备大量工作人员，作为直接向校长报告的常设官员。

## 从资本到校园：协调与扩散

联邦政府和私人基金会在战后进行的创新改革所产生的结果是，到 20 世纪 50 年代初，高等院校的问题更多的是时间和空间的限制而不是资金。许多州的立法机构都为扩大高等教育制定慷慨的规定。问题是高校及其支持者是否能够迅速

---

① See Ellen Condliffe Lagemann, "Public Policy and Sociology: Gunnar Myrdal's *An American Dilemma*," in *The Politics of Knowledge: The Carnegie Corporation, Philanthropy, and Public Policy* (Chicago: University of Chicago Press, 1989), pp. 123—140.

② Dwight McDonald, *The Ford Foundation: The Men and the Millions* (New York: Reynal and Company, 1955).

做出反应以应对日益增多的入学学生，学生人数的增多首先是由于退伍军人的回归，然后是由于那些增加公民高等教育入学途径的创新举措，最后是预计中的"婴儿潮"（baby boom）学生，这些学生即将进入整个教育系统。

尤其是在西部和中西部地区，大学校长与立法者之间广泛探讨的一个解决方案是"公式资助"（formula funding）办法。这种做法已经存在了几十年，作为纳税人和州政府为公立大学提供稳定、可预见性支持的一种方式。重新激发这一概念是因为它非常适合招生人数增长的时代。然而，后来的每个学生都只增加了一个边际成本。而且，由于资助公式支付给每一位学生的金额相同，每多录取一名学生，大学就可以享受更多的自由支配资金。教育经济学家认为高等教育支出的主要负担来自于大学的初始支出，包括物资设备与教学费用。建造一个大讲堂并单独为一名学生配备一名教师的成本是很昂贵的，然而之后每增加一名学生仅仅是增加了边际成本。由于资助公式支付给每一位学生的金额相同，所以每多录取一名学生，大学就可以享受更多的自由支配资金。很重要的一个细节是，以加州为代表的各州政府给予学生的人均补贴数额更加现实，甚至是慷慨的。这一天才之举，为推动大众高等教育提供了动力，尤其是20世纪50年代和整个60年代的州立大学。

在加利福尼亚州、纽约州和新泽西州等一些州，立法机构也试图与私立高等院校建立互惠互利的联盟。如果公立高等院校不能容纳日益增多的学生，那么州议会认为独立的高等院校应该可以作为一种缓解资源。其逻辑是，位于州内的高等教育机构都是宝贵的资源，应该获得州的欣赏和支持。例如，如果斯坦福大学或者波莫纳学院能够通过州学费补助金来培养加州的一名高中毕业生，那么用州补贴来支付加州大学洛杉矶分校或加州大学伯克利分校的学生的教育费用，这对州未来的贡献为什么会更少呢？这一举措是通过州学费赠款项目来实现的，该项目是根据高校的学费水平决定赠款额度，州政府发给符合条件的学生，并由学生将这份赠款带到他在州内所选择的高校。好处是多方面的：它为州政府节省了建造更多公立大学的开支；它为获得奖学金的学生增加更多择校的机会；它允许私立大学收取学费与得到州补贴的公立大学相竞争。

## 加州的个案：1947年—1970年

20世纪50年代，州政府发起的一项运动铺天盖地涌向加州的公民，该运动旨在避免森林火灾和减少垃圾，口号是"绿色加州，金色加州"（Keep California Green and Gold）。大多数加州人——以及其他地区的美国人——都错误地认为这场运动是在呼吁增加该州的财富，无论增加流通货币（绿色）和黄金储备（金色），这可以理解。这一意想不到的计划取得了惊人的效果，航空航天、农业、造船业、汽车制造业和电子工业的强大联合，以及众多的军事基地和海军基地，开始为州经济引擎提供动力。由于加州是军事人员出发和返回的主要地点，它显然是一个适合退伍军人定居的宜居之地——特别是它可以为退伍军人提供低息的退伍军人管理局（Veterans Administration）住房贷款。其结果是，在人口剧增和经济繁荣的同时，也刺激了对各级教育的大力投资。

1945 至 1970 年是加州大众高等教育投资的高峰期。① 这得益于时机、人口变化、经济繁荣以及教育创新等条件的不谋而合。在这场史无前例的创举中最大成就是加州大学，尤其是其具有历史意义的加州大学的旗舰校区伯克利。全美对加州高等教育实验的推崇备至反映在摄影新闻中。1947 年 10 月 6 日的《时代》杂志用一个长篇封面故事报道了公立高等教育的新趋势，其中重点关注加州大学校长罗伯特·戈登·斯普劳尔（Robert Gordon Sproul）。带着同样的公众热情，1947 年 10 月 25 日的《生活》杂志的封面故事刊登了拉尔夫·克兰（Ralph Crane）长达 15 页的摄影文章："加州大学：世界上最大的大学是大众教育的展示之地。"统计数据令人非常吃惊：43600 名全日制学生，8 个校区，本州居民免收学费，年度运作预算达 4400 万美元（约合 2000 年的 3 亿 1470 万美元），捐赠款达 4000 万美元（约合 2 亿 8610 万美元）。加州大学彻底地证明了"大是更好的"，它是一个"教授很有名的地方，设备很出色，教育机会几乎是无限的地方"。加州大学拥有"著名的教授，极好的设备以及无限的教育机会"，这一切都彻底地证明了"越大越好"（Big was Better）。加州大学伯克利分校诺贝尔科学奖得主教授与进入玫瑰碗橄榄球决赛和全美棒球冠军队一样备受瞩目。②

---

① See Stadtman, "Part IV: Dynamics of the Modern University," in *University of California*, pp. 363—510.

② "The University of California: The Biggest University in the World Is a Show Place for Mass Education," *Life*, 25 October 1948, pp. 88—112. See also "Big Man on Eight Campuses-California's Sproul: Is Everyone Entitled to a College Education?" *Time*, 6 October 1947, pp. 69—76.

这两篇文章夸大了 1947 年杜鲁门委员会报告中引用的一个观点：在全美各州中，加州的人均学生支出是最高的。加州是一个人口如此众多的州，这使得这一统计数据更加引人注目。加州大学伯克利分校和新的加州大学洛杉矶分校那些气势恢宏的校园设施照片充分表明，政府资助的高等教育并不会比历史悠久的著名私立高等院校简朴和低劣。

《时代》与《生活》杂志上的两篇文章都提及，这所伟大的大学以及大学系统是建立在某些深思熟虑的教学决定之上的。本科生不能指望有小班授课或与教授有密切的师生关系。校长斯普劳尔认为这一安排不仅仅是一个提高效率的问题。其理由是，学生从美国最好的学者执教的大课堂中收获的东西比在不知名的教师执教的小课堂中更多。加州大学伯克利校区的在学人数超过 2.3 万人，人们认为学生要么是在"畅游"（swimming），要么是在"下沉"（sinking）。大学试图为那些正在"下沉"的学生提供资源和帮助，但它最重要的职责是关注那些能够在要求严格的学术海洋中畅游的学生。因此，虽然大学的校训是"点亮希望"（Fiat Lux），新入学的本科生得到的警示是："要么游起来要么沉下去！"（Sink or swim!）但是或许给新生的更好的建议是"思考着并畅游着！"（Think and swim!）

尽管加州大学历史悠久的伯克利分校得到了大部分的关注，但 20 世纪 40 年代末期以及 50 年代初期的摄影新闻也越来越多地报道加州大学洛杉矶分校以及为加州大学家带来州知名度的农业研究中心和专门研究所。但另一个重要的发展是在杂志编辑的视野之外进行的：初级学院和州立学院的扩大并日益获得普遍的支持。结果是，引发卡耐基基金会在 20 世纪 30 年代介入加州政策讨论的州内大学、州立学院和初级学院之间的竞争在"二战"后重新出现，而且强度更大、利害关系也更大。20 世纪 50 年代这十年的大部分时间都花在协商制定一个可行的治理结构上，这一结构能包含所有的教育类型，并提供全州范围的协调工作。最终的成果是 1960 年出台的总体规划（Master Plan），这一规划在全国范围内被誉为州治理的典范。① 它使加州大学的新校长，经济学家克拉克·克尔在全国一举成名，

---

① See Douglass, "Negotiating the Master Plan and the Fate of Higher Education in California," in *California Idea*, pp. 69—97.

其中包括登上《时代》杂志的封面故事。① 总体规划的基本解决方案是工作与任务的分工。加州大学保留其在公立高等教育中授予博士学位的专有权利，本科生招生将从排名前10%的高中毕业生中挑选。与此同时，州立学院系统获得硕士学位授予权，并有权从排名前1/3的高中毕业生中招收本科生。社区学院系统将在全州范围内建立起来，并为所有学生提供第一个入学机会。该规划还谈及不同类型院校之间的衔接问题（尤其是学生的转学）。

作为加州教育水平持续增长的证据，到1965年加州大学拥有九个学位授予校区——伯克利、洛杉矶、戴维斯、圣巴巴拉、河滨、圣地亚哥、欧文、圣克鲁兹，以及旧金山——还有十几个专门研究所、观测台和野外实验站。每年的招生总人数超过10万。本州居民仍然免收学费。该州还支持大量的州立学院，这些学院最终合并成包含19个校区、每年入学人数达到15万人的加州州立大学与学院系统。为了进一步扩大对大众高等教育的投入，加州有100所初级学院，主要由地方财政税给予补贴。加州高等教育成功故事中还有另外一个关键因素，这一因素经常被州支持的创新举措所遮盖：蓬勃发展的私立高等院校。其中强调研究的具有博士授予权的高校包括斯坦福大学、南加州大学、加州理工学院，以及克莱蒙特研究生院。此外，在超过60所认可的高校中，还有诸如波莫纳学院、克莱蒙特学院以及西方学院（Occidental College）这样的著名院校。

协议和总体规划的成果掩盖了整个"黄金时代"出现治理和资助方面的危机。② 学生人数规模过大的危机导致加州大学的一些教师代表考虑以下主张，一所伟大的大学应该放弃本科教育，以便专注于研究和研究生教育。既然在新生和二年级层面的教学是"费力不讨好的任务"（thankless task），为什么州立大学不取消这一责任呢？作为一种礼尚往来，可以将所有的本科生教育从大学移到公立初级学院和地方的州立学院。加州州立学院和初级学院的代表们对这一分工提议表示赞同。

对加州大学来说，幸运的是克拉克·克尔校长得知了这一教师的倡议，并在

---

① "University of California's Clark Kerr"（cover story），*Time*，17 October 1960. See also John R. Thelin, "California and the Colleges," *California Historical Quarterly* 56 (Summer 1977)：140—163 (part 1) and 56 (Fall 1977)：230—249 (part 2).

② See Arthur G. Coons, Crises in *California Higher Education*（Los Angeles：Ward Ritchie Press，1968）.

正式提交报告在全州范围内进行考虑之前对其进行了压制。如果这项措施得以实施下去，很可能会让忙碌的研究人员解脱出来，能够从事他们的项目和博士生工作。然而从大学校长的角度来看，这将是一场灾难。它及时地提醒人们，尽管一个院校最高级的学位水平可能是它的最高成就，但那并不是唯一的使命。被授予博士学位的院校几乎无法排除对学士学位的培养责任，即使是一所因研究和研究生项目而引以为豪的高校，如果没有本科生学费和补助金是无法生存下去的。除了能获得根据招生人数确定的财政补贴之外，美国几乎没有大学愿意放弃以校际体育运动、男女生联谊会以及无数其他以学生活动为标志的本科生生活。

加州只是众多大规模投资扩大公共高等教育的州之一，无论是在规模上还是在新的结构安排上。在纽约州，新创建的纽约州立大学（State University of New York），被称为纽约州立大学系统（SUNY system）——由 64 个多样化的校园组成的一个庞大的全州网络，2000 年总入学人数超过 30 万。这一系统包括一个在布法罗的研究型旗舰校园，以及通过升级现有州立高校、合并现有私立学院并且创建新校园而形成的各种中型和小型校园。纽约州在纽约市还建有一个大型城市系统，即纽约城市大学（City University of New York，简称 CUNY）。它包括 19 个校园，2000 年总入学人数超过 10 万。这种州范围内的多校区系统模式在其他地方也广受欢迎，比如德克萨斯州、北卡罗来纳州以及佐治亚州。

## 马萨诸塞模式

与加州一样，马萨诸塞州在高等教育方面也投入巨大。然而，它在地理上、精神上和财政上都与"加州理念"形成了鲜明的对比，是截然不同的方式。加州地理面积宽广辽阔，依赖大手笔的公共资助以支持相对较新的系统，而马萨诸塞则是个相当集中的州，其人口和大学校园主要集中在波士顿地区。最重要的是，马萨诸塞州从没有达到加州那样免学费的公立高等教育水平。它主要依赖那些历史悠久的学院以及众多的私立高等院校，特别是在大西洋沿岸的城市区。到 1960 年，在大波士顿区有不少于 60 所学位授予高校，在马萨诸塞州的西部也有许多其他的高校。

理查德·弗里兰（Richard Freeland）在 1945 至 1970 年间对马萨诸塞州的大

学进行了历史研究,他记录了一种与加州经验明显不同(但同样重要)的模式。①在每所大学——哈佛大学、塔夫茨大学、波士顿学院、波士顿大学、东北大学以及麻省理工学院——校长都认识到大都市区内对生源和捐赠者的竞争将是非常激烈的。结果就是每一所高校在没有任何州援助机制的帮助下,为特定的群体制定了独特的办学使命。例如,为了避开对预备学校毕业生的正面竞争,东北大学选择展示其独特的工读课程。这种深思熟虑的决定让东北大学得以既坚持教育哲学,同时又保持低学费——这两方面的结合吸引了波士顿地区的大量高中毕业生。

波士顿地区相互竞争的高校之间达成了协议并自愿进行合作。例如,波士顿学院与哈佛大学达成了互惠互利的协议,其中包括一项把波士顿学院的年轻教师送入哈佛大学攻读博士课程的计划。虽然大多数久负盛名的大学集中在马萨诸塞州最东部的波士顿地区,但主要的公立大学,马萨诸塞大学则位于向西 100 英里处的阿默斯特。马萨诸塞大学遵循了全国大学的增长模式,入学人数从 1955 年的大约 6000 人暴涨至 1965 年的 20000 多人。它的扩张还包括在阿默斯特和波士顿之间的伍斯特市建立了一个医学中心。在这种新环境下,西部农村地区与东部城市地区就获取州里的稀有的资源而相互竞争。私立学院和大学的入学人数确实有所增加,研究活动和学位授予也有所增加。私立高等院校的入学人数确实增加了,研究活动和授予的学位也增加了。尽管取得了成功,但那个时代的校长和系主任留下的记述表明,紧张状态与院校不确定性贯穿于整个"黄金时代"。

在 1945 年到 1970 年期间,对依赖学费过日子的私立高等院校而言尤其艰苦。吸引合格学生的需要让他们没有自满的余地。虽然麻省理工学院和其他工程专业为波士顿地区的大型电力工业的发展提供了大批的人才,但马萨诸塞作为一个州,从来没有像加州那样,成为国防工厂和航空航天生产的集中地,为加州带来了大量联邦合同。

## 私立高等院校的"困境"

大波士顿地区的大学状况表明,第二次世界大战后,美国私立高等教育面临

---

① Richard M. Freeland, *Academia's Golden Age: Universities in Massachusetts*, 1945—1970 (Oxford: Oxford University Press, 1992).

着一种独特的情况，当时一些人认为这一情况已接近危机。这些高校校长和董事的担忧最终证明即使不是毫无根据的话，也被夸大了。尽管如此，他们还是有理由担心在1945至1955年间联邦和州的新公共政策的泛滥将会对私立高校的抉择产生影响。

"二战"前私立高等院校与公立高等教育相比享有两大优势：更悠久的历史加强了校友的忠诚度，特别表现在捐款方面；不受州长和州立法机构的干涉，拥有设定或高或低学费的自主权，在应对招生市场是具有灵活性的。然而到20世纪40年代末，一些校长认为公立高等教育获得的越来越多的好处盖过了这些优势。最重要的是，州提供给公立高等院校越来越慷慨的补助金使其能保持较低的学费水平。1950年私立高等院校的学生人数占总学生人数的一半多一点。大多数预测表明，随着高等教育大众化趋势以及高校的增多，这种公立大学和私立大学入学人数上的均等趋势将在未来几年消失。

私立学院如此关注这一问题的原因并不明确。尽管已经建立起许多新的高等教育机构，如初级学院和州立地区学院，可以容纳大量的新入学人数，但是并没有太多证据表明私立学院已经失去了生源。相反，即使一些小型学院也不得不扩大新生班级的规模。

位于马萨诸塞州西部的威廉姆斯学院就是一个典型例子。1949年1月24日《生活》杂志上的一篇关于威廉姆斯学院的专题文章，认为它是文理学院的"典型代表"（poster child）。校长和教师们一致认为最理想的入学人数应该是850名学生——全部都是全日制攻读学士学位的本科生。为了适应退伍军人的涌入，威廉姆斯学院暂时把入学人数扩大到1123人。问题是，在美国大学越来越走向大众教育的时代，这种量身定制的学习方式是一种昂贵的奢侈品。如今，数百所像威廉姆斯这样既不能依赖州的资助，也不愿意扩招或提高学费的小型文理学院，他们现在就必须走出去募集资金，否则只能关门歇业。"[1]

---

[1] "Williams College: In an Era of Mass Teaching It Considers Smallness a Virtue," *Life*, 24 January 1949, pp. 53—62; quotation at p. 53.

"二战"前后威廉姆斯学院的年度办学预算（单位：美元）

| 类型 | 1939—1940 | 以2000年的美元现值计算 | 1948—1949 | 以2000年的美元现值计算 |
|---|---|---|---|---|
| 教学 | 465467 | 5771343 | 665021 | 4757528 |
| 管理 | 99966 | 1239482 | 197050 | 1409686 |
| 维护 | 167961 | 2082554 | 295000 | 2110416 |
| 医疗 | 36085 | 447419 | 60312 | 431469 |
| 运动 | 47459 | 588446 | 101193 | 723929 |
| 奖学金 | 66027 | 818671 | 70700 | 505784 |
| 其他 | 28035 | 347607 | 42331 | 302833 |
| 总计 | 911000 | 11295524 | 1431607 | 10241648 |

上表中的数字表明，在不到十年的时间里，威廉姆斯学院的年度办学预算大约上升了57%——乍一看，这似乎是一个巨大的增长。然而，这种增长主要是由于"二战"后累积的储蓄和财富以及销售的商品短缺导致了全国范围内的通货膨胀率激增。事实上，威廉姆斯已经降低了教育成本。在那十年里，全国的通货膨胀率是73%（1939 CPI = 41.6；1948 CPI = 72.1；72.1 ÷ 41.6 = 1.733，即73.3%的通货膨胀率）——这远远高于学院的57%的增长。换句话说，尽管威廉姆斯没有任意追加本科生费用的支出，但学院仍无法实现预算平衡。1948—1949学年，威廉姆斯学院培养一名学生每学年的成本是1300美元（约合2000年的9300美元），其中学费600美元（约合2000年的4292美元）和食宿费180美元（约合2000年的1287美元），每年学院需要为每个学生提供大约500美元（约合2000年的3576美元），这主要来自于捐赠基金。据威廉姆斯学院校长的观点，产生这个问题的部分原因是州立大学在每个学生补助金上享有的优势是不公平的。教育哲学在规模经济上得到了体现。加州大学每年培养一名学生的成本是600美元，不及威廉姆斯学院成本的一半。另外这所小型学院自认为在雇用新教授的方面也处于不利地位。

自此以后，参与公共政策讨论的私立高等院校的校长们都会提到"学费差距"（tuition gap），他们认为这是在为本科教育定价时强加给他们的人为的、不公平的劣势。州和联邦立法者对这一观点的回应既不清晰又不坚定。这一点也不奇怪，大多数州立高等院校的校长们都对公平竞争的要求充耳不闻。尽管存在这些问题，20世纪五六十年代的私立高等院校在自我调整以应对学生选择方面的表现是相当明智和有效的。

它们的第一个创新举措是建立强有力的、系统性的募捐计划，第二个是率先制定并实施一种全新的经济资助方式。在那些最有名最有钱的学院，特别是位于东北部和太平洋沿线地区的学院宣布采用基于需求（need-based）的经济资助与"需求回避"（need-blind）相结合的招生录取政策。这种些举措的结合改变他们从全国、从不同社会经济阶层中招募优秀人才的能力。在常青藤联盟高校，以及阿默斯特、威廉姆斯、卫斯理、斯坦福、波莫纳、里德、卡尔顿、斯沃斯摩尔、杜克，以及芝加哥大学等这样的院校，实行的"需求回避"招生政策，其基本特征是向申请者保证学校在做招生决定时将不考虑他们的家庭收入。结果是可以保证那些凭借才能获得了录取资格的申请人能够基于经济需要从高校获得一揽子经济资助计划，包括助学金、贷款和勤工助学工作。这一项目旨在使学生能真正地上得起大学。基于经济需要的资助政策意义重大，因为这一政策由高校自行制定，而且很大程度上依赖于各高校的资源。这些私立高等院校走在联邦项目和政策的前面，使录取工作更多关注人才问题，而不是家庭收入问题。

募集资金、招生和学生经济资助的外部功能之后被用于课程的改进。荣誉项目、专题研讨会、加速课程、独立学习、出国留学和小班教学都是提高质量的举措，这些措施为州立大学通常采用的大班课、不够人性化的讲座课程提供了一种十分有吸引力可替代的选择。在这人口增长和鼓励上大学的十年间，众多私立高等院校采取了"选拔性招生"的政策。

到1958年左右，人们争相上大学，上任何一所大学的热潮已经演变成追逐名校潮。这些动态变化使那些学术水平高的大学占尽了天时和地利。高校的声誉很大程度上取决于大学招生办公室拒绝申请者的数量和百分比。稀缺性与选拔性引发了大量关于上大学的杂志文章的发表。其中一个例子是凯瑟琳·金基德（Katherine Kinkead）在《纽约客》上发表的一篇关于《常春藤盟校如何作出录取决定》（*How an Ivy League College Decides on Admissions*）的长篇文章——这篇文章非常受欢迎，此后不久便被出版成书。① 这样的文章揭秘了校方在招生过程中的考虑事项，同时也激起了大众对这些大学更大的兴趣。这类文章还催生了制作"如何进入你所心仪的大学"入学指南和书籍等家庭手工业的繁荣。到1960年，私立院校发展良好，那些因为子女被拒绝入学而失望的家长所写的愤怒信件证明了私立学院所取得的成就。

与1950年校长和董事们所流露的悲观情绪不同的是，此时私立学院和研究型大学一样都享受着"黄金时代"。事实上，许多大型研究型大学的教师和校长都十分羡慕达特茅斯、布朗、波莫纳、斯沃斯摩尔、卡尔顿、戴维森，或者里德等大学的教学环境。② 在这个大众高等教育的时代，在马里兰州安纳波利斯复兴的圣约翰学院（St. John's College），有足够的空间供捐助者和准备充分的学生来支持"名著"和古典。满怀激情的圣约翰学院将其学术传教活动扩展到了西南部地区，在新墨西哥州的圣达菲（Santa Fe）建立了第二个校区。③

研究型大学招收文理学院新近毕业生攻读博士学位的热情，这是对文理学院理想的尊重的标志。对美国科学家的就学经历进行系统研究表明，尽管大型大学是高级研究的顶峰，但小型选拔性的学院为科学人才在本科生层面的教育和发展上作出的贡献是超乎预料的。④ 高中毕业生上大学的呼声是如此之高，以至于报纸刊登文章提醒家长和大学入学指导顾问注意那些新生班级仍有空缺的大学。

研究型大学与文理学院之间相互依存的重要产物是克里斯托弗·詹克斯（Christopher Jencks）和大卫·里斯曼（David Riesman）所说的"大学学院——

---

① Katherine Kinkead, *How an Ivy League College Decides on Admissions* (New York: W. W. Norton, 1961).

② Burton R. Clark, *The Distinctive College: Antioch, Reed, and Swarthmore* (Chicago: Aldine, 1970).

③ Gerald Grant and David Riesman, *The Perpetual Dream: Reform and Experiment in the American College* (Chicago: University of Chicago Press, 1978).

④ Robert H. Knapp and J. J. Greenbaum, *The Younger American Scholar: His Collegiate Origins* (Chicago: University of Chicago Press, 1953). See also Robert H. Knapp, *The Origins of American Humanistic Scholars* (Englewood Cliffs, N. J.: Prentice-Hall, 1964).

一种选拔性的本科生学院，既可以作为一个独立院校，也可以附属于一所大学。①这两种模式的大学学院都很成功。与1950年的悲观情绪相反，私立大学开创的这一模式既获得了赞誉又得到了学生的申请。哥伦比亚大学的哥伦比亚学院证明，在世界最杰出的研究型大学中，连贯的课程与文理学院环境是可以相得益彰。约翰·霍普金斯大学和布朗大学等拥有博士学位授予权的中型大学的本科学院也体现了这种模式。普林斯顿大学做法正好相反，但殊途同归，它之前认真致力于本科文理教育，并取得了无可匹敌的历史成就，在此基础上增加了历史、土木工程、生物学、物理学以及心理学等领域的高质量博士项目。罗伯特·梅纳德·赫钦斯在担任芝加哥大学校长时也曾支持的本科学院证明，本科教育不能被那些在全国享有盛誉的研究生和专业学院的光芒所遮蔽。曾经被称作"西南部的加州理工"的赖斯学院（Rice Institute）在成为赖斯大学的时候，在其本科生寄宿学院系统内添设了享誉全国的数学和工程学博士项目——对录取的所有学生都不收取学费。赖斯大学证明了学校致力于为一个约1200人的学生群体提供严格且连贯的本科生教育的同时，也可以拥有一支闻名全国，且经常能让一个拥有六万个座位的体育场挤满橄榄球队，就像是锦上添花一样，二者并不矛盾。

20世纪60年代，文理学院对整个美国高等教育产生的另一个影响，是它们为大型多功能大学的"非人性化"和所谓的弊端提供了对策。"大学附属学院"（Cluster College）运动是这种影响的一种体现。在1956年，传统上致力于柑橘研究的加州大学河滨分校转型成为一所州立学院，这所被称为"西部的阿默斯特"的学院将为加州学生在离家近的地方提供小型文理学院学习的经历。最终，河滨加州大学放弃了这一特殊身份，转而致力于开展各种博士项目，成为众多中型研究型大学之一。随着这一转变，校长克拉克·克尔开始把在州立大学系统内建设一所小型大学学院（collegial college）的想法转换成在圣克鲁兹（Santa Cruz）创建新校区。这是克尔曾经的研究生院室友，后担任加州大学洛杉矶分校教授的迪安·麦克亨利（Dean McHenry）最拿手的项目（pet project）。这个项目受牛津、剑桥、斯沃斯摩尔和克莱蒙特学院启发，通过创建蜂巢式的寄宿学院旨在使"日

---

① Christopher Jencks and David Riesman, "The University College," in *The Academic Revolution* (Garden City, N. Y.: Doubleday Anchor, 1968), pp. 2—27.

益壮大的大学看起来越来越小"。①

"大学附属学院"模式引起了其他地区校长们的注意。太平洋大学开设了雷蒙德学院（Raymond College），密西根州立大学为学生提供的选择是贾斯汀·莫里尔学院（Justin Morrill College）。研究型大学的主导模式已经激起了人们对补偿性改革的广泛兴趣，改革的基本原则是通过促进寄宿学院的优点来使本科生教育更有意义。在私立学院发展的大好时期，受益的不仅仅局限于那些学术上挑剔的高校，一些学院，像爱荷华的帕森斯学院（Parsons College）就既可以提供小型校园的氛围，同时又能够密切关注那些在学业上有困难的学生——这为那些社会地位日益上升但子女学习成绩不理想的家长带来了希望。②

## 20世纪50年代的本科生与校园生活

尽管州立大学与小型学院的校园氛围有所不同，但50年代本科生活的流行形象都聚集在一个共同的主题："男生乔"（Joe College）与"女生贝蒂"。③根据这一形象，典型的"男大学生"是一名高中毕业后立即进入大学的全日制学生，计划在四年内毕业，在大三时选择了一个专业领域，期待着与他的大学爱人（"女生贝蒂"）结婚，并在一家大公司寻求一份职业。这种大学生活模式与繁荣的美国经济是相互依存的——一位历史学家称之为"一切顺利"的时代。大卫·里斯曼（David Riesman）这样的社会学家把20世纪50年代的大学生描述为"安静的一代"（quiet generation），他们喜欢稳定，表面上非常符合威廉·怀特（William F. Whyte）所说的"组织人"（organization man）的生活。④

---

① Clark Kerr, quoted in Thelin, "California and the Colleges," part 1, p. 158. See also *Solomon's House: A Self-Conscious History of Cowell College* (Felton, Calif.: Big Tree Press, 1970).

② David Boroff, *Campus USA: Portraits of American Colleges in Action* (New York: Harper, 1961).

③ Russell Schoch, "As Cal Enters the 80s There'll Be Some Changes Made," *California Monthly*, January—February 1980, pp. 1, 20.

④ Jeffery Hart, *When the Going Was Good: American Life in the Fifties* (New York: Crown, 1982); David Riesman, Reuel Denny, and Nathan Glazer, *The Lonely Crowd: A Study of the Changing American Character* (New Haven: Yale University Press, 1950).

正如这些特征一样，这种大学生活的形象是相当精确的，但却掩盖了许多变化和不一致性。一个不同的但日益重要的模式是公立初级学院和走读高校。可能最明显的遗漏是"男生乔"/"女生贝蒂"的模式只是代表了那部分在大学学习中取得成功的本科生，它忽视了较高的辍学率，特别是在大一和大二辍学的学生。而美国社会和经济如何接收这些辍学的大学生在当时几乎没有成为公共讨论的话题。

"安静的一代"这一主导形象往往掩盖大学生们的创新和创造能力。小说家菲利普·罗斯（Philip Roth）①1988 年的作品《大学男生乔》（*Joe College*）很好地展现了美国人对大学的态度，这是一本关于他在 20 世纪 50 年代早期就读于巴克内尔学院（Bucknell College）的本科生活的回忆录。罗斯所受的高中教育和家庭背景影响了其在学业上的成就。年轻的罗斯毕业于新泽西公立高中，他对"上大学"的最初概念是去拉特格斯大学的纽瓦克（Newark）分校上课。然而，在从高中顾问这个正式渠道之外，罗斯从一个看似不太可能的来源获得了对知名大学的模糊知识：当地博彩公司经营的关于大学体育赛事的博彩业。根据罗斯的回忆，除了耶鲁、普林斯顿、哈佛这些有目共睹的精英学院以外，他还了解到其他的高校，"上百所大学，包括韦克森林（Wake Forest）、博林格林（Bowling Green）、克莱姆森（Clemson）、阿勒格尼（Allegheny）、贝勒（Baylor）、范德比尔特（Vanderbilt）、科尔比（Colby）、图兰（Tulane）——我都知道它们的名字"。罗斯的一位高中朋友，就读于宾夕法尼亚州刘易斯堡（Lewisburg）的巴克内尔大学，他给易受影响的罗斯留下的印象是"大学生"的典型形象——自由自在、沉稳自信，在这个吸引人的，有着教室、男生联谊会、学术报告厅、实验室，草坪环绕的典型美国校园里轻松自如。罗斯的父母是重视教育的犹太人，但他们自己却没有上过大学（他的父亲是一家保险公司的部门经理）。对于罗斯来说，巴克内尔大学带来的是令人愉快的经历和联想，这些经历和联想造就了他所谓的大学生活中的"沉着冷静、处事机敏"。在参观校园时，罗斯惊讶地发现他的父

---

① 菲利普·罗斯（1933—2018），美国当今文坛地位最高的作家之一，曾多次提名诺贝尔文学奖。出生于美国新泽西州纽瓦克市的一个中产阶级犹太人家庭，1954 年毕业于宾夕法尼亚州巴克内尔大学，1955 年获芝加哥大学文学硕士学位后留校教英语，同时攻读博士学位，但在 1957 年放弃学位学习，专事写作，以小说《再见吧，哥伦布》（1959）一举成名（该书获 1960 年美国全国图书奖）。——译者注

母和他一样对这个地方着迷。尽管他没有资格获得奖学金，但他的成绩很好，他的父母和叔叔们坚定地认为，他们可以为罗斯提供上"真正的大学"所需要的钱。①

在接下来的四年里，热情洋溢的大学生罗斯将在课堂内外经历一连串的事件，这构成了真正意义上的教育。这种与接受大学教育的男女为伴的社交，虽然与罗斯作为大学申请者所期望的"沉着冷静、处事机敏"不同，但更具有真实性。这本书包括探寻反犹太主义的微妙之处，也在校园新闻业和文学杂志等学校课程之外的世界中寻找智慧之家。最重要的是，这是一本校园生活的传记，记载了20世纪50年代美国高等教育不断扩展的轨道上发生的无数变化和重复。

菲利普·罗斯的个案反映了一个更大的现象。经济繁荣、教育理想，以及人口增长给了大部分高等院校许多庆祝的理由，而几乎没理由去关注潜在的问题。然而正如心理学家内维特·桑福德（Nevitt Sanford）——加州大学伯克利分校前终身教授，为了抗议效忠宣誓的实施他辞去终身教职——通过系统研究所揭示的那样，学校仍然存在一些重大问题就像暴风警报一般出现在本科教育的上空。在50年代末60年代初，桑福德及其同事所了解的都是大学生的缺乏规范与挣扎困惑。他的开创性的著作——《美国学院：高级学习的心理学与社会学阐释》（*The American College: A Psychological and Social Interpretation of the Higher Learning*）在1962年向系主任和教授们发出警报，要注意到学生们日益增长的担忧。② 然而在60年代早期大多数大学行政领导选择的是"一切照旧"的做法。

20世纪50年代本科生课外活动处于最低谷的领域就是校际体育运动。在1948至1952年期间，大学校长们试图为校队运动员和体育管理人员起草一份合适的行为准则，但都徒劳无功。篮球赛场上的一次让分（point-shaving）丑闻使著名的肯塔基大学球队以及几支纽约地区的大学球队声名狼藉。西点军校的橄榄球项目因被揭露在学术考试中的系统作弊而遭到重创。尽管在1948年太平洋沿岸联盟（Pacific Coast Conference）的代表们成功地领导了一场运动，批准了针对学生

---

① Philip Roth, "Joe College: Memories of a Fifties Education," *Atlantic Monthly*, December 1987, pp. 41–61.

② Nevitt Sanford, *The American College: A Psychological and Social Interpretation of the Higher Learning* (New York: John Wiley and Sons, 1962).

运动员行为制定的"心智健康行为规范"(sanity code),试图制定一个全国性的政策来确保学生运动员是真正的学生身份,但此举很快就以失败告终。有两个截然相反的原因,一方面,以弗吉尼亚大学为首的学术能力强大且球队相对清白的高校,对外部团体干涉大学政策的行为感到不满。而另一个极端是,许多高等院校的校长们喜欢一流的体育运动及其为运动员提供的特权制度,因此他们不愿采取任何可能威胁到他们体育实力的措施。包括美国教育理事会(American Council on Education)在内,没有一个由学界领导组成的全国性团体能够形成一个联盟和政策,对大学体育运动进行合理的监督。解决这一问题的最后一搏是,在默认情况下,赋予全国大学体育协会新的监管权力——这个机构的主要目的是帮助促进全国运动锦标赛的开展。这是一种妥协,对大学一流体育运动的发展,以及在未来几十年经济同业联盟的形成起到了助推的作用。

## 从初级学院到社区学院

正如上文所述,大学生活中的"男生乔"和"女生贝蒂"形象存在一种内在的局限,他们与越来越多大学生的实际经历完全不吻合。随着两年制公立院校数量不断增加,被塑造的形象与现实之间的反差越来越大。1950年,公立两年制院校的入学人数是168043人。这个数字在接下来的十年里增长了一倍多,达到393553人。从1960至1970年期间,入学人数增长了五倍多,大约达到210万人。据估计,自1960年以来的十年间,平均每周都有一所新的公立社区学院创建。这一不可思议的增长速度掩盖了一些有趣的发展势头。首先是私立两年制社区学院的相对衰落。其次是公立社区院校使命的改变。

加州的社区学院发展意义重大,因为涉及的人数众多,而且作为政策和实践的先驱,许多其他州或多或少都在效仿——"初级学院"更名为"社区学院"就体现了这一点。回顾前一章中提到的一种发展趋势。到1940年,职业教育与终结性课程的倡导者在加州政策辩论中已经获得了强有力的地位。然而第二次世界大战后,两年制院校目标的确定变得日益复杂。引发变革的直接危机是迫切需要同时接纳退伍军人以及源源不断的寻求中学后教育的高中毕业生。即使是发展最快的大学也不能容纳所有的申请者。因此,初级学院重新承担起已经日益减小的作用——作为提供学士学位前两年课程的中转学校。大多数来自州立大学官员的报告表明，初级学院转学学生在大三和大四的学习表现良好，包括他们按时毕业的能力。

一所典型的初级学院至少服务于两类截然不同的群体：最终目标是接受终结性教育的学生和转校生。新使命和新群体的增加最终意味着"初级学院"转变为"社区学院"。在加州，认为两年制公立院校应该完全或主要作为一种转学机构和辅助机构的观点成为众矢之的。这是因为加州初级学院资金主要来自于地方财产税——这一安排相当于把对公立基础教育的资助进一步延伸到高中毕业之后的两年。这一类比通过一些流行的术语得到加强：公立初级学院的最高行政领导经常被称作"主管"（superintendent），这让人想起学区。教师被称作"讲师"（instructors）而不是教授，而且大多数申请者来自本地区。其结果是，在20世纪60年代大多数两年制公立学院将学校的转学角色与一系列项目和课程结合起来。这种向附近社区扩展的使命导致了"社区学院"的名称的产生。

20世纪60年代的这种院校结构实现了一个世纪以前埃兹拉·康奈尔（Ezra Cornell）的一句格言："我要创建一所高校，在这里任何人都能学习他想学的任何东西。"焊接课程与哲学课程并存，房地产认证课程与微积分并存。许多社区学院的目标是为那些缺乏受教育机会的学生提供一个入口。这意味着学习某些课程通常不需要高中文凭。这也意味着，社区大学的学生正在悄悄地、稳步地改变着大学一、二年级学生的形象——尽管这种转变在高等教育研究人员和公众中都迟迟没有得到承认。

来自加州大学的数据表明，从1955年前后到1965年，那些选择从社区学院转学到州立大学高年级以完成学士学位课程的学生，在平均绩点和学位完成方面表现良好——或者至少与那些大一就进入这所大学的同年级学生一样好。这种情况似乎印证了社区学院作为转学机构的承诺。然而这种情况是片面的，因为只有一小部分社区学院学生寻求这样的衔接或升学。并且1960年以后，社区学院转学学生占州立大学总入学人数的比例逐年下降。在社区学院的扩张中，规划者很难准确概述社区学院的主要学生类型或主要学术目标。最大的不确定因素是，给两年制院校投入大量公共资金是否明智，这类学校很少为大部分学生提供宿舍或寄宿经历，大部分学生来自没有接受过高等教育的家庭——他们在接受中等后教育时主要是居住在家里或校园之外，缺乏课外学习和生活的经历，而这些住宿经历对于增强学生们的认知能力及改变态度和价值观起到至关重要的作用。"二战"

后走读两年制公立学院的蓬勃发展表明,美国州立法机构在支持那些可负担和易进入的新高等教育机构方面是慷慨大方且具有创新精神——但教育效果如何还是未知数。

### 测验与筛选:选拔性招生的复杂性

标准化考试是连接学术选拔性院校与地区州立学院,以及开放招生的社区学院的共同主线,这些机构将其作为学生申请的一个组成部分,来帮助招生人员决定录取对象以及录取院校。其结果是大学入学考试委员会(College Entrance Examination Board)所指导的强大的考试行业及其广泛使用的工具——学术倾向测验(Scholastic Aptitude Test)的兴起。大学入学考试委员会在20世纪初就已经存在,起初主要与东北部一小部分知名的学院合作。在"二战"后不久,大规模标准化测验的发展使大学入学考试委员会有条件开发一个版本的学术倾向测验,用电子计分的多项选择测试取代传统上的作文考试以及单独评分的部分。[1]

学术倾向测验在多方面对美国生活产生了影响。对院校而言,它使得处理大量的申请变得更加容易。对于美国高中生和他们的父母来说,学术倾向测试象征着大学入学的高筹码,以及从招生主任那里收到"厚"或"薄"信封时的喜悦和痛苦。学术倾向测试的拥护者盛赞它在帮助大学甄别人才方面的实用性,它对语言测试和能力进行量化,为学生打出200—800分不等的分数来衡量。在20世纪50年代早期,查尔斯·麦克阿瑟(Charles McArthur)关于哈佛本科生的研究表明,学术倾向测验能够有效地识别出公立高中毕业生中有才能的学生,长期以来公立高中毕业生在私立精英大学的招生录取中处于不利地位,因为他们要与来自私立预科学校的毕业生竞争。[2] 从更普遍的意义上说,学术倾向测验的兴起为全国词汇引入了"置信带"(bands of confidence)这样的短语,用来描述学生的分数所反映的情况。正如乔尔·斯普林(Joel Spring)所说,这种测验与筛选有利

---

[1] See Nicholas Lemann, *The Big Test: The Secret History of the American Meritocracy* (New York: Farrar, Strauss, and Giroux, 1999).

[2] Charles McArthur, "Personalities of Public and Private School Boys," *Harvard Educational Review*, Fall 1954, pp. 256—262.

于高等教育管理者打造一个教育的"筛排机器"(sorting machine)。①

即便是在全国的研究人员和大学行政管理者的圈子内部,对于大学入学考试委员会及其学术倾向测验的看法也存在分歧。不同地区的争论各具特点。例如,在中西部,爱荷华大学的心理学教授开发了 ACT,即美国大学入学考试(American College Testing)。该测试的目的将录取决定与有关学习领域和专业选择的知情决定结合起来。学术倾向测验主要被视为促进录取决定和选择的一种手段,而美国大学入学考试则是像看门人一样的内部安置资源,把那些不想要的、不符合条件的申请拒之门外。不同的测验模式反映了地区和观念上的差异,其他地区的学术界认为东海岸的常春藤盟校较为排外,因此他们依赖于学术倾向测验。

测验编制者对学术倾向测验效度的信心,与大学行政管理者对其便利性的欣赏相一致。招生官员认为,它是一个及时、简洁、有用的数据来源,可以与其他指标(包括平均绩点)相关联,作为大学水平表现的预测指标。然而,并不是所有的学者都相信学术倾向测验,他们批判性地审视了标准化考试的有效性和重要性。其中一种批评观点认为,几乎没有院校完全或始终如一地将学术倾向测验分数作为指导招生的工具。无论是给予明星运动员还是富有校友的子女的偏袒,总是与高中成绩单和学术倾向测验分数一起,在大学招生决定中发挥作用。这种批评产生的必然结果是人们担心学业能力测验可能倾向于为社会经济地位高和具有教育优势的人群带来好处。

1968 年,社会学家克里斯托弗·詹克斯(Christopher Jencks)和大卫·里斯曼(David Riesman)对这一讨论做出了有争议的贡献是,他们认为"测验对穷人并非不公平。生活对穷人是不公平的——测验只不过是测量出了这种结果"。② 这一结论虽然可能已经解释了高等教育中测验和筛选的实际工作情况,但它并没有证明这个过程是正确的。一直以来,人们有理由怀疑学术倾向测验是否真的是一种"能力倾向"测试。尽管大学考试委员会对此予以保证,但在对测验进行学术分析时出现的渐进但持续的变化表明,将其描述为学业成就测验更准确。而且,越来越多的证据表明通过辅导提升对学术倾向测验的适应性能够提高学生成绩,

---

① Joel Spring, *The Sorting Machine: National Educational Policy since 1945* (New York: David McKay, 1976).

② Jencks and Riesman, *Academic Revolution*, p. 125.

这成为美国教育中精英取得不公平胜利的又一个例子。

## 直面高等教育中的种族隔离

洛克菲勒基金会的普通教育委员会着手进行一项重要创新举措用以解决南部高等教育中的资助差距问题,包括对那些一直以来学生群体主要是黑人学生的私立和公立大学给予特别关注。[①] 福特基金会提供的院校激励资助也对此进行了补充。"二战"后,南部 17 个州在法律上支持公立教育系统的种族隔离。这些州的种族融合充其量是非主流的行为,而且通常进展缓慢。1954 年布朗诉堪萨斯州托皮卡教育委员会案之前,出现了一些白人大学自愿实行种族融合,肯塔基大学就是一个例子。1949 年肯塔基大学校董事会决定录取莱曼·约翰逊(Lyman T. Johnson)成为历史专业的研究生,此后不久,该校又决定招收几名黑人学生学习一系列的学位课程。在其他地方,州立大学的种族融合却引起争论甚至敌对情绪。在阿拉巴马大学、佐治亚大学和密西西比大学等引发了学生的暴力抗议和州长的强烈反对。

20 世纪 60 年代,各州立法机构和州立大学对废除种族隔离的努力并不热心,只是象征性的服从而已。根据彼得·沃伦斯坦(Peter Wallenstein)的观点,到 1968 年,南部所有的旗舰州立大学名义上都已经实现了种族融合,这通常是诉讼的结果。但这些院校招生政策的变化并不一定意味着黑人学生在校园生活中被接纳,因为在宿舍、食堂和教室座位安排上等方面种族隔离和排斥依旧存在。[②] 沃伦斯坦缜密的研究还系统地记录了美国高校在实现种族平等和社会正义方面的不确定性和缓慢的进展。在 1948 至 1968 年的 20 年间,作为废除种族隔离运动先驱的黑人学生经常要忍受着孤立、排斥以及蓄意破坏,同时被排除在"真正的大学生活"之外,被剥夺加入校运动队、戏剧制作、学生宿舍生活和校园餐饮公共场所的机会。在某些事例中,本科生们有意支持那些把新生变成校园二等公民的策

---

[①] See Sam Wiggin, *Higher Education in the South* (Berkeley, Calif.: McCutchan Publishers, 1966).

[②] Peter Wallenstein, "Black Southerners and Non-black Universities: Desegregating Higher Education, 1935—1967," *History of Higher Education Annual* 19 (1999): 121—148.

略。在其他院校，学生们努力尝试各种方法，并成功地规避或推翻了院长或校长对黑人学生施加的种族限制措施。根据沃伦斯坦的调查，大多数大学的普遍目标是悄悄地遵守规定，以尽量减少与外部民众或校园内部支持者的冲突。

在很多案例中，那些在历史上拒绝招收黑人学生的院校中，研究生院和专业学院成为招收黑人学生的先锋。造成这一现象的原因有两个相互重叠但又截然不同的原因。选择在一个州的黑人高等院校以外的研究生项目和研究领域，黑人学生和他或她的支持团体就可以强调"隔离但平等"这项政策的缺陷。如果该州的黑人院校没有设置某个特定研究领域的学习或学位项目，那么它怎么可能是平等的呢？这一策略有时会导致大学仓促地提供一些荒谬的解决方案。例如，肯塔基大学甚至要求一些法学教授每周几次自己开车去另一个地方为一名黑人申请者提供"法学院"的替代物。幸好，这种所谓的"解决方案"很快就失败了。在一些州立大学，种族纯洁的捍卫者通过招收黑人学生进入法学院或教育博士项目等措施获得一些安慰，因为这样就保持传统的本科生学院——"院校的真正核心"——学生成分全是白人。

梅利莎·基恩（Melissa F. Kean）、克拉伦斯·莫尔（Clarence Mohr）和南希·戴蒙德（Nancy Diamond）的研究表明，南方那些财力雄厚的私立大学并不关心种族隔离政策的消除，他们的远大志向是成为全国著名的大学。[1] 在"二战"之后的十年间，杜兰大学、范德比尔特大学和埃默里大学都在全速推进那些能带来声望的活动：选拔性的本科招生，高级博士项目和专业学院，尤其是强调医学中心的研究。但是，种族融合几乎总是被管理委员会视为阻碍院校发展的行为而不予理会，更不用说任何有意义、有助于改善所在城市和地区种族关系的合作。充其量，一位雄心勃勃的校长有可能会不时表示担心，严格的种族隔离政策可能会对一所正在全国知名大学圈子中被考虑授予奖项和荣誉的南方大学不利。但具有讽刺意味的是，在 1950 年至 1965 年间，不仅仅是在南方，几乎所有美国著名

---

[1] See Melissa F. Kean, "Guiding Desegregation: The Role of The Intelligent White Men of the South, 1945—1954," *History of Higher Education Annual* 19 (1999): 57—84; Clarence Mohr, "Opportunity Squandered: Tulane University and the Issue of Racial Desegregation in the 1950s," ibid., pp. 85 — 120; and Nancy Diamond, "Catching Up: The Advance of Emory University since World War II," ibid., pp. 149—184.

的高等院校对种族问题的关注都是偶尔为之。

其结果是，在美国几乎所有废除了种族隔离的校园里，黑人学生地位仍然微不足道，而且所占比例严重不足。此外，在1945至1970年间，所谓的HBCUs，即传统黑人高等院校（the historically black colleges and universities）继续招收了大部分想攻读学士学位的黑人高中毕业生并授予学位。除了履行这一教育职能外，传统黑人院校在20世纪60年代还扮演了另一个重要的角色：它们的学生是众多民权示威活动中的冒险者和领导者，特别是致力于消除在整个南部的饭馆、商店和公共汽车站中的种族隔离。具有讽刺意味的是，与黑人学院相邻的商店和便餐馆经常拒绝为黑人学生提供服务。黑人学生团体的这些早期努力对整个60年代所有高等院校的民权运动产生了巨大影响。

黑人学生和校友在全国民权运动方面担任领导者，他们的努力是值得称赞的——但不幸的是，这也不足以解决传统黑人高等院校所面临的长期问题。在60年代有一个"黑人常春藤联盟"（Negro Ivy League）——包括霍华德学院（Howard）、斯佩尔曼学院（Spelman）、莫尔豪斯学院（Morehouse）和汉普顿学院——拥有历史悠久的声望和相对较多的捐赠资金。但在110所黑人学院中，无论是公立的还是私立的，大多数学院的捐赠资金都很少，教师的工作量繁重，实验室陈旧，图书馆藏书不足，未来也不确定。也许这些院校确实培养了一些年轻有为的青年人，并将他们融入中产阶级，包括提高了他们的职业地位，但他们大部分表现并不出众。黑人校园的本科生活通常以男生联谊会和女学生联谊会为主导，具有类似于大多数白人大学陈腐的学生文化特征。当最负盛名和最富裕的白人大学，如常春藤盟校，开始齐心协力招募那些学业优秀的黑人高中毕业生并为他们提供经济资助时，传统黑人院校在人才竞争中所处的劣势就更加明显了。最后，在1945至1970年间，他们相对较少的高级学位项目，特别是在科学和工程方面，往往使黑人院校及其教师无法成为联邦政府资助的研究和发展基金项目的有力竞争者。

## 大众高等教育与学生的不满

在20世纪60年代早期日益增多的本科教育模式蓬勃发展——文理学院、大学附属学院、荣誉学院以及初级学院——反映了美国高等教育的良好状况以及存在的缺点。强调小规模和师生之间交流互动的创新举措很受欢迎，这种情况戏剧性地揭示了一个不可否认的事实，即越来越多的本科生在所谓的"非个人化多功能大学"中进行学习。这种模式已被证明是一种有效的结构性调整，能够有效地应对大学入学人数的增加，并且成为昂贵研究生项目获得资源的一种方式。但是对于许多学生来说，这种体验越来越令人不满意。

在几所主要的州立大学，长期的不满情绪开始演变为活跃的学生骚乱——最引人注目的是加州大学伯克利分校。除了对大班授课表示担忧外，有一小部分能言善辩的学生开始质疑学生事务长强加的规定。引爆点集中在学生在安排主持校园演讲和就政治问题发表言论方面的自决权。当校园管理人员施加限制时，学生们表现出了有组织的抵抗。

无论在加州大学还是在芝加哥大学、威斯康星大学、纽约城市大学和哥伦比亚大学，这都不是新现象。20世纪的美国校园长期以来为激进学术和异己政治提供了一条微弱而顽强的生命线。学生激进主义有效地扩大了学生在某些问题上的权利。在加州大学伯克利分校的几十年里，本科生和大学管理部门时常会在最终谁来控制学生活动的问题上发生冲突，包括学生日报。大学管理者陷入了他们自己的历史困境，因为长期以来他们在口头上声称，大型综合大学经历能激发出学生身上最好的能力——生存和发展所需要的适应力和独创力。在那些管理者要么缺乏资源，要么没有意向提供足够校园宿舍的州立大学，学生们结成了持久的自治住房合作社，并配有章程和管理委员会。

本科生组织对行政部门产生的最大吸引力在于学生有能力创建并运营精心设计的学生社团。例如，在伯克利的加州大学学生联合会（Associated Students of University of California），其缩写为ASUC，管理着学生会，为报纸提供赞助，制定详细的预算程序，收取强制性的学生会费，甚至在州首府都有自己的说客。在20世纪30年代，加州大学学生联合会将时间和资源投入到诸如劳工、住房、健康和种族歧视等校园—社区问题上。通过与市议会成功合作这样的集体行动计划，学生们在针对学生和房东制订的"公平熊"（Fair Bear）租赁规则的实施，以及促使校园周边餐馆达到加州大学学生联合会的公共卫生和清洁标准的"干净熊"（Clean Bear）运动的开展发挥了不可或缺的作用——在这些创新举措中，学生把政治智慧与经济制裁结合起来，基本上在脱离了校方行政管理的情况下来塑造校园生活。加州大学学生联合会在加州大学洛杉矶分校的同类组织也参与相同的活动，甚至负责起大学校队教练的合同和工资单。当大学管理者试图干预学生社团的活动时——通过审查学生报纸或通过学生委员会压低教练的工资合同——事实证明,学生社团在避开他们所认为的违规的行政干预方面相当有效。[1]

考虑到20世纪50年代已经存在学生权利高度组织化,大型研究型大学最终会试图保护他们的权利和空间,这一点也不令人惊讶。20世纪50年代的活动是一个遥远的预警信号,表明学生们——或者至少是一些学生——试图从本科教育那些墨守成规、日益恶化的问题中解脱出来,因为他们的本科教育就像大学体系这个大家庭中备受冷落的继子。到1963年,加州大学伯克利分校、密歇根州立大学以及其他几所大学的当地校园活动开始通过报纸和晚间新闻广播的报道引起全国的关注。

大学的管理者们为他们越来越多地使用技术来管理课程注册的问题而感到自豪。然而对敢于直言的学生来说,这些行政解决方法也正是问题的一部分。例如,计算机打孔卡被认为是象征着官僚主义冷漠的技术工具之一。大学生们把卡片别在标签上,上面还有"不要折叠、打眼,损坏"提示语——而这就表示他们把卡称为学生,而非计算机卡。大型院校的本科生经久不衰的口号是他们"不想只被看作一个数字"——这隐含着对小班制和人性化生活环境等改革的要求。在随后一系列态度坚定且彬彬有礼的抗议活动中,学生们——男生们都精心打扮,穿着休闲西装,打着领带,胡子修剪整齐——开始向董事会董事、校长和系主任要求改变大学事务的管理办法。一开始,本质上是要求改革课程,最终人们日益担忧大学中针对政府机构的机密研究的政策。在那些持不同意见的学生们引人注目的描述中,这样的大学就是一个"知识工厂",致力于为"军工企业"提供训练有素的人员和研究专业知识。

夸张的学生口号有一个奇怪的特点,那就是它们与机构的成年领导人——也就是大学管理者,甚至是美国的总统——描述所使用的词汇(如果不是语气的话)惊人的一致。"军工复合体"这个词并不是索尔斯坦·维布伦(Thorstein Veblen)和卡尔·马克思这样的思想家创造的,而是艾森豪威尔总统在他离开白宫的告别演说中用到的。此外,曾任加州大学教授、伯克利分校校长和加州大学校长的经济学家克拉克·克尔也曾实事求是地谈到大学是"相关产业知识"的一

---

[1] Verne A. Stadtman, "The Students between Two Wars," in *The University of California, 1868—1968* (New York: McGraw-Hill, 1970), pp. 281—300.

部分。在对商界领袖和加州公民的演讲等其他场合,他毫不掩饰地、乐观地谈到了大学具有满足培养人才的需求促进科技社会的经济发展的能力。

在1961至1965年间,本科生和大学管理者之间不断升级的分歧,并不是关于大学在社会中所扮演的角色,而是关于这一角色的适当性。在1964至1965年间,当质疑把大学作为国防部赞助的研究基地与美国在东南亚军事引起的日益增长的政治异议联系在一起时,这些质疑达到了一个新高度。多年来,时事课程碰巧会关注一些国际事务,初中和高中的学生可能偶尔会接触到有关"印支半岛"的阅读和讨论。但对包括大学生在内的大部分美国人来说,这话题仍然是无足轻重的。当这个直到现在还被认为是遥远的法国殖民地的越南,被美国民众从报纸文章和政治讨论所熟悉时,人们对其忽视的状况将发生巨大变化。

在1963至1968年间,学生抗议的新闻被广泛报道引起全国关注。然而,只有少数几个大学积极参与,即使在像伯克利这样的校园,大部分学生和教师的生活仍然是非常保守和墨守成规的。在一个和平游行甚至是暴力示威的下午,工程专业的学生仍然在做他们的项目,音乐独奏会照常举行,大学运动队依旧吸引了大量观众。1968年哥伦比亚大学和康奈尔大学以及1969年哈佛大学的学生罢课,使全国性的反战运动更加引人注目并且势头强劲,而这场运动最初的推动力很大程度上要归功于大学校园。然而,1970年5月俄亥俄州的肯特州立大学(Kent State University)以及密西西比州的杰克逊州立大学(Jackson State University)发生了大学生与国民警卫队之间的武装对抗——大学生遭到枪击,有的甚至被杀害——它以一种令人揪心、心惊胆战的方式把校园运动推到了美国新闻和生活的主流中。

20世纪60年代后期校园骚乱的一个不寻常的特点是对立的派别常常用自己的方式威胁学术自由和思想正直。学生激进分子往往用暴力和强迫语气压制反思、分析和公开讨论——尤其是当一个学生或教授不同意改革的正统观念时。"如果你不是解决方案的一部分,你就是问题的一部分"这样的标语典型地反映了错误的二分法和服从的压力,这种压力扼杀了学术自由,对那些可能表现出同情、有思想的学生和教师进行打压。大学校长和董事会对许多联邦和工业研究项目所给予的特殊照顾虽然不那么明显但却具有约束性,这些项目在真正大学里是值得怀疑的。最终结果是,同时出现的这两个极端对立的群体缩小了适合教学和学习的中间地带,如果这不是现实情况的话,至少也是理想大学的一部分。

## 教授与繁荣

在大多数高等院校，1945 至 1970 年间在收入、权力、声望和权益保护方面最大的收益都是由教职员工长期积累起来的。合格的大学教师的短缺，加上在某些领域对专业知识的尊重，给新一代教授带来了前所未有的机会。繁荣的学术市场也产生了一些附带效应，因为教师有时能够与校长和董事会协商共同治理，尽管这种进步在整个院校的格局中仍然高度不平衡。

真正得到广泛接受的是对晋升和终身教职日程表和标准的编纂。校长或董事会的任意解雇变得不太可能了，部分原因是程序要求阻碍了快速、无需调查的处罚行动。在某些院校，尤其是州的学院和社区学院，建立教师工会的可能性开始出现——校长们会发现，这一选择远不如学院治理的惯例和专业管理那么容易接受。

然而，在高等教育招生人数持续增长、经济总体繁荣以及几乎所有教授的学术市场不断扩大的情况下，这些成绩并未得到检验。例如，1966 年一位学术副校长面临的最大问题是，在 9 月份开学之前的夏季要聘用十几位新的终身教授，那时的他比美国高等教育史上任何一个时代的系主任或副校长都更有可能接受个别教师减少教学工作量，增加实验室空间，以及提高图书预算等要求。对于喜欢在这种情况下被雇用的一代新教员来说，不难想象这些状况都是常态——考虑到美国公众对高等教育的支持，这甚至可能会随着时间的推移而有所改善。然而，经济上的富裕并不能预示教授们未来将面临的政治和法律保护。

## 危机与矛盾：哪一种高等教育革命？

在 1960 年到 1970 年间，美国高等教育的一个有趣特点是，尽管这两年的总体情况非常相似，包括优点和弱点，但结果和公众反应却截然不同。繁荣与拥挤，声名鹊起的名声与日益激增的活动，贯穿了这十年。但是，60 年代的大学拥护者坚信，院校能够平衡典型美国大学众多且常常相互冲突的角色，然而到 1970 年大多数大学已经变得笨拙，并开始在这种不稳定的左右兼顾行为中步履蹒跚。付出的沉重的代价是一些选区对院校不信任日益上升以及院校内部信心的丧失。

与一些学生领导的叙述相反，学生既不是第一个也不是最重要的放弃大学的群体。事实上，坚持利用校园作为表达反对意见的论坛，这证明了他们对高等教育的美好和重要性的根本信念。他们对大学改革的多次尝试表明，他们可能已经幻想破灭，但他们并没有对高等教育丧失信心。第一个救助大学的团体是联邦资助机构，特别是那些与国防部的机密研究和项目保持合作的机构。破坏、干扰、爆炸和其他学生暴力行动并没有迫使政府官员放弃他们的研究议程，他们仅仅是把研究地点从大学办公室或实验室转移到独立的研究所。这本质上是一个商业决定。外部赞助的研究并没有将校园作为神圣之地，在形式上或是精神上都没有致力于为其服务。

大学官员们从不同角度来看待联邦项目的退出。从最基本的层面上看，这意味着可能失去大手笔的年度资助，既包括对具体项目的直接支持，还包括与联邦政府的院校管理费用津贴有关的可自由支配的资金。失去了这些利润丰厚的"软钱"机构，大学立即就产生了财务问题，以及对于获得可靠资金来源的长期担忧。从更高层次的院校自我分析角度上看，联邦研究拨款的缺失表明大学已经失去了和平时期政府的信任，包括陆海空三军，而这种信任是在"二战"后精心培养起来的。如何为所谓的"知识工厂"提供燃料的问题引发哲学思考，并促使大学管理层展开深刻的自我反思，这种反思在十年前是明显缺失的，那时资金正从华盛顿和商业公司源源不断地流向大学研究机构。

1965年后发生在大学里的事件也耗尽了州立法者的耐心，他们开始对校园行政管理者对学生生活和校园活动管控的失败感到厌烦。这种议会的厌烦情绪大多是针对学生们本身的过度行为。过长的头发、邋遢的衣着、自由的性爱和对"建制派"的不尊重，这些熟悉的讽刺漫画使许多立法机构重新反思州政府通过拨款对高等教育进行不加鉴别的支持行为。更糟糕的是，所谓的学生运动已经成为搭载着各种不相关的社会和政治积怨的公共汽车。课程改革、民权、财务问责制、研究合同的审查、大学投资政策、对预备役军官训练团（ROTC）以及外交政策的不满等——所有这些立法者和普通民众都认为与学生骚乱有关。

一些政客，包括加州州长罗纳德·里根（Ronald Reagan）和俄亥俄州州长詹姆斯·罗兹（James Rhodes），把校园骚乱用作一个便利的议题，以此发起"强硬"（get-tough）改革运动，吸引全州选民。虽然许多州政府官员并没有采取如此极端的方法，但对每周有关学生示威游行的新闻报道感到厌倦。在某种程度上，他们的愤怒已经从引起骚乱的学生蔓延到大学管理者。政治正统观点是，不管这些问题是什么，校长和院长们都没有表现出维持校园文明和秩序的能力。20 世纪 60 年代后期，时常会出现几位自称是学术领导者的人。校长或副校长把自己描述为一位英雄人物，他能在理性（抽着烟斗镇定自若地倾听学生的反叛言论）和责任（对不可原谅的行为，如扰乱课堂或人身伤害等）之间取得平衡。威廉·麦吉尔（William J. McGill）的《猴年》（The Year of the Monkey）描述了这种领导风格，《猴年》从加州大学圣迭戈分校校长的角度记录了他试图掌控学校一切的过程。①

事实上，麦吉尔校长和大多数其他院校的校长——以及行政人员和教导主任——都没有为这动荡的年代进行有效的领导做好准备。他们的学术和专业经验对于他们处理学生的异议、外部问责或者资金短缺等问题几乎没有任何帮助。在 20 世纪 60 年代末 70 年代初最有适应力和创新精神的校长可能就是耶鲁的金曼·布鲁斯特（Kingman Brewster）和阿默斯特学院的威廉·沃德（William Ward）。例如，布鲁斯特在担任母校校长期间把律师和积极的募捐人应有的实用主义和纪律严明的组织性带到了耶鲁。不同之处在于，即使在繁荣时期，他仍然督促董事会成员、教师、学生和校友考虑关于大学教育应该是什么的严肃问题。当学生示威、反战运动和民权运动改变校园生活的传统节奏时，他认识到变革的力量并敦促已经毕业的学生以及在读学生一起考虑这些新的问题。布鲁斯特的方法是与众不同的。这一时期校长的常态是提前退休，心脏病发作，或者是不相信这些争论不休、人数如此之少的群体，竟然能对校园的形象和声誉产生如此不相称的巨大影响。

到 1970 年，赞助研究和发展的资助模式和优先事项的变化已经改变了大学甚至学院的"一切照旧"的做法。各种外部群体的疏远——包括联邦机构、州立法机构，以及老校友——让校长和院长处于一种不寻常的境地，他们不得不去争取资金，解释甚至为自己的院校辩解。这种反省本应该揭示的是高等教育机构思想体系的根本弱点。"二战"后的美国大学亟须确认一个有凝聚力的核心使命。在 1963 年，克拉克·克尔冷淡地指出，中央暖气系统是当代多功能校园中唯一统一

---

① William J. McGill, The Year of the Monkey: Revolt on Campus, 1968 – 1969 (New York: McGraw-Hill, 1982).

的元素。① 只要所有群体都满意，而且所在院校有充足的资金流来支持其无数的尝试，人们就可以带着幽默的态度对待这样的观点。但从 1965 至 1970 年间，大学的结构——它在资金和系统方面复杂的官僚制安排——变得岌岌可危，无法维持 20 年来一直引以为傲的"管理革命"所带来的历史性的平衡。

造成这种易受影响的原因之一是，很少有大学重视大学使命的明确问题。早在 1930 年亚伯拉罕·弗莱克斯纳就提出过这样的问题。但对于 1945 到 1970 年这一代的大学校长而言，似乎没有时间或没有必要去明确大学使命。20 世纪 60 年代研究型大学能够表述的唯一近似使命是"提升知识"的承诺。令人遗憾的是，这是一个模糊且相对的表达，并产生另外一个棘手的问题：知识是为了什么目的？为了谁？到 1969 年，美国的高等院校并没有崩溃，但办学理念和财务弱点已经暴露，使它们失衡并充满了不确定性。在不到十年的时间里，大学官员所设想的即将到来的"最好时代"结果变成了他们的"最糟糕时代"

20 世纪 60 年代美国高等教育的混乱和意想不到的转变在克里斯托弗·詹克斯（Christopher Jencks）和大卫·里斯曼（David Riesman）的《学术革命》(The Academic Revolution) 一书中得到了最好的诠释。这本书于 1968 年出版，正值学生反抗的高潮时期。这本书卖得很好，因为读者们急切地寻求"内部答案"来解释他们所认为的由学生叛军煽动的"学术革命"。然而，这种合理的预期并不是作者所想的。自 20 世纪 60 年代初期以来，他们就一直在探索一场截然不同的"学术革命"——即学术职业权力的崛起。詹克斯和里斯曼的"学术革命"的核心是学术专业知识的力量和威望，而不是作为战场的校园。也许它应该被描述为"学术转型"——然而这一细微差别对于读者和评论者来说几乎没有戏剧性的吸引力。

无论有意与否，关于"学术革命"含义的不同看法实际上提升了该书对讨论高等教育的贡献。在某种程度上，它打击了那些自信的教授和校长们的傲慢自大，他们正享受着一个被誉为专家的时代。詹克斯和里斯曼清醒地指出，像标准轨距铁路这样的发明可能比高等教育的普及对国民经济的影响更大。他们还驳斥了教育已经把美国社会转变为向上流动的港湾这种肤浅的观念。几十年的繁荣可能提高了大多数美国人的消费能力，但它并不一定会改变一个家庭或一个人在社

---

① Kerr, *Uses of the University*, pp. 20—21.

会等级制度中的相对地位。相反，大学学位能给予个人一定程度的声望和社会收益，但无法保证带来富足的生活。①

这些坦率的分析使自"二战"以来高等教育产生的许多具有吸引力的口号变得含糊不清。对于詹克斯和里斯曼来说，上大学与教学和学习的关系基本无关。它的基本社会功能是为进入中上阶层轨道提供资格认证和社会化过程。而在这一点上，它做得相当好。大学出现的一个前所未有的大问题是，如何帮助那些富裕而成功的家长应对一个令人担忧的前景，尽管他们的子女得分很高，学术倾向测验的分数也很高，他们还是可能面临向下流动的问题。

詹克斯和里斯曼对这场关于"学术革命"所提供的社会和历史视角，加强了公众对高等教育和社会的讨论，但最终——也是可以理解的——他们理性的辩论将被每日新闻媒体刊登有关校园骚乱的图片报道所掩盖。由最近的学生激进活动所引发的暴力和冲突成为美国高等教育不可磨灭的特征，无论是校园内还是校园外，这也成为了"另一个"学术革命的特征。数量惊人的新闻报道、书籍和电视纪录片的主题包括"严阵以待的校园""战争中的伯克利"和"被路障封锁的大学"。尽管这些引人注目的新闻报道令人痛苦，但大学领导人不得不面对一个不那么耸人听闻但同样令人担心的前景。对于那些财政上开支过度并且遭受到内外群体打击的美国高等院校来说，令人痛苦的发现是，出现了赤字的年度预算报告才是最具哲理的记录。

到1970年，一种传统观点认为典型的美国大学受到了威胁，因为"它没有把握住核心"。对于这种观点，有一种更加独具慧眼的看法是学术批评家提醒道，美国高等教育痼疾的根源被误解了，因此被错误地表述了。问题不在于没有把握住核心，而是现代美国大学根本就没有核心。

---

① Jencks and Riesman, *Academic Revolution*, pp. 61—154.

# 第八章　步入成年的美国高等教育：身处困境的巨人，1970—2000

## 麻烦不断：1970 年到 1980 年

如何解释"二战"后的四分之一世纪里美国高等教育发展的好运气呢？对于曾先后在约翰·肯尼迪总统内阁和福特基金会任职的哈佛大学文理学院前院长麦克乔治·邦迪（McGeorge Bundy）来说答案是显而易见："水涨船高"。① 如果这是对美国高等教育上升期恰如其分的描述，那么在接下来的十年里，情况发生了逆转。1970 至 1980 年间，美国所有院校都经历了风浪的考验。1970 年召开的一次机构投资者会议预示着这种突然的逆转，此次会议聚集了 2000 名全国顶尖的财务管理人员，他们选择了全国学生营销公司（National Student Marketing Corporation）作为他们对年度股票的预测。然而，在接下来的 5 个月里，全国学生营销公司的股票价格从 140 美元下跌至 7 美元。这一事件与其他事件一起标志着高等教育"黄金时代"的结束。② 对于这一时期的高等教育来说，一个恰当的新口号是 1950 年好莱坞电影《彗星美人》（*All About Eve*）中贝蒂·戴维斯（Bette Davis）的台词："系好安全带！我们将经历一段颠簸的旅程。"

这样的预警令大学领导者们紧张不安，因为这一切是出乎他们的意料。毕竟，根据 1970 年的情况来判断，高等教育还是一个庞大且成功的事业。入学人数惊人，创下历史新高，2573 所院校共有 865 万名学生，383000 名全职教师。这些院校在 1969—1970 学年共颁发 1072581 个学士学位。尽管早在 20 年前，经济学家曾警告说博士的短缺已迫在眉睫，但到了 1970 年，大学已经解决了这一问题，相比于 1949—1950 学年授予的 6420 个博士学位，1969—1970 学年授予的博士学位数上升至 29872 个。1969—1970 学年美国高等教育的总流动资金收入是 21.5

---

① The quotation sometimes attributed to McGeorge Bundy also appears in the speech delivered by President John F. Kennedy in 1962 in Pueblo，Colorado.

② Louis Menand，"College：The End of the Golden Age，" *New York Review of Books*，8 October 2001.

万亿美元（约合 2000 年的 98.1 万亿美元），比 1965—1966 学年以来的 9 万亿有所增长。同时，入学机会的变化包括了少数族裔和女性入学人数的增加。由于这些不断累积的变化，克拉克·克尔把 1960—1980 年这一时期称为"高等教育大转型期"。①

然而，这些强有力的统计数据具有误导性，因为它没有描述那些能够表明高等教育内部潜在的根本性危机的细节。如果说 1970 年美国的高等教育是一个巨型企业，那么它同时也是一个麻烦缠身的巨人。其中最主要的问题是无论是业内人士还是在外部团体对高等教育信心的下降。一个明显的缺陷是，高等教育界缺乏关于自身的系统信息，更别说进行缜密的分析进行规划。直到 1967 年，卡耐基公司成立卡耐基高等教育委员会，才出现了一个不完整的补救措施。由加州大学前任校长克拉克·克尔领导的卡耐基高等教育委员会受委托发布了一系列内容广泛的研究报告，内容涉及美国高等教育的发展状况和特点。卡耐基委员会于 1973 年到期终止，从 1974 年至 1979 年，由卡耐基高等教育政策研究协会（Carnegie Council on Policy Studies in Higher Education）接替其职责。②

这些研究是好的，但调查结果则不是什么好消息。曾担任加州大学伯克利分校商学院院长的经济学家厄尔·切特（Earl Cheit）提出了一个令人警醒且出人意料的结论——高等教育正处于"新的大萧条"的边缘。③ 这一发现与高等教育是"增长型产业"的公众形象截然不同。高等教育的稳定性体现在坚实的建筑物和良好的价值观上。有一种说法认为，"切特对财务动态发展的调查既不受欢迎又令人猝不及防，就像是一份白蚁检查报告，警告一座宏伟大厦的地基正在遭受白蚁的侵蚀"。④ 事实上，所有类型的高等院校在年度运营预算和长期捐助资金方面

---

① Clark Kerr, *The Great Transformation in Higher Education, 1960—1980* (Albany: State University of New York Press, 1991).
② See *The Carnegie Council on Policy Studies in Higher Education: A Summary of Reports and Recommendations* (San Francisco: Jossey-Bass, 1980).
③ Earl F. Cheit, *The New Depression in Higher Education: A Study of Financial Conditions at Forty-one Colleges and Universities* (New York: McGraw-Hill, 1971).
④ John R. Thelin and Amy E. Wells, "Important Books about Higher Education," in *Higher Education in the United States: An Encyclopedia*, ed. James J. Forest and Kevin Kinser (Santa Barbara, Calif.: ABC-CLIO, 2002), pp. 719—736; quotation at p. 729.

都出现了开支过大却没有能力应付持续的资金短缺的问题。尽管高等教育声称自"二战"以来已经经历了一场"管理革命",但迹象表明,高等院校在应对不断变化的局面时并不总是敏锐而灵活的。所谓的知识产业其特点是庞杂,与美国其他陷入困境的行业如汽车和钢铁制造业并没有什么不同。1980 年刘易斯·梅休(Lewis Mayhew)在一篇关于一所大型综合大学的文章中形象生动地描绘了该所高校缺乏活力的状态:"已经到 1967 年,大学的财务记录还是用钢笔和墨水记录在学生笔记本上。这所大学的谨慎节俭,从它在不计利息的支票账户上保持着几百万美元的余额就可见一斑,而让业务管理者感到高兴的却是银行不会对手写的支票收费。"①

与这种财政状况不健全相关的一个表现是,高等院校扩张的普遍吸引力导致了新学位项目和研究领域的激增。因为人们认为在未来十年,大学入学人数和慷慨大方的大学经费都将持续增长——但这种假设被证明是错误的。另外,美国高等教育过度扩张产生的另一个后果是,引发了对院校同质化以及各校独特性丧失的担忧。哈罗德·霍奇金森(Harold L. Hodgkinson)1971 年的综合性研究报告《转型中的高等院校》(*Institutions in Transition: A Profile of Change in Higher Education*)出现在全国各大报纸的头版。研究结果显示美国的高等院校正向"综合模式"(Omnibus Model)转变,试图成为一个为所有群体服务的教育机构。该研究含蓄地表达了一个主题——许多院校都在争先恐后、毫无计划地模仿竞争对手增设新项目,招收有别于从前的新类型学生以提高吸引力。②

那么,如何去理解这 2500 多所松散组合在一起的、提供"中学后教育"的院校呢?第一步就是每年从各个高等院校收集相关标准化数据。联邦政府通过高等教育全面信息调查(Higher Education General Information Survey,简称 HEGIS)的工具来帮助收集资料,包括了入学人数、基本预算、学位授予等信息。但这只是一个开始,随后调查范围进一步扩大并且被重新命名为综合中学后教育数据系统(Integrated Postsecondary Education Data System,简称 IPEDS)。然而,即使

---

① Lewis B. Mayhew, *Surviving the Eighties: Strategies and Procedures for Solving Fiscal and Enrollment Problems* (San Francisco: Jossey-Bass, 1980), pp. 76—77.

② Harold L. Hodgkinson, *Institutions in Transition: A Profile of Change in Higher Education* (New York: McGraw-Hill, 1971).

统计数据是全面的,但依旧令人困惑,因为它们把无法相比较的院校整合在一起。对于"学院"(college)和"大学"(university)这些人们熟悉的类别的划分是模糊的。卡耐基公司的解决方法是资助一个特别工作小组制定出了卡耐基分类法:用一些操作性的定义来区分研究型大学、博士学位授予大学、综合性大学、文科学院或两年学制学院。该体系制定者原本打算建立一个中立的高等教育机构分类法,但是他们的分类标准很快被曲解。一些教育机构发言人和公众把它看作是一种按等级划分的排名方案。在之后的二十年,卡耐基分类法试图创造秩序的尝试事实上增加了各院校之间的混乱。产生了截然相反的效果,高等教育机构内部更加混乱。原本旨在为高等教育带来一个具有说明性的秩序,但是却产生了意想不到的后果,引发了院校间的竞争潮,以符合这些操作标准,使它们有资格被列入另一个据称更有声望的等级类别。

然而,从1970至1980年间,全国性研究的结果强调了美国高等教育的不足,从而削弱了大学对声望的惯性追求。由卫生部、教育部和福利部委托的《纽曼报告》(Newman Report,1971)得出的结论是:"仅仅提高和扩大当前的教育系统是不够的,社会的需求以及大学生群体的多样性要求人们重新审视'上大学'意味着什么。"报告的专家小组详细阐述道:"正如对在战后高等教育的发展进行研究一样,我们看到了令人不安的趋势,如高等院校的趋同化、日益增长的官僚作风、对学术证书的过度强调、学生和教师与社会的相脱节等——越来越僵化和无差异的结构使高等教育越来越不能反映社会的利益。"[①] 解决方案不仅仅是完善现有的结构。事实上,新近出现的多校园系统被描述为缺乏灵活性且运转失灵。弗兰克·纽曼(Frank Newman)和他的同事们认为,高等教育需要改变行动方式,为此目的,他们鼓励开展新的教育产业,其特点包括实现妇女平等受教育的权利,扩大少数群体的入学机会,推动多元化结构和资助机制等。他们的建议代表着向所谓"社会公平"转变的倾向,而不是"一如往常"(business as usual)地关注学术事务。

在陷入这种结构性泥潭的同时,高等院校还面临一系列由外部危机引起的问题,而它们对这些危机几乎无能为力。"滞胀"是一种不寻常的现象,指在国家

---

① Frank Newman et al., *Report on Higher Education* (Washington, D. C.: U. S. Department of Health, Education, and Welfare, March 1971), p. vii.

经济中，两位数的年度通货膨胀与生产力的下降并存，这导致了一种情况，高校财政收入保持平稳的情况下，商品和服务的价格却不断上涨。出现这种问题的原因之一就是石油输出国组织欧佩克的石油禁运导致石油价格的飙升——三年增长了四倍。这对于高校来说是个难题，因为 20 世纪 60 年代大量的新建筑项目都拥有了温度调节系统和其他维修设备等，这些都要依赖价格低廉的能源。能源价格的上涨也造成了 1967 年价格低廉的电费到了 1974 年却已经高得离谱。

针对这些外部问题，高等院校的校长们最初都选择立即削减开支来应对，其措施包括推迟对校园建筑物和场地的维修，减少各部门复印和邮资预算等。但几年之后发现这样的策略显然不足以解决问题，甚至会适得其反。如果一个凌乱不堪的校园为减少支出而放弃修缮，让未来的学生和他们的父母望而却步，那么这就是一种错误的节省开支的方法。由于两位数的通胀率，推迟对设备的维护和更换意味着未来将面临更高的成本。

人口结构的变化也打乱了对持续增长的设想。一方面，出生率的下降，加上美国强制征兵制度的结束，意味着对许多 18 岁至 22 岁的美国人来说，上大学不再是一个有吸引力的选择。另一个因素是许多家庭从东北部和中西部的"铁锈地带"（Rust Bell）[①] 迁移到南部的"阳光地带"（Sun Belt）和太平洋海岸，这意味着高等院校分布的失衡。纽约州北部圣母艾尔姆斯学院（Our Lady of the Elms College）空置的宿舍和教室，对于在亚利桑那州或德克萨斯州接受教育的高中毕业生来说用处不大。人们在 1975 到 1976 年间认识到这些外部问题的存在，当时高等教育的入学人数减少了 175000 人，这是高等教育自 1951 年参与《退伍军人安置法案》以来大学生人数的第一次下降。

## 作为决定性因素的学生人数

1970 年左右，社会学家马丁·特罗（Martin Trow）对困扰高等教育发展的阶段性困难进行了较为深刻的描述，他总结说高等教育的不确定性和学生容量超

---

[①] 铁锈地带（Rust Belt）指的是美国东北部五大湖附近的传统工业衰退地区。五大湖地区曾经是美国的重工业中心，钢铁、化工、采矿业一度非常发达，但由于第三次产业革命的到来，这些地区大量工厂倒闭，到处是闲置的厂房和锈迹斑斑的设备，因此被称为"铁锈地带"。——译者注

载在很大程度上源于人口方面的因素。当美国的高等教育从精英教育转向大众化教育时（即要尽量接受40%—50%的高中毕业生）运行得相当不错。然而，当人们期望高等教育实现普及化时，这种结构开始出现问题，20世纪60年代全美人口增长，特别是18岁至22岁年龄段人口的增长使这一问题更加严重。①

总之，美国高校特征的量变引起了质变。这表明包括纳税人、立法者、州长和捐赠者在内的美国人已经成功建立起了中学后教育系统，以一种负担得起的方式面向几乎所有寻求继续接受正规教育的高中毕业生群体。但这一胜利只是表面的，因为它让高等院校的内部办学活动陷入混乱，课程的连贯性越来越弱，人们对大学的学习体验的信心不断下降。

高等教育从大众化向普及化的发展反映了消费主义的趋势。为了回应长期以来无视学生需求和新的学生群体不断变化的学术需求的指责，同时为了争夺生源、捐赠和资金支持，许多院校都设置了具有吸引力的课程项目。综合数据显示其他重要的发展情况也值得关注。尽管1950年高等教育的入学人数中州立院校和独立学院几乎各占一半，但到了1970年，这种数量上的平均分布发生巨大变化，公立高等教育机构的入学人数约占总数的四分之三。在接下来的十年里，这一趋势一直在延续，到1980年有超过78%的学生就读于公立院校。让我们看看初次入学的新生（first-time freshmen）注册人数，全国数据显示，在1980年超过一半的新生就读于公立社区学院。

这并不是说四年制学院，尤其是四年制的私立学院的入学人数在1950到1980年间有所下降。事实上，它们的新生入学人数增加了一倍多，在这30年间，入学人数从206252增长到435604人。这种比例上的变化是由于就近公立院校低学费政策的前所未有的扩张（和吸引力）。两年制的社区学院和技术学院的新生入学人数从1950年的82000人增加至1965年的494000人，以及1980年的130万人——30年来入学人数增长了15倍多。一个重要（但经常被忽视）的结论是，大多数"新生"并没有就读于四年制的寄宿制高校。尽管有关"真正的大学体验"的主导形象仍然根深蒂固地与四年全日制的寄宿传统联系起来，但是两年非全日制公立走读学院在潜移默化且持续不断地塑造着"上大学"的内涵方面发挥

---

① Martin Trow, "Reflections on the Transition from Elite to Mass to Universal Higher Education," *Daedalus 99* (Winter 1970): 1—42.

了强大的作用。

## 联邦财政资助与学生经济资助的转变

在 20 世纪 70 年代早期，学生消费主义导致了美国高等教育的另一个重大转变，将联邦政府作为基于需求的学生经济资助的主要来源引入到高等教育领域。迄今为止，联邦政府对高等教育投入的大部分资金用于受资助的研究和发展，以及阶段性的基础建设专项工程。尽管 1947 年的杜鲁门委员会报告强调了负担得起的学费的重要性，但联邦政府几乎没有过多关注这项任务的完成。1944 年广受欢迎的《退伍军人安置法案》并没有成为一项延伸到战后项目的典范，也没有扩展到服务于退伍军人以外的其他学生。通过人均财政补贴以及降低本州居民学费等方法，州政府成为实现可负担得起大学的主要机构。在 1964 至 1971 年间，联邦政府为学生提供的经济资助并不多，仅限于竞争性奖学金项目和给退伍军人子女的政府津贴。相比之下，勤工俭学项目（work-study programs）对国会和纳税人很有吸引力，因为它们的自助精神和生产性劳动似乎比拨款投资更能让人接受。但是，20 世纪 60 年后期，随着大学学费的上涨，反对直接向学生进行经济资助的观点发生了变化。

联邦政府对竞争性研究资助的重视，逐渐转向对大学生进行以需求为基础的经济资助，这种钟摆似的转变是出人意料的。20 世纪 60 年代中期，实力雄厚的研究型大学相信，美国政府机构对科学研究的慷慨资助最终以对院校进行直接资助的方式作为补充。[1] 他们的乐观态度是基于公众对大学的高度重视。公众信任大学，对大学提供研究成果的能力感到满意，这表明美国国会不久将会因为它们的出色工作而继续给予资助。然而，校园骚乱、联邦政府插手校园带来的紧张局势以及随之而来的国会对大学管理者治理院校能力丧失信任，使国会和校园之间的相互赞赏冷却下来。资深研究型大学面临着另一个紧张来源：国会议员和众多校园校长之间的不满情绪。研究资助经费集中在少数几所知名院校，这让来自诸

---

[1] Homer D. Babbidge and Robert M. Rosenzweig, *The Federal Interest in Higher Education* (New York: Macmillan, 1962). See also Lawrence E. Gladieux and Thomas R. Wolanin, *Congress and the Colleges: The National Politics of Higher Education* (Lexington, Mass.: D. C. Heath, 1976).

如西南部和东南部地区的议员感到愤愤不平。当作为选民的大学校长所在的大学并没有进入这个有吸引力的"联邦资助大学"圈时,这些地区的议员们也会抱怨。这种不平衡的研究资助产生的直接结果是,削弱了在支持同行评价的研究和发展项目方面所达成的共识,激发了对另一些项目进行资助的兴趣。

尽管主要的大学以及像美国大学联合会、美国教育理事等团体在华盛顿特区有强大的游说力量,但在 1970 到 1972 年间,相对而言出现时间不久的学生游说活动却悄悄地抢了它们的风头。随后的运动被认为是高等教育界最具争议的斗争。最有趣的是,学生团体是在大学校长和董事会的官方的保护伞之外开展工作——这一行为导致了越来越多的不确定性,即究竟谁代表高等教育"发声"。只有卡耐基委员会和里夫林委员会(Rivlin Commission)这两个全国性的高等教育团体支持可转移的(portable)学生经济资助,而不是直接向院校提供联邦政府补贴——许多高等教育官员认为这一观点等同于"背叛"。[①] 学生联盟几乎没有得到位于华盛顿特区的高等教育协会的认可,但他们所做的对国会议员有很大的吸引力,尤其是那些面临连任的议员。联邦研究项目的传统支持现在有可能让一些支持者失望。出乎意料的且令人愉快的另一个选择是提供基于需求的学生经济资助,这种经济资助是可以转移的,对于许多学生群体来说也是容易获得的。

由此产生的《基本教育机会助学金》(*Basic Educational Opportunity Grants*,简称 BEOG)项目不久就更名为《佩尔助学金》(*Pell Grants*),以纪念罗德岛参议员克莱本·佩尔(Claiborne Pell),这是对 1947 年杜鲁门委员会报告中的建议迟来的实现。这意味着任何符合其条款的申请人都保证获得经济援助。通常情况下,遵守规定的人必须被认可的高等教育机构接受并注册。1972 年《基本教育机会助学金》作为 1965 年《高等教育法》修正案颁布。这意味着任何符合其条款的申请者都能够获得经济资助。通常情况下,申请者必须被一所认可的高等教育机构接受并注册入学,而且必须是全日制学生,每个学期注册 12 个学分作为证明,另外申请者还需保持良好的学业成绩。如果符合这些条件,那么学生就有资格获得最高每年 1250 美元的联邦学生经济资助(约合 2000 年的 5100 美元)。值得注意的是,这个项目涉及的是学生助学金,有别于学生贷款,而且申请资格仅限于全日制本科生。

---

[①] Kerr,*Great Transformation*,pp. xvii—xix.

该项目的创新之处在于经济资助是可转移的,它直接颁发给学生个人而不是一所院校。准确地说,一旦学生注册入学,这些钱就会存入该学生所在大学的账户。但是这种可转移的特征意味着成千上万的受资助学生现在既可以上大学又可以选择上哪所大学。这对高等院校产生的影响是,它们现在必须通过相互竞争吸引大学申请人,使得学生们所获得的佩尔助学金能够转入到自己学校的财务处。当许多学院担心运营成本上升而学生数量减少时,《基本教育机会助学金》/佩尔助学金项目的颁布是一个救星——前提是大学管理者采取主动接触潜在的学生。该联邦项目不仅在社会经济领域广泛撒网,同时也鼓励所有得到认证的院校参与其中。例如,加州的西勒斯社区学院(Citrus Community College)可以与斯坦福大学同时招收获得佩尔助学金的学生,这两所院校都不会因为其特殊的录取要求而受到奖励或惩罚。由于佩尔助学金项目是所有符合要求的学生都能享有的权利,因此并不存在社区学院受益则精英大学失利的"零和博弈"(zero sum)现象的存在。

令现任美国参议员和众议员高兴的是,佩尔助学金以及其他辅助性的联邦学生资助项目使许多家长和选民感到满意,而且所有获得认证的院校都被允许相互竞争吸纳那些获得联邦资助的学生。提供本科教育的入学机会与对本科教育的支持,迅速转变成对激励与选择的实际。1972年到1978年期间,佩尔助学金在学生与院校中广受欢迎,在大学需要新的推动力时,该项目提升了"上大学"对新一代学生的吸引力。到1990年,该项目为300万学生提供了资助,每年颁发的助学金共计40亿美元(约合2000年的52亿美元)。在1997—1998年度,学生人数增加到了380万,总资助额度达到38亿美元(约合2000年的40亿美元)。

联邦政府经济资助项目的普惠和成功并不意味着美国政府各部门和机构会终止或减少对各种联邦研究资助项目的资助。学生经济资助确实是作为联邦政府对高等教育支持的两大持久要点之一,另一项则是对科学研究与发展的资助。该项目产生的另一个影响是,由于全国大多数中学后教育机构是通过佩尔助学金项目获得联邦的资金,因此它们现在必须遵守联邦政府针对这个项目而制定的条款。也许意义最重大的影响是,佩尔助学金使联邦政府的高等教育政策和计划对于公民权利和社会正义等问题投入更多关注和资源。

然而,从1978年开始,联邦学生经济援助计划的重点发生了变化,从强调为有经济需求的学生提供助学金,转向强调为学生提供容易获得的贷款。《学生贷款保障法》(Guaranteed Student Loan Act) 对银行和来自相对富裕家庭的学生尤其有吸引力。因此贷款项目使更多的学生参与到其中。这种短期贷款项目普及的代价是，在接下来的几十年里，越来越多的应届大学毕业生将背负上大笔债务。

## 1970 年后学生群体的变化

学生骚乱持续到 20 世纪 70 年代初期，但在 1973 年左右有所减弱。这一有组织的学生运动产生了持久的影响，学生认识到他们作为消费者和作为大学共同体成员的权利。结果是许多院校在管理委员会中为学生设立了一个职位。但在某些情况下，管理人员高估了大学生政治投入的持久性。例如，"普林斯顿计划"（Princeton Plan）提议允许学生请假去参加总统竞选活动中的志愿者工作，但由于学生缺乏兴趣，该计划最终只能悄然终止。

1975—1976 年在校学生数的下降以及对继续下降的担忧，给大学管理者带来两个影响。首先，他们在提供服务和课程时越来越重视学生及其家长；其次，大学开始认识到非全日制学生以及重新回到校园的、年纪较大的学生是一个需要认真对待的群体。"非传统学生"(non-traditional student) 这样的称谓进入招生办公室和学生事务中心。心理学家帕特里夏·克罗斯（Patricia Cross）出版了《新型学习者》作为指导用书。① 院系负责人和教师日益认识到他们学生群体的构成并非全都是年龄在 18—22 岁的全日制住宿学生。大学官员也不能预设他们的学生群体都是计划用四年的时间完成学士学位，然后继续深造高级学位的学生。

尽管许多公立大学已经与公立社区学院签订了衔接协议，但是对于希望转学到四年制大学完成学士学位的学生来说，在课程学分审查和完成学士学位要求方面面临着不一致和不确定的障碍。同时，许多独立的四年制学院主动带头招收从两年制学院毕业的转学生。为了得到这些力图完成学士学位的高年级转校生，四年制大学在校外场所提供课程和学位项目以方便这些数量庞大的转校生。在这种学术消费主义的规划下，军事基地的教室或市中心的夜校为非传统学生提供了更多入学的机会，使许多大学能够在传统的高中毕业生输送渠道萎缩的情况下维持本科生入学规模。

---

① Patricia Cross, *Accent on Learning* (San Francisco: Jossey-Bass, 1976).

如果说 20 世纪 70 年代中后期的这一代大学生已经远离了他们前辈的政治激进主义，那么他们也没有忘记 20 世纪 60 年代关于集体力量影响校园特色的经验。教师们注意到一种"新职业主义"（new vocationalism）的出现——尤其是对职前学习的投入。在工商管理、管理学、会计学，以及可以为考入法律、医学或商务等专业的研究生带来优势的领域，入学人数一路飙升。在课外活动方面，学生和他们的父母不再满足于 20 世纪 60 年代校园提供的简陋服务。职业规划办公室和许多其他的学生服务数量激增。潮湿、充满汗味的健身房被最先进的健康和健身中心所取代，这些中心可以媲美地中海俱乐部（Club Med）。原来那种煤渣墙，只在走廊装一部付费电话，配备公共盥洗室的斯巴达式学生宿舍，如今已经变成了公寓套房，其中配有厨房、休闲室、支持立体音响系统的大功率线路，后来还配备了计算机。

这些新的服务的出现并不是校园生活的唯一变化。学生事务长增加了本科生的住宿安排方面的选择。把志趣相投如对俄罗斯研究或戏剧艺术等领域感兴趣的学生聚集在一起的"主题屋"（Theme houses），补充学校宿舍和男女学生联谊会提供服务的不足。最引人注目的变化是引入男女生混住的宿舍。谨慎的家长和愤怒的神职人员抱怨道，大学官员支持这种住宿模式是推卸他们对学生们的道德责任。批评者对疯狂的性放纵的担忧是没有根据的——至少那种认为男女生混住的宿舍会导致疯狂的性放纵是毫无根据的。例如，在拉特格斯大学，人类学家迈克尔·莫法特（Michael Moffat）1989 年的研究《新泽西的下一代》（*Coming of Age in New Jersey*）发现了令人惊讶的反作用。混合型住宿里的男生和女生常常会形成兄弟姐妹似的互相关心的关系。公寓舍友之间的恋爱关系被认为是禁忌，宿舍外的学生作为约会对象进入宿舍时会受到详细审查。与家长们的预测相反，校园宿舍的性别亲近并没有把保守和自觉意识排除在外。①

比男女生混住宿舍的动态发展更有趣的是莫法特在 20 世纪 80 年代大型综合性大学本科生文化中发现的其他变化。住校的学生很少与那些有组织的校级学生活动和服务有联系或隶属关系。例如，大学代表队在大多数本科生看来是另一个世界。拉特格斯大学橄榄球队被一群本科生描述为一种遥远的职业运动，与附近

---

① Michael Moffat, *Coming of Age in New Jersey*: *College and American Culture* (New Brunswick, N. J.: Rutgers University Press, 1989 ).

的纽约巨人（New York Giants）职业橄榄球队相比，它吸引的忠实拥护者并不多（也不少）。莫法特 20 世纪 80 年代的研究也再次证明了劳伦斯·维齐早在一个世纪之前对本科生的研究：对于大学生活到底是什么，学生和教师之间一直存在着巨大的鸿沟。即使是那些追求学术成就的本科生，对于教授是做什么的，学术生涯意味着什么也缺乏概念。①

同处一所大型校园的教授与学生确实有一个共同的特点：他们很少有人知道学生事务长的名字。当代大学的"隐性课程"是学生学习如何在大型组织中游刃有余——这是一种在成人生活中不可或缺的后天习得的技能。每个学生都开拓了亚文化联盟、地理地盘和学术生存策略。学习只是争夺学生时间和注意力的众多活动之一，专业和学位目标的选择是精心制定的学生等级和规则的一部分。有趣的是，莫法特对 1987 年学生的学习压力比上一代学生要小这一说法进行探讨，他的结论令人吃惊，尽管学生经常把课程看作是需要跨过或避开的阻碍，但大多数本科生似乎和一个世纪前的学生一样勤奋和关心"出人头地"。②

在 20 世纪 80 年代，有迹象表明，一个世纪以来广为人知的"学院文化"（collegiate culture）发生了实质性的变化。虽然校园曾经是本科生时尚和价值观的熔炉，但现在它被一个规模更大的"青年文化"（youth culture）所取代，包括音乐、品味和词汇这些曾在高中时代就围绕着学生的文化，甚至继续渗透到学生们的大学生活中。这意味着最初进入校园生活的那些基本规则发生了变化。一旦高等院校为学生提供了物质享受，那它们就必须面对更困难的任务，处理由这种文化变化所产生的一系列新的教学问题。也许在 1950 年至 1970 年间，大学对本科生态度的最大变化是对在学率和学位完成率的关注。对于新生班级 25% 或更高的流失率，行政部门已经不能再坐视不管。为了提高学生继续就读和毕业的几率，学校提供了专业指导、新的教学与学习中心，同时拓宽学生服务并实施各种其他教学工具。州政府的一个策略是对学生的人均补助金进行分割。部分补助金将在入学时支付，其余款项将根据计算课程完成或学位授予等花销后支付给该

---

① Michael Moffat, *Coming of Age in New Jersey: College and American Culture*, pp. 25—61.

② Michael Moffat, *Coming of Age in New Jersey: College and American Culture*, pp. 29—34.

大学。

每所大学都面临分析学生流失并对此做出回应的另一个诱因——高昂的本科生教学成本。在20世纪70年代末期,通过对一些州立大学进行仔细审计发现,大一和大二学生糟糕的学业表现正在扰乱基本的资源配置策略。最初的计划是,一个庞大的本科数量可以减少人均支出,从而腾出更多的学费用于高级课程和为高年级学生和研究生举办的研讨会。但是低年级本科生情况的改变推翻了这一逻辑,实际经费的安排是完全颠倒的。这种被揭示的内情还包括即使那些久负盛名的研究型大学与美国高中的特征相互依赖。大一学生在英语作文、数学和科学课程上越来越高的不及格率部分原因与高中有关。尽管一名学生的高中微积分成绩为A,但高中课程频繁降低的标准并不能保证学生拥有那些大学数学教师所预设的必要知识。学业准备方面的这种差距被披露的情况并不仅限于开放式入学的院校。例如,1978年斯坦福大学的招生办主任提醒教授们,虽然这些大学享有选择性录取的特权,但即使是在学术上才华横溢的新生,也出现了分析和写作能力参差不齐的令人担忧的迹象。[1]

当准备不充分的大一新生放弃了课程或者挂科了,他们之后会重新注册一些课程,然而通常他们会再次放弃这些课程,从而影响拨款程序。学校已经支出了学生的州补助金,但现在因为要将更多的时间、课程名额和教室空间重新投入到这些成绩不佳的学生身上而"不得安宁"。本科生在开学初"预选课程"(going shopping)等做法使这种情况进一步加剧,比方说,在上课的第一天注册6门课程,然后在几周后将数量减少到4门。事实就是旗舰州立研究型大学无意中把有限资源的很大一部分投资在了那些不能坚持学业的新生身上。[2]

为了省钱,高等院校就不得不花钱。首先必须投入资源开展各种支持服务,帮助本科生学业进展顺利。1950年听其自然的问题在1980年就成了一个需要深思熟虑的问题,同时也是一项投资。学校的努力还扩展到越来越复杂的、超出课堂教学范围的、以学生为中心的项目和活动。系主任和教师们先后认识到本科生

---

[1] Fred A. Hargadon, "A Memo to Secondary Schools, Students, and Parents" (Stanford, Calif.: Stanford University Office of Admissions, 1978).

[2] Russell Schoch, "As Cal Enters the 80's There'll Be Some Changes Made," *California Monthly*, January-February 1980, pp. 1, 2.

群体在各方面日益增长的多样性，包括年龄、性别、收入水平和学业准备。高校提供的学术咨询越来越适应多样化的模式，不再局限于对典型的本科四年全日制学习经历的预设。在学校的规定中，除了"辍学"（dropping out）以外，还为学生增加了"暂停学业"（stopping out）的选择。实习经历、实地经验、出国留学以及许多其他创新实践逐渐成为学士学位经验的组成部分。有关大学经历的定义正在发生变化，对此最为关键的一项认知就是联邦数据汇集中将"学士学位完成"的年限从4年延长到5年，然后又延长到6年并定为标准。这种院校审查的意外收获是，大学最终被迫重新认识本科教育的重要性。创建荣誉学院、新生研讨会和跨学科领域，并奖励那些致力于教学和指导本科生的教师，这些迹象反映出研究型大学内部至少做出了部分改革。

## 教师队伍状况

要了解1970年以后美国高等教育氛围的改变，我们有必要探讨一下美国教授们是如何看待自己以及全国媒体对他们的描述。1968年克里斯托弗·詹克斯和大卫·里斯曼在他们毁誉参半的《学术革命》一书中描绘了大学教师和学术职业权力崛起的过程，不仅是在高校内部，在美国社会中他们也是有影响力、收入丰厚的专家。大卫·布朗（David G. Brown）在《流动的教授们》（*The Mobile Professors*，1967）一书中描绘了类似的画面，本书还预测了大学教师将面临长期缺乏的现象。但好景不长，几年后一个发人深省的研究报告《倒退的学界》（*Academics in Retreat*）适时发表。[①] 到1972年，长达15年的聘用潮结束，学界的流动性因此下降，对高校决策的影响力也变得微乎其微。

除了少数几个领域，大学教师的就业市场已经萎缩。1965年，一个刚从重点大学毕业的博士通常会收到三四个终身教职的工作机会，而到1972年通常已经没

---

① Christopher Jencks and David Riesman, *The Academic Revolution* (Garden City, N. Y.: Doubleday Anchor, 1968); David G. Brown, "College Teacher Shortage," in *The Mobile Professors* (Washington, D. C.: American Council on Education, 1967); Joseph Fashing and Steven E. Deutsch, *Academics in Retreat: The Politics of Educational Innovation* (Albuquerque: University of New Mexico Press, 1971).

有了这样的空缺职位。① 一个终身教职的空缺职位吸引了数百名有资格的申请者的情况并不罕见。例如，尼尔·斯麦莱斯（Neil Smelser）和罗宾·康坦特（Robin Content）记录了20世纪70年代末加州大学伯克利分校社会学系的两个职位招聘公告是如何吸引了300多名申请者。② 20世纪60年代的聘用潮已经使高校教师职位出现饱和，未来几年几乎不可能出现职位空缺。这种职业拥堵是由于大学教师职业独特的成长历程造成的。通常一名大学教师在提升为副教授之后五六年才能得到一个终身教职的工作机会，这意味着终身教职的获得需要个人和高校为期20到30年的投资。与此同时，全国大学教师的就业市场已接近饱和，博士学位项目的扩招使得在未来几年不断有新的博士进入学术市场。解决了1960年以来高等教育需求的灵丹妙药，到了1980年却成了供应过剩市场的沉重负担。

校长和董事会面临的一系列问题中，教师并不是主要关注的对象。原因之一是校长和教务长拥有买方市场的优势。不论是久负盛名还是声名鹊起的大学在聘用新教授方面拥有大量的选择权。现在他们可以对比教师的资历，这在20世纪60年代是不可能出现的现象。由于获得终身教职的教授在其他地方基本上很少有机会能找到更好的工作，管理权力的天平从教师又回到了行政部门。

正如罗杰·鲍德温（Roger G. Baldwin）和杰伊·克罗利斯特尔（Jay L. Chronister）记录的那样，高校解决供过于求的教师市场的做法令人不安，学校越来越依靠聘用临时教员（adjunct faculty）开展"没有长聘的教学"（teaching without tenure），这一做法预示着大学对学术自由的行政侵蚀。③ 这种对传统学术等级和职位的破坏，对社区学院的教师来说尤其成问题。诺顿·格拉布（Norton Grubb）和他的研究伙伴们得出的结论是，公立两年制院校的教授们正变得"受人尊敬但不被重视"。④ 合并那些入学率低的系，这一短期的解决方案回避了一所

---

① See Dorothy E. Finnegan, "Segmented Labor Markets," *Journal of Higher Education*, November-December 1993, pp. 621—656.

② Neil Smelser and Robin Content, *The Changing Academic Market Place: General Trends and a Berkeley Case Study* (Berkeley: University of California Press, 1980).

③ Roger G. Baldwin and Jay L. Chronister, *Teaching without Tenure: Policies and Practices for a New Era* (Baltimore: Johns Hopkins University Press, 2001).

④ W. Norton Grubb, ed., *Honored but Invisible: An Inside Look at Teaching in Community Colleges* (New York: Routledge, 1999).

正规的院校应该提供什么这一根本问题。最终结果是教授们工作积极性不高。这种情况导致霍华德·鲍恩（Howard Bowen）和杰克·舒斯特（Jack Schuster）在一项全国性研究中得出结论，认为教师是"一种濒临危险的国家资源"。①

## 社区学院

社区学院是在20世纪70年代美国高等教育的变革中发展起来的院校。在许多州，社区学院的建设和运营资金是充裕的。由于许多社区大学采用"开放式入学"，它们可以招收各种各样的学生。社区学院既具有学术转学功能，同时也提供职业教育项目。而且，两年制公立学院开始增添了新的使命并为新的群体服务。学院提供休闲或社区感兴趣的课程——有些课程有学分，而有些课程没有学分——供学生选择。为各种不同行业和专业领域提供的继续教育和证书是社区学院另一个有吸引力的领域。另一方面，社区学院经常会提供补偿教育。一个与社区学院最不相称却引人关注的创新在于，学院为那些已经获得学士或硕士学位的申请者开设高级课程，为他们提供新的就业技能。

社区学院的职能增加以及学生成分的扩大是由州经费资助方式推动的，政府为每位注册入学的学生提供人均补助金。这一方式的不足之处就在于，它缺乏对社区学院应该提供什么或不应该提供什么进行指导。② 最终，令人担忧的迹象浮出了水面。第一个警报来自州立大学，它们历来依赖两年制公立学院来提供大学一、二年级的教学工作，之后这些学生转校到四年制州立大学。在一些州，特别是加利福尼亚州，需要担忧两方面的问题。首先，社区学院学生申请升入四年制大学的人数急剧下降。其次，转校学生的学业成绩与前几届转学生相比较为落后，与大一新生时就在这所大学就读的学生相比也是落后的。结果是，四年制院校对社区学院失去信任，不再把其作为一个可信赖的转学机构。

四年制高校对社区学院效率的存疑，延伸到质疑它的在学率和流失率这种更普遍的问题上。社区学院行政官员简单且笼统的解释是，由于社区学院学生的背

---

① Howard R. Bowen and Jack Schuster, *American Professors: A National Resource Imperiled* (New York: Oxford University Press, 1986).

② California Postsecondary Education Commission, *Missions and Functions of the California Community Colleges* (Sacramento: CPEC, May 1981).

景和学术准备等情况复杂多样，因此让这些社区学院接受传统的模式来监测学生的在学率是困难的，可能也是不合适的。与这种观点相反的说法是，两年制公立社区学院对待学习差的学生的偏见已成为惯例，社区学院成为人员高度流动的"旋转门"（revolving-door）式的学院，或者促进了其"冷却"（cooling-out）的功能，使那些几乎没有机会完成学业的学生将最终的学业失败归咎于自己。

社区学院声称它们能够为初级职业岗位提供良好的培训，当一些研究对此进行考察时，第二个令人担忧的问题就出现了。当一名学生放弃了一门技术课程，这实际上可能证明社区学院做得很好，这个逻辑混乱的例子就是矛盾的。最常被引用的例子是空调维修班。如果一个学生很快就掌握了在该领域找到高薪工作所必需的技能，为什么还要费时完成所有课程，更不用说修完两年制学位了？这样的模式给招生和课程规划的预设带来了巨大的麻烦。同样令人费解的是，很难确定职业课程与当地经济之间存在直接联系。许多学院领导认为这些分析有缺陷、不公平而不予理会，这是可以预见到的也可以理解的。一直以来社区学院的使命是否清晰，以及它们是否有能力证明教育有效性（无论如何定义），都存在不确定性。

在经济繁荣时期，关于教育有效性的争论只是偶尔会出现。然而在20世纪70年代末，当大多数州面临财政收入不足时，学术问责制就成了考虑经济资助问题的一个重要因素。这一问题在加州最为严重，1978年的第13项修正案对本州的财产税设定了上限，并减少了对本州120所社区学院的经济资助。这是加州州长第一次向纳税人询问，对社区学院课程收取适当的学费是否合理。或者，换句话说，如果社区学院不收学费，那么是否应该限制公民注册然后放弃某门课程的次数呢？

预算限制也迫使社区学院重新考虑其综合职能。更重要的是什么：是为那些缺乏受教育机会或未受过良好教育的个人提供入学机会，还是为那些已经获得学士或硕士学位的公民提供毕业后的继续教育课程或再培训？在州经济繁荣时期，有机会成为名副其实的"人民的大学"是院校提升的机会，但在州经济衰退期间，这却成了沉重的负担。社区学院的支持者坚定地认为，以那样方式提出政策问题是不公平的，因为这是一种错误的两分法。为什么不同时兼顾这两项职能呢？

在亚历山大·阿斯廷（Alexander Astin）的研究中，对社区学院教育功效的质疑最为极端。他在1977年的著作《关键四年》（*Four Critical Years*）中首次表达了他的存疑态度,他的结论是,广泛依赖两年制公立学院作为第一代大学生进入大学的起点,这导致了认知能力的降低以及信仰和价值观的改变。[1] 之后,在他1993年的后续研究《学院中什么最重要?》(What Matters in College?) 中,阿斯廷做出了一个切合实际的评论,他把社区学院的学生排除在关于大学经历影响的调查数据之外。[2] 他的理由是社区学院并非真正的大学。当然这只是他作为研究者的一家之言。然而,阿斯廷的观点却很有影响力,令人不安的是,他否定了那些招收了近一半大学新生的社区学院。

## 预算难题与权衡:1980年的布朗大学

关于教育公平性与有效的难题不仅仅存在于两年制公立学院,即使是常春藤联盟的成员也面临着预算问题,这引发了基本的理念问题。1979—1980年布朗大学面临的情况生动地反映了宏观问题渗透到校园治理的方式。根据德布拉·肖尔(Debra Shore)的说法:"能源成本飙升,需要经济资助的新生人数超过预期,这使布朗大学的平衡预算陷入危险的境地,大学正面临着一些难题。布朗大学能为学生提供经济资助吗?如果能,代价是什么?如果不能,那对于布朗大学学生群体在种族、地理和经济上的多样性意味着什么?"[3]

大多数校长都希望能遇到布朗大学那样的问题:具备资格的申请者超过所需的名额;相对高的人均捐助款;一个稳固的支持型校友团体;它属于高等教育中一个很有吸引力的小众领域,是一所教学与科研相结合的小型大学。但院校的运行状况是相对的。布朗大学行政管理层内部的担心是资源紧张,特别是与其他常春藤盟校的实力相比。1981年学生全年的学费和其他费用已经上涨至10000美元(约合2000年的18000美元)——这使布朗大学成为美国最昂贵的大学之一。它也是最慷慨的大学之一,履行其需求回避的招收政策以及基于需要的经济资助的

---

[1] Alexander W. Astin, "Implications for Policy and Practice," in *Four Critical Years: Effects of College on Beliefs, Values, and Knowledge* (San Francisco: Jossey-Bass, 1977), pp. 242—262.

[2] See forword to Alexander W. Astin, *What Matters in College? Four Critical Years Revisited* (San Francisco: Jossey-Bass, 1993).

[3] Debra Shore, "What Price Egalitarianism?" *Brown Alumni Monthly*, February 1981, pp. 12—19; quotation at p. 12.

承诺。不断上升的能源消耗和运营成本带来的预算紧缩灼烧着校园的灵魂,迫使布朗大学重新考虑能否继续其招生政策和经济资助政策。学费和其他收费的增加既帮助又妨碍了大学的收入。由于超过 30% 的布朗大学本科生获得了大量的经济资助,如果要满足学生重新计算的经济资助需求,任何学费的上涨都会增加大学的开支。

　　一个显而易见却又没有明确答案的问题是,大学费用中有哪些资源可以节省下来,然后用于学生资助?可供选择的答案包括:降低教师和员工的工资,减少图书馆开放时间和预算,以及其他内部开支的缩减——每一项都将会降低布朗大学作为教学和研究机构的工作效率。一个更具争议的省钱建议是布朗大学放弃其普遍承诺的需求回避的招收政策。换而言之,大学管理部门可以要求不向所有被录取的申请人提供经济援助的特权。

　　当然,并不存在一个令所有群体都满意的答案。布朗大学对知识界精英进行经济资助的传统在现实和象征意义上都很重要。在这个时候放弃这一政策尤其是有风险的,因为越来越多有教育意识且富裕的家庭开始关注那些声名鹊起、低学费的州立大学,把它们作为准备上大学的孩子的一个选择。① 一些独立大学选择了无需满足经济资助条件的"优秀奖学金"(merit scholarship)作为竞争最优秀学生的策略,这种不考虑学生的家庭收入的政策对那些没有资格获得基于需求的经济资助的富裕家庭最有吸引力。最终结果是在竞争激烈的大学招生市场中出现了新的基本规则和新的学生群体,招生主任们开始要依赖积极主动的技术和策略来吸引潜在的学生。

## 在逆境中学习

　　从 20 世纪 70 年代初开始,关于高等教育的文章,无论是在大众媒体上还是在专业报纸杂志上,都传达出一种普遍看衰的信息。大学与医院、社会服务机构、博物馆、表演艺术中心、慈善组织等一同被描述成"处于危险之中的组织",

---

　　① David Riesman, *On Higher Education: The Academic Enterprise in an Era of Rising Student Consumerism* (San Francisco: Jossey-Bass, 1981).

陷入了沃尔德马·尼尔森（Waldemar Nielsen）所说的"非营利组织的危机"。①高等教育的新萧条，其阴云早在 1973 年就已出现在地平线上，很有可能发展成为一个绵延不绝的雨季。令人清醒的附言是，校长们被告知，不要对联邦政府的财政援助抱太大期望。到 1975 年，大多数校长和董事会不得不面对一个不可否定的事实，即他们的院校面临的问题是长期的，而不是暂时的。1978 年发表在全国性杂志《时代周刊》和《美国新闻与世界报道》的文章发出警告，大学面临着一场"生死斗争"，这是一个"买方市场，因为大学都在争先恐后地占据空间"。有些系统性研究还得出结论，预测院校存在较高的消亡可能性。刘易斯·梅休（Lewis Mayhew）思维缜密的建议手册《活过八十年代》（*Surviving the Eighties*）和卡耐基委员会的总结报告《三千个未来》（*Three Thousand Futures*）的流行，是对这一问题长期关注的体现。②

因此，尽管高等教育因其 20 世纪 60 年代的"管理革命"而受到称赞，但这是一次不完整的转型，因为它从未在逆境中经受过考验。在美国的一些地区，高中毕业人口的下降，两位数的通货膨胀，不断上升的能源成本，以及昂贵而麻烦的校园基础设施，这些都表明了变革的必要性。那么能够做到的就是与高等院校相结合，进一步巩固管理和规划方法，使之成为一个真正的开创型机构。经济学家霍华德·鲍恩（Howard J. Bowen）是研究高等教育困境（及其解决办法）最具影响力的分析家之一。鲍恩曾担任伊利诺伊州商学院院长、爱荷华大学校长和格林内尔学院院长，后来在加州克莱蒙特研究生院担任教授并全身心投入高等教育经济学研究。当立法机构和持怀疑态度的公众质疑高等教育的功效时，鲍恩对高等教育的成本进行了详细的分析，并为他提出的"学习投资"给出了全面的理由，高等教育不仅对个人有益而且更重要的是对社会有益。

尽管 20 世纪 80 年代左右人们的预测是大量高等院校注定要关闭，但实际的院校继续生存的经历令人印象深刻。大学的复苏在很大程度上是由于校园治理从"管理革命"转变为"开创型革命"（enterprising evolution）。乔治·凯勒（George

---

① Waldemar Nielsen, "The Crisis of the Nonprofits," *Change* 12, no. 1 (1980): 23–29.

② Lewis B. Mayhew, *Surviving the Eighties* (San Francisco: Jossey-Bass, 1979); Carnegie Council on Policy Studies in Higher Education, *Three Thousand Futures: The Next Twenty Years for Higher Education* (San Francisco: Jossey-Bass, 1980).

Keller)的《学术策略》(*Academic Strategy*)等著作表明,将认真考量数据与决策直接的联系,比不断地争夺更可取。① 这一解决方法是及时的,因为联邦政府和各州政府开始强调"私有化"(privatization)以及在资助资金分配方面的激励机制。除了这种方法对1972年开始的学生经济资助产生了影响,改变了大学招生和录取,在院校筹资方面也同样强调激励机制。推动这一校园创新举措的基本手段是"匹配赠款"(matching grant),这是约翰·洛克菲勒在近一个世纪前首创的战略,但被政府机构和私人基金会重新提起,因为他们要求大学在混合资源方面"满足匹配"。为了鼓励对高等教育的支持,政府也暂时搁置"州立"与"私立"院校的区别。例如,在印第安纳州,州议会对向获得该州认可的高等院校捐款的捐赠者慷慨地给予一美元对一美元的州所得税减免,从而激励了个人和企业为高等教育做慈善事业。

不断变化的政策意味着,越来越多的院校开始认真对待筹措资助款的能力,以寻求从州政府和基金会获得超越"常规业务"之外的新项目的资助。捐赠者预期研究、人口趋势分析,以及对机构提案要求的仔细监测,促使校园筹款办公室培养了一批新型的发展专业人士。许多大学在校领导班子中还增设了副校长,负责处理与政府的关系问题。

20世纪80年代初出现的高等教育收入和支出方面的变化不仅改变了校园,也改变了拨款机构本身。首先,新一代的个人教育机构和基金会出现了——以加州欧文基金会(Irvine Foundation)为例——他们优先考虑的是教育问题的新议题,而不是专注于单个高校。其次,老牌基金会,如福特基金会,则较少将自己定义为主要联邦机构的复制品,而是选择资助那些既有创新性又有探索性并且着眼于未来的项目,包括致力于少数族裔和女性学生或国际研究和全球相互依存等问题的项目。② 也许最重要的变化是,高等院校不能再认为自己是个人或企业捐赠的唯一或主要受益者。

---

① George Keller, *Academic Strategy: The Management Revolution in American Higher Education* (Baltimore: Johns Hopkins University Press, 1983).

② Goldie Blumenstyk, "New Head of the Ford Fund's Educational Program Is Champion of Women and Minority Students," *Chronicle of Higher Education*, 9 December 1991, pp. A27-A28.

## 州与高等教育：协调与集中

在《1964年高等教育法》的1972年修正案中，有一项旨在改变高等教育治理的条款，它的行动计划是联邦政府为50个州提供激励资金，帮助各州创建州高等教育协调机构，作为高等教育机构和联邦政府之间的桥梁。重点是长期规划，着眼于避免学术项目的重复。资助这些机构的项目——通常被称为"1202委员会"——结果各不相同。有些州已经有了协调机构。而其他州，联邦的激励资金促进了新机构的产生。在州与州之间，协调机构的特征也存在差异，有些是高度集中的机构，比如纽约州大学董事会（the Regents of State University of New York）或者北卡罗来纳大学系统（North Carolina University System），有些则是采用自愿协调系统。州委员会的一个显著特征便是依靠说服与胁迫相结合的方法，促使院校解决那些单个学校不可能单独考虑的全州性问题。1202委员会资助一个新的特点在于，它明确规定，独立高等院校将与州立院校一起参与全州公共政策的讨论。高等教育领导组成的全国性组织是州高等教育行政官员协会（the State Higher Education Executive Officers）。该组织通过在诸如州教育委员会（Education Commission for the States）这样的组织中与州长通力合作，开展工作。

对大学校长而言，特别是在久负盛名的旗舰州立大学，州委员会通常是一个招人厌烦的组织。州立大学必须通过州立机构提交报告和提出要求的观点，背离了在州府进行游说的惯例，在最好的情况下，州协调委员会促使各个学院和大学考虑有关使命这样共同的问题，这些是大学校长自己很少考虑的问题。然而，州委员经常发现自己陷入困境，因为他们得到的授权是向州长或州立法机构提出有关预算、基本建设、关闭过时的项目、批准新项目的建议。但大多数情况下并不能保证他们的建议能够被采纳。尽管理性的规划可能表明，建立一所新的法学院将是昂贵和不必要的，但因为那些固执的州议员联合起来并坚持认为，他们所在选区的州立大学需要一所法学院时，这一逻辑可能会被推翻。结果是州委员会只是改变了在考虑全州性的政策时的一些变革动力和术语。在20世纪70年代财政困难时期做出一些贡献包括激励"校际合作"（intersegmental cooperation），例如，提供一些创业资金鼓励旗舰州立大学与社区学院和州立学院合作。另一项创新则是"稳态增长"（steady-state growth）的观念，即一所大学只能在减少一个已有学术项目的前提下，才能新增一个学术项目。州委员会还在大学与州政府之间增设一层新的官僚机构。

尽管这一时期，大部分宣传都集中于联邦政府在高等教育中日益重要的作用，但是政府支持公立高等教育的教学和年度运营预算的支柱，仍然是各个州，而不是华盛顿特区。

## 营利性高校的迅猛发展

佩尔助学金计划和其他学生经济资助计划的慷慨规定产生了另一个重要影响：扩大了中学后教育的范围。因为该计划没有明确规定有资格申请的院校类型，所以许多私立学校马上申请参加学生经济资助项目的资格。尽管这一行为遭到"资深"高等院校的反对，但是最终这些新来者获得了一杯羹，并有资格获得从助学金到贷款等各种学生资助项目。然而，这些成果不断遭受到审查和面临着缩减的可能。认证组织和传统学院指出，一些私立学校学生的高违约率是教育标准松懈，甚至是直接利用高风险学生的证据。要求一所院校获得认证本身并不能保证该院校教育质量的合格以及学校运行的认真负责。到 20 世纪 70 年代晚期，这种认为资格认证是有效检查的自信减弱产生了两个后果。首先，许多州政府采取了自己的措施来鉴别并遏制"文凭工厂"。其次，对自愿认证机构在管理可疑院校方面的效力日益不满，导致保护伞组织——中等后教育认证委员会（Council on Postsecondary Accreditation）的解散。

私立学校的代表指出许多"正规"高等院校的质量无法确定，反驳了有关标准被降低和财务行为可疑的指控。他们还依靠游说和政治捐赠来获得国会的支持。随着成员的增加，到 1996 年我们可能会谈论起一个被称为"高等教育公司"（Higher Ed, Inc）的强大新群体——这一现象被理查德·鲁赫（Richard Ruch）称为"营利性大学的兴起"。[①] 在这样院校中，最重要的是凤凰城大学（University of Phoenix），它在多个州拥有分校，并依靠"远程学习"技术提供指定课程学习和学位课程。不管那些知名高等院校的校长们喜不喜欢，他们都被迫承认，私立院校是晚宴中不受欢迎的客人，尤其是当主菜是联邦学生资助的时候。

---

① Richard S. Ruch, Higher Ed, Inc.: *The Rise of the For-Profit University* (Baltimore: Johns Hopkins University Press, 2001).

## 从紧缩到复苏：1980 年—1989 年

高等教育协会持续在公共关系宣传中提醒公民和政客们，投资高等教育不仅有利于经济，还能保证带来许多其他的社会效益。① 这些努力得到了回报。到 1983 年左右，随着通货膨胀的下降，全国经济开始回升，高等教育的拨款随之增加。高等教育复苏的一个迹象是到 20 世纪 80 年代中期，大多数州长候选人都以"高等教育州长"的身份进行竞选活动——呼吁在州政府、私营企业以及高等教育之间建立伙伴关系，以促进形成强大的"高科技"州经济。州长和大学校长们似乎都在放眼未来，但事实上，他们依靠的是历史上的例子，如斯坦福和伯克利附近的"硅谷"，波士顿—剑桥地区的"128 号公路电子带"（Route 128 Electronics Belt)，以及北卡罗来纳大学、杜克大学和北卡罗来纳州立大学的"研究三角园区"（research triangle）。从 1985 年至 1990 年期间，许多大学联合州政府一起发起（并资助）研究园区和新的实体，这些实体有着有趣的名字（并隐约暗示其使命），如"创新技术中心"。

大学也开始相信自己的公共关系宣传，认为自己的命运是经济孵化器。经济学家查尔斯·克洛特菲尔特（Charles Clotfelter）对哈佛大学、杜克大学、卡尔顿大学和芝加哥大学这四所大学进行了调查，作为 1996 年一项关于精英高等教育成本迅速上升研究的一部分。他发现，20 世纪 80 年代中期，高校慷慨大方地投入资金以实现其雄心以及对质量和声誉的追求。"但求最好"变成这些精英大学的信条。这一理念弥漫整个高等教育并延伸到对尖子学生和教师的追求，以及对英才教育和社会正义的投入中。而且，由于许多院校在 20 世纪 70 年代末已经延缓了采购和维护计划，因此到 1985 年出现了一股被压抑已久的购买力，这股购买力不断升级，一直延续到 1987 年 10 月股市崩盘，紧接着是 1989 年州财政收入下降。②

---

① See Howard J. Bowen, *Investment in Learning: The Individual and Social Value of American Higher Education* (San Francisco: Jossey-Bass, 1977).

② Charles T. Clotfelter, *Buying the Best: Cost Escalation in Elite Higher Education* (Princeton, N. J.: Princeton University Press, 1996).

## 政府关系与监管

只要大学获得了自认为是足够的经济资助,就意味着高等教育和联邦政府之间的"伙伴关系"运作得相当好。在这种情况下,政府的监管虽然被视为一种麻烦,但仍然是一个不可避免的代价。到 20 世纪 70 年代末期,这种默认已经开始消失。1982 年,一个受卡耐基高等教育发展基金会(Carnegie Foundation for the Advancement of Higher Education)委托的研究小组在一份关于大学管理的报告开头写道:"高等教育的管理中仍然存在着一种固有的紧张关系。人们期望高等院校作为社会的一个组成部分能对社会的需要作出回应——同时也能在没有过度干扰的情况下自由地开展基本工作"。① 对于大学校长们来说,他们当时面临着双重压力,一方面是政府监管的加强,另一方面是联邦政府对研究资助和学生经济资助的减少,这个描述非常准确并且常见。② 包括高等教育协会官员和大学校长在内的有影响力的发言人将这个问题推向了中心舞台,认为政府的监管已经变得不合理甚至过度。这种论证含蓄地指出,高等院校能够在最少监督下"做正确的事情"。联邦监管是错误的,而且执迷不悟。

社会学家内森·格雷泽(Nathan Glazer)在一项研究中比较了联邦政府对高等教育和商业领域的监管,该研究考察的主题相同,但从历史的角度分析了一连串的学术抱怨。在格雷泽看来,一个重要的历史维度是,从 1910 至 1980 年间,在联邦政府的问题上,商业和高等教育基本上已经交换了位置。尽管西奥多·罗斯福总统专注于"取缔垄断"(trust busting)并迫使大型企业服从,但是那个时期的高等院校几乎总是不受联邦监管措施的约束。这样联邦管制传统一直持续到新政时期。例如,高等院校最初是不需要缴纳社会保障税或工人补偿金,甚至也不需要为员工提供干净的饮用水。除了这些高校运营的基本问题之外,国会与法院也以学术自由的名义赋予学校高度的自由。比如 1970 年之前,法院审理涉及终

---

① Carnegie Foundation for the Advancement of Teaching, *Control of the Campus: A Report on the Governance of Higher Education* (Princeton, N. J.: Carnegie Foundation for the Advancement of Teaching, 1982), pp. 3—4.

② John R. Thelin, "Campus and Commonwealth: A Historical Interpretation," in *Higher Education in American Society*, ed. Philip G. Altbach, Robert O. Berdahl, and Patricia J. Gumport (Amherst, N. Y.: Prometheus Press, 1994), pp. 21—36.

身教职和职业解聘有关的单个教师诉讼的案件是很不寻常的。同样，聘用决定以及学院招聘委员会的行为也被认为是不属于法院的管辖范围。有关招生和毕业的争议也被认为是学校内部问题。院校也不需要向学生本人披露学生记录。①

根据格雷泽的研究，到1980年，联邦政府在商业领域和大学方面扮演的角色在许多情况下发生了逆转。商业获得了越来越多的豁免权和激励机制。相比之下，高等院校则受到越来越多的规章和程序的约束。在越来越多地涉及高校作为被告的诉讼中，一个有趣的现象是原告各不相同，有心怀不满的外部人士，也有那些认为学院行政管理部门和董事会对其不公的校园内部人士。大学一直都有来自外界的批评者。新出现的情况是内部人士，包括教师、学生、员工、校友等充分组织起来，向母校发起正式挑战。对高等教育自治的逐渐侵害产生了两个基本问题。第一个问题是，谁为大学"发声"？大学最终代表了谁？第二个问题是，如果没有政府的监管和干预，让高等院校主动去做，他们将如何回应社会公正问题？总的来说，高等教育机构继续保留大量自治权，但越来越多的人认为高等院校应该对他们的决定向公众负责。

哈佛大学校长德里克·博克（Derek Bok）代表其他兄弟院校的校长，对联邦政府干预高等教育基本活动表示担忧，并重申最高法院大法官费利克斯·法兰克福特（Felix Frankfurter）在1957年一个案件中宣称的大学"四项基本自由"：决定谁来教的自由，教什么的自由，如何教的自由以及录取谁的自由。博克倾向于依靠激励措施和补助金等作为一种手段引导高校遵守联邦政府的规章。最不可取的方法就是采用严苛的规则、程序性的要求，以及高压政治。在博克看来，联邦机构对数据没完没了的要求，已经把大学变成被小人国居民（Lilliputians）折磨的格列佛（Gulliver）。联邦机构用矛盾的甚至不适合的政府条令这样繁文缛节来约束高校。他承认一些联邦规章有助于遏制最令人生厌的各种歧视，但他认为，总的来说，大学是理性且反应迅速的。②

尽管大学校长们对联邦干预和微观管理感到愤怒，但许多与高等教育关系密

---

① Nathan Glazer, "Regulating Business and the Universities: One Problem or Two?" *Public Interest*, Summer 1979, pp. 42—65.

② Derek C. Bok, "The Federal Government and the University," *Public Interest*, Winter 1980, pp. 80—101.

切的群体已经开始依赖联邦法规,将其作为获得公平申述机会,以及可能在有关院校行为的纠纷中得到赔偿的最大希望。联邦法规已经与学生经济资助项目作为合作伙伴共同促进美国校园的社会公平。但难题是如果高等院校不受诉讼或监管的约束,它们会如何表现? 例如,1980年或1990年高等教育教师的组成与1960年相比,在性别和种族方面会有很大的差异吗? 甚至克拉克·克尔与其他学界领导都承认,美国大学在支持他人方面是自由的,但自己的行为却是保守的。正如1978年切斯特·芬恩(Chester Finn)在其著作《学者、美元与官僚》(*Scholars, Dollars, and Bureaucrats*)有关"监管困境"的讨论中指出,一项针对高等教育的联邦法规的出台,只是为了回应一位选民的一些具有决定性作用的投诉。①

## 监管问题与平等:高等教育中的女性

伯尼斯·桑德勒(Bernice Sandler)和罗伯塔·霍尔(Roberta Hall)就20世纪70年代女性在高等教育中的地位做了很好的总结。她们注意到,女性身处在一种普遍的"寒冷"氛围中。② 回到1970年高等教育的基本统计数据,乍一看,本科生中女性所占比例似乎已经很合理了。在校生中女性的比例从1950年的32%上升到了41%。但在研究生入学人数上,女性的差距则大一些,不过女性所占的比例也随着时间的推移而有所提高。1950年女性占研究生总数的比例为27%,到1970年已经提高到39%。然而,在教师队伍中,讲师以上职称的女性比例则非常低。

1975年,比克尔(P. J. Bickel)、哈梅尔(E. A. Hammel)以及奥康奈尔(J. W. O'Connell)对博士项目的申请和注册模式进行了详细研究,以了解性别歧视方面的情况。他们惊奇地发现,当对各个系进行分析时,男性和女性申请人的录取率几乎相同。但从总体上看,女性只占哲学博士录取人数的一小部分。如何解释并纠正这种整体的差异呢? 第一步是解释院系和全校趋势之间的差距。答

---

① Clark Kerr, *The Uses of the University* (Cambridge, Mass.: Harvard University Press, 1963); Chester E. Finn, *Scholars, Dollars, and Bureaucrats* (Washington, D.C.: Brookings Institution, 1978).

② Bernice R. Sandler and Roberta M. Hall, *The Classroom Climate: A Chilly One for Women* (Washington, D. C.: American Association of Higher Education, 1982).

案是，大量女性倾向于申请热门专业院系，这些院系只招收一小部分申请者，而且传统上要花很长时间才能完成博士学位。另一方面，男性倾向于申请有缺额、有奖学金、完成学位时间较短的专业领域。这就好像是英语系与工程系之间的差别。当女性申请工程、化学或物理专业时，她们被博士学位录取的比例与男性大致相同。这里所反映的关键信息是，女本科生没有申请某些研究生专业领域。①

教育系统对这一现象进行了深入的探讨。一项研究发现，如果一个本科生在高中或大学一年级时没有学习过微积分，那么大约50%的本科专业将不适合他。希拉·托拜厄斯（Sheila Tobias）的研究发现，在美国公立学校系统中，那些在初中阶段数学成绩优异的女生在升入高中阶段后，代数和几何会突然阻碍她们的数学学习。她们不再学习数学并不是她们缺乏成就或能力，这种情况导致男女生的重要差距。博士学习人数的转变——包括让更多女性学习科学、工程和数学——有赖于本科生入学之前进行的咨询和指导方式的改革。②

需要多年的努力方能将这样的改革纳入到教育系统之中。与此同时，在20世纪70年代初，高校研究生院的某些学科领域女性所占比例失衡。在人文学科、教育学、图书馆学、家政学以及某种程度涉及生物科学等领域，女性占比非常高。而学习法律、医学、商务、工程和物理科学等学科研究生课程的女性人数则相对较少。在对所有学科领域的调查发现，女性在教师中所占的比例低得可怜，在1972—1973学年间，四年制高校教学岗位教师群体中女性教师的比例约为21%。此外，这些女教师多半是非终身教职的教师职位，在这些职位中女性占44%。与此同时，女性在正教授中占10%，在副教授中占16%，在助理教授中占24%。

无论以何种标准衡量，女性在本科生、博士学位获得者和高校教师中的所占比例都是不足的。然而，到1974—1975年出现了明显的变化。第一个出现变化的是法学，随后就是医学。1997—1998年，女性占所有专业学位授予人数的43%。其中，女性获得了45%的法学学位、42%的医学学位、38%的牙科学位以及66%的兽医学学位。1949—1950年，女性获得了10%的博士学位，而到1984—1985

---

① P. J. Bickel, E. A. Hammel, and J. W. O'Connell, "Sex Bias in Graduate Admissions: Data from Berkeley," *Science* 187 (7 February 1975): 393—404.

② Sheila M. Tobias, *Overcoming Math Anxiety* (New York: W. W. Norton, 1978).

年，这一比例已提高到 37%。

　　与有关研究生院招聘的各种讨论相关的是教育效率和公平的基本问题，正如在对单一性别学院与男女同校教育的对比中所反映出来的那样。为了延续哈罗德·霍奇金森（Harold Hodgkinson）在其 1971 年受委托进行的研究《转型中的高校》（*Institutions in Transition*）中所强调的主题，大多数女子学院转型成为了男女兼收的机构。老牌的男子学院也是如此。20 世纪 70 年代的《纽约客》上有一幅画，反映的是一名典型的疲惫不堪的企业高管回到家，瘫坐在椅子上，难以置信地说道："我女儿上的是西点军校，我儿子上的却是瓦萨学院。"转而采取男女同校教育的传统的单一性别院校的数量很多，如拉德克利夫学院将本科课程与哈佛学院合并；彭布罗克学院被解散，女生融入布朗大学本科生群体。在哥伦比亚大学，女性接受本科教育有两种选择。传统上只招男学生的哥伦比亚学院变成兼收女生的男女同校机构。而巴纳德学院则保留了只招收女生的传统做法。阿默斯特、达特茅斯、普林斯顿、耶鲁、卫斯理、威廉姆斯，以及弗吉尼亚大学等都曾是只收男生的名校，现在都开始兼招女生入学。

　　男女同校并不总是一种公平交换。以前的男子学院往往有所得，而以前的女子学院则有所失。例如，申请达特茅斯学院的女生的学业能力倾向测验分数和高中平均绩点往往高于男生。相比之下，当瓦萨学院决定招收男生时，招生人员遭受了双重打击。男性申请者在学业背景方面往往不如女性申请者。更令人沮丧的是，大学显然失去了对高素质女性的特殊吸引力，因为她们追求的是纯粹女子学院的独特品质。与此同时，那些经过深思熟虑后决定继续以培养女性为特殊使命的女子学院则表现得很好。

　　涉及性别平等的较为重要的一种现象与其说是反映在招生办公室的排斥做法上，不如说是体现在高校内部的教育项目和机会方面。1972 年的教育法修正案第九条非常重要，其条款中明文指出在教育项目中禁止歧视，它还包括对包括军事院校在内的某些特定类别院校的豁免。但实际上，其条款表述并不明确。一个重大的转变事件就是该立法应用在了校际体育运动的性别平等中。全美大学生体育协会最初强烈反对将教育法修正案第九条应用于大学体育运动中，但在 1981 年却突然改变了策略，将女子锦标赛和女子运动队纳入其麾下。在接下来的十年里，数起司法案件不经意地触及这样一个问题，即体育部门假如没有直接接受联邦资助，那么教育法修正案第九条是否适用于校际体育运动。当高校确实做出象征性的姿态，让女性成为学生运动员时，她们会遭到不满意的女性团体的起诉。1997年，最高法院拒绝推翻下级法院关于布朗诉科恩案（Brown v. Cohen）的裁决。该裁决制定了详尽的统计标准，高等院校可以据此证明自己遵守了教育法修正案第九条。

无论是在数量上还是技术上，女性作为校际体育比赛的运动员是美国高等教育的一个重要变化。这也是一个尚待解决的争议性议题。许多体育主管认为，盲目执行教育法修正案第九条会让校际体育比赛在财政上承受不起。讨论中经常忽略的一个事实是，自20世纪70年代初以来，包括一流体育项目在内的大多数校际体育项目，一直是导致财政问题和预算短缺的因素，而在那时女子体育项目还不成为一个影响因素。①

## 监管问题与平等：高等教育中的少数族裔

雇佣方面的肯定性行动②最初适用于商业和工业部门。这一政策最终也被运用于高等教育的人事决策，尤其涉及教师的任命方面。后来这种政策逐渐扩展到一个独特但涉及学生决策的领域中，即招生录取的政策与实践。在马丁·路德·金遇刺引发的内乱以及其他导致种族关系紧张的事件之后，许多高校开始采取促进少数族裔入学和学生种族多样性的举措。非裔美国人和其他少数族裔群体的注册入学模式发生了重大的变化。最终，旨在增加少数族裔入学人数的项目在法庭上受到了挑战，其中包括德富尼斯诉奥迪加德案（DeFunis v. Odegaard）以及巴克诉加州大学董事会案（Bakke v. the Regents of the University of California）。巴克案的决议是，仅仅种族本身不能作为录取决定的依据。但是，把种族和其他

---

① See John R. Thelin, "Good Sports? Historical Perspective on the Political Economy of Intercollegiate Athletics in the Era of Title IX, 1972—1997," *Journal of Higher Education* 71 (July-August 2000): 391—410.

② "肯定性行动"又称为"优惠性差别待遇""矫正歧视措施"等，是指依据肤色、种族、宗教、性别等，给予这些少数群体或弱势群体优待的一种手段，从而达到各族群享有平等的权利。它最早出现在1961年3月6日，美国总统约翰·肯尼迪签署第10925号行政命令，用来照顾少数族裔和弱势群体的优惠措施。肯定性行动主要集中于就业、医疗和教育等领域，借此避免少数族群在就业和教育上受到不公平对待。但这种措施也时常引起逆向歧视等争议。——译者注

因素综合加以考虑是允许的。

种族融合和废除种族隔离对传统黑人高校的发展产生了令人不安的影响。正如亨利·德鲁里（Henry N. Drewry）和汉弗莱·多尔曼（Humphrey Doermann）在《屹立与繁荣》（Stand and Prosper）中所报道的那样，这些高校长期以来在没有充足的设施和资源的情况下招收了为数众多的黑人学生并为他们提供教学。①即便是在南方和其他地方的高等教育在名义上实行种族融合之后，传统黑人高校仍然是可获得的、有效的、有吸引力的本科教育机构。然而，在巴克诉讼案之后，当财力雄厚的传统白人高校对招收黑人学生表现出持续的兴趣后，传统黑人高校在生源争夺战中败下阵来。霍华德或汉普顿能与普林斯顿或哈佛竞争吗？答案是有时候可以，但为此需要付出很大的代价。鲍威尔大法官在巴克案中的评论具有讽刺意味，他称赞哈佛大学的招生计划是其他高校效仿的榜样。事实上，大多数招生主任都会乐于拥有哈佛的机构资源和传统。

20世纪90年代末发生了一个具有讽刺意味的事件，当时哈佛大学前校长德里克·博克（Derek Bok）与时任梅隆基金会主席的普林斯顿大学前校长威廉·鲍文（William Bowen）联合出版了《河流的形状》（The Shape of the River）一书。这两位曾经直言不讳地批评联邦政府政策和肯定性行动计划的人，对肯定性行动计划在促进美国学术精英院校学生群体种族多样性方面的积极影响表示赞扬。②同样的，某些解决方案对于哈佛大学或普林斯顿大学来说是可获得的且有效的，但对于西部的州立大学或南方贫困的学院来说却是无法获得的。此外，即使传统的白人旗舰大学确实表现出了招收和欢迎少数族裔学生的意愿，也会遭到许多黑人学生的排斥和不信任。结果是在人数规模上，传统黑人高校依旧是招收黑人学生和授予黑人学生学士学位的主体。

20世纪80年代，随着更多的选民主张维护独特的传统和政治上的存在，关于公平和少数族裔的政策讨论变得越来越复杂。现在，仅仅谈论"少数族裔"已经变得很不适切了，亚裔美国人、印第安人、西班牙裔以及同性恋者等群体的人

---

① Henry N. Drewry and Humphrey Doermann, Stand and Prosper: Private Black Colleges and Their Students (Princeton, N. J.: Princeton University Press, 2001).

② William J. Bowen and Derek Bok, The Shape of the River: Long-Term Consequences of Considering Race in College and University Admissions (Princeton, N. J.: Princeton University Press, 2000).

口和教育方面的数据,使人们进一步认识到美国作为一个整体以及潜在的大学生群体日益多样性。也许最好的公共政策是能够做到兼顾扩大入学群体对象与承认多样性。新的高等教育政策环境既包括帮助更多学生进入主流高校的经济资助和奖学金项目,也包括用于创建诸如部落学院(tribal colleges)等新型院校的政府资助计划。

在20世纪90年代末期,一些旗舰州立大学的学生和校友团体在废除肯定性行动中付出的共同努力使得当时的法律环境发生了极大的变化。发生在佐治亚大学、德克萨斯大学、密歇根大学以及加州大学等高校的案例尤为突出。这一过程中最具戏剧性的转折是南部大学角色的变化。尽管在1950年或1960年许多旗舰州立大学抵制种族融合,但到了2000年,相反的情绪开始居主导地位:高校领导者对种族平等的承诺表示肯定。1999年,弗吉尼亚大学校长约翰·卡斯廷三世(John T. Casteen III)在以"大学的现状"为题的一次演讲中勇敢地公开了自己的立场:

关于肯定性行动的辩论过度简化了弗吉尼亚的法律历史,以及在过去四分之一个世纪左右的时间里为取得成功所做的努力。

……从[一种]道德上负责任的角度来看弗吉尼亚的历史,确切地说是州本身所采取的蔑视法律的行动,必须承认弗吉尼亚在我们这个时代的行动的第二个现实。在美国各州中,只有弗吉尼亚州在1958年查封、关闭和锁上公立学校,而不是按照美国最高法院的条令在这些学校废除种族隔离……因此,任何人认为我们弗吉尼亚人与其他人一样关心少数族裔学生的学习机会之前,需要回答一个独特的问题:如果孩子们成长在法律不受尊重的文化环境中,州议会和州长宁愿选择关闭学校,拒绝教育,也不允许这些孩子的父母或祖父母在种族包容的开放班级中进行学习,这样会对几代人产生什么影响呢?……然而,不管律师们如何争论,道义上必须做的事情是,弗吉尼亚以及关心她和她的子女们,还有所有后代的人,必须坚持不懈地付诸行动,以补救植入鲜活的生活记忆中行动的后果。[①]

卡斯廷认为,在高等教育中,过去确实关系到我们的公共政策和制度路径的

---

① John T. Casteen III,"The State of the University"(Charlottesville: University of Virginia, 14 April 1999).

现在和未来发展。与此同时，在为高校以及相关群体提供实现大学入学公平的指导方面，各种司法判例不会有多少助益。

## 大学成本与大学价格争论

联邦政府加强了对高等教育的审查，原因是美国教育部长威廉·贝内特（William Bennett）（他本人曾担任古典文学教授）对财政资助系统腐败现象提出了质疑。一些关键问题直接指向高等教育中臭名昭著的"凯迪拉克福利"事件。有个案报道称，在春假期间有一名接受经济资助的大学生在佛罗里达驾驶一辆红色克尔维特跑车。从更实质性的角度来看，联邦经济资助项目的扩大导致一些高校为了获得联邦资金，通过人为提高学费来增加佩尔助学金（Pell Grant）获得者的"经济需求"（financial need）。

这些指控引发了一系列系统研究。正如切斯特·芬恩（Chester Finn）在1978年所指出的那样，问题在于"价格"（price）与"成本"（cost）之间的差别问题。① 一项有争议的发现是，地处同一地理区域的公立院校与私立院校的本科生年培养成本——即实际费用——并不存在明显的差别。甚至有迹象表明，公立院校的生均开支通常要高于私立院校。系统性的研究对那种认为独立（或私立）院校是富裕家庭学生的天堂的刻板印象提出了质疑。加州的一项研究表明，来自相对高收入家庭的学生主要在旗舰州立大学而非私立学院就读。假如情况是这样的话，那么人们理所当然就会问说，州立大学的"免学费"政策到底带来了什么好处。反过来独立学院则认为，公立学院和大学受益于纳税人补贴造成的"学费落差"（tuition gap），这种补贴人为地将公立院校的学费价格保持在较低水平，而大量的学生实际上有能力支付实际培养成本中更大的份额。

当大学学费与通货膨胀（通常以消费者价格指数计算）相关时，就此问题的争论进一步激化了。有时人们断言大学提价的速度比一般通货膨胀率还快。很少有人会怀疑美国高校既昂贵又优秀。至于它们是否定价过高，则不太清楚。② 回答

---

① Finn, *Scholars, Dollars, and Bureaucrats*.
② John R. Thelin, "Why College Costs So Much," *Wall Street Journal*, 11 December 1985, p. 32. See also Ronald G. Ehrenberg, *Tuition Rising: Why College Costs So Much* (Cambridge, Mass.: Harvard University Press, 2000).

这个问题的难点在于，消费者价格指数与大学学费是不相干的两码事，因为它们衡量的是明显不同的购买力。一些高等教育社团提出高等教育价格指数（higher-education price index，HEPI）作为回应。在一些比较政策讨论中，高等教育倡导者们指出，照管一名囚犯一年的费用要比高收费高校培养一名大学生的费用还要高。在20世纪80年代中期的辩论中，人们忽略了一个历史数据，即从1975年到1980年左右，大学学费和其他费用的涨幅往往低于消费者价格指数的年涨幅。持续十多年的两位数通货膨胀和办学运行经费的拖延的结果是，到20世纪80年代初，大学的项目被积压了下来，而开支直到现在才开始赶上来。市场调查中出现的另一个令人意想不到的复杂现象，即高学费通常会增加学生入学申请人数，提高生源的质量，这被称为所谓的芒特霍利奥克现象（Mount Holyoke phenomenon）。很显然，申请入学的学生心目中，价格与声誉是联系在一起的。

关于大学成本的争论显示出作为公共政策一部分的高等教育的一个核心的基本弱点：高等教育不同类型高校之间的内部冲突往往促使独立院校与州立院校相互间开展竞争。高等教育内部各个部门把大部分时间都放在彼此之间的竞争中。因此，高等教育很少能够在国会面前展示出立场一致的统一战线。虽然参众议员支持高等院校，但他们在高等教育的具体议题上经常举棋不定。相比之下，像全国步枪协会（National Rifle Association）或全国制造业协会（National Association of Manufacturers）这样的游说团体却能够在很短时间内将自己的诉求和谢意传达给议员们。

## 课程战争

位于华盛顿特区杜邦环岛一号的高等教育组织，如美国教育理事会（American Council on Education）、全国独立学院和大学协会（National Association of Independent Colleges and Universities），以及在游说和推动公共政策方面代表公立高等教育的各种协会，相互之间经常就政治议题争吵不休。在某种程度上，这些争吵反映了自1970年以来高校一直在进行的课程辩论。这是反映在教什么以及基于何种视角方面的意识形态冲突。[1]这种冲突是良性的，因为它在各系科内部和各

---

① John R. Thelin, "The Curriculum Crusades and the Conservative Backlash," *Change* 24 (January-February 1992): 17—23.

学术单位之间引发了一个"意见自由市场"(marketplace of ideas)。

不管教育管理人员或教师如何争论课程应包括哪些合适的内容,但许多这样的争议都是由另一类群体来解决的,即学生。他们行使了作为消费者的权利。商科、计算机科学、工程以及各种入门级专业学位课程等"便于就业的"(employable)领域的就学人数激增,促使高校投入更多的资源到这些热门领域的师资队伍和设施。

与此同时,在20世纪80年代和90年代,关于课程的一些最激烈的思想争论发生在流行的"便于就业的"领域之外。教师之间关于英语专业的方向的分歧,如何界定文学中的精品,或是历史学和社会学中的意识形态冲突,它们在传统领域激发起一股有趣的能量,但这些领域基本上都不属于联邦政府大规模资助的对象。对于医学院、工程学院、农业学院和药学院的师生来说,普通文理学系的内部斗争是遥远而古怪的,有点小题大做。然而,对于这些院系的教师来说,就"政治正确"(political correctness)的争论以及对某一领域进行界定是至关重要的,尤其是在一个人认为观念和教学很重要的情况下。

文科内部的意识形态辩论标志着女性研究、非裔美国人研究和西班牙裔研究等主题领域的新视角和多学科方法的蓬勃发展。形式有两种:一种是为这些领域设立专门的院系,以及将这些新的视角融入现有院系。最终,院系内部的辩论对诸如全国人文学科捐赠基金会(National Endowment for the Humanities)这样的联邦机构的公共政策讨论产生了影响,因为这些机构作为它们的顾问委员会和主管,其职责就是对资助申请报告的资助标准进行审查。这些课程方面的争论也导致了许多小团体的产生。美国高等院校里典型的英语或历史系科是所谓左派政治主张的拥护者,还是作为一个极端的保守主义的堡垒,这是一个令人困惑的问题。

课程战争的一个具有讽刺意味的后果是,年轻校友中出现了一种保守的声音,尤其是在传统精英院校。迪内希·德索萨(Dinesh D'Souza)等多产的评论家,以及在普林斯顿和达特茅斯出现的新校友团体对课程的关注逐渐扩展,指责高校放弃了传统的理性意识。最近的毕业生指责校友杂志的编辑过于"左倾",以前可没有出现过这种情况。

踌躇满志的本科生和他们的家长基本上不参与这些课程上的争论。然而,这些争论确实驱使欧内斯特·博耶(Ernest Boyer)领导的卡耐基教学促进基金会撰写了一系列报告,试图说服教师和高校管理人员对本科课程和大学经验的本质进行思考。尽管这些讨论很有煽动性，但它们往往被为高等教育研究和发展提供资金的某些主导趋势所淹没。

## 研究型大学与联邦管控的争议

主要研究型大学的支持者认为，对纳税人和联邦政府来说，这些院校是廉价商品。没有在项目、仪器等方面进行投资是一种错误的节约做法。①尽管联邦项目将广泛的新资源投入学生经济资助方面，但尚不清楚是否已经放弃了先进的研究项目。克尔曾经指出，考虑通胀因素后，联邦政府给大学的研发拨款从1960年的1.3万亿美元提高到1980年的4.3万亿美元（相当于从2000年的7.5万亿美元增加到8.9万亿美元）。② 尽管实际的数额没有减少，但年增长率已经逐渐放缓。

对社会正义的强调对联邦研究项目甚至产生了消极的影响。大学官员和国会议员们抱怨，他们认为自己青睐的院校和地区被忽略了，为此，国会设立了EpScor③等计划，目的是确保研究资金分配向落后地区和薄弱院校倾斜。国家科学基金会等机构还向传统黑人高校或鼓励女科学家的项目提供了研究资助。

除了这些为促进社会正义的创新项目外，科学领域竞争激烈的同行评议拨款仍然是联邦研究和发展的核心。然而，1991年3月，在一次公共论坛上，当来自密歇根州的国会议员约翰·丁格尔（John Dingell）调查海军部的研究拨款，特别这些拨款在斯坦福大学的使用情况时，出现了一个意想不到的障碍。④研究发现，经费管理费用和成本回收占联邦研究资助经费的70%。换句话说，如果一个主要研究者申请并得到10万美元的联邦研究资助，那么项目所在大学将获得额外的7万美元作为间接成本回收和管理费用。这些拨款似乎是沿袭了威廉·普罗克斯迈

---

① Robert M. Rosenzweig with Barbara Turlington, *The Research Universities and Their Patrons* (Berkeley: University of California Press, 1982).

② Kerr, *Great Transformation*, p. xv.

③ 全称为"激励竞争性研究试验计划"（Experimental Program to Stimulate Competitive Research），设立于1979年，旨在确定、开发和充分利用一个州的学术科学和技术资源。该计划后更名为"激励竞争性研究固定计划"（Established Program to Stimulate Competitive Research），但英文简称不变，仍为EpScor。——译者注

④ Robert M. Rosenzweig, *The Political University: Policy, Politics, and Presidential Leadership in the American Research University* (Baltimore: Johns Hopkins University Press, 1998).

尔（William Proxmire）所推广的"金羊毛"（Golden Fleece）[①] 奖的传统。该奖项是对看起来没有任何意义的联邦机构资助的研究项目定期进行曝光。但国会的评论没有考虑相对数据。例如，在联邦政府与为国防部制造飞机或其他产品的商业公司签订的合同中，成本远远要高于研究型大学收取的间接费用。尽管斯坦福大学的做法最终被证明符合规范，但研究型大学在公众舆论方面却处于被动局面。[②]在别的地方，有关所谓的过度拨款的轶事成为了调查报告的好素材。例如，密歇根大学被指责将联邦研究基金用于支付橄榄球杯赛事费用，包括校友助威者和行进乐队的差旅和住宿费用。[③]

当顶尖研究型大学动员起来捍卫自己的荣誉并反驳批评时，关乎声誉的一个熟悉的问题重新浮出了水面。历史上排名靠前的大学是保持自己的位次，还是为后来者预留有一席之地？人们普遍认为，成立于1900年的美国大学协会的创始成员校一直维持着他们的地位和声誉。然而，也有一些评论认为，他们以"同行评议"等习惯做法为手段，以限制非精英名校的新资助申请者或研究人员来竞争联邦基金。休·戴维斯·格雷厄姆（Hugh Davis Graham）和南希·戴蒙德（Nancy Diamond）在一项关于"二战"以来研究型大学的分等与排名变化情况的研究中提出了这个问题。[④]他们发现，在顶级位置中确实存在一些空间。当然，也存在极大的连续性：从1910年至1997年，约翰·霍普金斯大学、哈佛大学、哥伦比亚大学、加州大学伯克利分校、斯坦福大学、威斯康星大学、康奈尔大学和宾夕法尼亚大学一直都很强。然而，如果将排位扩大至50所院校，情况就明显不同了。一些历史上知名的院校，如均为美国大学协会创始校的天主教大学和克拉克大学，已不在其中。

---

① 1975年3月，威斯康星州参议员威廉·普罗克斯迈尔创立了"金羊毛"奖，这个奖项每年都颁发给那些政府开支和浪费行为中数额最大、最荒谬和最具有讽刺意义的实例。——译者注

② William Celis III, "Navy Settles a Fraud Case on Stanford Research Costs: Part of Claim Is Paid; No Wrong Is Found," *New York Times*, 19 October 1994, p. A11.

③ Kenneth J. Cooper, "Rose Bowl Expenses Billed as Research Costs: University of Michigan Charges Questioned," *Washington Post*, 11 September 1991, p. A21.

④ Hugh Davis Graham and Nancy Diamond, *The Rise of American Research Universities: Elites and Challengers in the Postwar Era* (Baltimore: Johns Hopkins University Press, 1997).

格雷厄姆和戴蒙德指出，分等级和排名游戏侧重强调在办学声誉的看法以及所获得的联邦研究经费总额的多寡。为了纠正这种做法，他们设计了一种基于学术成就（包括奖项、出版物、荣誉以及资助等）的新排名系统。他们还减少了一些不经意将大学资助金额列为质量指标的倾向。为了解决这一问题，他们根据人均情况对院校进行分析。换句话说，大学排名的依据是每个教师的出版数量和研究经费数量，而不是学校出版物和研究经费的总量。他们发现，在排名前 50 名的大学中，有 32 所大学可以被视为相对的新来者或精英大学的"挑战者"。其中最重要的是加州大学的一些新建的分校：圣巴巴拉分校、圣迭戈分校和欧文分校。其他"冉冉升起的新星"包括布兰代斯大学、加州大学洛杉矶分校，以及纽约州立大学石溪分校。

通过对第二次世界大战以来不断变化的院校绩效的综合分析，需要对区域性变化进行再调整。尽管长期以来南部地区因高等教育学术环境落后而被排斥在外，但格雷厄姆和戴蒙德的研究数据促使人们对这种认识进行重新思考。因为埃默里大学、佛罗里达大学和德克萨斯农工大学与杜克大学、范德比尔特大学、北卡罗来纳大学、德克萨斯大学、莱斯大学、杜兰大学和弗吉尼亚大学等南方院校均是由 62 所著名大学组成的美国大学协会的成员校。如果根据人均基数进行评价，新的排名数据导致一个必然结果是，一些"公认的"院校的排名位次出现下滑（如俄亥俄州立大学和宾夕法尼亚州立大学）。这种下滑传递出的信息表明并不是院校规模越大，研究能力就越强。得出的有趣结论是，研究人才在整个美国高等教育领域中的分布已经十分广泛了。

过度关注研究排名引发了一些负面的回应。例如，卡耐基教学促进基金会对一些雄心勃勃的大学将其"研究型大学 I"类作为奋斗目标的做法深感厌烦。为了纠正这种倾向，卡耐基基金会对院校分类做了重新调整，以"授予博士学位"代替"获得联邦研究经费"作为分类原则。尽管进行了改革，但几乎没有什么大学校长或教授注意到了这一变化。研究经费作为这一领域的通行标准依旧大行其道。

这些事件的影响超出了现有研究型大学的圈子范围。它们比以往任何时候都更能确定高校追求的基调和步伐。在一些大学里，教师们认为他们在申请国家科学基金会或美国国立卫生研究院项目时没有得到公平对待，雄心勃勃的校长们采用一种策略以绕过学术同行评议委员会的传统。获得联邦拨款资助的另一种途径是，说服一位支持财政拨款国会议员提出一项"附加条款"来设立一个研究项目，作为更大的联邦项目立法的一个隐蔽部分。如果一位参议员将他所在州州立大学的沥青研究所的 300 万美元拨款塞进一项价值 10 亿美元的高速公路建设法案的条款中，谁会注意此项资助或提出反对意见呢？这种直接挪用经费的做法帮助一些大学弥补了研究经费的不足，但也引起了学术研究权威的愤怒。

对研究资源和成果的渴求还以另一种方式对高校办学行为产生影响。在州立的地方综合性大学和许多文理学院（它们通常不承担博士生培养工作），要求教授发表成果并获得外部研究资助逐步成为终身教职和晋升的习惯和正式的制度。这种要求有一定的道理，因为这些院校新聘了越来越多曾经获得主要研究型大学的博士学位的教授，对科研工作熟悉。他们常常带着对专业的研究项目所必需的各种资源和设备的需求来到他们新的专业家园。一个不那么令人信服的理由是，一些校长将研究拨款看作是获得常规操作而不是新项目注入资金的便利方式。

系统研究的压力无论是来自管理层还是教师，综合性州立大学和文理学院都处于两难的境地。这些高校在院校办学使命的一个关键问题尚未达成共识：对于非研究型大学和授予博士学位的高校的教授而言，从事大型研究和擅长申请基金资助是一项工作义务，还是一种选择？根据马丁·芬克尔斯坦（Martin J. Finkelstein）对美国学术职业的研究，在州立学院和其他高校，那些迟迟未能在研究方面出人头地的教师的职业角色处在一种极度迷茫的状态，如果不是矛盾的状态的话。①在以开放录取方式招收本科生的院校，教学任务繁重的教师也被要求著书立说，并获得课题研究资助，而所有这些都是在几乎得不到学校支持的情况下需要做到的。这是错误地将研究型大学的过度发展视为美国所有高等院校的范式所导致的一种常态。

对精英研究型大学的过分关注，也使人们忽略了塑造 20 世纪末美国高等教育特征的一些重要趋势。首先，如同克利夫顿·康拉德（Clifton Conrad）、詹妮弗·格兰特·海沃斯（Jennifer Grant Hayworth）和苏珊·博里亚德·米勒（Susan Bolyard Miller）1993 年的研究中所指出的那样，虽然博士学位是高校趋之若鹜的

---

① Martin J. Finkelstein, *The American Academic Profession: A Synthesis of Social Scientific Inquiry since World War II* (Columbus: Ohio State University Press, 1990).

学术项目，但未被人们认识到的"无声的成功"却是硕士学位项目。① 硕士学位很重要，因为它不仅是研究型大学的主要课程，也是综合性大学和州立学院的主要课程。随着各类硕士课程的扩充，州立学院在中学后教育领域的影响力不断加大。在 20 世纪 60 年代末，州立学院可能被很不起眼地视为"隐形学院"（invisible colleges）或"被遗忘的美国人的学院"，但到了 90 年代，它们在招生、校友和高等教育政治方面拥有了巨大的影响力。在许多州，州立学院的办学职责如果说不是创造一个受过教育的中产阶级的话，至少是扩大了受过教育的中产阶级的队伍。

## 21 世纪的主题

21 世纪典型的美国高校，无论是学院还是大学，都是其所在地方和州的强大的组织。在通常情况下，高校是"大学城"里最大的雇主。甚至在大城市情况也是这样：巴尔的摩市的约翰·霍普金斯大学，普罗维登斯市的布朗大学，波士顿剑桥城的剑桥大学，列克星敦市的肯塔基大学，布卢明顿市的印第安纳大学，以及埃文斯顿市的西北大学，等等。高校继续享受各种税收优惠，包括免除地方财产税以及联邦和州的收入税，就是美国这种传统的一部分。但美国大学校园的规模和成功也意味着，在 1970 年至 2000 年间，这些传统特权受到了不断的审查和重新谈判。重新考虑房产税政策的驱动因素是必要性。例如，在波士顿，高校、教堂、博物馆、慈善机构或其他一些非营利组织拥有 60％以上的土地。具有讽刺意味的是，市政对一个群体的慷慨大度往往会减少对另一个教育群体——即公立学校系统的资源。令人讶异的历史变化是，一些市县政府开始认真考虑对当地高校征收财产税。②

作为回应，一些大学校长自愿向当地政府支付年度款项，同时也小心翼翼避

---

① Clifton F. Conrad, Jennifer Grant Hayworth, and Susan Bolyard Miller, *A Silent Success: Master's Education in the United States* (Baltimore: Johns Hopkins University Press, 1993).

② Lois Therien, "Getting Joe College to Pay for City Services," *Business Week*, 16 July 1990, p. 37; Goldie Blumenstyk, "Town-Gown Battles Escalate as Beleaguered Cities Assail College Tax Exemptions," *Chronicle of Higher Education*, 29 June 1988, n. p.

免使用"税"的字眼,以免开了缴税的先例。虽然这一措施暂时起到了息事宁人的作用,但它也为市政当局、企业主甚至美国国税局的审查提供了另一条途径:对高校的办学活动进行监督,以确保它们符合机构办学的非营利性地位。重要的法律标准是非本行业收入税(unrelated business income taxes,简称 UBIT)。从店主的角度来看,问题在于,一所高校的学生会所属的旅行社或电脑销售中心与私营商业有什么区别呢?征收财产税的部门也要质问,经常举办摇滚音乐会的大学运动场为何要作为"教育设施"而被豁免税收的问题。这些都是合乎情理但迟迟未能解决的问题。在许多城市,大学不仅是最大的雇主,还是最大的地主房产主。上世纪 90 年代初,由于县市预算紧张,地方政府经常考虑废除一些给予大学的传统的大宗免税政策。纽约的一项倡议是对雪城大学的卡利圆顶体育馆(Carrier Dome)征收地方税。在印第安纳大学,学校的高尔夫球场需要缴纳财产税。

高校的官员们果然力图引导公众舆论反对这波新的财政义务潮。然而,要做到这一点,就需要高校具备罗马门神雅努斯的特性,即拥有两张脸,可以同时面朝正反两个不同的方向。一所大学禁不住要分享其在募款、获得资助以及其盈余的基金和预算等方面的好消息。它同样也会迅速地提醒所有主顾,其财政状况随时都可能恶化。一方面公众要求高校提供更多更好的服务,另一方面在减少对税收补贴和公共基金的依赖这样一种紧张关系中,募款和慈善捐赠往往成为美国高校的生存之道。其结果是,大学一方面大肆筹款,另一方面仍在声称难以维持收支平衡。1994 年,当宾夕法尼亚大学完成了 10 亿美元的筹款活动(相当于 2000 年的 11 亿美元)时,学校发展办公室不得不向院长和捐赠者解释,这所大学面临着预算紧张的局面,因为大部分资金是来自基金运作或拖延的捐赠。①

即使是那些资金雄厚的老牌高校,也依靠会计手段来塑造一种可怜的形象。例如,在 1992 年,假如人们从表面上看哈佛的年度报告的话,会认为哈佛已经没有钱了。而实际情况则不然,一位金融分析师指出,哈佛大学的报告向公众传递了一种特殊的信息。尽管学校获得了近 50 亿美元(约合 2000 年的 61 亿美元)的捐赠,但其年度办学预算却出现了 4200 万美元(约合 2000 年的 5150 万美元)的赤字。造成这种现象的原因之一是哈佛大学使用了"基金会计"(fund-accounting)

---

① Robert S. Shepard, "How Can a University That Raises a Billion Have a Tight Budget?" *Chronicle of Higher Education*, 12 January 1994, p. A48.

报告，由此让人觉得哈佛"以一种看起来比实际更穷的方式维持财务运转"。这所大学正在实施一项计划，据称会让已经是世界上最大的私人捐赠基金的基础上再增加25亿美元。哈佛有点像一个衣着磨破了领口的上衣，脚穿着破损的鞋子去看医生的有钱人。①

宾夕法尼亚大学和哈佛大学等私立大学并没有垄断公共关系力图去说服各类支持者相信，高等教育因其以往所有的成就而濒临饥饿的状态。上世纪90年代的旗舰州立大学校长们一直认为："我们过去是由州资助的（state supported）；随后是由州援助的（state assisted）；而如今现在我们只是地处所在的州（state located）。"这种说法未必有错。例如，弗吉尼亚州的公立高等教育可以记录下，在20世纪90年代初期的危机中，多任州长和议员们是如何违背自己的承诺，恢复对高校预算的大幅削减，然后在20世纪90年代末，该州恢复繁荣期间继续实施预算削减政策。②伊利诺伊州和其他地方的地方性州立大学校长们受到立法机构的约束，要求高校做到在生均州财政补贴趋于稳定的情况下维持较低的学费。③ 2002年，德克萨斯大学和德克萨斯农工大学系统的永久大学基金价值超过70亿美元。旗舰大学的设施都很庞大，且通常都很奢华。德克萨斯农工大学校长对记者说："看起来我们一定很有钱。你需要看到这一切，你要全面看穿看透。"④

然而，当旗舰州立大学的校长们暗示说，他们所在的州政府在20世纪初给他们的待遇比21世纪初要好时，上述这些争论就开始消失了。例如，"十大名校"（Big Ten）之一的一位大学校长在《高等教育纪事报》上撰文指出，1914年，州政府承担的大学办学预算的比例比2001年更高，该数据已经从第一次世界大战前

---

① Rhoula Khalaf, "Customized Accounting," *Forbes*, 25 May 1992, p. 50. 还可参阅 John R. Thelin, "Institutional History in Our Own Time: Higher Education's Shift from Managerial Revolution to Enterprising Evolution," *CASE International Journal of Educational Advancement 1* (June 2000): 9—23.

② David Breneman, "The Privatization of Public Universities: Mistake or Model?" Chronicle of Higher Education, 7 March 1997, p. B4.

③ Thomas Wallace, "The Age of the Dinosaur Persists," *Change* 25 (July-August 1993): 56—63.

④ Roy Bowen, quoted in Ben Gose, "The Fall of the Flagships: Do the Best State Universities Need to Privatize to Thrive?" *Chronicle of Higher Education*, 5 July 2002, pp. A1, A19—A22.

的75%下降到21世纪初的19%左右。但这种未经修饰的百分比，在没有附带两个时代的高校数据的情况下引用，并不足以令人信服，可能还会产生误导。也许历史研究可以促进高等教育讨论中的争论。例如，当人们考虑到2002年密歇根大学的年度办学预算为38亿美元，还有包括联邦研究拨款、超过25亿美元的捐赠、慷慨校友的资助、非本州学生的学费收入、商业投资以及州人均补贴的专利权时，这种贫困的说辞就站不住脚了。人们不禁要问，爱荷华大学或密歇根大学的教授或行政人员是否真的愿意把现在的工作量和报酬与约一个世纪前的大学同行对调。

这种长期的抱怨似乎源于这些高校的自我形象与现实之间的历史滞后性。在高等院校校长的心目中，尽管有大量的捐赠、高录取标准和庞大的校生人数规模，但他们的学校依旧处于资金不足、不受重视和岌岌可危的状态。分管发展事务的副校长们庆祝募款活动的成功完成，但很快提醒立法者和议员们，这仍然不足以维系学校办学的所有开支。与这种挣扎中脆弱感形成反差的是，美国社会的许多人士已经开始将高校看作是亚瑟·莱文（Arthur Levine）在1997年所说的"成熟产业"。[①] 1988年《华盛顿邮报》上一篇关于大学竞争数百万美元联邦研究资助的文章，将麻省理工学院、斯坦福大学、加州大学伯克利分校、威斯康星大学、康奈尔大学和芝加哥大学等大学群体称为"科学大联盟"。[②]

老牌高校的自身利益摇摆不定，它们一会儿恳求增加资助，一会儿又吹嘘自己很有钱，这使它们失去了校园内外群体的尊重。主要研究型大学校长们不断抱怨的一个不良后果是，它分散了人们的注意力，使真正需要得到支持的院校，即捐赠资金很少的社区学院和私立学院，得不到应有的关注。美国的高校已经陷入了一种持续扩张的状态，其特征是在缺乏明确目标的情况下盲目扩充职能，这种模式导致了行政膨胀和其他支出过度。这种现象可以用来部分解释美国高校办学经费冰火两重天的矛盾现象。它还引发了对什么是美国高校的真正目的和适切使命的模糊认识。正如哥伦比亚大学公共卫生与政治学教授布鲁斯·弗拉德克

---

① Arthur Levine, "Higher Education's New Status as a Mature Industry," *Chronicle of Higher Education*, 31 January 1997, p. A48.

② John R. Thelin, "Research Universities," in *Encyclopedia of American Social History*, ed. Mary Kupiec Cayton, Elliot J. Gorn, and Peter W. Williams (New York: Charles Scribner's Sons, 1992), pp. 2537—2545; quotation at p. 2544.

(Bruce C. Vladeck)所观察到的那样,"对学生和教师的竞争与对机构声誉的普遍追求密切交织在一起。像大多数人一样,管理人员和董事们通常都渴望做好工作,并表现得很出色。但是在高等教育中,就像在大多数非营利服务中一样,要判断什么是好工作是极其困难的,因为评估'产品''的质量异常困难"。①

假如高等院校不知道自己的主要目的的话,就没有人会同情它们所处的两难境地。假如高教界不了解自己,且无法让外部受众了解自己,那谁又能做到呢?美国高等院校几个世纪以来的适应力,尤其是它们增添和吸纳新主顾、新机构以及不断变化的教学和研究领域的能力,是一种非同凡响的历史遗产。然而,近年来高校在社会角色方面所表现出的模糊性和不确定性显示出其办学使命和特质的漂移。这与亚伯拉罕·弗莱克斯纳1929年在牛津大学系列讲座中提出的批判分析是一致的。这些讲座的内容汇集成《大学:美国、英国和德国》一书,于1930年出版。② 在20世纪末,乔治·马斯登(George M. Marsden)和朱莉·鲁本(Julie A. Reuben)等高等教育史学家再次适时提出了这个问题。③ 21世纪美国高等教育面临的挑战是,承认其历史财富并接受其作为一个成熟机构的角色,以及伴随这种成熟而来的责任。这项任务不是钱的问题,而是重拾近年来被混乱的教育活动和商业投资模糊了的基本原则与价值观。通过回归高校目的这些基本面问题,美国高等教育的各种支持者可以再次将过去与现在联系起来,以此作为创造适切的未来的序曲。

---

① Bruce C. Vladek, "Buildings and Budgets: The Overinvestment Crisis," *Change*, December 1978—January 1979, p. 39.

② Abraham Flexner, *Universities: American, English, German* (New York: Oxford University Press, 1930).

③ George M. Marsden, *The Soul of the American University: From Protestant Establishment to Established Non-belief* (New York: Oxford University Press, 1994); Julie A. Reuben, *The Making of the Modern University: Intellectual Transformation and the Marginalization of Morality* (Chicago: University of Chicago Press, 1996).

## 第九章 新生命的开启？21 世纪美国高等教育的重构

21 世纪的第一个十年是评价，甚至是庆祝美国高等教育在上个世纪取得的历史性成就的好时机。在新千年之初，高等院校分享了国民对经济和教育发展的乐观情绪。2010 年对于高等教育的周年纪念来说是一个特别幸运的年份。例如，这年是预言美国高等教育崛起的两部里程碑式著作出版百年：第一是为卡耐基基金会撰写的关于医学教育改革的《弗莱克斯纳报告》(*Flexner Report*)；第二是埃德温·斯洛森《伟大的美国大学》一书的出版。这年也是著名的《加州高等教育总体规划》(*California Master Plan for Higher Education*) 出台五十周年，它为高等教育迈向大众化提供了蓝图，受到国际上的好评。①

然而，对于 2010 年的高校校长来说，这些史诗般的周年纪念仅仅是小小的慰藉。尽管自 1900 年前后以来美国高等教育取得了一些成就，但到 2010 年暴露出的当下发展危机减弱了颂扬高等教育遗产的热情。美国高校在新千年的头十年面临一系列财务问题，基金、州财政拨款和捐赠者的捐款都在减少。因此，美国高校这十年过得并不好。在联邦层面，国会关于恢复贷款和资助计划的无休止的激烈辩论殃及对大学生资助计划。一方面，越来越多的学者和机构竞相从国立卫生研究院（NIH）和国家科学基金会（NSF）等机构获得定额资助，另一方面，联邦政府对校园研发的资助却在逐渐减少。由于形势非常不妙，美国大学协会（Association of American Universities）主席以一流研究型大学比其他高校办学成本高也更值得投入为由，努力说服联邦机构确保对它们的资助。尽管他没有表明也许当下有太多的高校渴望成为研究型大学，但他确实敦促国会和同僚们至少要开始讨论这个问题。②

更令人警醒的消息是，2009 年 10 月，奈特基金会委员会（Knight Foundation

---

① 2010 年，纽约市立大学选择"投资未来：美国公立高等教育"（Investing in Futures: Public Higher Education in America）作为其全国发行的年历的历史性主题。

② Robert M. Berdahl, "Reassessing the Value of Research Universities," *Chronicle of Higher Education* vol. 55, no. 14.

Commission)在一份新闻稿中宣布,他们发现,大多数大学校长承认,他们失去了对一流校际体育项目支出的控制。① 几乎与此同时,几项研究同时表明,30多年来,美国高校本科生的在学率和获得学士学位人数比例一直在下降。② 即使是当初卓有远见的《弗莱克斯纳报告》现在也被视为过时了,因为学术标准之战早已取得胜利。相比之下,卡耐基教学促进基金会2010年的报告《医生的培养》(*Educating Physicians*)发出了"对医学院和住院医生改革的呼吁",敦促医学院院长和教授们要重视新一代医学院学生的合作精神和对病人同理心的培养——显然,这些素质是许多美国医学博士所严重欠缺的。③

如同乔纳森·科尔斯(Jonathan Coles)在他那本616页的《伟大的美国大学》一书的封面所描绘的那样,21世纪的美国高等教育已处于一种守势。该书的副标题先后描述了一种螺旋式的下滑,先是"迈向卓越",接着是"它对国家不可或缺的作用"的提示,最后是"为什么它必须受到保护"的警告。④ 如何对这些过往成就与当下问题之间的明显差异进行调和?经济衰退与2010年严重的信任危机是一个暂时的问题,抑或是威胁到美国高等教育迈向卓越的新的系统性紊乱

---

① Knight Commission on Intercollegiate Athletics, "First of Its Kind Survey Reveals Dilemma of Reform," press release of October 26, 2009. See also the commission's subsequent report, *Restoring the Balance: Dollars, Values, and the Future of College Sports* (Miami: Knight Foundation, June 17, 2010).

② William Bowen, Matthew Chingos, and Michael McPherson, *Crossing the Finish Line: Completing College at America's Universities* (Princeton: Princeton University Press, 2009). See also Frederick M. Hess, Mark Schneider, Kevin Carey, and Andrew p. Kelly, *Diplomas and Dropouts: Which Colleges Actually Graduate Their Students (and Which Don't)* (Washington, D. C.: American Enterprise Institute, 2009), and John R. Thelin, *The Attrition Tradition in American Higher Education: Connecting Past and Present* (Washington, D. C.: American Enterprise Institute, 2010).

③ Molly Cook, David M. Irby, and Bridget C. O'Brien, *Educating Physicians: A Call for Reform of Medical School and Residency* (Stanford, Calif.: Carnegie Foundation for the Advancement of Teaching, 2010). For headline news coverage, see Anemona Hartocollis, "In Medical School Shift, Meeting Patients on Day 1," *New York Times*, 2 September 2010, pp. A1, A12.

④ Jonathan R. Cole, *The Great American University: Its Rise to Preeminence, Its Indispensable National Role, Why It Must Be Protected* (New York: Public Affairs, 2009).

迹象？据《纽约书评》(The New York Review of Books) 发表的安德鲁·德尔班科 (Andrew Delbanco) 的文章称，他为这个时代写的墓志铭不过是"陷入困境的大学"(The Universities in Trouble)。① 马克·鲍尔莱因 (Mark Bauerlein) 在《华尔街日报》总结说，这些尚未解决的问题意味着"高等教育可能面临清算"。②

## 过往作为序章：从 1900 年到 2010 年

当我们把 20 世纪初美国高等教育的特征与 21 世纪初高校的情况进行比较时，就会发现作为国家生活一部分的高校的显著变革与创新。19 世纪末，在对与欧洲和英国大学进行比较的时候，美国大学的校长们对本国大学研究生教育和研究的低学术水准自感难受甚至是愧疚。这种对学术声誉提升的关注成为 1900 年美国大学协会成立的动力。一个世纪后，国际学术等级和排名发生了颠覆性的变化。美国研究型大学排位很高，也许是全球大学中最高的。在美国出版的英文学术期刊取代了德国学术的霸主地位，成为国际高等研究领域的黄金标准 (gold standard)。

我们的基本判断是，就全球高等教育的质量和学术声誉而言，美国高等教育在 1900 年到 2010 年间实现了大逆转。美国大学开设的博士课程的质量和数量为世界各国高等教育系统牢牢树立起典范和奇迹——从本科学位课程延伸到博士学位课程，再到大量的专业学院学位。到 2000 年，美国的大学附属医学院已经克服了这些不足，事实上，它们不仅因其学术严谨，而且因其将高风险的研发与医学教育和全国卫生保健的各个方面相结合而受到国际赞誉。在 1900 年，大多数医学院是独立设置的，通常甚至不需要高中文凭就可以入学，而在 21 世纪，它们开设了各种新的、严谨的学科，如生物化学、生理学、生物工程和生物遗传学等。

如第八章所述，新千年之初的美国高等教育是功成名就、繁荣普及的。鉴于 2000 年的情况，21 世纪第一个十年美国高校主流趋势的发展轨迹是什么？为了寻求并解答这一问题，我们采用两种完全不同的视角。首先，对上一章所述不久前

---

① Andrew Delbanco, "The Universities in Trouble," *New York Review of Books* 56, no. 18 (14 May 2009).

② Mark Bauerlein, "Ignorance by Degrees: Colleges Serve the People Who Work There More Than the Students Who Desperately Need to Learn Something," *Wall Street Journal*, 2 August 2010.

的 20 世纪末出现的一些显著趋势在 2000 年到 2010 年间的发展情况进行审视；其次，对 20 世纪和 21 世纪美国高等教育进行一些总体比较和对比。

## 1990 年到 2010 年高等教育的未竟之业

20 世纪 90 年代美国高等教育出现的问题仍然没有得到解决。事实上，在 2000 年至 2010 年间，这些问题非但没有缓解，反而加重了，影响到老牌大学的健康和活力。如我们在前一章所述，难点包括来自营利性高校的竞争；是否承认并将诸如互联网远程教育等新媒体纳入传统课程和学位课程的两难困境；在所有机构中实现多样性；依靠资金不足的社区学院作为一个便利的万能工具；以及对学生、教师、校友和管理部门之间性别结构变化的后知后觉。

自 20 世纪 90 年代以来，老牌高校面临的最为重要的问题之一，就是盈利性高校的持续增长和自信心。① 到 2010 年，美国私立院校在校生人数年增长率约为 2%，在校生占比超过 10%。因此，私立院校已经"改变了美国高等教育的格局"。私立高校招致很多的恐惧和批评。从 2010 年 7 月开始，国会就私立高校事宜召开了为期三个月的听证会。听证会详情涉及三个方面。首先，私立高校的招生和录取数据显示，占用联邦贷款数额与学生人数之比不符，使得对"名副其实的"（real）高校的学生的学习课程的资助经费减少；其次，有指控称，私立高校的学生在毕业时往往负债累累，联邦贷款违约率也很高；第三，老牌四年制高校担心，以盈利为目的的高校夸大了学生获得各种技术和职业领域证书或学位后的就业机会前景。根据彼得·古德曼（Peter Goodman）在《纽约时报》上发表的专题文章，这些制度上的缺陷是在国家经济衰退时期加剧的。他指出，在"困难时期"，边缘化的学生被引到职业学校并贷款。② 因此，"有酬就业"（gainful

---

① Thomas Bartlett, "Phoenix Risen: How a History Professor Became the Pioneer of the For-Profit Revolution," *Chronicle of Higher Education*, 10 July 2009, pp. A1, A10—A13. See also Robin Wilson, "Profit Colleges Change Higher Education's Landscape," *Chronicle of Higher Education*, 12 February 2010, pp. A1, A16—A19.

② Peter S. Goodman, "In Hard Times, Lured into Trade School and Debt," *New York Times*, 14 March 2010, pp. 1, 20.

employment）这一试金石成为国会调查营利性高校运营的口号。①

"营利性"大学的日益流行表明，职业伦理在美国生活中无处不在。即使是学习成绩平平的高中毕业生也清楚地知道，在美国，任何一个人最终去向都离不开就业。各种宣传海报就证明了这一点——诸如"这所大学真管用……"之类的口号作为开场白，介绍工商管理、马术研究、卫生保健管理、医疗辅助、医疗编码、采矿管理和安全、护理学、公共安全管理、体育管理和教师教育等课程。与此类似，沙利文大学（Sullivan University）将自己定位为"我们懂商业"（We Mean Business），招生对象是那些极有可能是老牌尖子名校看不上的落榜生。而且，对于成年学生来说，"尽快拿到 MBA 学位"的承诺非常诱人。

毫无疑问，对学生就业岗位的糟糕记录以及贷款负债的担忧是有记录可循的。然而，令老牌高校非常懊恼的是，营利性高校用强力有效的游说和公关手段进行了回击。② 例如，一个有效的反驳是，"名副其实的高校"（real colleges）同样也存在这样的问题。首先，到 2006 年，一名大四学生平均负债超过 17000 美元。其次，美国高校的大部分学位课程都涉及某种形式的职业准备或获取正式的许可证与认证。2010 年夏季，全国性的报纸都在报道一些著名法学院的毕业生仍然没有工作。这尤其令人不安，因为法学毕业生向来都是很容易在法律行业获得就业的。

在另一个受人尊崇的有学问的职业，即医生职业领域，医学院院长们对年轻医生的问题表现出越来越多的关注，尤其是那些儿科专业的医生，他们在医学院学习期间欠下数十万美元的债务，但工作后的收入却要比学习骨科或皮肤学等专业的同学要少。严重的危机使医学院担心未来能否吸引学生学习初级保健和儿科专业。"营利性"高校受到了指责，而非营利高校对本科和研究生阶段的工商管理教育却也给予了过度的重视。例如，在弗吉尼亚州的威廉玛丽学院这所被认为是公立高校中最重视文理专业的大学，商科一直是最受欢迎的专业（占 20%）。在全国各个高校，工商管理硕士学位 30 多年来一直很受欢迎，尽管它既没有带

---

① Mary Beth Marklein, "For-Profit Colleges under Fire over Value, Accreditation," *USA Today*, 29 September 2010.

② Jennifer Gonzalez, "Advocate of For-Profit Colleges Mounts a Strong Defense before Senate Hearing," *Chronicle of Higher Education*, 23 June 2010.

来专业执照，也不能确保该学位能够提高公司决策或生产力。总之，大多数美国高校都屈从于社会学者伊瓦尔·伯格（Ivar Berg）所称的"培训大掠夺"（Great Training Robbery）的错误看法，认为学术与就业之间具有必然的联系。①

　　国会听证会对职业准备与就业成功与否的关注使人们忽略了一些"营利性"高校（特别是凤凰城大学）最显著的特色。老牌高校没有意识到的是，凤凰城大学吸引了人数不断增加的受忽略的群体——即渴望获得学士学位的在职成年人。凤凰城大学所招收的学生此前一直被传统大学所忽略。这些学生中的许多人已经在职工作，学士学位就是一种职业附带物。他们执着通过上凤凰城大学来接受高等教育，这实际上证明了大学学位在美国生活中真实的、具有象征性的重要性。大学学位如同是象征一种开始、成就和个人身份的仪式，与职业前景没有必然的联系。

　　大学课程和学位的远程教育形式的扩充是一个往往与营利性大学有关的独特和交叉的问题。这里所说的通过网络进行的课程教学的远程教育是美国高等教育的一种变革创新。值得注意的是，创新的地点往往是在营利性高校，凤凰城大学的远程教育就是最为发达和先进的。刚开始，许多老牌大学并不接受，认为这种教学方式与校内或面对面教学格格不入。然而，到2010年，绝大多数传统高校都仿效营利性高校的做法，开设了网络学位学分课程，事实上，人们可以通过网络课程获得杜克大学的工商管理硕士学位。这种课程不会增加学校的服务和设施支出，但实际上收取的费用比该大学传统的线下课程要高。名牌大学通过提供专业学位网络课程找到了很好的赚钱手段。这种教学方式投入较少，但名校的"品牌"力量意味着他们可以收取高学费。因此，网络教育成为大学的"摇钱树"（cash cow）。不管是好是坏，所有高校都卷入了课程教学的技术革新之中。

## 学生群体特征与多样性：学生群体的变化情况

　　在21世纪初，高等教育依旧是一个"增长型行业"，三千多所高校的在校生人数增至1600万，到2010年，在校生人数预计将超过2000万。2007—2008学

---

① Ivar Berg, *The Great Training Robbery: Education and Jobs* (New York: Basic Books, 1972).

年，美国高校共颁授了160万个学士学位。① 在总招生中，学生的人口统计资料发生了变化，并最终带来了大学教师和行政管理队伍结构的变化。例如，到2000年，在两大州立旗舰名校（德克萨斯大学奥斯汀分校和加州大学伯克利分校），少数族裔学生已占居多数。换句话说，白人学生在本科生中所占比例不到一半，他们越来越多地与亚裔、西班牙裔或非裔美国人在大学校园一同生活和学习。

在本科生世界里，西班牙裔和拉丁裔学生群体的存在感日趋突显。拉丁裔学生在加利福尼亚、亚利桑那、德克萨斯和新墨西哥等州的高校中显然占了相当大的比例。然而，地域流动性和跨州家庭迁移意味着，到2010年，作为一个独特的学生群体的拉丁裔不再是一种地域特征，在全国各地高校这一群体的占比都很高。在2007—2008学年，占全国大学生人数的比例超过12%。拉美裔大学生人数的变化代表着一种巨大的变化，缓解了二三十年前明显存在的对这部分学生入学的排斥现象。这种从排斥到扩大入学机会的转变是具有历史讽刺意味的。正如历史学家克里斯托弗·图迪科（Christopher Tudico）所记述的那样，在诸如加利福尼亚州和德克萨斯州等地，正式和非正式地将拉丁裔排除在公立高等教育之外的前数十年间，上一代拉丁裔在20世纪初就享有充分的上大学公民权。美国大学很早以前就招收波多黎各学生就读。在南加州，从1934年到1950年的墨西哥裔美国人运动（Mexican American Movement）提升了高等教育在"墨西哥裔美国人社区中"的价值。② 这一历史背景的重要性在于，它提醒我们，在拉丁裔倡导团体为增加自己的子女上大学的机会和选择而共同努力的过程中，他们在很大程度上是在努力重新获得他们曾经拥有的机会——而这些机会后来被剥夺了。③

从2000年到2010年，接受高等教育人数比例低的学生群体的多样性和入学机会问题，一直是联邦政府大学生财政资助计划争论的内容。争议与学生的多样

---

① "Student Demographics," *Chronicle of Higher Education: Almanac Issue*, 2010—1157, no. 1 (27 August 2010): p. p. 25—26.

② Christopher Tudico, "Beyond Black and White: Researching the History of Latinos in American Higher Education," *in The History of U. S. Higher Education: Methods for Understanding the Past*, Marybeth Gasman Editor, (New York: Routledge, 2010), pp. 163—171.

③ Joseph Berger, "Why Latinos Are Left Behind," *New York Times Education-Life Magazine*, 25 July 2010, pp. 16—19.

性和大学入学机会密不可分。最令人不安的发展是国家重点的变化：许多银行和贷款机构执行的条款关注的是确保联邦补贴学生贷款能够获利并且安全，而主要不是为了提高新一代低收入家庭学生上大学的支付能力。关于联邦大学生经济资助政策的辩论有两种主张：一种是指定联邦政府作为贷款方，另一种是由银行提供学生贷款，由联邦政府提供补贴和担保。在 2000 年至 2005 年间，竞争使得私人贷款机构内部出现了新的变化。"我的富叔叔"（My Rich Uncle）等新兴贷款公司与老牌银行开展竞争，力求在借贷市场上分一杯羹。私人贷款机构之间的这种激烈竞争往往忽略学生的福祉，不再重点关注学生的入学机会。这种情况在 2006 年 11 月的国会选举中发生了戏剧性的变化，当时民主党候选人出乎意料地击败了在任的共和党人。结果是人们重新关注恢复联邦政府作为贷款机构，确保学生获得低息贷款，同时增加佩尔助学金项目（Pell Grant program）的资金。①

　　美国高等教育在质与量方面最显著的变化是女性在各种人群角色领域——本科生、研究生和专业学位学生、管理人员和教授的增加和提升。1972 年的联邦教育法第九条（Title IX）对女性在大学中的机会并没有什么直接的影响。但到了 21 世纪初，第九条的执行和诉讼，加上美国大学生体育联合会（NCAA）和各种校际体育联盟的要求，极大地改变了女性作为学生运动员和教练的角色。② 与此同时，招生方式的变化和学术领域的不同选择意味着女性在大学教学和生活的各个方面都获得了影响力、权力和领导地位。医学和法学院学生中女性约占半壁江山。③ 在生物学、人类学和健康科学等多个学科领域，获得学士学位的女生已居多数。2007 年，授予的博士学位中女性占比分别为：生物学 44％，地质学和数学 29％，化学 33％。④ 最令人震惊的学术成就之一是，到 2010 年，兽医学院的女生比例高达 90％以上。

---

　　① John R. Thelin, "Higher Education's Student Financial Aid Enterprise in Historical Perspective," *in Footing the Tuition Bill: The New Student Loan Sector*, ed. Frederick M. Hess（Washington, D. C.: American Enterprise Institute, 2007）, pp. 19－43.

　　② Welch Suggs, *A Place on the Team: The Triumph and Tragedy of Title IX*（Princeton: Princeton University Press, 2005）.

　　③ Jonathan D. Glater, "Women Are Close to Being Majority of Law Students," *New York Times*, 26 March 2001.

　　④ W. Michael Cox and Richard Alm, "Scientists Are Made, Not Born," *New York Times*, 28 February 2005.

在全国各地男女兼招的四年制大学里，本科生中女性占居多数。在某些情况下，差异还非常显著，比如男女之比为45%：55%。随着教师退休最终带来学术就业市场的复苏，越来越多的女性获得了终身教职岗位。人们可以看到女性在学术阶梯上的发展过程。例如，2007年，助理教授女性占47%，副教授占40%，正教授占27%。① 同时，越来越多高校的院长和教务长由女性担任。2010年，八所常青藤盟校中有四所——哈佛大学、布朗大学、宾夕法尼亚大学和普林斯顿大学的校长都是女性。密歇根大学、爱荷华大学、锡拉丘兹大学和弗吉尼亚大学校长也都是女性。

与这些进步相伴随的是一些意想不到的后果或者说是调整。如果一所男女兼收的高校寻求某种男女比例的平衡，那就意味着成绩优异的女性往往在录取时处于不利地位，尽管她们的学业和课外成绩都超过了男性申请者。② 通过创造所谓的"校园新数学"（new math on campus），特别是在约会和男女关系方面的"校园新数学"，学生群体中的性别失衡也改变了传统学生生活的活力和结构。③ 学生群体的变化不仅仅反映在课外课程中。在一所女生占入学人数60%的区域性州立大学，人们可能会发现，校际体育项目将不成比例的资源持续投入橄榄球队，为85名男学生运动员提供全额体育资助。

## 全球大学的出现：高等教育的国际化

全球化是21世纪美国高等教育面临的最为矛盾不安的问题。对美国高校而言，全球化为它们赢得了声誉，同时也带来了质疑。《纽约时报》的一篇专题文章指出，"美国大学学位曾经是领导者，现在是落伍者。"④ 《基督教科学箴言报》

---

① "The Profession," Chronicle of Higher Education: Almanac Issue, 2010—1157, no. 1 (27 August 2010): p. 20.

② Jennifer Delahunty Britz, "To All the Girls I've Rejected," *New York Times*, 23 March 2006.

③ Alex Williams, "The New Math on Campus: When Women Outnumber Men at a College, Dating Culture Is Skewed," *New York Times*, 7 February 2010, Style Section, pp. 1, 8.

④ Tamar Lewin, "Once a Leader, U. S. Lags in College Degrees," *New York Times*, 23 July 2010; Lee Lawrence, "US College Degrees: Still Among World's Top Universities?" *Christian Science Monitor*, 2 June 2010.

（The Christian Science Monitor）的一篇头版文章标题同样问道："美国大学学位还是世界顶尖大学中最好的吗？"一位学者所称的教育如同经济和政治领域一样处于"后美国时代"（Post American Era）的说法加剧了美国高等教育领导人的不确定性。卡拉·洛维特（Cara Lovett）在关于后美国世界的美国商学院的文章中，用这样的观察来描述这个经济和教育的新时代："法里德·扎卡里亚（Fareed Zakaria）在他2008年的畅销书《后美国世界》中认为，21世纪的显著特征不是美国在世界上的力量和影响力的衰退，而是'其他国家的崛起'"。①

诚然，自"二战"以来，美国一直是发展高等教育的领导者，齐心协力推进高等教育的大众化和普及化。鉴于这一堪称典范的蓝图，许多国家都在关注并效仿美国模式。例如，2000年，土耳其投入大量资金进行大学校园建设，以及将高等教育与经济发展联系起来的相关战略规划，与半个世纪前克拉克·克尔为加州起草的《总体规划》具有惊人的相似性。国际上对美国高等教育的模仿是谄媚的表现。佐治亚大学高等教育学院的教师受到克罗地亚大学领导的邀请，分享制定学术规划的心得，也是一个类似的做法。在比利时，新建的新鲁汶大学（Louvaine La Neuve）从典型的美国大学城和学生事务人员那里获得了很多灵感和设计方案，明显不同于欧洲将城市大学融入老城的传统。② 多年来受到政府拨款不足影响的牛津大学和剑桥大学向美国大学的发展办公室讨教，了解如何开展系统性的民间募款活动。最重要的是，高等教育——包括新大学的建设——是全球性的增长型产业。因此，一些国家在大学入学和学成人数规模方面取得了实实在在的相对进步也就不足为奇了。

令人惊讶的是，许多美国学术领导人认为这种发展是出乎意料或令人不安的。自第二次世界大战结束以来，美国大学和基金会通过富布赖特奖学金、马歇尔奖学金、丹佛斯奖学金和罗兹奖学金等项目参与了世界范围内的学术交流。20世纪50年代和60年代，赠地学院派遣农学家到非洲和亚洲传播作物生产的"美国方式"并进行"绿色革命"。此外，亚洲和拉丁美洲一些国家的教育部热情地

---

① Clara M. Lovett, "American Business Schools in the Post-American World," *Chronicle of Higher Education*, 6 September 2010.
② Gabriel Ringlet, ed., *Une aventure universitaire: Universite catholique de Louvain* (Bruxelles: Editions Racine, 2000).

为有前途的学生提供全额奖学金，让他们到美国一流大学攻读博士学位。到了20世纪80年代，大多数美国高校招收和欢迎前来攻读高级学位、本科专业，特别是应用科学、技术和数学专业的国际学生。随着时间的推移，项目参与者和校友们的职业发展路径遍及众多的高校和国家机构。因此，21世纪初一项可预见的发展，就是学术交流与合作在许多地方得到全面的拓展。

美国大学，尤其是它们的研究生和专业学位课程，面临着一种声誉的悖论，因为其他国家的大学经常使用美国的学术模式来创建自己本土课程。因此，随着时间的推移，美国的大学不得不在新的人才竞争中分享创新和想法。本·威尔达夫斯基（Ben Wildavsky）的《人才大赛》（Great Brain Race）对这些充满活力发展作了很好的描述。他在书中对"全球大学"如何"重塑世界"作了说明和解释。① 在某种程度上，这意味着美国大学在马来西亚或新加坡等遥远的地方建立分校和扩展课程。与此同时，这也意味着欧洲和其他地方的大学从观察美国高等教育中进行学习，现在正在设立自己的诸如工商管理等新项目。新的欧元货币改革包括强调包含所谓的博洛尼亚计划在内的高等教育。此外，在欧洲内部，欧盟各国的大学生能够参与新的"伊拉斯谟计划"（Erasmus Plan）。该计划允许跨国流动和大学入学。其结果是改变了教育贸易朝向美国的单向流动。美国高校未能真正意识到，第二次世界大战后美国主导的学术帝国主义已经被新的国际联合体模式所取代。为了接受并适应这些新的发展态势，美国高校需要进行重新定位。

在这场世界范围的高等教育的创新中，最大的问题不是其他国家高等教育的发展，而是美国大学在国外建立新校区的试点项目。举例来说，为什么从2000年左右开始，迪拜迅速吸引了美国大学前往办学？真正的动机是出于增进国际理解吗？抑或是找到了新的获利机会？一所未能向本州所有县派出招生人员的美国州立大学，却突然急于在迪拜举办商科和工程学位课程，这是出于学术方面的合理考量吗？迪拜的短暂魅力以及随后泡沫经济迅速崩溃表明，美国许多高等教育投资者过于草率，并没有对迪拜的政治和经济（甚至是地理位置）做过深入研究。直到2009年，迪拜金融危机才见诸新闻媒体报道，表明迪拜不仅石油储量不多，而且浮华的城市建设和教育扩张都是建立在银行不良贷款和虚幻的金融杠杆基础

---

① Ben Wildavsky, *The Great Brain Race*：*How Global Universities Are Reshaping the World*（Princeton：Princeton University Press, 2010）.

上。2009年,经济危机与学生对学位课程需求下降的叠加,一些美国大学迅速撤回了原打算长期在那里进行的办学活动。①

## 一流校际体育:教育中的娱乐

2000年至2010年间,美国大学对一流校际体育运动的支持力度的加大显示出社会形象与声望的风险。学校董事会和校长们得到的普遍看法是,一支高水平的橄榄球队和篮球队会给一所大学带来很多好处,包括电视曝光度,加强与校友和捐赠者联系,吸引学生的中场促销活动,以及足以支持众多奥运会项目的收入。此外,体育主管们声称,优势体育项目可以为包括学术项目在内的办学各个方面带来更多的捐赠。

这种做法充其量只在少数特殊的地方奏效。佛罗里达大学从橄榄球锦标赛和男子篮球队的收入中抽取大量资金,用于支持男女排球、游泳、跳水、足球和田径等体育项目。②俄亥俄州立大学提供36种不同的运动项目,每年的运营预算超过1亿美元。③学校的体育主管指出:"所有的体育经费都是大学的经费"——这可是兑现了的承诺:包括三年期间拨出900万美元用于大学图书馆改善,并为其他教育项目提供年度拨款。问题是截至2010年,佛罗里达大学和俄亥俄州立大学的情况都只是特例。在300多个全美大学体育联合会甲级联盟中,只有17所体育项目是真正自营的,即便是这样的估计不一定准确。2010年,波特兰市的《俄勒冈人报》(*The Oregonian*)的一名记者这样描述俄勒冈大学体育部门的财务状况:

俄勒冈橄榄球项目在全国的异军突起带来了捐款和门票收入的增长。在过去十年的大部分时间里,俄勒冈大学的官员一直吹嘘体育部门做到经济上的自给自足,这在一流大学体育圈里是罕见的。但据《俄勒冈人报》获得的文件显示,在

---

① Tamar Lewin, "University Branches in Dubai Are Struggling," *New York Times*, 28 December 2009, p. A19.

② Joe Draper and Katie Thomas, "As Colleges Compete, Major Money Flows to Minor Sports," *New York Times*, 2 September 2010, pp. A1, A20.

③ Welch Suggs, "How Gears Turn at a Sports Factory: Running Ohio State University's $79 Million Program Is a Major Endeavor, with Huge Payoffs and Costs," *Chronicle of Higher Education*, 29 November 2003, pp. A1, A32—A37.

至少九年的时间里，体育部门每年都从该大学的普通经费中得到数十万美元来资助运动员的学业开支。在过去九年里，普通经费为运动员的学业提供了近850万美元的资助，其中包括个别辅导和咨询，从2002—2003年的不到30万美元开支增加到本学年的180万美元预算，共增长了6倍。与此同时，学费几乎翻了一番，而州政府的资助数额却骤降至大学总预算的7%。①

大多数体育部门，包括那些与橄榄球碗赛系列赛（Bowl Championship Series）相关的高知名度项目，每年都在亏损。尤其令人惊讶的是，大学橄榄球队本应成为校际体育项目产金蛋的鹅，但它的运营成本却往往超过了门票销售、电视转播合同、产品代言和校友捐赠带来的收入。大多数一流的橄榄球项目都依赖于大学预算中教育方面的补贴。对于如此昂贵、长期的大学投资，很难找到比这更反常、更令人失望的结果了。与佛罗里达大学增加对奥林匹克体育项目的资助形成对比的是，多数大学都试图减少他们的非盈利性体育项目，同时确保橄榄球和男子篮球的资助得到保证和提高。例如，2010年9月，加州大学伯克利分校宣布裁减24支校队中的5支。② 这在一定程度上是对教职员工不满的一种让步，因为他们发现，校长批准每年从大学普通经费中向体育部门发放约1300万美元的补贴。

这就是奈特基金会未来校际体育委员会（Knight Foundation's Commission on the Future of Intercollegiate Athletics）发布的系列批评报告的背景。无论体育项目的资产负债表显示了什么，体育项目主管和学校董事会都会为资助一流体育项目找到借口。如果一个项目没法自负盈亏，透支也是合理的，因为毕竟"返校日"比赛提升了校园士气，将校友和捐赠者带回母校。因此，批评者试图为如此重要的无形资产标价是不公平的。与此同时，大学也陷入了阻碍降低成本的法律困境。遵守教育法修正案第九条和更严格的全美大学体育联合会的要求意味着，体育部门必须保持大量的运动项目，并在奖助学金、训练设施和教练工资等方面实现男女学生运动员之间某种程度的平等。有选择地裁减运动队或向大学申请补

---

① Rachel Bachman, "Oregon Athletic Department Uses State Money for Academic Needs Despite Claims of Self-sufficiency," *Oregonian* (Portland), 7 October 2010.

② Joe Drape, "Cal-Berkeley Cuts 5 Athletic Programs," *New York Times*, 28 September 2010.

贴都是权宜之计。然而，这些措施避开了大学的重点运动项目和支出的基本问题。少数幸运的联盟，如东南联盟（Southeastern Conference）、十大联盟（Big Ten）、大西洋海岸联盟（Atlantic Coast Conference）和太平洋十校联盟（Pac—10 Conference），通过谈判得到新的、利润丰厚的电视合同，获得了某种程度的喘息。然而，即使在这些联赛有收入分成，一些联盟校也难以在财务上取得平衡。联盟校之外的绝大多数的校际体育项目都在努力，但没有真正下决心。

与全美大学体育联合会甲级联赛相关的一流校队运动的趋势导致对获胜运动队的制度承诺，即倾向于将体育部门作为大学组织中一个特殊单位。这种实体就是所谓的"大学体育公司"（College Sports，Inc）。①这对所有高校的校际体育项目都产生了影响。这是一种利益均沾的效应，全国的体育主管和教练都倾向于模仿最有权力的项目相关的权利。② 其做法包括优先录取那些被招募为运动员的学生，为运动员奖学金提供财政资金，建造高级的新训练设施，以及为知名教练提供高薪。例如，在德克萨斯大学和阿默斯特学院，为获胜的运动队"打品牌"，对学校进行营销，吸引学生和取悦校友，已成为高等教育的共同点。到2005年，几所财政拮据的小型普通私立文理学院，如密歇根的阿德里安学院，校长和董事会成员通过新建体育设施，提高教练薪酬，增加新的校队，以及积极招募运动员，以提高全美大学体育联合会丙级联赛上的名气，并将其作为一种策略，扭转学校招生人数下降和学费收入减少的态势。③

## "豪赌时代"联邦政府对研究型大学的拨款

克拉克·克尔在1963年的著作《大学之用》（*The Use of The University*）描述了美国少数获得大量"联邦拨款"的大学的历史和未来。在随后的半个世纪

---

① Murray Sperber，*College Sports，Inc.：The Athletic Department vs. the University* (New York：Henry Holt and Company，1990).

② James L. Shulman and William G. Bowen，*The Game of Life：College Sports and Educational Values* (Princeton and Oxford：Princeton University Press，2001；William G. Bowen and Sarah A. Levin，*Reclaiming the Game：College Sports and Educational Values* (Princeton and Oxford：Princeton University Press，2003).

③ Libby Sander，"Athletics Raises a College from the Ground Up," *Chronicle of Higher Education*，19 September 2008.

里，雄心勃勃的大学校长常将其作为自己学校的变革宣言。它为那些新加入联邦机构研究资助竞争队伍的有抱负的大学提供了一个模式（也是一种梦想）。通常情况下，这些高校不是名校组织美国大学协会（Association of American Universities）的成员校，但它们渴望加入其中。与此同时，它们也将成为"前20名公立研究型大学"这类追求作为奋斗目标。2009年，社会学者盖伊·塔奇曼（Gaye Tuchman）将这类高校描述为"渴望成名的大学"，即一种积极进取的企业大学的新模式。①这种经费竞逐的诱人特点是，它有望为大学办学提供新的收入来源。看看2009年的大学研发联邦拨款排名，拨款数额即便算不上诱人，也是令人印象深刻的：

| 院校 | 联邦拨款（单位：美元） |
| --- | --- |
| 约翰·霍普金斯大学 | 1587547000 |
| 密歇根大学 | 636216000 |
| 华盛顿大学 | 619353000 |
| 麻省理工学院 | 532618000 |
| 加利福尼亚大学圣迭戈分校 | 511428000 |
| 威斯康星大学麦迪逊分校 | 507898000 |
| 科罗拉多大学 | 500123000 |
| 宾夕法尼亚大学 | 499498000 |
| 加利福尼亚大学旧金山分校 | 483667000 |
| 哥伦比亚大学 | 483111000 |
| 斯坦福大学 | 477507000 |

排在上述前11所院校之后的第50至第100位，获得的拨款数额介于207216000美元到102903000美元之间。在排名前一百的大学的地理位置和办学

---

① Gaye Tuchman, *Wannabe U：Inside the Corporate University* (Chicago：University of Chicago Press，2009).

历史差别很大，这说明一些获得联邦拨款的新建院校办学相当成功。但仔细观察，排名显示出一些令人不安的特点。首先，研究型大学的排名存在显著差异。排名第一的约翰·霍普金斯大学的联邦拨款是第二名密歇根大学的两倍多。每年至少获得联邦拨款达 3 亿美元的大学只有 31 所，这些大学办学经费预算总额每年介于 20 亿至 30 亿美元之间。联邦研究经费分配主要集中少数大学，这意味着参与这种竞争既危险又昂贵。最重要的是，关于联邦研究经费的年度报告没有提及各大学为了竞争和管理联邦研发拨款，在其他渠道经费开支方面的情况。某一特定系科或教授获得大笔联邦研究经费的能力可能令人印象深刻，但这是不全面的，我们还必须考虑项目的开支情况，因为后者往往比前者花销要多。

分管科研的大学副校长们惊讶地发现，2000 年至 2010 年科研工作很花钱，许多大学连连亏损。我们来看看一所研究型大学中普通的物理系的情况。许多必要的初始基本费用，如教师工资、实验室技术人员费用、新聘教授启动资金、实验场所、仪器设备、外出开会和公用经费等等，在联邦研究拨款下达之前就已支出。此外，美国国家科学基金会等联邦机构资助很少涵盖基本建设经费甚至是主要研究人员的学术休假工资等可预测的成本开支。撰写项目申请报告花费了教师和行政人员大量的时间。大学必须从其他渠道垫付这部分费用。如果一个物理系碰巧获得了联邦政府的拨款，它就有义务立即支付一大笔钱来偿还大学的研究基金，用于基础设施的支持、间接成本、申请报告的撰写，以及包括会计、科研档案、遵守学校和联邦法规等一大笔管理费用。如果这个物理教授团队未能成功获得联邦政府的拨款，学校就得从其他预算渠道为这个项目买单。由于大多数联邦研究资助竞争都依赖学术同行评审，曾经获得过资助的大学和项目获得资助的成功率更高。相对而言，新近申请资助的大学不太可能获得令人垂涎的资助，而这些资助恰恰能够帮助他们收回申请的风险成本。

那些为了争取研究资助而在基础设施和人员方面投入了巨资的大学面临着另一个陷阱：联邦机构资助重点的变化。对于某个大学的特定研究团队来说，连续几年成功获得初期资助，然后获得大力度的后续资助的情况并不罕见。然而，如果研究选题不再受诸如国家科学基金会这样的机构的青睐，那么大学分管科研的副校长就会面临两难的境地：他们要决定那些教职合同与"软钱"（soft money）挂钩的研究型教授的去留。有没有什么办法给尚未获得资助的研究团队一些支持，以期他们未来能成功获得资助？如果是这样，需要多少年？为了补贴没得到资助的研究团队，需要削减现有的哪些项目或人员？研究领域神秘性带来的学术生活的复杂意味着通常很难转移到其他领域或新项目中。这使得情况变得复杂化了。学校没有学术人员招聘大厅，没有人事主管每天上午来这里向失业的科学家们喊道："嘿！我需要两个物理学家在吉尼斯研究所（Genex Institute）工作三天……专业是低温研究，并能做诸如清理脏数据等杂活。"

2000 年至 2010 年间，风险和费用增加的部分原因是由于竞争基本规则的新变化。在 21 世纪，随着来自不同系科的科研人员汇集到诸如生物工程、生物化学、生物遗传学、纳米技术或神经科学等新的综合领域，联邦机构对大型科学项目明确强调多学科合作。化学、生物、植物学和地质学等传统系科成为"老古董"，不再具备竞争力。跨学科项目的代价是，这些合作已经发展到依赖于新的大学内部的管理和实体结构。每当教务长或分管科研副校长批准设立一个新的研究机构时，就得负责承担机构负责人及其相关人员等非研究人员的经常性行政开支。2009 年，美国大学领导力委员会（University Leadership Council）发表题为《在大赌注的时代中竞争》（Competing in the Era of Big Bets）报告宣称，许多研究型大学的经费将无法支撑校内科研机构的激增。① 此外，多数大学设立的旨在融合学术和工业应用研究的研究园区很少出现盈余，而往往需要大学每年提供经常性补贴才能维持运营。尽管一些早期的大学科技园区，如北卡罗来纳大学的研究三角区（North Carolina Research Triangle）、斯坦福大学的硅谷（Stanford's Silicon Valley）、德克萨斯大学的"奥斯汀奇迹"（Austin Miracle），以及犹他大学的研究园区（University of Utah's Research Park）发展得很好，但 116 个科技园区中超过半数以上均是亏损。最糟糕的是，大多数园区没法兑现刺激地区经济发展的承诺。②

无论是在单个大学还是全国的总体层面，联邦政府资助的研究，都存在高成本的不确定性，基因组研究的情况就是这样。该研究在 20 世纪 90 年代被誉为生

---

① University Leadership Council, Competing in the Era of Big Bets: Achieving Scale in Multidisciplinary Research (Washington, D. C.: Education Advisory Board, 2009), pp. 108.

② Michael I. Luger and Harvey Goldstein, Technology in the Garden: Research Parks and Regional Economic Development (Chapel Hill: University of North Carolina Press, 1991).

物学家、化学家、物理学家和统计学家等共同参与的多学科研究的前沿领域，得到了美国国立卫生研究院和其他联邦机构和私人基金会的重点资助。2010年对这一大规模研究成果的评价表明，在成果应用、问题解决和其他成本效益指标方面并不令人满意。[1] 一所大学假如大量投入联邦研究领域，将面临高成本和高风险，这是上述做法给今后的警示。这些目标和项目往往会耗尽一所高校和国家研究机构的全部资源，而无法保证创造出重要的新知识。这不符合我们将大学视为"知识工厂"（knowledge factory）的合理期望。历史学者罗杰·盖格（Roger L. Geiger）在《知识与金钱》（*Knowledge and Money*）一书中指出，即使是最杰出的研究型大学也面临着他所称的"市场化悖论"（paradox of the marketplace）：市场力量已对当代研究型大学创造、加工和传播知识的基本任务产生了深刻的影响。可以说，市场为美国大学提供了更多的财富、更好的生源，进一步将大学与经济紧密地联系起来，然而，它们也加剧了不平等，削弱了大学办学的自我约束力，弱化了大学为社会服务的使命。[2]

## 州立大学与新的"A&M"：体育与医学

尽管专注于一流的体育运动和联邦政府资助的医疗卫生科学研究存在高风险，但这两个方面却赋予公立研究型大学新的内涵，是振兴传统的州立赠地大学的尝试。例如，1981年，马里兰大学委托编写了一份题为《后赠地大学》（*The Post-Land Grant University*）的规划报告。报告指出，不能再用一个多世纪前的1862年和1890年的《莫里尔法案》（*Morrill Acts*）所处的历史背景特征来定义现代多功能旗舰州立大学。[3] 到2010年，美国的公立高等教育已经步入新的"农工"（A&M）时代。2010年"A&M"代表的是"体育与医学"（Athletics and Medicine），而不是历史上所指的"农业与矿业"（Agriculture and Mining）或"农业与机械"（Agriculture and Mechanics）。

---

[1] Andrew Pollack, "Awaiting the Genome Payoff," *New York Times*, 14 June 2010, p. A1.

[2] Roger L. Geiger, *Knowledge and Money: Research Universities and the Paradox of the Marketplace* (Stanford, Calif.: Stanford University Press, 2004).

[3] Malcolm Moos, *The Post-Land Grant University: The University of Maryland Report* (College Park: University of Maryland, 1981).

这些新的重点为陷入困境的州立旗舰大学恢复声望和士气带来了一线希望。让 A&M 代表"体育和医学",高校校长和教务长们认为他们已将现代公立大学从 19 世纪传统的"农业和机械"中拯救出来。这种品牌修订为州立大学宣传办学重点提供机会和依据。20 多年来,公立大学校长们一直在抱怨资源流失,被精英私立研究型大学甩在后面,现在他们终于有机会把新酒倒入 A&M 的旧瓶子里。毕竟大学公关人员可以将"体育与医学"誉为学校的办学亮点,来展示他们是一所积极向上、充满活力的州立大学。

大学这种做法的前提是,代表赠地模式的古老的"农工"历史项目出现了衰落的迹象,但没有什么人会对此怀念。例如,2010 年,一些文章报道说,一些州立大学的农学院正在出售牲畜,减少农场,以便进行农业研究和推广活动。① 这一改变是适时的,因为在许多赠地大学,传统的"A"已趋于消失。以加州大学伯克利分校为例,该校历史悠久、著名的农学院已更名为"自然资源学院"。那"M"呢?在 19 世纪它的本意是"机械",类似于我们现在说的"工程"。但是,"机械"这个词在今天不很流行,让人感到混淆,会误以为是社区学院的汽车维修或空调保养方面的职业教育课程。换句话说,旧的 A&M 已被掏空,取而代之的是新的"体育与医学"。

这种结合的优势有哪些呢?首先,这两个领域在大学的知名度都很高。其次,二者不仅显示度高,还被看作是不可或缺的。再次,两者都很昂贵,也就是既很烧钱又很能来钱。最后,二者通过服务、建设和就业成为当地经济都不可或缺的一部分。新的"A&M"还坚守历史上的赠地大学服务使命。医院和诊所当然体现了为公众提供的医疗保健服务。一流的体育运动则本身就是一种公共事业。2008 年,一个大型体育联盟专员认真地表示,州立大学的橄榄球运动应该被视为一种公共服务形式。当然,这与为农作物的轮作提供推广服务并不完全相同。但在当今这个时代,谁会否认一所州立大学的球队参加碗总冠军系列赛(BCS)或全美大学体育协会篮球四强赛不是为了服务全州人民?

2000 年以来,学术医学中心(Academic medical centers)发展状况良好。鉴于医学院及其附属学院的规模、声望和权力都已今非昔比,它们不再被看作仅仅

---

① Lisa Rathke,"Agriculture Colleges Sell Cow Herds to Cut Costs," *Associated Press*,12 July 2010.

是众多学术单位之一。2010年，一流大学教师职位的三分之一到二分之一归属医学中心和相关的健康科学部门的情况已是一种常态。此外，对于一所年度办学预算约为20亿美元的大学来说，学术医学中心往往占总支出的40%以上。

体育和医学行业在人才招聘方面形成了一种有趣的对称，二者都有能力在一个高价市场中争夺人才。例如，聘请一名新教练有时需要招聘一名拥有医学博士和博士学位的研究人员来加以平衡，后者的工作是寻找严重疾病的治疗方法。而且，需要配备助理和雇员以及基本工资以外的绩效奖金。他们都是学术界的超级明星。一所以大写"A"和大写"M"为标志的州立旗舰大学是令人望而生畏的。两个部门都需要新的、昂贵的设施，而且这些设施更新速度很快。不断增加的大型设施意味着这两个部门占据了相当大比例的校园房地产——而且通常是不租也不买。事实上，在某些情况下，一流的体育运动为创建强大的学术项目提供了模式和说法。下面就是一所州立旗舰大学的学术招聘说明：

为了重金招聘人才，肯塔基大学展开为期半年的密集的人才延揽活动，给出的待遇包括可以在盖恩斯威马场（Gainesway Farm）度周末，并承诺投资至少8000万美元。这一切不是为了给英国大肆宣传的新聘教练遴选麦当劳全美明星赛篮球运动员……大学的官员们想方设法是想得到更为稀有的商品：招聘一位著名外科研究员来领导马基癌症中心……吸引一位全国著名专家到一所大学任教的过程是一项高风险、充满压力的尝试，其难度与招聘大学篮球教练相当，在某些情况下甚至是有过之而无不及。①

突出体育和医学这两个新A&M是有代价的。尽管两者都带来诸如电视收入、门票销售、巨额捐款、医疗补助、联邦拨款，以及门诊收入等大量收入，但这些丰厚的收入来源可能是不稳定的。例如，2003年，《洛杉矶时报》的一篇文章报道指出，加州大学洛杉矶分校的医疗中心"数月来一直在财务不稳定和内部纠纷中挣扎"。而一家咨询公司的报告具体的描述是"从账目混乱、收入锐减到

---

① Ryan Alessi, "University of Kentucky Lands High-Profile Cancer Center Chief: Wooing Hit New Level for Doctor/Researcher," *Lexington Herald-Leader*, 14 April 2009, pp. A1, A5.

工作职责重叠等管理混乱等问题"。① 典型的例子也许是位于华盛顿特区的乔治敦大学医疗中心。该中心运行成本非常高，财务状况岌岌可危。由于入不敷出，大学校长试图对法学院和商学院征收内部税，对医疗中心进行财政资助。②

21世纪的大学医疗中心通常面临着三个方面的财务风险：第一，病人数量的下降和医院病床的空置使费用迅速增加。第二，任何联邦医疗补助计划或医疗保险报销比例的降低，都会使大学医疗中心收入预期大幅降低。第三，尽管许多学术医学中心由于拥有大量捐赠基金而享有财务自主权，但2008年至2010年前后全国范围的经济不稳定使得这些基金很快变得不可靠。这并非没有先例。例如，一个大学医疗中心2007年的捐赠基金为2.5亿美元（其中大部分被指定用于急速的资本扩张和建设项目），到2009年，已缩水约40%，降至1.5亿美元。由于非生产性投资选择，一年就损失了1亿美元。在一个学术医疗中心的副主任看来，这是一场赌博，假如一旦真的出现亏损，不是州政府就是大学或两者同时都会出面救助。这里的假设是，学术医疗中心目标太大，已经投入了大量资金，它的主办大学或州政府不会熟视无睹。

同样的情况也发生在拥有全美大学体育联合会甲级联盟的校际体育项目的一流州立大学。在橄榄球或男子篮球等收入较高的运动项目中，如果输掉一个赛季的比赛，门票收入就会迅速减少，全国转播的比赛邀请也会减少。然而，即使发生了这种情况，也很难想象一所州立大学会放弃橄榄球或篮球项目。这些项目很重要，学校必须支付开支，即使为此需要从学校其他部门挪用经费。

这给大学其他夹在体育与医学之间的学术单位带来了不可避免的巨大影响。一个可能的担忧是传统上缩写为"A&S"的"人文与科学"（Arts and Sciences）所面临的考验。由于此学科可能难以在21世纪的州立大学中占据主导地位，一种可能的改革是对标签进行修改，以反映这种新的衰败的地位。可以把大写的"A&S"改为小写的"a & s"，表示预算的缩减，被边缘化和地位下降。在大学整体运行的预算和课程中，这种真实且具象征性意义的边缘化意味着，多功能大

---

① Steve Hymon, "Head of UCLA Medical Center Is Leaving Post," *Los Angeles Times*, 3 September 2003. See also "UCLA Hospital System Can't Heal Itself," *Los Angeles Times*, 2 March 2003.

② Katherine S. Mangan, "An Unfair 'Tax'?: Law and Business Schools Object to Bailing Out Medical Centers," *Chronicle of Higher Education*, 15 May 1998.

学州立传统的主流学科实际上变成了继子。最明显的表现是，与卫生学科领域新设施的投入相比，老建筑和设施的修缮被拖延了。[1]

## 州立大学的资助僵局

尽管新的"A&S"模式为一些州立大学的复苏带来了希望，但到 2010 年，大多数州立大学都无法解决它们的财政问题。[2] 公立大学的校长们依旧持续抱怨州立法机构给予的拨款太少。有些人甚至建议有必要寻求联邦政府的直接援助。州立大学是否有资格获得联邦救济遵循了一套请求脚本，接着是一些问题和考量。不幸的是，对于公共高等教育的立法支持的未来，州立大学校长提出的是令人生厌且没有说服力的长篇大论。

一般而言，州立大学校长的首要抱怨就是，"我们的州政府给我们的越来越少，我们比其他州的学校要少。"这种诉求的不足在于，到 2010 年，所有的州立大学都面临拨款方面的困难。这当然是因为所有的州的经济都出现了问题。当加利福尼亚州、佛罗里达州和密歇根州等主要州的财政收入减少时，这些州机构和服务部门的拨款都受到削减，公立大学校长很难声称他们受到歧视。2009 年，"德尔塔计划"在《中学后教育成本、产出能力与职能》（*Postsecondary Education Costs, Productivity, and Accountability*）上发表研究报告，对各州公立高等教育发展概况作了介绍，有助于我们了解这方面的政策制定情况。[3] 举一个例子，肯塔基州人口少，收入和盈余也少。然而，"德尔塔计划"的数据显示，州政府对公立高校颇为慷慨。州提供的生均补助为 8960 美元，在五十个州和两个地区中排名第十二。公平地说，该州对高等教育支持得很不错，只是公立高校的校长们并不总是承认这点。

---

[1] Scott Carlson, "As Campuses Crumble, Budgets Are Crunched," *Chronicle of Higher Education*, 23 May 2008.

[2] Ronald G. Ehrenberg, *Tuition Rising: Why College Costs So Much* (Cambridge, Mass.: Harvard University Press, 2000).

[3] Donna M. Desrochers, Colleen M. Lenihan, and Jane V. Wellman, Trends in College Spending, 1998—2008: Where Does the Money Come From? Where Does it Go? What Does It Buy? (Washington, D. C.: Delta Cost Project, 2010); Jack Stripling, "Follow the Money," Inside Higher Ed, 9 July 2010.

州立大学耍了一个花招,以州政府拨款在学校年度办学预算中所占比例越来越小为由,来证明他们的抱怨是合理的。但他们掩盖了一个事实,即大学的规模和复杂度都今非昔比。新的由联邦政府资助的研究项目、医疗中心、附属设施、研究园区和基金项目都是学校自创的项目,使得学校的预算规模不断扩大。这样一来,尽管州政府拨款的实际数额增加了,但在学校预算中的比例自然还是下降了。

要想知道在 21 世纪的头十年,一流的州立大学在辩论和诉求上几乎始终如一,只需参考一下本·高斯(Ben Gose)写的关于德克萨斯大学的情况介绍,以及在 2002 年的《高等教育纪事报》上发表的《旗舰州立院校的衰落》一文所言:"德克萨斯农工大学校长评论说,'看上去我们富得流油……但这并非事情的全貌,你需要看到本质才行。'"[1] 同样在《高等教育纪事报》上撰文的保罗·范恩(Paul Fain)2010 年 8 月访问了西雅图,他发现了几乎完全相同的情况。他指出,华盛顿的旗舰大学看起来并不存在资金问题。这所风景如画的校园融合了哥特式建筑和太平洋西北地区郁郁葱葱的绿色,得到的联邦研究经费比美国任何其他公立大学都要多。得益于所在地企业发达,华盛顿大学在最近的一次募款活动中筹集了 27 亿美元。但问题即将暴露出来。州政府不再为这里的许多建设项目提供资金,预算严重削减威胁到大学的办学质量,尤其是本科生的班级规模越来越大,科研机会越来越少,而这本是该大学的核心优势之一。[2] 其结果是,该州立旗舰大学与该州的社区学院相对立,抱怨州议员支持增加对两年制学位课程的资助,而牺牲了华盛顿大学的四年制学士学位课程和其他课程。一流州立大学的校长再也不能想当然地认为,州议会会重点资助久负盛名的研究型大学了。

州立大学校长在州里的游说没有成功,就提出这样一个主张,即"为了教育学生,我们需要更多的经费。"这并不错,但是"德尔塔计划"的研究显示,在许多州,州政府补贴以及学生的学费用于非教学支出的比例越来越高。有报道指出,有些大学的行政方案计划削减学术项目,裁减教职岗位,或将终身教职教师

---

[1] Ben Gose, "The Fall of the Flagships?: Do the Best State Universities Need to Privatize to Thrive?" *Chronicle of Higher Education*, 5 July 2002, p. A19.

[2] Paul Fain, "Cuts Intensify Identity Crisis for Washington's Flagship Campus," *Chronicle of Higher Education*, 29 August 2010, p. A1.

转为非全职教师。但没有迹象表明州立大学已经减少了副校长职数。事实上，2009年至2010年间发表的几份国内报告确信"行政臃肿"(administrative bloat)是大学办学成本增加的一个令人担忧的因素。据估计，在过去的20年里，大学行政职位的数量增加了39%，教师职数增加了18%。这说明前者的增幅是后者的两倍以上。[1]

我们以一所学生数为25000名的中等规模的旗舰州立大学为例，来说明上述做法的普遍性。该大学不是著名的美国大学协会的62所成员校之一，但它在对外宣传时强调努力将自身打造成为一所"研究型大学"。2010年，该校的校领导除了一名校长，还配备了15名副校长。尽管学校所属的州并不富裕，学校所在城市与波士顿、纽约或芝加哥等地相比，生活成本也并不算高，但学校行政人员薪酬却非常丰厚，见下表：

| 职务 | 薪酬（单位：美元） |
| --- | --- |
| 分管医疗与医院执行副校长 | 706291 |
| 分管财务与行政执行副校长 | 458999 |
| 副校长兼医学院院长 | 585663 |
| 分管诊所与医院运营副校长 | 543479 |
| 分管健康事务高级副校长 | 467230 |
| 教务长兼学术事务副校长 | 275000 |
| 分管商业及经济发展副校长 | 255999 |
| 分管学校办学多样性工作副校长 | 210000 |
| 分管科研副校长 | 210000 |
| 分管财务副校长 | 210000 |
| 分管院校发展副校长 | 191759 |
| 分管学生工作副校长 | 170214 |

---

[1] Scott Carlson, "As Campuses Crumble, Budgets Are Crunched," *Chronicle of Higher Education*, 23 May 2008.

续表

| 分管设施管理事务副校长 | 153453 |
|---|---|
| 分管人力资源副校长 | 151422 |
| 分管院校研究与发展事务副校长 | 143967 |

此外，大学还需另行支付副校长工资的15％存入美国教师保险和年金协会——大学退休基金（TIAA CREF）的个人账户中。钢铁大王和慈善家安德鲁·卡耐基应该对此举感到了惊讶。他创建并注资"教师保险与年金协会——大学退休基金"完全是为了大学教授们，而不是为了大学行政人员，因为他认为教授们的薪酬太低。各个行政高管都有助理副校长或协理副校长等人的大力协助。校长也配备了全职助理，尽管此人不属于一线决策人员，但薪金达145923美元，还要另加薪酬15％的"教师保险与年金协会——大学退休权益基金"份额。与上述薪酬方案相比，终身教职正教授的平均工资仅略超出10万美元。行政人员薪酬不断上涨和高管职数增加已经是美国各大学的普遍现象。

针对行政职数膨胀和人员配备过多的指责，州立大学校长通常会这样反驳："我们大学不再增加工资了。"对于大学许多员工来说，情况可能是这样，但也有例外。2009年，佛罗里达大学的橄榄球教练签下了一份6年期合同，年薪从325万美元提高到400万美元，成为联盟中收入最高的教练。路易斯安那州立大学的教练要求在合同中增加一项条款，假如他带领球队获得全国冠军，他的年薪要比联盟中其他所有教练多1000美元。经济困难时期高补贴不仅限于橄榄球和篮球教练。在许多旗舰州立大学已经形成了一种惯例，诸如医疗中心副主任等高管，都能获得丰厚的年度奖金。美国许多州立大学的一些足球助理教练的薪水比教务长和分管学术事务的副校长还高，这是一种奇怪的厚此薄彼现象。

州立大学的校长经常试图说服纳税人和立法者，学校正在通过停招新员工来减少开支。这确实是一种令人担忧的极端做法。尚不明了的是，这是否适用于学术或行政大人物，出于"市场因素"，必须用高薪聘请他们，为他们提供实验设施和昂贵的最先进设备，并为他们配备助手。而且，可以肯定的是，这种特殊聘用待遇不会发生在法语系或社会工作学院的教授身上。

也许，旗舰州立大学校长最不靠谱的说法是："我们大学经费有限。"稍加仔细观察，基本事实是，尽管资金总量充足，但在大学内部部门和预算中，仍有一些资金缺口。在 21 世纪，各州对高等教育的资助问题就如同卡住一个机械系统的阀门，以便使燃料只能单向流动。2010 年，公立大学面临的问题不仅是缺乏外部拨款，而且是大学内部财政资源分配失衡。以作为东南联盟成员校的州立大学为例。2009 年 8 月，联盟专员办公室宣布，12 所大学将从 15 年 22.5 亿美元的电视合同中获得收入，此外还有与哥伦比亚广播公司的 8.25 亿美元合同收入。如考克斯报业的体育记者本·沃林（Ben Volin）所言："多亏了娱乐与体育电视网（ESPN），东南联盟球队现在才有了更多的钱来招聘队员、更新设施和吸引一流教练。"

为什么不将这大笔资金也用在那些大学视作核心使命的教育项目上？对于这个问题，校长们并没有给出合理的说明。对于大学校长来说，通过行政手段对经费进行重新安排是不可能也是不合理的，因为体育项目毕竟归属学校。但这样做势必会受到校长们的一致反对："那是两码事！那是自有资金！"

州立大学的校长们哀叹道："我们的大部分预算都是限制用途的。"情况的确是这样。但也不是不可变更。校长、业务官员和学校董事有许多行政手段，在有限范围内根据情况对有限资金进行调整。例如，体育收入丰厚，校长和董事本可以要求体育协会（私人法人机构）为其使用的校园设施支付市场行情租金。高校也可以向协会收取使用大学校名、大学标志和大学附属资源的费用。参加全美大学体育联合会的是大学，而非体育协会或体育院系。体育协会经常向包括大学在内的团体和组织收取使用其标志和吉祥物的费用，因此，换个做法是公平合理的。

在这些行政借口中，最令人失望的是，大学校长本应让捐赠者了解大学的使命。但是，如果捐赠者仍然愿意慷慨地捐赠给体育事业，而不是学术事业，校长们确实还有解决之道：他们可以对所有捐给大学及其附属基金会的巨额捐赠征收诸如 15％ 的服务费或间接费。校长和教务长可根据实际需要对征收的费用进行重新分配。这笔钱可以回到被征收部门，或分配到其他部门。无论如何重新分配，都是由校长，而不是捐赠者，进行决策。这种做法并非不靠谱。这与教授们在申请联邦研究资助时遇到的做法类似。有位首席研究员在资助金预算中被要求平均增加 47％ 的间接费用。然后由管理部门而不是该教授来决定如何对间接费进行分配。上述做法并没有妨碍教授们申请基金，所以这种做法对其他部门也是可行的。

这样的内部调整并不能使公立高等教育全面摆脱财政困境。但这至少可以让公立大学向所在的州立法机构或美国国会发出一个信号，就是在申请联邦救济项目或游说州政府增加拨款之前,他们终于尝试处理好学校内部的关系,实现根据自身的教育使命来优化资源配置。

**千禧年透视:从 20 世纪迈向 21 世纪的美国高等教育**

"为什么大学不能像商业公司一样经营?"这个问题在 20 世纪反复出现,这的确是一种质疑。这一口号为了解 20 世纪美国高等教育的变化发展提供了一个很好的参照。最重要的是,几乎所有的高校,无论规模大小,商业领袖和公司高管进入学校董事会成为一种常态。与过去普遍由牧师担任大学董事会成员和校长相比,这是一个戏剧性的、记录在案的转变。① 不幸的是,在 20 世纪末 21 世纪初,美国高校在选择项目和确定办学重点过程中,尝试模仿商业公司的做法并不顺利。大学校长们经常接受并内化这样一种说辞,即大学是"经济引擎"或"知识工厂",可以为所在州的繁荣和创造就业提供保证。学界有两个突出的案例:大学科技园和一流的体育项目。同样,高校成立一个"以盈利为目的"公司将其作为大学组织结构和教育使命的一部分,是否真的合适或有效?这不是空谈,因为城市和乡村政府越来越强烈地要求对大学征收财产税,特别是如果大学涉足商业活动,这与传统的学术用地免税理由截然不同。② 这种担忧的最终结果是,在 2010 年,"德尔塔小组"(Delta Group)及其他政策分析机构的报告均指出,多数大学的一贯做法肯定是不可持续的。

具有讽刺意味的是,过多的新闻报道和宣传将研究型大学作为经济引擎,这样做往往忽略了高校中的一些"最佳实践"模式。例如,小型文理学院在坚守教

---

① Clyde W. Barrow, Universities and the Capitalist State: Corporate Liberalism and the Reconstruction of American Higher Education, 1894—1928 (Madison: University of Wisconsin Press, 1990).

② See, for example, "Boston May Ask Its Colleges to Pay More in Lieu of Taxes," *Boston Globe*, 6 April 2010. For analyses of precedents for taxing campus property, see Goldie Blumenstyke, "Town-Gown Battles Escalate as Beleaguered Cities Assail College Tax Exemptions," *Chronicle of Higher Education*, 29 June 1988; Lois Therrien, "Getting Joe College to Pay for City Services," *Business Week*, 16 July 1990, p. 37.

育使命和保持财政健全两个方面始终做到了游刃有余。[1] 尽管大型研究型大学因从事"大科学"（Big Science）而名利双收，但私立文理学院仍坚持本科生培养的传统，较少培养理科博士生。这并不完全令人惊讶，因为这类学院很善于争取并使用国家科学基金会关于本科生科学教育项目基金的拨款。这些项目与他们将本科生当作研究助理，共同参与实验研究和发表学术论文的传统做法是一致的。[2]

## 商业化与消费主义时代中的大学生

学术商业化对本科教育产生了重大而复杂的影响。为了取悦新生，高校在服务和设施上投入了大量资金，这使得大学生活对美国富足家庭的子女来说越来越有吸引力。健身中心、学生公寓而不是禁欲主义的集体宿舍、海外游学项目、辅导服务、职业辅导办公室、计算机站点、餐厅和咖啡店、娱乐设施以及一流校际体育赛事的门票，意味着 21 世纪的美国高校在提供高端购物和休闲的环境中展开激烈的竞争。高校还增加了招生和吸引新生方面的预算。这样做的代价是，在非教学项目上的支出比在核心学术项目上的支出增长得更多更快。一些大学的本科招生办公室将学生的经济资助从按需发放转为学业优秀奖学金，理由是学校这样做可以录取到优秀的新生。这意味着学校为一名来自富裕家庭的天资聪慧的学生提供全额奖学金是不成问题的。

这样做的结果是，高校内部以及校际之间学生群体的社会经济成分出现很大的分化。以在弗吉尼亚大学为例，学生群体中获得佩尔助学金（Pell Grants）的比例降至 3% 以下。这很重要，因为该助学金是衡量一个学生是否来自低收入家

---

[1] Alvin P. Sanoff, "Serving Students Well: Independent Colleges Today," in *Meeting the Challenge: America's Independent Colleges and Universities since 1956* (Washington, D. C.: Council of Independent Colleges, 2006), pp. 37—62; John R. Thelin, "Small by Design: Resilience in an Era of Mass Higher Education," in Meeting the Challenge, pp. 3—36.

[2] Thomas R. Cech, "Sciences at Liberal Arts Colleges: A Better Education?" and Priscilla W. Laws, "New Approaches to Sciences and Mathematics Teaching at Liberal Arts Colleges," in Steven Koblik and Stephen R. Graubard, *Distinctively American: The Residential Liberal Arts Colleges* (New Brunswick, N. J.: Transaction Press, 1990), pp. 195—216, 217—240.

庭的最好办法。一小部分录取率低的名校开始青睐有能力和富有（最好是既有钱又有名）家庭的子女。汤姆·沃尔夫（Tom Wolfe）2004年出版的以"杜邦大学"为背景的小说《我是夏洛特·西蒙斯》（*I Am Charlotte Simmons*），对高校招生和学生生活方面的不平等现象有所描述。安德鲁·哈克（Andrew Hacker）的研究进一步证明了这一明显趋势。他发现，尽管威廉姆斯学院每学年的学费和花销已经上升到5万多美元，但60%的学生不需要经济资助，因为他们的家庭有能力承担。① 这所学校拼命追求办学声誉的另一个证据是，管理层将资源投入到学术竞争的活动和成果中，以帮助学校在《美国新闻与报道》（*U. S. News and Report*）发布的年度排行榜中提升名次。斯坦福大学的法学教授黛博拉·罗德（Deborah L. Rhode）在2007年出版的《追求知识：学者、身份和学术文化》（*In Pursuit of Knowledge：Scholars, Status, and Academic Culture*）一书中分析了大学支出结构比例的变化，并得出结论说，她严重怀疑学生花那么多时间和金钱到高收费大学就读，是否相应地获得了实实在在的教育回报。②

## 重新思考董事会与董事的历史作用

回顾哈佛学院（1636年）和威廉玛丽学院（1692年）创建以来600多年美国高等教育的发展，一个显著特点是，我们的制度和公共政策赋予高校董事会至高无上的权力和信任。殖民地学院和苏格兰的大学独具特色地设计了一套法律治理结构，赋予外部董事会至高无上的权力。反过来，董事会又仅与学校强大的管理组织首领的校长进行密切合作。这种创新做法的驱动因素是源于对牛津大学和剑桥大学的教师治理模式的不信任与厌恶。仰赖外部董事会以及权力很大的校长，旨在促使新大陆学院"治理完善"。事实上，这种模式很快发挥作用并延续了下来。威廉玛丽学院的首任校长詹姆斯·布莱尔（James Blair）与"他的"监事会合作得非常好，监事会成员称他为"终身校长"。尽管学院最初的章程规定通过"学术评议会"来管理教师，但事实上，校长轻易地通过指定监事会代行所谓

---

① Andrew Hacker, "They'd Much Rather Be Rich," *New York Review of Books vol.* 54, no. 15 (11 October 2007).

② Deborah L. Rode, *In Pursuit of Knowledge：Scholars, Status, and Academic Culture* (Stanford：Stanford University Press, 2007).

"学术评议会"的职责实现了篡权。类似这样的制度和法律上的考量，确保了在21世纪的很长一段时间里，手握大权的校长与最终具备强权的董事会密切合作的方式成为美国高等教育治理的主要模式。

这种模式的一个奇特现象是，董事会被赋予的终极权力与他们的低调和几乎不被问责形成了强烈的对比。董事会是沉默的伙伴，他们很少被人们了解，极少被媒体报道。但也有一些有趣的例外。任期为16年的加利福尼亚大学的董事们被一位历史学者描述为"世界上最大的不愉快家族"。这是因为这些董事在接二连三的会议上争吵不休，互相谩骂，然后召开新闻发布会，痛斥在政策问题上与自己意见相左的其他董事。[①] 但总的来说，大学董事会成员是安静的，一般不太过问事情。而且最不幸的是，对他们所治理的高校的特点和情况并不了解。近几十年来，董事会联合会（Association of Governing Boards）等组织，以及诸如《高等教育纪事报》和《今日学界》（*Academe Today*）等纸质和电子日报和周报，为董事会成员提供便捷、及时的信息和教育。当然，没有人要求董事会成员阅读这些资料来了解高等教育，也无法确保大多数董事会成员主动接受邀请或机会去实质性地了解高校的生活和工作。相比之下，很难想象一个商业公司的董事会成员对他们服务和领导的企业或公司会一无所知。总之，许多大学的董事会很有可能是老式歌舞杂要表演节目中的滑稽演员配角，有新闻记者问："你怎么看待高等教育治理中的无知和冷漠？"根据剧本，他们通常的回答是："我不知道，我也不在乎。"无论这在剧场观众中引发了怎样的幽默效果，到2010年，它已经不再是寻求有效治理的美国高校的笑料了。

这个问题在一流旗舰州立大学尤为严重。这些大学董事会成员的安排往往是由州长政治操弄的结果。事实上，在诸如肯塔基州等一些州，政治确实渗透到了大学董事会中，以至于有人要求监控董事会成员的结构，使民主党人和共和党人的任命达到均衡。作为州立大学的董事会成员，他们常常可以得到大学校际橄榄球和篮球比赛的免费门票的好处。与独立或私立高校董事会成员不同，州立大学董事会成员通常不会给学校捐款或帮助筹措经费。至于他们是否关注学校真正的教与学，则是一个无关紧要的事情。事实上，大学校长的惯有把戏是让董事会成

---

① Quoted in W. J. Rorabaugh, *Berkeley at War: The 1960s* (New York: Oxford University Press, 1989).

员忙于娱乐消遣，这样也就不会关注学校的学术方面的事务。

由此产生的问题是，不了解校情的外行的董事会成员成为高等教育的致命弱点。原因有二。其一，董事会的行为和决策基本上不受制衡；其二，州立大学校长的决策权过大。董事会与学校内部部门与活动之间的交流与了解往往局限于校长与行政人员事先筛选过滤后的信息。

学校董事将大权托付给校长错在何处呢？与1910年那些具有远见卓识的开拓型大学校长们的境遇不同，一个世纪后的这一代校长自身也坦诚，他们对校际体育、医疗中心或研究公司等领域几乎没有控制权。在1996年普林斯顿250周年校庆论坛的餐后演讲中，康奈尔大学退休校长善意地对其他精英大学校长同僚说，愈发沉重的募款责任意味着当代大学校长成为了"住在豪宅里的乞丐"。① 高校校长确实有声望，董事会成员通常来自公司高管，他们也是按照企业和公司的标准来核准校长和副校长的工资和奖金。如果需要解雇一所州立大学的校长，通常是因为他在聘用教练方面出了差错，而不是因为实质性的学术或课程事务方面的问题。在少数几所大学（如1999年的芝加哥大学和2006年的哈佛大学），具有非常强大和自信的学术文化，当校长与教师在学术实践上出现矛盾时，董事会会选择罢免校长。② 然而，更具典型的是密歇根州立大学的校长约翰·迪巴乔（John DiBaggio）和肯塔基大学校长大卫·罗泽尔（David Rozelle）的经历。他们因为试图改革校体育运动队和控制傲慢的教练，而失去了董事会的支持，最终辞职转到

---

① Frank T. Rhodes, Jr., Introductory remarks at Princeton University's 250th anniversary forum (April 1996). See also Rhodes's formal talk at the conference, "The University and Its Critics," in William G. Bowen and Harold T. Shapiro, eds., *Universities and Their Leadership* (Princeton: Princeton University Press, 1998), pp. 3—14.

② 关于雨果·桑南夏恩（Hugo Sonnenschein）校长与师生在课程方面的争论，以及他最终从芝加哥大学辞职的过程，参见 Ben Gose, University of Chicago President's Plan to Resign Doesn't Quiet Debate over His Agenda, *Chronicle of Higher Education*, 18 June 1999. For one of many articles about the Harvard board's fring of President Lawrence Summers in 2006, see Robin Wilson, "The Fall of Summers: Lawrence Summers Never Won over Harvard's Faculty, and That Cost Him His Job," *Chronicle of Higher Education*, 24 February 2006.

其他大学担任校长。①

大学董事中主流的商业企业理念成功地重新定义了校长职位及其与学术职业之间的关系。当校长职位出现空缺时，继任者多半是没有担任过教职的管理人员，他们主要承担过诸如筹款、发展或商业事务等学校非学术领域的工作。教务长、院系领导和教授担任校长的情况越来越少见。② 20 世纪初许多美国大学的校长在办学使命方面缺少战略视野。只要外部强力董事会和校长这一历史性的治理结构保持不变，许多州立大学就会沦为一种使传统的学术功能不可持续的模式。公立大学和私立大学的董事会也在一定程度上失去了公众的信任，因为有调查报告说许多高校的董事经常与所在大学签订会导致利益冲突的商业合同。③ 美国高等教育的决策和责任结构至少需要进行依次彻底的"新政"。一个非常关键但也许是近乎邪说的问题是"一所大学之所以成功是因为不依赖董事会，还是因为由于董事会的存在"？

假如历史悠久的外部董事会制度在 21 世纪没有很好地为高等教育服务，那么应如何着手推行真正的改革呢？2007 年，威廉和弗洛拉休利特基金会（William and Flora Hewlett Foundation）捐给加州大学伯克利分校 1.13 亿美元，作为对讲座教授教职资助项目的配套资金。这也许是一种传统的对大学的定向支持的最重要的例子。④ 尽管这种慷慨令人钦佩，但它所青睐的是一所近百年来一直得到公共和私人资助的高校。此外，这项资助回避了一个重要问题——旗舰州立名校未

---

① 有关董事会对密歇根州立大学校长约翰·迪巴乔和肯塔基大学校长大卫·罗泽尔试图进行大学体育改革表示失望方面的记述，参见 John R. Thelin, *Games Colleges Play: Scandal and Reform in Intercollegiate Athletics* (Baltimore and London: Johns Hopkins University Press, 1994), pp. 189—196.

② Richard Ekman, "The Imminent Crisis in College Leadership," *Chronicle of Higher Education*, 24 September 2010, p. A88.

③ Paul Fain, Thomas Bartlett, and Marc Beja, "Divided Loyalties: One Fourth of Private Colleges do Business with Trustees' Companies. Whose Interests Come First?" *Chronicle of Higher Education*, 14 March 2010. See also Julianne Basinger, "Boards Crack Down on Members' Insider Deals: Recent Scandals Trigger New Scrutiny of Trustees," *Chronicle of Higher Education*, 6 February 2004.

④ Elia Powers, "A Prominent Public Targets Faculty Retention," *Inside Higher Education*, 12 September 2007.

来将如何生存。其他著名基金会则更多地选择接受监督，而非慈善。例如，梅隆基金会（Mellon Foundation）、斯宾塞基金会（Spencer Foundation）、大学理事会（College Board）和卡耐基教学促进基金会（Carnegie Foundation for the Advancement of Teaching）等延续并深化了对高等教育的批判性分析。但另一些著名基金会对高等教育的关注和资助却都在减少。① 但比尔和梅琳达·盖茨基金会（Bill and Melinda Gates Foundation）和卢米纳基金会（Lumina Foundation）等一些新基金会的项目填补了部分缺口。然而，一个有趣的变化是，这些新资助项目更多地关注学生入学和就读保有率方面的广泛议题，而不是向特定的高校提供直接资助。地处华盛顿杜邦环岛城一号的诸如美国教育理事会（American Council on Education）等著名高等教育组织一直致力于维护高等教育，尤其是在通过联邦立法推广学生资助项目方面。然而，一些组织，如美国高等教育协会（American Association of Higher Education）停止了运作。令人失望的是，代表62所最负盛名的研究型大学的美国大学协会（Association of American Universities），无力或无意改变为其成员校提供特别支持的传统习惯做法。

就长期的高等教育改革而言，令人感到高兴的是，波士顿和华盛顿特区新冒出一批新的、灵活的、富有想象力的机构和组织，这些机构和组织依靠由分析师、编辑、作家和战略家组成的小规模核心领导团队。这些人走出大学校园，专注于利用新技术和复杂的数据库来解决为学生服务的问题，在州和联邦政府层面为公平和社会正义进行游说，并在高等教育政策制定过程中发出独立和具有启发性的声音。这些美国公众甚至连高校领导都不熟悉的机构包括：大学入学及成功研究所（Institute for College Access and Success）、德尔塔成本项目（Delta Cost Project）②、教育信托基金会（Education Trust）、美国企业研究所（American Enterprise Institute）的高等教育改革小组（Higher Education Reform Group）、美国进步中心（Center for American Progress）、康奈教育技术公司（Connect Edu）、

---

① Mary B. Marcy, "Why Foundations Have Cut Back in Higher Education," *Chronicle of Higher Education*, 25 July 2003.

② 该小组是美国研究学会（American Institutes for Research）的下属研究机构，主要研究领域是大学入学机会、教育质量与大学成本支出等方面的问题，主要目的是为政策制定者、高等教育管理者和公众提供分析和资源，以加深对大学对从办学成本和支出的理解。——译者注

教育卓越机构（Excelencia in Education）和考夫曼基金会（Kaufman Foundation）等。另一个提供批判性分析和新信息渠道的来源是《高等教育纪事报》和《高教内幕新闻》(*Inside Higher Ed*)，它们以周报和日报的形式，提供对高校各方面动态的详细深入分析。上述新型组织和出版物的合力影响强化了这样一个信息：是时候"对高等教育进行重置了"，以及"学生在变，高校必须跟上"。[①] 一些退休的大学校长——包括普林斯顿大学的威廉·鲍恩（William F. Bowen）、密歇根大学的詹姆斯·杜德施塔特（James Duderstadt）和哈佛大学的德里克·博克（Derek Bok）等人，也提出了及时的批评和警告。博克在2003年出版的《市场中的大学》(*Universities in the Marketplace*) 一书中剖析了高等教育商业化的缺陷。鲍恩和杜德施塔特分别强调了消除高校各层次体育运动的流弊的必要性。他们为奈特基金会的未来校际体育委员会提出的改革计划提供了很好的对应方案。

## 结论

近年来，美国高等教育凸显出的一个重要主题是，高等教育在拨款和资源配置方面特有的许多传统政策与实践，以及21世纪初领导力和远见的基础，都是不可持续且无效的。它们使我们的教育机构偏离了基本的教育目标，因此它们变得不合时宜。那么，如何纠偏呢？部分答案来自本书。本书是对1636年以来美国高等教育发展历程的详尽历史分析，如果它对背景和案例的叙述对新一代高等教育的读者与领导者有所启发，使所有利益相关者对历史和现实的关系进行深入思考，构建美好的未来，那么本书的目的也就达到了。

美国高等教育的历史告诉我们，随着时间的推移，高校得以对各自的办学使命与社会责任进行回顾和更新，而它们的使命与责任是经由校训以及其他校园标志和符号等历史主题所传递给大众的。2010年的一系列重大事件表明，高校领导们最好能从斯克里普斯学院（Scripps College）的校训（拉丁文为 Incipit Vita Nova，

---

[①] 关于高等教育的及时统计信息与知情的批判性分析的有效结合的例子，参见 Joni E. Finney, "A Reset for Higher Education," Margaret Miller, "More Pressure on Faculty Members, from Every Direction," Sandy Baum, "As Students Change, Colleges Must Follow," and Michael S. McPherson, "Asking the Right Questions about College Access," all in *Chronicle of Higher Education*: Almanac Issue 57, no. 1 (27 August 2010): 6, 17, 25, 34.

可译为"新生命的开启")中汲取灵感。诚然,新的开始令人欢欣鼓舞,但人们很快就意识到,2010年到2018年间的美国高校问题与机会并存,却很难找到显而易见的解决办法。

# 第十章　成就与问题：2010 年以来的美国高等教育

## 声誉与巅峰

2010 年，美国高校翻开了新的一页，其特点是办学声誉和成就与需要关注的问题并存。在接下来的十年里，美国的高等教育虽然依旧是无与伦比的，但却开始分崩离析。套用用户手册里的话来说，就是在美国高校的零部件和功能出现故障时，刚好已过了保修期。①

这一转变出乎意料，因为故障发生在美国高校一切都不错的时候。几乎所有高校都已从 2008 年大衰退时期的股市暴跌中幸存并恢复过来。在一些棘手问题上，包括办学资金、人员结构以及诸如公平、入学、支付能力、辍学、完成学位和社会公正等与学生有关的问题，各高校都有充分的预警和良好的数据。② 高等教育管理者们准备优先解决这些问题。少数几所学术实力卓越、财力雄厚的高校，在教学、科研、服务等方面制定了国内外公认的创新和卓越的发展基调。

但上述这些成就具有误导性。到 2010 年，高等教育浮现出的问题不减反增。我们越来越清楚地发现，在已经过去的那十年间，我们已错失了良机。校园内不同群体间产生的冲突与争端令许多高校的校长和董事会感到震惊。他们忽视了各种报告中所发出的警告，而这些报告本可以促使他们积极主动地考虑推出新的改革措施。领导力的缺失大大削弱了美国高等教育的活力，高等教育战略过时，领导风格陈旧。据《高等教育纪事报》的编辑称，到 2018 年，一个突出的主题是

---

① Henry Rosovsky, *The University: An Owner's Manual* (New York: W. W. Norton, 1990). See also John V. Lombardi, *How Universities Work* (Baltimore: Johns Hopkins University Press, 2013); Robert A. Scott, *How University Boards Work* (Baltimore: Johns Hopkins University Press, 2018).

② 有关学生在学率方面的研究，参见 Richard Fausset, "Data Drives Innovation in College's Reinvention: Setting an Example at Georgia State," *New York Times*, 17 May 2018, p. A12. See also David Leonhardt, "The Growing College Graduation Gap," *New York Times*, 26 March 2018, p. A23.

"困境中的美国大学校园"。① 一个月后的星期日《纽约时报》学习版以"清算"为主题指出,"随着对高等教育的幻灭感越来越强烈,高校正在寻求适应迅速变化环境的方法"。② 许多大学寻求制定"复苏计划",因为每所大学都在"努力重塑自我,这一剧情正在全国各大高校上演"。一位分析人士将 2016 年的美国高等教育称为"重大错误",并进一步分析了"我们是如何摧毁了公立大学,我们又该如何进行修复。"③《高等教育纪事报》的资深作家戈尔迪·布鲁门施泰克(Goldie Blumenstyk)用一年多的时间走访了全国各地的高校,之后她在书中提出了这样一个问题——美国的高等教育是否陷入了危机?接着,她对"每个人都需要了解的常识"进行了分析。④ 到 2017 年,美国的高校发现自己已处于守势,因为尽管大学学位对于获得体面的收入虽非必须但有助益,然而在公众心中,大学早已"跌落神坛"。弗兰克·布鲁尼(Frank Bruni)刊载于《纽约时报》的专栏文章指出,这是"高等教育的低潮时刻"。⑤ 布莱恩·亚历山大(Bryan Alexander)用"登顶"(peaking)的概念解释了 2018 年美国高等教育的情况。换句话说,美国的高等教育发展到 2018 年时达到了顶峰,此后,从几个重要的院校发展指标来看,高校经历了解体和缓慢衰落的过程。⑥

当人们对高等教育的总体前景进行分解细化以揭示可能的模式时,发现了非常显著的不满的信号。尽管高等教育总体状况不错,但这一做法有助于查明某些类型的院校出现办学风险的原因和过程。新时代象征着成功与饱和,因为曾经能

---

① Steve Kolowich, "The American Campus, under Siege," in "The Trends Report 2018: What You Need to Know Now," *Chronicle of Higher Education*, 9 March 2018, pp. B6—B7.

② Erica L. Green, "A Reckoning," Learning section, *New York Times*, 8 April 2018, pp. 1, 4.

③ Christopher Newfield, *The Great Mistake: How We Wrecked Public Universities and How We Can Fix Them* (Baltimore: Johns Hopkins University Press, 2016).

④ Goldie Blumenstyk, *American Higher Education in Crisis? What Every one Needs to Know* (New York: Oxford University Press, 2015).

⑤ Frank Bruni, "Higher Ed's Low Moment," *New York Times*, 30 December 2017, p. SR3.

⑥ Bryan Alexander, "Academia after Peak Higher Education," blog, 29 May 2018, https://bryanalexander.org/future-of-education/academia-after-peak-higher-education/.

有效解决问题的办法变得不再有效。此外，在 2018 年前后，大多数高校都在力图解决与经费投入和实现各自特定办学使命有关的问题。《高等教育纪事报》记者在一篇回顾著名的 1960 年《加州高等教育总体规划》（California Master Plan for Higher Education）的文章中，捕捉到了 2018 年的这种情绪，指出要对高等教育进行重新思考。尽管 1960 年的加州总体规划在该州败局已定，但在 21 世纪的世界上其他地方，它仍被视为高等教育创新的蓝图。① 加州高等教育的愿景已经从美国梦变成了美国的困境。②

2010 年以来，高校几乎被人们所忽略，但它们也不是善意忽视的受害者。相反，美国社会公众一直留意并关注着高等教育。从 2010 年至 2018 年间，高校在全国和地方媒体的报道中十分亮眼。然而，消息是好坏参半。为了说明 21 世纪第二个十年结束时美国高等教育的断痕，可以参考一下 2018 年 3 月 19 日当天众多不同的新闻报道。《纽约时报》的社论版面刊载了一篇长篇社论谴责助学贷款危机。③ 专栏作家大卫·莱昂哈特（David Leonhardt）用整个版面，发表了一篇态度乐观的专栏文章，反驳了那些对美国教育现状进行冷嘲热讽的观点。④ 一封写给编辑的信赞扬了为监狱囚犯提供大学课程的项目。⑤ 其背面是一则整版的广告，上面写着"学生游学：探索你的激情"，内容是为即将上大学的高中生安排"小组旅行"，包括到牛津大学学习新闻的机会。

这种在一天内把截然不同的碎片汇总在一起的现象屡见不鲜。除了《纽约时报》《华盛顿邮报》和《洛杉矶时报》等全国性报纸外，网络和有线电视新闻以及高等教育界两份行业报纸——《高等教育内情》和《高等教育纪事报》都为专业

---

① Karin Fischer, "A Grand Plan for Public Higher Ed Is Aging. Can It Be Reinvented?," *Chronicle of Higher Education*, 4 April 2018, p. A1.

② John R. Thelin, "California's Higher Education: From American Dream to Dilemma," *The Conversation* (blog), 1 November 2017.

③ "The Student Loan Industry's Friends," featured editorial, *New York Times*, 19 March 2018, p. A20.

④ David Leonhardt, "The Myth of Education Skepticism," *New York Times*, 19 March 2018, p. A21. See also the president of Yale's op-ed: Peter Salovey, "How to Sway Higher Ed's Skeptics," *Chronicle of Higher Education*, 16 March 2018, p. A10.

⑤ "Give Prisoners a Chance at a College Education," letter to the editor, *New York Times*, 19 March 2018, p. A20.

读者提供了大量出色的新闻报道。地方和地区报纸也把关注高等教育作为日常报道的主要内容。一个很好的例子是 2018 年 3 月 9 日肯塔基州中学后教育委员会（Council on Postsecondary Education）主席的专栏文章，他对谷歌公司决定不将该州的主要城市路易斯维尔视为未来公司中心的选址作出了回应。[1] 与此同时，全国和地方媒体对大学体育的报道十分抢眼。各个方面的新闻都涉及高等教育。

## 从创新到模仿与饱和：校园解决方案变成问题

由创新综合征所引发的过度模仿，是 2010 年以来美国高等教育面临的问题。这是一种反常理的炼金术，大学把黄金变成了铅。1990 年提供解决办法的制度实践在二十年后反而成了问题，资产变成了负债。十年来率先提出的新倡议和方案到后来适得其反。变为功能障碍的一些重要例子包括：学生贷款公司、招生、员工招聘、私人募款、基本建设项目和校园建设、捐赠政策和股市投资，以及依赖高水平的大学体育运动来提高知名度。尽管联邦资助的学生贷款项目旨在提高学生的支付能力，但对贷款的高度依赖在 2012 年造成了意想不到的后果，使新一代大学生背负着前所未有的贷款债务。原本是为了学生的利益，现在却越来越成为一种负担，而且在成年后的工作生活中，他们仍然不得不继续负重前行。

众多大学解决上述问题的办法五花八门。大学曾指望一流体育运动能名利双收，但最终却以赔钱和制造丑闻的体育项目收场。[2] 大学投资于"研究园"，试图创建有利可图的公私联合企业，其中大部分亏损，它们的商业企业也关闭了。[3] 为了追求超常的捐赠回报，大学深入研究了激进的对冲基金投资策略，结果却遭遇了这些高风险投资的巨大损失。尽管投入了大量资源和专业人员进行所谓的

---

[1]　14. Bob King, "Lessons from Wooing Amazon: Kentucky Must Grow Volume, Quality of Workforce," *Lexington Herald-eader*, 9 March 2018, p. 7A.

[2]　Joe Drape, "As the Tournament Approaches, Integrity Is on the Bubble," *New York Times*, 11 March 2018, pp. SP1, SP7; Marc Tracy, "Rocked by Basketball Scandal, the N. C. A. A. Tries to Heal Itself," New York Times, 25 April 2018, p. B10; Ben Roberts, "Commission Releases Report on Basketball Ails, Potential Fixes for NCAA," *Lexington Herald-Leader*, 26 April 2018, pp. 1A, 2A.

[3]　Beth Musgrave and Linda Blackburn, "UK Seeks Tax Break of ＄32 Million to Help Its Research Park," *Lexington Herald-Leader*, 26 March 2018, pp. 1A, 2A.

"招生管理"(enrollment management),但到 2013 年,美国高校入学人数开始逐年下降。建设昂贵的宿舍来吸引新生并不总是有理想的结果,结果出现一所主要的州立大学将其豪华学生宿舍改造为来访校友和球迷观看周末大型足球比赛的住宿酒店。增设旨在促进学生成功的学业咨询中心,在提高本科生就学率和学士学位完成率方面几乎没有发挥什么作用。① 如果有一个写实图像来表现过去十年的低迷,那会是传统剪彩仪式的一个变化。2010 年的老图像是一位大学校长,与捐赠者和董事一起庆祝新大楼的开工。相比之下,2018 年的类似照片显示,这位大学校长手持道具大剪刀,公开削减预算和学校工作岗位。

## 巨大的鸿沟:不平等与不公平的加剧

所有高校都面临着问题,只是具体的问题可能各不相同。就数据进行分析,对于揭示在所谓的高等教育"不平等时代"中,高等院校面临的各种问题是至关重要的。② 道格拉斯·贝尔金(Douglas Belkin)在《华尔街日报》上发表的一篇文章中指出:"美国的大学有胜者和败者之分",那些"努力让学生为成功做好准备的学校正在节节败退。大学的整并即将来临。"③ 这是一个模糊但不详的警告。幸运的是,许多研究人员就院校与适龄就学人口发的重要数据进行了详细的研究。④ 联邦和州的机构提供的许多现成的数据库,以及各研究机构和协会收集的统计资料,为应用研究和复杂分析创造了前所未有的机会,以形成政策意见,帮助解决问题,指导不同层次的高等教育的制度实践。华盛顿特区和全国各地的基金会、智库和协会发表的报告和委托研究,有助于美国高等教育成为名副其实的

---

① John R. Thelin, *The Attrition Tradition in American Higher Education: Connecting Past and Present*, AEI Future of American Education Project Monograph (Washington, D. C.: American Enterprise Institute, 2009).

② Charles T. Clotfelter, *Unequal Colleges in the Age of Disparity* (Cambridge, Mass.: Belknap Press of Harvard University Press, 2017).

③ Douglas Belkin, "U. S. Colleges Are Separating into Winners and Losers: Schools That Struggle to Prepare Students for Success Losing Ground; the Shakeout Is Coming." *Wall Street Journal*, 21 February 2018.

④ See, for example, Nathan D. Grawe, *Demographics and the Demand for Higher Education* (Baltimore: Johns Hopkins University Press, 2018); Robert Kelchen, *Higher Education Accountability* (Baltimore: Johns Hopkins University Press, 2018).

"数据驱动型"(data driven)。

然而,好数据往往带来坏消息。对于面临因入学人数减少的陷入财务困境的高校来说,这是一个"绝望的"时期。① 在州政府拨款下降的州立高校中,这种情况尤为严重。在许多情况下,问题是人口结构的变化致使传统大学生源的大量减少。在宾夕法尼亚州西部,缅因州,或者也许是上中西部的铁锈带州,州内人口减少,导致入学人数下降,最终意味着大学学费收入减少。这样一来,一种解决办法就是通过各种旨在招募新的学生群体的创新计划来增加入学人数,同时削减人文学科等据称是不具吸引力的低入学率领域。②

但在其他一些地方,公立高等教育的资金不足与新生入学人数下降全然无关。在加利福尼亚州,申请就读加州大学的学生人数和学业成绩水平急剧提升。由于学校的办学场所不足,许多优秀学生被拒之门外,这使得大学招生办公室陷入了一种紧张的局面。校方的这种回应引起被拒绝的学生及其家人的愤怒和失望。与宾夕法尼亚州相比,加利福尼亚州的情况不同,后者办学资金不足,学生入学人数过多。通过招收更多的学生来增加收入是行不通的。③

哪些高校在削减预算呢?虽然与其他类型的高校相比,社区学院的生均经费一直很低,而且他们招收了全国一半以上的大学新生,但社区学院的财政状况最为脆弱。地处经济萧条的州的地方公立大学首先减少了行政职位,通常是学业咨询和学生事务等领域的助理主任级别的岗位。然而,当一所院校来自州政府的拨款减少 500 万至 1000 万美元时,校长和董事会通常会宣布取消某些学科领域的专

---

① Lee Gardner, "A Dark Omen for Public Colleges: How Maine Became a Laboratory for the Future of Public Higher Ed," *Chronicle of Higher Education*, 2 March 2018, pp. A1, A12—A16.

② Jack Stripling, "How a Tough-Talking President Tried to Fix a College— and Came Undone," *Chronicle of Higher Education*, 23 March 2018, pp. A14—A17.

③ Scott Jaschik, "Reports Circulate of an Even More Difficult Year to Be Admitted to Leading California Publics," *Inside Higher Ed*, 26 March 2018.

业，同时解散某些完整的学系。① 例如，2018 年 6 月 28 日，西伊利诺伊大学发布了一份新闻稿，宣布该校半年来的第三轮裁员计划这一令人警醒的消息，包括 7 名终身教授在内的 24 名教师被解雇。全国各地的高校也有类似的做法。

接踵而至的是削减课外活动项目，取消一些学生活动和校园组织团体。在对校际体育运动这一规模最大、费用最高的大学学生活动进行审视时，男女网球等运动项目以及摔跤、田径等奥运项目最有可能被淘汰。橄榄球项目即使是年年亏损，通常也能幸免于难。相反，事实上，橄榄球项目经常得到额外的补贴。在困难时期了解这些决策对于理解美国高等教育的文化是至关重要的。

## 校际体育比赛：从报纸体育版到头版

2017 年，斯坦福大学历史学家大卫·拉巴雷（David Labaree）发表了煽动性的言论："诺贝尔奖很棒，但美国大学傲居全球的原因是大学橄榄球。"他的详细解释是，大学体育比赛的公众吸引力在于，它无论是对那些不关心高等教育还是批评高等教育的人，都具有安抚的作用。而且更重要的是，大型大学体育运动的魅力长期以来为高校提供了大量的政治资本和私人捐款，这些金钱不仅用于体育运动，还用于学校其他方面大量的学术与教育项目和服务活动。拉巴雷指出："大学橄榄球太烧钱了。它剥削运动员，甚至损害他们的大脑。它颂扬暴力，还助长男性粗野气质。它还有损大学的学术使命。"但这些弊端是可以容忍的，因为总的来说，"橄榄球和其他校际体育运动在打造大学品牌方面起到了巨大的作用。"他总结道，"所以让我们为大学橄榄球喝彩。至少值得干两杯。"②

同样值得再探讨的是，体育运动能否引领美国高等教育在未来继续保持活

---

① Linda Blackford, "Morehead to Cut Jobs as Financial Reckoning Begins," *Lexington Herald-Leader*, 14 February 2018, pp. 1A, 2A; Linda Blackford, "Morehead State to Save $1 Million by Cutting Five Administrative Posts," *Lexington Herald-Leader*, 27 February 2018, p. 3A; Linda Blackford, "Shortfall Puts EKU Programs on the Chopping Block," *Lexington Herald-Leader*, 27 March 2018, pp. 1A, 2A; Linda Blackford, "153 Positions Cut as EKU Finalizes Program Closures," *Lexington Herald-Leader*, 7 April 2018, pp. 1A, 2A.

② David Labaree, "Nobel Prizes Are Great, but College Football Is Why American Universities Dominate the Globe," *Quartz*, 7 October 2017.

力。自拉巴雷 2017 年的文章发表以来,体育赛事已经将大学体育从报纸的体育版推到了报纸的头版。涉及大学体育的丑闻往往不仅限于教练、体育主管、拉拉队以及被指控行为不端的学生运动员等嫌疑人。牵涉到体育运动的侵权行为是严重的,并理所当然地成为社会关注的焦点。明目张胆的违法行为包括对未成年人的性虐待(宾夕法尼亚州立大学、密歇根州立大学)、学术欺诈(北卡罗来纳大学和奥本大学)以及向学生运动员非法付款(路易斯维尔大学)。[1]

当媒体爆出体育丑闻时,校长和董事会做出一系列公开的忏悔和自责,迅速采取措施来表明他们将"追根究底"。新闻头条的题目是"羞耻和背叛"。不久之后,一位临时校长会宣布"已经开始疗伤"。一旦事件曝光,这些立即的反应就会接踵而至,随之而来的是一致的否认和辩护。无论校友和其他民众对因此类违法行为而"改变高校文化"有何担忧,校长和董事会的第一个强烈回应是,将公关当作"危机管理"(crisis management)和"伤害控制"(damage control)的手段。[2] 例如,著名教练的不当行为被曝光后,人们戏剧性地宣称,长期存在的丑闻无异于一场"没有英雄的悲剧"。[3] 后来,除了各种改革建议外,校友、支持者、学生和教练们也做出了一项决议,即受到惩罚的大学必须而且要让学校的体育运动再次伟大起来。

如果仅仅表现出美国特有的允许"体育尾巴摇大学狗"的能力,这个故事可能会以一个有趣而奇怪的附带展示而结束。与大学体育运动相关的博览会深入到美国大学组织中。体育丑闻最终曝光的是高校的实际运行状况。在几所大学,商业鞋类公司向教练和打算入学的学生运动员支付了巨额非法款项,这表明对体育主管和高校官员缺乏监督。

关于被解雇的大学校长的调查性报道常常包括关于校长补偿方案的意想不到的细节。最重要的是,这些丑闻牵涉到体育部门以外的大学领导。近年来,体育

---

[1] Jack Stripling, "Unrivaled Power: Inside Auburn's Secret Effort to Advance an Athlete-Friendly Curriculum," *Chronicle of Higher Education*, 23 February 2018, pp. A12—A14.

[2] David L. Perlmutter, "A Crash Course in Crisis Communications," *Chronicle of Higher Education*, 23 February 2018, p. A25.

[3] Mike Hale, "At Penn State, a Tragedy without a Hero," review of Paterno, HBO, *New York Times*, 7 April 2018, pp. C1, C2.

部门胡作非为问题的曝光导致宾夕法尼亚州立大学、北卡罗来纳大学教堂山分校、路易斯维尔大学、俄亥俄州立大学和密歇根州立大学的校长被解雇、退休或辞职。大学董事会被授予大学的最高权力和责任，但他们缺乏信息，要么默许，要么支持许多滥用权力的行为。尽管有人呼吁改革，但通常随之而来的是急于求成快速解决问题。伤害控制开启了支出的闸门。十大盟校之一的一所丑闻缠身的州立大学董事会以每小时 995 美元的价格聘请了一名律师，律师费超过 400 万美元。宾夕法尼亚州立大学的罚款支出猛增，包括用于公关和法律费用估计达 3700 万美元，随后还支付给全美大学生体育协会 6000 万美元罚款。①

## 从体育运动到学术

对除了体育部门之外的整个大学产生的后果，就是州立法部门甚至私人捐赠者都想知道，如果州立大学能负担得起这些危机管理开支，它们如何能证明自己缺钱。《今日美国》的数据显示，在 40 多个州，公立大学的教练是所在州薪酬最高的雇员。一名大学橄榄球教练的最高总薪酬约为 900 万美元，一名篮球教练的薪酬为 800 万美元。在全美大学生体育协会甲级联赛体育项目中，橄榄球教练的平均年薪超过 100 万美元。一些知名体育项目的助理教练的薪酬从 50 万美元到 100 万美元不等。2018 年，全国 17 所大学的体育主管的年薪超过 100 万美元。②这些虽然不很常见，但它们确实提高了工资标准，反映出高校的重点领域。在学术项目经费减少的时候，校长们经常用补贴来保护备受瞩目的大学体育项目。中

---

① Sarah Brown, "At Michigan State, A Shaken Campus Struggles through Its Shame," *Chronicle of Higher Education*, 9 February 2018, p. A21. See also in same issue, Fernanda Zamudio-Suarez, "Faculty Panel Is Upset with Michigan State's Choice of Interim Leader," p. A21; Eric Kelderman, "Michigan State Trustee Calls for University's Top Lawyer to Resign," p. A21. See also Sarah Brown, "Michigan State's Faculty Senate: No Confidence in Trustees," *Chronicle of Higher Education*, 23 February 2018, p. A23; Adam Harris, "Michigan State Moves to Fire Medical Dean in Wake of Nassar Scandal," *Chronicle of Higher Education*, 23 February 2018, p. A23; Marc Tracy, "For Nassar Accusers at Michigan State, Feelings of a Trust Betrayed," *New York Times*, 6 February 2018, pp. B9-B10.

② Jennifer Smith, "Kentucky Gives AD Barnhart a Raise," *Lexington Herald-Leader*, 30 June 2018, pp. 1B, 4B.

佛罗里达大学校长每年为学校橄榄球队提供 2400 万美元的补贴。在加州大学伯克利分校，橄榄球项目在过去几年里每年耗费 1000 万美元，给校长留下了一大笔修缮体育场的债务。①

除了体育项目补贴和教练工资外，关于现代大学资金流向的另一个线索是，搞清楚董事会是如何对待那些在他们眼皮底下发生的大学体育丑闻后辞职的校长的。例如，2018 年 1 月 25 日，《底特律自由报》发表文章，总结了密歇根州立大学校长在辞职后将获得的终身津贴。此前她被指控未能对一名大学聘用的医生进行充分监督，该医生因虐待在该大学训练多年的年轻女子体操运动员而被定罪。辞职后的校长的津贴包括"密歇根州立大学橄榄球赛终身免费入场券"以及"如果她回到学校任教，可以享受 12 个月的带薪科研假期"。如果她回校任教，两年内她将获得 75% 的校长年薪，即 75 万美元，提供办公室，配备秘书，并担任名誉校长。她由此得到的每年 562000 美元的教师工资将是教育学院薪酬最高的教师的两倍多。事实上，她的薪水将超过全校薪酬最高的教师———位年薪 433441 美元的顶尖物理学家。这位前校长将获得从计算机支持服务到被聘为享有很高声望的大学教授教职在内的额外福利。辞职校长及其丈夫的合同津贴清单如下：

校内停车场的停车证；斯巴达俱乐部套间的两张免费家庭橄榄球赛门票；两张免费女子篮球赛门票；在她现在有座位的同一座位区最多可以买到四张男篮球票；橄榄球、男女篮球和冰球季后比赛以及保龄球比赛的优惠价票；一张用于所有家庭体育和文化活动项目的停车证。②

上述情况对于理解高校行政惯例和工作重点具有重要意义。有人花了很多时间和精力来安排这些条款。显然，校长们不会因为州预算削减或学费问题而忙到找不到时间与律师和董事会协商详细的合同。这还表明，校长们对体育运动有着敏锐的眼光，并享受着球迷的福利。行政臃肿和高额行政补偿是大学生活的一部

---

① John R. Thelin, "To Save College Sports, Don't Look to UC Berkeley for Ideas," *Lexington Herald-Leader*, 12 March 2018, p. 7A.

② David Jesse, "Lou Anna Simon's Resignation from MSU Comes with Lifetime of Perks," *Detroit Free Press*, 25 January 2018.

分，而不是一种含糊其辞的描述。

近期事件之后的一个事态发展是，2018年5月16日，密歇根州立大学董事会宣布，他们已同意与332名妇女和女孩达成5亿美元的和解协议，这些女性曾被该大学体育和卫生服务部门雇用的一名医生虐待。这笔钱的来源尚不明确，也没有公布。这是一所大学在和解协议中支付的史无前例的金额，远远超过几年前宾夕法尼亚州立大学赔付的1.09亿美元。这一赔偿数额占密歇根州立大学年度办学预算的很大一部分。《纽约时报》的一篇文章指出："根据大学文件，5亿美元的和解赔偿数额将相当于2017—2018年度13.6亿美元一般经费预算的37%。"其中，近四分之三（9.83亿美元）来自学费，而州政府拨款占了五分之一，即2.81亿美元。"这所大学27亿美元的捐赠不能用来支付和解费用。大学很可能不得不动用储备资金和借款，同时还要另加学生的学费。①

由此得出的一个历史性结论是，不同层级的校长都面临着大学体育的问题，绝不能视而不见。不提供体育奖学金的学术型精英院校也有自己的烦恼。例如，无论是对于阿默斯特学院或威廉姆斯学院这类参加全美大学生体育协会丙级联赛项目的学校，还是参加甲级联赛的常春藤盟校，在面对众多学业优秀的申请者中，决定录取什么人，成为一个关系重大的问题。大学体育运动是至关重要的，因为进入大学一年级的学生中有25%到33%是被招募的运动员。此外，大学体育运动队处在公众的聚光灯下，任由社会的好坏不同评价。2016年，哈佛大学校橄榄球队、普林斯顿大学男子游泳队、阿默斯特学院男子越野队和哥伦比亚大学的男子摔跤队等，因遭受粗俗的社交媒体信息和性骚扰等方面的不端行为的指控，而受到了从受谴责到取消赛季参赛资格的处罚。②

在预算开支安排中可以反映出不同院校之间存在的大学体育运动的不公平问题。很显然，一所办学经费预算为30亿美元、校际体育赛事预算为每年1.5亿美元的旗舰州立大学，比总预算为3.5亿美元，其中大学体育赛事预算为3000万美元的地方性大学更具有优势。这意味着前者可以为一位知名主教练支付300万美

---

① Mitch Smith and Anemona Hartocollis, "Michigan State Agrees to Pay $500 Million to Sex Abuse Victims," *New York Times*, 17 May 2018, pp. A1, A13.

② Valerie Strauss, "Harvard and Columbia Did It in November, Now Princeton Suspends Team over Vulgar Messages," *Washington Post*, 16 December 2016.

元的薪酬，而后者只能支付20万美元。

然而，这些宏观数据掩盖了其他具有广泛影响的显著差异。这些差距在微观层面变得更加明显。2010年至2018年间，体育运动研究的主要成果之一是分析脑震荡对大学生运动员健康的长期影响，特别是在橄榄球等身体接触的运动中。精心设计的橄榄球运动员的头盔可以部分解决头部受伤的问题。一个定制设计的头盔，在安全性方面达到了极致，售价1600美元。因为它是根据个人的头型制作的，所以别的运动员无法佩戴。对于俄勒冈大学这样的资金充足的项目来说，这样的头盔显然是学生运动员明智和正确的选择。此外，由于俄勒冈大学喜欢在整个赛季穿戴不同运动服，这意味着它将为每个球员购买四个不同颜色的头盔，总费用为6400美元。相比之下，一所财政拮据的大学橄榄球项目由于预算有限，意味着体育主管最多能为每位球员配备一顶特殊头盔。更有可能的是，出于财务方面的考虑，教练和工作人员会选择购买标价150美元的标准头盔，这些头盔可以在几个赛季内供多名球员使用，因为头盔不是定制的。

在大学体育赛事的准备和比赛过程中有不少这样的选择，加起来最终会扩大富校与穷校之间的差距。部分一流运动赛事在安全性和风格方面处在领先的位置。在传统的黑人大学，如路易斯安那州的格拉布林大学，橄榄球比赛更衣室里到处发霉，学生运动员的健康受到极大的威胁。该大学根本没有经费来解决这些基本的维护和设施问题。不同院校在大学生运动员健康计划和责任保险方面的差异扩大了支出差距。学生运动员的待遇反映出不同高校的财政实力差距。

因此，校际体育运动项目是非常烧钱的。运动项目的开支在许多院校经费预算中占据很大比例，因而不能将其当作辅助服务或课外活动而取消。在开展一流体育项目的数百所大学中，只有大约15所大学财政常年自给自足。橄榄球运动的开销常常是狮子口大开，因为它本该是一只"产金蛋的鹅"（golden goose），可以将其收益用来补贴其他体育运动项目。但即便是一流的橄榄球项目通常也是赔钱。最终，用于校际体育运动在设备、工资和奖学金的补贴耗尽了本就不足的大学一般性教育预算。

## 成本与价格：支付大学学费

21世纪的大学和消费主义有能力借助两种截然相反的政策来吸引学生。一方面，大学申请者警觉的消费主义有时迫使大学削减开支并降低学费。为什么要用学生的学费来补贴学生既不想要也不使用的设施和项目？这种对"不提供非必要服务"（no frills）的强调与另一种极端并存。另一方面，消费主义意味着大学董事和校长有时会花钱预测大学生需求。其理据是，虽然这样做可能导致学费和杂费飙升，但申请就读的学生人数的不断增加以及最终的入学人数和学费将冲抵开支。后一种做法就是消费主义较为普遍的应用。

大学办学费用的增加通常意味着学生学费的上涨。为了实现这种平衡，政客们普遍采用的办法是依赖联邦支付资助的学生贷款项目。1978年的《中等收入家庭学生资助法》（*Middle Income Student Assistance Act*）颁布后开始提供资助，并在后来的几十年里得到大发展。最初的吸引力在于，由联邦政府补贴和监管的低息担保利率贷款，使许多学生上得起不同的高校。在一段时间里还真是这样，效果很不错。然而，2014年，有新闻报道称，大学生贷款债务已经超过了美国的信用卡债务。作为消费者的大学生对还款计划感到失望。基于公共服务部门就业的联邦贷款减免项目没有很好发挥作用。[①]

从2012年到2016年，联邦机构的几项举措采取了双管齐下的方法来解决学生贷款债务问题。在一项计划中，确定了学生负债的模式。其中一个发现是一些营利性大学获得不成比例的联邦学生贷款的份额。此外，这些高校的学生往往累积了较高的人均贷款债务。这些发现与加强联邦政府对高校及其认证机构进行监管的尝试不谋而合。其结果是关闭了几个全国性的营利性大学网络，同时采取措施剥夺一些高校所享有的联邦大学生资助基金的资格。然而，自2017年新一届共和党政府入主白宫后，美国联邦教育部减少或取消了许多大学生消费者保护措施。[②]

家长、学生和立法者对大学学费不断上涨的关注成为重要的新闻。发表的文章和小组讨论中提出的标准问题是"上大学为什么这么昂贵？"学费伴随着持续不断的抱怨逐年提高，年增长率超过了消费者价格指数或其他定制指数。大学的

---

[①] John R. Thelin, ed., *The Rising Costs of Higher Education* (Santa Barbara, Calif.: ABC-CLIO, 2013).

[②] Erica L. Green, "Organization Oversaw For-Profit Colleges That Imploded, Now It Seeks a Comeback," *New York Times*, 2 April 2018, p. A11. See also Ron Lieber, "An Unforgiving Loan Forgiveness Program," *New York Times*, 14 April 2018, pp. B1, B4.

回应有三种。其一，大多数公立院校反驳说，州政府拨款的减少使得学校将成本转嫁给学生。其二，当下大学为典型的本科生所提供的服务质量和范围逐年提高和扩大，增加了丰富大学生学习体验方面的内容。其三，大学招生办公室指出，学校提供了各种助学金激励项目，其净影响是为了降低全额学费的"标价"（sticker price）。其做法是扩大大学通过降低学费来吸引优秀学生入学的计划（merit aid）。[1]

另一个极端是强调"基于需要"（need-based）的助学金。这样做的大学要想办法提供额外的补助金，使来自低收入家庭的新生能够负担得起大学教育。上述两种做法并举再加上其他的促销和诱因，引发了一波打折狂潮，使得大学学费看上去是合理的。用梅利莎·科恩（Melissa Korn）的话说，就是大学用"人人有奖"（prizes for all）的手段竞相吸引学生。[2] 事实上，上述某些做法助长了招生和入学的乱象，加剧了高校之间的竞价大战。这也是一个有形的成本，因为采取大打折扣做法的大学的潜在收入也减少了。

"学生平均贷款债务"（average student loan debt）是十年来最受关注的项目之一。例如，2017年，一项估计是，典型的毕业生离开大学时背负29000美元的债务。这是多还是少？如果大学教育的价格是12万美元，这就意味着一名学生自己可能已经能够支付大学四分之三的费用。此外，如果这名学生毕业后找到了一份与学位和专业相称的工作，那么偿还29000美元并不费力，因为这与偿还购车贷款相差无几。这一估计的局限性在于，它是基于大学学位所带来的适当的专业工作。而到了2018年，这往往并非是一个合理的假设。

另一个由"学生平均贷款债务"数据引发的问题与院校差异有关。对贷款模式的系统分析表明，盈利性大学在校生获得了不成比例的联邦政府大学生贷款，而且随着时间的推移，显示出较高的还贷违约率。学生的专业领域也使贷款如何影响学生的选择以及职业前途的局面复杂化。一篇文章强调了这样一个案例：一名大学生完成了当一名矫形牙医所需的教育和认证，但为此却累积了数十万美元

---

[1] Ron Lieber, "Decoding Hidden College Discounts: An Exploration of 'Merit Aid' during a Trip to Four Schools in Massachusetts," *New York Times*, 20 January 2018, pp. B1, B3.

[2] Melissa Korn, "Colleges Vie for Students with Prizes for All," *Wall Street Journal*, 18 April 2018, p. A3.

的学生贷款债务。还有专题报道描述了转专业学生的情况，由于学习不连贯，专业就业的前景更差。这些案例扭曲了数据，使得将"学生平均贷款债务"当作解读学生如何支付大学和研究生院学费的工具的价值不断下降。①

## 招生与入学的对比与冲突

乍看上去，高等教育面临的主要问题似乎是财政方面的。对于年复一年处于破产边缘的公私立大学来说，这可能是一直明摆着的。然而，不能就此认为丰富的资源可以使一所高校不出现严重的问题。大学面临的各种问题中，招生是一个主要问题。数以百计不受社会认可或非知名大学每年都在努力扩招，以填补富余的宿舍和教室，并提供学费，使学校得以正常运转。

一种可以理解的现象是，部分知名大学借助过度的广告宣传对大量的申请对象进行择优录取，这些学校的特点是吸纳了大量优质生源，并且其中许多人付得起学费。这样的大学的处境是令人羡慕的。这虽然不错，但需要注意的是，这些为数不多的大学也有自身特有的各种难题。例如，2017—2018年，一些团体对某些名牌大学提起诉讼，指控他们的招生倾向于歧视亚洲国家的学生。主要的控据是，这些考生较高的 SAT 考试分数、良好的高中成绩单和平均成绩并没有在招生过程中起作用。对哈佛大学的指控尤为尖锐。② 2018 年 7 月，美国总统宣布联邦政府在大学招生中将转向"种族中立"（race neutral）政策后，紧张局势进一步加剧了。

这种指控的复杂性在于，择优录取本身就具有引发批评之处。一所录取率低的大学拒绝了许多在学业和其他方面达标的申请者。假如一所大学的录取率为 15∶1，这是令其对自己的声誉倍感自豪的事情。但这也意味着 15 个申请者中有 14 个希望落空。名牌大学的录取方式并不容易理解。一种常见的做法是采取分类录取的方式。一是"成绩优异"（merit）类，根据成绩为这类学分进行排名，还有的则是属于非择优录取方式，诸如照顾校友子女的"传承"（legacy）类，以及为捐赠

---

① Josh Mitchell, "Mike Meru Has ＄1 Million in Student Loan Debt. How Did That Happen?," *Wall Street Journal*, 25 May 2018.

② Anemona Hartocollis, "Harvard Rates Asian-Americans as Less Likable, Plaintiffs Claim," *New York Times*, 16 June 2018, pp. A1, A18.

者子女的倾斜等类别。"成绩优异"类通常包括在音乐、表演艺术、科学和体育等领域具有突出才华的对象。通常的做法是确定一个申请者的学业成绩最低要求，然后放在同一类别中进行判断。

当然，重要课程的考试成绩平均绩点和大学先修课程学分可以帮助申请者获得录取优势。SAT分数成绩好的申请者也一样。具有讽刺意味的是，SAT曾经是学术能力倾向测验的（Scholastic Aptitude Test）简称，实际上是一种"成绩"（achievement）测试，而不是能力倾向（aptitude）测试。尽管这一区别对于学生和招生人员进行选择和评估都很重要，但这种差异往往被人们忽视。

大学同时还会考虑招收各种具有特殊才能的新生。大学及其招生办公室会提出重点招收什么类型的学生。录取竞争通常是在指定的申请者类别中的对象之间进行的。如果考虑录取一名女生加入学校女子篮球队，那么招生人员会评估其学业成绩和球艺，并征求诸如球队教练的意见。不同类别的录取方式都需要进行这样的周密斟酌。不同的项目录取名额需要经历最激烈的讨价还价。

这种复杂且有瑕疵的谈判结果必然导致包括许多具备录取资格的特殊人才因被大学拒收而感到沮丧。这是一个无解的问题。这也是大多数大学的招生办主任喜欢的一种两难选择，因为这比学业合格生源不足的情况要好得多。了解招生的做法之所以困难，其中一个原因是各高校都在避免披露学校与学生之间私下的交易。大学要维护自己的招生自主权。私立名校特别不喜欢根据SAT分数这样的外部做法作为录取依据。事实上，解决这一争议的可能办法是，大学取消不再将SAT成绩作为要求。2018年6月，芝加哥大学就做出了这样的决定。此外，一所大学的招生办主任不想让竞争校同行了解自己学校录取的游戏规则。

常被忽略的是，外界有办法得到大学招生办公室记录的必然结果就是，入学申请者有选择的余地。通用的申请表格和低廉的网上申请费用意味着一名高中毕业班学生可以申请多所大学。因此，尽管一所大学每个录取名额可能有15名申请者，但一名成绩优异的学生申请15所大学也是合理的。这是独具特色的美国式的高风险协商做法。这种算法不可避免的缺点是，系统数据越来越多地证明，具备某些特定背景的学生在大学招生竞争中具有很大优势。专门的课程、专门为大学录取和写申请论文而设的夏令营、大学先修课程以及其他一系列的课外准备和经历都会对学生申请院校和录取院校产生影响。对大学招生过程的基本规则和细微差别（从面试、论文到活动和选课）的了解，都会给考生带来好处。《纽约时报》

的一篇文章就曾建议读者在斟酌 2018 年的大学招生录取风险时，"记住（那些）不成文的东西"。①

结果是导致招生市场的扭曲。大量的学生，特别是高中高才生，对少量公私立名校趋之若鹜，纷纷提交入学申请。常春藤盟校、密歇根大学、加利福尼亚大学和得克萨斯大学以及阿默斯特、卫斯理、威廉姆斯、波莫纳、卡尔顿等文理学院及其他高校在招生过程中的商议，加大了院校与学生之间的裂痕。

### 募款与发展办公室

2016—2017 学年，斯坦福大学发展办公室宣布打算不再通过电话方式进行募款。② 其理由是，电话募款的做法已不再有效或具有成本效益。此举意义重大，因为斯坦福大学是一所在募款方面长期处于美国全国领先地位的大学，在众多美国高校中，该校是首个根据系统数据的分析对实践进行大胆改革。但在其他许多高校，发展办公室依旧照常运作。上述改革表明，到 2010 年，大大小小的公私立高校已将发展办公室当作常设机构，配备一名分管发展事务的副校长和行政人员。此外，学院院长通常会将四分之一到一半的时间用于各种筹款活动。主要的做法是向广大校友募集中小笔的年度捐款。

假如年度捐款募集活动在所有不同类型的高校都受欢迎的话，那么在 21 世纪就不会出现主要捐赠者将大量的金钱集中捐给经费充足的名校中的知名学科领域了。总而言之，富校越来越富。新医学中心或健康科学研究所的命名权就是一个例证。除了吸引这样的大笔捐赠外，衡量一所大学财务状况的主要指标是接受捐赠的规模和增长情况。

政治学学者罗伯特·普特南（Robert Putnam）1992 年的著作《独自打保龄》引起了人们的关注。他的一个观点是，美国人参与公民和慈善团体的方式已经发

---

① Amy Harmon, "Applying to College? Remember Intangibles," *New York Times*, 16 June 2018, p. A18.

② Michael J. Rosen, "Stop Pretending That You Work for Stanford!" *Michael Rosen Says …*, 9 October 2016, michaelrosensays.wordpress.com/2016/10/10/stop-pretending-that-you-work-for-stanford/; "Telephone Fundraising 'Increasingly In effec tive' for Universities," *Times Higher Education*, 16 February 2017, www.timeshighereducation.com/news/telephone-fundraising-increasingly-ineffective-universities.

生改变,特别是随着与"二战"有关的"最伟大的一代"(the greatest generation)的逝去。麋鹿俱乐部(Elks Clubs)、扶轮社(Rotary Clubs)和退伍军人收容所(Veterans Lodges)的消亡就证明了这种人口统计上和历史上的变化。普特南低估的是新一代愿意积极参与的美国人组织的各种志愿协会的复兴。最突出的是诸如"公共图书馆之友"(Friends of the Public Library)或"大学艺术博物馆之友"(Friends of the University Art Museum)等"……之友"类团体的大量出现。

这些非营利组织促进了私人捐赠和学术团体联系。非营利组织对高校内众多实体特别有力。后者被期望通过捐赠提供部分甚至全部运营预算。募款招待会、特别活动、私有化的其他表现,以及社会基层募款活动的复苏成为美国社会的一道风景线。遍及各地的"……之友"团体数量非常多,这使得大学分管发展事务的副校长的一项主要工作,就是对学校内部不同机构对同一捐赠来源的竞争纠纷进行裁决,并确定捐赠的重点部门。例如,一所大学的艺术博物馆不得不担心被商学院主要捐赠者圈子的负责人挖角。同时,该大学艺术博物馆馆长还必须警惕捐款数额被他人瓜分,因为别的博物馆也竞相争取捐赠者和捐赠资金。2010年的结局是又一个成功导致饱和主题的变化。校友们收到了数十个与自己的母校有关的团体的大量邮件、宣传册和邀请函。最终,这种饱和导致每所高校团体募集资金的回报率递减。

## 关于捐赠问题的再思考

到2010年,发展办公室的年度资金和众多小额捐赠活动已经充分挖掘,但高校仍然对大笔捐赠与建立新的捐赠基金抱有极大的期望。大学校长们青睐大笔的捐赠,因为它们可以起到名利双收的效果。一笔庞大的捐赠基金每年都能提供大量可动用的资源,并提升一所大学的办学声誉和全国大学排名。生均高捐赠率可以为学校锦上添花。捐赠数额还可以提高学校穆迪信用评级中的等级。这就难怪大学校长们只支出捐赠的年度利息和红利部分。当国会的一个小组委员会建议制定新的联邦立法,要求高校增加捐赠支出,或者诸如于2012年至2016年在国会山举行的听证会上质疑他们的开支情况时,大学校长们感到怒不可遏。

2017年12月22日,减税法案正式成为法律。立法对生均捐赠额达50万美元或以上的高校征收新税,使大学成为全国关注的焦点。捐赠额从380亿美元到

220亿美元不等的哈佛大学、耶鲁大学、普林斯顿大学和斯坦福大学等财力雄厚的大校每年必须为投资收入缴纳1.4％的税款。社会公众很少为征税表示同情。然而，更令人惊讶的是，新法律无意中对贝雷亚学院（Berea College）造成了附带的损害。该学院将被要求每年为其12亿美元的捐赠收入支付100多万美元。令人不安的是，贝雷亚学院规模小，不收学费，只招收低收入家庭的学生。这一错误做法最终得到了纠正。同时，它强化了美国高等教育资源差异化的特点，即少数院校不断拉大比较优势和资源差距。

大学校长们不断提醒公众，捐赠保证了大学"有未来"，从而"我们可以继续提高我们对学生、教师、社会和国家的价值和服务"，或者类似的说辞，以此来避开国会在监管或征税方面的威胁。正如波莫纳学院校长大卫·奥克斯托比（David Oxtoby）在2015年9月所写的那样："捐赠是金融支柱，而不是储蓄罐。"①捐赠肯定不应该被用作储蓄罐。但金融支柱也不是一个恰当的比喻。首先，这种比喻将大学与砖瓦建筑实体形象联系在一起，大学的重点应该是教育，而不是建设。第二，虽然支柱是宏伟壮观的，但却是僵硬的和没有生命的，并不能很好地抗震和防止侵蚀。在21世纪，我们要把捐赠看作像大学里的花园那样是有机的。因此，他们呼吁在除草和播种时继续给予照顾。对于大学校长、董事和发展官员们来说，比规避联邦政府更为紧迫的是，重新考虑他们在庆祝捐赠基金时铭记在心的习惯，因为它对学校来说很重要，可以作为庞大开支的正当理由。②

最值得重温的经典是，永恒的恩赐是神圣的。那总是件好事吗？就连我们熟知的美国高等教育的慷慨捐赠者洛克菲勒也持有保留意见。他在对一个重要的教育项目捐赠的时间设限时指出："毕竟，永远是一个漫长的过程。"对捐赠者表示敬意的永久捐赠可能会在数年后妨碍良好的管理。下面的例子可以说明洛克菲勒的警告：例如，1900年，发放对象仅限于西班牙裔美国退伍军人子女的奖学金可

---

① David Oxtoby, "Endowments Are Financial Pillars, Not Piggy Banks," *Chronicle of Higher Education*, 21 September 2015.

② John R. Thelin, "Forever Is a Long, Long Time: Perpetual Endowments Can Thwart Colleges' Educational and Charitable Goals," *Inside Higher Ed*, 3 November 2015. See also John R. Thelin and Richard W. Trollinger, "'Forever Is a Long Time:' Reconsidering Universities' Perpetual Endowment Policies in the Twenty-first Century," *History of Intellectual Culture* 9, no.1 (2012): 1—17.

能是高尚而有用的，但现在却占用了一些学生的经济援助资源，并没有帮助到任何人。如果一个财政资助主管今天碰巧有一个潜在的接受者，她应该注意检查申请人的出生证明和申请人的"联邦大学生资助免费申请表"。因大学同意实行管理方面的限制而造成的资金沉淀浪费现象并不鲜见。几年前，圣迭戈地区的一所大学报告说从一个捐赠者那里得到了一笔可观的奖学金，此人将奖学金领取人限制在"志在攻读航空工程研究生学位的犹太孤儿。"以这种方式指定的捐赠资金可能会产生利息，从而增加大学捐赠的金额，但在帮助学生方面却毫无用处，因为捐赠是有条件限制的。

这个问题不仅仅局限于特殊的奖学金基金，许多高校都有原本由私人捐赠支持的学院和中心。然而，长期以来不再适合进行的课题研究项目可能会被一个永久性基金人为地资助。这些项目占用了空间和设施，在某些情况下，还得到了该大学内部其他部门收入的交叉补贴。大学需要彻底审查各种各样的捐赠条款，这些捐赠汇聚在一起，形成了一个复杂的共同基金，叫做捐赠基金。如果某一捐赠条款过时或不合理，大学可以将不起作用的奖学金基金进行打包，并要求法院援引"近似原则"（doctrine of cy pres）加以处理。这样一来，一所大学就可以提出合理的新条款来指导如何支出这些烦人的捐赠。但要做到这一点，大学必须采取主动，使之受到持续关注，因为法院最关心的是，一所大学表现出诚意，去寻找捐赠者或其继承人，以获得他们的许可和配合。即使一笔大额捐赠很诱人，大学官员也不得不提高警惕确保学校的教育服务章程不受到损害。

审查和限制的原则可以扩大到对捐赠者要求严苛和具体的其他方面。例如，大学官员发现——通常为时已晚——为纪念提供大笔捐赠人，以其名字命名了钟楼或图书馆，但在很久之后，学校却为建筑物的维护和取暖费用所困扰。今后大学校长们必须确保未来的建筑捐赠者必须提供维修和维护基金。举个例子，提出限制是正确的做法。这种资金筹集的创新举措要求现代大学校长就好的捐赠项目的时限与捐赠者进行沟通和说服工作。在要求大学校长重新考虑永久捐赠是否合适时，没有人建议大学"花光"或耗尽他们的捐赠。相反，值得推荐的做法是考虑与捐赠者密切合作，使每一笔捐赠都有适当的时限，以达到一个有价值和适时的教育目标。这可能会导致永久性的捐赠——但也许不会。

减少一所大学捐赠基金的主要威胁，并不是那些收回的钱超过应计利息和股息的挥霍无度者。相反，这是一种糟糕的投资。大学校长和董事会不愿意在一年内将15％的捐赠基金用于及时的教育项目，但他们仍然乐于接受这样一个不可避免的事实：由于股市下跌，捐赠基金可能在一年内减少25％。2008年到2010年间，许多著名大学都是如此。

大学校长和董事会需要记住，高校是一种慈善事业。对大学捐赠基金进行盘点时往往会发现，许多有条件的捐赠并没有本着慈善机构的精神服务于真正的教育活动。一所高校收到了捐赠就要把钱花在适当的具有慈善性质的教育目标上。有了大笔捐赠，明智地消费并不总是意味着少花钱。面对大笔捐赠，节约开支未必就是明智的做法。

**基金会与慈善捐赠的新时代**

慈善捐赠的一个重大转变，就是捐赠者不再以个人的方式向某一特定高校捐赠大笔款项，而是建立捐赠基金会。与带来可能涉及众多高校的整个社会的实践和政策的变革而言，建设一所单一的著名大学不是最重要的。这一点在建立大型基金会的新浪潮中得到了证明，最著名的是比尔和梅琳达·盖茨基金会（Bill and Melinda Gates Foundation），它引领了这一浪潮，并被其他基金会所效仿。比尔和梅琳达·盖茨不是成立永久性的基金会，而是做出了一个具有时限的慎重决定，要求所有的项目和资金在他们去世后五十年内完成。它为大学校长和发展官员提供了一个令人信服的先例，可以用来说服潜在的捐赠者，如果有人认为必须或应该捐赠的巨款永久性持续下去，则可能是无效的。基金会管理财富的另一个标志是，它明确地聚焦于一些精心选择的重要领域，包括全球健康、全球发展，以及美国国内的高中和大学的关系问题。基金会试图避免盲目的扩张，这可能会造成捐赠资金的大量浪费。

在美国教育领域，盖茨基金会帮助人们将注意力从制定教育计划转移到教育改革的政治倡导上。盖茨基金会在全国公共广播电台上提出了人人享有健康和机会的目标，指出"每个生命都有同等价值"。在"大学预科教育"（College-Ready Education）和"中学后教育成功"（Postsecondary Success）项目中，该基金会承担了单个学校、学院和大学不太可能单独解决的问题。该基金会对教育的一个贡献是，它的大量赠款为许多创新教育组织提供了激励性和种子资金，同时也向熟悉的老牌机构提供了赠款，根据基金会的网站，其"目的是确保所有高中毕业的学生为在大学取得成功做好准备。"尽管盖茨基金会为高等教育注入了新的理念和资金，但作为最富有的基金会，它的年度资源与主要联邦机构的支出预算相比还是相形见绌。

## 校长的权力与问题

按照法律和习惯做法，大学校长执掌大权，由其外部董事会报告，这是17世纪以来美国高等教育的一个持续性特征，这说明美国大学校长权力很大。校长的聘用和解雇由董事会负责，而不是由教职员工决定。由于大学在寻找和聘用校长方面投入了大量资金，因此不会随意或频繁解雇校长。鉴于这种传统，2010年以来美国高等教育的一个突出特点就是校长频繁更换。这种情况涉及密苏里大学、加州大学戴维斯分校、北卡罗来纳大学教堂山分校、路易斯维尔大学、坦普尔大学、密歇根州立大学，以及南加州大学。这种情况是发生在循规蹈矩、财政状况良好的老牌名校。被解职的校长中还有数位被认为是校长模范甚至是具有超凡的魅力。有文章指出，解聘事件讲述了"变革型的校长如何将大学引向灾难"的故事。[1]因此，越来越多的解聘事件显示出21世纪初的高校如何办学这一严峻问题。

如果说大学吉祥物是大学品格的真正象征，那么，2018年就成了高教界的希腊式悲剧。南加州大学特洛伊人队和密歇根州立大学的斯巴达人队均突发大丑闻，导致两个学校的知名校长辞职，两所学校也因此声名狼藉。

2018年，南加州大学校长遇到的问题是所有大学校长和大学面临的问题中最为突出的。几年来，南加州大学的年度募款数额位居全国高校的前列。学校在《纽约时报》上刊登整版彩色广告，以自我祝贺的方式宣布了一些具有里程碑意义的事件，如启用新落成的"学村"（Academic Village），将校园扩展到了南洛杉矶地区，还有利用大笔捐款建成的新医学研究所的落成仪式等。诸如从本科入学新生学业成绩到从联邦政府机构获得重大研究资助等众多项目中，南加州大学在全国大学排名中的位次都在不断上升。然而，在2月到5月间，两个意想不到的事态发展成为当地和全国的新闻。首先是大学医学院院长因个人和职业行为不端而遭解雇。几个月后，报纸又披露了另一则丑闻：一位曾在学生健康处担任妇科

---

[1] Sarah Brown, "How a Transformational President Set Michigan State on a Course to Disaster," *Chronicle of Higher Education*, 8 May 2018, p. A1.

医生的老医生被指控在大学医疗服务中心工作期间，长期对女学生有不端行为。①南加州大学校长对这些事件没有做出强有力的和适当的回应，引发了师生的抗议。最终，董事会达成协议，要求校长辞职。②

南加州大学教授威廉·蒂尔尼（William G. Tierney）是美国著名的高等教育研究学者，也是高等教育管理和政策领域的领导者。他在《洛杉矶时报》上发表的一篇评论文章中，提出了发人深省的看法："丑闻像飓风一样袭击了南加州大学，这是一场完美的学术风暴。这样的风暴在高等教育中不断增加，大学需要认真思考造成这种风暴的条件。类似的力量伤及宾夕法尼亚州州立大学和密歇根州州立大学。现在轮到了南加州大学。"南加州大学校长麦克斯·尼基亚斯（C. L. Max Nikias）是一位充满活力和个性灵活的现代大学校长，他大力开展募款活动，重视提升学校在全国大学中的排位。按照蒂尔尼的说法，尼基亚斯"将金钱和学校声誉指标置于反思和协商之前。"此人"流露出自信和轻蔑的不同看法"③。

结果是许多大学出现了一种新的治理模式。副校长和院长往往被视为校长的助手，而非学校的领导。对学校的忠诚被定义为对校长个人的忠诚。董事会往往对强势和自信的校长言听计从。南加州大学校长在被解职的前两年就得到了150万美元的奖金。在美国大多数高校，学术评议会的权力不大。数量不断增加的兼职教学人员和非终身教职人员削弱了教师的发言权。对校长政策的异议或质疑遭到忽视，被看作是对学校实现国际知名大学目标的干扰。对蒂尔尼在南加州大学担任校长任职期间的事后分析，提供了一个在许多高校里都很常见的脚本。

密歇根州立大学校长辞职后的调整所引发的综合征并非个案。这是一种"在性侵指控浮出水面时，一次又一次表现出来的下意识防御"的模式，是"这所学校数十年来的故事的一部分，学校领导人很少承认错误，也很少支持任何可能威胁到密歇根州立大学卓越声誉的信息"。长期以来，校长在募款、获得联邦政府拨款和其他举措方面的成就是为了使大学从一所赠地大学脱颖而出，成为一所

---

① Jennifer Medina, "Women Recall Doctor's Exams: 'It Was Just the Grossest Thing,'" *New York Times*, 18 May 2018, pp. A1, A19.

② Jennifer Medina, "U. S. C. President Agrees to Step Down over Scandal Involving Gynecologist," *New York Times*, 25 May 2018, p. A1.

③ William G. Tierney, "As Max Nikias Pushed USC to Prominence, Checks and Balances Were Missing," *Los Angeles Times*, 28 May 2018.

"全球拨款"（world-grant）大学。这一优势也会变为弱势，学校管理团队的成员是这样形容校长的："她就是密歇根州立大学。"这意味着在她相继担任教务长、临时校长和校长的 25 年领导生涯中，或许"使大学对许多缺点视而不见，或是对学校中发生的掠夺性行为熟视无睹。"2018 年春，批评大学管理的人士告诉记者："他们看到大学的声誉被置于学生的福祉之上。他们看到学校无力承认错误。他们看到学校不愿意倾听意见。"①

大学的现任和前任校长们是如何看待上述描述的？《高等教育纪事报》撰稿人杰克·斯里普林（Jack Stripling）从两本当代大学领导分析选集中汲取了教训，其中一本书的标题是《迷失方向的校长治理》（Presidencies Derailed），其重点是"大学领导为什么会失败"。② 校长们倾向于保守，通常采取防御性的工作方式。大多数校长都认为，大学校长角色的社会公共性质意味着草率的评论和欠缺思考的坦率对于媒体关系而言是灾难性的。一些校长将他们的问题和公众争议归咎于媒体。其他人则分别指责学校董事、教师和学生团体妨碍了学校的计划和项目的实施。

这让 21 世纪的高校校长们想起中世纪晚期和文艺复兴早期城邦的王子和公主这样的历史人物角色，他们身着学袍礼服，他们的行政生活的仪式和惯例，以及学术领地和学术法庭。现代大学校长掌控着高度专业化和薪酬待遇优厚的员工，完全有权任用和解聘从副校长到行政助理等众多职位的人员。与总统、州长或市长等民选领导人职业生涯中存在司法或立法机构不同，大学内部并没有类似的机构。大学内部基本不存在制衡机制。尽管校长们可能抱怨媒体和记者讨人厌恶，但事实上，他们有很好的机会撰写专栏文章和用其他工具来推进官方机构议程和回应批评。此外，在公共关系、政府关系工作人员及产品方面的巨额预算，加上与大学运动队的关联，使一位校长能够参与公共论坛并施加影响。

令人困惑的是，这些强大的结构和资源最终是否会因导致狭隘甚至傲慢而运

---

① Sarah Brown, "How a Transformational President Set Michigan State on a Course to Disaster," *Chronicle of Higher Education*, 8 May 2018, p. A1.

② Jack Stripling, "College Chiefs Spare You the Terrible Details of Campuses Crises. We Won't," *Chronicle of Higher Education*, 25 May 2018. See also Stephen Joel Trachtenberg, Gerald B. Kauvar, and E. Grady Bogue, *Presidencies Derailed: Why University Leaders Fail and How to Prevent It* (Baltimore: Johns Hopkins University Press, 2013).

转失灵。在对 2010 年至 2018 年主要大学校长辞职和解聘的案例研究中，一个有趣的发现是，筹资或融资并非问题所在。而是一旦一位校长失去了大学师生员工的信心和信任时，引爆点便出现了。

**作为经济引擎的高校：高等教育与就业**

高等教育与经济之间的关系使人们开始关注关于大学学位与就业方面的现实和理想方面的说辞。它们二者之间的联系是确凿的、不可否认的，但同时也复杂和多变的。社会学家伊瓦尔·伯格（Ivar Berg）所说的"培训大掠夺"（The Great Training Robbery）就是一种乱象，其支持者往往夸大教育和经济要同步有效的能力。在一些州，州长和旗舰大学的校长们联手开展活动，宣称大学是该州的"经济引擎"（economic engine）。这在说服立法机关增加高等教育拨款或为一系列大学项目和投资提供资金方面是方便和有效的。至于这些大胆的提议是否能有效地改变一个州的经济发展，则是不太明确的。

州长们有时会抱怨说，州立高校显然没有"产出"（producing）作为"合格劳动力"（workforce ready）的毕业生。这种说法令人费解，因为旗舰州立大学或肩负赠地大学使命的高校中的大多数学术部门都重视就业教育和专业认证。大学下属的学院的组织分类模式也是同质化的：农业、综合医疗保健、人文与科学、商科、牙科、教育、工程、美术、林业、法律、音乐、医学、护理、药学、公共行政、公共卫生、社会工作和兽医学。专业课程概览、教学领域，以及教师和行政部门的组织均表明，各大学重视并致力于开展专业和职业的教育和认证。

即使是一所通常被大众媒体称为从事非实用学科领域教学的普通文理学院，也显示出与专业的紧密联系，这是因为那些主修历史、经济、生物、法语或化学等领域的学生也在攻读医学或法律预科课程。而且，如果只关注学生选择的主修专业，就会忽略不同学科领域的学生为了拓宽就业前景而刻意追求的许多其他活动。开设各种新课程，授予"徽章"（badges）和证书，或安排他们进行实习的做法表明，无论学生学什么专业，为职业和就业做准备受到越来越多的关注。

务实地将教育与就业联系起来的一个矛盾之处是商学院入学人数和获得学位毕业生人数的增长。多年来，商科一直是美国全国高校最受欢迎的本科专业。该专业领域的学士学位获得者中失业或未充分就业的人数也最多。在研究生阶段，商学院的工商管理硕士学位课程，即 MBA，流行了 20 多年。到 2017 年，许多大学都停办了高管 MBA 课程。

人们经常提出的解决方案是 STEM。这一时髦的缩写分别代表科学（Science）、技术（Technology）、工程（Engineering）和数学（Mathematics）学科领域。众所周知的看法是，这些学科领域都是利用专业知识来推动经济发展的。《纽约时报》就业栏目的一则通告向大学生们提出了这样一个问题："你认为五年后自己会从事什么工作？"一个很好的答案是"外行星科学领域的全职博士后研究员。"编辑接着写道："带上你的激情，把它变成一个工作岗位。通过纽约时报和报纸超过 1300 个站点的'人才通'（Talent Reach）网络，我们的招聘网站实现前所未有的覆盖范围，提供了各种出色的职业机会。雇主们可以通过互联网对就业岗位进行宣传、定向和优化，而招聘者和求职者则从对候选人的自动匹配、评分和排名中获益。"[1]

上述这项服务的一个问题是，外行星科学博士后研究员的突出职位代表了一个曾经被高度重视但已经恶化的学科领域的绝佳案例。大量的专题报道和其他报道显示，在科学领域受过尖端教育的博士后研究人员面临着越来越渺茫的前景，他们正在遭受剥削。事实上，担任这些角色的年轻科学家已经取得博士学位。传统的模式是从事两三年的博士后工作，成为一个研究团队的成员，发表论文，获得研究资助，从提供赞助的资深科学家那里得到推荐信——这一切都是诸如研究职位或终身教职这样的真正专业发展路径的合理开端。事实上，这些博士后的职位往往是剥削的来源，他们在纽约市每年大约有 35000 美元的津贴。按照这条职业发展路径发展的受过教育的年轻人似乎做了一切正确的事，但它可能导致一个错误的结局。这些案例说明了专业和职业的问题，以及它们与高级的研究生课程教育体系之间不断变化的关系。

这些趋势是令人警醒的，因为它们表明了大学在"创造"（create）新就业岗位方面的局限性，尽管大学对所在州的公民极力这样鼓吹和宣传。美国大学在培养学生成为熟练、敬业、能胜任现有工作的员工方面表现出色。但在对新领域和新企业的预测和培训方面就不那么有把握了。不可预测性令人耳目一新，因为人们并不知道学生们在不同课程中所形成的有趣的融合和联系。各大学尝试采取不

---

[1] *New York Times*, 16 June 2018, p. B15.

同的举措来应对这一挑战。在一些高校，这意味着实施创业计划。东北大学校长约瑟夫·奥恩（Joseph E. Aoun）提出了一个有趣的方法，他认为大学应该开展"机器人证明"（robot-proof）本科教育，他提出的策略是在人工智能时代培养创造性思维和批判性思维，而不是强调获取大量的信息。①

大学的教学内容和方法都发生了有趣的变化。一些大胆的实验潮起潮落，宛如过眼烟云。大型在线开放课程——慕课，就是这样的例子。2005年前后它被誉为是一种通过互联网技术提供免费的大学水平课程的方式。虽然慕课已不再流行，但所有高等教育都有着经久不衰的历史遗产。到2018年，包括营利性和非营利性在内的绝大多数高校都提供利用互联网的远程学习课程，其中包括校外学位课程，也涉及校园内开展的互联网线上和传统线下的混合课程。大多数校内学生也都选修了一些在线课程。一个截然不同但又有关联的课程发展，就是越来越频繁地使用在线数字材料学习资源，以此替代或补充传统纸质教科书和期刊打印件。其结果是出现了一种真正的美国混合式教学模式，这种模式对所有各种不同类型的高等院校的影响是全面的和不可否认的。

## 大学校园建设：新建筑热潮

就大胆创新而言，除了在行动计划中添加了建设和采购，许多高校继续依靠乞讨和借债。我们先看看校园建设方面的趋势。尽管美国大学校长和董事会希望能以线上课程和慕课等成本效益高的方式取代"传统大学体验"（traditional college experience），但美国高等教育一直在经历一场大规模的建设潮。这一点很特别，因为所谓的线上教学的目的之一，就是使高校的概念不再局限于传统的实体校园。在一些大学，基建债务已超过20亿美元，在某些情况下，如辛辛那提大学，已超过30亿美元。②

在选择建设什么时，许多大学选择建设新的豪华住宿综合体，带有泳池派对、攀爬墙和懒人漂流河（lazy river）等昂贵的休闲娱乐设施，所有这些都是为

---

① Joseph E. Aoun, *Robot-Proof: Higher Education in the Age of Artificial Intelligence* (Cambridge, Mass.: MIT Press, 2018).

② Nikil Saval, with photographs by Ofer Wolberger, "If You Build It, They Will Come… Won't They?," *New York Times Magazine*, 13 September 2015, pp. 48—55.

了吸引富裕和喜欢休闲玩耍的学生群体。① 问题在于，在建造这些新设施的同时，大多数高校现有的包括教学楼、演讲厅和实验室等校园基础设施并没有得到及时的维护和修缮。2018 年 5 月，在加州大学伯克利分校，教授们对教室和其他教育设施的破旧状态感到十分不安，一些人在上课时对学生们说："你应该得到更好的待遇"，并为设备失修表示歉意。

在一所州立大学，一位大款捐赠了 2 亿美元，用于建造已于 2018 年竣工的新学生中心。落成典礼结束后，一封写给报纸编辑的信将其描述为一个"庄严的欢乐之圆屋顶"，并问道："你能用这笔钱买些什么？"对此设问的回答很多："这足以支付 3500 名高中教师一年的薪酬，或支付一名医学生 8000 个学期的奖学金。"或者，"如果以 6% 的回报率投资，每年将回报 1200 万美元——永远如此。如果把这笔钱用到大学的薪酬方面，它可以使这所大学的学术水平达到国内一流。"来信作者评论说，投资新中心的校方理由是希望未来的学生说："哇，我必须成为这所大学的一员。"来信作者感叹道，一所大学的目标应该是传授知识和激发创造力："你不需要花这么多钱造一座宏伟的建筑做广告。"② 这封信很有煽动性，但仍让大学董事和官员们对潜在项目的成本效益分析进行梳理。全国各地的高校都在重复同样的话题。

## 高等教育公司

1960 年，克拉克·克尔用"知识产业"（knowledge industry）说明了高校，特别是研究型大学及其联邦合作伙伴关系对国民经济的重要贡献。这的确是高教界的一个固定话题。然而，到 2010 年，人们需要将包含高校附属的众多的组织和机构的"高等教育公司"（higher-education enterprise）归入"知识产业"这一概念之中。教育考试服务中心（Educational Testing Service）和大学入学考试委员会（College Entrance Examination Board）一直属于此类机构。例如，美国教师保险和年金协会——大学退休股票基金（Teachers Insurance Annuity Association and

---

① Jack Stripling, "The Lure of the Lazy River," *Chronicle of Higher Education*, 15 October 2017, p. A1.

② Price Sewell, "Cost of UK Center Obscene," letter to the editor, *Lexington Herald-Leader*, 6 May 2018, p. 5C.

College Retirement Equities Fund）是美国规模最大的退休计划，资产超过 1 万亿美元，为 500 万大学退休人员、15000 多家教育机构提供服务。

长期以来，高校一直是高等教育的主体。同样需要承认的是，服务组织的激增突出了高等教育的商业和贸易职能。出现了生机勃勃且通常是利润丰厚的高等教育公司二级市场，其主体包括咨询公司、猎头公司、说客、行业协会、招生管理服务机构、筹款活动组织者和战略规划者，等等。此外，还出现了为机构和有支付能力的家长和学生提供各种专业服务的兴旺的家庭手工业。大家熟悉的生意兴隆的服务公司包括大学招生顾问和应试教练等。此外，还包括寻求（以一定价格）为"大学毕业后漂泊不定"，想"雇一个向导来寻找出路"的大学毕业生提供服务的专业人员。像"提升能力"（Raising the Bar）这样的咨询公司向客户收取 20 小时 8000 美元的课程费，或每小时收费 500 美元。该公司的目标是"帮助人们了解如何将自己打造成为一个品牌。"①

在地方层面，高校给房东、餐馆老板、银行、杂货店和其他商人带来经济上的好处。在从小型大学城到巴尔的摩和波士顿等城市在内的许多社区，高校都是最大的土地所有者和雇主。南加州大学是洛杉矶县最大的雇主。将教学医院与众多实验室、医学院以及相关诊所和部门结合在一起的学术医学中心，对于国家卫生保健行业具有重要作用。校园建筑工程为建筑公司提供了主要的合同和就业机会。包括门票、停车场、优惠票和纪念品等在内的大学体育运动是一个长期的收入来源。内布拉斯加大学橄榄球队在主场进行比赛时，当地人就吹嘘说，这座容纳 8 万多球迷的足球场在星期六午后变成了内布拉斯加州第三大城市。

除了门票销售和当地比赛日的购买这些显而易见的直接来源之外，大学体育还是一种经济引擎。全美大学生体育协会将校际体育作为高等教育经营的一部分，体现了高风险的特点。以 2013 年为例，该协会所有体育运动项目的收入为 140 亿美元。2015 年，大学橄榄球 40 场季后赛（2014 年大学橄榄球季后赛取代了橄榄球系列赛）向参赛队及其成员院校发放了 5.059 亿美元。被称为"疯狂三月"（March Madness）或"挺进四强之路"（Road to the Final Four）的全美大学生体育协会男子篮球锦标赛，在电视转播、广告收入、门票销售，以及冠军赛拥

---

① Paul Sullivan, "Adrift after College, Some Hire a Guide to Find a Path," *New York Times*, 16 June 2018, p. B3.

有 1400 万电视观众等方面收入丰厚，其中许多收入都流入了成员院校。[1]由于每次联赛都可以商定自己的电视广播和广告合同，五强联赛获得了丰厚的收入。例如，在 2014—2015 年，东南部联赛收入 4.55 亿美元，14 所成员院校分别得到 3170 万美元，另外还有 1000 万美元来自橄榄球比赛的收入。[2]

## 校园纪念碑与纪念馆

美国高等教育的问题不仅限于财力方面。遗产的象征成为争论和历史反思的源头，因为大学发现，从校园建筑上抹去有争议的人物的名字会引发争议。[3]当耶鲁大学校长和董事们宣布学校的一所寄宿学院不再以 19 世纪的政治家和支持奴隶制的校友约翰·卡尔霍恩（John C. Calhoun）的名字命名时，卡尔霍恩的名称就被抹去了。就在同一周，肯塔基中央学院（Centre College of Kentucky）提出该校打算将已故的美国最高法院的陪审法官约翰·麦克雷诺兹（John C. McReynolds）的名字从一栋校园大楼中抹去，这是因为捐赠人麦克雷诺兹在 1914 年至 1941 年担任公职期间的种族褊狭和反犹主义记录与该学院的使命和价值观相悖。上述两所高校的决定都是经过深思熟虑后做出的。

在此之前的 2017 年初，南卡罗来纳大学首位非裔美国人教授理查德·格林（Richard T. Greener）的"纪念重建时代先驱"雕像揭幕，以此表达对他的敬

---

[1] Dan Bauman and Tyler Davis, "How the NCAA's March Madness Windfall Makes Its Way to Colleges," *Chronicle of Higher Education*, 23 March 2018, p. A18; Charles T. Clotfelter, *Big-Time Sports in American Universities* (Cambridge: Cambridge University Press, 2018). See also Howard p. Chudacoff, *Changing the Playbook: How Power, Profit, and Politics Transformed College Sports* (Urbana-Champaign: University of Illinois Press, 2015).

[2] Marc Tracy and Tim Rohan, "What Made College Ball More Like Pros? $7.3 Billion, for a Start," New York Times, 23 December 2014, pp. A1, B12. See also John R. Thelin, "Intercollegiate Athletics: Higher Education's Peculiar Institution," *American Higher Education: Issues and Institutions* (New York: Routledge, 2017), pp. 175—199.

[3] John R. Thelin, "The Complexity of Removing the Names of Controversial People from Campus Buildings," *Inside Higher Ed*, 27 February 2017.

意。① 高等教育专业的教授和研究生们多年来一直与一位艺术史教授开展合作，力图使格林获得认可（格林也是哈佛学院第一位非裔美国人毕业生）。具有讽刺意味的是，格林的雕像与托马斯·库珀图书馆（Thomas Cooper Library）相邻，后者是为了纪念1820年至1833年间在任的具有传奇色彩的校长而命名的，此人因讲授卡尔霍恩的"废止权理论"（nullification theory）深受学生欢迎。库珀讲授的政治经济学课程，以及对演讲口才的重视，帮助南卡罗来纳大学培养了众多的南方州的州长和参众两院议员。在1861年各州脱离联邦之前，这些人支持奴隶制以及各州在国家政治中的权利。

对纪念物的关注意味着历史对美国大学来说很重要。各种不同的建筑名称表明，高等教育的遗产是复杂的，在其象征意义和庆祝活动中常常会引发冲突。关于纪念碑像的争论实际上使大学校园成为了一个牵涉到言论自由、触发警报、政治左派和其他当代政治符号和口号的战场。校园雕像的增减充其量只是在其过程和决策中健康更新的象征。同样明智的是，高校要注意不要抹去早期拥护奴隶制的校友和政治家所有的象征和标志。耶鲁大学校长彼得·萨洛维（Peter Salovey）在他公开的一封宣布抹去卡尔霍恩的名字的信中提到了这点。

这样的和解为什么重要？以肯塔基州列克星敦的情形为例，一条主要街道人行道上的一个州的历史标记引起了人们对该建筑的关注。后来担任南部邦联总统的杰斐逊·戴维斯（Jefferson Davis）于1821年至1824年间在附近的特兰西瓦尼亚大学读本科时，就居住在那里。尽管路过的行人和司机可能没有赞美过戴维斯的领导才能方面的遗产，但这个历史性标志保证今天的人们记住了他，并且每天都要面对他在母校的历史存在，以及作为城市和州的部分遗产。即便，说的更确切一点，尤其是如果，就算是那些历史人物与社会公正和政治公平的现实理想互相冲突，其他地方的一些大学也保留了一些体现类似遗产的象征和标志。高校是历史性的机构，而真实的历史是复杂的，不是留给健忘或懦弱的人。

在遗产和校园纪念碑的展示方面，高校还有一些工作要做。在许多大学校园里，很少有建筑物是为了纪念杰出的女性而命名的。这种忽视正在出现缓慢的改

---

① See also Katherine Reynolds Chaddock, *Uncompromising Activist: Richard Greener, First Black Graduate of Harvard College* (Baltimore: Johns Hopkins University Press, 2017).

变。耶鲁大学为了纪念格蕾丝·默里·霍珀（Grace Murray Hopper），将前卡尔霍恩学院更名为格蕾丝·默里·霍珀学院，展现了想象力和良好的价值观。霍珀在 20 世纪 30 年代获得了该校的硕士和博士学位，是当时计算机科学的先驱，同时还担任美国海军少将。

其他高校会效仿耶鲁吗？半个多世纪以来，劳拉·纳德（Laura Nader）一直是国际知名的人类学教授。加州大学伯克利分校打算以其名字命名一座建筑物。一个合适的历史性场所是教师俱乐部。1960 年，新来的纳德说服了几个女同事和她一起从窗户爬进屋子参加一个全校性的教师会议。这是她们进入全部都是男性教师的俱乐部大楼的唯一途径。她在一个漫长而杰出的学术生涯中的开拓性工作值得所有人在走过校园时都能看到。①

如果说在我们大学建筑中。以女性的名字命名的并不多，与之形成鲜明对比的是，捐赠者却非常多。显眼的是以名字命名整个学校，尤其是布朗大学、卡耐基·梅隆大学、克拉克大学、康奈尔大学、杜克大学、哈佛大学、约翰·霍普金斯大学、莱斯大学、斯坦福大学、斯特森大学、图兰大学、范德比尔特大学、瓦萨尔学院和耶鲁大学。捐赠者有额外的权力通过命名建筑物来纪念他们选择的校园人物来塑造大学的记忆。考虑到美国高等教育对慈善事业的历史依赖性，高校承认慷慨捐赠并享有冠名权是可以理解的。然而，最近的争论表明，每所高校都需要起草一份深思熟虑的协议来考虑建筑物和其他纪念物上的名字。这类文件有助于减少 2013 年前后出现的动荡冲突和草率的除名决定。

或许，命名校园建筑时最糟糕的做法并非来自有争议的政治争端，而是来自不考虑历史卓越的轻率选择。当一所高校给予普通人纪念性的认可时，面临的危险是校园建筑将变得毫不吸引人。例如，大学董事们理所当然地认为，下一座新大楼应该以一位前校长的名字命名，而不管此人的成就和贡献如何，就属于这种情况。

---

① See "Faculty Memoir: A Conversation with Laura Nader (2000)," in *Essential Documents in the History of American Higher Education*, ed. John R. Thelin (Baltimore: Johns Hopkins University Press, 2014), pp. 334—343.

## 竞技场：冲突中的校园

正如传统的"市镇与学袍"（town versus gown）之争所暗示的那样，从历史上看，高等教育冲突指的是大学与外部团体之间的政治冲突。然而，在2010至2018年间，冲突往往是由大学内部和大学之间的群体的严重纠纷所引发的。与人们印象中美国大学校园是表达不同观点，开展理性讨论的场所形成强烈反差的是，新闻媒体对大学内部的各种冲突进行了报道。如前所述，对校园纪念碑和纪念物选择的愤怒是这场骚乱的特征。对邀请校外演讲者和指控校外挑衅者的抗议活动既涉及"极右翼"，也涉及"极左翼"。在一个学生群体内部，对1972年的联邦教育法第九条（Title IX）的新解读是对性骚扰和性侵犯的指控和反指控的来源，包括长期指控大学管理部门以党派立场执行违反联邦法律的规定的案件。最终的结果是一连串针锋相对的争执，有时是学生与教师之间的争执，或一群学生与另一群学生之间的争执。在利润丰厚、收入高的校际体育部门内，特别是在足球领域，一些学生运动员和前运动员提起诉讼，并发起其他行动，主张按专业运动员标准为球员提供报酬。大学体育作为以业余为基础的有教育意义的学生活动，其内部的结构和传统出现了严重撕裂的征兆。①

2015年，密苏里大学的非裔美国学生举行了一次成功的罢课，抗议学校管理中的制度性种族主义。这件事传遍了整个校园，最终导致密苏里大学系统的校长和哥伦比亚大学旗舰校区的校长双双辞职。② 言论自由，这一历史上受学术习俗保护的原则，有时会遭到愤怒的学生的攻击，他们认为这是一种不恰当的场所，因为他们认为这是与社会公正相违背的辩论。大学生通常不理会传统的学术自由定义。在其他学校，一所旗舰州立大学的法律顾问起诉学生报纸，要求停止发表有关大学程序的文章和文件。2018年，路易斯维尔大学及其路易斯维尔大学基金会对前大学校长和前基金会官员提起诉讼，"指控其违反信托责任、欺诈拨款和

---

① John R. Thelin "Paying College Athletes: How Will Colleges Afford the Price?," *Inside Higher Ed*, 12 February 2018.

② Douglas Belkin and Melissa Korn, "University of Missouri President Tim Wolfe Resigns," *Wall Street Journal*, 9 November 2015, p. 1; Jack Stripling, "Thrust into a National Debate on Race, 2 Missouri Chiefs Resign," *Chronicle of Higher Education*, 10 November 2015.

为个人利益不当挪用资金。"①

一系列问题导致美国大学校园内部出现内燃现象。大量不同的事件表明,许多监控校园行为以及个人与团体活动的制度机制已不再受到尊重,无法很好地发挥作用。内部审查委员会,无论是处理学生、教师或行政人员的行为,都因未能遵守与法庭有关的程序和证据规则而受到被告方的批评。一个结果是如法律学者迈克尔·奥利瓦斯（Michael A. Olivas）所分析的那样：一些将自己描绘成"局外人"的特殊利益集团"起诉母校"的做法越来越普遍。② 诉讼的盛行使高校在一系列政治和社会问题上陷入了僵局。最令人头疼的问题之一是大学官方主办的诸如特邀演讲、小组讨论、游行和示威等活动出现了暴力。这类问题中最引人注目的是 2017 年的暴力仇恨言论游行；例如,夏洛茨维尔市发生的大部分事件都波及弗吉尼亚大学校园。总而言之,所有团体都对作为公民行为和公开讨论的场所的学术界失去了信心。

## 学术职业的现状与展望

2010 年至 2018 年间,高等教育发展的突出特点是失衡,这将影响到学术职业的现状与未来。在一所名牌大学的著名系科担任终身教授教职是美国人一生中最受推崇和向往的专业职位之一。这是一种极端的情况。问题的复杂性在于,这一标准具有特殊性,且情况极其少见。从全美国各高校的情况看,教授是一个岌岌可危的职业。③ 停止招聘,取消终身教职,工资低于大学行政管理人员,以及许多系科数量缩减,这一切都显现出其地位、吸引力和影响力的丧失。

在教师岗位中,担任兼职或定期聘用教师的数量和比例增长幅度都很大,到

---

① Jonathan Miller, "U of L, Foundation File Suit against Ex-president, Former Administrators," *Lane Report*, 25 April 2018.

② Michael A. Olivas, *Suing Alma Mater: Higher Education and the Courts* (Baltimore: Johns Hopkins University Press, 2011).

③ Joseph C. Hermanowicz, ed., *The American Academic Profession: Transformation in Contemporary Higher Education* (Baltimore: Johns Hopkins University Press, 2011).

2018 年，高等教育界人士开始谈论"教授与零工经济"（professors and the gig economy）。① 这意味着教师的角色已经从终身职业和事业降格为诸如担任一门课程教学等具体任务的不确定的短期工作。这如同是没有固定工作单位的服务员或录音室乐师。这些事态发展虽令人不安但并不奇怪。随着学术就业市场的近乎崩溃，20 世纪 70 年代初，全职终身教授的学术人员招聘数量出现下滑。从那以来，复苏只是局部和少量的。这给大学治理带来一个后果是，全职终身教职人员的减少使大学校长和核心管理层不再受到制衡。

大学教师的遭遇在某些方面预示着其他专业领域的变化。例如，大量的证据表明，在 2010 年到 2018 年间，律师和医生的工作合约、薪酬和工作条件发生了很大的变化。律师事务所减少和降低了合伙人的数量和比例，其中不乏知名律师事务所。在医疗界，医学院毕业生几乎没有人有能力参股私人诊所，越来越多的人成为医疗管理机构和医院的领薪雇员。学术职业与上述这些职业的变化给许多拥有高级专业学位和多个行业领域执照的人的人格和境况带来了巨大的损害。

与学术界的招聘和薪酬紧缩共存的一个变化是，正式的教师组织在大学层面的共同治理中的作用不断被削弱。大学各种规章对教授评议会进行限制，将他们的权力和专业知识局限于课程等特定领域。即便是这样，校长和教务长也经常削减开支，他们在董事会的授权下经常禁止教授评议会就新专业和课程的资金和预算决定进行投票或发表意见。尽管在正式的治理途径上遇到了这些挫折，但 2015 年至 2018 年间发生的校园事件的一个讽刺之处在于，全体教师设法维系了学术良知的角色。这意味着，当教师正式或非正式地表达了对校长或董事会的疑虑或投下不信任票时，教师将获胜。尽管这种集体影响并不常见，但却令人印象深刻、效果显著。一个很好的例子是，2012 年弗吉尼亚大学的监事会解雇了该校校长特雷莎·沙利文（Teresa Sullivan），部分原因据称是监事会成员认为她在领导"杰斐逊大学"（Mister Jefferson's University）② 推行线上课程和在线服务方面步子小、力度弱。尽管事情发生在假期，但许多教师顶住董事会的压力，带领一个学校社团在学校草坪上聚集，表达他们对校长的支持以及对监事会的不满。此后不

---

① Kim Tolley, ed., *Professors in the Gig Economy: Unionizing Adjunct Faculty in America* (Baltimore: Johns Hopkins University Press, 2018).

② "杰斐逊大学"（Mister Jefferson's University）是弗吉尼亚大学的别称。——译者注

久，监事会撤销了决定，特雷莎·沙利文官复原职。①

在其他大学，那被教授们视为与学校及其精神格格不入的决定和做法，教师们以温和的方式给予了坚决反对。在多数情况下，他们所表现出的原则占了上风，董事会不得不重新考虑他们对现任校长进行信任投票。

## 结论：发现和投资美国高校的未来

2017 年，斯坦福大学教授大卫·拉巴雷（David Labaree）在对美国高等教育的现状进行了一番考察后宣称，美国高等教育处于一种"完美的混乱"（perfect mess）状态。拉巴雷非但没有对此表示失去信心，反而提出了一个有趣的论点，即这一特点是过去和当下美国大学健康发展与成功的关键之所在。② 拉巴雷认为，没有采取政府集权管理，并允许大学自主制定总体规划的做法使得美国高等教育具备多样性和个性化精神，有助于美国高等教育的竞争、创新与繁荣发展。他的上述观点具有颇为深刻的历史见地。确实，美国中央政府没有设立高等教育部，与其他各国相比，美国高等教育的传统十分独特。

到了 21 世纪的第二个十年，我们应该警醒的是，"完美的混乱"已经变得不再完美。在 2010 年以来出现的政治和经济条件下，它无法帮助高校做到在财政开支和教育投入二者之间实现平衡。亚利桑那州立大学的魅力型校长迈克尔·克劳（Michael M. Crow）在学校实施了一项繁荣发展计划，努力做到在州财政拨款长期减少的情况下，招收越来越多的学生入学。他所提出的计划内容包括：为在星巴克打工的学生协调减免学费、混合型的弹性时间工作安排、互联网服务、学术部门结构重组、重视新的跨学科联盟，同时将以上举措与传统的校园建设、学生活动以及一流的校际体育赛事相结合。克劳希望，通过这项计划，大学生们能够寻求在这样一所大型研究型大学的教育经历，并从中获益，尽管这种教育经历在形式和节奏上都不同于其父辈或祖父辈的时代。2015 年，克劳校长和历史学者威廉·达巴尔（William B. Dabars）在二人合著的发行量巨大的《建设新型美国大

---

① Andrew Rice, "How Not to Fire a President," *New York Times Magazine*, 12 September 2012, p. MM56.

② David Labaree, *A Perfect Mess: The Unlikely Ascendancy of American Higher Education* (Chicago: University of Chicago Press, 2017).

学》（Designing the New American University）一书中，就该计划向美国高教界做了介绍和宣传。① 亚利桑那州立大学此项举措是否合理可行，更不用说是否可以作为一种模式移植到其他州的公立大学，仍有待验证。但至少这些尝试以及随后的公开推广强化了大卫·拉巴雷的观点，即乐于创新和勇于尝试是美国高等教育的一大优势。

迈克尔·克劳的计划是一场及时雨，因为穆迪国家信用评级机构在2018年的报告中强调"公立大学未来的财务状况将十分严峻"。悲观的预测指出，在人口下降、经济不温不火的州，州内和相邻州之间的"大学招生竞争将继续加剧，而高中毕业生人数又不足"。提高学费以及扩招支付更高学费的州外学生等政策的效果越来越差。为了强化市场饱和这样的主题，如果各州都强调招收其他州的学生，那么各州之间抢夺生源最终会成为一场零和游戏，这么做无法带来什么整体效益，也不是一种持久的解决方案。

在一些州，从2008年到2017年，州政府给大学的财政拨款下降了21%。公立大学之间的生源竞争加剧，致使人员经费开支而不是教育教学支出增加，最终耗尽了资源。旗舰州立大学在其学术项目方面具有复杂性的优势，设有法学院、学术医学中心和医院、全国闻名的体育运动项目，以及有助于宣传学校公众形象和扩大潜在学生群体的其他设施。以本地生源为主的地方公立大学有时会面临额外的财政负担。假如这些学校的教职工养老金计划不像"教师保险与年金协会"（TIAA）的计划那样具有流动性，也不够完善，而是与州的养老金计划捆绑，那么该大学可能会面临巨额养老金负债的风险。例如，根据穆迪公司的一份报告，东肯塔基大学两年的预算收入为5.92亿美元，养老金负债却是其办学收入的3.1倍。由于越来越多的州在为本州的养老金提供资金方面遇到了不断增多的问题，所在州的公立大学也面临着财政风险加剧的不幸局面。②

即便我们认可大卫·拉巴雷的说法，相信美国高等教育的状况还算乐观，但

---

① Michael M. Crow and William B. Dabars, *Designing the New American University* (Baltimore: Johns Hopkins University Press, 2015).

② John Cheves, "Public Universities Face a Tough Financial Future, Credit Agency Warns," *Lexington Herald-Leader*, 28 June 2018, pp. 3A, 5A. See also Sophia Laderman et al., *SHEF: FY 2017: State Higher Education Finance* (Boulder, Colo.: State Higher Education Executive Officers Association, 2018).

他的这番言论也还是言过其实了。我们可以由此认为他的说法适用于陷于困境的公立高校吗？下岗教授或兼职教师会赞同这一论断吗？那些身背巨额贷款债务、就业前景暗淡的大学应届毕业生又如何呢？这也是一种欺骗性的说法，因为学校的高层领导会因为丑闻或糟糕的决定而突发变化，正如先前我们对几所传统上实力雄厚的大学被解雇的校长所介绍的那样，当他们失去来自校园选民的信心时，他们自己会感到十分意外。

陷入困境的高校为何无法获得令人满意的支持和解决方案？有一种解释认为，雄心壮志以及对创新和竞争的需求使许多高校领导动辄追求管理时尚。① 在上一个十年，哈佛大学商学院（Harvard Business School）教授克莱顿·克里斯滕森（Clayton Christensen）所倡导的组织信仰——"创造性颠覆"（creative disruption）被人们广为接受，就是这种困境的一个很好的例子。这是从商界移植到高教界的众多灵丹妙药中的一个。具有讽刺意味的是，在许多经济学家分析了克里斯滕森的方法应用于工商界的数据之后，却对此不以为然。然而，在大约五年的时间里，许多高校的院长、教务长和校长在几乎不加批判分析的情况下，对一个从未经过检验也不适合学术性项目与高校的宏伟计划趋之若鹜。②

另一种答案是，他们的战略可能提供了一些即时的满足，但随着时间的推移，在不知不觉中向外部团体传达了一种"一切都很好"的印象，因此，这些团体的额外财政支持也许是不必要的。几乎每所高校建立网站来展示自己的品牌，宣传自己的形象。这些都是自鸣得意之举，很难展示出学校真正的使命和特点。2018 年，一所旗舰州立大学在其网站上发布了一条口号宣称"一百五十多年来一直在实现卓越教育！"这充其量是一个无法证实的说法。许多了解情况的研究人员会说，这并不完全是真实情况。它的净影响是虚幻的，折射出一所大学在追求其教育使命方面的庸俗做法。问题在于大学管理者往往选择产生幻觉的图景，而不是依赖探索和解释政策和问题的重要信息。这种情况是不幸的，因为在 2010 年至 2018 年间，对卓越与过度，以及政策和计划的应用等高等教育状况进行审慎分

---

① Robert M. Birnbaum, *Management Fads in Higher Education: Where They Come From, What They Do, Why They Fail* (San Francisco: Jossey-Bass, 2000).

② Evan R. Goldstein, "The Undoing of Disruption: Clayton Christensen and His Critics," *Chronicle Review*, 2 October 2015, pp. B6—B9.

析的机会是前所未有的。

人们徒劳地寻找许多例子，证明州立大学校长、董事会和公司高管成功说服了州长和议员们，增加对公立高等教育的投入是值得的。结果是每年都有许多报纸社论敦促公民要求当选官员和选民"扭转高等教育的衰落"，以此作为打破贫困恶性循环的必要良策，使各州能够凭借受过良好教育的劳动力在全球经济中竞争。然而，这些走过场的争论和恳求，几乎没有带来政策上的变化。①

2018年，美国国会议员开始讨论并发布简报，考虑修改《1964年高等教育法》（1964 Higher Education Act）这一具有里程碑意义的立法。② 半个多世纪前，在时任总统林登·约翰逊的倡导和推动下，两党组成的国会以压倒性多数通过了影响深远的立法，带来的结果是促进了高等教育规模的扩充，加大了高等教育的资金投入，建立起了慷慨的学生资助制度，以及其他多项将上大学与美国生活的承诺和责任联系起来的举措。尽管当时的社会氛围与当下美国新一代家庭及其子女所面临的境况已大不相同。然而，一个不变的事实是，高等院校依旧是我们构建一个美好、公正的民主国家的共同愿景的核心。

2010年至2018年间，丑闻和大权在握的大学校长带来的不足和失望及时提醒我们，美国高等教育需要新观念新举措。某些董事会成员和校长的傲慢和偏狭表明，管理者和领导人可能脱离了高等教育中持久而重要的东西。尽管存在种种问题，"上大学始终是美国生活和美国梦的不可或缺的部分。"2018年5月8日《纽约时报》登载了关于著名历史学者埃德温·伯罗斯（Edwin G. Burrows）的长篇讣告，这篇讣告便是能够说明问题的一个绝佳例证。伯罗斯曾长期担任布鲁克林学院教授，曾撰写了最为完整的纽约市历史。2013年，任教41年的伯罗斯退休了。有人问他在大学教书的最大乐趣是什么。伯罗斯回答："这很简单。是我的学生，他们中的大多数人是家里第一个大学生，许多人是来自世界各地的第一代或第二代移民，他们都以一种很到位的、精明的街头怀疑态度上大学。从他

---

① "Reverse Higher Ed's Decline in Kentucky," editorial, *Lexington Herald-Leader*, 29 June 2018, p. 11A.

② Doug Lederman, "Why the Rewrite of Federal Higher Education Policy Is Coming Down to Definitions," *Inside Higher Ed*, 19 March 2018. See also John R. Thelin, "The Higher Education Act" (Congressional briefing, Washington, D. C., 16 February 2018), https://nationalhistorycenter.org/congressional-briefing-history-higher-education-act/.

们身上,我学到了我所知道的关于教学的一切。"①

　　21世纪第二个十年的美国高等教育既是一个典范,也是一个奇迹。4600所高等院校的在校生人数超过1900万名,可谓规模宏大,同时它也势必存在问题与瑕疵。尽管有其局限性和不足,但它仍然代表了一种由忠诚的教职员工齐心协力,以实现美国人自1636年以来的承诺,即努力使"上大学"从精英型转变为大众型,甚至成为全民高等教育的机会。公司与高校庞大而复杂的结构、政治上的权衡、媒体报道,以及其他各种活动,都是开展教与学基本活动的前奏。正如在已故的伯罗斯教授以及其他许多教授和学生身上所体现的那样,高等教育仍是至关重要的,而连接美国高等教育的复杂当下与光明前景的纽带,正是美国高等教育卓越非凡的过去。

---

　　① Sam Roberts, "Edwin G. Burrows, 74, Who Wrote Definitive New York City History, Dies," *New York Times*, 8 May 2018, p. B11.

# 文献述评

有一次，夏洛克·福尔摩斯（Sherlock Holmes）被一个棘手的案子难住了，他向华生（Watson）抱怨说，如果要继续调查的话，他还需要一些线索。为了收集信息，他恼怒地喊道："巧妇难为无米之炊！"与夏洛克·福尔摩斯不同，在探索四个多世纪以来美国高等教育的奥秘的过程中，我从大量的优秀学术成果中获益。每一章的注释都为我的历史叙述提供了直接相关的引用。以下的述评意在突出与我的阐释最相关的重要文集和专著。我还特别关注了新近出版著作和唾手可得的学术成果。

在过去的半个世纪里，高等教育史研究领域的优秀成果层出不穷，硕果累累，而其中很多研究是在缺乏充足的外部资助的情况下完成的。实际上，从2000年到2010年的十年间，高等教育史研究成果数量多，质量高，给人留下了深刻的印象。发表在《教育史季刊》（*History of Education Quarterly*）上的文章一直都是案例研究和重新解读的良好资料来源。以"大学时代的文理学院"为主题的1971年冬季刊，就是这种贡献的例子。在过去的十年中，《高等教育杂志》（*Journal of Higher Education*）的编辑伦纳德·贝尔德（Leonard Baird）和《高等教育评论》（*Review of Higher Education*）的编辑菲利普·阿尔特巴赫（Philip Altbach）都乐于就一些重大的问题向高等教育的普通读者提供历史分析。莱斯特·古柴尔德（Lester Goodchild）和哈罗德·韦克斯勒（Harold Wechsler）共同编辑的《ASHE高等教育史读本》（*ASHE Reader on the History of Higher Education*）（1997年第2版）将上述期刊发表的一些重要的文章汇集在了一起。由卡梅隆·芬奇（Cameron Fincher）、乔治·凯勒（George Keller）、格雷迪·博格（E. Grady Bogue）和约翰·塞林（John Thelin）等人编著的《百部高等教育经典著作：摘要与随笔》（*One Hundred Classic Books about Higher Education: A Compendium and Essays*）（2001年），同样也是实用的高等教育研究文献指南。每年出版的《高等教育：理论与研究手册》（*Higher Education: Handbook of Theory and Research*），由约翰·斯马特（John C. Smart），自1985年出版第一卷以来，每年都会收录一篇关于重大高等教育主题的重要史学论文。研究者们还受益于

2002年出版的两部优秀的综合参考书,其作者包括著名的高等教育学者。它们分别是詹姆斯·格思里(James W. Guthrie)主编的《教育百科全书》(The Encyclopedia of Education),詹姆斯·福里斯特(James J. Forest)和凯文·金瑟(Kevin Kinser)主编的《美国高等教育百科全书》(Higher Education in the United States: An Encyclopedia)。

自20世纪80年代初以来,罗杰·盖格(Roger Geiger)主编的另一份期刊《高等教育史年刊》(History of Higher Education Annual)为前沿性的专题研究提供了一个讨论的平台。不同卷本中的一些主题的文章具有重要的学术价值,被精选收录文集,如1994年卷的重点是对19世纪美国大学重新审思这一主题,1999年卷的主题则是20世纪南部高等教育。

院校的历史,尤其是官方赞助的周年纪念卷,往往被认为不够深入和直截了当,而我对这类作品的看法和态度却是有所不同。我认为,在校史类著作中,托马斯·戴尔(Thomas G. Dyer)的《佐治亚大学二百年史》(The University of Georgia: A Bicentennial History)(1985年),就可为我们提供最具价值的资料来源和学术研究范式。实际上,南部一些大学的校史研究也采用了戴尔的范式,这些校史表明,即便是与院校存在从属关系,校史研究也可以真正进行批判性的分析。这类著作中最重要有克拉伦斯·莫尔(Clarence L. Mohr)和约瑟夫·戈登(Joseph E. Gordon)的《杜兰大学:一所现代大学的兴起,1945—1980》(Tulane: The Emergence of a Modern University, 1945—1980)(2001年),亨利·莱斯恩(Henry H. Lesesne)的《南卡罗来纳大学史,1940—2000》(A History of the University of South Carolina, 1940—2000)(2001)。保罗·康金(Paul Conkin)主撰的范德比尔特大学历史《再见常青藤》(Gone with the Ivy)(1985年)是一部长篇综合编年史,就大学使命提出了一些重要的问题。书中还通过重要的社会史和文学史分析视角,对"南方重农主义者"和"逃逸者"进行了独创性的分析。在范德比尔特大学董事会和校长将大学引向一个截然不同的方向时,这些人发现自己在英语系已经没有生存的空间。迈克尔·丹尼斯(Michael Dennis)的《进步的教训》(Lessons in Progress)(2001年)对弗吉尼亚、佐治亚、南卡罗来纳和田纳西的州立大学的历史研究加以综合,揭示了在1880年至1920年间,进步主义是如何在"新南部"(New South)的高等教育中扎下根来的。德韦恩·考克斯(Dwayne D. Cox)和威廉·莫里森(William J. Morison)的《路易斯维尔大学》(*The University of Louisville*)(2000 年)则是锦上添花,它在以下几个方面值得注意:叙述生动幽默,将包含各种缺陷和紧张关系的市立大学的历史与其主办城市的历史有效地联系起来。他们对 20 世纪 30 年代路易斯维尔黑人群体的有效投票策略的描述,揭露了用税收来资助实施种族排斥的市立大学的不公平现象,其坦率程度令人耳目一新。约翰·博尔斯(John Boles)的《大学创建者:埃德加·奥德尔·洛维特与莱斯学院的创立》(*University Builder: Edgar Odell Lovett and the Founding of the Rice Institute*)(2007 年)是一部雅致的著作,它将一所与众不同的大学的校史与其创始校长的传记融合在一起,让莱斯在一流大学行列中找到应有的位置。与此同时,梅丽莎·基恩(Melissa Kean)的《南部私立高等教育废除种族隔离历史:杜克、埃默里、莱斯、杜兰与范德比尔特》(*Desegregating Private Higher Education in the South: Duke, Emory, Rice, Tulane and Vanderbilt*)(2008 年),重构了一段不光彩的历史,披露了这几所南部著名私立大学的董事会 20 世纪中叶故意逃避招收非裔美国人学生的责任的做法。看看北部地区,莫顿·凯勒(Morton Keller)和菲利斯·凯勒(Phyllis Keller 的《哈佛迈向现代:美国大学的崛起》(*Making Harvard Modern: The Rise of America's University*)(2001 年)从历史的视角来展现 20 世纪哈佛大学的历史。当然,哈佛只是美国高等教育历史的一部分。詹姆斯·阿克斯特尔(James Axtell)的《普林斯顿大学的发展:从伍德罗·威尔逊到现在》(*The Making of Princeton University: From Woodrow Wilson to The Present*)(2006 年)是一部急需的更新之作,为我们提供了普林斯顿大学重要转变与传统,同时也是院校研究的范式,重点涉及在这所传统的大学中的本科生群体,以及他们不断变化的学习和生活。乔纳森·科尔(Jonathan Cole)的《伟大的美国大学:迈向卓越之道,不可或缺的国家角色,必须保护的理由》(*The Great American University: Its Rise to Preeminence, Its Indispensable National Role, Why It Must Be Protected*)(2009 年),是一部篇幅达 640 页的详实的研究专著,罗列着成就的目录带着一种紧迫和担忧的语调。该著作是埃德温·斯洛森(Edwin Slosson)的《伟大的美国大学》(*Great American University*)出版百周年纪念的更新。在布朗大学,档案管理员玛莎·米切尔(Martha Mitchell)和编辑杰伊·巴里(Jay Barry)合著的《两个世纪的故事:亲切而又丰富的布朗大学图片史》(*A Tale of Two Centuries: A Warm and Richly Pictorial History of Brown University, 1764—1985*)

(1985年），使用简短新闻报道和档案照片，对学校的重大事件做了有效的说明。

我喜欢借助许多高校在过去几十年委托制作的图片集进行研究，因为这些作品是理解和传递校园建筑景观视觉传统的丰富资源。这是我与许多严肃的学者的不同之处。在这类的资料中，我认为最棒的是奥利弗·詹森（Oliver Jensen）的《学院图册：为昨日喝彩！》（*A College Album：Or, Rah, Rah, Yesterday!*）（1974年），该图片集是"美国传统"（American Heritage）资助项目的一部分。通观全书，我反复强调的主题是，建筑一直是美国高等教育风貌的一个独特部分。这一领域的一些重要作品包括：吉恩·布洛克（Jean F. Block）的《哥特式建筑的应用：芝加哥大学校园的规划和建设，1892—1932》（*The Uses of Gothic：Planning and Building the Campus of the University of Chicago, 1892—1932*）（1983年）；保罗·维纳布尔·特纳（Paul Venable Turner）的《校园：美国的规划传统》（*Campus：An American Planning Tradition*）（1984年）；托马斯·盖恩斯（Thomas Gaines）的《作为艺术品的校园》（*The Campus as a Work of Art*）（1991年）；以及理查德·多伯（Richard P. Dober）的两部著作，即《校园设计》（*Campus Design*）（1992年）和《校园建筑：学林中的建筑》（*Campus Architecture：Building in the Groves of Academe*）（1996年）。

除了高校官方校史外，院校案例研究的数量激增，影响力也不断扩大。丽贝卡·罗文（Rebecca S. Lowen）的《创建冷战大学》（*Creating the Cold War University*）（1997年），以斯坦福大学为重点，展示了物理学和工程学与外部工业项目环境中相结合的策略，以及后来的联邦研究拨款是如何推动这所地处舒适加州的大学向现代发动机的转变。如果说斯坦福大学代表的是太平洋海岸的突出个案，那么理查德·弗里兰（Richard M. Freeland）对1945年至1970年前后马萨诸塞地区多所大学开展的研究则是一种相应的补充，《高等教育的黄金年代》（*Academia's Golden Age*）（1992年）便是这部著作合适的书名。任何关于美国"多元化巨型大学"的讨论都不能忽视克拉克·克尔（Clark Kerr）那本颇具影响力的小册子《大学之用》（*The Uses of the University*）（1963年），这本书出自克尔1962年在哈佛大学的戈德金讲座。斯蒂芬·布林特（Stephen Brint）主编的文集《才智之城的未来》（*The Future of the City of Intellect*）（2002年）是克尔经典著作的一个有趣的续编，其中就包括克尔本人撰写的对21世纪高等教育的评论。约翰·奥布里·道格拉斯（John Aubrey Douglass）的《加州理念与美国高等教育：1850 年至 1960 年的总体规划》（*The California Idea and American Higher Education：The Master Plan*）借助州的政治历史，详细阐述了克拉克·克尔和其他一些重要院校和个人，正是这些院校和个人将加州打造成为大众高等教育的奇迹和典范。

克拉克·克尔所代表的是参与者——观察者的角色，他是美国研究型大学历史的创造者，也是这一历史的书写者。而罗杰·盖格（Roger Geiger）的大量研究成果则揭示了对研究型大学的关注如何走向活跃，发展成为整个美国高等教育学术研究领域的一个成熟的核心主题。他的著作包括《增进知识：美国研究型大学的发展，1900—1940》（*To Advance Knowledge：The Growth of American Research Universities，1900—1940*）（1986 年）和《研究与相关知识："二战"以来的美国研究型大学》（*Research and Relevant Knowledge：American Research Universities since World War II*）（1993 年）。在过去的十年里，盖格依旧保持着洞察力和创造力，出版了《知识与金钱：研究型大学和市场的悖论》（*Knowledge and Money：Research Universities and the Paradox of the Marketplace*）（2004 年），并与克雷索·萨（Creso M. Sá）合著了《挖掘科学的财富：大学和经济增长的承诺》（*Tapping the Riches of Science：Universities and the Promise of Economic Growth*）（2008 年）。盖格承接了劳伦斯·维西（Laurence Veysey）1965 年在《美国大学的崛起》（*The Emergence of The American University*）中所确立的传统。朱莉·鲁本（Julie A. Reuben）在《现代大学的形成：知识转型与道德的边缘化》（*The Making of the Modern University：Intellectual Transformation and the Marginalization of Morality*）（1996 年）中对维西的论点做了新的阐释。

对于从历史的视角对大学研究园区企业进行批判性分析的研究而言，迈克尔·卢格（Michael I. Luger）与哈维·戈德斯坦（Harvey Goldstein）合著的《园区里的技术：研究园区与区域经济发展》（*Technology in the Garden：Research Parks and Regional Economic Development*）（1991 年）是独具特色的。在 21 世纪，大学领导委员会（University Leadership Council）2008 年的报告《大赌注时代的竞争：实现多学科研究的规模化》（*Competing in the Era of Big Bets：Achieving Scale in Multidisciplinary Research*）记录了以大学为基础的研究中心的过度扩张和脆弱结构。2000 年以来，人们不再关注高风险的赞助研究的具体细节，美国大学校园的商业化一直是热烈辩论和批判性分析的话题。反映此种趋势的著作有：

德里克·博克（Derek Bok）的《市场中的大学：高等教育的商业化》（Universities in the Marketplace: The Commercialization of Higher Education）（2003年）；黛博拉·罗德（Deborah L. Rode）的《追求知识：学者、身份与学术文化》（In Pursuit of Knowledge: Scholars, Status, and Academic Culture）（2007年），以及盖耶·塔奇曼（Gaye Tuchman）的《追求成功的大学：解密公司化大学》（Wannabe U: Inside the Corporate University）（2009年）。

慈善捐赠和基金会的资源和建议已经波及整个美国高等教育，对这方面的历史研究有助于提升将高校作为重要组织的关注。杰西·巴纳德·西尔斯（Jesse Barnard Sears）的《美国高等教育史上的慈善捐赠》（Philanthropy in the History of American Higher Education）（1922年，1990年重印），就是这个领域被人们重新认识的开创性著作。西尔斯的著作提供了有关院校捐赠和大宗捐赠的年表和基本统计数字汇编。1960年之后，一些知名历史学家对西尔斯的研究进行了完善，充实了叙事和解释。默尔·科蒂（Merle Curti）和罗德里克·纳什（Roderick Nash）合著的《美国高等教育形成中的慈善捐赠》（Philanthropy in the Shaping of American Higher Education）（1965）一书把对高等教育的支持作为整合社会和院校历史的有效工具——这一点值得比已有的研究更多的赞扬和持续采用。罗伯特·布雷姆纳（Robert H. Bremner）的《美国的慈善捐赠》（American Philanthropy）（1960年，1988年再版），提供了更为广泛的有关慈善捐赠的明了的探索和解释。尽管布雷姆纳并没有重点关注高等院校，但他时不时提到，在有组织的捐赠和受捐活动中，高等教育就一直既是先导者，同时又是核心机构。艾伦·康利夫·拉格曼（Ellen Condliffe Lagemann）的《服务公共利益的私人权力：卡耐基教学促进基金会的历史》（Private Power for the Public Good: A History of the Carnegie Foundation for the Advancement of Teaching）（1983年）与《知识政治：卡耐基公司、慈善捐赠与公共政策》（The Politics of Knowledge: The Carnegie Corporation, Philanthropy, and Public Policy）（1989年），通过聚焦重要的基金会，进一步明确了大规模慈善捐赠的重点，这两部著作多年来一直广受关注。我们可以根据亚伯拉罕·弗莱克纳（Abraham Flexner）1929年在牛津大学的讲座结集出版的《大学：美国、英国和德国》（Universities: American, English, German）（1930年）一书中，看到基金会代表如何看待——并改造——美国高等院校的重要例子。玛丽贝丝·加斯曼（Marybeth Gasman）的《展望黑人学院：黑人学院联合基金会的历史》(*Envisioning Black Colleges*: *A History of the United Negro College Fund*)（2007 年），以及由安德里亚·沃尔顿（Andrea Walton）主编的文集《女性与教育慈善捐赠》(*Women and Philanthropy in Education*)（2005 年），这两部新作关注那些非主流和原先不被重视的院校的情况，拓展了高等教育慈善捐赠历史的研究领域。

由于大型基金会赞助的研究往往会得到某个具有影响力的作者的认可，因此，在对慈善组织进行系统分析的过程中，传记作品具有重要的作用。在这个方面，卡耐基教育促进基金会发挥着核心的作用，托马斯·邦纳（Thomas Bonner）的《反传统者：亚伯拉罕·弗莱克斯纳及其学术生涯》(*Iconoclast*: *Abraham Flexner and a Life in Learning*)（2002 年）就可体现出来。关于基金会及其重要策划人物的重要案例研究还有：埃里克·安德森（Eric Anderson）与小阿尔弗雷德·莫斯（Alfred A. Moss, Jr）合著的《危险的捐赠：北部慈善捐赠与南方黑人教育》(*Dangerous Donations*: *Northern Philanthropy and Southern Black Education*, *1902—1930*)（1999 年），以及唐纳德·费舍尔（Donald Fisher）的《社会科学的重要发展：洛克菲勒慈善捐赠与美国社会科学研究委员会》(*Fundamental Development of the Social Sciences*: *Rockefeller Philanthropy and the United States Social Science Research Council*)（1993 年）。费舍尔最具原创性的贡献是找到了一家私人基金会与联邦政府之间的合作，具体体现在制定官方数据收集项目，特别是与经济指标相关的数据收集项目方面。更为宽泛的阐释来自朱迪思·西兰德（Judith Sealander）的《私人财富与公共生活》(*Private Wealth and Public Life*)（1997 年），该书讲述了从进步时代到新政时期基金会慈善捐赠与美国社会政策的重塑方面的历史。

大型基金会对高等教育的重要作用不仅体现在作为一种财政支持的手段，而且还作为学术监督的主体。例如，在 20 世纪 70 年代，克拉克·克尔就曾经主持了一项资金充足的卡耐基基金会的高等教育调查计划。对于那些有意研究美国高等教育近期历史的人来说，可以研究报告最后一卷，即《卡耐基高等教育政策研究委员会：报告和建议摘要》(*The Carnegie Council on Policy Studies in Higher Education*: *A Summary of Reports and Recommendations*)（1980 年），它厘清了高等教育的轮廓，也指明了高等教育的发展方向，要知道高等教育已经是我们国民生活中的一个重要组成部分。

高等教育和慈善基金会并不是美国高等教育中唯一的组织结构。在《联合起来：美国高等教育中全国性协会的兴起，1887—1950》（Banding Together: The Rise of National Associations in American Higher Education, 1887—1950）（1992年）一书中，阿默斯特学院的历史学者休·霍金斯（Hugh Hawkins）将人们的注意力投向了由高校（尤其是校长们）组建的缩写名称难以搞懂的志愿团体。根据霍金斯对这些团体的解释，它们存在的原因通常是促成某项计划和政策。因此，这种共同努力与美国高等院校如何参与州和联邦政府制定的公共政策并受其影响具有某种关系。

在以往，公共政策在高等教育中的作用基本没有得到重视，这可能是由于人们习惯认为美国高等教育具有自治和分权传统。情况也许是这样，但许多历史学家通过对政府关系的深入考察，修正了这种简单化的概括。约翰·怀特海（John Whitehead）的《学院与国家的分离》（Separation of College and State）（1973年）对殖民地时期设立的五所学院直到19世纪的机构变化情况进行了深入的分析，使我们对"公立"和"私立"高校概念的认识更加复杂化。尤尔根·赫布斯特（Jurgen Herbst）的《危机不断：美国学院的治理，1636—1819》（From Crisis to Crisis: American College Government, 1636—1819）（1982年）对殖民时期到"新民族"阶段学院的外部关系进行了生动的描述，并得出结论说"地方学院"（provincial college）的出现标志着美国独特的高等教育机构的形成。总之，对于会思考的读者来说，怀特海和赫布斯特的著作为他们试图解答达特茅斯学院案例的持久影响意义留下了愉悦的难题。

在19世纪，尽管联邦层面涉及高等教育的立法不多，但1862年《莫里尔法案》却是一个重要的里程碑。罗杰·威廉姆斯（Roger Williams）的研究成果《乔治·阿瑟顿与联邦政府资助高等教育的开端》（George W. Atherton and the Beginnings of Federal Support for Higher Education）（1989年）使我们得以深入了解这个方面的一些情况。他的主要发现是在乔治·阿瑟顿之后，最初的立法才摆脱了困境。阿瑟顿是一名政治经济学家，后担任宾夕法尼亚州立学院校长，他说服其他赠地高校的校长与他一道在华盛顿特区组成游说团体。这就是1890年至1920年间一系列立法的开端，这些立法将联邦资金落实到位，并开启了高校与联邦之间的讨论。对于那些希望跟进关注联邦政府关于高等教育入学与负担能力的政策建议的人来说，有一部开拓性的著作将此类数据汇编在一起，并且引发了持续的广泛争论,这便是由乔治·佐克(George F. Zook)主编的《民主社会中的高等教育》(*Higher Education in a Democracy*)(1947年),亦即人们通常所说的《杜鲁门委员会报告》(Truman Commission Report)。切斯特·芬恩(Chester Finn)的《学者、金钱和官僚》(Scholars, Dollars, and Bureaucrats)(1978年)提出了一个基本的(也是令人尴尬的)政策问题,即在高等教育由各州负责的情况下,如何证明140亿美元的联邦高等教育支出是合理的。对这个简单问题的长篇正确的答案便是联邦政府介入高等教育的政治进程,其范围涉及从委托研究资助和学生经济资助援助到监管和文书合规等各个方面——所有这些均已是高等院校"常态工作"的组成部分。

研究过公共政策的高等教育历史学家乐于不理会俾斯麦的忠告:人们应该避免观察法律或香肠的制作过程。假如我们在其中加入令人沮丧的经济学的话,勇气就会得到增强。玛芝莉·萨默斯·福斯特(Margery Somers Foster)的《"从小开始……":清教时期哈佛学院经济史》(*Out of Smalle Beginings …": An Economic History of Harvard College in the Puritan Period*)(1962年)为理解分、法寻和先令设定了标准。遗憾的是,很少有历史学家敢于为其他时代的别的高校撰写相对完整的账目。经济学家西摩·哈里斯(Seymour Harris)通过两本概述为后续的研究铺平了道路:《高等教育统计概况》(*A Statistical Profile of Higher Education*)(1972年)和《哈佛的经济状况》(*The Economics of Harvard*)(1970年)。霍华德·鲍文(Howard J. Bowen)的《知识投资:美国高等教育的个体价值和社会价值》(*Investment in Learning: The Individual and Social Value of American Higher Education*)(1977年)是一部里程碑式的著作,它将美国高等教育全面的经济分析中各种不同的因素整合在了一起。在过去的二十年里,一些学者从历史的视角对不断变化的资源和拨款进行了研究——例如,罗纳德·埃伦伯格(Ronald Ehrenberg)的《学费上涨:上大学为什么这么贵》(*Tuition Rising: Why College Costs So Much*)(2000年)和查尔斯·克洛特菲尔特(Charles T. Clotfelter)的《购买最好的:精英高等教育的成本上升》(*Buying the Best: Cost Escalation in Elite Higher Education*)(1996年)。这些著作的问题在于,它们对不同时期美国高等教育的考察并不均衡。作者们往往占居更多的当前的信息。

尽管作者们主要仰赖当前的数据资料,但最近一些关于美国高等教育收入和支出的统计研究对历史研究具有启发意义。这类工作的一个很好的例子是2009年的"德尔塔开支项目"，(Delta Cost Project)，即《高校开支趋势，1998—2008：经费来源及其开支项目与类型》（Trends in College Spending, 1998—2008: Where Does the Money Come From? Where Does it Go? What Does It Buy?），由唐娜·德罗彻（Donna M. Desrochers）、科琳·列尼汉（Colleen M. Lenihan）和简·韦尔曼（Jane V. Wellman）三人合著。

由此带来的一个好处是，21世纪的学者可以随时访问统计数据库，他们可以将自己对高等教育经济状况以及其他人口和院校模式的历史和当代分析进行汇编。若干年来，美国教育委员会（American Council on Education）（以及随后的芝加哥大学出版社）等机构一直以《高等教育年鉴》（Almanac of Higher Education）发布这些数据库。

自1995年以来，《高等教育纪事报》接手了这项工作，它每年出版纸质出版物，并提供在线高等教育数据库。关注高等教育统计数据的最好办法，并非是财政或预算，而是学生入学和院校生存状况模式。科林·伯克（Colin B. Burke）花了十多年时间对基本数据进行仔细审查和重新梳理，出版了《美国高校学生人数：对传统观点的检验》（American Collegiate Populations: A Test of the Traditional View）（1982年）一书。通过数量方面的重新计算，伯克在性质上就19世纪学院的办学状况提出了不同的解释。但他并没有将数据交由统计学家进行细致的分析。因此，他的挑战性著作尚待作进一步的分析，而不是一种定论。历史学家休·格雷厄姆（Hugh Graham）与南希·戴蒙德（Nancy Diamond）在《美国研究型大学的兴起：战后年代的精英大学及其挑战者》（The Rise of American Research Universities: Elites and Challengers in the Postwar Era）（1997年）应用数据统计与历史描述相结合的方法，对不同高校在顶尖研究型大学的排名中的变化情况这一长期存在的问题进行了分析。他们对近期历史的关注在逻辑上依循的是大卫·韦伯斯特（David S. Webster）的纵向研究：《美国高校学术质量排名》(Academic Quality Rankings of American Colleges and Universities)（1986年）。

当然，统计数据只是高等教育过往记录的一个视角。对于那些确实希望了解美国高等教育的欧洲和殖民地渊源方面的读者来说，以下这些经典著作可以提供良好的基础。查尔斯·霍默·哈斯金斯（Charles Homer Haskins）的《大学的兴起》（The Rise of the Universities）（1923年），此书源于他在布朗大学举办的三场系列讲座，简洁生动，将中世纪大学的传统与二十世纪的高等教育联系了起来。在对大学的核心特征进行提炼的过程中，哈斯金斯告诉我们什么是办学历史悠久的大学所不具备和承诺的，他用心地用一种得体的方式消除了错误的老旧观念。好几代美国历史学者都将伯纳德·贝林（Bernard Bailyn）的《美国社会形成中的教育》（*Education in the Forming of American Society*）（1960 年）奉为典范和宣言，此书分析透彻，看待教育的视角不仅仅限于对正规学校和正式课程进行严格的文件和字面意义上的解读。詹姆斯·阿克塞尔（James Axtell）的《山巅上的学校：新英格兰殖民地的教育与社会》（*The School upon a Hill: Education and Society in Colonial New England*）（1974 年）是一部出色的大篇幅著作，可以看作是贝林上述那本颇具影响力的小篇幅著作的续篇。在后来的一项研究中，阿克塞尔将殖民时期教育即文化适应的观念加以扩展，不再仅仅局限于英格兰和新大陆之间的互动。在《欧洲人与印第安人：北美殖民地人种史学》（*The European and the Indian: Essays in the Ethnohistory of Colonial North America*）（1981 年）一书中，阿克塞尔重构了美洲印第安人教育年轻人的方法，以及他们如何看待殖民者的教育方式。普林斯顿大学的劳伦斯·斯通（Lawrence Stone）在谢尔比·卡洛姆·戴维斯中心（Shelby Cullom Davis Center）组织一批学者，就大西洋两岸高等教育与社会之间的复杂关系开展研究，出版了一部两卷本的文集《社会中的大学》（*The University in Society*）（1974 年）。奥斯卡·汉德林（Oscar Handlin）与玛丽·汉德林（Mary Handlin）合著的《美国大学与美国文化：高等教育的社会化功能》（*The American College and American Culture: Socialization as a Function of Higher Education*）（1970 年）是一本大选题的小册子，通俗易懂，但没有得到足够的重视。

　　许多著名历史学家已经将高等院校的故事纳入更大范围的美国社会和政治史结构中。这方面的重要成果有：丹尼尔·布尔斯汀（Daniel J. Boorstin）的多卷系列著作《美国人》（*The Americans*）（1965 年）、理查德·霍夫施塔特（Richard Hofstadter）的《美国生活中的反智主义》（*Anti-intellectualism in American Life*）（1963 年）以及劳伦斯·克雷明（Lawrence Cremin）的三卷本著作《美国教育》（*American Education*）（1970 年）。克莱德·巴罗（Clyde W. Barrow）的《大学与资本主义国家：企业自由主义与美国高等教育的重建 1894—1928》（*Universities and the Capitalist State: Corporate Liberalism and the Reconstruction of American*

*Higher Education*，1894—1928)（1990 年），对经济数据以及大学董事会成员的经济数据和统计趋势进行挖掘和分析，由此展现了 20 世纪初美国高等教育的重要概貌。在所有研究第一次世界大战期间高等院校的成果中，卡罗尔·格鲁伯(Carol S. Gruber) 的《玛尔斯与密涅瓦：第一次世界大战和美国高等教育的功用》(*Mars and Minerva：World War I and the Uses of the Higher Learning in America*)（1976 年）一书是最为深入的。大卫·列文(David O. Levine) 的《美国大学与个人奋斗文化，1915—1940》(*The American College and the Culture of Aspiration*，1915—1940)（1986 年）至今依旧是关于两次世界大战之间这一重要但不受重视的年代的美国高等教育的开创性研究著作。艾伦·施雷克(Ellen W. Schrecker) 的《没有象牙塔：麦卡锡主义与大学》(*No Ivory Tower：McCarthyism and the Universities*)（1986 年）一书将大学与政治相联系，令人信服地再现了在"二战"结束后不久针对共产主义者的"政治迫害"时期，政府、大学管理者与教师之间的互动关系。

克莱德·巴罗(Clyde Barrow) 的著作展示了历史统计数据何以能够提出有关美国高等教育政治方面的基本问题，而许多重要的研究则依赖国家机构和大学董事会内部人士的经验。这方面的代表性著作是荷马·巴比奇(Homer D. Babbidge) 与罗伯特·罗森茨威格(Robert M. Rosenzweig) 合写的《高等教育中的联邦利益》(*The Federal Interest in Higher Education*)（1962 年）。罗森茨威格在《研究型大学及其赞助者》(*The Research Universities and Their Patrons*)（1982 年）一书中再次触及这一主题，重点研究对象是高等院校中的精英院校。

社会和行为科学家经常指责历史学家过分依赖传记，他们将传记嘲讽为"n = 1"研究。事实上，这些批评是不够贴切的，因为他们掩盖了传记所能提供的关于高等院校的结构和认识。欧文·斯通(Irving Stone) 以撰写艺术家和科学家的历史传记著称，为了表达对加州大学伯克利分校的敬意，他在 1969 年编辑出版了一部校友回忆录《光明》(*There Was Light*)[该标题指的是该大学的校训"让光明普照"(Fiat lux)]。另一种思路则是采用有趣的副标题"大学自传"(*Autobiography of a University*)。随着时间的推移，这已成为研究大学如何运作及其众多复杂后果的最富有成效的新的学术研究方法之一。

可以理解的是，在出版的校友回忆录选集中，大量涉及与出版业具有密切关联的传统高校。这些文集包括戴安娜·杜波伊斯(Diana Dubois) 编辑的《我的哈佛，我的耶鲁：部分美国名人的大学生活回忆录》（*My Harvard，My Yale：Memoirs of College Life by Some Notable Americans*）（1982年）和杰弗里·兰特（Jeffrey L. Lant）编辑的《我们的哈佛：22位杰出毕业生的大学生活回忆》（*Our Harvard：Reflections on College Life by Twenty-two Distinguished Graduate*）（1982年）。遗憾的是，普通校友的回忆录不太可能出版，所以校友回忆录并不能反映全面的情况。我们希望所有高校都能效仿哈佛和耶鲁，收集校友的回忆录和口述历史。卡罗琳·马塔琳（Carolyn B. Matalene）与凯瑟琳·雷诺兹（Katherine C. Reynolds）合编的关于南卡罗来纳大学的文集《卡罗来纳之声：两百年的学生经历》（*Carolina Voices：Two Hundred Years of Student Experiences*）（2001年）中提供了一个范本。关于当地和州的历史介绍读本，如大卫·凯维格（David E. Kyvig）和迈伦·马蒂（Myron A. Marty）的《附近的历史：探寻你周边的过去》（*Nearby History：Exploring the Past around You*）（1982年，1996年），可以为那些将高校作为"个人史"来源的研究提供帮助。

一些历史学者不再将校史局限于个别的高校，他们已经围绕某一主题或共同的经历编纂了大量的文集。杰拉尔丁·琼奇·克利福德（Geraldine Joncich Clifford）的《孤独的航行者：男女合校的高校中的学术女性，1870—1937》（*Lone Voyagers：Academic Women in Coeducational Institutions，1870—1937*）（1989年）的主题是关于男女合校的高校中学术女性的生活和工作。她们既是学校的一分子，又是与学校无关的局外人。马来西·内拉德（Maresi Nerad）在《学术厨房：加州大学伯克利分校性别分层的社会史》（*The Academic Kitchen：A Social History of Gender Stratification at The University of California，Berkeley*）（1999年）一书中，重点研究了一位未曾得到深入考察的重要人物爱丽丝·费伊·摩根（Alice Faye Morgan）的案例，讲述了一名身兼教师和行政人员双重职责的女性，在一片未知的水域中航行40多年，在加州大学伯克利分校进行学科建设的故事。

内拉德将院校历史与和个人传记相结合，说明了高等教育中女性学术研究的活力。玛格丽特·罗西特（Margaret Rossiter）的《美国女性科学家：直到1940年的抗争与策略》（*Women Scientists in America：Struggles and Strategies to 1940*）（1982年）讲述了第二次世界大战之前女性在实验室和学术界所面临的双重标准和受轻视现象。佳娜·尼迪芙（Jana Nidiffer）的《开拓性的女院长们：不止是聪明和虔诚的女主管》（*Pioneering Deans of Women：More Than Wise and*

Pious Matrons）（2000 年）所考察的是高校的女性管理人员。琳达·艾森曼（Linda Eisenmann）的《美国女性教育历史词典》（*Historical Dictionary of Women in Education in the United States*）（1998 年）是一部重要的综合参考书。芭芭拉·米勒·所罗门（Barbara Miller Solomon）的《与知识女性为伴》（*In the Company of Educated Women*）（1985 年）是一部综合了数十年的研究成果的阐释性调查，整整一代历史学者都会从中获益。在《性别与进步时代的高等教育》（*Gender and Higher Education in the Progressive Era*）（1990 年）一书中，林恩·戈登（Lynn Gordon）对加州大学伯克利分校、芝加哥大学、瓦萨大学、艾格尼丝·斯科特学院和索菲·纽科姆学院等院校的女性历史形象进行了梳理，这极大地丰富了我们对女大学生的理解。波莉·威尔茨·考夫曼（Polly Welts Kaufman）编写的《寻求公平：布朗大学的女性，1891—1991》（*The Search for Equity*：*Women at Brown University*，*1891—1991*）（1991 年）汇总了布朗大学一系列原创性的案例研究，以此说明在大学时代女性如何发挥核心作用。

一些历史学者主要关注的是在男女同校教育中女性所面临的紧张关系，但在《母校：19 世纪初到 20 世纪 30 年代女子学院的设计与经历》（*Alma Mater*：*Design and Experience in the Women's Colleges from Their Nineteenth-Century Beginnings to the 1930s*）（1984 年）一书中，海伦·莱夫科维茨·霍洛维茨（Helen Lefkowitz Horowitz）却提出了不同的重点。她同时以课程和校园建筑为视角，重构了专门招收女生的芒特霍利约克学院、瓦萨学院、韦尔斯利学院、史密斯学院、布林莫尔学院和拉德克利夫学院的概况，详细阐述了女子高等教育机构的复杂性和变革。琳达·艾森曼（Linda Eisenmann）发表在 2002 年《教育评论》（*Educational Review*）上的文章《战后世界中的女性公民教育：美国女性的意识形态之争，1945—1965 年》（*Educating the Female Citizen in a Post-war World*：*Competing Ideologies for American Women*，*1945—1965*）探讨了新的问题，在此领域进行了更加深入的研究，2007 年，艾森曼在原有文章的基础上撰写了《战后美国的女性高等教育，1945—1965》（*Higher Education for Women in Post-war America*，*1945—1965*），这是一部关于宏大且复杂的时代和主题的开创性著作。

关于高校官方"家史"的常见的抱怨是，他们过分强调官方档案和校长与董事会的活动行动，由此掩盖了高校社群中其他成员——即，教师和学生。在过去的四十年里，许多研究弥补了这方面的不足。海伦·莱夫科维茨·霍洛维茨

(Helen Lefkowitz Horowitz)的《校园生活：18世纪末期以来的大学生文化》(*Campus Life：Undergraduate Cultures from the End of the Eighteenth Century to the Present*)（1988年）提出了"圈内人""圈外人"和"叛逆者"的分析模式，由此对三个世纪以来大学生们所创建的世界加以重构。遵循此种思路的有价值的案例研究包括玛丽莲·托拜厄斯（Marilyn Tobias）的《受审的老达特茅斯：19世纪美国学界的转变》(*Old Dartmouth on Trial：The Transformation of the Academic Community in Nineteenth-Century America*)（1982年），该书再现了达特茅斯学院的一段往事，当时学生与校友和教师联合起来，迫使因循守旧的校方管理层做出妥协。

历史学家们再次发现，在大学兴起并受到广泛关注的时代，普通文理学院仍具备强大的生命力。乔治·马斯登（George M. Marsden）的《美国大学之魂：从新教建制到信仰缺失》(*The Soul of the American University：From Protestant Establishment to Established Non-belief*)（1994年）促使人们对大学有意识开展的价值观和品格教育的缺失问题进行认真思考。杰拉德·格兰特（Gerald Grant）与大卫·里斯曼（David Riesman）的《永恒的梦想：美国学院的改革与实验》(*The Perpetual Dream：Reform and Experiment in the American College*)（1978年）勾勒出不同学院的概貌，从历史的角度对本科教育改革的迫切性进行了阐述。社会学家伯顿·克拉克的《独具特色的学院》(*The Distinctive College*)（1970年）基于对斯沃斯莫尔、安提奥克和里德三所学院历史案例研究，使读者们明白，令人难忘的"组织传奇"的获取和传播何以能够做到有助于一流学院保持经久不衰。历史学家布鲁斯·莱斯利（W. Bruce Leslie）的《绅士与学者："大学时代"的学院与社会，1865—1917》(*Gentlemen and Scholars：College and Community in the "Age of the University"，1865—1917*)（1992年）以优雅的笔调介绍了19世纪末20世纪初的普林斯顿、斯沃斯莫尔和巴克内尔三所学院，进一步深化了这一分析路径。近期有两部新作对独立设置的普通文理学院的历史与当代发展进行了研究，它们分别是史蒂文·科比克（Steven kobick）和斯蒂芬·格劳巴德（Stephen R. Graubard）的文集《独具美国特色：寄宿文理学院》(*Distinctively American：The Residential Liberal Arts Colleges*)（1990年）以及独立学院理事会（Council on Independent College）成立50周年纪念文集《迎合挑战：1956年以来的美国独立学院和大学》(*Meeting the Challenge：America's Inde-*

pendent Colleges and Universities since 1956）（2006 年）。

对于那些打算研究学生的人来说，小说、电影和回忆录中所展现的校园生活都是重要的参考文献。斯派托斯基（A. C. Spectorsky）的《学院岁月》（The College Years）（1958 年）仍不失为是一部出色的文集。但我们还需要从 1960 年前后以来的学生自传记录中加深这方面的了解。1962 年，弗雷德里克·鲁道夫（Frederick Rudolph）的《美国学院与大学史》（The American College and University: A History）出版。没过几年，高等教育方面的著述开始大量专注大学校园学生骚乱，这一现象是可以理解的。在大量的新闻报道中，我认为具有持久影响的著作有：斯蒂芬·凯尔曼（Stephen Kelman）的《危急关头》（Push Comes to Shove）（1972 年）以及罗拉巴（W. J. Rorabaugh）的《交战中的伯克利》（Berkeley at War）（1990 年）。一些商业纪录片，如《60 年代的伯克利》（Berkeley in the Sixties），使历史学家和他们的学生除了阅读那些自诩为革命者的学生的极度自我放纵的回忆录外，还可以观看校园骚乱和政治激进主义的新闻短片。

人类学学科对历史学家研究学生生活也有所助益。迈克尔·莫法特（Michael Moffat）的《新泽西的成长：大学与美国文化》（Coming of Age in New Jersey: College and American Culture）（1989 年）是一部极具原创性的著作，使读者了解到可以用人种志研究作为官方文献的补充，来对当代高校进行研究，以解释大学与学生之间是如何达成协议的。人类学家劳拉·威尔基（Laura Wilkie）在《泽塔·普西兄弟会的狂野少年：一个大学兄弟会男子气概的历史考古》（The Lost Boys of Zeta Psi: A Historical Archaeology of Masculinity at a University Fraternity）（2010 年）一书中，通过旧物件和人种学重建了一个世纪前加州大学伯克利分校兄弟会的一段历史。欲了解高等教育各个领域的研究在历史的方法和视角方面的最新发展情况，可参考玛丽贝斯·加斯曼（Marybeth Gasman）主编的文集《美国高等教育史：理解过去的方法》（The History of U. S. Higher Education: Methods for Understanding the Past）（2010 年）。学科方面的另一种做法是，今天的历史学者可以依赖心理学家对大学生在态度、价值观和认知技能方面的变化情况进行分析得出的系统数据。奈维特·桑福德（Nevitt Sanford）主编的《美国大学：高级学习的心理与社会阐释》（The American College: A Psychological and Social Interpretation of the Higher Learning）（1962 年）是一部将行为科学应用于学生研究的开拓性著作。同样的，肯尼斯·费尔德曼（Kenneth Feldman）和西奥多·纽科姆（Theodore Newcomb）在《大学对学生的影响》（*The Impact of College on Students*）（1969年）一书中综合了大量行为科学研究成果。亚历山大·阿斯汀（Alexander Astin）的《关键的四年》（*Four Critical Years*）（1977年）以及他后写的《大学里什么重要？》（*What Matters in College?*）（1993年）可以为那些对社会和行为科学文献感兴趣的历史学家提供帮助。欧内斯特·帕斯卡拉（Ernest T. Pascarella）和帕特里克·特伦齐尼（Patrick Terenzini）的《大学如何影响学生：来自二十年研究的发现和见解》（*How College Affects Students：Findings and Insights from Twenty Years of Research*）（1991年）是新近出版的行为科学研究汇编，此书作为间接数据参考资料，将受到历史学者的欢迎。

  长期以来一直是美国大学臭名昭著的杂耍之一的校际体育比赛已经引起了人们的高度关注。罗纳德·史密斯（Ronald Smith）的《体育与自由：一流大学体育比赛的兴起》（*Sports and Freedom：The Rise of Big-Time College Athletics*）（1988年）是一部开创性的著作，它讲述了自19世纪中期发端到1910年的大学体育比赛。约翰·塞林（John Thelin）的《大学体育比赛：校际体育赛事的丑闻与改革》（*Games Colleges Play：Scandal and Reform in Intercollegiate Athletics*）（1994年）承接史密斯的话题，将故事延续到了20世纪90年代。迈克尔·奥里亚德（Michael Oriard）的《阅读橄榄球：大众媒体如何造就美国奇观》（*Reading Football：How the Popular Press Created an American Spectacle*）（1993年）生动地描述了一种独特的美国文化现象的演变：阅读和观看大学橄榄球比赛。罗宾·莱斯特（Robin Lester）在《斯塔格的大学：芝加哥大学一流橄榄球队的兴衰》（*Stagg's University：The Rise, Decline, and Fall of Big-Time Football at Chicago*）（1995年）一书中重构了芝加哥大学橄榄球队在管理和表现方面的重大改革。约翰·塞尔·沃特森（John Sayle Watterson）的《大学橄榄球：历史、景象与争论》（*College Football：History, Spectacle, Controversy*）（2000年）用清晰的笔墨丰富了体育比赛的历史。默里·斯珀伯（Murray Sperber）的《走向胜利：塑造大学体育的危机》（*Onward to Victory：The Crises That Shaped College Sports*）（1998年）对公关公司和体育部门的档案记录进行调查，以重建20世纪一流体育比赛的运行机制。在《生活游戏：大学体育和教育价值》（*The Game of Life：College Sports and Educational Values*）（2001年）中，詹姆斯·舒尔曼（James L. Shulman）和威廉·鲍文（William G. Bowen）利用梅隆基金会（Mellon Foundation）的数据，就大学校际体育运动对学术选择性院校学生影响的纵向数据进行了系统分析。2003 年，伯恩（Bowen）与莎拉·莱文（Sarah A. Levin）两位作者延续这一思路，他们依赖综合统计档案数据，探寻那些不依靠体育奖学金的入学要求严格的高校给大学运动队和大学生运动员的好处。这些院校包括常春藤盟校和新英格兰地区的"小三杰"（Little Three）——阿默斯特学院、威廉姆斯学院和卫斯理学院。还需要提及的是，他们在《重拾体育运动：大学体育与教育价值》（*Reclaiming the Game：College Sports and Educational Values*）一书中指出，大学体育的过度发展不仅仅局限于引人注目的一流体育项目。对于新一代学者来说，重构校际体育比赛中女运动员、教练员和体育主管的历史具有十分重要的意义。宝拉·韦尔奇（Paula D. Welch）主编的《银色时代，黄金时刻：常青藤盟校女子体育》（*Silver Era, Golden Moments：A Celebration of Ivy League Women's Athletics*）（1999 年），就为这个薄弱的研究领域提供了丰富的研究资料。

在未来几年，关于涉及教育项目公平性问题的《1972 年教育修正案》第九条（Title IX）的讨论将从新闻分析转向历史分析。韦尔奇·萨格斯（Welch Suggs）的《队中一席：第九条的悲与欢》（*A Place on the Team：The Triumph and Tragedy of Title IX*）（2005 年）一书就说明人们越来越重视从历史的视角来研究性别与大学体育之间的关系。在 21 世纪初，有关校际体育运动的学术性研究越来越关注社会正义和公民权利问题。这方面的成果有莱恩·德马斯（Lane Demas）的《橄榄球运动的融合：黑人民权与美国大学橄榄球运动》（*Integrating the Gridiron：Black Civil Rights and American College Football*）（2010 年）以及查尔斯·马丁（Charles H. Martin）合著的《坐在场边的吉姆·克劳》（*Benching Jim Crow*）（2010 年）。库尔特·爱德华·肯珀（Kurt Edward Kemper）的《冷战时期的大学橄榄球与美国文化》（*College Football and American Culture in the Cold War Era*）（2009 年）描绘了"二战"后美国国家政治文化与大学橄榄球大发展之间的紧密联系。迈克尔·奥里亚德（Michael Oriard）在 2009 年出版的《击倒：从 60 年代到 BCS 系列碗赛时代的一流大学橄榄球运动》（*Bowled Over：Big-Time College Football from the Sixties to the BCS Era*）一书中继续着他的原创性历史分析。对于研究高等教育的历史学者来说，他们可以通过奈特校际体育委员会（Knight Commission on Intercollegiate Athletics）定期发表的系列报告获得第一手资料，如 2010 年的研究报告：《恢复平衡：大学体育的资金、价值与未来》(*Restoring the Balance*: *Dollars*, *Values*, *and the Future of College Sports*)。经济学家安德鲁·辛巴里斯（Andrew Zimbalist）的《不领报酬的专业运动员》(*Unpaid Professional*)（1999年）一书根据院校个案和全国性两个层面的大学体育财政数据，对大学体育支出可以理所当然地不受节制的错误理据进行了批驳和修正。

我有意识地将初级学院和社区学院纳入我对美国高等教育的发展进行研究的范围。尽管它们都是美国特有的教育机构，但它们的故事在很大程度上仍不为人知。史蒂文·布林特（Steven Brint）和杰罗姆·卡拉贝尔（Jerome Karabel）合著的《梦想转向：美国社区学院与教育机会的承诺，1900—1985》(*The Diverted Dream*: *Community Colleges and the Promise of Educational Opportunity in America*，1900—1985)（1989年）。托马斯·迪纳（Thomas Diener）的文集《美国发明的发展》(*Growth of an American Invention*)（1986年）提供了一些重要的文献。人类学家霍华德·伦敦（Howard London）的《社区学院的文化》(*The Culture of the Community College*)（1978年）虽给我们留下了一部经典的案例研究，但很少有学者在其他研究中把它当作一种范式。

美国高等教育的入学以及伴随其后的内部社会分层，一直都是历史学者对高等院校进行研究时所寻求解答的问题。1968年，社会学家克里斯托弗·詹克斯（Christopher Jencks）和大卫·里斯曼（David Riesman）在合著的《学术革命》(*The Academic Revolution*)一书中对他们所谓的"精英统治的不公平的胜利"进行了历史的分析，由此引发了一场争议和反思。哈罗德·韦克斯勒（Harold Wechsler）的《合格的学生》(*The Qualified Student*)（1978年）从历史和地域两个维度对选择性招生录取方式的变化进行探讨，提供了对高校及其相关群体对大众高等教育趋势的回应的一致的分析方法。最近，尼古拉斯·莱曼（Nicholas Lemann）的《大考：美国贤能政治不为人知的一段历史》(*The Big Test*: *The Secret History of The American Meritocracy*)（1999年）以学术性向测验戏剧性为基础，从历史的角度审视了美国中等后教育的筛选和分流机制。

米切尔·史蒂文斯（Mitchell L. Stevens）的《造就一个阶层：大学招生与精英的教育》(*Creating a Class*: *College Admissions and the Education of Elites*)（2007年）将社会学视角与历史语境相结合，对美国教育淘汰赛中的选拔性招生的美国式传统做了全新的分析。在21世纪初，也许对这方面学术研究最重要的补充是对高等教育入学后负面问题的关注,也就是学生的高流失率以及获得学士学位的人数比例较低。体现这类新研究兴趣的成果有:威廉·鲍恩(William Bowen)、马修·钦戈斯(Matthew Chingos)以及迈克尔·麦克弗森(Michael McPherson)合著的《终点冲刺:在美国大学完成学业》(Crossing the Finish Line: Completing College at America's Universities)(2009年);弗雷德里克·赫斯(Frederick M. Hess)、马克·施耐德(Mark Schneider)、凯文·凯里(Kevin Carey)和安德鲁·凯利(Andrew P. Kelly)合著的《毕业与辍学:哪些高校的学生更可能毕业(哪些不太可能)》[Diplomas and Dropouts: Which Colleges Actually Graduate Their Students (and Which Don't)](2009年);以及约翰·塞林的《美国高等教育中学生流失的历史:连接过去和现在》(The Attrition Tradition in American Higher Education: Connecting Past and Present)(2010年)。

录取只是实现真正接受高等教育机会的连续过程中的一步。这其中不可或缺的是学生经济资助,它可以帮助学生付得起上学的费用。21世纪研究和政策分析的重要成果之一,就是对来自联邦、州、基金会和院校等不同渠道的学生助学金、贷款和勤工俭学项目开展了富有洞察力的历史研究,就这些项目如何矫正那些影响学生选择和接受本科学习的不符合社会正义的显性和隐性障碍进行探讨。历史学家鲁伯特·威尔金森(Rupert Wilkinson)的《资助学生,购买学生:美国的经济资助》(Aiding Students, Buying Students: Financial Aid in America)(2005年)一书内容丰富、阐释得体,且富有挑战意味。该书对三个多世纪来美国学生资助做法的发展和变化作了出色的梳理和阐释。在主编弗雷德里克·赫斯(Frederick M. Hess)的领导下,美国企业研究所(American Enterprise Institute)在文集《支付学费:新的学生贷款部门》(Footing the Tuition Bill: The New Student Loan Sector)(2007年)中对学生贷款的历史和现实进行了探讨。

当然,在美国,分流与基于种族和民族的排斥与歧视是密不可分的。对非裔美国人及其高等教育入学机会的研究包括詹姆斯·安德森(James Anderson)的《南部黑人的教育,1860—1935》(The Education of Blacks in the South, 1860—1935)(1988年)。宝拉·法斯(Paula Fass)的《由外而内:少数族裔与美国教育的变革》(Outside In: Minorities and the Transformation of American Education)(1989年),将研究范围扩展到美国军队、公立高中和高校的歧视(和变化)形式。亨利·德雷里(Henry N. Drewry)和汉弗莱·多曼(Humphrey Doermann）在《屹立与繁荣：私立黑人高校及其学生》（Stand and Prosper: Private Black Colleges and Their Students）（2001年）一书从历史和现状两个方面对传统黑人院校进行了分析。山姆·维金（Sam Wiggin）的《南方高等教育》（Higher Education in the South）（1964年）对招收非裔美国人的公私立高校进行了分析，指出经费不足和种族隔离是最严重的地区问题。美国公共电视网拍摄的反映1949年到1969年前后民权运动的电视系列纪录片《着眼胜利》（Eyes on the Prize）是对历史书籍和论文的有益补充。与高等教育史学者最为相关的一集是《反击》（Fighting Back），其中包括阿拉巴马大学和密西西比大学校园废除种族隔离的原始新闻短片片段，以及主要参与者的口述历史资料。当然，纪录片关注的是事件中最为激烈的部分。为了全面了解在所有高等教育中实现种族平等的持续努力的变化和细微差别，我们还需要历史学家的深思熟虑的研究。在本述评的开篇部分，我曾指出罗杰·盖格的《高等教育史年刊》是一个新的学术来源，上面刊载的文章适时地改变了我们对高等教育如何办学和发展的看法。在盖格主编的1999年年刊（第19卷）上刊载的由彼得·瓦伦斯坦（Peter Wallenstein）撰写的《南方黑人与白人大学：废除高等教育中的种族隔离》（Black Southerners and Non-black Universities: Desegregating Higher Education, 1935—1967）一文言简意赅，对研究高校与种族关系研究作出了贡献。瓦伦斯坦的研究是对托马斯·戴尔（Thomas Dyer）的《佐治亚大学：200年历史》（The University of Georgia: A Bicentennial History）（1985年）的延续和补充。戴尔的著作观点坦率，分析中肯，为读者提供了关于废除种族隔离的大量案例。

尽管教学和学习被视为高等教育的核心，但学者们却很少研究美国高校课堂和课程中的变化（得出的结论也有限）。布鲁斯·金博尔（Bruce A. Kimball）的《演说家与哲学家：博雅教育思想史》（Orators and Philosophers: A History of the Ideal of Liberal Education）（1986年）则是一个重要的例外，他对18世纪末和19世纪关于本科教育目的的主要争论进行了分析。弗雷德里克·鲁道夫的《课程》（Curriculum）（1986年）给我们提供了时间跨度长达三个世纪的相当不错的研究。亨利·赛德尔·坎比关于19世纪90年代学院的回忆录《母校：美国学院的哥特时代》（Alma Mater: The Gothic Age of the American College）（1936年）是对课堂活动方式最好的记述。拉里·库班（Larry Cuban）在《学者如何胜过教师：大学课程、教学以及研究中没有改革的变化，1890—1990》（How Scholars

*Trumped Teachers：Change without Reform in University Curriculum，Teaching，and Research，1890—1990*）（1999 年）中，对历史系和医学院两个不同的学科领域教学和研究的比较趋势进行了很好的历史分析。在所有专业的研究生院，尤其是医学院里，教学与研究之间的紧张关系一直存在。卡耐基教学促进基金会的一份报告中就此进行了阐述。这份报告题为《培养医生：医学院和住院医生实习改革呼吁》（*Educating Physicians：A Call for Reform of Medical School and Residency*）（2010 年），由莫利·库克（Molly Cook）、大卫·伊尔比（David M. Irby）以及布里吉特·奥布莱恩（Bridget C. O'Brien）合作完成。

对高等院校中从"研究型大学"到"文理学院"的笼统描述往往掩盖了研究生院和专业学院之间的细微差别。好在一些研究针对性突出，对研究生院和专业学院给予了应有的关注。厄尔·切特（Earl Cheit）的《实用技艺与博雅传统》（*The Useful Arts and the Liberal Tradition*）（1975 年）简要汇集了涉及大学的农业、商业、林业和工程等新领域的重要事件和报告。保罗·斯塔尔（Paul Starr）的《美国医学的社会变革》（*The Social Transformation of American Medicine*）（1982 年）将专业组织和教育改革举措与社会历史联系起来。W. 索普（W. Thorp）、M. 小迈尔斯（M. Myers, Jr.）、J. S. 芬奇（J. S. Finch）以及詹姆斯·阿克斯特尔（James Axtell）合著的《普林斯顿大学研究生院的历史》（*The Princeton Graduate School：A History*）（2000 年）是一本关于研究生和专业学校的示范性著作。

目前已有许多优秀的参考书可以帮助研究人员了解高校教授的组成和观点的变化情况，其中包括霍华德·鲍文（Howard R. Bowen）和杰克·舒斯特（Jack H. Schuster）合著的《美国教授：濒临危机的国家资源》（*American Professors：A National Resource Imperiled*）（1986 年）。马丁·芬克尔斯坦（Martin J. Finklestein）的《美国的学术职业》（*The American Academic Profession*）（1990 年）综合了 1945 年以来出版的大量社会科学方面的学术成果。

在美国高等教育中，高校董事会董事是最难以捉摸的群体，同时也是最具权力的群体之一。两位资深的高等教育历史学家埃德温·杜伊尔（Edwin D. Duryea）和唐·威廉姆斯（Don Williams）综合了大量关于高等教育治理的研究，合著出版了一部内容丰富的著作《学术法人：高校管理委员会的历史》（*The Academic Corporation：A History of College and University Governing Boards*）（2000 年）。

然而，它的局限性在于，它关注较多的是高校校长与诉讼案件，很少涉及董事会和董事的治理。比尔兹利·拉姆尔（Beardsley Ruml）是20世纪美国高等教育史上最不起眼但也最有趣的人物之一，他给我们留下了《给高校董事的备忘录》（Memo to a College Trustee）（1959年），其中记载了与院长和教师全然无关的制度控制模式。休·霍金斯（Hugh Hawkins）的《哈佛与美国之间》（Between Harvard and America）（1972年）对查尔斯·艾略特校长与哈佛帝国的各种复杂现象进行了探讨。W. H. 考利（W. H. Cowley）是一名前大学校长和高等教育开拓性学者，其遗著《校长、教授和董事：美国学术治理的历史演进》（Presidents, Professors, and Trustees: The Evolution of American Academic Government）（1980年）可被看作是探究共同治理的复杂传统的迟到尝试。罗伯特·梅纳德·赫钦斯的《美国高等教育》（The Higher Learning in America）（1936年）记载了其担任芝加哥大学校长期间所持有的特立独行的观点。威廉·鲍文（William G. Bowen）和哈罗德·夏皮罗（Harold T. Shapiro）都曾担任过普林斯顿大学校长，他们一同编辑了《大学和他们的领导力》（Universities and Their Leadership）（1998年），对不同时期的大学校长进行了比较。近年来出现了众多退休大学校长和其他高等教育官员撰写回忆录的热潮，如唐纳德·肯尼迪（Donald Kennedy）的《学术责任》（Academic Duty）（1997年）以及罗伯特·罗森茨威格（Robert M. Rosenzweig）的《政治大学：美国研究型大学的政策、政治和校长领导》（The Political University: Policy, Politics, and Presidential Leadership in the American Research University）（1998年）。从他们的语气可以看出，校长与教授之间长期以来存在的相互不信任的情况没有减少的迹象。遗憾的是，在有关高校运作的历史上，高校中层管理人员这方面的回忆录和记述很少见。罗伯特·伯恩鲍姆（Robert Birnbaum）的《大学运行模式：学术组织与领导的控制论》（How Colleges Work: The Cybernetics of Academic Organization and Leadership）（1991年）在这方面有所涉足。乔治·凯勒（George Keller）的《大学战略与规划：美国高等教育管理革命》（Academic Strategy: The Management Revolution in American Higher Education）（1983年）一书最先提出要使新一代大学校长和院长具备深思熟虑的办学视野。此书一个持久性的贡献在于它展示了前所未有的历史脉络，由此说明了一些管理实践和形式何以产生与发展，而另一些管理实践和形式又是如何随着时间的推移而失宠的。

要做到对国家的高等教育历史进行全面的记述，就不能忽略新的高等教育组织模式。我特别提到的这方面的例子就包括社区学院。其他类似的例子包括函授学校、推广课程、"文凭工厂"，以及现在的互联网"虚拟大学"，所有这些都已成为美国扩大教育机会的特有方式。问题在于在历史记述中很少涉及上述这些新做法。理查德·鲁奇（Richard S. Ruch）的《高等教育公司》（*Higher Ed, Inc.*）（2001 年）在一定程度上弥补了这方面的不足。该书所考察的是作为"知识产业"的高等教育的"营利性"办学机构部分。

自 20 世纪 90 年代初以来，"举全村之力"成为了美国政治和文化的口号之一。实际上，无论是在马里兰州的大学城还是在迪拜，对于国际经济和教育发展而言，结果是需要"举全校之力"。对于 21 世纪的美国高等教育而言，一个不可否认的事实是，每所高校都越来越关注全球教育环境。庆幸的是，一些敏锐的高等教育史学者已经开始认真关注这个主题，这将有助于美国高等教育的领导者们承认并尊重世界各地学术机构的创新和活力。近年来采取这种研究视角的代表性成果有：本·威尔达夫斯基（Ben Wildavsky）的《激烈的脑力竞争：全球化大学怎样重塑世界》（*The Great Brain Race: How Global Universities Are Reshaping the World*）（2010 年），以及布鲁斯·约翰斯通（D. Bruce Johnstone）与帕梅拉·马库奇（Pamela N. Marcucci）合著的《世界各地高等教育投入：谁来买单？谁应该买单？》（*Financing Higher Education Worldwide: Who Pays? Who Should Pay?*）（2010 年）。

本文献述评中所提到的著作只是提及而非穷尽了高等教育历史学者所期待的好读物。然而，在这些丰富的文献中，存在一个令人失望的不足：缺少新近编辑的历史文献集。1961 年，理查德·霍夫施塔特（Richard Hofstadter）和威尔逊·史密斯（Wilson Smith）出版了两卷本著作《美国高等教育文献史》（*American Higher Education: A Documentary History*），为几代学者提供了非常好的帮助。詹姆斯·斯通（James Stone）与唐纳德·德内维（Donald DeNevi）的《美国大学概貌，1890—1910》（*Portraits of the American University, 1890 to 1910*）（1971 年）通过图片新闻的形式让读者回到了美国大学兴起的辉煌时代。然而，它的局限性在于没有学生、教师和校友的个人经历方面的内容。霍夫施塔特和史密斯的《美国高等教育文献史》没有续编，因而缺乏进入 21 世纪后的内容，该书也没有对可以加入 1636 年至 1950 年间的一手文献资料进行重新评估。

令人欣慰的是，两位资深且备受尊敬的历史学家威尔逊·史密斯（Wilson Smith）和托马斯·本德尔（Thomas Bender）将注意力转向了收集和编辑有关"二战"后美国高等教育任务的杰出文献。他们的成果是他们的著名选集《美国高等教育的转型，1940—2005：国家话语文献汇录》（*American Higher Education Transformed, 1940—2005, Documenting the Nation Discourse*）（2008年）。遗憾的是，这种文献汇编很少见。

目前还不确定，这些亟须添加到文献库中的资料是否会得到编写和出版。一方面，关闭像哥伦比亚大学师范学院这样的老牌档案馆将会阻碍新的学术研究。另一方面，通过电子邮件访问大学和协会档案的创新举措，以及使用数字技术传输文献复印件的方式大大增加了对原始资料进行研究的机会。此外，许多高等院校档案馆工作人员精心收集了丰富的资料，这些资料基本上是高等教育史学家们尚未触及的。对于学者们来说，现今保存在斯坦福大学的美国教育委员会（American Council on Education）的档案比保存在华盛顿特区的美国教育委员会办公室时更容易获得。同样，美国大学协会（Association of American Universities）的档案在约翰·霍普金斯大学的档案馆和特藏馆中既安全又便利，这提供了一个超越单一高校视角的良好机会。加州大学的班克罗夫特图书馆（Bancroft Library）投入大量资金将大学照片和其他档案资料放在互联网上。南卡罗来纳大学的教育博物馆在馆藏和获取方面设定了很高的标准。对于高等教育学者来说，最有趣的是该大学获得的约翰·B. 霍利（John B. Hawley）高等教育明信片收藏品。阅读和写作有关美国高等教育史的文章继续吸引着一批专注且才华横溢的追随者，尽管他们的专业兴趣各不相同，但他们表现出一种共同点，即对重大问题的持久兴趣，以及热情和专业知识的结合，这确保了一个重要的传承。这一点在2010年至2018年间出版的优秀著作中表现得最为明显，这些著作为我撰写第三版新的章节提供了很好的参考来源。

在前言中，我指出了我在为第三版撰写新的最后一章时对高等教育经济学的关注。在这一领域有影响力的新著作是查尔斯·克洛特费尔特（Charles T. Clotfelter's）的《差距时代的高校不平等》（*Unequal Colleges in the Age of Disparity*）（2017年）一书。鉴于经济分析在当下联邦和州层面的公共政策报告中占主导地位，历史和经济学科的融合变得更加紧迫。布鲁斯·金博尔（Bruce A. Kimball）独创的学术研究助力历史学家与经济学家一起登上论坛的中心舞台。金博尔［有些是与杰里米·卢克（Jeremy B. Luke）合作］最近发表了一些影响深远的文章，对募款和高校支出等活动中高等教育经济学的常识进行了深入的探讨。金博尔和卢克仔细挖掘档案记录并分析了数据，对威廉·鲍莫尔（William J. Baumol）和威廉·鲍文（William G. Bowen）提出关于支出的"疾病理论"（disease theory）做出重大挑战。该理论影响了对非营利组织的研究，他们随后将其扩展到对高等院校的组织和财务行为进行阐释。与此相反，金博尔和卢克最新的历史研究表明，1875年至1930年间的成本上升模式不符合"疾病理论"。（《美国高等教育形成时期成本增长的测量，1875—1930》，《历史方法》2016年第49卷，第4期，）（"Measuring Cost Escalation in the Formative Period of American Higher Education, 1875—1930," *Historical Methods* 49, no. 4, 2016）。此外，金博尔和卢克还质疑该理论是否能够很好地解释20世纪60年代末和70年代初美国高等院校的财政管理。经济学家鲍莫尔和鲍文把这一时期作为他们研究的基础。金博尔回溯了捐赠和筹款的历史发展情况，他发现在1890年至1910年间以提供重大捐赠的捐赠者名字命名的大学往往错失了良机（《精英大学的"民主化"筹款：1890—1920年耶鲁和哈佛大规模捐赠的话语合法化》，《教育史季刊》2015年第55卷第2期）。（"Democratizing'Fund Raising at Elite Universities: The Discursive Legitimation of Mass Giving at Yale and Harvard, 1890 — 1920," *History of Education Quarterly* 55, no. 2, 2015）。与此相反，哈佛大学在查尔斯·艾略特校长的领导下，依靠系统化、多样化的筹款活动和精心制定的支出计划，为一个真正强大和拥有财务安全的现代大学建立了持久的基础。（《高等教育成本的上涨：查尔斯·艾略特的"自由资金"策略与霍华德·鲍温"成本收益理论"的起源，1869—1971》，《高等教育杂志》2014年第85卷第6期）（Kimball, "The Risings Costs of Higher Education: Charles Eliot's 'Free Money' Strategy and the Beginnings of Howard Bowen's 'Revenue Theory of Costs', 1869—1971", *Journal of Higher Education* 85, no. 6, 2014）。

无论一个人的学科归属如何，今后高等教育分析将依赖于将大型数据库纳入讨论和决策的能力。研究这一领域的两部代表性著作是罗伯特·凯尔琴（Robert Kelchen）的《高等教育问责制》（*Higher Education Accountability*）（2018年）和内森·格劳（Nathan D. Grawe）的《人口统计学与高等教育需求》（*Demographics and the Demand for Higher Education*）（2018年）。

1961 年，理查德·霍夫施塔特（Richard Hofstadter）和威尔逊·史密斯（Wilson Smith）为高等教育学者们编辑了两卷本原始资料集的续集。约翰·塞林（John R. Thelin）的文集《美国高等教育史上的重要文献》（*Essential Documents in the History of American Higher Education*）（2014 年）不仅涉及官方报告、董事会会议纪要和校长文件，还提供了包括学生回忆录、校园小说、与校园生活有关的好莱坞电影、纪录片以及基金会报告等各种有用的历史资料。总体影响表明了在美国社会中有许多利益相关者关注着高等教育。

凯瑟琳·雷诺兹·查多克（Katherine Reynolds Chaddock）撰写的一些关于被忽视的高等教育先驱者们的传记，这与有关他们的纪念碑和纪念馆一起为院校的历史注入了活力。查多克为理查德·格里纳撰写的传记《不妥协的活动家：理查德·格里纳——哈佛学院第一位黑人毕业生》（*Uncompromising Activist: Richard Greener, First Black Graduate of Harvard College*）于 2017 年出版。同年，南卡罗来纳大学格里纳纪念碑揭幕，他曾在 19 世纪末担任该校的法学教授。查多克还在《多才多艺的厄斯金先生：借助名著和优美音乐塑造大众文化》（*The Multi-Talented Mr. Erskine: Shaping Mass Culture through Great Books and Fine Music*）（2012 年）一书中讲述了一位身兼企业家和专家的教授的独特故事。

人们常常抱怨高深的学术研究过于专业化。但历史学者们近期出版的著作却是一些值得注意的例外。这些著作在很长一段时间内为高等教育提供了新的视角。最著名的是詹姆斯·阿克塞特尔（James Axtell）的《智慧的工作坊：现代大学的崛起》（*Wisdom's Workshop: The Rise of the Modern University*）（2016 年）以及查尔斯·多恩（Charles Dorn）的《为了共同利益：美国高等教育新史》（*For the Common Good: A New History of Higher Education in America*）（2017 年）。大卫·拉巴里（David F. Labaree）的《完美的混乱：美国高等教育的不寻常崛起之路》（*A Perfect Mess: The Unlikely Ascendancy of American Higher Education*）（2017 年）将历史主题置于当代政策辩论的中心。克里斯托弗·纽菲尔德（Christopher Newfield）的《严重错误》（*The Great Mistake*）（2016 年）一书在其副标题"我们如何破坏公立大学并加以修复"（*How We Wrecked Public Universities and How We Can Fix Them*）中提出融合了历史和现实分析具有争议性的论题。《高等教育纪事报》（*Chronicle of Higher Education*）的资深撰稿人戈尔迪·布卢芒斯提克（Goldie Blumenstyk）用敏锐的洞察力和不偏不倚的口吻评述了近年来美国高等教育的一系列争议。她的近作《美国高等教育陷入危机？每个人都需要知道的》（*American Higher Education in Crisis？What Everyone Needs to Know*）（2015年）是其致力于从新闻报道视角对高等院校进行分析的杰出工作的例证。

常常是某一校园群体与另一个校园群体之间的诉讼和引发争议的法庭案件的激增，引起了人们对高等教育与法律关系问题的关注。对于那些寻求从历史角度探讨法律问题著作的学者们来说，两本极有价值的近作是迈克尔·奥利瓦斯（Michael A. Olivas）的《起诉母校：高等教育与法庭》（*Suing Alma Mater：Higher Education and the Courts*）（2011年）以及斯科特·格尔伯（Scott M. Gelber）的《教室与法庭：1860—1960年大学入学的法律史》（*Classrooms and Courtrooms：A Legal History of College Access，1860—1960*）（2016年）。克里斯托弗·洛斯（Christopher P. Loss）的历史研究《公民与国家之间：二十世纪美国高等教育政治》（*Between Citizens and the State：The Politics of American Higher Education in the Twentieth Century*）（2012年）生动讲述了一个世纪以来那些决定高等院校成为美国政府和公共政策不可或缺的部分的事件。

大学体育一直是社会公众与高等教育联系的引人注目的部分，因此，知名学者越来越关注大学体育比赛。历史学家霍华德·丘达柯夫（Howard P. Chudacoff）曾多年担任布朗大学在全国大学体育协会（National Collegiate Athletic Association）的教师体育代表，他根据自己的亲身经验并结合历史资料撰写了《改变比赛规则：权力、利益和政治如何改变大学体育》（*Changing the Playbook：How Power，Profit，and Politics Transformed College Sports*）（2015年）一书。上文提到的研究高校差异的查尔斯·克洛特费尔特（C. T. Clotfelter）的著作《美国大学一流体育运动》（*Big-Time Sports in American Universities*）（2018年）也在校际体育比赛研究领域作出了独创性的贡献。

大学校园建筑长期以来一直是美国高等院校的标志性特征。然而，关于校园建筑的讨论往往局限于描述性的研究，与政策和实践联系较少。拉代尔·温林（LaDale C. Winling）的近作《建造象牙塔》（*Building the Ivory Tower*）（2018年）在学术上取得了突破。该书记录了20世纪大学与城市发展的卓越历史，内容包括城市提升和校园建设的案例研究。他的研究跨越整个20世纪，研究对象涉及德克萨斯大学与奥斯汀市、哈佛大学及其所在城市剑桥、芝加哥大学、波尔州立大学（Ball State University）与曼西市（Muncie），以及作为加州大学主校的伯克利分校。总而言之，温林改变了"市民与大学师生"（town and gown）关系的研究，将地方、州和联邦政策与高等教育历史融合在一起。

最近一些优秀的历史研究证明，对学生生活的分析将继续成为研究美国高等院校历史的核心。普林斯顿大学荣誉教授、前院长南希·韦斯·马尔基尔（Nancy Weiss Malkiel）在她的著作《把该死的女人拒之门外：男女同校的斗争》（"*Keep the Damned Women Out*"：*The Struggle for Coeducation*）（2016年）中，提供了关于20世纪60年代末女性与高等教育的权威研究。马萨诸塞州历史学会（Massachusetts Historical Society）的康拉德·埃迪克·赖特（Conrad Edick Wright）是一位致力于将殖民地学院和当代学院联系起来的学者，他精心编辑并注释了哈佛大学一名学生在1767—1768年期间的日记，为相关研究提供了本科生的视角。在此之前，本科生是一个常常被忽视的群体，因为官方历史往往是自上而下撰写的。康拉德·埃迪克·赖特（Conrad Edick Wright）的著作《教育者和抗议者：哈佛学院斯蒂芬·皮博迪的学生日记，1767—1768》（*Pedagogues and Protesters：The Harvard College Student Diary of Stephen Peabody*，*1767—1768*）（2017年）通过巧妙地利用21世纪社交网络研究的分析能力对日记和回忆录进行文本分析，将18世纪的大学文化栩栩如生地呈现出来。因此他超越了对单个学生经历的再现，而是对集体行为的重现。他通过描绘相互重叠成员的群体动态，例如辩论俱乐部、文学社团、政治联盟、同学以及其他活跃校园生活的正式附属组织，来描绘校园生活的情况。这不仅揭示了250年前哈佛学院学生组织的模式，还给我们提供了一个新的历史研究模型，这一模式有可能被纳入对不同历史时期和地方的大学生研究中。

当然，教学和学习需要研究教师的特征和状况。社会学家约瑟夫·赫尔马诺维兹（Joseph C. Hermanowicz）编撰的文集《美国学术职业：当代高等教育的转型》（*The American Academic Profession：Transformation in Contemporary Higher Education*）（2011年）汇集了关于教师转型的最新研究，并将代表众多学科的知名学者的文章收入其中。历史学家金·托利（Kim Tolley）在《零工经济下的教授：美国兼职教师工会化》（*Professors in the Gig Economy：Unionizing Adjunct Faculty in America*）（2018年）一书对高校的临时和兼职教师这一尚未被充分认识的群体给予了关注。

以上是我对精选出的一些近期出版书籍和文章所进行的评论，这些评论介绍了美国高等教育史上一些优秀、令人振奋的学术成果，但这也是蜻蜓点水，远远没有穷尽其深度和广度。这篇文章是对我们的高等院校经久不衰重要性的一种的致敬，它既是一个可以被研究的主题，也是一种值得重视和培育的国家财富。英国历史学家塞西尔·伍德姆-史密斯（Cecil Woodham—Smith）曾经说过："历史像所有科学一样，是一门艺术。"它也是一项让我们连接美国高等教育的过去、现在和未来的研究。我在这篇评论中所讨论的作者和作品是一个生动的资源，可以帮助我们实现这个目标。

# 译 后 记

《美国高等教育史》是当代美国著名高等教育史学者约翰·塞林（John R. Thelin，1947— ）的代表作之一。该书于 2004 年由约翰·霍普金斯大学出版社出版。在 2011 年的修订版中，作者补充了美国高等教育的新近发展，将时间扩展至 2010 年。2019 年 4 月，该书的第三版问世，作者在第二版的基础上增加了新的一章，专门就 2010 年以来美国高等教育的发展与问题进行了论述。本书是根据该书的第三版翻译的。

该书面世近二十年来一直受到高等教育史学界的高度评价。例如，美国《大学生发展杂志》（Journal of College Student Development）2006 年第一期刊发的书评称其"注定会成为未来数年美国高等教育史领域的标杆性著作"[①]。《教育史研究》（Historical Studies in Education）杂志 2013 年秋季号的书评认为该书是任何一名教授或学习教育史课程学者的"必读书目"，可以取代弗雷德里克·鲁道夫（Frederick Rudolph）的《美国学院和大学史》（The American College and University：A History）一书。佐治亚大学荣誉副校长托马斯·戴尔（Thomas G. Dyer）教授指出：该书内容丰富，叙述中穿插着生动的轶事，创造性地突出了文化史，无愧为高等教育史的杰作。[②] 宾夕法尼亚大学高等教育学者玛丽贝丝·加斯曼（Marybeth Gasman）称，塞林讲述了一个迷人而生动的高等教育故事。他独具一格的幽默、引人入胜的写作和广博的知识将历史栩栩如生地展现在读者面前，促使人们对当下高等教育的问题、丑闻、挑战与成功的历史基础进行思考。[③] 可以说，该书不仅是美国高校高等教育研究生课程的专业教材，也是人们

---

[①] John R. Thelin, History Of American Higher Education：Trade Paperback：9781421402673：Powell's Books, https://www.powells.com/book/-9781421402673/1-2.

[②] John R. Thelin, A History of American Higher Education：9781421428833：Books-Amazon. ca, https://www.amazon.ca/History-American-Higher-Education/dp/1421428830.

[③] HFS Books, A History of American Higher Education, https://www.hfs-books.com/books/a-history-of-american-higher-education-3rd-edition-thelin/.

了解美国高等教育发展历史的不可多得的读物。

那么，写出这部优秀的美国高等教育史著作的作者究竟是怎样的人？对于译者而言，这是一个充满好奇的问题。而对于读者而言，想必也有同样的好奇心。

塞林是一名专业历史学者，他将毕生精力投入美国高等教育史研究中。1965年至1969年，他在布朗大学就读本科，主修欧洲史，这为他后来从事教育史研究奠定了良好的基础。大学毕业后，他进入加州大学伯克利分校就读，先后于1972年和1973年取得美国史硕士学位和教育史博士学位。在研究生学习期间，其导师是美国著名教育史学者杰拉尔丁·约奇·克利福德（Geraldine Joncich Clifford）。该校还汇集了包括马丁·特罗（Martin Trow）在内的一批高等教育学权威，以及历史学、经济学和社会学领域的知名学者。这一经历为塞林后来的研究提供了很大的帮助。获得博士学位后，塞林曾在20世纪70年代末至80年代初在一些高等教育组织和机构从事研究和学术行政工作。1981年到1993年，他任教于威廉玛丽学院。1993年至1996年，塞林在印第安纳大学担任高等教育史与慈善领域的教授。自1996年起，他一直在肯塔基大学任高等教育与公共政策史研究教授。塞林在其职业生涯中取得了突出的成就。2004年春，塞林被该校校友会授予"杰出教师奖"（Great Teacher Awards）。2006年，他获得了大学教务长卓越教学奖（University Provost's Award for Teaching Excellence）。2007年4月，塞林获美国教育研究协会（American Educational Research Association）高等教育研究杰出研究奖（Exemplary Research Award）。2011年，他获高等教育研究协会（Association for the Study of Higher Education）杰出研究成就奖（Outstanding Research Achievement Award）。2022年4月，塞林从肯塔基大学荣休，结束了正式的学术生涯。在以"学术历程"（Academic Process）为题的演讲中，他回顾了自己数十年的学术生涯，为听众讲述了美国高等院校的历史与传统。

在数十年的大学职业生涯中，塞林笔耕不辍，著述颇丰。除了代表作《美国高等教育史》外，具有重要影响的高等教育史专著还有：《20世纪60年代美国大学入学潮》（Going to College in the Sixties）（2018年）、《美国高等教育：问题与机构》（American Higher Education: Issues & Institutions）（2017年）、《慈善事业与美国高等教育》（Philanthropy and American Higher Education）（2015年）、《美国高等教育史上的重要文献》（Essential Documents in the History of American Higher Education）（2014年）、《百部高等教育经典著作：概要与随笔》（One

Hundred Classic Books about Higher Education：A Compendium and Essays）（2001年，与他人合著）、《常春藤的培植：美国大学的传奇》(The Cultivation of Ivy：A Saga of the College in America）（1976年）等等。特别值得一提的是，其主编的《美国高等教育史上的重要文献》采用与《美国高等教育史》一书完全相同的章节标题进行组织，汇集了后者各章节的重要文献，可以作为《美国高等教育史》的补充资料阅读，加深对历史背景和出处的理解。2021年7月，该书第二版入选了福布斯2021年最佳高等教育书籍排行榜。此外，塞林还为历史和高等教育学科领域的重要学术期刊和报纸撰写了大量的文章和书评。

让我们回到《美国高等教育史》一书上来。作为一部在学界极具影响力的高等教育史专著，该书具有以下三个突出特点。

第一，从研究的时空范围看，此书内容纵横交错，既展示了美国高等教育的发展历程，又深刻分析了当代美国高等教育的现状与问题。塞林本人在回答关于"《美国高等教育史上的重要文献》所揭示的最重要的事实是什么"这一问题时，曾引用纽约洋基队尤吉·贝拉（Yogi Berra）的名言——"不到最后不算终结……"，以此作为他本人撰写《美国高等教育史》的座右铭。[1]在纵向维度上，该书时间跨度大，作者对1636年哈佛学院建立以来直至21世纪初，近400年间美国高等教育的发展历程进行了全过程描述，涉及美国重要高等教育机构的起源与演变、重大教育改革与发展，可谓是一部美国高等教育的通史。从横向看，塞林对当下美国高等教育的热点问题，如大学治理、高校体育赛事、在线学习、债务危机、性别和种族问题等，进行了深入的剖析，有助于读者了解美国高等教育发展的历程，还可帮助人们认识21世纪初期美国高等教育面临的问题、机遇和挑战。

第二，从研究的方法看，该书为高等教育史研究提供了一种全新的视角，彰显出作者独特的方法和开阔的视野。这部高等教育史著作与我们常见的其他美国高等教育史著述存在着显著差异，这种差异不仅反映在内容和结构上，更体现在研究方法上，使得此书给人一种"另类"教育史专著的感觉。《美国高等教育史》

---

[1] Hopkins Press, *Essential Documents in the History of American Higher Education*, Second Edition-Q&A with author John Thelin, https://www.press.jhu.edu/newsroom/essential-documents-history-american-higher-education-second-edition-qa-author-john-thelin.

的独特之处在于强调学院和大学的历史——尤其是校园生活——是美国流行文化的一部分。① "美国的校园非常壮观,"塞林说,"但它实际上只是一个舞台布景。无论你有多么伟大的建筑和设计,在你有剧本和演员之前,它都是没有生命的。"② 塞林喜欢关注发生在大学校园里的具体的人物及其活生生的各种故事。在他看来,这不仅是一种对抗大学校长和其他人公布的一些乏味的官方叙述的方式,也是一种与反映在大学校园学生和其他群体生活中的美国历史重大事件相联系的方式。③ 他特别强调:"优秀的大学历史是从零开始书写的。学生、工作人员、配偶和城镇居民以及被排斥群体的声音和回忆录为'自上而下'的官方历史和大学校史提供了有益的补充。"④ 因此,在这本书中,我们很难读到有关常见的高等教育政策、立法和理论等方面的介绍,取而代之的是各种活生生的人和事。对塞林来说,高等教育历史最引人注目的方面在于校园里的人,以及校园生活与校外更广泛的历史事件之间的互动。2002 年 4 月,塞林在肯塔基大学退休之前的最后一次演讲中依旧向大家叙述了这样的故事:芝加哥大学如何在输给哈佛大学后封存了它的橄榄球场,后来又将废弃的更衣室用作曼哈顿计划的秘密地点;加州大学伯克利分校的女教授为了参加会议是如何从浴室窗户爬进全是男性教师的俱乐部的;杰西·欧文斯(Jesse Owens)如何在 1936 年德国奥运会上代表美国成为头号英雄,但这位田径明星却不能住在他就读的俄亥俄州立大学的校园里……

第三,通俗易懂。除了深入的历史解释,此书的突出优点是文笔轻快、简洁、幽默。有评论认为,这本书以最广泛、最引人入胜的方式讲述了美国高等教育机构的起源和演变,不仅为读者提供了一个全新的视角来了解美国高等教育史,同时提供了令人兴奋的小插曲,使阅读更加真切。不像一些历史书往往陷入

---

① John R. Thelin, *The Conversation*, https://theconversation.com/profiles/john-r-thelin-410485.

② John R. Thelin, *Approaching Retirement*, *Shares Insight on the Past and Future of Higher Education*, History News Network, https://hnn.us/article/183009.

③ John R. Thelin, *Approaching Retirement*, *Shares Insight on the Past and Future of Higher Education*, History News Network, https://hnn.us/article/183009.

④ Hopkins Press, *Essential Documents in the History of American Higher Education*, *Second Edition*-Q&A with author John Thelin, https://www.press.jhu.edu/newsroom/essential-documents-history-american-higher-education-second-edition-qa-author-john-thelin.

冗长的史实描述，塞林的《美国高等教育史》读起来令人感到愉悦，它生动地展现了高等教育作为一个机构成为我们今天所熟悉的实体的历史背景。美国休斯敦大学教授迈克尔·奥利瓦斯（Michael A. Olivas）概括了此书第三版的特点：研究深入、广征博引、精心组织、文笔优美。读者可以从大学橄榄球比赛中尝到爆米花，触摸到建筑物上的常春藤。① 还有的评论则直言此书："写得很好，很吸引人……吸引读者的注意力……塞林提高了高等教育历史学家的标准。"② 应该说，这些评论都是对作者的极大褒奖。

当然，用400多页的篇幅讲述美国高等教育近400年的故事绝非易事，作者难以面面俱到，势必要根据研究的需要对历史事件的选择进行取舍。一些读者可能会发现书中并未提及一些重要的制度变革和改革事件。作者不够注重将所有不同类型高校联系在一起的整体社会历史叙述，而是偏重于常春藤盟校和主要研究型大学，对社区学院等非主流高等教育机构的关注度偏低。不过，随着19世纪后半期之后美国高等教育的进一步发展，塞林对不同地区不同类型和层次的高等教育也给予了一定的关注，他甚至将美国高等教育与欧洲乃至是美洲其他国家的高等教育进行比较，这些都是值得肯定的。

本书的翻译工作由许可和冷瑜合作完成。其中许可负责前言、导论、第一章到第五章、第十章，以及文献述评的翻译；冷瑜负责第六章到第九章的翻译。福建师范大学许明教授对译稿进行了审校。此书的翻译得到福建教育出版社教育理论编辑室成知辛主任、责任编辑姜丹老师和丁毅老师的大力支持和帮助，谨在此表示由衷的感谢。由于此书具有历史、文化、社会和教育等多学科交叉的特性，受译者翻译水平所限，译文中难免有疏忽和讹误之处。敬请读者们批评指正。

译者

2023年3月于福州

---

① HFS Books, *A History of American Higher Education*, https://www.hfs-books.com/books/a-history-of-american-higher-education-3rd-edition-thelin/.

② John R. Thelin, *A History of American Higher Education*；9781421428833；Books-Amazon. ca, https://www.amazon.ca/History-American-Higher-Education/dp/1421428830.